现代刑法问题新思考

现代刑法问题新思考 第壹卷

刑法基本问题

赵秉志 著

Fundamental Issues on Criminal Law

前　言

现代社会是法治社会，刑事法治是现代法治的重要组成部分。现代刑事法治问题与社会发展和时代变迁息息相关。因而刑法学者关于刑法问题的思考和探索也应当坚持不懈、与时俱进。而撰著发表论文正是及时关注和研讨层出不穷的刑法理论与实务问题的恰当方式之一，一定时期论文的积累整理与结集出版又可以反映和检视研究者学术研究的轨迹。有鉴于此，在1996—1997年中国法制出版社出版我的五本文集《刑法研究系列》（选入我1996年以前十多年间的刑法论文）及2004年法律出版社出版我的四卷文集《赵秉志刑法学文集》（选入我1997—2002年六年间的刑法论文）的基础上，此次我又将自己于2003—2008年这六年间发表的刑法论文经认真筛选整理再成书四卷，作为以前问世的本人刑法学文集的续编，以**《现代刑法问题新思考》**为总题目，交由北京大学出版社出版。

这套四卷文集的第一卷为**《刑法基本问题》**，计七编24篇论文，分别论及了刑事法治、刑事政策、刑法机能、刑法哲学、刑法解释和国际公约的国内立法接轨等刑法基础领域的若干重要问题；第二卷为**《罪刑总论问题》**，计两编29篇论文，分别研究了犯罪总论和刑罚总论领域的诸多理论与实务问题；第三卷为**《罪刑各论问题》**，计五编34篇论文，分别探讨了经济犯罪、侵犯公民人身权利罪、侵犯财产罪、妨害社会管理秩序罪和贪污贿赂罪等方面的多种较新类型、常见多发、情况复杂、问题疑难的具体犯罪的罪刑问题；第四卷为**《外向刑法问题》**，计三编24篇论文，分别研讨了比较刑法、国际刑法和中国区际刑法领域的若干问题。第四卷后附有我2003—2008年间出版、发表论著的目录。这四卷文集的选编秉持本人以往文集选编的基本做法，仍以保持原文的观点和基本内容为原则，主要是进行技术性、规范性的编辑整理，并在文中注明原载报刊和合作者等情况（在此本人要向论文合作者衷心致谢）。

本文集编成后浏览思考之，我认为这四卷文集既是我于2003—2008年间学术历程的主要写照，也大体上反映了本人在学术研究中一贯推崇并着力坚持和追求的四点学术风格：

一是关注法治现实问题。法学研究关注法治现实才有生命力，才有实际意义；法治现实不仅是当下法治的实际存在，而且是今后法治发展完善的基础；法治现实也是社会现状的反映，是社会发展所依赖的一个重要条件。我认为，关注刑事法治的现实问题不仅应当是刑法学者的正确学风，而且也是刑法学者的责任所在。刑法学者尤其不应忽视刑事法治的重大现实问题。我曾提出："是否关注重大现实法治问题，乃是衡量法律学人的社会责任感和学术良知的重要标志。刑事法治是现代法治的重要方面，其保护利益的广泛性、重要性和对违法制裁的特殊严厉性，决定了刑事法治领域的重大现实问题往往事关国家文明、社会进步和公民基本权益，因而尤应为刑法学者所关注。"①因此，我的学术研究力图贴近法治现实，关注刑事法治的现实问题尤其是重大现实问题。

二是重视法治改革和法学前沿问题。改革是我国当代社会的主旋律，改革也应当是我国法治与法学繁荣发展的最强音，而法治改革往往需要法学前沿课题的开拓与伴随。本文集中有关刑法立法改革、宽严相济的基本刑事政策、刑法哲学、刑罚制度改革、死刑限制与逐步废止、劳动教养制度改革、社区矫正立法、网络犯罪治理等课题的研究，都可以说是本人关注刑事法治改革和刑法学前沿问题的一些努力。

三是强调理论联系实际。在1996—1997年间出版的我的第一套个人文集的自序中，我曾对刑法学研究中的理论联系实际之学风作过初步的思考和归纳，写下这样一段文字："我认为，刑法学研究中的理论联系实际，有其丰富而合理的内涵，值得努力挖掘和大力弘扬。择其要者，至少应当正确地把握以下三对关系：第一，刑法实务与刑法理论…… 第二，法治现实与法治发展…… 第三，刑法实践与社会实践……"②我认为，在社会科学研究领域，尤其是在刑法学等应用法学研究领域，理论联系实际事关学术研究的方向、道路和方法，具有特别重要的意义。在多年来的学术研究中，我一贯以此自律自勉，也以此引导和要求研究生。本文集中的多篇专论努力贯彻了理论联系实际。

四是注意心态开放暨视野开阔。我们正处在一个全球化的时代，开放的心态及全球化的视野是促使我国社会各项事业与国际先进水平看齐和同步发展的必要条件，我国的刑法学研究事业亦然。注意结合中国国情及其发展

---

① 赵秉志：《死刑改革探索》，法律出版社2006年版，第801页。

② 赵秉志：《刑法总论问题研究》（刑法研究系列之一），中国法制出版社1996年版，序言第2、3页。

需要研究借鉴国际社会先进的刑事法治经验和刑法理念，无疑会有益于我国刑事法治的进步和刑法学理论的繁荣发展。本人多年来一直注意关注、参与比较刑法、国际刑法和中国区际刑法等外向型刑法问题的研究，本文集中仍有此方面的多篇论文。愿此次四卷文集的问世有助于自己的学术回顾、反思、改进和奋力前行，也衷心希望借此有助于学界师长、同仁和读者朋友们的切磋指正。

这四卷文集是我在2003—2008年这六年间所发表的刑法论文的选集，其间发生了我个人人生和事业上的重大变迁：为谋求学术机构体制的创新并以此带来学术事业更大的发展平台和空间，2005年8月，在年近五旬之际，我毅然选择离开学习、研究和工作26载并有深厚社会科学实力和超强法学地位的中国人民大学暨人大法学院，与数位志同道合的同仁加盟虽为综合实力雄厚的百年名校但法学基础却异常薄弱的北京师范大学，开始了新的创业跋涉。当时法学界、法律界的广大师长、同仁，以及我们学术团队的亲朋好友，在理解和支持我们的事业追求的同时，对于我们开拓事业的艰辛以及事业发展能否顺利成功的前景，也有令人感动的关心乃至担心。肩负北京师范大学校领导排除各种干扰坚决引进我们学术团队的决心和热切期望，面对法学界、法律界对我们发展事业的广泛支持，我深感责任重大，深知“开弓没有回头箭”的道理，并坚信我们的事业追求必定成功。

四年来，我们相继创建了刑事法学领域全国首家具有独立性、实体性、综合性的高层次人才培养单位和学术研究单位北京师范大学刑事法律科学研究院，在北京师范大学原法律系的基础上建立了北京师范大学法学院，刑科院与法学院彼此独立又相互协作、取长补短、优势互补，初步实现了高校法学学科体制上的创新和发展；北京师范大学法学两院尤其是刑科院以体制创新为基础，在团队构建、学科建设、学术研究、人才培养、学术交流、参与和服务国家法治建设诸方面都取得了令人瞩目的高起点、高水准、高速度的发展。

尽管四年的跨越式发展只能算是一个良好的开局，我们今后学术事业的发展还会有很长的路要走，还会面临很多挑战与困难，但毕竟“万事开头难”，“好的开端就是成功的一半”，我们对未来学术事业的发展前景充满了信心。近四年来，在领导北京师范大学法学两院事业发展的同时，我也始终牢记着学术研究乃是学者立身之本这一硬道理，坚持不懈地进行着刑法学的学术研究。

本文集大体上记载了这一特殊时期我在学术研究方面的脚步。行文至此，我不由得想到，我们学术团队试图开拓我国刑事法学研究的新局面、大格局的事业探索获得初步成功并前景辉煌，对此会感到由衷喜悦的恐怕要首推我们年逾八旬的恩师高铭暄教授了。因为我们的探索寄托着恩师高铭暄教授等老一辈刑法学者的事业厚望和梦想。因此,我要把这套文集首先献给恩师高铭暄教授、马克昌教授等坚定而热诚地支持我们学术事业的老一辈刑法学家,献给北京师范大学法学两院尤其是刑科院的学术事业,同时也献给我国的刑事法治建设和刑法学研究事业。

最后,要特别感谢我的挚友,在北京大学出版社任职的蒋浩同仁。他在法律出版社任社长助理和学术分社社长期间,曾给我所领导的刑法学术团队出过很多书,也曾编辑出版过我的四卷本的《赵秉志刑法学文集》;与我们加盟北京师范大学差不多的时间,他也离开法律出版社而加盟北京大学出版社,此后四年来他也处在艰辛的创业时期,但基于多年的学术友谊和他对我们学术事业追求的理解与赞同,蒋浩同仁几年来对我们北京师范大学刑科院的支持可以说是不遗余力,为我们编辑出版了一系列学术书籍,我这套文集的编辑出版也正是他关心、支持的结果。对于蒋浩同仁的友谊和支持我心存感激;对于北京大学出版社有关领导的鼎力支持以及该社第五事业部担任本书责任编辑的陈晓洁、孟瑶、侯春杰、王建君等编辑同仁认真细致且颇具专业眼光的编审工作我深表谢意。北京师范大学刑事法律科学研究院博士研究生彭新林、周国良、钱小平和硕士研究生林燕、杨清惠、买园园、宋瑞勇、刘雷、杨光、仇芳芳、林少波、王君、鲁冠南、刘玉峰、陈志娟、徐啸宇、陈晨同学协助参与本文集的资料收集、整理和校对等编务工作,刑科院讲师蒋娜博士帮助翻译文集的英文目录,在此一并致谢。

赵秉志
2009 年 8 月于北京师范大学
刑事法律科学研究院

目　录

Ⅰ 刑事法治问题

Ⅱ 刑事政策问题

Ⅲ 刑法机能问题

Ⅳ 刑法哲学问题

Ⅴ 刑法解释问题

Ⅵ 刑法接轨问题

Ⅶ 其他基本问题

I

刑事法治问题

1. 当代刑事法治重大现实问题研讨*

目　次

* 原载《中共中央党校报告选》2008 年第 12 期。

一、引言:新中国刑法立法之演进

刑事法治是现代法治的重要领域。从内涵上说,刑事法治应涵括寻求公正、彰显理性、倡导和谐、保障人权等内容;就外延而言,刑事法治则包括刑事实体法治和刑事程序法治。过去我们往往把刑事程序与刑事实体看作是手段和目的的关系,常常重实体、轻程序,认为程序违法并不影响实体结论的正确性。事实上,正确实施刑事实体法以追求实质正义与严格遵守刑事诉讼程序以实现程序正义是现代刑事法治并行不悖的两个方面,应当统筹兼顾。

就新中国的刑事实体法治而言,其创制经历了一个长期而曲折的过程。早在新中国成立初期,国家就先后制定并颁布了一些单行刑事法规,但由于一系列政治运动的影响,"左"倾思想泛滥,法律虚无主义一度甚嚣尘上,刑法典的创制历经了诸多坎坷与反复。① 直至 1979 年 7 月 1 日,新中国第一部刑法典才获得通过,并于 1980 年 1 月 1 日起施行。这部刑法典的创制历时 30 年,前后易稿达 38 次之多,可谓来之不易。第一部刑法典的颁行,宣告了我国长期没有刑法之常典,而主要凭政策、司法解释及几部单行刑法治理犯罪之非常局面的终结,标志着我国刑法规范的基本具备,我国的刑事法治从此也步入了一个新的阶段。

但是,由于受到制定第一部刑法典当时的政治、经济、文化及社会治安形势的局限,加上立法经验的相对不足,使得我国第一部刑法典在观念上较为保守,内容上失于粗疏,以至于在很短的时间内便显露出与社会现实生活的诸多不适应。为此,我国最高立法机关先后颁布了 25 部单行刑法并在上百部非刑事法律中设置附属刑法条款,以因应社会形势之急需。不过,由于在刑法典之外存在如此繁多的单行刑法和附属刑法,缺乏一个体系上的归纳,刑法规范整体零乱和不便掌握的弊端在所难免;刑法典原有的一些规定虽可能暂时得以完善,但单行刑法规定的不合理内容和彼此缺乏照应的情况又随之产生。司法实践经验和理论研究均表明,为更有效地发挥我国刑法的社会调整功能,全面修改刑法,制定一部崭新的刑法典,实乃势在必行。②

于是,我国最高立法机关自 1982 年起开始酝酿并自 1988 年起启动修订刑法典的工作。及至 1997 年 3 月 14 日,第八届全国人民代表大会第五次会

① 参见高铭暄、赵秉志:《中国刑法立法之演进》,法律出版社 2007 年版,第 41—43 页。

② 参见高铭暄、赵秉志:《中国刑法立法之演进》,法律出版社 2007 年版,第 53 页。

议通过了经系统修订的《中华人民共和国刑法》(以下简称1997年《刑法》)。这部刑法典于1997年10月1日起施行。1997年修订的刑法典是一部比较完备且富时代气息的具有里程碑意义的刑法典。它顺应时代的要求,贯彻依法治国、建设社会主义法治国家的基本方略,从而大大推动了我国刑事法治乃至整个法治建设的进程。

当然,刑事立法的科学性总是相对的,其发展和完善也必然是一个不断演进的过程。因此,唯有与时俱进,刑事立法才能为刑事法治进步和社会发展提供科学有力的法律基础。进而言之,1997年《刑法》虽然实现了刑法规范的统一性和完备性,但它也存在一定的局限性,且其局限性会随着社会发展和犯罪形势的变化愈益显现,故而需要不断予以完善。鉴于此,1997年《刑法》颁行以来十年间,基于我国刑事法治经验的不断总结和立法认识的逐步深化,国家立法机关又主要以刑法修正案的形式对刑法典作了七次重要的修改,从而促进了刑法的发展,推动了刑事法治的进步。

限于篇幅,笔者仅立足于我国刑事实体法治发展进步之现状,拟在简要探讨刑事实体法治诸宏观问题之基础上,分别以刑事立法和刑事司法为视角,选择若干关涉刑事法治发展进步的重要问题逐一予以剖析,着力揭示其中所存在的问题,并就相关制度的改革与完善略抒己见。

二、我国刑事法治发展进步的宏观问题

从全局上对我国刑事法治的发展进步产生影响的,主要是刑事法治理念、基本刑事政策和刑事法治的基本原则这三个方面的问题。

(一)树立现代刑事法治理念

法治理念是现代法治的核心和灵魂。在党的十七大报告中,胡锦涛总书记站在发展社会主义民主政治以及加快建设社会主义法治国家的高度,统揽全局,高屋建瓴地提出了"弘扬法治精神"的主张。这一富有时代气息和战略性号召力的崭新提法,便是以法治理念为基本底蕴的,因为法治精神乃是法治理念的集中体现。在建设社会主义法治国家的进程中,在刑事法治领域,必须树立现代刑事法治理念,弘扬现代刑事法治精神。进而言之,即应当从党的十七大报告提出的发展社会主义民主政治和加快建设社会主义法治国家的根本要求出发,将现代刑事法治理念所蕴含的公正、人权、理性、和谐之精神逐步融入、内化到刑事政策、刑事立法、刑事司法乃至公民刑事法治意识培养等方面。

首先,要着力倡导"公平、正义"的公正理念。公正是人类社会长期为之不懈奋斗的文明发展的重要目标,也是和谐社会建设的内在要求与题中应有之义。正如柏拉图所言:"公正的社会必定是和谐的。"而公平、正义等基本价值观念缺失的社会,不会是现代法治社会,更谈不上社会的和谐。没有社会的和谐,也就难以实现社会的科学发展。党的十七大报告提出:"要通过发展保障社会公平正义、不断促进社会和谐。"而社会的公平正义、社会的和谐,又正是社会科学发展所追求的重要目标和价值所在。科学发展与社会和谐、社会公平正义是内在统一的。作为和谐社会之基本价值的公平、正义,更是现代刑事法治的内在核心价值。因此,刑事法治的构建必须以公正理念为先导,并使之切实贯彻于正确定罪、妥当量刑和合理行刑等环节,从而彰显社会公平正义,保障法律适用的最佳效果,促进社会的和谐发展。①

其次,应确立"以人为本"的理念,尊重和保障人权。"以人为本"不仅是"依法治国"方略的重要补充,而且是"法治"、"人权"观念的人文基础,是决定法治发展方向及其命运的最高精神力量。② 而"国家尊重和保障人权"不仅被《中华人民共和国宪法修正案(2004 年)》所确认,而且又在党的十七大报告中得到重申和强调。坚持以人为本,尊重和保障人权,体现了尊重人、关爱人,谋求人的全面发展与社会进步的价值理念和精神旨趣。在刑事法治领域,确立"以人为本"理念,尊重和保障人权,即要求树立人权刑法观、多功能刑法观、刑法功能有限观等现代进步的刑法价值理念。刑法不仅仅是惩罚犯罪的"刀把子",同时也是感化规导罪犯迷途知返的"金桥"。刑法不仅具有行为规制机能和法益保护机能,同时也具有人权保障的机能。③ 诚如日本刑法学者所言,刑法既是"犯罪人的大宪章",也是"善良公民的大宪章"。④ 而且,随着社会发展与法治进步,应该适当加重刑法及其实践中有关人权保障的价值蕴含。

再次,要理性地应对犯罪,积极弘扬和谐的法治理念。刑罚的"双刃剑"特征总是提醒人们要慎用刑罚,而犯罪的危害性又总是在不断地刺激着人类本性中永远不灭的动用刑罚的神经,使刑罚的扩张和滥用成为一种必然的趋势。因此,刑罚的运用始终需要理性来驾驭,需要不断地克服任性制造的多

---

① 参见赵秉志:《以科学发展观引领刑事法治建设》,载《民主与法制》2007 年第 22 期。

② 参见吕世伦、张学超:《"以人为本"与社会主义法治》,载《法制与社会发展》2005 年第 1 期。

③ 参见赵秉志主编:《刑法总论》,中国人民大学出版社 2007 年版,第 31、32 页。

④ 参见〔日〕木村龟二主编:《刑法学词典》,顾肖荣等译校,上海翻译出版公司 1992 年版,第 9 页。

余之刑和滥用之刑。① 只有理性地应对犯罪,才能构建和谐的刑事法治。而建设和谐刑事法治,关键是用和谐理念统领刑事法治。也就是说,用和谐理念统领刑事法律价值体系,将和谐精神融入刑事法律规范体系,用和谐精神指导刑事法律运行实践,使我国刑事法治充分体现社会主义和谐精神。在刑事立法上,要根据构建和谐社会的要求进行刑事法律的制定、修改或清理;在刑事执法上,要从有利于社会和谐出发,采取有利于社会和谐的方式进行刑事执法活动;在刑事司法上,则应把和谐的理念融入刑事司法理念之中,并使之统领公正和效率。②

(二)贯彻宽严相济刑事政策

宽严相济的刑事政策,是指根据不同的社会形势、犯罪态势与犯罪的具体情况,对刑事犯罪在区别对待的基础上,科学、灵活地运用从宽和从严两种手段,打击和孤立极少数,教育、感化和挽救大多数,最大限度地实现法律效果和社会效果的统一。申言之,"宽"是指对于犯罪施以宽松刑事政策,在刑事处理上侧重宽大、宽缓、宽容;"严"是指对于犯罪施以严格刑事政策,在刑事处理上侧重严密、严厉、严肃;"济"蕴含着结合、配合、补充、渗透、协调、统一、和谐之意,亦即协调运用宽松刑事政策与严格刑事政策,以实现二者的相互依存、相互配合、相互补充、相互协调、有机统一。概而言之,宽严相济刑事政策的内容可以归结为:当宽则宽,该严则严,轻中有严,重中有宽,宽严有度,宽严适时。其核心则是区别对待。③

作为我国当前应对犯罪的基本策略,宽严相济的刑事政策不但应在我国的刑事司法中得到充分体现和贯彻,在我国的刑事立法和刑罚执行中也都应得到充分体现和贯彻。它是惩办与宽大相结合基本刑事政策在新时期的继承和发展,应当被理解和确定为我国当前的基本刑事政策。切实贯彻宽严相济的刑事政策,合理地组织对犯罪的理性反应,不仅有助于不断化解社会矛盾,最大限度地减少不和谐因素,而且也有助于促进民主法治,践行社会主义法治理念,因而对于构建和谐刑事法治乃至构建社会主义和谐社会都具有重要的现实意义。具体来说,笔者认为,应从如下方面认真贯彻宽严相济的刑事政策④:

---

① 张智辉:《刑法改革的价值取向》,载《中国法学》2005 年第 4 期。

② 参见张文显:《走向和谐法治》,载《法学研究》2007 年第 4 期。

③ 参见最高人民法院《关于贯彻宽严相济的刑事政策的报告》(2007 年 3 月 29 日),第 89 页。

④ 参见赵秉志:《和谐社会构建与宽严相济刑事政策的贯彻》,载《吉林大学学报(社会科学版)》2007 年第 5 期。

首先,应注重贯彻宽松刑事政策。为了积极贯彻宽严相济刑事政策之宽松刑事政策,就需要在刑事司法中积极推行程序简易化和非刑事诉讼化,充分运用非刑罚化制度,扩大适用管制刑、财产刑、缓刑、减刑、假释等非监禁化制度;在刑事立法方面,则要求深入探索恢复性司法制度,合理削减死刑罪名,尝试建立暂缓起诉制度与辩诉交易制度,着力健全赦免制度与社区矫正立法等。

其次,要合理运用严格刑事政策。通过合理运用严格刑事政策,可以公正地惩治犯罪,有效地发挥刑罚的预防功能,满足构建和谐社会的客观要求。在此有必要提及的是,贯彻运用宽严相济刑事政策之严格刑事政策时,不宜将之完全等同于我国的"严打"政策。不可否认,"严打"政策在我国特定历史时期发挥了一定的积极作用。它在打击犯罪、维护社会治安、保护广大人民群众合法权益诸方面,收到了立竿见影的效果,不失为一种现实有效的措施。但是,我们应当清醒地认识到,该政策毕竟只是在特殊时期针对某些特定的严重犯罪采用的策略或曰权宜之计。相比较而言,严格刑事政策并不只限于严厉打击刑事犯罪,它还具有严密刑事法网、严肃刑事追诉和刑罚执行之意。即使对于严重刑事犯罪之严厉打击,也还有重中有宽的问题,而并非一味从严从重。具体到我国刑事司法实践来说,严格刑事政策的贯彻,应重视运用累犯制度、慎用死刑制度,适当提高有期徒刑的最高期限,适当提高死缓、无期徒刑减为有期徒刑后实际服刑的期限,正确适用从重量刑的情节等。

再次,要协调运作宽松刑事政策与严格刑事政策。这也是宽严相济刑事政策有别于以往惩办与宽大相结合刑事政策的特别之处。宽严相济刑事政策的切实贯彻,有赖于从以下方面使宽严之"济"落到实处:(1)宽以济严,严以济宽。只有宽严互济,才能充分发挥宽严相济刑事政策的区别对待功能,使犯罪者既感受到法治的雷霆万钧,也感受到法治的春风化雨。(2)轻中有严,重中有宽。前者是指轻微的犯罪中也可能有从重的情节,故而应在严格限制的前提下,有条件地予以从严处理;后者是指严重的犯罪也可能有从宽的情节,所以应充分考虑从宽情节,并在刑事处理中予以体现。(3)严而不厉,宽而不纵。前者是指对严重犯罪和人身危险性大的犯罪人的处理严格但不苛厉,尤其不能超越法律;后者是指对犯罪人宽大但不轻纵。严而不厉、宽而不纵,乃是宽严适度的基本要求和体现。(4)宽严适时。在刑事法治领域,根据社会发展态势对刑罚宽严作出调整,使对犯罪的宽严处理符合社会形势的发展,这既是宽严相济的刑事政策之动态发展的要求,也是其取得良好社会效果的条件。而追求法律效果和社会效果的有机统一,乃是宽严相济刑事政策的基本目标。

（三）恪守刑事法治基本原则

现代刑事法治建设，不仅需要逐步培养和形成科学、文明、现代化的刑事法治观念和法治精神，同时也应当切实贯彻对刑事法治建设全局具有宏观指导意义及重大制约作用的一些基本的刑事法治原则。这是全面落实依法治国基本方略、加快社会主义法治国家建设、实现和谐刑事法治的当然要求。刑事法治的基本原则，是贯穿于全部刑法规范和刑法适用中的准则，是刑事法治基本精神的集中体现，它们对刑事立法和刑事司法具有巨大的指导意义。笔者认为，在刑事法治中应当着重坚持和切实贯彻以下三项基本原则。

1. 罪刑法定原则

罪刑法定原则的基本含义是“法无明文规定不为罪，法无明文规定不处罚”。这一来自拉丁文中的法律格言，是对罪刑法定含义的高度概括。具体来说，罪刑法定原则是指什么是犯罪，有哪些犯罪，各种犯罪的构成条件是什么，有哪些刑种和刑罚制度，各个刑种和刑罚制度如何适用，以及各种具体罪的具体量刑幅度如何等有关罪与刑的内容，均由刑法事先加以明文规定。对于刑法没有明文规定为犯罪和配置刑罚的行为，不得定罪处罚。由于罪刑法定原则体现法治文明与人权保障，因而已被国际社会普遍认可而成为现代刑事法治最重要的基本原则。它以人权保障为核心内容，对于不利于犯罪嫌疑人、被告人和犯罪人的制度如类推定罪、重法有溯及既往的效力、不定期刑、习惯法、模糊用语等，均绝对排斥。

由于我国1979年《刑法》中规定有类推制度，且受当时“宜粗不宜细”立法思想的影响，诸多条文含糊不清，加之在有关单行刑法中还设置了处刑较重的新法即重法具有溯及既往的效力之规定①，这就极大地削弱了刑法对人权特别是对犯罪嫌疑人、被告人和犯罪人权利的保障作用。② 1997年《刑法》毅然摒弃了类推制度、重法具有溯及力等一系列不利于人权保障的规定，其第3条明确规定：“法律明文规定为犯罪行为的，依照法律定罪处刑；法律没有明文规定为犯罪行为的，不得定罪处刑。”从而在《刑法》中确立了罪刑法定原则。罪刑法定原则的确立，被认为是我国刑事法治改革进程中的一个里程碑，表明我国《刑法》由偏重对社会整体利益的保护朝向保护社会整体

---

① 全国人民代表大会常务委员会（以下简称全国人大常委会）1982年通过的《关于严惩严重破坏经济的犯罪分子的决定》规定了附条件的从新溯及力的原则；全国人大常委会1983年通过的《关于严惩严重危害社会治安的犯罪分子的决定》，则规定了无条件的从新溯及力的原则。但在后来全国人大常委会通过的其他单行刑法中，这种从新溯及力原则的规定得到了纠正和避免，从而贯彻了刑法典总则所确立的体现罪刑法定主义要求的从旧兼从轻的溯及力原则。

② 参见赵秉志主编：《新刑法教程》，中国人民大学出版社1997年版，第6、7页。

利益与保障个人权利并重转变的价值取向,从而对刑法规范的完备和科学,对刑事司法的改善和强化,乃至对于提高全社会的法治意识,均至关重要和大有助益。这就为我国《刑法》及刑事法治的现代化奠定了良好的基础。

应当看到,对照罪刑法定原则关于罪刑规范的设置要明确化、具体化的要求,我国1997年《刑法》还存在着一些欠缺,诸如还存在含糊、不确切、笼统的用语,分则条文未明定罪名,有些犯罪的法定刑幅度过大,等等。进一步在刑法立法中纠正这些弊端,将有助于提高我国刑法立法的科学水平,从而也会促进刑事法治的发展进步。

2. 适用刑法人人平等的原则

我国《刑法》第4条载明:“对任何人犯罪,在适用法律上一律平等。不允许任何人有超越法律的特权。”这就是适用刑法人人平等的原则。这一原则要求,一方面,任何人犯罪,都应当受到法律的追究;任何人不得享有超越法律规定的特权;对于一切犯罪行为,不论犯罪人的社会地位、家庭出身、职业状况、财产状况、政治面貌、才能业绩如何,均应一律平等地适用刑法,在定罪量刑时不应有所区别,应一视同仁,依法惩处。另一方面,任何人受到犯罪侵害,都应当依法追究犯罪、保护被害人的权益;被害人同样的权益,应当受到同样的刑法保护;不得因为被害人身份、地位、财产状况等情况的不同而对其合法权益予以不同的刑法对待。① 只有这样才能保障刑事法治的统一性和严肃性、权威性。如果公民在适用刑法上不是一律平等,而是根据犯罪人或者被害人的身份、地位等而尊卑有别,那么作为现代刑事法治核心价值的公平、正义等将会荡然无存,刑事法治的统一性和严肃性势必破坏殆尽。这无疑会削弱乃至从根本上损害刑事法治的功能。因此,要依法治国,推动和促进现代刑事法治的建设,就不能不要求和强调坚持适用刑法人人平等的原则。

应当承认,由于多种因素的影响,现阶段我国社会还存在相当程度的妨碍公正、平等地司法的特权现象。明文规定适用刑法人人平等的原则,昭示与强调了法治公正、公平的精神、方向和要求,会有助于促进司法的公正与平等,进而提升我国刑事法治的水平。

3. 罪责刑相适应原则

我国《刑法》第5条规定:“刑罚的轻重,应当与犯罪分子所犯罪行和承担的刑事责任相适应。”这就是罪责刑相适应原则,它是从近现代西方刑法中的罪刑均衡、罪刑相适应原则演变发展而来的。其基本含义是:行为人犯多

---

① 参见赵秉志:《谈刑法面前人人平等》,载《法制日报》1997年5月26日。

大的罪,就应承担多大的刑事责任,法院亦应判处其相应轻重的刑罚,做到重罪重罚,轻罪轻罚,罚当其罪,罪刑相称;罪轻罪重,应当考虑行为人的犯罪行为本身和其他各种影响其刑事责任大小的因素。据此,刑事立法对各种犯罪的处罚原则规定,对刑罚裁量、刑罚执行制度以及对各种犯罪法定刑的设置,不仅要考虑犯罪的社会客观危害性,而且要考虑行为人的主观恶性和人身危险性。同时,在刑事司法中,法官对犯罪分子裁量刑罚,不仅要看犯罪行为及其所造成的危害结果,而且也要看整个犯罪事实包括罪行和罪犯各方面因素综合体现的社会危害性程度,讲求刑罚个别化。

罪责刑相适应原则对于刑事法治的科学、合理、文明和效益,具有广泛而重要的意义。根据罪责刑相适应原则的基本要求,结合我国刑事司法的实际情况,司法机关在贯彻这一原则时,应当着重解决下列问题:(1)纠正重定罪轻量刑的错误倾向,把量刑与定罪置于同等重要的地位;(2)纠正重刑主义的错误思想,强化量刑公正的执法观念;(3)纠正量刑轻重悬殊的现象,实现执法中的平衡和协调统一。①

三、我国刑事立法领域的重大现实问题

从刑事法治的逻辑看,刑事立法无疑是刑事法治的基础和起点,是刑事司法的根据和指南。可以说,在现代法治社会,没有刑事立法,就没有刑事司法和整个刑事法治;没有科学完善的刑事立法,就没有良好有效的刑事司法和刑事法治。因此,刑事立法对于刑事法治是极为重要的,刑事立法工作必须得到充分的重视。概言之,在当前我国刑事立法领域,有如下重大现实问题值得关注:

(一)犯罪化与非犯罪化问题

非犯罪化是20世纪中叶以来西方国家刑法改革运动的重要组成部分之一。20世纪80年代后期以来,我国有一些学者主张借鉴西方国家的做法,在我国推进非犯罪化运动;也有学者反对借鉴西方国家的做法,认为我国当前的迫切任务是犯罪化而不是非犯罪化。非犯罪化是指将某些社会危害不大、没有必要予以刑罚处罚但又被现行法律规定为犯罪的行为,通过立法修改将其排除出犯罪圈,或者合法化或者降格为一般违法行为。从20世纪50年代开始,不少西方国家开始了非犯罪化的刑法改革。1989年10月在维也纳召

① 参见赵秉志主编:《刑法总论》,中国人民大学出版社2007年版,第59页。

开的国际刑法学协会第14届代表大会通过的《关于刑法与行政刑法之间的差异所导致法律和实践问题的决议》指出:“国际上存在一种潮流,把一些社会意义较小的违法行为从传统的刑法中删除。”“轻微违法行为的非刑事化,符合刑法只作为辅助性工具的原则,因而是值得欢迎的。”①

在我国刑法学界,在刑法的调控范围到底应当缩小还是扩大的问题上,晚近十多年来存在较大的分歧,这就是所谓的犯罪化与非犯罪化之争。“非犯罪化说”主张缩小我国刑法的犯罪圈,认为将轻微犯罪行为予以非犯罪化是当今各国刑法发展的趋势;汲取外国刑事立法的这种有益经验,是我国刑法现代化的要求。② 其中有论者指出,我国1979年《刑法》颁布后,国家立法机关不断通过修改、补充的形式增补新罪名,在某种意义上反映了立法者对当前我国社会的发展特点缺乏足够认识的盲目性,如此大规模的犯罪化势头应当得到合理控制。③ 而“犯罪化说”则主张扩大我国刑法的犯罪圈,认为非犯罪化是西方国家解决犯罪率上升、监狱人满为患、社会矛盾激化的一种措施,我国不宜学习借鉴。④ 其中有学者认为,随着经济犯罪的日益增多和复杂化,刑法介入经济生活无论在广度和深度上都要加大分量⑤;还有论者主张,从我国国情和现行刑事立法的现状出发,我们主要的问题不是非犯罪化,当务之急是犯罪化。⑥

笔者认为,在我国当前的社会情势下,还有强调适度犯罪化的必要,应当同时反对过度的犯罪化和大规模的非犯罪化。主要理由在于:

其一,适度犯罪化是我国社会抗制犯罪的现实需要。从根本性和合理性上说,刑法的调控范围即犯罪圈的大小不是由立法者的主观意志随意决定的,而应当是由社会的诸多客观因素所决定的。其中最主要的因素就是社会抗制犯罪的客观需要。在我国,随着经济的迅速发展和各项改革的深入进行,以经济关系为主的社会关系日益复杂化,刑法立法对处于转型时期的多变的犯罪情势显得应接不暇。新型的、需要运用刑法进行抗制的危害社会行为不断出现;一些过去并不突出的危害社会行为亦日益突出且危害严重,需要运用刑法进行抗制。可以说,客观的社会形势决定了在较长时期内犯罪化将成为我国刑法立法的基本趋势。当然,我们也不应排除在这一基本趋势之

① 转引自沈德泳、汪少华:《刑法修改与非犯罪化问题》,载《中国律师》1996年第10期。

② 参见马克昌:《借鉴刑法立法例修改和完善我国刑法》,载《法学评论》1989年第2期。

③ 参见苏惠渔、游伟:《树立科学思想,完善刑事立法》,载《政法论坛》1997年第1期。

④ 转引自高格:《刑法思想与刑法完善》,载马克昌、丁慕英主编:《刑法的修改与完善》,人民法院出版社1995年版,第20页。

⑤ 参见李国明:《1995年中国刑法学年会综述》,载《人民检察》1995年第12期。

⑥ 参见陈兴良:《刑法哲学》,中国政法大学出版社1992年版,第8页。

下对个别犯罪的非犯罪化,如1997年《刑法》就取消了1979年《刑法》规定的在市场经济条件下已经不合时宜的投机倒把罪和伪造、倒卖计划供应票证罪等。

其二,笔者所赞同的犯罪化是适度的犯罪化,而非过度的犯罪化。笔者之所以坚决反对过度的犯罪化,是因为:(1)刑法具有补充性。刑法只是保护法益的最后法律手段,只有当其他法律不能充分保护法益时,才运用刑法予以保护。这是因为刑法以刑罚为保护法益的手段,刑罚以剥夺犯罪人财产、自由乃至生命为内容,具有最严厉性之特征。正像德国著名刑法学者耶林(Rudolf von Jhering,1818—1892)所言:"刑罚如两刃之剑,用之不得其当,则国家与个人两受其害。"①鉴于此,现代法治国家理智的立法者绝不能基于重刑主义的立场而随意地扩大犯罪圈的范围。(2)刑法具有调控范围的不完整性。即刑法不能也不应介入公民生活的各个层面,大量的行为只需要民商法规范、行政法规范等非刑事法律规范进行调整,有些甚至只需要道德规范进行调整。刑法不能恣意地将没有必要运用刑罚予以调整的行为予以犯罪化,否则就是对公民自由权利的侵犯,就不符合刑法的人权保障机能。

其三,适度犯罪化的实现途径具有多样性,无需都通过新增罪名的方式进行。除了增设新罪名外,也可以通过改变已有犯罪构成要件之途径来实现犯罪化。具体改变方式可以包括:(1)扩大行为对象或者犯罪对象的范围;(2)增加犯罪行为的方式;(3)降低构成犯罪的标准;(4)扩大犯罪主体的范围;等等。

其四,我们应当准确地了解国外"非犯罪化"运动的真正情况,不能不分青红皂白而盲目地进行概念照搬。因为我国和其他许多西方国家在"犯罪"这一概念的内涵和外延的理解上存在重大差异。我国严格区分犯罪与一般违法行为的界限,只将严重危害社会的行为规定为犯罪。② 而其他许多西方国家则往往在非常宽泛的意义上使用犯罪概念,即将许多在我国只视为一般违法的行为也规定为犯罪,如《法国刑法》上将犯罪区分为重罪、轻罪和违警罪,其所指的违警罪大多类似于我国的一般违法行为。国外的"非犯罪化"运动一般就是针对违警罪而言的,如德国在1975年进行的刑法改革中就排

---

① 转引自韩忠谟:《刑法原理》,台湾地区1981年5月作者自版增订第14版,第77页。

② 近年来一些学者对我国犯罪概念的这一特点多有批评,但笔者认为,我国犯罪概念区分犯罪与一般违法行为是符合中国国情的正确选择。对此笔者赞同储槐植教授的观点。参见储槐植、张永红:《善待社会危害性观念——从我国刑法第13条但书说起》,载《法学研究》2002年第3期。

除了违警罪的刑事犯罪性质,把违警罪只视为一般的违反法规行为。所以,我国不存在进行类似于上述西方国家的"非犯罪化"运动的空间,因为这些国家予以非犯罪化的行为在我国大多数本来就没有规定为犯罪。

(二)未成年人犯罪的刑事责任问题

未成年人因为其生理、心理尚不成熟、责任能力不完备及易于教化等特点,成为现代各国刑事政策和刑事法律上普遍予以从宽处理的特殊对象,其特殊而合理的刑法处遇也成为刑事法治进步的重要标志之一。我国1979年《刑法》已经对未成年犯罪人的基本权利作出了特别保障性的规定,但仍有不尽完善之处。鉴于此,我国1997年《刑法》对未成年人犯罪及其刑事责任问题作了进一步合理性的改进,主要包括以下两个方面:其一,将已满14周岁不满16周岁未成年人负刑事责任的范围予以明确化、合理化的规定。1979年《刑法》第14条第2款规定,已满14周岁不满16周岁的未成年人"犯杀人、重伤、放火、惯窃罪或者其他严重破坏社会秩序罪,应当负刑事责任"。在多年的司法实践中,对于该款的"杀人、重伤"是限于故意犯罪还是也包括过失犯罪,尤其是对于"其他严重破坏社会秩序罪"如何理解与把握,往往产生不同的主张①,因而影响了司法统一和对未成年人的特殊保护。因此,1997年《刑法》第17条第2款明确规定:"已满十四周岁不满十六周岁的人,犯故意杀人、故意伤害致人重伤或者死亡、强奸、抢劫、贩卖毒品、放火、爆炸、投毒罪的,应当负刑事责任。"从而使已满14周岁不满16周岁未成年人负刑事责任的犯罪范围明确、具体和较为合理,解决了原来立法所造成的司法中的歧见,进一步贯彻了罪刑法定原则。其二,1997年《刑法》删除了1979年《刑法》中关于对已满16周岁不满18周岁的未成年人可以判处死刑宣告缓期两年执行的规定,即对不满18周岁的未成年人在任何情况下都不得判处死刑,包括不得判处死刑宣告缓期两年执行。这就彻底贯彻了对未成年犯罪人不适用死刑的原则,从而与我国近年来参加的有关人权保护的国际公约的规定相符,也充分体现了我国刑法的人道主义精神和对未成年犯罪人生命权利的特殊保护。

当然,我国1997年《刑法》中的未成年人刑事责任制度也需要在如下方面进一步完善:(1)明确规定不满14周岁者不负刑事责任。1997年《刑法》第17条虽然规定了已满14周岁才开始负刑事责任,但并无不满14周岁不负刑事责任的明文规定。无论是从立法技术上还是从条文含义必须明确的角度考虑,都应在条文中对这一内容作出规定。(2)增补对未成年犯罪人有

---

① 参见赵秉志主编:《刑法争议问题研究》(上卷),河南人民出版社1996年版,第234—240页。

关刑种的限制适用之规定。对未成年人犯罪从宽处理,符合我国的刑法基本原理和一贯的刑事政策,也是现代世界刑法的通例。但我国现行《刑法》中所规定的刑种及其适用条件,除死刑外,并无成年人与未成年人犯罪时适用上的不同。从完善的角度讲,在刑种上可以考虑补充规定:限定对未成年人适用有期徒刑的最高刑期,使之较对成年犯罪人适用的有期徒刑最高刑期适当低一些;禁止或原则上禁止对未成年犯罪人适用罚金刑和没收财产刑;禁止对未成年犯罪人单独适用剥夺政治权利,并限制附加剥夺政治权利的适用;禁止或者严格限制对未成年犯罪人适用无期徒刑;等等。(3)明确规定较为宽宥的量刑制度。对于未成年人犯罪的量刑,1997 年《刑法》第 17 条第 3 款只原则性地规定"应当从轻或者减轻处罚",缺乏具体的操作标准和制度,这样难免影响其在实践中的贯彻执行。鉴于此,可以考虑补充规定:放宽未成年人犯罪后自首成立的条件并明确规定未成年人犯罪后自首的,应减轻处罚;对未成年人犯罪较成年人犯罪放宽缓刑的适用条件;未成年期间两次犯罪的,或者前罪系未成年期间所犯的,不以累犯论;等等。(4)在刑法典中设立未成年人犯罪的刑事责任专章。1997 年《刑法》关于未成年犯罪人刑事责任的规定,尽管相对于 1979 年《刑法》有所改进,但仍然存在着诸多不尽如人意的地方。究其原因,关键还是在于我国对未成年人刑事责任的规定过于粗疏。未成年人的刑事责任问题相当复杂,涉及多方面的刑法制度,世界多数国家或者制定专门的未成年人刑法,或者在刑法典中设立专章加以规定,而我国《刑法》中涉及未成年人犯罪的刑事责任的规定仅有寥寥两条①,这不仅与未成年人刑事责任制度发展的国际潮流不相符合,而且也不利于我国未成年人犯罪刑事政策的贯彻落实。故笔者建议,今后在对刑法典进行修改、完善时,应当在刑法典中设立专章,对未成年人犯罪之刑事责任所涉及的各种问题,作出详细、明确的规定,为司法实践中正确解决未成年人犯罪的刑事责任提供有效的法律武器。②

(三)单位犯罪问题

我国 1979 年《刑法》并未规定单位犯罪,刑法承认单位犯罪肇始于 1987 年颁布实施的《中华人民共和国海关法》(以下简称《海关法》),1997 年《刑法》明确地采用总则和分则相结合的方式规定了单位犯罪。根据我国 1997 年《刑法》第 30 条、第 31 条的规定,所谓单位犯罪,就是由公司、企业、事业单位、机关、团体实施的依法应当承担刑事责任的危害社会的行为。单位犯罪在我国刑法理论中存在很多争议问题。比如,单位犯罪的主体结构是单一型

① 即《刑法》第 17 条和第 49 条。

② 参见赵秉志等:《中国刑法修改若干问题研究》,载《法学研究》1996 年第 5 期。

的单位主体，还是除了单位以外，还包括自然人的复合型主体？国家机关应否作为单位犯罪的主体？私营公司和私营企业能否成为单位犯罪的主体？单位内部的组织机构和分支机构能否成为单位犯罪的主体？单位犯罪之处罚究竟应采取单罚制还是双罚制？单位犯罪之处罚与自然人犯罪之处罚孰轻孰重？以单位名义实施的《刑法》中并未规定为单位犯罪的案件应当如何处理？如此等等。这些理论上的争议问题并未因立法的抉择而终结。而这些问题的症结，便在于应否将单位规定为犯罪主体。对此，我国刑法学界以往曾存在以下两种针锋相对的观点：

1. 法人犯罪否定说

这种观点认为，我国《刑法》不宜规定法人犯罪（即单位犯罪）。根据我国《刑法》和其他法律的规定，完全可以妥善地解决所谓的“法人犯罪”问题，而不应当把法人作为犯罪主体加以惩罚，而且法人的性质也决定其不能够成为犯罪主体。其主要理由有：(1)犯罪是人的有意识、有意志的行为，而法人是一种社会组织，不可能有自然人的意识和意志能力，法人的一切活动都需要法人组织中的自然人来进行，法人本身不可能实施有意识、有意志的犯罪行为，即法人不能具备犯罪的主观要件。(2)把法人作为犯罪主体追究刑事责任，违背我国《刑法》中的罪责自负原则和适用刑罚的目的。因为法人是集体组织，追究其刑事责任，等于让法人中的全体自然人都承担罪责，这样会株连无辜，也易宽纵罪犯；同时，无生命的法人组织谈不上自然人罪犯所具有的主观恶性，因而对法人适用刑罚无法达到预防犯罪的目的。(3)追究法人刑事责任，在刑罚适用上会出现一系列难题：我国刑罚体系中的五种主刑，以及剥夺政治权利的附加刑，从性质上都只能适用于自然人而无法适用于法人；而附加刑中的罚金虽可适用于法人，但以之来惩治所谓的“法人犯罪”，会罚不当罪。(4)某些外国立法例关于法人可以作为犯罪主体被追究刑事责任的规定，存在很多弊端和难题，并非值得仿效的经验，我国《刑法》不应照抄搬用。①

2. 法人犯罪肯定说

这种观点认为，为了有效地惩罚和遏制愈演愈烈的法人犯罪现象，应该把法人作为犯罪主体加以惩罚，而且法人也能够成为犯罪主体。其主要理由有：(1)违法与犯罪没有绝对的界限，只有量的差异而无质的区别，既然我国法学理论和实践承认法人可以成为民事、经济、行政违法行为的主体，就应当

① 参见高铭暄主编：《新中国刑法学研究综述(1949—1986)》，河南人民出版社1986年版，第206—213页；赵秉志：《关于法人不应成为犯罪主体的思考》，载《法学研究》1989年第5期。

承认法人也可以成为犯罪的主体。(2)法人能够具备犯罪的主观要件。法人作为犯罪组织在法律上已人格化,它和自然人一样也有自己的"头脑"和"躯体",法人决策机关就是法人的大脑,法人中的自然人就是法人的躯体。法人代表或者直接责任人员的犯罪行为,就是法人的整体行为。法人决策机关关于实行犯罪活动的决策,就是法人犯罪意志和心理状态的具体体现。(3)追究法人的刑事责任,并不违背而且是贯彻了我国《刑法》中的罪责自负的刑事责任原则和适用刑罚的目的。因为由犯罪的法人承担刑事责任,而不是由法人中的普通成员或其他法人承担刑事责任,这当然是符合罪责自负原则的;而对犯罪的法人适用刑罚制裁,可以预防该法人再次实施犯罪,又可以警戒其他法人不要犯罪,这就体现了刑罚预防犯罪的目的。(4)把法人作为犯罪主体,可以解决刑罚适用问题。采用两罚制就可以解决这一问题,对法人适用罚金刑,对直接责任人员既可以适用人身刑也可以适用财产刑。(5)外国立法例和刑法理论上关于法人可以成为犯罪主体被追究刑事责任的规定和主张,可以为我国所参考和借鉴。①

笔者认为,尽管立法者采纳了法人犯罪肯定说,以致我国1997年《刑法》规定的单位可以构成的犯罪已达百余种,但是法人犯罪否定说提出的反对理由并未像肯定说所说的那样都得到了圆满解决。例如,规定国家机关也可以成为单位犯罪的主体就存在突出的问题:(1)国家机关不具有产生犯罪意思的动机和可能性。因为国家机关是代表国家行使管理职能的机关,它在活动中体现的是国家的意志,这种意志与犯罪意志不能共存。我们知道,犯罪是严重反抗现行统治关系的行为,而国家机关却是维护现行统治关系的机器,二者是互相矛盾、互不相容的。(2)司法操作上具有极大的困难。如果被告人是公安机关、检察机关、审判机关自身,将会很难处理。即使能够审理,但对国家机关判处罚金有国家自我处罚的嫌疑。因为尽管国家机关有一定的经费,但并没有自己所有的独立的财产,国家机关只能用财政拨款来缴付罚金。但罚金又要上交财政,这等于是国家在自我惩罚,是这个口袋出,那个口袋进。如果不单独拨款,而是从该机关的办公经费中拿,则势必影响国家机关的正常职能活动,并最终损害国家自身的利益。(3)追究国家机关的刑事责任,会招致一系列严重的后果。如果国家机关被定罪,那么它还有什么威信去履行自己的职能?如果公安局曾经被定

① 参见高铭暄主编:《新中国刑法学研究综述(1949—1986)》,河南人民出版社1986年版,第200—206页;何秉松主编:《法人犯罪与刑事责任》,中国法制出版社1991年版,第485、486页;刘白笔主编:《法人犯罪论》,群众出版社1992年版,第85、86页;娄云生:《法人犯罪》,中国政法大学出版社1996年版,第40—44页。

罪,它还怎么去维护社会治安、侦破犯罪活动?如果法院曾经被定罪,它以后如何进行审判工作,谁还会相信其是正义的审判呢?如果监狱曾经被定罪,它还怎么去改造其他的犯罪分子呢?事实上,一度备受关注的2006年新疆乌鲁木齐铁路中级人民法院因涉嫌单位受贿被起诉后来又经中央政法机关协调予以撤诉的案件,便集中反映了有关单位犯罪中包含机关犯罪之立法的尴尬和司法的困惑。总之,笔者认为,在我国《刑法》中如此大量而粗糙地规定单位犯罪,不是一个值得称道的立法取向。对此应当在调查研究的基础上,从立法上予以果断删除。

(四)刑罚体系的调整与完善问题

刑罚体系,是指立法者从有利于发挥刑罚的功能和实现刑罚的目的出发,选择一定的惩罚方法作为刑罚方法并加以归类,由刑法依照一定的标准对各种刑罚方法进行排列而形成的刑罚序列。① 刑罚体系的确立是一项重要的刑事法治活动。因此,一个国家所确立的刑罚体系是否科学,对于整个刑事法治进程具有十分重要的意义。我国现行的刑罚体系,是在同犯罪作斗争的长期过程中,适应实际的需要和总结刑罚实践经验的基础上逐渐形成的②,体现出相当的科学性,各刑种之间基本形成了由轻到重的合理阶梯和严密体系。不过,从现今刑罚体系科学的眼光来审视,该刑罚体系也还存在如下值得检讨之处:(1)存在重刑主义倾向,死刑、无期徒刑和长期有期徒刑占有相当大的比重,与当今国际社会轻刑化的趋势不合拍;(2)刑罚种类及刑罚制度存在失调现象,尤其是“死刑过重,生刑过轻”的弊端较为显著;(3)在分则中对某些具体罪名的刑罚规定仍然存在粗疏之处,与司法实际需求脱节;(4)刑罚执行环节存在不协调,与刑罚目的的要求不相称。

其实,从世界尤其是当今法治发达国家刑罚史的历史嬗变来看,其刑罚沿革经历了一个从古代生命刑为中心,到近代的自由刑为中心,再到现代的自由刑与财产刑、资格刑并重,并逐步向财产刑、资格刑为中心过渡的过程。笔者认为,我国应当以最高人民法院2007年收回死刑核准权为契机,积极革新我国现行的以自由刑为中心且生命刑还占有相当比重之刑罚体系,勇于直面目前国内还较为普遍存在的对死刑过度依赖甚至迷信的现状,并予以理性的反思和积极而慎重的改革,从而促进我国现行刑罚体系朝着更加科学合理的方向发展。

一方面,最高人民法院收回死刑核准权,并且严格限制适用死刑,必然导

---

① 参见赵秉志主编:《刑法总论》,中国人民大学出版社2007年版,第447页。

② 参见高铭暄主编:《刑法学原理》(第3卷),中国人民大学出版社1994年出版,第102、103页。

致某些死刑罪名不必再适用死刑,而是适用自由刑,包括无期徒刑和有期徒刑。在这种情况下,我国《刑法》有必要适当延长有期徒刑的法定最高期限,以服务于限制与废止死刑的实际需要。这样才能有效地弥补我国现行刑罚体系存在的“死刑过重、生刑过轻”之结构性缺陷,也才能坚定地贯彻罪责刑相适应的原则,保障刑罚应有的威慑力,同时也有助于安抚社会情绪,保持社会的稳定。笔者主张,从限制和替代死刑的适用出发,可考虑将有期徒刑的最高法定期限改为25年;数罪并罚时,则可考虑延长至30年。

另一方面,最高人民法院收回死刑核准权之后,还应当严格限制减刑、假释的适用。而且还应该提高减刑、假释后实际执行的刑期,例如可以将现行《刑法》所规定的“不能少于原判刑期的二分之一”提高到“四分之三”。判处无期徒刑的,则可将其实际执行的刑期,由10年提高到20年或30年。甚至可以对本该适用死刑的某些极其严重的犯罪情形,在废止其死刑后,禁止假释并限制减刑。立法也可以授权审判机关根据犯罪人之罪行排除减刑、假释的适用。

(五)社区矫正问题

近几十年来,伴随着人类法治文明的进程,世界各国都在不断进行刑罚制度的创新,尝试用更加有效、人道、文明的方式处理犯罪和犯罪人。社区矫正就是在这样的背景下诞生的一种对犯罪人的新的处遇方式。从国际社会的发展趋势来看,刑罚制度已经逐步从以监禁刑为主的阶段进入以非监禁刑为主的阶段。在许多国家,适用社区矫正的人数已大大超过监禁人数,社区矫正取得了良好的社会效益。社区矫正不仅意味着刑罚执行方式的改进,它还涉及刑罚观念的变化、刑事政策的调整、刑事立法的完善等重大问题。它作为一种非监禁型刑罚措施,集中体现了谦抑思想和行刑的人道价值,代表着犯罪矫正的未来进步走向。

由于社区矫正制度具有降低行刑成本和有效改造罪犯等多方面的优势,近年来它也开始受到我国法律实务界和理论界的关注。在我国发展社区矫正,关系到我国刑罚制度在整体上的文明与进步。从现实情况看,我国社会结构的转型、市民社会的壮大以及社区建设的蓬勃发展,为大力发展社区矫正提供了现实基础。而“宽严相济刑事政策”的提出,则为我国大力发展社区矫正制度提供了新的契机和强大动力。因此,社区矫正制度在我国必将有着广阔的发展前景。

2003年7月,最高人民法院、最高人民检察院、公安部、司法部联合发布《关于开展社区矫正试点工作的通知》后,正式开始了以北京、上海等6个省、市为试点的社区矫正工作。2005年司法部又发出文件将社区矫正工作的试点省、市增加到18个。审视我国当前社区矫正制度试点工作,可以发现其存在如下主要问题:(1)现行法规规定的社区矫正措施种类太少。目前,属于社区矫正范畴的刑种和行刑方式只有管制、缓刑、假释、剥夺政治权利和监外执行,而且对缓刑、假释、监外执行等的适用条件的限制也较为苛刻。(2)社区矫正的适用对象范围较为狭窄,适用数量不多。(3)在社区矫正的管理机制方面,缺乏专门的社区矫正执行机关和专业的矫正工作人员。(4)适用社区矫正的程序不完善,监督机制也不健全。(5)与社区矫正有关的犯罪者人格调查和矫正对象分类制度尚未建立。这些问题都严重制约了我国社区矫正制度的进一步发展。

事实上,我国社区矫正制度发展中所存在的上述问题大多需要从立法上予以解决。针对当前已提上议程的社区矫正立法,笔者初步提出如下建议:(1)从发展的眼光来看,在社区矫正立法问题上,将来应当制定一部涵盖狱内行刑和狱外矫正的综合性的矫正法典。不过,作为近期的立法目标,可以考虑先把社区矫正立法作为一种与监狱立法并行的法律形式,制定出专门的"中华人民共和国社区矫正法",为社区矫正制度的发展提供法律依据和法律指导。(2)由司法行政部门作为执行主体统一负责社区矫正的执行工作。同时,应将社区矫正工作与监狱改造工作分开,单独设置社区矫正局作为专门的社区矫正管理执行机构。(3)从我国当前国家机构设置和社区矫正工作的需要出发,我国当前的社区矫正工作应确立以垂直领导为主、以平行领导为辅的双重领导体制。(4)应该设置完善的社区矫正的工作程序,将矫正对象的确定、接收以及矫正的执行、监督、解除等各个环节紧密衔接起来。(5)明确社区矫正的基本工作制度、保障机制和工作人员的法律责任。(6)暂予监外执行、剥夺政治权利以及罚金刑由于其自身的特点而不宜列为社区矫正的对象,但应把部分劳动教养对象纳入社区矫正的适用范围。(7)明确设定我国社区矫正对象的权利义务。①

(六)国际公约在刑事法领域的贯彻问题

刑事法治的发展进步,首先应立足于本国的基本国情,而不能人云亦云,更不能全盘西化。但是,这也绝不意味着可以罔顾国际规则和国外先进经验而固步自封、闭门造车、自行其是。只有放眼世界,以开阔的视野科学地吸纳人类社会先进的法治理念和原则,剔其糟粕,取其精华,才能构建富强、民主、文明的社会主义法治国家。而且,我国作为负责任的大国,只有本着国际视野,切实遵循国际刑事司法准则,也才能获得更高的国际声望。事实上,联合

① 参见赵秉志等:《关于我国社区矫正立法若干问题的建议》,载赵秉志主编:《刑事法治发展研究报告》(2006—2007年卷),中国人民公安大学出版社2008年版,第166—186页。

国数十年来为改进全球刑事司法和预防犯罪作了不懈的努力，其制定的有关国际公约对各国刑事立法和刑事政策均具有指导意义。而我国作为联合国安理会常任理事国，近年来一直积极参与国际事务，并积极签署加入了诸多联合国公约。不过，由于我国社会发展尚处于社会主义初级阶段，在文化传统、社会政策、经济发展等方面与发达国家仍存在差异，因此，吸收与贯彻有关国际公约规定的标准和规范以改革我国相关国内立法，依然是今后我国刑事法治发展进步所面临的重要任务。比如，我国尚未批准《公民权利和政治权利国际公约》，这说明我国在刑事法治进程中还需要进一步解决与该公约确立的标准全面接轨的问题；我国虽已加入《联合国反腐败公约》和《联合国打击跨国有组织犯罪公约》等，但在立法和实践中要全面贯彻这些公约，我国还需要付出长期的巨大的努力。这里仅就其中比较突出的惩治恐怖主义问题与国际刑事司法协助问题作简要介绍。

1. 惩治恐怖主义犯罪问题

我国政府历来旗帜鲜明地反对一切形式的恐怖主义，并断然采取有效措施防范和打击恐怖活动犯罪。"9·11"事件以来，我国进一步加强了反恐怖工作，修改了有关惩处恐怖活动犯罪的法律，建立、健全了反恐怖工作协调机制，采取了一系列防范恐怖活动的措施，严厉打击各种暴力恐怖活动，有力地维护了国家安全、社会稳定和人民生命财产安全。同时，我国支持并认真执行联合国及安理会通过的一系列关于反对恐怖主义问题的决议，积极参与国际反恐怖主义合作。我国政府主张，国际社会应加强对话和磋商，共同防范和打击国际恐怖活动，努力消除产生恐怖主义的根源。① 当然，反对恐怖主义犯罪要标本兼治，综合运用法律、政治、经济、军事等各种措施。而法律措施无疑是其中不可或缺的基本对策。但通过与国际刑法规范以及国外相关立法的比较，不难发现，我国惩治恐怖主义犯罪的立法远未尽善尽美，尚有诸多亟待完善之处。

对于我国反恐怖主义立法，理论界主要存在以下几种观点：第一种观点认为，除《刑法》中的相关规定外，我国并不存在其他的反恐怖主义立法，并指出："我国对恐怖主义的原则立场反映在我国《刑法》和我国所缔结或加入的有关反恐怖主义国际公约中。"②第二种观点则认为，我国反恐怖主义立法由《刑法》、反洗钱法律法规和保护航空法律法规所组成。③ 笔者认为，这两

① 参见国务院新闻办公室 2002 年 12 月 9 日发表的《2002 年中国的国防》白皮书。

② 参见马德才：《反恐怖主义的法律对策》，载《荆州师范学院学报(社会科学版)》2003 年第 1 期，第 102 页。

③ 参见郑远民、黄小喜、唐锷：《国际反恐怖法》，法律出版社 2005 年版，第 296—304 页。

种观点均具有一定的合理性，但也都存在值得商榷之处：一方面，鉴于《刑法》在我国法律体系中的重要地位，以及《中华人民共和国刑法修正案(三)》(以下简称《刑法修正案(三)》)的集中性反恐规定，就容易使人们将《刑法》等同于反恐怖主义立法。这两种观点都注意到了《刑法》在反恐怖主义立法中的特殊地位，这是值得肯定的。另一方面，第一种观点将《刑法》等同于反恐怖主义立法，显然是片面的；第二种观点虽将反恐怖主义立法的范围扩大至部门规章，也还不够全面。笔者认为，我国反恐怖主义立法的内涵极为丰富，以效力等级为标准，可以分为法律、行政法规、部门规章等；以反恐职能为标准，则可以分为预防、处置、制裁、恢复等内容，我们不能将视野局限于某一部门法，也不能将反恐怖主义法等同于反恐怖主义犯罪法。我国目前尚不存在专门的反恐法律，而是由法律、行政法规和部门规章等共同发挥着反恐怖主义职能。总体看来，我国反恐怖主义立法可分为预防法、处置法、制裁法和恢复法四大模块，它们相互衔接、相互配合，共同发挥着反恐怖主义的法律职能。①

法律的精确性取决于法律之获得有效执行。② 评价反恐怖主义立法的标尺，也只能是我国的反恐怖主义实践。事实上，我国反恐怖主义立法尚存在与实践相矛盾之处：首先，迄今为止，除少数零散条款外，我国的专门反恐立法几乎处于空白状态；其次，除《刑法》等少数法律存在专门内容外，其他法律并未突出反恐怖主义之特殊性，这就会造成法律适用中的名实不符；最后，在我国反恐怖主义立法中，一个突出的问题就是缺乏基础性概念的界定，从而导致相关规定的可操作性不强。

关于反恐立法的完善，笔者主张：(1)在《中华人民共和国宪法》(以下简称《宪法》)中增设反对恐怖主义的明确依据。具体而言，可以考虑在我国《宪法》序言第12自然段中，增加反对恐怖主义的内容，即："坚持反对帝国主义、霸权主义、殖民主义、恐怖主义，加强同世界各国人民的团结……"(2)进行专门的反恐怖主义立法。这是有效预防、打击恐怖主义的必然要求。笔者认为，我国未来的反恐怖主义法应涉及多个部门法，在明确基础性概念之后，应兼具预防、处置、制裁与补偿等内容。(3)重构我国反恐怖主义立法格局。笔者认为，完善我国反恐怖主义立法的关键，就在于建构"以《宪法》为依据，以反恐怖法为主导，诸法配合"的反恐怖主义立法新格局。③

---

① 参见赵秉志、杜邈：《我国反恐怖主义立法完善研讨》，载《法律科学》2006年第3期。

② 参见〔德〕弗里德里希·卡尔·冯·萨维尼：《论立法与法学的当代使命》，许章润译，中国法制出版社2002年版，第16页。

③ 参见赵秉志、杜邈：《我国反恐怖主义立法完善研讨》，载《法律科学》2006年第3期。

2. 国际刑事司法协助问题

国际刑事司法协助，是指世界各国或者地区之间为有效地制裁国际犯罪行为，依据国际条约规定或双边互惠原则，直接或在国际组织协调下进行的刑事司法互助，代为履行一定诉讼事务的司法制度。① 国际刑事司法协助有狭义和广义之分。狭义的刑事司法协助在理论上也被称为“小司法协助”，它的范围主要包括：刑事诉讼文书的送达、调查取证、解送被羁押者出庭作证、移交物证和书证、冻结或扣押财产、提供法律情报等；广义的刑事司法协助有时也被称为“刑事司法合作”，它的范围包括引渡、小司法协助、相互承认与执行刑事判决和刑事诉讼移管等。② 开展刑事司法协助，既是发展国家间友好往来的需要，也是互惠互助地完成涉外刑事案件追诉活动的需要，特别是在惩治国际犯罪的情况下，更是维护世界各国共同利益、保证刑事诉讼顺利进行的需要。

我国现行《宪法》、《中华人民共和国刑事诉讼法》（以下简称《刑事诉讼法》）、《中华人民共和国缔结条约程序法》（以下简称《缔结条约程序法》）以及《中华人民共和国引渡法》（以下简称《引渡法》）等，都对国际刑事司法协助作出了具体的规定。20 世纪 80 年代中期以来，随着参与国际社会联合打击国际犯罪的活动不断深入，以及惩罚跨国性犯罪的客观需要日趋突出，我国与世界各国之间进行刑事合作亦不断加强。截止 2007 年 8 月 31 日，我国已经与 57 个国家缔结了 90 项包含司法合作内容的双边条约（协定），其中涉及刑事司法协助的条约 40 项，引渡条约 31 项，移管被判刑人条约 5 项。此外，我国还加入了《联合国打击跨国有组织犯罪公约》、《联合国反腐败公约》等近 20 项包含刑事司法合作内容的多边国际公约。③ 这些司法协助条约以及相关国际公约，在我国司法机关与外国司法机关之间开展刑事司法协助、联合制裁跨国性犯罪等方面，发挥了积极的作用。而近年来愈益凸显的贪官外逃现象，则使我国对外强化刑事司法协助变得更加重要。

同时，也应当看到，我国目前的国际刑事司法协助活动在某些方面还不够规范，有待进一步完善。具体表现在：(1)有关刑事司法协助的国内立法缺位，已经影响了我国开展国际刑事司法合作活动，影响到我国对公约项下国际义务的切实履行。(2)在我国与外国签订有关刑事司法协助方面的条约时，没有一个统一的中央机关来代表中华人民共和国；而且，在与外国开展

---

① 参见马进保《国际犯罪与国际刑事司法协助》，法律出版社 1999 年版，第 30、31 页。

② 参见黄风等：《国际刑法学》，中国人民大学出版社 2007 年版，第 269 页。

③ 参见黄风：《中华人民共和国国际刑事司法协助法（立法建议稿）》，载《法学评论》2008 年第 1 期。

刑事司法协助时，也缺乏一个统一的中央机关进行对外联系。这不仅在一定程度上影响了我国与外国有关刑事司法协助条约的签订，同时也不可避免地影响到我国与外国签订的有关刑事司法协助的条约在内容上的一致性，难以规范有关刑事司法协助的活动。① (3)在我国与外国签订的有关刑事司法协助的条约中，对刑事司法协助的范围，虽然都采用了狭义的司法协助的观点，但在其具体内容上也还存在着某些差别。(4)在我国与外国签订的某些刑事司法协助条约中，存在人为地使到我国境内出庭作证和协助调查取证的人员在免予追究刑事责任方面受到不同等待遇的规定。(5)我国与外国签订的有些刑事司法协助条约的语言运用有欠规范。(6)对于外逃贪官的追诉制度和刑事司法合作制度有待进一步完善。鉴此，笔者初步提出如下建议：(1)为了保障国际刑事司法协助的正常进行，加强惩罚犯罪方面的国际合作，应着手制定专门的"国际刑事司法协助法"；(2)由法律来规定我国对外开展刑事司法协助的"中央机关"，避免"政出多门"；(3)确立我国与外国进行刑事司法协助的一般原则和程序规则②；(4)在建立预警、反洗钱等预防机制以防止贪官外逃的同时，争取与更多的发达国家签署司法协助条约(协定)，灵活运用其中的量刑承诺，有效追缉外逃贪官。③

四、我国刑事司法领域的重大现实问题

"徒法不足以自行"。如果说刑事立法是刑事法治实践理性的最初环节，那么刑事司法则是刑事法治运行的中心环节和关键所在。我国刑事法治的发展进步当然离不开刑事立法的科学化、民主化与现代化，因为它需要一

---

① 根据截止2006年6月的统计，在与外国缔结的49项双边司法协助条约(协定)中，指定司法部为我国中央机关的条约(协定)有36项；同时指定司法部和最高人民检察院为我国中央机关的条约有10项；同时指定司法部和最高人民法院为我国中央机关的条约有1项；同时指定司法部、最高人民法院和最高人民检察院为我国中央机关的条约有2项。参见黄风等：《国际刑法学》，中国人民大学出版社2007年版，第293页。

② 参见赵秉志主编：《中韩国际刑事司法协助及相关犯罪研究》，中国人民公安大学出版社2006年版，第67页。

③ 所谓量刑承诺，是指由请求引渡或遣返犯罪嫌疑人的国家司法机关向被请求引渡或遣返的国家作出引渡或遣返该犯罪嫌疑人回国受审后减轻刑罚处罚，包括本应罪该判处死刑而不被判处死刑或判处死刑不予执行的许诺或保证。这其实是为了避免因适用"死刑犯不引渡"原则而最终导致引渡和遣返不能实现的一项国际法律变通制度，是国际上的一种通行做法。参见张智辉、蔡新苗：《如何预防贪官外逃与引渡外逃贪官》，载《中州学刊》2007年第4期。

套规范刑事法治活动的科学的游戏规则。不过,这套规则的设立是否合理,能否得到切实遵循,既应当来源于刑事司法实践,又必须经由刑事司法活动的检验和完善。因此,没有刑事司法的有效运行和切实保障,也不可能真正取得刑事法治的发展进步。审视当今我国的刑事司法领域,笔者认为,以下几个重大现实问题值得特别关注:

(一)刑事司法解释问题

刑法解释论是刑法学基础理论的重要组成部分,在近年来的刑法学术研究中,对该领域的研究有逐渐升温的趋势。尤其是刑法立法解释和司法解释文件的不断出台,已经引起刑法学界的广泛关注与讨论。而刑事司法解释无疑是我国刑事法治建设全局中的一个重要问题和环节。刑事司法解释既与刑事立法紧密关联,又与刑法的实施联系在一起,它可以说是连接刑事立法和司法实践的桥梁。数十年来,我国刑事司法解释的实践既在贯彻刑事立法精神、打击犯罪、保护人民方面作出了巨大的贡献,也出现了不少广受诟病的问题。例如刑事司法解释文件与一般司法文件界限不清、解释权配置体制不合理、越权解释较为普遍地存在、生效时间的规定不科学、失效时间的不明确、制定方式和修改方式不规范、在相当长的时间里制定程序无章可循或有章不循等。刑事司法解释的规范化和科学化,已经成为我国加强刑事法治建设进程中急需解决的一个重要问题。这里仅就其中影响到罪刑法定原则贯彻实施的一个突出的问题——越权刑法解释及其防止对策问题略陈管见。

越权刑法解释有狭义和广义两种含义。狭义的越权刑法解释,是指超出了法定解释权限的刑法解释,即本来有解释权,但超出了权限。质言之,这种越权是“越解释权”。广义的越权刑法解释,除了包括狭义的越权刑法解释外,还包括无权刑法解释,即没有法定解释权的国家机关对刑法所作出的解释。易言之,这种越权是“越其实有职权”。具体来说,越权刑法解释包括有解释权的机关作出的违背解释规则的解释和无解释权的其他机关作出的解释。越权刑法解释又可相应地分为越权刑法立法解释和越权刑法司法解释两类。仅就刑事司法领域中的越权刑法司法解释来说,主要包括以下类型:(1)违背刑法基本原则的司法解释。(2)违背立法原意的司法解释。其具体表现形式有:其一,将无罪的行为规定以犯罪论处。如最高人民检察院针对足球“黑哨”事件所颁发的通知。① 其二,将有罪的行为规定不以犯罪论处。其三,改变此罪与彼罪的界限。其四,改变法定刑设置。其五,改变缓刑、减

① 2002年2月25日最高人民检察院发出通知要求:依法严肃处理足球“黑哨”腐败问题。通知指出,根据目前我国足球行业管理体制现状和《体育法》等有关规定,对于足球裁判的受贿行为,可以依照《刑法》第163条的规定,以公司、企业人员受贿罪依法批捕、提起公诉。

刑、假释等刑罚适用制度。(3)最高司法机关内部各部门发布的刑法解释性文件。"两高"内部各业务庭(厅)室均无权以各自的名义对外发布司法解释性文件,目前司法实践中存在的此类文件均属于越权解释。(4)地方各级人民法院、人民检察院所发布的刑法解释性文件。地方各级司法机关并不具备发布司法解释的主体资格,由其进行的刑法解释也属于越权刑法解释。越权刑法解释产生的原因,既是因为立法的抽象性与司法的具体性之间的矛盾以及立法的稳定性与社会的易变性之间的矛盾无法彻底解决所致,同时也是因为我国目前对刑法解释权缺乏应有的制约。

笔者认为,越权刑法解释尤其是越权刑法司法解释是类推制度废止后罪刑法定主义的最大敌人。对于越权刑法解释主要应采取以下对策:(1)立法机关坚持细密刑法立法观和超前立法观。(2)立法机关及时行使刑法修改权。(3)最高司法机关及时行使司法解释权。(4)保证司法机关独立行使司法解释权。应当禁止行政机关(如国务院部门)和最高司法机关联合发布刑法解释的做法,司法解释只能以最高司法机关的名义发布。(5)以法律的形式对刑法解释的制定程序进行规定。具体可以采用以下方案:一是制定"法律解释法",对包括刑法解释在内的法律解释问题作出统一规定①;二是全国人大常委会制定一个新的"关于法律解释工作的决定",除了对法律解释的权限作出规定外,还对各类法律解释的制定程序作出规定;三是在《中华人民共和国立法法》(以下简称《立法法》)中增加关于司法解释程序的规定。(6)建立完善的刑法解释撤销机制。应当对撤销越权刑法解释的提请主体、审查主体和审查程序作出具体的法律规定。②

(二)死刑适用的司法限制问题

死刑在人类历史上有着悠久的历史。但是,自第二次世界大战以来,尤其是进入21世纪之后,死刑逐渐失去了其在以往刑罚体系中的核心地位,限制、减少乃至废止死刑已成为非常响亮和强劲的时代命题。这一命题不仅为越来越多的国际法律文件所认可,而且逐步成为大多数国家的刑事法治实践。③ 在这样的形势之下,我国刑事法理论界与实务界对死刑也进行了深刻的研究和探讨,取得了很多有益的成果,从而对我国切实减少死刑适用的数

① 在国外有不少国家都制定了专门的法律解释法,如《英国1889年解释法》。

② 参见赵秉志、陈志军:《论越权刑法解释》,载《法学家》2004年第2期。

③ 2007年12月18日,联合国大会通过议案,呼吁各国尊重国际社会对死刑的标准并暂缓适用死刑。这次对议案的表决结果为104国赞同,54国反对,29国弃权。投赞同票者主要为欧盟成员国,而中国、美国、俄罗斯、新加坡、叙利亚等国投了反对票。在此前的11月15日,联合国大会负责社会和人道主义事务的第三委员会以99票赞成、52票反对、33票弃权的结果通过决议,呼吁暂停适用死刑,并希望将来彻底废除死刑。

量、保障死刑案件的质量产生了深远影响。其中,最为重大的成就是:理论界已经达成现阶段我国应当逐步废止非暴力犯罪死刑,并朝着全面废止死刑之方向努力的基本共识;最高人民法院从2007年起业已全面收回以前下放的死刑核准权。这就为我国刑事法治中死刑制度的改革与完善创造了良好的开端。但是,在我国朝着保障人权、以人为本的现代和谐社会方向迈进的过程中,我国死刑制度改革还面临着诸多的难题,如死刑罪名繁多、死刑适用泛滥、死刑适用标准有失明确统一、民众报应观念根深蒂固、死刑正当程序不健全,尤其是死刑复核程序缺漏较大等。对于这些问题及其解决对策进行全面的分析研究,当有助于促进我国死刑制度的改革与完善。

而从法治的层面上看,死刑制度的改革不外乎两个方面:死刑的立法改革与司法改革。死刑的立法改革具有基础性、决定性的作用。在刑法立法中,对死刑制度进行改革,能在源头上实现限制与减少死刑适用的目标,因为规定更为严格的死刑适用的一般标准与更为宽松的死缓适用标准,减少死刑罪名,并在法律上严格限制具体犯罪死刑的适用规格,显然能够直接产生减少死刑适用的法律效果。但是,死刑的立法改革是一个复杂而又程序繁多的重大工程。死刑改革又牵涉诸多难题,如果每个难点的解决都要依赖于立法活动,那么,死刑制度的改革步伐与力度就可能会受到较大的限制,改革的进度就会相当缓慢。相对来说,死刑的司法改革是在司法领域中由司法机关进行的,并不涉及复杂的立法程序。很多问题能够在司法实践领域作出积极的探索,并有可能取得较好的效果。例如,我国《刑法》对非暴力犯罪并没有规定绝对的死刑,而是设置有几种刑种制度供选择适用,从限制、减少死刑的立场出发,司法机关就可以基于犯罪情节尚未达到适用死刑的程度为理由而对非暴力犯罪尽可能不适用死刑,从而逐步使非暴力犯罪的死刑基本予以虚置,起到严格控制死刑数量之功效。另外,对死刑适用的基本标准予以严格把握,放宽死刑缓期两年执行的适用条件,对具体犯罪适用死刑的具体规格和情节从严掌握,也是司法机关在其职责范围内能够做到的。以此限制、减少死刑的适用,显然是推进死刑制度改革的更为方便、快捷、适宜的途径。所以,现阶段我国死刑制度的改革,虽然需要立法改革与司法改革齐头并进,但更有必要以司法改革为中心。

本着"保留死刑,但严格控制死刑"之政策,我国最高司法机关近年来在司法领域中积极开展和实施死刑制度的司法改革,对死刑制度的诸多问题予以积极的探索,取得了显著的效果。经中央英明而果断决策的死刑复核权收归最高人民法院统一行使,即是其中的重大进展。从最高人民法院收回死刑复核权后一年多来的实践情况看,死刑案件核准工作进展顺利,实现了平稳过渡,没有出现大起大落的情况。而且,死刑案件的数量继续明显下降,质量更加扎实可靠,死刑复核程序逐步规范和完善。① 最高人民法院审判委员会专职委员黄尔梅大法官2008年3月初在接受媒体采访时表示,最高人民法院2007年收回死刑复核权以来,因原判事实不清、证据不足、量刑不当、程序违法等原因不核准的案件,占复核终结死刑案件的15%左右。同时,判处死刑缓期两年执行的罪犯人数首次高于死刑立即执行的罪犯人数。② 可以说,这一重大改革已收到了良好的效果,在国内外引起了强烈反响和普遍赞许。在此基础上,笔者认为,我国刑事司法实践中还应在如下方面作进一步努力:(1)积极贯彻宽严相济的刑事政策,严格限制与减少死刑的适用;(2)统一死刑适用标准,确保死刑只适用于极少数罪行极其严重的犯罪分子;(3)扩大死刑缓期执行制度的适用,以便从执行制度上体现出对死刑限制的精神;(4)提高死刑适用质量,减少死刑适用数量,慎重适用死刑,从而努力促使司法工作人员在死刑适用上转变观念。③

(三)非公有制经济的刑法保护问题

从"拾遗补阙"到"国民经济必要的有益的补充",又成为"国民经济的重要组成部分",我国非公有制经济的发展在晚近20年间可谓一路破冰,昂首走来。而为了给非公有制经济的发展创造良好的社会氛围和法治环境,提供切实可靠的法律保障,就必须尽快加强和完善社会主义法治建设。正是遵循此一指导思想,我国1999年3月的《中华人民共和国宪法修正案(1999年)》(以下简称1999年《宪法修正案》)明确规定,"在法律规定范围内个体经济、私营经济等非公有制经济,是社会主义市场经济的重要组成部分,国家保护个体经济、私营经济的合法权益和利益,国家对个体经济、私营经济实行引导、监督和管理。"此一规定首次以根本法形式确立了个体、私营经济是社会主义市场经济的组成部分而不是补充成分,这就为对非公有制企业采取扶持政策和平等保护立法奠定了宪法基础。不过,尽管1999年《宪法修正案》的上述规定确立了非公有制经济的法律地位,但一些相关法律特别是《刑法》,还未能适应现实状况和宪法精神,作出相应的修改和完善。为保证宪法精神落实到经济和社会生活的各个方面,必须加强对非公有制经济

---

① 参见董瑞丰:《死刑复核权上收"盘点"——专访最高人民法院副院长姜兴长大法官》,载《瞭望》2007年第36期。

② 参见胡云腾等:《未核准率15%,死刑复核程序成功改革的几点启示》,载《法制日报》2008年3月21日。

③ 参见赵秉志:《我国现阶段死刑制度改革的难点及对策——从刑事实体法视角的考察》,载《中国法学》2007年第2期。

的法律保护尤其是刑法保护。从当前我国刑事法治实践情况来看,正确认识对非公有制经济的刑法保护并切实予以贯彻落实,已成为社会发展的迫切要求。①

考察与反思1999年《宪法修正案》颁布以来的刑事法治情况,应当说,关于非公有制经济的刑法保护问题在执法观念上有所进步但还有较大的差距,最高司法机关出台的有关司法解释对此有所体现但仍不够全面且存在矛盾,而刑法方面的协调和明确体现则尚付阙如。这种不尽如人意的刑事法治状况已逐渐引起刑法学界乃至法律实务界诸多有识之士的关注,应当予以及时研究和着力解决。

笔者认为,除了国家立法机关应尽可能及时地修改补充刑法规范,为强化对非公有制经济的刑法保护提供立法的保障外,尤其需要在刑事司法中完善对非公有制经济的平等保护。首先,应该在刑事司法中树立平等保护非公有制经济的观念。其次,对非公有制经济的刑事司法保护,应坚持"实体"与"程序"并重的司法理念和"以人为本"的人性化执法的思想。再次,要对非公有制经济的刑法保护作出与时俱进、具有针对性的规范解释。此外,还应强化司法机关系统内部的监督和管理,将对非公有制经济的平等保护真正落到实处。②

(四)劳动教养制度改革问题

劳动教养是我国特有的一种法律制度。根据现行的劳动教养法律、法规的规定,劳动教养是对有违法和轻微犯罪行为,不够或不需要予以刑事处罚而需要劳动教养的人,由省(区、市)和大中城市下设的劳动教养管理委员会(实际上是由公安机关)审查批准,由司法行政部门的劳动教养管理所予以收容并进行教育改造1至3年,必要时可以延长1年的行政措施。作为一种非司法性剥夺公民人身自由的制度,劳动教养制度不仅涉及《刑法》的相关内容,而且涉及《刑法》与行政法等部门法之界限,它尤其与我国法治化现代化进程密切相关。

诚然,劳动教养制度在我国的确立和发展有其特定的历史背景和价值基础。在其存续的50年间,该制度在维护社会治安,稳定社会秩序,预防和减少犯罪,教育和挽救轻微违法犯罪人员等方面,曾发挥了积极的作用。但是,随着我国政治、经济、文化等各方面的发展变化,特别是在依法治国、建设社会主义法治国家基本方针的确立和对人权保障的日益重视的背景下,该制度

---

① 参见张军:《非公有制经济法律地位的变迁及其启示》,载《中国法学》2007年第4期。

② 参见张军:《非公有制经济刑法规制与保护论纲》,中国人民公安大学出版社2007年版,第235页。

中存在的诸多问题和缺陷亦日益暴露出来。概而言之,目前我国的劳动教养制度存在着性质定位模糊、收容对象宽泛、内容过于严厉、审批程序不严、当事人缺乏必要的司法救济、期限过长等弊端。从价值理念上看,它不符合现代法治国家保障人权的观念,有违公平、正义原则;从法律根据上看,它与我国的《立法法》直接相违背,与《中华人民共和国治安管理处罚法》(以下简称《治安管理处罚法》)、《中华人民共和国行政处罚法》(以下简称《行政处罚法》)不相协调,明显不符合国际人权公约的要求,背离了依法治国的内在需求。劳动教养制度设计的严重缺陷带来了操作、执行过程中出现的种种诟病,成为国际社会指责我国法治现代化和人权保障状况的焦点之一。劳动教养作为"强制性教育改造"的初衷,已经被其现实运作过程中所体现出来的严厉处罚性所取代;作为"安置就业的一种办法"的最初考虑,则更是荡然无存。可以说,劳动教养作为我国控制社会秩序的重要手段,其具体实施过程中所造成的对法治原则和正义理念的不良影响,已超过它对于维护社会治安所能发挥的积极作用。①

事实上,劳动教养作为一种具有中国特色的法律制度,显然是以维护社会秩序为其基本价值取向的;但是兼顾维护社会秩序和保障公民人权两种价值,乃是现代法治精神对各项具体法律制度的基本要求。我国是中国共产党领导的人民民主专政的社会主义国家,维护和保障人权是国家的基本政策和法治诉求所在。而劳动教养制度由于存在着上述种种问题和缺陷,不仅成为我国社会法治现代化进程中特别是刑事法治现代化建设中的一个突出问题,而且是我国民主与人权事业及国际人权斗争中的一个广受诟病的焦点问题。在对 1979 年《刑法》修改的研拟过程中,现行劳动教养制度的处置虽然是一个争论较大的问题,但无论是学界还是司法、公安部门,基本上都对其持改革的立场;只是由于当时准备不足,配套制度一时难以落实到位而暂时搁置。如今,对现行劳动教养制度进行改革,不仅是实现党的十七大报告所提出的"深化司法体制改革,优化司法职权配置,规范司法行为,建设公正、高效、权威的社会主义司法制度"目标的要求,而且亦是承担我国签署或者加入的联合国《公民权利和政治权利国际公约》等有关人权与法治的国际公约所规定之义务所需②,是我国现代法治文明进步的需要,更是维护和保障人权,"维护社会公平正义,维护社会主义法制的统一、尊严、权威"的要求。

---

① 参见赵秉志等:《中国劳动教养制度司法化改革论纲》,载《检察日报》2003 年 6 月 25 日,第 3 版。

② 联合国《公民权利和政治权利国际公约》第 9 条第 1 款规定:"除非依照法律所规定的根据和程序,任何人不得被剥夺自由。"我国现行劳动教养制度显然有悖于此一规定。

那么,究竟如何对我国现行的劳动教养制度进行改革？这在理论界和实务部门形成存与废两大观点阵营:一是主张应该废止劳动教养制度,包括将劳动教养纳入《刑法》而予以刑罚化的观点;二是主张正视劳动教养的社会功效和运作弊端,在保留劳动教养制度的前提下进行必要的改革。主张对劳动教养予以适度改革的意见阵营中,大致又可分为两大模式、四种方案:一是准司法化模式,主张在现有的制度框架内,通过强化劳动教养管理委员会的职能和对劳动教养的适用加以限制,来解决实践中存在的诸问题。二是司法化模式,即主张由人民法院通过公正的审判程序来决定劳动教养的适用。其中又具体包括三种方案:(1)设立专门的治安法院,负责审理公安机关提请的劳动教养案件;(2)由人民法院内设的刑事审判庭或行政审判庭负责审理劳动教养案件,设立劳动教养审判合议庭,或实行审判独任制;(3)在人民法院内部单独设立治安审判庭,专门负责审理劳动教养案件。

笔者认为,"准司法化"模式尽管顾及了制度的一贯性、稳定性和行政的高效率性,但并不能从根本上解决劳动教养制度已经凸现的诸多问题。在"司法化"模式中,主张设立治安法院的方案,符合劳动教养司法化的大趋势,有利于高效、公正地适用劳动教养,但其牵涉面太广,工作量过大,直接影响到我国现行的司法体制改革。而主张由人民法院内部现设的刑事审判庭或行政审判庭一并裁判的方案,其优点在于改革的影响面不大,但又容易造成与刑事诉讼、行政诉讼的混淆。

笔者认为,将劳动教养的决定权由公安机关转由法院来行使,使之纳入诉讼程序化运作过程,对于避免劳动教养决定的随意性,保障当事人的合法权益,尤其是保障其充分行使辩护权利,具有很大的积极作用;但劳动教养的固有缺陷亦并非诉讼程序化改进所能够完全解决的,而必须同时对劳动教养的实体问题进行彻底的变革。具体而言,对劳动教养制度的实体变革应从我国目前的国情和法治国家的长远目标两个层面着眼。也就是说,可以从目前保留劳动教养制度和将来废除劳动教养制度两个阶段对劳动教养问题进行改革。在目前保留劳动教养制度的阶段,在现行法院体制架构下,可以借鉴当前的一些专门审判庭、法庭如少年犯罪审判庭的成功做法,在人民法院内部设立独立的治安审判庭,专门负责审理劳动教养案件。此一改革方案不仅简便可行,符合现行法制框架下对劳动教养性质的定位,而且能有效地将劳动教养纳入司法体制和正当程序之中,解决并克服现行劳动教养的决定权、适用程序、权利救济等问题和弊病,充分体现我国现代法治保障公民人权与维护社会秩序并重的价值取向。而从建设现代化法治国家的长远目标考虑,笔者主张将来废除劳动教养制度,而在规范上代之以"违法行为处罚法",并对当前劳动教养的对象、措施等,根据其具体情况和不同特点,予以分别处理。行为人之行为实际已构成犯罪的,应予以刑罚处罚;仅达到治安违法程度的,给予一般的治安管理处罚;如果既不可能犯罪化,而给予一般治安处罚又过轻且达不到教育目的的,则可以考虑纳入行政强制措施。例如,可以把目前对吸毒、卖淫、嫖娼人员所采取的强制戒除、收容教育与对这些人员的劳动教养合并,归并为一个体系,使之成为行政强制措施。①

(五)刑事和解制度问题

刑事和解是在刑事诉讼程序运行过程中,被害人和加害人(即被告人或犯罪嫌疑人)以认罪、赔偿、道歉等方式达成谅解以后,国家专门机关不再追究加害人刑事责任或者对其从轻处罚的一种案件处理方式。作为一项刑事司法革新运动,刑事和解制度发端于20世纪六七十年代北美司法系统内的被害人与加害人调解程序。1974年,在加拿大安大略省的基切纳市确立了第一个被害人与加害人的和解计划(VORP)。1978年,在美国印第安纳州的厄克哈特开始实施VORP。随着恢复性司法理念在国际上得到广泛认可,刑事和解制度作为一种新的司法模式也迅速成为各国司法实践的新宠。②

对于我国的刑事法治而言,刑事和解制度还是一个新鲜事物,它不仅在立法上还基本处于空白状态,理论界的研究亦刚刚起步。目前,关于刑事和解制度的见解可谓截然对立;有的学者主张在我国构建刑事和解制度并进行了相关论证;但也有学者认为我国采纳刑事和解制度应当慎重,甚至对这种制度本身提出质疑。

诚然,刑事和解制度在某种程度上有冲击现行刑法基本原则之虞,而且它也与我国的刑罚目的有所冲突,可能对公共利益构成侵害,并在社会上造成一定的不良影响,甚至还可能会造成权利的滥用。但是,刑事和解符合我国"和为贵"、"冤家宜解不宜结"的善良风俗,有利于弥补被害人因犯罪造成的损害,抚平其心理创伤;有利于减少对抗,化解矛盾,促进社会和谐;有利于减少刑事追究,节约司法资源,化消极因素为积极因素。③ 而且,已有的有关司法实践表明,刑事和解机制对于解决轻微刑事案件在我国同样具有重要的实践价值。因此,笔者也主张,有必要借鉴国外先进经验,构建适合我国国情

---

① 参见赵秉志等:《中国劳动教养制度司法化改革论纲》,载《检察日报》2003年6月25日,第3版。

② 参见王志祥、姚兵:《刑事和解制度的中国命运》,载赵秉志主编:《刑事法治发展研究报告》(2006—2007年卷),中国人民公安大学出版社2008年版,第191页。

③ 参见罗欣、王金贵:《"和谐社会语境下的刑事和解"研讨会举行》,载《检察日报》2006年7月22日。

的刑事和解制度。不过,笔者认为,为稳妥起见,刑事和解制度目前只应适用于轻微刑事案件、未成年人犯罪案件以及过失犯罪案件。①

(六)重点领域的热点犯罪问题

随着市场经济的深入发展、社会转型的不断加剧,在金融、环境、生产、互联网等领域出现了一些严重危及社会安定与和谐的热点犯罪,诸如腐败犯罪、金融犯罪、环境犯罪、知识产权犯罪、网络犯罪、黑社会性质组织犯罪、毒品犯罪、伪劣商品犯罪、安全责任事故犯罪,等等。现仅就其中的两个问题作简要论述:

1. 知识产权的刑法保护问题

知识产权是法律赋予人们对脑力劳动创造的精神成果所享有的权利。知识产权具有与一般的财产权不同的社会价值,它是代表社会共同利益的一种新型产权制度的体现。在 WTO 管辖范围之内,知识产权保护已成为与货物贸易、服务贸易并称的三大支柱之一。随着我国成为世界贸易大国,国际社会对我国知识产权保护问题十分敏感与关注,涉及知识产权的贸易摩擦与司法纠纷不断增多,知识产权保护的紧迫性在我国已经得到了前所未有的提升。事实上,保护知识产权,不仅是我国履行有关承诺,创造良好的贸易和投资环境,提高对外开放水平的需要,更是促进科技创新、规范市场经济秩序、促进国民经济整体素质和竞争力提高的需要。而知识产权的刑法保护既包括刑事立法保护,也包括刑事司法保护。在加入世界贸易组织前,我国已经根据世界贸易组织的 TRIPs 协议修改了《中华人民共和国著作权法》(以下简称《著作权法》)、《中华人民共和国商标法》(以下简称《商标法》)和《中华人民共和国专利法》(以下简称《专利法》)等知识产权法律,并使之与《刑法》共同构成较为完备的知识产权刑事立法保护体系。不过,从国际上看,各国对知识产权最强有力的保护还是刑事司法保护。我国对知识产权保护也不例外。完善的刑事司法保护机制是我国知识产权保护必不可少的。我国知识产权刑事司法保护的目的,就是要通过适时、正确地审理知识产权犯罪案件,有效地惩治与防范侵犯知识产权犯罪,切实维护当事人的合法权益,保障社会主义市场经济的顺利发展。

尽管我国知识产权犯罪的刑事立法已基本符合 TRIPs 协议的要求,但在司法实践中还有诸多问题亟待解决。在打击假冒商标、盗版和其他涉及知识产权的犯罪执法活动中,如何才能够实现 TRIPs 协议的要求,把真正的制假者、地下工厂、下订单的幕后"黑手"挖出来,并对这些人以及假冒品的出口

① 当然,也有学者对此持不同的看法,认为刑事和解不应只限于轻微犯罪,而应当适用于所有的犯罪。参见张智辉、武小凤:《刑事和解刑法制度化构想》,载赵秉志主编:《刑事法治发展研究报告》(2006—2007 年卷),中国人民公安大学出版社 2008 年版,第 222—227 页。

代理商、屡犯、从事假冒商标印制和盗版产品生产销售的单位和个人予以重点打击，以使所有具有商业规模的故意假冒、盗版案件都受到刑事追究，仍然任重道远。① 笔者认为，有必要从如下几个方面强化知识产权的刑事司法保护：(1)加大司法解释工作力度。“两高”已于2004年11月21日、2007年4月4日分别公布了两个关于办理侵犯知识产权刑事案件的司法解释文件。可以说，这两个司法解释文件的出台，体现了我国《刑法》关于保护知识产权的立法精神，切实履行了我国政府加入WTO时的庄重承诺，反映了当前办理侵犯知识产权刑事案件的司法实践的需要，为惩治侵犯知识产权犯罪提供了强有力的法律武器。不过，为了适应知识产权犯罪的发展变化及其惩治防范需要，仍应及时更新和完善相关司法解释。(2)强化司法保护，淡化行政保护。我国对知识产权的保护采取的是司法保护与行政保护相结合的双轨制，这与世界上绝大多数国家有所不同。在我国建立知识产权法律制度的初期，这一具有中国特色的保护机制对于加强知识产权的有效保护起到了不可替代的作用。但是，只要实行双轨制，知识产权刑事责任的“门槛”就难以进一步降低。鉴此，笔者建议，可以在知识产权领域强化司法保护，建立一支集行政、刑事为一体的专业执法队伍，专门负责处理知识产权案件。(3)健全和完善侵犯知识产权犯罪案件诉讼制度，加强知识产权执法队伍职业化建设。(4)加强知识产权刑事司法保护的国际合作。

2. 商业贿赂犯罪的认定与防治问题

商业贿赂已经成为我国市场经济发展中的一个毒瘤，侵入商业活动的几乎所有领域，成为贿赂犯罪的主要表现形式，成为侵蚀领导干部“廉洁肌体”的“重症病毒”。② 如不对这种违法犯罪现象及时加以遏制，难免严重阻滞我国市场经济的健康、持续发展。

所谓商业贿赂，是指经营者为了获得交易机会或有利的交易条件而不正当地给予相关单位或个人好处，或者与商业活动密切相关的人，利用其所处的有利地位，不正当地收受经营者好处的行为。这种意义上的商业贿赂不是一个专业术语，也不是特指一种行为，而是指两类行为：第一类是指商业行贿行为，即经营者为了获得交易机会或有利的交易条件，不正当地给予相关单位或个人好处的行为；第二类是指商业受贿行为，即与商业活动密切相关的单位或者个人，利用其所处的有利地位，不正当地收受经营者好处的行为。商业贿赂既可以表现为经营者之间的行贿和受贿，也可以表现为经营者向公

① 参见最高人民法院民三庭：《知识产权刑法保护有关问题的调研报告》(2003年5月19日)。

② 参见吕国成：《商业贿赂已成官员“重症病毒”》，载《检察日报》2006年3月19日，第1版。

权力掌握者行贿或者公权力掌握者向经营者索取贿赂或者收受贿赂。前者是典型的商业贿赂行为,目前零售业、旅游行业、电信行业是这类商业贿赂的多发领域;后者是经营者与公权力掌握者之间进行的权钱交易。过去在整治商业贿赂时,执法部门重点关注的是前一种即典型的商业贿赂行为。但从目前实际情况来看,发案率最高、危害最严重、公众最痛恨的,乃是经营者与公权力掌握者之间发生的商业贿赂。这种商业贿赂也是近年来中央决心治理的商业贿赂的重点所在。① 根据调查统计,这种经营者与公权力掌握者之间发生的商业贿赂,已经渗透到市场和国家职能部门的各个角落,成为腐败犯罪的重灾区。其中,尤其以房地产及建筑工程行业、银行业、医疗药品行业、教育行业、政府采购行业、矿产权出让等潜藏巨大经济利益的领域发案多、危害严重。在许多行业,商业贿赂已经成为商业活动的"潜规则",不进行商业贿赂的人会受到排挤,揭露商业贿赂的人会受到打击报复。②

尽管我国一直比较重视对商业贿赂犯罪的治理,也取得了一定的成绩,但总体效果并不理想,主要原因在于治理商业贿赂面临诸多难题,如商业贿赂犯罪隐蔽性强,行为双方结成利益共同体,共同对抗查处,因而查处难度较大;现行法律规定及财会制度不够完善③;执法机关查处商业贿赂经验不足,工作水平有待进一步提高;等等。对商业贿赂的治理应当针对面临的问题,从多方面努力。具体而言,除了要完善惩治商业贿赂的刑事立法外,还应当做好以下工作:(1)健全企业财会制度,强化经营者抵制商业贿赂的责任意识;(2)深化体制改革,保证公共权力的正当行使,从源头上减少商业贿赂发生的机会;(3)完善对商业贿赂的行政制裁体系;(4)建立查处商业贿赂的协作机制。④

五、结　　语

党的十七大报告指出:"改革开放是决定当代中国命运的关键抉择,是发展中国特色社会主义、实现中华民族伟大复兴的必由之路。"这一重要论断高

---

① 参见《中央决策:治理商业贿赂成反腐重点》,载《检察日报》2006 年 4 月 4 日,第 5 版。

② 参见赵秉志:《略论商业贿赂的认定及处理》,载《国家检察官学院学报》2006 年第 3 期。

③ 参见中国新闻网:《治理商业贿赂存四大难题 中国将出重拳打击》,中国网,2005 年 12 月 28 日,http://www.china.org.cn/chinese/law/1075696.htm(浏览日期:2006 年 5 月 12 日)。

④ 参见沈德咏:《关于治理商业贿赂的法律思考》,载《新华文摘》2006 年第 1 期。

度概括了改革开放的重大理论与实践意义。经过30年的改革开放,我们的国家愈益强盛,人民日渐富裕,民主与法治事业成就斐然。而作为国家法治的重要组成部分,刑事法治的发展同样有赖于不断顺应社会形势对现存制度予以改革。可以说,时代的变迁,社会的进步,已经成为刑事法治发展进步最内在的源动力。同时,也只有在对现存制度及其运作中的非理性因素进行深刻反思的基础上,以现代刑事法治理念为支撑谨慎进行制度性革新,才能始终保证刑事法治向着更加理性的方向发展。① 申言之,刑事法治改革是时代的要求,是建设社会主义法治国家的需要。我国刑事法治改革的宗旨,就是为了实现刑事法治的科学化和现代化,以维护和促进社会的和谐、发展与进步。只有以现代法治思潮和理论研究为先导,以刑事立法的改革与完善为基础,以刑事司法的革新与强化为重点,我国刑事法治改革方能臻以成功并取得整体进步。

① 张智辉:《刑法改革的价值取向》,载《中国法学》2005年第4期。

2. 中国刑法学研究的现状与未来*

目　次

一、前　言

新中国法学发展的进程中,刑法学的研究历来较受重视。尤其是自1978年党的十一届三中全会开启中国社会主义法治建设新阶段以来,刑法学研究在我国法学研究的全面繁荣中迅猛发展,取得了长足进步,成为公认的我国法学领域中最为繁荣发达的主要学科之一。

时至今日,我国"依法治国,建设社会主义法治国家"的基本方略已经确立,改革开放进入继续深化和全面推进阶段,法治建设需要进一步科学化与

---

* 本文系作者向2008年11月15日中国社会科学院法学研究所"建所50周年纪念大会暨法学学科新发展论坛"提交的论文并在论坛上宣读,后载《学术交流》2009年第1期。

现代化,刑法学研究也面临机遇与挑战并存的局面。值此新中国成立60周年之际,笔者试从研究方向、研究方法和研究重点等三个维度对新中国成立60年来尤其是着重对改革开放30余年来我国刑法学研究发展的基本脉络予以勾勒与梳理,并简要分析和展望刑法学研究未来的发展趋势,希冀对我国刑法学研究的深化拓展及刑事法治的发展完善有所裨益。

二、关于刑法学研究的方向问题

(一)概说

研究方向对任何学科均至关重要。刑法学的研究方向问题不仅关系到研究力量的合理有效配置,更关系到刑法学的发展与繁荣。中华人民共和国成立后相当长的一段时期内,我国刑法学研究的整体状况是应用(注释)刑法学研究取得了长足发展,但理论刑法学却未得到应有的关注。晚近十余年来,随着刑法哲学、刑法方法论等理论刑法学研究领域的日益勃兴,这种状况有了一定的改观。但总的说来,我国偏重应用(注释)刑法学研究而轻视理论刑法学研究的格局,并没有能够有效地平衡与协调,存在着不少顾此失彼的地方。总的倾向仍是应用(注释)刑法学的研究比较发达,并逐渐形成了以刑法的注释与适用研究为中心的研究模式,而理论刑法学的研究则存在很大的不足。就刑法学研究的整体状况而言,也不容乐观,如研究布局不平衡、研究视野狭窄、研究方法欠缺、研究成果脱离国情、罪情以及低水平重复、社会效益低下等问题不同程度地存在。之所以出现这种状况,从根本上说,与我国刑法学研究的方向存在一定程度的偏差具有密切的关系。

正因为刑法学研究中存在上述方向性的偏差,笔者认为,有必要对以往刑法学研究的方向进行适当的纠正。在今后的刑法学研究中,应当强调理论研究与应用研究并重,实现全面发展。因为长期以来,我国的刑法学研究的确过于偏重应用研究,但我们不能把如今刑法学的不足完全归之于偏重应用研究,如今刑法学的不足是因不够重视理论研究之故,而非因应用研究的发达。正因此,笔者认为,在今后一段时期内,刑法学研究应强调加强理论刑法学的研究,但这绝不是要忽视应用刑法学的研究,而是基于二者平衡、协调发展的需要。

(二)完善建言

站在新的历史起点,笔者认为,今后的刑法学研究,还应着力从以下几个研究向度上作出努力。

1. 应把科学发展观和宽严相济的刑事政策如何在刑事法治建设中贯彻落实之研究摆在更加突出的位置

科学发展观是中央从新世纪新阶段国家和社会发展全局出发提出的重大战略思想。宽严相济的刑事政策是我国在构建和谐社会的背景下确立的当前及今后相当长的一个时期内应当坚持的基本刑事政策。新时期的我国刑事法治建设理当融入科学发展的理念,实践和贯彻科学发展的目标和要求,并按照科学、理性、务实的精神逐步推进。同时,由于基本刑事政策是刑事立法和刑事司法的灵魂,因而在我国刑事法治建设中也应当切实贯彻落实宽严相济的基本刑事政策。当前,进一步提高关于以科学发展观引领刑事法治建设和贯彻落实宽严相济刑事政策意义的认识,并对科学发展观和宽严相济的刑事政策如何在刑事法治建设中贯彻落实的问题展开较为系统、全面而深入的研究,不仅是正确把握刑法学的研究方向和目标的当然要求,而且也是刑法学研究为国家刑事法治建设服务的题中应有之义。因而在今后的刑法学研究中,应自觉将此课题放在更加突出的位置。

2. 应注重开展对新中国成立 60 年来尤其是改革开放 30 余年来刑法学成果的总结性研究

改革开放至今已逾 30 年,30 余年来,伴随着国家的昌盛、民族的振兴,我国的法治建设事业取得了辉煌的成就;我国的刑法学研究在广大刑法理论和实务工作者的共同努力下,同样有了长足的发展。此间,刑法学界紧紧围绕社会主义法治建设的主题,产出了大量的科研成果,深化了我国刑法学的研究,有力地推动了社会主义刑事法治事业的进步。在我国改革开放 30 余年以及即将迎来新中国成立 60 周年的重要历史时刻,系统梳理我国刑法学研究取得的成就,特别是分析我国以往刑法学主要研究方向的进展情况,取得了哪些突破,在主要研究方向上有哪些值得肯定的地方和不足之处,要明辨其得失,认真总结经验,从中吸取有益的教训,这对于在新的时代条件下明确我国刑法学研究的方向与目标,努力开创我国刑法学研究的新局面,继续把我国刑法学研究事业不断推向前进,乃至推动我国整个法治建设和社会的进步,都具有重要的意义和作用。

3. 应大力开拓对刑法学相关交叉学科的研究

刑法学作为一门传统学科,既有自律性也有他律性。自律性是指其专业性;而他律性则是强调刑法学作为社会科学之一,与其他社会科学存在密切的相联互动关系。而发现和揭示这种相联互动关系正是跨刑法来考察刑法自身的重要途径,表现为一种“外在的”研究。① 通过这种“外在的”研究,随着刑法学的进一步发展,刑法学相关交叉学科的出现将是必然。如刑法学与社会学结合形成刑法社会学,刑法学与经济学结合形成刑法经济学,刑法学与文化学结合形成刑法文化学,等等。学科之间交叉形成新的学科,这是学科研究开拓与深入的重要标志。毋庸讳言,我国刑法学界对刑法学相关交叉学科的研究关注明显不够,刑法学相关交叉学科至今仍是我国刑法学研究中的软肋,尚未引起学者们的应有重视,相关研究成果可谓屈指可数,从而严重影响和掣肘了我国刑法学研究的横向拓展与纵向深入,因而这种状况亟待改变。

三、关于刑法学研究的方法问题

(一)概说

方法,是指为达到某种目的而采取的途径、步骤、手段等,是人们在实践活动中必须服从它所接触的那些事物的内在客观逻辑。印度学者拉姆·纳斯沙玛指出:“一个学科之所以称之为科学,是由于应用了科学方法,科学的成功是由于科学方法的成功。”②科学方法制约着人们的思维方式,科学方法的变革,科学方法论的创新,直接影响着人们主观创造性的发挥。它能拓展认识主体的视野、思路,有效地收集信息,排除各种认识干扰,达到认识客体的目的。认识方法的变革必然导致科学本身的变革,理论的创新往往源于方法论的创新。

关于刑法学研究的方法,改革开放30余年来,刑法学界在该领域作了有益的探索,取得了不少颇有价值的研究成果。例如,从类别上看,刑法学研究已然应用着注释方法与思辨方法、实证方法与价值判断方法;从种类上看,语义分析、逻辑思辨、比较研究、整理综合(综述)等方法已为刑法学者们所熟悉,系统分析、经济分析、社会分析和文化分析等也都悄然出现在近年来的刑法学研究中。尤其值得称道的是,近年来,著名刑法学者储槐植教授提出了“刑事一体化”的思想③并逐渐得到刑事法学界的重视和广泛认同。“刑事一体化”既是一种发展繁荣刑事法学的策略思想,同时也是刑法学研究的方法

① 参见韩瑞丽:《法中寻美:刑法学研究的一种感性进路》,载陈兴良主编:《刑事法评论》(第22卷),北京大学出版社2008年版,第95页。

② 转引自吕世伦、文正邦:《法哲学论》,中国人民大学出版社1999年版,第610页。

③ 参见储槐植:《刑事一体化》,法律出版社2004年版。

论。“刑事一体化”思想的倡导,有利于在更广阔的视阈下拓展刑法学的研究空间,这无疑是值得充分肯定的。但客观地说,检视改革开放30余年来的刑法学研究,繁荣的背后一个令人深感忧虑的现象,是偏重使用注释方法来研究刑法问题,为数不少的研究成果是作者对刑法条文的阐释,以至于刑法学的研究唯刑事立法、刑事司法马首是瞻,缺乏独立的、高层次的理论品格。这不仅影响到刑法理论水平的提高,也大大降低了刑法学对刑事立法、刑事司法的指导和促进作用。究其根源,这种现象的产生与刑法学研究方法的欠缺和薄弱有着密切的关系。长期以来,刑法学界对刑法学研究方法之研究的重视程度是很不够的,相关研究成果零散而缺乏体系的建构,不论是刑法学研究方法的一般理论还是在具体方法的应用上,不论是从数量上看还是从质量上着眼,都还有待进一步探讨和提高。例如,“从宏观方面来说,中国刑法学除了坚持马克思主义方法论外,能否吸收西方法学方法论如实证主义、价值分析的合理内容?能否借鉴主观主义和客观主义的合理因素?刑法学研究方法具有哪些功能?刑法学研究方法究竟有什么意义?从中观上讲,法律文本注释、立法建议、基础理论研究以及案例研究可以采用哪些研究方法?如何建立刑法学研究平台?刑法学研究方法与刑法应有方法有什么联系?从微观上看,各种研究方法的逻辑起点和研究步骤如何?这些问题,在刑法学界都很少有人论及。”①由于这些基础性问题尚未得到很好的解决,我们看到,固然我国刑法学研究已经取得了不少有益的成果,从事刑法学研究的人越来越多,并且成果也将越来越多,但是,研究方法欠缺、视角局限,已经在相当程度上抑制了刑法学研究的发展,大量成果实际上是在进行相当程度上的重复研究。由此看来,刑法学研究方法迫切需要革新。

(二)完善建言

笔者认为,在今后的刑法学研究中,应着力改进其研究方法。详言之:

1. 应倡导定性研究与定量研究的有机结合

我国刑法学研究历来较为重视定性研究,而往往忽略定量研究,致使研究过于抽象、空泛,缺乏可操作性。从定性研究到定量研究是学科进步的标志。定量研究是刑法学科面临的课题,也是新的挑战。它不仅要求研究人员掌握数理统计知识、现代科技工具,并把它运用到刑法理论与实践研究中去,而且需要研究人员耗费大量精力,深入调查研究,搜集数据资料。

2. 应重视思辨研究与实证研究的合理并用

思辨方法可以弥补实证方法无法揭示事物本质的缺陷,实证方法则可以

① 赵秉志:《刑法学方法的一般理论》“序二”,载曾粤兴:《刑法学方法的一般理论》,人民出版社2005年版,第5页。

弥补思辨方法过于空泛的不足,两者的合理并用乃至结合可以相互取长补短。我国刑法学者大多还缺乏实证精神,在思辨研究方面也不完美。可以说,实证分析的匮乏是思辨不完美的一个重要原因。此外,我国刑法学研究还存在一种不良现象:闭门造车、纸上谈兵。这种现象虽非主流,但亦应引起注意和纠正,因为这种研究于刑法理论和司法实践都无益处。

3. 应繁荣、优化比较研究

总体上来说,我国刑法学研究对比较方法的运用还是粗浅的,往往停留在表面上、逻辑上的比较分析,这是远远不够的。进行比较研究时,必须掌握科学的比较方法,即应尽可能广泛地了解比较对象各自不同的历史文化背景、法律传统和政治经济情况的差别及其在实践中的情况,实事求是地剖析其是非优劣,切忌片面、机械地进行比较研究。另外,还应注意运用各种比较方法,如规范比较和功能比较、宏观比较和微观比较以及叙述比较和评价比较等。

4. 根据课题研究的需要,应注意借鉴、引进其他社会科学和现代自然科学的某些研究方法

刑法不是孤立存在的社会现象,它与政治、经济、政治、伦理、文化等社会现象存在着相互影响,甚至存在着相互制约的关系。因此,刑法学和政治学、经济学、社会学、伦理学等社会学科也存在着相同之处,其研究方法也是可以互相借鉴的。此外,现代自然科学方法论,如控制论、系统论、信息论、博弈论、模糊论、协同论及突变论已经不同程度地被引进法学领域。而刑法学研究方法中现代化、科学化气息不浓,这与刑法学界对现代自然科学方法论缺乏基本了解、缺乏足够的敏感性和迫切感有关。事实上,刑法理论的突破,也许有赖于这些方法论的引进。当然,这要求刑法学者掌握这些方法论及相关学科知识,将这些方法与刑法学融为一体,切忌机械套用。

5. 坚持理论联系实际的研究方法

特别应予强调的是,刑法学研究必须始终坚持理论联系实际、探讨和解决实践问题的研究道路。应当力戒脱离国家法治发展现实、脱离刑法立法与司法实务的经院哲学式的研究道路与方法。这样,刑法学研究才能切实担当起引导和促进国家刑事法治建设与社会进步的使命。脱离实践的刑法理论研究必将是灰色的,而植根于实践的刑法理论研究才会生机盎然。刑法学研究中的理论联系实际,有其丰富而合理的内涵,值得努力挖掘和大力弘扬。择其要者,至少应当正确地把握以下关系:(1)刑法实务与刑法理论的关系。刑法学研究中的理论联系实际,要求研究刑法具体规范的含义及其运用问题,但是,绝不意味着可以轻视刑法理论的研究。而是要求研究刑法理论应

当结合实务问题,并且应当注意把具体的实务问题上升到刑法理论的高度来研究来认识。可以说,刑法实践问题的科学解决和完善,需要刑法基本理论的指导与促进;而刑法基本理论的深化和开拓,也需要刑法实践问题的丰富与启迪。刑法学研究中的理论联系实际,首先就是要求把刑法理论与刑法实务结合起来进行研究。(2)法治现实与法治发展的关系。刑法学研究当然要阐释现行的刑法规范,反映和总结当前的司法实务,但是,不能以此为满足,更不能无论立法科学与否、司法正确与否均予以论证和肯定。刑法学研究中的理论联系实际,要求结合刑事法治的现实来开展理论研究,对科学的立法予以阐释论证,对正确的司法实务进行分析总结;同时,要求在论证科学、正确的刑事法治现实的基础上,注意理论联系实际地检讨立法缺陷和司法弊端,并进而引导和促进立法的科学与司法的完善,即担当起促进刑事法治发展的使命。(3)刑法实践与社会实践的关系。刑法理论研究中的理论联系实际,不仅仅是要联系刑法的立法实践和惩治与防范犯罪的司法实践,而且还要注意适当联系国家和社会的政治、经济、文化、生活的现状及其发展变化的实际,甚至适当联系境外、国外和当今国际社会政治、经济、法治等方面的情况及其发展趋势。唯有如此,刑法学才能脚踏实地而且目光远大地发展进步。①

四、关于刑法学研究的重点问题

改革开放30余年来,我国刑法学研究得以飞速发展,所研讨的课题从基本理论到具体制度,从总论到分论,从理论到实务,几乎无所不涉。其中研究集中、取得较大进展的重点问题有数十个,大致可以分为两类:一类是属于传统研究课题的深化,如刑事政策问题、犯罪概念问题、犯罪构成问题、刑罚目的问题、未成年人犯罪问题、死刑改革问题、反革命罪名的更改问题、贪污贿赂犯罪问题等;另一类则是属于新课题的开拓,如刑法观问题、刑法哲学问题、刑事责任问题、完善刑法的模式问题、单位犯罪问题、保安处分问题、外向型刑法问题、恐怖主义犯罪问题、责任事故犯罪问题、金融犯罪问题、知识产权犯罪问题、黑社会性质组织犯罪问题等。下面试对既往刑法学研究的重点问题予以要览,并对今后刑法学研究的重点领域予以简要展望。

---

① 参见赵秉志:《刑法总论问题研究》,中国法制出版社1996年版,序言第2、3页。

(一)既往刑法学研究的重点问题要览

如前所述,改革开放30余年来,我国刑法学研究的重点问题涉及广泛,限于篇幅,这里仅择要者简述。

1.深化性研究课题

(1)刑事政策问题。我国实行改革开放以后,刑事政策研究在我国逐步繁荣。进入20世纪90年代以后,刑法学界出版发表了多部著作和多篇论文,从而推动着刑事政策研究的全面展开。特别是自中央近年来提出宽严相济的刑事政策以来,我国刑法学界对刑事政策的研究达到了新的高潮。短短三年多来,就宽严相济刑事政策的内涵、地位、与“惩办与宽大相结合”和“严打”政策的关系,以及其贯彻实施等问题,进行了较为深入的研讨,产出了不少有价值的科研成果。

(2)犯罪概念问题。犯罪概念是犯罪论中一个具有提纲挈领意义的理论问题。在1997年《刑法》通过之前,我国刑法学界对犯罪概念的研究并不多,主要限于对犯罪的形式概念、实质概念以及混合概念的分析评价方面。1997年《刑法》通过之后,我国刑法学界关于犯罪概念的研究主要集中在犯罪的社会危害性上,围绕通说主张社会危害性属于犯罪的本质特征及其与刑事违法性的关系而展开。

(3)犯罪构成问题。犯罪构成理论是刑法基本理论的基石和核心。自从我国刑法学初步建立起犯罪构成理论体系以来,对犯罪构成理论的研讨和争论几乎就没有停止过。1997年《刑法》通过之前,对犯罪构成理论的研讨主要集中在应当包含哪些要件问题上,在研讨过程中,形成了二要件说、三要件说、四要件说和五要件说。1997年《刑法》通过之后,有关争论更为激烈。一些学者主张以德国和日本等大陆法系国家的犯罪成立理论来取代我国的犯罪构成理论。但多数学者认为,对于我国的犯罪构成理论,应当在我国现行理论的基础上加以修补和完善,而不是予以抛弃。另外,在通说中,关于如何排列四个方面的构成要件,也存在不同的认识和见解。

(4)未成年人犯罪问题。未成年人犯罪及其刑事责任问题,不仅是我国刑法立法中的一个重要方面,也是我国刑法理论中的一个极其重要的课题。1979年《刑法》通过之后,我国刑法学界对未成年人犯罪问题的研究大多限于对这部《刑法》第14条规定之法理的阐释。在我国立法机关1988年决定启动全面修订1979年《刑法》工作以后,这种研究状况发生了很大的变化,对未成年人犯罪之立法改革的研究,无论是在广度还是深度上,都取得了丰硕的成果。1997年《刑法》颁行后,我国刑法学界对未成年人犯罪问题的研究逐渐转向了如何准确适用《刑法》的有关规定上,并且随着研讨和实践的逐步深入,形成了一些引起广泛争议的热点问题。主要是:①《刑法》第17条第2款规定的已满14周岁不满16周岁的未成年人应负刑事责任的8种罪案,究竟是指8种具体罪名,还是指8种犯罪行为?②相对责任年龄者绑架并杀害被绑架人的,应否负刑事责任?对此存在着肯定和否定两种针锋相对的见解。③对犯罪的未成年人能否适用无期徒刑?多数学者对此持否定态度。如此等等。

(5)刑法目的问题。刑罚目的是刑罚论中的核心问题。我国刑法学界对刑罚目的问题的研究始于20世纪50年代,但此问题并未成为研究的重点。进入20世纪80年代以后,如何界定刑罚目的及其内容,成为我国刑法学界争论的热点之一。大致而言,对刑罚目的的研究主要集中在两个问题上:一是刑罚目的的具体内容,双面预防说是通行的观点;二是惩罚是不是刑罚的目的,存在肯定说与否定说之争。① 总之,改革开放三十余年来,我国刑法学界关于刑罚目的的研究取得了丰硕的成果,研究有相当的深度。

(6)死刑改革问题。死刑问题是一个历久弥新的课题。我国刑法学界对死刑改革问题的探索始于20世纪80年代中期,当时"严打"方针确定后,我国的死刑立法急剧扩张,司法机关定罪处刑时出现日益明显的重刑化倾向。在这种情况下,刑法学界多数学者均主张要严格限制死刑立法,而司法机关和普通民众则基本赞成较多适用死刑。由此,引发了死刑限制与扩张之争。1997年《刑法》通过后,我国刑法学界将研究的重心转向了如何准确地适用死刑规定方面,相对而言,对死刑改革问题的研究则稍显沉寂。进入21世纪后,国内外尤其是我国人权精神的弘扬以及国家进一步开放形势下我国死刑制度与国际社会的巨大反差等因素的综合影响,重新燃起了学者们探索死刑改革之路的热情,学者们以更为开阔的视野、更为全面的视角,把死刑制度改革的研究拓展到了前所未有的深度和探索如何逐步废止死刑的新阶段。

(7)贪污贿赂犯罪问题。贪污贿赂犯罪作为一种复杂的社会现象,长期以来受到社会的广泛关注。在20世纪80年代,我国刑法学界基本上是围绕着贪污罪和受贿罪的认定问题展开。到了20世纪90年代以后,我国刑法学界在一方面继续注意研究贪污贿赂罪的司法认定问题的同时,另一方面也开始研究探讨贪污贿赂罪的立法完善问题。1997年《刑法》通过之后,我国刑法学界对贪污贿赂罪的研究转向解决司法实践认定这类犯罪的疑难问题方面。② 在这一时期,学者们对贪污罪研究的重点放在犯罪主体的认定方面;

① 参见高铭暄主编:《新中国刑法科学简史》,中国人民公安大学出版社1993年版,第150页。

② 参见赵秉志:《刑法改革问题研究》,中国法制出版社1996年版,第674—688页。

而对贿赂罪的研究更加繁荣,领域较宽,探讨也更加深入。此外,近几年我国有不少学者开始结合《联合国反腐败国际公约》的要求,研究探讨我国贿赂犯罪的立法完善问题。

2. 开拓性研究课题

(1)刑法观问题。我国刑法学界对刑法观问题的关注大体始于20世纪80年代中后期。当时,有学者明确提出应当树立与社会主义有计划的商品经济以及与社会主义民主相适应的刑法观。1992年党的十四大提出建立社会主义市场经济体制的目标以后,一些学者提出,在社会主义市场经济条件下,应当树立经济刑法观、法制刑法观、民主刑法观、平等刑法观、人权刑法观、适度刑法观、轻缓刑法观、效益刑法观、开放刑法观以及超前刑法观,实现刑法观念的更新。① 1997年《刑法》通过后,尤其是在我国加入WTO的情况下,围绕应当树立并坚持什么样的刑法观问题,学者们进行了广泛的研讨,取得了一定的成果。这些研究从某种程度上说意味着我国刑法学研究走出了传统樊篱,迈上了新的台阶。

(2)刑法哲学问题。我国刑法学界对刑法哲学的研究勃兴于20世纪八九十年代,经过近二十年的发展和探索,刑法学研究中这种以超越刑法规范的本体为基本研究对象和研究思路,以探寻刑法以及刑罚的本原性和终极性价值为目标的刑法哲学研究,在比较研究拓宽视野,转换视角理性审视,科学批判合理借鉴的基础上,通过对刑法的广普价值、一般功能以及基本犯罪观、刑罚价值、功能等诸多本原性问题的追问和探讨,厘清了中国刑法的诸多应然性问题,初步形成了具有中国特色的刑法哲学研究体系,并对当代中国刑法、刑法学的完善和发展开始发挥作用。②

(3)完善刑法的模式问题。究竟应该采取何种方式完善刑法,在我国通过1997年《刑法》之前,刑法学界就进行过较多的讨论。主流学说认为,刑法典本身是一个内容协调统一的整体,以独立于刑法典的单行刑法方式对刑法典予以部分修正补充,往往会"牵一发而动全身",容易破坏刑法典内部的和谐与平衡。因此,过多制定单行刑事法律,不利于保持刑法典的内在统一性;而采取刑法修正案的方式对刑法典进行部分修改补充则具有无可比拟的优势:这种模式具有灵活及时、针对性强、立法程序相对简便的特点,而且不打乱刑法典的条文次序,一旦通过就直接纳入刑法典成为其组成部分,有利于

---

① 参见赵秉志:《刑法改革问题研究》,中国法制出版社1996年版,第31页。

② 参见赵秉志、魏昌东编著:《刑法哲学专题整理》,中国人民公安大学出版社2007年版,第1—3页。

维护刑法典的完整性、连续性和稳定性，有利于刑事法治的统一和协调。①随着我国第一个刑法修正案的问世及其后又有6个刑法修正案的先后通过，重又引起了我国学者对刑法修正案问题研究的兴趣。这些研究主要集中在刑法修正案模式的利弊分析上，多数学者主张，刑法修正案应当成为我国刑事法治语境下常态的修改刑法典的模式。这种主张实际上也已经得到我国立法机关的认同。

(4)金融犯罪问题。自改革开放以来，伴随着经济体制的改革和金融事业的蓬勃发展，金融领域中各种新型犯罪层出不穷，金融犯罪活动也日趋猖獗，逐步从传统的手工型向现代化、智能化、科技化转变，职业犯罪、有组织犯罪的趋势日益明显。金融犯罪严重破坏社会主义市场经济秩序，扰乱金融管理秩序，危害国家信用制度，侵害公私财产权益，造成国家金融资产大量流失，有的地方还由此引发了局部性的金融风波和群体性事件，直接影响了社会稳定。② 在这一过程中，为维护金融安全和有效防范、惩治金融犯罪，国家出台了一系列的法律、法规。金融刑法体系在金融体制改革中得以建立和不断完善，但其仍存在不少缺陷与不足。近年来，学界对金融犯罪的理论和相关刑事法律问题进行了深入的思考，主要围绕金融诈骗犯罪构成要件的主观方面是否必须具有非法占有的目的，金融犯罪中单位犯罪的认定，关于破坏金融管理秩序罪、金融诈骗罪的法律具体适用问题，金融犯罪的死刑限制适用与逐步废止、财产刑适用问题等展开讨论，取得了可喜的成果，从而有力地推动了我国金融犯罪理论研究的深入，并对金融犯罪的司法实务提供了有益的帮助。

(5)黑社会性质组织犯罪问题。黑社会性质组织犯罪是我国1997年《刑法》新增的一类犯罪，自2000年中央决定开展“打黑除恶”专项斗争时起，黑社会性质组织犯罪问题逐渐成为我国刑法学界的热点话题。其焦点问题集中在：一是黑社会性质组织的认定。这主要涉及：黑社会性质组织是否以“保护伞”条件为必要？如何理解黑社会性质组织的本质特征？在司法机关与立法机关先后对黑社会性质组织的认定作出不同解释的情况下，可否基于从旧兼从轻原则的要求在立法解释和司法解释之间选择适用？二是黑社会性质组织犯罪与有组织犯罪的关系。学者间对此存在“同一说”、“包含说”和“区别说”三种不同意见。三是入境发展黑社会组织罪。主要涉及黑社会组织的认定、本罪主体的理解以及发展对象的界定等问题。四是黑社会性质组织犯罪的立法完善。有学者主张制定单行的反黑社会立法；修改现行

① 参见赵秉志：《积极促进刑法立法的改革与完善》，载《法学》2007年第9期。

② 参见《全国法院审理金融犯罪案件工作座谈会纪要》(法[2001]8号)。

黑社会犯罪规定，启用“黑社会”概念，对这类犯罪增设免予追究刑事责任条款，等等。

(6)保安处分问题。我国刑法学界对保安处分问题的广泛关注不过20年的时间，而且由于种种原因的影响，最初多为批判性或介绍性研究。近年来，学者们围绕着保安处分的基本问题以及我国当代保安处分措施的有关问题展开了广泛的研讨，产出了丰硕的成果。特别是学者们对我国劳动教养制度改革的研究，提出了不少真知灼见，为我国劳动教养制度的改革和完善提供了有益的理论参考。

(7)外向型刑法问题。外向型刑法问题主要包括中国区际刑法和国际刑法问题。中国区际刑法问题，是指中国大陆(内地)与港、澳、台地区之间，由于法律制度差异而产生的刑事管辖、刑法适用及刑事司法协助等方面的问题。随着港、澳地区回归祖国，刑法学界对中国区际刑法问题给予了较大的关注，提出了不少有价值的学术见解。这不仅丰富了刑法学研究的内容，而且促进了我国不同法域之间的法律交流和实施。关于国际刑法，我国学者真正将其作为一门法律学科加以研究，大体始于20世纪80年代中后期。① 改革开放以来我国理论界积极研究国际刑法学，特别是对国际刑法学总论问题，进行了较为深入的研究，不断有高质量的研究成果问世。可以说，对国际刑法问题的研究，目前正方兴未艾。

(二)今后刑法学研究的重点领域展望

回首过去，我们既为刑法学研究所取得的进展而自豪，也更应反思刑法学研究之不足。展望未来，我们既要充满信心，又要鼓起勇气，作好迎接挑战的准备。就今后刑法学研究的重点领域而言，笔者认为，应始终坚持理论创新，不断取得新突破，并应加强在以下薄弱环节上的研究力度，努力推进我国刑法学术的深入发展和繁荣。

1. 关于刑法的解释性研究

长期以来，在我国刑法学研究中，有一种相当明显的学术倾向即喜好批判刑法而不是合理解释刑法，这突出地表现在，事先未对刑法规范作出妥当、合理的解释，就指出刑法规定的缺陷，然后提出修改完善刑法的建议。② 将刑法学研究的重心置于批判刑法，而忽视有效的解释刑法，这不仅不利于树立刑法的权威和提高刑法解释的能力，而且也会给刑事司法实践中适用刑法带来困惑。在一定意义上说，只有首先将刑法学研究的重点置于解释刑法，

① 参见赵秉志、周露露编著：《国际刑法总论问题专题整理》，中国人民公安大学出版社2007年版，第1页。

② 参见张明楷：《刑法学研究中的十大关系》，载《政法论坛》2006年第2期。

并得出符合正义理念与适合司法正当需求的解释结论,才能进一步繁荣、深化和拓展刑法学研究。

2. 关于刑法基础理论的研究

综观近现代世界各国刑法发展的历史,刑法基础理论研究与刑法学科的发展完善有着极为密切的联系。不仅如此,刑法基础理论研究还与刑法改革、刑事法治进程密切相关。世界刑法的重大变革,往往伴随着刑法基础理论的重大突破。我国刑法学界对刑法适用问题的研究成果可谓汗牛充栋、连篇累牍;相比较而言,我国关于刑法基础理论的研究则略显黯淡,未能取得突破性进展。因此,今后在刑法学研究中,应有意识地加强对刑法基础理论问题的研究。

3. 关于外向型刑法领域的研究

我国的刑法学研究,由于多种因素的影响和制约,比较注重对国内刑法的研究,而在外向型刑法领域的研究方面相对比较薄弱,这在很大程度上阻碍了我国刑事法治与当代世界先进刑事法治的交流与协调。近年来,学界对外向型刑法领域的研究有很大进展,但从总体上看,在外向型刑法研究特别是中国区际刑法领域研究方面,以上不足还未得到根本克服。今后的刑法学研究中,拓宽刑法学研究的国际视野,加强中国区际刑法的研究,并努力开拓外国刑法、比较刑法和国际刑法的研究,应当作为我国刑法学界努力的重要目标之一。

4. 关于刑法学体系的研究

综观改革开放30余年来我国刑法学研究的主要成果,不难发现,绝大多数成果是对刑法学具体理论问题的探讨,而对刑法学整体结构体系进行研究的成果则属凤毛麟角。其实,刑法学应有其自身发展的规律和科学体系。我国刑法学的体系究竟应该包括哪些内容,其逻辑顺序如何排列,以刑法典结构体系为依据的刑法学体系是否科学,刑法理论知识应否去苏俄化,以及引入大陆法系代表性国家的刑法学体系是否可行等,目前刑法学界还缺乏深入的理论研究,在认识上也很不一致。这不能不说是一大缺憾,需要加以改观。

5. 关于我国刑事法治道路的模式选择以及刑法现代化问题的研究

刑事法治道路的模式选择以及刑法现代化问题,是一个新的课题,是具有时代特色的、亟待解决的课题,也是一个艰巨而重大的课题。因为刑事法治道路的模式选择关系到刑事法治进程的速度甚至刑事法治建设的成败①,

① 参见高铭暄、周洪波:《“九五”以来刑法学研究状况及发展趋势》,载《政治与法律》2000年第5期。

而刑法的现代化无疑又是法治现代化乃至社会现代化的重要组成部分。目前，我国的刑事法治建设进入了一个纵深拓展、全面推进的新时期，因而在今后的刑法学研究中以上述重大课题作为研究的重点，不仅很有必要，而且也切合国家法治发展的实际。近年来，刑法学界虽有少数学者对我国刑事法治道路的模式选择尤其是刑法现代化问题作了可贵的探索，但总体上而言，这方面的研究还很薄弱，存在诸多局限性，很有必要进行开拓性的深入研究。

五、结　　语

我国刑事法治建设任重道远，刑法学研究应当奋力前行。随着我国刑事法治建设的纵深推进，新情况、新问题也将在刑事法治实践中不断涌现。对此，刑法学者应当以高度的责任感和使命感积极而有效地开展研究，为努力开创我国刑法学研究的新格局，为国家的刑事法治建设和法治的昌明贡献力量。当然，关于刑事法治建设，刑法学者不能仅仅局限于为刑事法治建设提供思想资源，还应当身体力行地参与推动刑事法治建设的实践。

3. 改革开放30年的刑法学研究*

目　次

---

* 与高铭暄合著，系作者向2008年10月9日在北京举行的“改革开放30年刑事法治建设高层论坛”提交的文章，并由高铭暄教授在论坛上宣读；后载《中国刑事法杂志》2009年第3期。

一、前　　言

改革开放30年来，我国各条战线都取得了巨大的成就，刑事法治建设也不例外。作为刑事法治建设重要一环的刑法学研究，也蓬蓬勃勃地呈现出一派繁荣的景象。

1978年党的十一届三中全会的召开，开启了我国刑法学研究事业及其发展的新时代。在这次全会作出的实行改革开放和加强社会主义法制建设战略决策精神的指引和推动下，我国制定并于1979年颁布了新中国成立以来的第一部刑法典。以1979年《刑法》的颁行为契机和标志，我国的刑法学研究和刑事法治建设事业迎来了发展和繁荣的春天。时至今日，新时期的刑法学研究事业已经进入到第30个年头，并取得了全面的发展进步。值此纪念改革开放30周年之际，客观全面地审视晚近30年来我国刑法学研究的发展历程，梳理总结取得的成就，理性地展望其发展前景，对于把握未来所蕴含的发展契机，迎接新的挑战，努力开创我国刑法学研究的新局面，加速我国刑事法治的完善，乃至推动我国整个法治建设和社会的进步，无疑都具有重要的意义和作用。

二、改革开放30年刑法学研究的发展进程

我国改革开放30年来的刑法学发展历程，根据研究的侧重点不同，以两

部刑法典的先后颁布和其中1988年刑法典的修订被提上立法工作日程为界点,大体上可以分为以下三个阶段:

(一)以1979年《刑法》为研究重心的阶段

我国1979年《刑法》的颁布,不仅确立了我国刑法立法演进的框架,为以后我国刑法的进一步发展完善奠定了基础,而且也为我国的刑法学研究事业注入了新的活力,大大地推动了刑法学理论研究的发展繁荣,从而成为刑法学研究的一个里程碑。

为了全面宣传、阐释刑法的内容,确保刑法的规定在司法实践中得到准确适用,我国刑法学界围绕刑法文本,对刑法规范的注释性研究倾注了大量的精力。这些研究,不仅开启了新时期我国刑法学研究的序幕,也基本上确立了30年来我国刑法学发展的主要方向。

在关注刑法注释性研究的同时,我国刑法学界还将研究的视角转向刑法学基本理论和体系的初步建构方面,尽管在某种程度上这些研究明显带有初创阶段的痕迹,但仍然取得了一定的成果,特别是对于刑法学体系、犯罪构成理论等问题的研究,还奠定了今后很长一段时期我国刑法学理论研究的基础。

(二)以特别刑法的适用和刑法改革为研究重心的阶段

我国刑法学发展的第二个阶段以1988年7月国家立法机关决定启动刑法的全面修订工作为起点,以1997年《刑法》的颁布为圆满终结。这一时期的刑法学研究基本上是沿着以下三条主线发展的:

(1)围绕特别刑法对1979年《刑法》所作的补充、修改而进行专题研究或综合研究。针对国家立法机关为适应实践需要而制定的单行刑法和附属刑法规范,我国刑法学界作出了积极反应,每一部特别刑法的出台,都伴随着大量论文的发表,甚至有专著出版。学者们从具体犯罪的概念、构成特征、罪与非罪的界分、此罪与彼罪的区别以及犯罪的未完成形态、共犯等方面阐释刑法立法含义和精神。无疑,这些研究对于正确理解相关刑法立法和促进司法,都起到了直接的引导和促进作用。

(2)就我国刑法改革进行全面而深入的研讨。在这一阶段,我国刑法学界配合国家立法机关,对1979年《刑法》的修订进行全面研讨,提出了许多建设性的、务实的立法建议,积极地推动了我国刑法立法的进程。刑法的修改与完善是这一阶段刑法学研究极为重要的问题,不仅有数千篇论文发表,还有许多专著出版。尤其是这一阶段中国法学会刑法学研究会每年的年会议题大都涉及刑法的修改与完善,而且1988年、1994年和1996年的年会还专门研讨了刑法完善问题。这些研讨不仅涉及刑法修改的指导思想和根据、刑法典体系结构、立法模式以及犯罪论、刑罚论方方面面的问题,而且还涉及有关法条的具体设计、具体犯罪的增减或分合等问题。这些研究丰富了刑法学内容,增强了刑法学的科学性,促进了刑法学的发展,更为重要的是直接推动了刑事立法的进程。可以说,1997 年《刑法》的出台与广大刑法学者的积极推动和参与是密不可分的。

(3)深化刑法基本理论研究,开拓新的研究领域。在这一阶段,对原来没有研究或很少研究的课题,如刑事立法、刑法解释、定罪、刑事责任、刑罚论、刑事政策等都进行了较为深入的研究,不仅填补了刑法学的研究空白,而且不少研究达到了较高的水平;对一些课题的研究,如法人犯罪、犯罪构成、共同犯罪、犯罪故意、罪数形态等问题都有所深化,不仅有大量的论文发表,还出版了一些有分量的专著。与此同时,我国刑法学界不少学者还对刑法的公正、平等、自由、功利等刑法价值以及刑法哲学的其他基本问题给予了特别的关注。学者们从更高更深层次上来关怀刑法、洞察刑法,无疑是我国刑法学研究事业进步的重要体现。此外,在这一阶段,我国刑法学界对外国刑法、比较刑法和国际刑法的研究也取得了初步的进展。翻译了不少外国刑法学著作和刑法典,并出版了数部外国刑法、比较刑法和国际刑法著作。

(三)以 1997 年《刑法》为研究重心的阶段

以我国 1997 年《刑法》的颁布为标志,我国刑法学研究的发展进入了第三个阶段。这一阶段发展到今天,目前正处于研究的继续深化时期。这一时期的刑法学研究大体上是沿着以下两条主线展开的:

1. 以刑法文本为主要研究对象

以刑法为研究对象的刑法学不能不关注现行刑事立法和司法,应用性本来就应当成为刑法学的生命和灵魂,是刑法学得以发展和繁荣的源泉,离开应用性和实践性,刑法学的发展也就失去了生命力。这是刑法学的学科属性使然。正因为如此,每当新的立法出台后,我国刑法学界都会积极地予以关注。这种研究现象在我国 1997 年《刑法》颁行后表现得尤为明显。我国刑法学界围绕这部新刑法典的贯彻实施问题发表了大量文章,出版了许多书籍。不仅如此,中国法学会刑法学研究会 1997 年和 1998 年的年会也以 1997 年《刑法》的贯彻实施为议题。这些研讨对正确理解和实施刑法具有重要的意义。

2. 进一步深化刑法基本理论,并开拓新的研究领域

刑法基本理论是刑法学研究的本体,刑法基本理论的成熟与发展是中国刑法学走向成熟的关键和基础,因而应当成为我国刑法学研究的核心部分。

从研究内容的具体情况分析,这一阶段的成果有些属于深化性研究,主要涉及刑法解释、刑法效力范围和原则、犯罪对象、不作为犯、共犯关系、共犯与身份、教唆犯、正当行为、正当防卫、单位犯罪、结果加重犯、过失危险犯、刑事责任、刑罚的一般预防、刑罚个别化、刑罚改革与完善、死刑的适用与废止条件等方面;有些属于批判性研究,主要涉及犯罪概念、犯罪定义与犯罪化、犯罪构成及其体系、主客观相统一原则、社会危害性理论等问题;有些属于拓展性研究,主要涉及刑法的基础观念、刑法方法等问题;还有些属于引介性研究,主要是对外国刑法或外国刑法学中某些基本理论的译介。此外,作为刑事一体化理论重要组成部分的刑事政策、国际刑法和区际刑法研究,也在开拓研究领域,深化研究层次,从而呈现出了繁荣发展的景象。我国刑法学界这一时期的研究全面提升了刑法学研究的水平。

三、改革开放30年刑法学研究的主要特点

综观改革开放30年来我国刑法学研究发展的历史轨迹,我们可以清晰地看到,刑法学研究的发展是一个循序渐进、不断进步的历史过程。在30年的发展中,刑法学研究坚持以解决中国现实的立法与司法问题、建构科学的与社会发展相适应的刑法理论体系为基本追求,在深入挖掘、理性分析中国传统刑法学资源的基础上,通过合理借鉴、广泛吸收国外先进刑法理论,在实现刑法理论为刑事立法与司法实践提供有力理论保障目标的同时,也完成了建构刑法学体系、开拓刑法学研究领域、深化刑法学研究层次、协调发展多元刑法学研究方法的使命,全面推进了刑法学研究事业的发展。

(一)刑法学研究为刑法改革提供了重要的理论准备

我国刑法的发展完善经历了一个长期的历史过程,其中既包括通过单行刑法和附属刑法模式对立法进行的局部修改和补充完善,也包括1997年对刑法所进行的全面系统改革。在这一过程中,我国刑法学研究始终将全面解决刑法改革过程中所面临或者可能面对的现实的基本理论问题作为研究重点,广泛争鸣、深入研究,在通过为局部的立法完善提供理论支持积累经验的基础上,为全面的刑法立法改革进行了充分的理论准备。

刑法改革涉及一系列的刑法理论问题。既包括刑法修改的原则、体系结构的调整问题,也包括刑法内容和立法技术完善等方面,这些都需要刑法学界投入精力,进行全方位的理论准备。例如,1988年国家立法机关将全面修订刑法典列入立法规划后,适应并配合刑法改革的需要,我国刑法学界曾围

绕刑法基本原则、犯罪构成要件的完善、刑罚种类和刑罚制度改革、刑法分则体系的整合以及具体分则规范的修改补充等问题,开展了一系列的学术研讨,并出版和发表了这方面的多部著作和多篇论文。这些探讨研究为刑法的改革和完善提供了重要的理论参考。

刑法的立法改革不仅涉及具体刑法制度、罪刑规范的设计,也关涉刑法立法的基础性问题,如刑法立法的价值取向、刑法的观念更新等,这些问题同样会影响刑法立法的科学化程度,并最终会影响到刑法立法的质量。鉴于这些问题的重要性,我国刑法学界对此也给予了较多的关注,围绕刑法立法政策思想的调整、刑法观念的更新以及刑法的价值等问题,进行了较为充分的讨论。由于刑法学研究对这些事关刑法的基础观念问题作了充分的知识准备,从而推动了我国1997年《刑法》在立法观念上的创新,在一定程度上有助于刑法实现保护机能和保障机能的有机统一。

(二)刑法学研究紧密联系刑事司法实践

改革开放30年来,我国刑法学研究始终将刑事司法实践中准确适用刑法、解决刑法适用中的疑难问题作为刑法学研究的基点,着力解决了刑事司法实践中的诸多理论与观念问题。

从我国的实际情况看,刑法学研究紧密联系刑事司法实践的方式和途径各有不同。(1)最常见的是对刑法规范的含义进行阐释,针对司法实践中需要正确解决的常见多发的疑难问题展开研讨,注释刑法学的发达最终促使以注释为主流研究方法的刑法学研究生态的生成。(2)有些学者得以亲自参与刑事司法解释的起草研拟,而多数学者虽然不能亲自参与起草研拟,但却可以通过报刊等针对刑事司法解释发表评论或提出建议,这些作为理论联系实际的一种表现形式,对于促进刑事司法的统一,推动司法实践的健康发展,具有重要的积极意义。(3)针对司法实践中发生的典型刑事案件,开展法理分析。自20世纪90年代以来,我国刑法学界就较为广泛地参与了一些广受关注的典型刑事案件的研究和讨论,例如,“重庆綦江虹桥垮塌案”、“张子强案”、“足球黑哨案”、“许霆案”等,并出版和发表了一些有分量的紧密联系司法实践的论文和著作。为了刑法学教学和宣传普及刑法法理的需要,刑法学界还出版了一些案例教学类的著作。此外,有些院校刑法专业的硕士论文甚至开始尝试以某一典型的刑事案件为切入点,对该案件所涉及的法律适用问题进行法理分析。这些研究现象均凸显了我国刑法学主流研究的应用性和实践性。

(三)注释刑法学与理论刑法学并存的格局逐步形成

对刑法开展以超出刑法规范和传统刑法学体系的范围,采取与传统注释研究方法不同的方法加以研究，是我国一些刑法学者在20世纪90年代初期前后所进行的一种研究方式上的探索。起初，尽管这些研究从内容上分析，仅仅限于强调以罪刑关系为核心对刑法学体系进行合理的构建，但从研究方法上看，学者们已经开始突破传统的注释刑法学研究模式，因此在一定程度上标志着刑法学研究方法上创新探索的开始。

随着研究的深化，对刑法问题进行哲理思考的主张，逐渐受到刑法学界的关注和重视。例如，在对罪刑辩证关系进行哲理探索的基础上，有学者尝试从构建以犯罪本质二元论、刑罚目的二元论、罪刑关系二元论为基本命题的刑法研究体系入手，对刑法的本体内容进行研究，并将刑法整体纳入刑法哲学研究的视野。① 有学者以刑法精神的探寻为切入点，系统分析了刑法的道德性、自主性、公正性、经济性、宽容性、科学性等属性，并明确提出探讨刑法的精神，揭示刑法的价值②；有学者从刑法的精神、实体范畴和关系范畴三个基本方面为切入点，对刑法体系的构建进行研究③；还有学者从刑法的理性入手，系统地分析研究刑法理性的基本内涵、刑法理性的彰显、刑法理性化的道路等问题。④

总之，这些以超越实定法规范并以探寻刑法的本原性和终极性价值为目标的理论刑法学研究方法，产生了一批科研成果，这标志着我国传统的以注释刑法学一统天下的研究格局已被打破，注释刑法学与理论刑法学并存共荣的新格局逐渐形成。

（四）国际刑法和区际刑法研究得以拓展

在我国，学界对国际刑法研究的真正起步应当说是在我国实行改革开放之后。在国际刑法研究的初期阶段即20世纪80年代，学者们主要围绕着国际刑法和国际刑法学的界定、国际刑法学的体系这样一些基本的问题进行拓荒性质的探索。到了20世纪90年代，国际犯罪的频发催生了像前南斯拉夫和卢旺达国际刑事法庭这样一些特设国际刑事司法机构的建立。1998年联合国通过《国际刑事法院罗马规约》，并据此于2002年建立了人类历史上第一个常设性的国际刑事法院。国际刑法领域这些新的立法和司法现象吸引着我国学者的注意力，学者们围绕国际刑事法院以及国际刑法的其他问题展开了深入的研究，发表和出版了许多论文和著作。我国学界对国际刑法的研究由少到多，由浅入深，由不完备到较为完备的这一客观事实说明，国际刑法

---

① 参见陈兴良：《刑法哲学》，中国政法大学出版社1992年版。

② 参见陈正云：《刑法的精神》，中国方正出版社1999年版。

③ 参见曲新久：《刑法的精神与范畴》，中国政法大学出版社2000年版。

④ 参见张智辉：《刑法理性论》，北京大学出版社2006年版。

学作为一门新兴学科在我国已初具雏形。

中国区际刑法学的诞生和发展也与我国实行改革开放的基本战略决策密切相关。自20世纪80年代以来,随着我国改革开放的范围和程度的不断扩大,我国国内不同法域间互涉的犯罪案件也逐渐增多起来,对于这类区际互涉的刑事案件如何处理,也就成了摆在我国刑法学界面前的现实问题。尤其是香港和澳门回归祖国以后,了解、研究港澳刑法,探讨内地与港澳地区刑法制度的差异以及中国区际刑事司法管辖权的冲突与协调等问题,成为刑法学研究的迫切课题。对于这些问题,学者们积极探讨,先后发表和出版了一些论文和著作,为"一国两制"的贯彻作出了积极的贡献。

四、改革开放30年刑法学研究的重大问题及其进展

改革开放30年来,我国刑法学得以迅猛发展,所研讨的课题从基本理论到具体制度,从总论到分论,从理论到实务,几乎无所不涉。其中研究集中、取得较大进展的重大问题主要有以下16个:

(一)刑法观问题

刑法观是人们对刑事立法、刑事司法以及刑法规范、刑法功能等一系列问题的态度和价值取向的总称。我国刑法学界对刑法观问题的关注大体始于20世纪80年代中期,当时一些学者明确提出应当树立与社会主义有计划的商品经济以及与社会主义民主相适应的刑法观,认为在犯罪观上,应以是否有利于生产力和社会主义商品经济的发展,来作为评价经济活动是否具有社会危害性以及罪与非罪的根本标准;在刑罚观上,应在坚持罪刑等价性的基础上考虑刑罚的有效性。①

刑法观念的形成、变更和发展归根到底要受制于一定的社会经济基础,具有鲜明的时代感。1992年党的十四大提出建立社会主义市场经济体制的目标以后,有学者提出,在社会主义市场经济条件下,应当树立经济刑法观、法制刑法观、民主刑法观、平等刑法观、人权刑法观、适度刑法观、轻缓刑法观、效益刑法观、开放刑法观以及超前刑法观,实现刑法观念的更新。②

1997年《刑法》通过后,尤其是在我国加入WTO的情况下,应当树立

---

① 参见高铭暄、赵秉志编著:《新中国刑法学研究历程》,中国方正出版社1998年版,第98—100页。

② 参见赵秉志:《刑法改革问题研究》,中国法制出版社1996年版,第31页以下。

并坚持什么样的刑法观问题,再次引起了刑法学界的广泛兴趣。例如,有学者认为,人权保障首先有赖于人权观念的变革,没有相应的人权观念为基础,人权保障根本不可能在刑事法治领域得到真正的贯彻。一方面,以人为本、尊重和保障人权固然是现代刑法立法的必然含义;但另一方面,如果没有相应的刑事司法观念的变革,关涉人权保障的刑法立法的真正贯彻也必然会举步维艰,流于形式。所以刑法对公民人权的切实保障离不开刑事司法观念的革新。① 有学者认为,在我国《刑法》已确立罪刑法定原则的情况下,有必要革新刑法价值观、刑法犯罪、刑事政策观和刑事司法观,以促进和推动罪刑法定原则的真正贯彻。② 也有论者认为,在我国这样一个具有浓厚刑法传统的国家进行法制的现代化,倡导和推进刑法的民法化尤显重要。③

刑法学界关于刑法观念的研究不仅对现实的刑法立法产生了直接的影响,而且也有利于人们树立正确的刑法观,这些研究从某种程度上意味着我国刑法学研究走出了传统樊篱,迈上了新的台阶。

(二)刑事政策问题

1978年改革开放以后,刑事政策研究在我国也逐步得以繁荣。特别是进入20世纪90年代以后,刑法学界发表、出版了多部著作和多篇论文④,从而推动着刑事政策研究的全面展开。这些研究主要是探讨了刑事政策或刑事政策学的基本问题,厘清了刑事政策的含义,初步确立了刑事政策的概念、指导思想、原则、分类和体系,从而为刑事政策科学的构建以及宽严相济刑事政策的贯彻奠定了基础。

以2005年12月时任中央政法委书记的罗干同志在全国政法工作会议上提出“要认真贯彻宽严相济的刑事政策”为标志,拉开了刑事政策研究兴盛的序幕,并在许多问题的研究上取得了最大程度的共识。关于宽严相济刑事政策的内涵,学界较为一致地认为,包括“宽”和“严”两个方面,该宽则宽,该严则严,有宽有严,宽严适度;同时强调要严格依法根据具体的案件情况来

---

① 参见赵秉志:《刑法基本理论专题研究》,法律出版社2005年版,第104—106页。

② 参见李晓明:《罪刑法定原则的确立与刑法观念的变革》,载《东吴法学》2001年号。

③ 参见姚建龙:《论刑法的民法化》,载《华东政法学院学报》2001年第4期。

④ 其中,代表性的著作有马克昌主编:《中国刑事政策学》,武汉大学出版社1992年版;杨春洗主编:《刑事政策论》,北京大学出版社1994年版;肖扬主编:《中国刑事政策和策略问题》,法律出版社1996年版;何秉松主编:《刑事政策学》,群众出版社2002年版;曲新久:《刑事政策的权力分析》,中国政法大学出版社2002年版;刘仁文:《刑事政策初步》,中国人民公安大学出版社2004年版;卢建平:《刑事政策与刑法》,中国人民公安大学出版社2004年版;等等。

惩罚犯罪。① 关于"宽严相济"刑事政策与"惩办与宽大相结合"刑事政策的关系,一种观点认为,二者之间系一脉相承的关系,"宽严相济"并不是一种新的刑事政策②;多数学者认为,宽严相济刑事政策是一项新的刑事政策,它继承了惩办与宽大相结合刑事政策的基本精髓,但同时也根据新时期的社会背景作了创造性的发展。③ 关于宽严相济刑事政策与"严打"政策的关系,一种观点认为,"严打"政策系宽严相济刑事政策的下位概念,它与宽严相济刑事政策中的"严"是同一含义④;而多数说则认为,"严打"不是常态法治社会应对严重刑事犯罪的有效措施,该政策不应长期存在,更不应纳入基本刑事政策。此外,刑法学界还研究了宽严相济刑事政策视野下刑种体系、刑罚裁量和执行、非刑罚处罚方法、非监禁刑、前科消灭等制度的立法完善以及有关司法适用等问题。

(三)完善刑法的模式问题

我国1979年《刑法》颁行后,为了适应惩治和防范犯罪的需要,国家立法机关先后通过一系列的单行刑法和附属刑法,对1979年《刑法》作了许多补充和修改。随着立法和司法实践的逐步深入,对于特别刑法这种完善刑法的模式,我国刑法学界通说认为,特别刑法作为修改补充刑法典、创设新的刑法规范的常态工具,立法过于随意,而且立法内容缺乏理论的论证,既冲击了刑法典规范,使之失去应有的稳定性和可信度,也肢解了刑法典,导致刑法规范失去平衡,并阻止常态法的适用。⑤ 而采取刑法修正案的方式对刑法典进行部分修改补充则具有无可比拟的优势:这种模式具有直接修改、补充刑法典的有关条文以及创设新的刑法条文并将之纳入刑法典的功能。发布刑法修正案的方法不但灵活、及时和针对性强,而且也明确了其与刑法典的关系,载明了其对刑法典的某一条文作出什么修改,对刑法典某条文予以废除,或者对刑法典何处补充什么条款,一经颁行,其内容即被刑法典吸收。这样就避免了新的修改补充与刑法典有关内容的关系不明确的问题,既促进了立法的

① 参见高铭暄:《宽严相济刑事政策与酌定量刑情节的适用》,载《法学杂志》2007年第1期。

② 参见王顺安、刘艳萍:《论宽严相济与三个刑事政策的关系》,载《河北学刊》2008年第2期。

③ 参见赵秉志:《和谐社会构建与宽严相济刑事政策的贯彻》,载《吉林大学社会科学学报》2008年第1期;刘华:《宽严相济刑事政策的科学定位与司法适用》,载《法学》2007年第2期。

④ 参见王顺安、刘艳萍:《论宽严相济与三个刑事政策的关系》,载《河北学刊》2008年第2期。

⑤ 参见赵秉志:《刑法改革问题研究》,中国法制出版社1996年版,第308、309页。

协调完善,又便于司法中对立法的正确适用。① 应当说,这种见解对我国当今的立法实践产生了重要的影响。

随着我国第一部刑法修正案的通过,重又引起了我国学者对刑法修正案问题研究的兴趣。多数学者认为,刑法修正案应当成为我国刑事法治语境下常态的修法模式。但也有不同认识:一种观点认为,当要增加的新罪行为不能纳入刑法分则已有的罪名体系时,就不宜采用刑法修正案;目前刑法修正案单独颁布违背了我国《立法法》的规定;刑法修正案的新罪设定权侵袭了全国人大的立法权。② 还有一种观点认为,集中性、统一性刑法立法模式不利于刑事立法的协调性原则,不利于明确刑事处罚范围,以刑法修正案模式取代单行刑法、附属刑法来修正刑法典不足取。③

(四)刑法基本原则问题

对刑法基本原则问题的研究,历来为我国刑法学界所关注。我国1979年《刑法》虽然没有对此加以明确规定,但学界普遍认为我国《刑法》实际上坚持了刑法基本原则。只不过,由于对刑法基本原则的概念存在认识上的分歧,在基本原则外延的理解上也因此产生了不同观点。为了解决这一问题,我国刑法学界提出了界定刑法基本原则应当遵循的两个标准:一是这些原则必须是刑法所特有的,而不是和其他部门法所共有的;二是这些原则必须是贯穿于全部刑法的,而不是局部性的具体原则。④ 据此,我国《刑法》的基本原则有罪刑法定原则,罪刑相适应原则,罪责自负、反对株连的原则,以及惩罚与教育相结合原则。⑤

在全面修改研拟刑法的过程中,有学者对我国刑法学界将"刑法部门所特有"作为确立刑法基本原则标准之一的传统观点提出了质疑⑥,认为凡贯穿我国全部刑法和刑事司法并体现我国刑事法制的基本性质与基本精神的

---

① 参见赵秉志:《刑法改革问题研究》,中国法制出版社1996年版,第288页。

② 参见黄京平、彭辅顺:《刑法修正案的若干思考》,载《政法论丛》2004年第3期,第52—54页。

③ 参见孙力、刘中发:《我国刑法十年回顾与展望》,载赵秉志、郎胜主编:《和谐社会与中国刑法建设——新刑法典颁行十周年纪念文集》,北京大学出版社2007年版,第205—207页。

④ 参见高铭暄主编:《中国刑法学》,中国人民公安大学出版社1989年版,第32页。

⑤ 参见高铭暄主编:《中国刑法学》,中国人民公安大学出版社1989年版,第32—37页。

⑥ 这种观点的主要理由是:国家法制的一般原则与部门法的基本原则是一般与特殊、抽象与具体的关系,法制一般原则指导和制约各部门法基本原则的确立,部门法的基本原则具体体现一般法制原则,二者之间相互依存、密切关联。如果离开了各部门法基本原则的具体体现,法制一般原则就落不到实处而毫无意义。况且,从其他部门法的规定看,我国立法机关并不否认法制一般原则可以作为部门法的基本原则。参见赵秉志:《赵秉志刑法学文集Ⅰ:刑法总则问题专论》,法律出版社2004年版,第219页。

准则,都应当是我国《刑法》的基本原则。① 基于这种理解,我国《刑法》的基本原则有罪刑法定原则、罪刑相适应原则、主观与客观相统一原则、罪责自负原则以及刑事责任的公正原则。② 但也有一些学者认为,除此之外,还应当包括刑事法制的统一原则、刑法面前人人平等原则、刑事责任的不可避免原则以及刑罚人道主义原则。③ 关于类推制度的存废问题,在 1997 年《刑法》通过之前,曾产生激烈的争议。一些学者主张保留④,但绝大多数学者认为,类推制度与罪刑法定原则本质上是矛盾的,应当坚决果断地予以废止。⑤

以我国刑法学界对刑法基本原则的研究为基础,国家立法机关最终在 1997 年《刑法》第 3 条至第 5 条中规定了罪刑法定、适用刑法人人平等和罪责刑相适应三项原则。之后,刑法学界对刑法基本原则尤其是罪刑法定和罪责刑相适应原则表现出了极大的兴趣,发表了许多论文,甚至出版了若干部著作,对这两项原则的历史演进、理论基础、价值意蕴、基本内容以及立法和司法实现进行了全面的研究。此外,我国《刑法》对基本原则的确立并没有终结刑法学界对这一问题的进一步思考和研究。有些学者围绕刑法规定之外的其他原则,如主客观相统一原则等,进行了较多的探讨,有的还出版了著作。这些研究对于深化认识,丰富我国的刑法理论,具有重要的意义。

(五)刑法解释问题

刑法解释问题在我国 1979 年《刑法》通过后的一段时间里一直都是一个冷门的话题。但到了 20 世纪 80 年代中期以后,这种状况发生了较大的变化。随着一些论文和有关著作的发表和出版,逐渐引起了学界对这一问题的思考和关注。尤其是近几年,刑法学界对刑法解释问题的研究取得了十分丰硕的成果,并出现了百家争鸣的学术观点。关于刑法解释的对象,通行的观

---

① 参见赵秉志:《刑法改革问题研究》,中国法制出版社 1996 年版,第 347 页。

② 参见赵秉志:《赵秉志刑法学文集Ⅰ:刑法总则问题专论》,法律出版社 2004 年版,第 229 页。

③ 参见高铭暄主编:《新中国刑法科学简史》,中国人民公安大学出版社 1993 年版,第 300 页。

④ 其中,有代表性的观点可见侯国云:《刑法中应继续保留类推制度》,载《人民检察》1991 年第 2 期。我国 1997 年《刑法》通过之后,该学者又对刑法保留类推制度的必要性作了重新论证,认为如果我们在规定罪刑法定的同时,仍保留类推制度,使我国刑法保留相对罪刑法定主义的色彩,那就再好不过了。参见侯国云、白岫云:《新刑法疑难问题解析与适用》,中国检察出版社 1998 年版,第 35—54 页。

⑤ 其中,有代表性的论证可见赵秉志、肖中华:《刑法修改中类推制度存废之争的研讨》,载《法学家》1996 年第 4 期;高铭暄:《试论我国刑法改革的几个问题》,载《中国法学》1996 年第 5 期;马克昌:《罪刑法定原则立法化刍议》,载《中国刑事法杂志》1997 年第 1 期;陈兴良:《刑法修改的双重使命:价值转换与体例调整》,载《中外法学》1997 年第 1 期。

点是"刑法规范说",即刑法解释是对刑法规范含义的阐明。① 但也有一些学者认为,刑法的内容包括规范性内容和非规范性内容,对于非规范性的刑法规定仍有解释之必要,因此刑法解释的对象是刑法规定。② 所谓刑法解释,就是对刑法规定含义的阐明。③ 关于刑法解释的基本思想,我国刑法学界向来存在"主观说"、"客观解释说"和"折中说"的争论。近年来,有学者以宽严相济的刑事政策为视角,对刑法解释的目标作了全新的阐释,并认为,不管是"主观说"、"客观解释说",还是"折中说",都有以偏概全之缺憾。究竟揭示和阐明刑法条文在何种层次和境况下的含义,要由解释主体根据宽严相济的刑事政策的精神要义以及对轻重不同的刑事犯罪问题予以区别对待的实际需要来确定。④

刑法立法解释也是我国刑法学界近年来探讨较多的问题之一。这些研究主要集中在:一是刑法立法解释的形式。对此,学界分歧较大,但多数学者倾向于认为,刑法立法解释专指全国人大常委会颁布的特别标明解释刑法条文的规范性文件。⑤ 二是刑法立法解释的存废。废除说认为,立法解释虽名为解释,但实际上仍属于立法的范畴。而且,立法解释的"法律条文本身需要进一步明确界限"与司法解释的"具体应用法律"实质上很难区分;从内容上看,如按原意进行解释是同义反复,没有意义,如改变条文原意,作扩张解释和限制解释则是对法律的修改,是立法。⑥ 故立法解释没有存在的必要。但多数说认为,在当前刑事司法解释越权现象非常严重的情况下,通过立法解释可以制约、监督司法解释,从而有助于将必要的司法解释限制在特定的范

---

① 参见高铭暄:《刑法总则要义》,天津人民出版社 1988 年 10 月第 2 版,第 61 页;高铭暄主编:《中国刑法学》,中国人民大学出版社 1989 年版,第 41 页;陈兴良:《本体刑法学》,商务印书馆 2001 年版,第 22 页;高铭暄、马克昌主编:《刑法学》(最新修订版),中国法制出版社 2007 年第 2 版,第 14 页。

② 参见李希慧:《刑法解释论》,中国人民公安大学出版社 1995 年版,第 48、49 页。

③ 参见赵秉志主编:《刑法争议问题研究》(上卷),河南人民出版社 1996 年版,第 11 页;马克昌主编:《刑法学》,高等教育出版社 2003 年版,第 7 页;张明楷:《刑法学》(第 2 版),法律出版社 2003 年版,第 39 页;赵秉志主编:《刑法总论》,中国人民大学出版社 2007 年版,第 89 页。但也有学者认为,"刑法解释的对象是刑法规定"的表述不够精确,"刑法条文说"更为合理些。参见张小虎:《对刑法解释的反思》,载《北京师范大学学报(社会科学版)》2003 年第 3 期。笔者认为,"刑法条文说"与"刑法规定说"实难认为有本质区别,不足谓一种新见解。

④ 参见赵秉志主编:《刑法解释研究》,北京大学出版社 2007 年版,第 20 页。

⑤ 参见吴大华、蒋熙辉:《论刑法立法解释》,载《贵州警官职业学院学报》2003 年第 6 期;赵秉志主编:《刑法解释研究》,北京大学出版社 2007 年版,第 58 页。

⑥ 参见袁吉亮:《论立法解释制度之非》,载《中国法学》1994 年第 4 期,第 24—29 页;袁吉亮:《再论立法解释制度之非》,载《中国法学》1995 年第 3 期;李国如:《罪刑法定原则视野中的刑法解释》,中国方正出版社 2001 年版,第 155—157 页。

围之内。① 因而刑法立法解释有其存在的必要性。

(六)犯罪概念问题

在1997年《刑法》通过之前,我国刑法学界对犯罪概念的研究并不多,主要限于对犯罪的形式概念、实质概念以及混合概念的分析评价方面。多数学者认为,我国刑法采取混合方式界定犯罪,既揭示了犯罪的本质特征,又揭示了犯罪的法律特征,既回答了"什么是犯罪"的问题,又回答了"为什么是犯罪"的问题,比形式概念和实质概念都有优点。但也有学者认为,犯罪的混合概念存在着逻辑上的缺陷,而形式概念和实质概念事实上具有十分重要的价值,它们应当分别在刑事立法和刑事司法领域中发挥指导性功能。②

1997年《刑法》通过之后,我国刑法学界关于犯罪概念的研究主要集中在犯罪的社会危害性上:一是对传统学说认为社会危害性属于犯罪本质特征的批判和反思。对此,一种观点认为,社会危害性是一个内涵不清、外延不明的政治性概念,据此并不能把犯罪同其他违法行为区别开来,即使在社会危害性前面加上"严重"二字,由于"严重"二字的含义更加模糊,只会使犯罪本质问题变得更为模糊,故社会危害性不能成为犯罪的本质特征。③ 也有学者提出了犯罪本质二元论的观点:把应受刑罚惩罚性作为犯罪的主观特征,把社会危害性作为犯罪的客观特征,树立犯罪本质二元论的观点,这样不仅使犯罪三特征之间的逻辑关系更加严密,而且能科学地解释犯罪、犯罪构成、刑罚等诸范畴之间的关系。④ 二是,社会危害性与刑事违法性的关系。传统学说认为,一定的社会危害性是刑事违法性和应受惩罚性的前提和基础,刑事违法性是社会危害性在刑法上的表现,二者是有机统一的辩证关系。对于这种观点,一些学者认为,社会危害性是一个超规范的概念,而非刑法专属的概念,它不具有实体性,而是一个十分空泛的没有自身认定标准的东西⑤;对于犯罪概念,同时使用社会危害性和刑事违法性这两个互相冲突、排斥的标准来界定,势必影响罪刑法定原则在犯罪定义中的完全彻底体现,使犯罪这个基本定义的科学性大打折扣。⑥ 也有一种观点认为,

---

① 参见李国如:《罪刑法定原则视野中的刑法解释》,中国方正出版社2001年版,第140—143页;赵秉志主编:《刑法解释研究》,北京大学出版社2007年版,第80页。

② 参见赵秉志主编:《刑法争议问题研究》(上卷),河南人民出版社1996年版,第161—167页。

③ 参见孟伟:《犯罪本质论》,载《江苏警官学院学报》2004年第3期。

④ 参见王联合:《犯罪本质二元论新说》,载《河南社会科学》2008年第2期。

⑤ 参见陈兴良:《社会危害性理论——一个反思性检讨》,载《法学研究》2000年第1期。

⑥ 参见樊文:《罪刑法定与社会危害性的冲突——兼析新刑法第13条关于犯罪的概念》,载《法律科学》1998年第1期。

社会危害性和刑事违法性确实存在着一定的矛盾,但从刑法理论、刑事立法以及刑事司法三个层面可以调和这些矛盾。① 以上的争鸣深化了我们对犯罪概念中社会危害性特征的认识,对于推动刑法基础理论的发展完善,具有重要的意义。

(七)犯罪构成问题

犯罪构成理论作为刑法理论的基石、核心和灵魂,是一块历久而弥新的研究领域。自从我国刑法学初步建立起犯罪构成理论体系以来,对它的研讨和争论就几乎没有停止过。我国1997年《刑法》通过之前,对犯罪构成理论的研讨主要集中在应当包含哪些要件的问题上。我国刑法理论的通说是四要件说,但在研讨过程中,又产生了二要件说②、三要件说③和五要件说④。并且随着研讨的深入,也有学者尝试运用系统论的方法建构犯罪构成体系,认为犯罪构成是一个由相互联系、相互作用的诸要件构成的有机整体,提出了一个"三位一体"的犯罪构成体系。⑤

1997年《刑法》通过之后,刑法学界对犯罪构成理论的争论更趋激烈。在呼吁改造我国犯罪构成理论体系的学者内部,有代表性的主张大体上可以分为三类:一是直接引进大陆法系国家的犯罪成立理论,以取代我国的犯罪构成理论,并且有的学者还在所主编的教科书中直接移植大陆法系的犯罪成立理论来建构刑法论体系。⑥ 二是依托我国的犯罪构成理论进行改造,形成"新三要件说"。依据犯罪构成要件的排列顺序不同,该说又可分为两种主张:(1)按照犯罪的客观要件、犯罪的主体要件和犯罪的主观要件顺序排

---

① 参见赵秉志:《赵秉志刑法学文集Ⅰ:刑法总则问题专论》,法律出版社2004年版,第341—353页。

② 二要件说又分为:一是把犯罪构成要件分为行为要件和行为主体要件,行为要件是主、客观要件的统一。二是把犯罪构成要件分为主观要件和客观要件,认为犯罪主体是前提要件,犯罪客体是附属于行为的,因此二者都不是犯罪构成要件。参见高铭暄主编:《新中国刑法科学简史》,中国人民公安大学出版社1993年版,第85、86页。

③ 三要件说可分为两种:一是认为犯罪构成由主体、危害社会的行为、客体三要件组成,而危害社会的行为是主观方面与客观方面的统一。二是认为犯罪构成分为犯罪主体、犯罪主观方面、犯罪客观方面三部分,犯罪客体反映的是犯罪的本质,不是犯罪构成要件。参见高铭暄主编:《新中国刑法科学简史》,中国人民公安大学出版社1993年版,第86页。

④ 五要件说是在四要件说的基础上,将四要件说中的犯罪客观方面分为两部分:一是犯罪的行为,二是犯罪的危害结果及其与犯罪行为之间的因果关系。参见高铭暄主编:《新中国刑法科学简史》,中国人民公安大学出版社1993年版,第87页。

⑤ 参见何秉松:《犯罪构成系统论》,中国法制出版社1995年版,第112—119页。

⑥ 参见陈兴良主编:《刑法学》,复旦大学出版社2003年版。

列①;(2)按照犯罪的主体要件、犯罪的主观要件和犯罪的客观要件的逻辑顺序排列。② 三是依托域外犯罪构成理论来建构。例如,有学者主张在借鉴大陆法系三要件的基础上,以罪状为中心展开犯罪构成理论,认为犯罪是该当法定罪状、违法、有责(有罪过)的行为。③ 也有学者在综合大陆法系和英美法系犯罪构成理论优势的基础上,提出了三层次的构成要件体系:第一个层次是事实要件,由行为的主观方面和行为的客观方面而构成;第二个层次是违法性评价,并将正当防卫等置于其中,成为违法性阻却事由或者辩护事由;第三个层次是有责性评价,未成年、精神错乱等阻却责任事由或合法辩护事由放在本层次的评价中。④

在通说内部,如何排列四个方面的构成要件,也存在不同的认识。传统观点认为,犯罪构成要件应当按照犯罪客体、犯罪客观方面、犯罪主体和犯罪主观方面这一顺序加以排列。而另一种观点则认为,犯罪主体要件在整个犯罪构成体系中具有核心地位,故此犯罪构成要件应以由主观到客观的顺序加以排列。⑤

(八)未成年人犯罪问题

未成年人犯罪及其刑事责任问题,不仅是我国刑法立法中的一个重要方面,也是我国刑法理论中的一个极其重要的课题。我国1979年《刑法》通过之后的一段时间,刑法学界对未成年人犯罪问题的研究大多限于对原《刑法》第14条规定之法理的阐释方面。然而,在我国立法机关1988年决定启动全面修订刑法工作以后,这种研究状况发生了很大的变化,对未成年人犯罪立法改革的研究,无论是广度还是深度上,都取得了丰硕的成果。概括而言,这些研究主要集中在:一是应否设专章规定未成年人犯罪的特殊处遇。对此,有学者认为,为了贯彻我国处理未成年人犯罪的一贯政策,促进整个社会对未成年人犯罪的惩治与防范的关注,应该在我国刑法总则“刑法用语”之前设专章规定未成年犯的刑事责任。这一专章规定的具体内容应当包括未成年人犯罪的特殊处遇原则、刑罚的适用以及保安措施。⑥ 二是刑事责任年龄规定的完善。一些学者认为,立法应当明确刑事责任年龄的计算以“周岁”为基准;刑法应该把相对责任年龄负刑事责任的罪名具体化;修改刑法对

---

① 参见张明楷编著:《刑法学》(第2版),法律出版社2003年版,第136—139页。

② 参见肖中华:《犯罪构成及其关系论》,中国人民大学出版社2003年版,第217页。

③ 参见阮齐林:《评特拉伊宁的犯罪构成论——兼论建构犯罪构成论体系的思路》,载陈兴良主编:《刑事法评论》(第13卷),中国政法大学出版社2003年版,第21页。

④ 参见劳东燕:《刑法基础的理论展开》,北京大学出版社2008年版,第170—178页。

⑤ 参见赵秉志:《刑法基本理论专题研究》,法律出版社2005年版,第274页以下。

⑥ 参见赵秉志:《刑法改革问题研究》,中国法制出版社1996年版,第158—164页。

未成年人可以适用死缓的规定。①

1997年《刑法》颁行后,我国刑法学界对未成年人犯罪问题的研究逐渐转向了如何准确适用刑法的有关规定上,并且随着研讨和实践的逐步深入,产生了一些引起广泛争议的热点问题:其一,相对责任年龄者绑架并杀害被绑架人的,应否负刑事责任,对此学界和司法实务界存在着肯定和否定两种针锋相对的见解。其二,对犯罪的未成年人能否适用无期徒刑,通行的主张对此持否定态度。②

(九)刑罚目的问题

刑罚目的是刑罚论中的核心问题。这一问题的解决不仅影响刑罚论中的其他问题,而且还影响犯罪论中的问题;不仅影响刑事立法,而且还影响刑事司法。我国刑法学界对刑罚目的问题的研究始于20世纪50年代,但并未成为研究的重点。进入20世纪80年代以来,如何界定刑罚目的及其内容,成为我国刑法学界争论的热点之一。大致而言,对刑罚目的的研究主要集中在两个问题上:一是刑罚目的的内容。这主要存在着直接目的与根本目的说③,直接目的、间接目的与根本目的说④,教育改造说⑤,报应和预防统一说⑥,实然与应然的刑罚目的说⑦,刑罚目的三层次说⑧以及双面预

---

① 参见赵秉志:《刑法改革问题研究》,中国法制出版社1996年版,第405—408页。

② 参见赵秉志主编:《刑法总论》,中国人民大学出版社2007年版,第166、167页。

③ 这种观点认为,我国刑罚的直接目的包括惩罚犯罪,伸张社会正义;威慑犯罪分子和社会上不稳定分子,抑止犯罪意念;改造犯罪分子,使其自觉遵守社会主义法律秩序。我国刑罚的根本目的则是预防犯罪、保卫社会。参见田文昌:《刑罚目的论》,中国政法大学出版社1987年版,第52页。

④ 这种观点认为,刑罚的直接目的包括特殊预防和一般预防;刑罚的间接目的即堵塞漏洞,铲除诱发犯罪的外在条件;刑罚的根本目的就是我国《刑法》第2条规定的刑法任务,简言之,就是惩罚犯罪、保护人民。参见何秉松主编:《刑法教科书》,中国法制出版社1997年版,第535—540页。

⑤ 这种观点认为,刑罚目的是教育改造犯罪人,通过惩罚和制裁犯罪人来教育和改造他们。参见周振想主编:《中国新刑法释论与罪案》,中国方正出版社1997年版,第318页。

⑥ 这种观点认为,刑罚目的是报应和预防的辩证统一,而且作为刑罚目的的预防既包括一般预防,也包括特殊预防。参见陈兴良:《本体刑法学》,商务印书馆2001年版,第637—653页。

⑦ 这种观点认为,我国实然的刑罚目的是惩罚犯罪人;改造犯罪人,预防和减少犯罪;保护人民,保障国家安全和社会公共安全,维护社会主义秩序。我国应然的刑罚目的是惩罚犯罪人与防卫社会免遭犯罪侵害。参见谢望原:《刑罚价值论》,中国检察出版社1999年版,第120—132页。

⑧ 这三个层次的刑罚目的分别是公正惩罚犯罪、有效预防犯罪和最大限度保护法益。参见韩轶:《刑罚目的的建构与实现》,中国人民公安大学出版社2005年版,第78—81页。

防说的争论。其中,特殊预防和一般预防辩证统一的双面预防说是通行的传统观点,至今仍占支配地位。二是惩罚是不是刑罚的目的。这里存在肯定说和否定说之争。① 二者争论的实质在于刑罚目的与刑罚属性、目的和手段的关系。总之,改革开放30年来,我国刑法学界对刑罚目的的研究有相当的深度,并取得了丰硕的成果。

(十)死刑改革问题

我国刑法学界对死刑改革问题的探索始于20世纪80年代中期,对死刑进行改革的呼声之深层原因在于,当时"严打"方针确定后我国的死刑立法急剧扩张和司法机关定罪处刑时出现日益明显的重刑化倾向。在这种情况下,刑法学界多数学者均主张要严格限制死刑立法,而司法机关和普通民众则基本赞成较多适用死刑。由此,引发了死刑限制与扩张的争论。②

到了20世纪90年代,我国全面修订刑法的工作进入了快马加鞭、积极推进的时期,刑法学界围绕死刑改革问题作了许多研究,并产生了较为丰硕的成果。学者们普遍认为,为严格限制死刑的适用,未来的刑法典应当明确增设限制死刑适用原则;明确死刑适用范围条件中"罪大恶极"的含义;扩大死缓的适用范围,放宽死缓减为无期徒刑或者有期徒刑的条件;将死刑复核权恢复由最高人民法院统一行使;摒弃绝对死刑法定刑之立法;删除不必要的死刑条文;对于单纯性的财产犯罪和经济犯罪,原则上不适用死刑。③

"原则上既不增加也不减少死刑规定"的1997年《刑法》通过后,我国刑法学界将研究的重心转向了如何准确地适用死刑规定方面,相对而言,对死刑改革问题的研究则稍显沉寂。进入21世纪后,随着人权精神的进一步弘扬,加之我国司法实践死刑适用出现一些偏差的影响,促使刑法学界重新思考并探索死刑制度改革的必要性和可能性问题。自此以后,学者们以更为开阔的视野、更为全面的视角,把死刑制度改革的研究拓展到了前所未有的深度,产生了一大批科研成果。概而言之,这些研究主要涉及:(1)关于死刑的

---

① 参见高铭暄主编:《新中国刑法科学简史》,中国人民公安大学出版社1993年版,第148—150页。

② 关于死刑扩张与限制之争,参见赵秉志:《死刑改革探索》,法律出版社2006年版,第87—99页。

③ 参见高铭暄:《论我国刑法改革的几个问题》,载《中国法学》1996年第5期;马克昌:《加大改革力度,修改、完善〈刑法〉》,载《法学评论》1996年第5期;赵秉志:《刑法改革问题研究》,中国法制出版社1996年版,第202—219页;赵秉志主编:《刑法争议问题研究》(上卷),河南人民出版社1996年版,第635—641页。

存废，存在死刑立即废止论①、死刑有限存在论②、逐步废止死刑论③之争。其中，根据不同的犯罪类型，区分不同的时段，严格限制并逐步推进死刑的废止，基本上是我国刑法学界的共识。(2)死刑规范的立法完善。主要涉及如下问题：死刑适用总体标准的改进；死缓的法律地位、适用条件、法律后果以及死缓改为死刑立即执行的实质条件的完善；增加规定不适用死刑的特殊对象；取消绝对死刑等。(3)死刑替代措施研究。主要形成了无期徒刑替代死刑说④、死缓替代死刑说⑤、多元替代说⑥三种有代表性的见解。(4)以国际公约的有关规定为参照而进行的死刑制度改革研究。我们相信，随着我国刑法学界关于死刑改革研究的逐步推进和不断深入，必将对我国死刑制度的发展完善产生深远的影响。

(十一)保安处分问题

我国刑法学界对保安处分问题的广泛关注不过20年的时间，而且由于种种原因的影响，最初多为批判性或介绍性研究。虽然研究的历程较短，但学者们围绕着保安处分的基本问题以及我国当代保安处分措施的有关问题展开了广泛的研讨，产生了丰硕的成果。大体而言，这些研究主要集中在：一是保安处分的基本问题，包括保安处分的概念、原则、适用条件、种类、执行等。二是保安处分的刑法化问题。多数学者主张，为了完善我国的保安处分立法，应在刑法典中设立保安处分专章或专节。⑦ 三是我国《刑法》应当规定的保安处分种类。对此，学者们的见解不一，其中，最为集中的有收容教养、强制医疗、强制禁戒、监督考察、驱逐出境等。四是劳动教养制度改革

① 参见邱兴隆：《死刑的德性》，载《政治与法律》2002年第2期；邱兴隆：《死刑的效益之维》，载《法学家》2003年第2期。此外，中国政法大学曲新久教授也持这种观点。参见陈兴良主编：《法治的使命》，法律出版社2003年版，第218页。

② 这种观点认为，敌人是自己通过行为从根本上对现实社会的基本法规范进行破坏者。敌人不应该在现实社会中享有人类尊严，也不拥有现实社会所保障的基本人权。为了实现合法的目的，在采取剥夺生命的方法是最有效的手段时，可以对敌人适用死刑。但是，对于犯罪人，其存在宽恕的理由，再基于人道和误判的理由，应当废止死刑的适用。参见冯军：《死刑、犯罪人与敌人》，载《中外法学》2005年第5期。

③ 参见赵秉志：《刑法基本理论专题研究》，法律出版社2005年版，第638—660页。

④ 参见赵秉志：《中国逐步废止死刑论纲》，载《法学》2005年第1期；李希慧：《论死刑的替代措施》，载《河北法学》2008年第2期。

⑤ 参见陈兴良：《中国死刑的当代命运》，载《中外法学》2005年第5期。

⑥ 这种观点主张以严厉化后的死缓制度、无期徒刑、附赔偿的长期自由刑来替代死刑的适用。参见高铭暄：《略论中国刑法中的死刑替代措施》，载《河北法学》2008年第2期。

⑦ 参见赵秉志：《刑法改革问题研究》，中国法制出版社1996年版，第227页以下；马克昌：《加大改革力度，修改、完善〈刑法〉》，载《法学评论》1996年第5期。

研究。关于劳动教养的何去何从问题,学者间展开了充分的讨论,最终形成了废除论①、保留论②和劳动教养保安处分化③三种见解。此外,刑法学界还研究了劳动教养的对象、期限、决定程序等问题。

(十二)反革命罪罪名的更改问题

我国刑法学界呼吁修改反革命罪罪名最早始于1981年。④ 随着研究的进一步深化,呼吁反革命罪更名的建议得到了学者们的响应和支持,并被全国人大常委会法工委1988年的刑法修改草案所采纳。1989年以后,关于反革命罪应否更名为危害国家安全罪的问题,在我国刑法学界出现了不同意见⑤,并逐渐引起了广泛的关注。但绝大多数学者认为,反革命一词具有极其浓厚的政治色彩,法律强调构成此类犯罪必须具有反革命目的,而导致司法实践中往往难以认定,因此,考虑到对外开放和促进国家和平统一的需要,以及刑法罪名的科学性与司法实务之可操作性的需要,有必要将反革命罪更名。⑥

这种见解后来得到了我国政治决策层和立法机关的肯定,在1997年《刑法》中将反革命罪更名为危害国家安全罪,同时立法还删去了此类犯罪主观上反革命目的的定义,并按照危害国家安全的性质对此类犯罪作了修改和调整,将该章中实际属于普通刑事犯罪性质的罪行移入其他罪章。应当说,对反革命罪的这些修改是中国刑法致力于科学化和迎合现代刑法之通例的重要举措,从而为海内外所瞩目。

(十三)责任事故犯罪问题

在1979年《刑法》通过以后相当长的时间里,责任事故犯罪问题的研究一直不愠不火,并没有形成真正的热点争议问题。然而,自将责任事故犯罪作为一个罪群加以规定的1997年《刑法》通过后,这种研究状况发生了很大的变化。特别是2008年中国法学会刑法学研究会将责任事故犯罪作为年会的一个议题,更是将对这些犯罪的研究推向了高潮。

---

① 这种观点认为,劳动教养制度存在诸多弊端,是法治不健全时代的产物,易授人以破坏法制、侵犯人权之柄。因此,从法治国家的目标出发,应彻底取消劳动教养。参见赵秉志:《刑法改革问题研究》,中国法制出版社1996年版,第234页。

② 参见储槐植:《论教养处遇的合理性》,载《法制日报》1999年6月3日。

③ 参见屈学武:《保安处分与中国刑法改革》,载《法学研究》1996年第5期。

④ 参见徐建:《“反革命”罪名科学吗?》,载《探索与争鸣》1981年第1期。

⑤ 参见陆翼德:《对反革命罪名存废的再认识》,载《法学内参》1989年第6期;何秉松:《一个危险的抉择》,载《政法论坛》1990年第2期;何秉松:《我国刑法为什么不应当取消反革命罪》,载《阵地》1991年第1期。

⑥ 参见梁华仁、周荣生:《论反革命类罪名的修改》,载《政法论坛》1990年第4期;王勇:《危险何在?》,载《政法论坛》1991年第2期;侯国云:《一个科学的抉择》,载《政法论坛》1991年第6期;赵秉志:《刑法改革问题研究》,中国法制出版社1996年版,第529页。

综合来看,我国刑法学界对责任事故犯罪的研究主要集中在:一是责任事故犯罪的一般理论问题,主要有业务过失的认定、监督过失以及信赖原则问题。二是交通肇事罪。研究的主要问题是本罪的存在范围、主体范围、交通肇事逃逸、因逃逸致人死亡的认定以及交通肇事逃逸的共犯等方面。尤其是刑法关于逃逸致人死亡的规定,学者间理解上的分歧颇大。争议问题主要涉及:逃逸致人死亡的规定可否适用于二次肇事的情况,因逃逸致人死亡的罪过形式可否包括间接故意,因逃逸致人死亡可否认定为不作为的故意杀人,等等。此外,也有学者对最高人民法院《关于审理交通肇事刑事案件具体应用法律若干问题的解释》中关于共犯的规定表示了质疑。① 三是重大责任事故罪。其中形成争议的问题主要有:犯罪主体是一般主体还是特殊主体,本罪主观方面系过失还是复合罪过,"不服管理"与"违反规章制度"关系如何,等等。

(十四)侵犯著作权犯罪问题

侵犯著作权犯罪是1994年7月5日全国人大常委会通过的《关于惩治侵犯著作权的犯罪的决定》新增设的一类犯罪。该决定通过以后,我国刑法学界对于这类犯罪的研究给予了较多的关注,围绕侵犯著作权罪和销售侵权复制品罪的犯罪构成、认定等问题进行了较为充分的研讨,也有一些研究涉及这类犯罪的立法完善问题。②

随着我国加入世界贸易组织,著作权刑法保护的重要性和紧迫性日益凸显。我国刑法学界对这类犯罪的研究也进入了一个全新的阶段,并取得了丰硕的成果。综合来看,刑法学界在这方面的研究主要集中在:一是侵犯著作权犯罪的认定问题,主要有本罪客体的界定、"复制发行"的理解、计算机软件最终用户的刑事责任、侵犯信息网络传播权行为的定性等问题。二是侵犯著作权犯罪的立法完善建议。研讨集中且基本形成共识的问题主要有:关于侵犯著作权犯罪中的"以营利为目的"的主观要素,通行观点主张予以取消,并认为这是适应现代科技的发展、加强对著作权保护的需要,是降低证明难度、严密惩治侵犯著作权犯罪形式法网的需要,也是与TRIPs协定有关规定相协调的需要。③ 关于犯罪行为方式的完善,有学者主张增设商业性使用盗

① 参见张明楷、黎宏、周光权:《刑法新问题探究》,清华大学出版社2003年版,第148页;张明楷:《刑法学》(第3版),法律出版社2007年版,第544页。李希慧:《略论与交通肇事罪相关的几个问题》,载中国人民大学刑事法律科学研究中心编写:《刑事法学的当代展开》,中国检察出版社2008年版,第862页。

② 参见赵秉志主编:《中国特别刑法研究》,中国人民公安大学出版社1997年版,第394、395页。

③ 参见赵秉志主编:《侵犯著作权犯罪研究》,中国人民大学出版社2008年版,第213—217页。

版软件的行为,增设出租侵权复制品的行为,并将《刑法》第217条中的“复制发行”修改为“复制、发行”等。① 关于定罪情节的完善,通说主张取消“违法所得数额”的规定,以“非法经营数额”、“销售金额较大”、“侵权复制品数额较大”作为这类犯罪的定罪情节,并将“有其他严重情节”作为销售侵权复制品罪的兜底情节。②

(十五)黑社会性质组织犯罪问题

黑社会性质组织犯罪是我国1997年《刑法》新增的一类犯罪,自2000年中央决定开展“打黑除恶”专项斗争时起,黑社会犯罪问题逐渐成为我国刑法学界的热点话题。其中焦点问题集中在:一是黑社会性质组织的认定。这主要涉及:黑社会性质组织是否以“保护伞”条件为必要,多数说对此持肯定态度③;如何理解黑社会性质组织的本质特征,学者间存在“组织性说”④、“犯罪的社会化形态说”⑤和“非法控制性说”之争,但多数学者认为,黑社会性质组织是对社会进行非法控制的组织的初级形态,非法控制性是黑社会性质组织的本质特征。⑥ 二是黑社会犯罪与有组织犯罪的关系,通行见解认为,有组织犯罪包括有一定组织形式和组织关系的黑社会组织或者带有黑社会性质的组织所实施的犯罪活动。⑦ 三是入境发展黑社会组织罪,主要涉及黑社会组织的认定、本罪主体的理解以及发展对象的界定等问题。四是黑社会犯罪的立法完善。有学者主张制定单行的反黑社会立法⑧;修改现行黑社

---

① 参见赵秉志主编:《侵犯著作权犯罪研究》,中国人民大学出版社2008年版,第218—221页。

② 参见赵秉志主编:《侵犯著作权犯罪研究》,中国人民大学出版社2008年版,第225—230页。

③ 参见赵秉志:《关于黑社会性质的组织犯罪司法解释的若干思考》,载赵秉志主编:《刑事法判解研究》2002年第1期,人民法院出版社2002年版,第112页。

④ 参见黄京平、石磊:《论黑社会性质组织的法律性质和特征》,载《法学家》2001年第6期。

⑤ 参见蒋文烈、罗伟:《浅析黑社会性质组织的特征》,载陈明华、郎胜、吴振兴主编:《刑法热点问题与西部地区犯罪研究》,中国政法大学出版社2002年版,第1130页。

⑥ 参见陈兴良:《关于黑社会性质犯罪的理性思考》,载《法学》2002年第8期;赵秉志、许成磊:《论黑社会性质组织的成立条件——以司法解释和立法解释为视角》,载陈明华、郎胜、吴振兴主编:《刑法热点问题与西部地区犯罪研究》,中国政法大学出版社2002年版,第1104页;赵长青:《认定黑社会性质组织犯罪中的几个问题》,载《云南法学》2002年第1期。

⑦ 该说认为,有组织犯罪包括有一定组织形式和组织关系的黑社会组织或者带有黑社会性质的组织所实施的犯罪活动。参见邓又天、李永升:《试论有组织犯罪的概念及其类型》,载《法学研究》1997年第6期,第102页。

⑧ 参见周心捷:《关于我国惩治黑社会犯罪法的立法思考》,载《政法学刊》2007年第6期,第23、24页。

会犯罪规定，启用“黑社会”概念①，对这类犯罪增设免予追究刑事责任条款，等等。②

（十六）贪污贿赂罪问题

与我国改革开放30年来刑法学发展的历程相适应，刑法学界对贪污贿赂罪的研究也大致呈现出了各个发展阶段所特有的明显特征。

在20世纪80年代，我国刑法学界基本上是围绕着贪污罪和受贿罪的认定问题展开的，研究的问题主要涉及贪污罪的主体、利用职务上的便利之理解、特殊经济成分中贪污罪的认定③、受贿罪的主体范围、受贿罪的客体、贿赂的范围、受贿罪既遂与未遂的界限等方面。④

到了20世纪90年代以后，我国刑法学界一方面继续注意研究贪污贿赂罪的司法认定问题的同时；另一方面也开始研究探讨贪污贿赂罪的立法完善问题。贪污罪的立法完善主要涉及犯罪主体和起刑点数额的适当降低问题，当然也有学者主张分解贪污罪⑤；受贿罪的立法完善主要涉及扩大贿赂的范围，将贪赃枉法列为从重处罚的情节，区别对待普通公务员和特殊公务员的受贿行为，建议将斡旋受贿、间接受贿、事前受贿、事后受贿规定为受贿罪的表现形式等。⑥

1997年《刑法》通过之后，我国刑法学界对贪污贿赂罪的研究转向解决司法实践认定这类犯罪的疑难问题方面。在这一时期，学者们对贪污罪研究的重点放在犯罪主体的认定方面，而对贿赂罪的研究领域宽，探讨深入，成果丰硕。涉及的疑难问题主要有：为他人谋取利益的要件属性，职务要件的界定，事后受贿问题，共同受贿犯罪的认定等。此外，近几年随着刑法学界对联合国国际公约贯彻落实问题研究热潮的兴起，我国有不少学者开始参照《联合国反腐败国际公约》的要求，研究探讨我国贿赂犯罪的立法完善，并取得了一定的成果。

---

① 参见房清侠：《关于“黑社会性质组织”犯罪法律适用的思考》，载《河南省政法管理干部学院学报》2002年第2期，第60页；张惠芳：《黑社会性质组织犯罪立法完善浅析》，载《时代法学》2004年第2期，第42、43页。

② 参见于改之：《我国关于有组织犯罪的立法与司法完善》，载《法学论坛》2004年第5期，第102页。

③ 参见高铭暄主编：《新中国刑法科学简史》，中国人民公安大学出版社1993年版，第269—273页。

④ 参见高铭暄主编：《新中国刑法科学简史》，中国人民公安大学出版社1993年版，第283—285页。

⑤ 参见赵秉志：《刑法改革问题研究》，中国法制出版社1996年版，第662—667页。

⑥ 参见赵秉志：《刑法改革问题研究》，中国法制出版社1996年版，第674—688页。

五、刑法学研究发展之展望

回顾改革开放30年来我国刑法学所取得的成就,我们深感自豪;展望新的历史使命,我们信心百倍。笔者认为,在今后的刑法学研究中,应在以下几个重大方面坚持理论创新,继续推进我国刑法学术的深入发展和繁荣。

(一)坚持研究方法的多元化

今后的刑法学研究应该在传统注释刑法和刑法哲学的基础上,进一步吸纳关系学科的研究方法来拓宽刑法学的研究思维。注意定性研究与定量研究的有机结合;针对不同的课题和问题,注意思辨研究与实证研究的正确选择与合理结合;进一步改进刑法解释方法,大力开展刑法解释学研究;进一步加大刑事学科交叉整合的力度,并根据课题研究的需要,注意借鉴、引进其他社会科学和现代自然科学的某些研究方法。这些研究方法的运用,对于促进刑法学研究的进一步发展繁荣具有积极的意义。

(二)密切关注我国的刑事法治实践

首先,要进一步加强对新型、热点疑难犯罪的研究。刑法学和其他部门法学一样,是应用性学科,是实践的学问。刑法理论工作者应善于对新型、疑难刑事问题的研究,善于从复杂疑难案件中提升刑法理论规则,这是繁荣和深化我国刑法理论的一个不可偏废的途径。与此同时,也要注意传统犯罪在新的时代条件下的新变化。其次,要密切关注我国社会刑事法治领域的重大现实问题,坚持理论密切联系实践的研究道路,积极引导和促进我国刑事法治的健康发展。

(三)继续推进刑法基础理论的研究和创新

无论在什么样的时代背景下,刑法基础理论的研究都不能偏废。近年来我国刑法学界对刑法基础理论的研究一直保持着渐进、持续发展的良好态势。可以预见今后刑法犯罪论部分的研究将得到进一步的深化和改进;而刑罚基础理论的研究也会越来越受到学界的关注。

(四)加强外向型刑法的研究

我国的刑法学研究,由于多种因素的影响和制约,比较注重国内法的研究,而在外向型刑法的研究方面相对比较薄弱,在很大程度上阻碍了我国刑事法治与当代世界先进刑事法治的交流与衔接。几年来,学界对外向型刑法的研究有很大进展。但是从总体上看,在外向型刑法研究特别是区际刑法研究方面,以上不足还未得到根本克服。今后的刑法学研究中,拓宽刑法学研究的国际视野,加强区际刑法的研究,并努力开拓外国刑法、比较刑法和国际刑法的研究,仍应作为我国刑法学界努力的重要目标之一。

4. 积极促进刑法立法的改革与完善*

目　次

---

* 原载《法学》2007年第9期；收入赵秉志、郎胜主编：《和谐社会与中国现代刑法建设》，北京大学出版社2007年版。

一、前　　言

10年前,国家立法机关通过了经系统修订的1997年《刑法》,标志着我国刑事法治取得了划时代的进步。光阴似箭,10年岁月匆匆而过,10年期间我国刑法伴随国家和社会前进的步伐又取得了骄人的成绩。刑法立法是刑事法治的基础,因而刑法立法的改革与完善应当受到我们充分的重视。站在十载春秋的今日之端,抚今追昔,笔者对我国1997年《刑法》充满了情感。值此1997《刑法》颁行10周年之际,笔者特撰文略述自己参与我国刑法立法活动及从事刑法立法问题研究的情况和若干浅见,以此作为纪念。

二、参与刑法立法活动和从事刑法立法研究概况

(一)相关背景和条件

我是国家恢复高考制度后的首届大学生,1977年考入郑州大学政治系本科学习,两年后转入新建的法律系并被选派到中国人民大学法律系代培学习完成法学本科学业。1982—1987年在中国人民大学法律系刑法专业攻读法学硕士和法学博士学位,师从著名刑法学家高铭暄教授,1988年3月通过博士学位论文答辩而成为新中国首届刑法学博士。自1987年底博士生毕业留中国人民大学法律系(法学院)任教达18年,先后破格晋升为副教授、教授,并先后担任法律系副主任和法学院副院长,1999年11月—2005年8月同时担任国家重点研究基地中国人民大学刑事法律科学研究中心主任。我之所以得以直接参与国家刑法立法活动并有较多相关研究成果,主要原因大体上有以下三个方面:

其一,老师的培养引导和单位的地位影响。在中国人民大学法律系代培读本科阶段,我就有幸聆听了我国著名刑法学家高铭暄教授的刑法总论课和王作富教授的刑法各论课,两位教授深入浅出的精彩授课尤其是他们结合自己参与刑法立法活动对刑法立法原意的阐发和对刑法立法有关问题的商榷,使我这个刚刚步入法学殿堂的年轻学子对刑法立法有了初步的了解,也开始破除对刑法立法活动的神秘感;在研究生学习阶段,我读到了高铭暄教授的

著作《中华人民共和国刑法的孕育和诞生》。① 在该书中,高教授结合他自1954 年至 1979 年间自始至终参与我国第一部刑法典即 1979 年《刑法》起草工作的情况和体会,系统而清晰地论述了我国第一部刑法典的创制历程及法条含义,极大地方便了我们学习、研究刑法,同时也进一步加深了我对刑法立法问题的了解与兴趣;在研究生阶段和留校任教后,导师高铭暄教授、王作富教授也总是以言传身教培养、引导我们年轻一代重视对刑法立法问题的研究。同时,我所在的中国人民大学法律系刑法专业是国家重点学科点,后来又建立了国家人文社会科学重点研究基地,其刑法学研究基础扎实、力量雄厚,而且有长期重视和参与国家刑事立法活动的优良传统。

其二,个人的学术兴趣和学术见解所在。在导师的培养引导下,我在研究生阶段即对刑法立法及其发展完善问题产生了浓厚的兴趣,撰写、发表了一些有关刑法立法的缺憾分析及其完善建言的论文;及至毕业留校任教后又适逢国家修改刑法并得以参与有关立法活动,刑法立法完善问题更成为我在1988—1997 年刑法修改 10 年间研究的重点领域。我认为,科学而完善的刑法立法是健全而有力的现代刑事法治的基础,关注刑法立法问题是刑法学者的使命和职责所在,也是做好一个刑法理论工作者尤其是刑法教师的必备素养所在。

其三,国家修改刑法提上日程暨国家立法机关的器重。1988 年我博士生毕业刚刚留校任教,国家立法机关正好于此时将刑法修改提上工作日程并由此展开了 10 年的修法研拟活动。国家立法工作机关在修改刑法的研讨活动中注意吸收了一些青年学者参与,我有幸应邀参与其中;更由于我所在单位及中国人民大学法律系刑法学科点主持人高铭暄教授的推荐和全国人大常委会法制工作委员会的器重与培养,使我得以更深入地参与到法制工作委员会的刑法修改小组之中,从而有了把刑法学理论和参与刑法修改实践活动结合起来的条件与动力。

综上,正是在各种主客观有利因素的结合和影响下,加上自己的热爱,使我自从事刑法学学习研究以来数十年间,得以并坚持把刑法立法及其改革完善问题始终作为自己的主要学术领域之一予以探索和积累。

(二)参与刑法立法活动概况

在国家立法机关 1988—1997 年间研拟修订我国第一部刑法典的相关活动中,我的参与主要体现在以下四个方面:

其一,两度参与国家立法工作机关的刑法修改小组。1988 年 7 月刑法修

① 参见高铭暄编著:《中华人民共和国刑法的孕育和诞生——一个工作人员的札记》,法律出版社 1981 年版。

改被纳入国家立法机关工作日程后,同年12月全国人大常委会法工委成立了刑法修改小组,我应邀成为该小组的成员。① 该小组前后活动约半年,具体参与先后拟定出了1988年11月16日和同年12月25日的两份《刑法修改稿》,并进行了有关刑法修改的其他一些资料整理和研讨工作。后来,由于1989年北京"6·4"事件的发生,国家立法机关的修改刑法工作停顿下来,刑法修改小组也停止了活动。1993年第八届全国人大常委会又将刑法修改工作提上日程后,全国人大常委会法工委在当时还主要致力于《刑事诉讼法》修改工作的情况下,于1993年9月抽调部分力量并邀约数位刑法学者再度组成了刑法修改小组。② 修改小组的活动时间大体为1993年9月至1996年4月,其研究重点是刑法分则部分,在多次集会研讨的基础上,修改小组先后于1993年10月和11月、1994年3月和1995年8月分别整理出了4份具有草案性质的《刑法分则条文汇集》,以此作为国家立法工作机关研究刑法分则修改的基本资料和框架。③ 我在修改小组中除参与全面的研拟工作和刑法典分则体系结构的设计之外,还承担了侵犯公民基本权利和妨害司法方面有关章节犯罪的法条设计和论证研究工作。④ 1996年3月《刑事诉讼法修改稿》在第八届全国人大第四次会议通过后,自同年4月起,全国人大常委会法工委即将主要精力迅速转入刑法典的全面修改工作,刑法修改小组成员就转而参与到法工委主持的刑法修改研拟活动中了。

其二,协助主持中国人民大学刑法总则修改小组的工作。在上述全国人大常委会法工委刑法修改小组成立并开始研拟刑法分则修改问题之后不久,

① 该小组由全国人大常委会法制工作委员会(以下简称全国人大常委会法工委/法工委)原副主任、时任顾问高西江同志主持,由法工委刑法室几位领导和业务骨干(刑法室李福成副主任、李淳副主任、郎胜处长、王尚新处长和黄太云、滕炜同志等)以及刑法学界几位中青年学者(中国社会科学院法学所崔庆森副研究员、中国人民大学法律系赵秉志副教授和中国政法大学薛瑞麟讲师)参加组成。

② 该小组由全国人大常委会法工委前主任、时任咨询委员高西江同志主持,法工委刑法室副主任李淳同志协助主持,刑法室徐霞、宋海波同志参加;修改小组的刑法学者有7位:储槐植教授(北京大学法律系)、赵秉志教授(中国人民大学法律系)、陈宝树研究员(中国社会科学院法学所)、李文燕教授(中国人民公安大学)、陈泽宪副研究员(中国社会科学院法学所)、侯国云副教授(中国政法大学)和王世洲副教授(北京大学法律系)。

③ 参见赵秉志主编:《新刑法典的创制》,法律出版社1997年版,第14、15页。

④ 笔者于1995年6月19日完成这方面的草拟研究稿并呈报法工委刑法修改小组作修法参考。这个设计研究稿涉及"侵犯公民人身权利罪"、"侵犯公民民主权利罪和劳动权利罪"、"妨害司法活动罪"等3章暨"渎职罪"章中的"司法渎职罪"部分。博士生赫兴旺和硕士生肖中华协助笔者参与了此项研究工作。参见高铭暄、赵秉志编:《新中国刑法立法文献资料总览》(中册),中国人民公安大学出版社1998年版,第2961—3003页。

1993年12月间,当时主持刑法修改小组的高西江同志在经我转达与高铭暄教授商定的基础上,代表全国人大常委会法工委委托中国人民大学法律系刑法学科点研究和提出刑法总则修改草案。接受委托后,中国人民大学法律系刑法学科点成立了刑法总则修改小组,由高铭暄教授和王作富教授主持,我协助主持并负责具体协调工作。① 该小组从1993年12月至1994年9月间,进行了10个月的较为集中的研讨和修改工作,先后向全国人大常委会法工委提交了1份《刑法总则大纲》和4个稿本的《刑法总则修改稿》②,期间全国人大常委会法工委高西江同志、李淳同志等数次参加了中国人民大学法律系刑法总则修改小组的讨论。我除负责协助高铭暄教授、王作富教授总体设计刑法典总则体系结构和协调修改研拟工作外,还具体承担了一些章节的内容设计工作。后来,全国人大常委会法工委在参考中国人民大学法律系刑法总则修改小组提交的刑法总则修改方案的基础上,于1995年8月起草出了《刑法总则修改稿》。③

其三,参与国家立法机关关于修改刑法的会议。在10年的修改刑法典的过程中,全国人大常委会法工委除两度组成刑法修改小组进行修法研拟活动外,还召开了有关刑法修改的多次座谈会、研讨会,邀请的专家学者从数人、数十人乃至百余人规模不等,我有幸应邀参加了其中的大部分会议,并且每次会议都认真准备,就有关问题积极发表意见。令人记忆犹新的是全国人大常委会于1996年11月11日至22日在北京召开了长达12天并颇具规模的刑法修改座谈会,邀约了全国政法机关和法学界的一百五十余位专家学者与会,集中研讨全国人大常委会法工委1996年10月10日编印的《中华人民共和国刑法(修订草案)》(征求意见稿)。领导刑法修改工作的全国人大常委会副委员长王汉斌同志和全国人大常委会法工委主任顾昂然同志在此次大会上作了重要讲话,高铭暄教授、马克昌教授和我本人以及司法实务机关的代表等十余位专家学者被安排在大会上发了言,记得我发言的题目是关于我国刑法典分则体系结构的完善问题。④ 在此次会议研讨的基础上,全国人大常委会法工委又经过进一步修订,形成了提交1996年12月下旬召开的第

① 中国人民大学刑法总则修改小组的其他成员还有陈兴良教授、姜伟教授、黄京平副教授和鲍遂献副教授,博士生赫兴旺、颜茂昆担任小组的学术秘书。

② 参见高铭暄、赵秉志编:《新中国刑法立法文献资料总览》(下册),中国人民公安大学出版社1998年版,第2877—2961页。

③ 参见赵秉志主编:《新刑法典的创制》,法律出版社1997年版,第15页。

④ 该发言稿的要点以《论刑法修改中分则体系结构的完善》为题发表于《中国律师报》1997年3月12日;后又经整理,形成《关于完善刑法典分则体系结构的新思考》一文,载赵秉志:《刑法改革问题研究》,中国法制出版社1996年版,第551—565页。

八届全国人大常委会第二十三次会议审议和1997年2月中下旬召开的第八届全国人大常委会第二十四次会议审议的《中华人民共和国刑法(修订草案)》,进而在1997年3月召开的第八届全国人大第五次会议上通过了经修订的刑法典。①

其四,主持撰写并向国家立法机关提交刑法修改研究报告。在1996年4月底全国人大常委会法工委加紧刑法典的全面修订研拟工作而使刑法修改进入关键时期以后,为更好地配合国家立法工作机关对刑法重点问题的修改工作,我提出专门研究一些重点问题的构想并得到当时主持刑法修改工作的领导人之一法工委副主任胡康生同志的支持和鼓励,遂在我的主持下,邀请中国人民大学法学院刑法专业的博士生赫兴旺、颜茂昆和硕士生肖中华参加,我们自行组成了刑法修改专题研究小组,对刑法典修改与完善中的一些基本而重要的问题进行针对性的研究,历时两个多月,完成了十余万言的、包含11个专题的研究报告《中国刑法改革与完善基本问题研究报告》(以下简称《研究报告》),并将这份研究报告的要点概括整理成了万余言的《关于修改刑法若干基本问题的建议》(以下简称《建议》)。这份《研究报告》和《建议》于1996年7月15日呈送全国人大常委会法工委暨刑法室领导参考,同时也分呈给了最高人民法院刑法修改小组、最高人民检察院刑法修改小组、公安部刑法修改领导小组暨办公室参考。②

在1997年《刑法》颁行以来的10年间,国家立法机关又陆续通过了6个刑法修正案、3个单行刑法和9个刑法立法解释文件,并在其他有关法律中涉及刑法立法问题,对刑法典进行了局部的修改、补充和完善。我本人应邀参与了其中一些刑法立法文件起草过程中的研讨,并组织本人所在单位的刑法学者对一些刑法立法文件草稿提出了系统的研究咨询意见。我所领导的刑法学术团队还就一些重要的刑法立法改革与完善问题向国家立法机关和最高司法机关提交了多份研究报告。

(三)从事刑法立法研究概况

我从事刑法立法研究方面的情况和成果,大体可分为三个时期:

其一是1988年刑法修订工作开始之前,此时为我读硕士和博士期间,这

① 参见赵秉志主编:《新刑法典的创制》,法律出版社1997年版,第17—22页。

② 该《研究报告》和《建议》所涉及的11个问题是:(1)罪刑法定原则的立法化;(2)关于《刑法》对我国公民在国外犯罪的适用范围问题;(3)增设未成年人犯罪特殊处理专章的建议;(4)单位犯罪的立法对策问题;(5)正当行为的立法完善问题;(6)刑种的调整和完善;(7)死刑的立法完善;(8)累犯制度的立法完善;(9)增设保安处分专章的构想;(10)刑法分则完善的共性问题;(11)特别刑法的编纂与刑法典的完善。参见高铭暄、赵秉志编:《新中国立法文献资料总览》(下册),中国人民公安大学出版社1998年版,第3052—3071页。

一阶段可以说是我对刑法立法完善问题研究的初步涉猎。我大约撰写和发表了十余篇有关刑法完善的论文,并在由我对硕士学位论文和博士论文修订而成的两本个人专著中均专门研究了相关专题的刑法立法完善问题。①

其二是在1988—1997年参与刑法典修改活动的10年间,刑法修改问题的研究自然也成为我此一时期学术研究的重点领域,我在国内外报刊上发表了八十余篇相关论文和文章,协助王作富教授主持完成了国家社会科学基金项目“改革开放与刑事立法完善研究”,个人主持完成了国家社会科学基金项目“中国刑法改革问题研究”,并出版了几本相关的专著和专题文集。② 这一时期我的相关研究比较全面系统,涉及刑法立法改革与完善的诸多宏观问题、具体问题和立法技术问题。

其三是1997年《刑法》颁行迄今的10年。这一时期我在前几年撰写、发表了一批阐述、评论1997年《刑法》改革与进展的文章;后来逐渐转向围绕重点问题对刑法立法进行研究,涉及人权保障与刑法改革、和谐社会与刑法改革、刑法立法的现代化、刑法完善的方式等宏观重要问题,以及死刑制度的立法改革、腐败犯罪的立法完善、恐怖犯罪的立法完善、侵犯知识产权的立法改进等具体的重要问题。这一时期我在国内外报刊上发表了近百篇相关论文和文章,并出版了涉及刑法立法的数本书籍。③

三、参与刑法立法活动和从事刑法立法研究的感悟

回顾和反思是提高与升华的重要途径。回顾自己参与刑事立法活动近二十年的历程和从事刑法立法研究二十多年的情况并予以反思,我有以下五点粗浅认识和感悟:

---

① 参见赵秉志:《犯罪未遂的理论与实践》(第10章),中国人民大学出版社1987年版;赵秉志:《犯罪主体论》(第10章),中国人民大学出版社1989年版。

② 参见赵秉志主编:《刑法修改研究综述》,中国人民公安大学出版1990年版;赵秉志:《改革开放中的刑法理论与实务》,吉林人民出版社1994版;赵秉志、鲍遂献:《大陆刑法的改革与趋势》,台湾中庸出版社1994年版;赵秉志:《刑法改革问题研究》,中国法制出版社1996年版;王作富主编、赵秉志副主编:《刑法完善专题研究》,中央广播电视大学出版社1996年版。

③ 参见高铭暄、赵秉志编:《新中国刑法立法文献资料总览》,中国人民公安大学出版社1998年版;赵秉志:《刑法总则问题专论》,法律出版社2004年版;赵秉志:《刑法分则问题专论》,法律出版社2004年版;赵秉志:《刑法基本理论专题研究》,法律出版社2005年版;赵秉志:《死刑改革探索》,法律出版社2006年版;高铭暄、赵秉志编:《中国刑法立法之演进》,法律出版社2007年版;高铭暄、赵秉志编:《中国刑法立法文献资料精选》,法律出版社2007年版。

（一）刑法立法是刑事法治的基础

诚然，“徒法不足以自行”，刑事司法是刑事法治运行的中心环节和关键所在；但刑法立法无疑是刑事法治的基础和起点，是刑事司法的根据和指南。可以说，在现代法治社会，没有刑法立法，就没有刑事司法和整个刑事法治；没有科学完善的刑法立法，就没有有力有效的刑事司法，就没有良美的刑事法治。因此，刑法立法对于刑事法治是极为重要的，刑法立法工作必须得到充分的重视。

（二）刑法立法工作是一门科学

按照马克思主义法学原理的正确揭示，法律从根本上是受到社会经济状况及其发展需要制约的。刑法作为事关国家、社会和个人重大利益的国家基本法律，其创制和修订等立法工作无疑要受到国家经济、社会、文化等基本因素和社会治安、犯罪状况等特定因素的制约，还要受到本国法治传统和国际社会法治发展进步趋势的影响。负责任的立法者不能也不是随心所欲地创制刑法，刑法立法工作必须探寻、总结和遵循同犯罪作斗争的客观规律，理性地对待犯罪，讲究立法的科学性、合理性和切合实际，从而保证创制出科学有效的刑法规范，为刑事司法和整个刑事法治奠定良好的法律基础。因此，刑法立法是科学性要求很强的工作，也可以说刑法立法工作是一门科学。

（三）刑法立法工作是一门艺术

首先，在立法的指导思想层面，刑法立法工作要正确地看待、科学地平衡和艺术地处理立法活动中所面对的一系列重大关系，诸如刑法立法着眼点上的立法现实性与立法超前性的关系，刑法机能方面的有力惩治犯罪与有效保障人权的关系，刑法立法根据和参酌上的立足本国实际与参考国际社会立法思潮的关系，刑法立法调控范围上的适度犯罪化与非犯罪化的关系，刑法立法配刑上的轻刑与重刑设置衔接方面的关系等，以及刑法立法对于司法实践经验和理论研究成果的取舍，刑法立法对于犯罪基本思想中的主观主义、客观主义、折中主义以及刑罚基本思想中的报应刑论、目的刑论、折中论等刑法学说的认识与取舍，刑法立法对于历史经验与现实经验的取舍，刑法立法对于古今中外的有关经验、实践、理论中具有科学性、可行性之精华的甄别与吸纳等，都需要刑法立法者在科学性的基础上，艺术地予以对待和处理。其次，在立法技术的层面，刑法立法要处理好立法简明与立法细密的关系，要求法典的体系结构科学合理、布局良美，要求法条内容充实、逻辑清晰、排列科学，要求法条之间尤其是罪名之间界限分明，要求罪名中的罪刑单位区分衔接合理，要求法条用语正确、准确、明确，要求恰当地处理好法律用语与日常用语的关系等，技术性很强，应当科学而艺术地处理。因此可以说，刑法立法工作不但是一门科学,而且也是一门艺术。

(四)刑法立法完善是一个过程

由于刑法立法要受到时代发展、国情民意、犯罪状况、理论发达程度乃至国家政治决策层观念、立法者认识和立法技艺水准以及立法程序的科学性、立法参与者情况等多种因素的制约与影响,因此,刑法立法的科学性总是相对的,刑法立法的科学和完善也必然是一个不断演进的过程。这就要求我们要理性地看待刑法立法的科学与完善,一方面我们要看到今日刑法相对于昨日刑法的发展完善,充分肯定今日刑法取得的进步,并且历史地看待和理解昨日刑法之不足;另一方面我们又要以发展的眼光和时代进步的要求来审视今日之刑法,要勇于正视和评论今日刑法之不足,并且立足于刑法的发展完善建言献策,以促进刑法立法的继续改革和完善。唯有与时俱进,刑法立法才能为刑事法治进步和社会发展提供科学有力的法律基础。

(五)刑法学者参与刑法立法活动具有重要意义

刑法学者参与刑法立法活动具有多方面的重要意义:首先,刑法学者参与刑法立法,是刑法理论服务于法治实践并接受立法实践检验的重要体现,也为刑法立法提供了理论支持,从而有助于刑法立法的科学性。其次,刑法学者参与刑法立法,也是刑法立法活动民主化的重要形式。相对于国家立法机关的专职工作人员而言,参与刑法立法的刑法学者兼具法学专家和普通公民的双重身份;而以法学专家和普通公民的双重身份和眼光来参与刑法立法活动并发表意见,显然有助于刑法立法活动的民主性。再次,刑法学者参与刑法立法,对刑法学者也是一个极为重要的锻炼、提高的途径。通过参与刑法立法活动,有助于刑法学者增强使命感、责任感,开拓眼界与思路,深刻而辩证地认识立法与司法、实践与理论、理想与现实等法治的基本问题,提高思维能力和文学素养等。因此可以说,刑法学者参与刑法立法活动,对刑法立法工作和刑法学者个人都是非常重要的。当然,有机会参与刑法立法活动的刑法学者毕竟是少数,但关注刑法立法进展、研究刑法立法问题却是刑法学者都能做到的。

四、对于1997年《刑法》及其发展的认识

(一)对于1997年《刑法》的认识

由于时代的局限和多种因素的影响,我国第一部刑法典即1979年《刑法》仅有192个条文。1979年《刑法》颁行后的17年间,国家立法机关通过

了25部单行刑法并在百余部非刑事法律中规定有刑事条款,以修改、补充1979《刑法》。1997年通过的《刑法》在甄别、修改原有刑法规范的基础上又予以大量补充,法律条文增加到452个,其修法幅度之大,涉及范围之广,都颇为鲜见。那么,对1997年《刑法》应作怎样的总体评价?在1997年《刑法》颁行后的一段时间里,对此曾有着见仁见智的不同看法:有的认为1997年《刑法》有着多种不完善、不科学之处,不宜评价过高;有的认为1997年《刑法》没有解决好限制减少死刑、整合保安处分等重要问题,存在重大不足;主流观点则认为对1997年《刑法》从总体上应给予充分的肯定,但也要实事求是地看到其存在的缺陷与不足。笔者当时即是主流观点阵营中坚定的一员,10年后的今天,笔者仍然坚持此一看法,并且认为时间和实践的检验证明了我国刑法学界主流观点对1997年《刑法》的评价是站得住的。

首先,必须充分肯定,1997年《刑法》是一部充满时代特色的、具有重大改革和多方面进展的刑法典。这是1997年《刑法》的主导方面。其主要表现如下:(1)1997年《刑法》整合各种刑法规范为一体,从而实现了刑法典的统一性和完备性,为我国刑事法治的统一和有效运作奠定了法律基础;(2)1997年《刑法》明确规定了罪刑法定、适用刑法人人平等和罪责刑相适应等三项现代刑法的基本原则并废止了有罪类推制度,对死刑有所限制,强化了对未成年人犯罪的从宽处遇和对公民正当防卫权利的保护,取消或分解了法条内容宽泛模糊的投机倒把罪、流氓罪和玩忽职守罪等三大"口袋罪",从而基本实现了刑法典的现代化并强调和突出了其人权保障的机能;(3)1997年《刑法》增设了普遍管辖规则并扩大了中国刑法的域外管辖权,增设了一些国际罪行和当代新型犯罪,将过时和不合时代立法精神的反革命罪更改为危害国家安全罪,从而显著地促进了中国刑法的国际化;(4)1997年《刑法》注意了体系结构的完备、法条内容的合理和切实可行,对一些原来比较笼统、原则、有所含糊的规范尽量作出明确而具体的规定,从而提高了刑法典的科学性和可操作性;(5)1997年《刑法》以1979年《刑法》和原有的其他刑法规范为基础而进行修订工作,注意了法律和法治的连续性与稳定性。1997年3月6日,第八届全国人大第五次会议审议1997年刑法草案时,时任全国人大常委会副委员长的王汉斌同志在其所作的《关于 < 中华人民共和国刑法(修订草案)的说明》中曾指出,1997年《刑法》的修订力图贯彻法典的统一性和完备性、法律的连续性和稳定性以及立法内容的科学性和可操作性等三项修法原则。①笔者认为,1997年《刑法》较好地贯彻了这三项科学、进步、稳妥的修法原则。

---

① 参见高铭暄、赵秉志主编:《新中国刑法立法文献资料总览》(中册),中国人民公安大学出版社1998年版,第1828页。

其次，毋庸讳言，由于多种因素的影响，1997 年《刑法》从基本制度、法条内容到立法技术等方面都还存在一些疏漏和不足之处。例如，刑法总则中关于罪数的规定暨除正当防卫、紧急避险外的其他正当行为的规定尚付阙如，未成年人犯罪之特殊处遇未设立专章，刑罚体系与种类方面还存在若干缺失、不协调之处，死刑限制与减少的力度不够，赦免制度尚属欠缺等；刑法分则中没有对犯罪罪名作出明示的规定，不科学地增设了绝对确定的死刑规定，有些罪名的规定不切合实际等。1997 年《刑法》的这些缺陷与不足虽然是其非主导方面，但也要予以正视和重视，要通过立法的途径予以纠正、弥补和完善。

（二）关于晚近 10 年来刑法立法发展的认识

众所周知，1997 年《刑法》颁行以后的 10 年来，国家立法机关又先后通过了 6 个刑法修正案、3 个单行刑法和 9 个刑法立法解释文件，并在其他非刑事法律中规定了一些刑事条款，对 1997 年《刑法》进行了局部的修改、补充和完善。而且据悉，《中华人民共和国刑法修正案（七）》（以下简称《刑法修正案（七）》）也正在加紧研拟中并有望不久获得通过。那么，应当怎样看待和评价 1997 年《刑法》以来 10 年间刑法立法的发展？笔者提出以下两个方面的基本认识：

其一，应当怎样看待国家立法机关对 1997 年《刑法》又进行的局部修改、补充？我们肯定 1997 年《刑法》修订实现了刑法典的统一性和完备性，但这种完备性是相对于此前的刑法规范状况而言的，刑法典的完善是一个不断发展的过程，1997 年《刑法》当然也有其局限而需要不断完善。1997 年《刑法》颁行以来 10 年间，基于社会情况和犯罪形势的发展变化，基于我国刑事法治经验的不断总结和立法认识的逐步深化，国家立法机关又对刑法典进行了一系列必要的修改完善，从而促进了刑法的发展，促进了刑事法治和社会进步。实践证明，10 年来我国刑法立法的发展是必要也是及时的，应当予以充分肯定。

其二，应当怎样看待 10 年来刑法立法发展的几种模式？关于局部修订刑法典的模式，虽然理论界早有建议主张采取刑法修正案的方式①，但在 1979 年《刑法》颁行之后的 17 年间，国家立法机关主要是采取单行刑法的方式修改补充刑法典，同时辅之以在非刑事法律中设置附属性刑法条款的方式。上述特别刑法尤其是单行刑法的修法方式虽可达简便快捷、针对性强之功效，但却造成对刑法典的统一性、完备性、稳定性和常态法治的严重冲击，

① 如笔者就曾较早提出此种主张。参见赵秉志：《论刑法典自身完善的方式》，载《法学杂志》1990 年第 4 期；赵秉志：《论完善大陆刑事立法的根据、原则和方式》，载台湾中国文化大学《华冈法粹》第 21 期（1992 年 7 月）。

此一弊端在对1979年《刑法》进行系统修订时已被充分认识,因而国家立法机关才将实现刑法典的统一和完备作为1997年《刑法》的第一修法原则予以强调。

但令人遗憾的是,1997年《刑法》颁行之后,在1998—2000年间,国家立法机关又颁行了3个单行刑法文件①,这样就在立法形式和立法内容上又制定了独立于刑法典的特别刑法规范,从而妨碍了刑法典的统一性和完备性;而且第二个单行刑法即关于邪教的决定可以说是徒具宣言式的法条内容而并无修法之实,第三个单行刑法即《关于维护互联网安全的决定》基本上是解释刑法的内容而并无对刑法的修改补充,因而这两个单行刑法的自身存在形式也是值得质疑的。

除了3个单行刑法之外,1997年《刑法》之后10年来国家立法机关颁布了6个刑法修正案,通过了9个刑法立法解释文件,这两种模式则是值得充分肯定的。

先看刑法修正案。1999年12月25日全国人大常委会通过了我国第一个《中华人民共和国刑法修正案》(以下简称《刑法修正案》),以后又相继通过了5个刑法修正案。从立法实践及其发展趋势看,采用刑法修正案的形式已成为我国立法机关修改、补充刑法典的基本模式。笔者早在20世纪90年代初期即极力主张局部修改刑法应采取刑法修正案的方式②,在我国第一个《刑法修正案》出台不久即又撰文对之予以充分肯定。③ 笔者之所以赞同并极力主张修改、补充刑法典采取这种的模式,是因为这种修法模式有以下三大优点:(1)刑法修正案是由全国人大常委会通过立法修改程序对刑法典进行的局部修改、补充,因而具有灵活、及时、针对性强、立法程序相对简便的特点。当然,这也是单行刑法方式所具有的特点。(2)刑法修正案在创制、通过的形式上类似于单行刑法,但在实质上又不同于单行刑法。在与刑法典的关系上,刑法修正案是对刑法典原有条文的修改、补充、更换或者在刑法典中增补新的条文,这样,它不但可以直接促成刑法典的改进,而且它并不能像单行刑法那样独立于刑法典而存在和被适用,它颁行后就要纳入刑法典中而成

---

① 即全国人大常委会1998年12月29日通过的《关于惩治骗购外汇、逃汇和非法买卖外汇犯罪的决定》,1999年10月30日通过的《关于取缔邪教组织、防范和惩治邪教活动的决定》,2000年12月28日通过的《关于维护互联网安全的决定》。

② 参见赵秉志:《论刑法典自身完善的方式》,载《法学杂志》1990年第4期;赵秉志:《论完善大陆刑法立法的根据、原则和方式》,载台湾中国文化大学《华冈法粹》第21期(1992年7月)。

③ 参见赵秉志、蒋熙辉:《试论〈刑法〉修正案》,载《贵州法学论坛》,贵州人民出版社2000年版,第17—32页。

为刑法典的组成部分,从而方便理解与适用。刑法修正案这种直接完善刑法典和便于理解与适用的优点是单行刑法所不具备的。(3)刑法修正案不但直接纳入刑法典,而且其立法技术使其并不打乱刑法典的条文次序,从而有利于维护刑法典的完整性、连续性和稳定性,有利于刑事法治的统一和协调,这一重大优点也是单行刑法所不具备的。总之,刑法修正案既有单行刑法的优点,又有单行刑法所不具备的其他突出优点,同时又避免了单行刑法的严重弊端,因而是现代法治语境下局部修改完善刑法典比较理想的模式。我国立法机关应当坚持和重视此种修改刑法的模式。

再看刑法立法解释文件。2000年4月29日,全国人大常委会通过了《关于刑法第九十三条第二款的解释》,这是全国人大常委会首次作出的刑法立法解释,笔者在此后不久就撰文予以高度评价,认为该解释不但是以立法解释的形式解决了最高人民法院与最高人民检察院在司法适用中的一个重要的争议问题,而且是国家立法机关弥补刑法立法技术不足、完善刑法立法的一种良好的模式,是国家刑事法治化所迈出的重要步伐。① 后来,全国人大常委会又陆续通过了8个刑法解释文件,对刑法典有关条文的含义及其适用问题作了阐释。刑法立法解释是全国人大常委会依据《宪法》和《立法法》的有关规定对刑法立法的某些内容之含义所作的阐明,由于刑法立法总是相对概括、原则,刑法立法技术上也还难免存在一些问题,加之司法实践中最高人民法院、最高人民检察院这两个拥有司法解释权的最高司法机关也会发生对刑法法条理解的不一致,这样在刑事法治实践中就会不断产生由全国人大常委会解释刑法的需要,因而国家立法机关应当重视和充分运用刑法立法解释这种完善刑法、促进刑事法治的方式。

这里有必要附带说明一个问题。据说是由于实践的需要,全国人大常委会法制工作委员会在1997年《刑法》前后都曾就刑法的理解适用问题与中央有关政法机关联合或单独作出过关于刑法的某些解释。② 对这类解释,有的

---

① 参见赵秉志、时延安:《略论关于刑法典第93条第2款的立法解释》,载《法制日报》2000年5月28日,第3版。

② 这类解释在1997年《刑法》之前有全国人大常委会法制工作委员会、最高人民法院、最高人民检察院、公安部、司法部、民政部《关于正在服刑的罪犯和被羁押的人的选举权问题的联合通知》(1984年3月24日);全国人大常委会法制工作委员会、最高人民法院、最高人民检察院、司法部《关于劳教工作干警适用刑法关于司法工作人员规定的通知》(1986年7月10日);1997年《刑法》之后有:全国人大常委会法制工作委员会《关于对"隐匿、销毁会计凭证、会计账簿、财务会计报告构成犯罪的主体范围"问题的答复意见》(2002年1月14日);全国人大常委会法制工作委员会《关于已满十四周岁不满十六周岁的人承担刑事责任范围问题的答复意见》(2002年7月24日)。

认为是立法解释,有的认为不是立法解释。笔者认为,按照我国《宪法》和《立法法》的规定,只有作为国家立法机关的全国人大常委会才有权解释法律;而全国人大常委会法制工作委员会是全国人大常委会的工作机构和法律起草部门,它并没有解释法律的权力。因而不仅有多家非立法机关参与的解释当然不能是立法解释,而且即使是全国人大常委会法制工作委员会独家所作的解释也不是立法解释,而只是国家立法工作机关的解释性意见,这种意见可以为司法机关所参考,但却不像立法解释文件那样具有法律效力。而且,笔者还认为,作为国家立法工作机关的全国人大常委会法制工作委员会,由于其性质和职权所限,作出这种解释性意见应当非常慎重,一般也不宜出台此种解释意见,以免引起理解与适用上的歧义,并有碍法治的统一性。

应当指出,笔者认为要充分肯定国家立法机关创制刑法修正案和发布刑法立法解释文件这两种完善刑法的模式,但这并不等于说以往这两种模式的运用都是科学的。实际上,以往这两种模式的运用也还存在种种不足之处。例如,已有的6个刑法修正案都限于是对刑法分则内容的修订,而未有涉及刑法总则的;有的刑法修正案显得内容繁杂无章;有的刑法立法解释文件超越解释刑法的界限而有修改补充刑法之处;已有的刑法修正案和刑法立法解释中的某些规定、某些用语之科学性、合理性、明确性方面也都还有可议可改之处,如此等等。对这些不足之处,建议国家立法机关进行研究并在今后的修法中予以改进。

五、关于今后刑法改革的若干思考

改革开放是当代中国的主旋律。刑法改革是时代的要求,是建设社会主义法治国家的需要。我国1997年《刑法》及其颁行10年以来的刑法立法改革可谓成就辉煌,但这些成就并未终结刑法立法改革的道路,而是在新的社会发展时期和更高的法治水准上开拓了刑法立法进一步改革的前景,提出了新的更大力度的刑法改革的任务。值此纪念1997年《刑法》颁行10周年的重要历史时刻,展望中国刑法立法的未来改革,笔者试就若干重要问题略抒浅见。

(一)关于刑法改革的方向问题

刑法改革的方向决定于刑法改革的宗旨。刑法改革的宗旨,是为了实现刑事法治的科学化和现代化,以维护和促进社会的发展进步。当今中国确立了建设社会主义和谐社会的基本国策,社会主义和谐社会的构建是一项关涉政治、经济、法治、文化、社会生活诸多方面的系统工程，而和谐的刑事法治之构建是其中不可或缺的重要方面；放眼今日全球，人权保障为国际社会和各国极为重视，也是现代刑事法治的鲜明主题，中国也确立了“国家尊重和保障人权”的宪政原则并认识到了刑事法治中的人权保障的重要意义；为了促进和谐社会建设和人权保障事业，国家政治决策层提出要在刑事法治领域确立和贯彻宽严相济的基本刑事政策，这一政策对于理性地惩治、防范犯罪，实现刑事法治的科学化和现代化，具有特别重要的意义。综上，笔者认为，现阶段我国刑法的改革，应当以有助于构建和谐社会和强化人权保障、有助于贯彻宽严相济的基本刑事政策为发展方向；凡有悖于、有碍于这个发展方向的，均应予以纠正或者摒弃。

（二）关于刑法改革的重点问题

刑法与时俱进的应有发展涉及方方面面，许多是内容与技术的改进，一些重要问题的重大改变才称得上是改革。刑法发展当然要兼顾改革与改进，但涉及重点问题的改革无疑是需要着重抓好的。那么，我国现阶段的刑法之立法改革涉及哪些方面的重要问题？举其要者：（1）死刑制度的改革问题。首先是死刑罪名的大幅度削减，尤其是经济犯罪、职务犯罪和其他非暴力犯罪死刑的废止问题；其次是严重暴力犯罪、毒品犯罪等死刑适用“大户”罪名的死刑立法限制问题；再次是与限制、减少死刑相配套的刑罚制度的改革问题；最后是立法上分阶段逐步全面废止死刑的问题。（2）人权保障方面的刑法改革问题。上述的死刑制度改革当然也是人权保障方面的重要问题，因其极为重要而已首先专门论及。除死刑制度改革外，旨在强化人权保障的刑法改革之重要问题还有若干，诸如未成年人犯罪之特殊处遇应在刑法总则中设立专章的问题，保安处分制度尤其是劳动教养制度应纳入刑法予以整合重构的问题，社区矫正制度立法化的问题，以及合理调整刑法典分则体系结构以突出对公民基本权利的保护问题等。（3）应对时代发展和犯罪新型化、全球化的挑战，及时而合理地增设新型犯罪和国际犯罪的种类，并在刑法中切实贯彻联合国刑事法治准则。

（三）关于刑法改革的方式问题

关于我国今后刑法立法改革发展的方式，笔者提出以下几点认识和建言：

其一，今后我国《刑法》的局部修改、补充和完善主要应限于刑法修正案和刑法立法解释两种方式，而摒弃单行刑法的方式，附属刑法也宜限于呼应刑法典或刑法修正案的方式。但要严格区分和准确运用刑法修正案与刑法立法解释；还要认真贯彻刑法基本原则和基本原理对这两种方式的要求，提高其内容的科学性和语言的准确性、明确性;并且要注意改变以往的刑法修正案仅关注刑法分则规范的局面,根据需要创制刑法总则方面的刑法修正案,以促进刑法基本规则和制度的发展完善。

其二,国家立法机关要适时地进行刑法典的编纂工作,吸纳已颁行的刑法修正案,并将刑法立法解释文件编附在相应条文之后,以方便刑法的适用、研究和宣传。

其三,在适当的时机,国家立法机关还可以考虑将对刑法典集中而系统、全面的修改提上立法工作的日程,以修订出更加科学、完备因而具有更长久的适应性的刑法典。

六、结　语

古人云:"路漫漫其修远兮,吾将上下而求索。"刑法的改革完善绝非可以一蹴而就,而是一个与时代共进的过程;刑法学者对于刑法改革完善的追求和贡献也应当是坚持不懈的,笔者愿以此理念自勉。

Ⅱ

刑事政策问题

5. 和谐社会构建与宽严相济刑事政策的贯彻*

目　次

一、前　言

古往今来，和谐在事业繁荣、国家昌盛、社会进步中均至关重要。和谐凝聚力量，和谐成就伟业。中国共产党十六届六中全会通过的《关于构建社会主义和谐社会若干重大问题的决定》（以下简称《决定》），从中国特色社会主

---

* 原载《吉林大学学报（社会科学版）》2008 年第 1 期。

义事业总体布局和全面建设小康社会全局出发,科学地回答了什么是和谐社会、为什么要建设和谐社会、建设什么样的和谐社会以及怎样建设和谐社会等一系列具有全局性、根本性的重大问题。这是一项确保国家长治久安、人民共同富裕的战略决策,是对构建社会主义和谐社会具有重大指导意义的纲领性文件。① 这份文件明确宣示,要坚持打防结合、预防为主、专群结合、依靠群众的方针,完善社会治安防控体系,广泛开展平安创建活动,把社会治安综合治理措施落实到基层,确保社会治安大局稳定;依法严厉打击严重刑事犯罪活动,着力整治突出治安问题和治安混乱地区,扫除黄、赌、毒等社会丑恶现象,坚决遏制刑事犯罪高发势头。同时,该文件更特别强调,要实施宽严相济的刑事司法政策,改革未成年人司法制度,积极推行社区矫正。事实上,社会主义和谐社会的构建是一项关涉政治、经济、文化乃至社会生活诸多方面的系统工程,和谐的刑事法治之构建是其中不可或缺的重要方面。而宽严相济刑事政策的贯彻对于和谐刑事法治乃至和谐社会的构建无疑具有突出的意义。下面以中国和谐社会的构建与宽严相济刑事政策的贯彻为视角,略抒己见。

二、和谐社会需要确立宽严相济的刑事政策

(一)和谐社会的基本蕴含

安顺谓和,协调为谐。社会和谐、天下大同——这是人类社会数千年的梦想和愿望。从孔夫子到孙中山,从柏拉图到托马斯·莫尔,古往今来,无数圣人先哲、仁人志士提出了许多美好构想,勾勒了世界和谐、自由的美好画卷。

迈入21世纪后,我国的社会发展进入了一个新的历史时期,社会转型正面临关键的临界点。放眼全球:世界多极化和经济全球化的趋势深入发展,科技进步日新月异,综合国力竞争日趋激烈,影响和平与发展的不稳定不确定因素增多,发达国家在经济科技等领域占优势的压力长期存在;环顾国内:改革发展进入关键时期,经济体制深刻变革,社会结构深刻变动,利益格局合理调整,思想观念深刻变化,空前的社会变革既给我国的发展进步带来巨大活力,也使统筹兼顾各方面利益的任务艰巨而繁重,影响社会和谐的问题需要进一步解决。在这个发展机遇期与矛盾凸显期相互交

① 参见李林主编:《依法治国与和谐社会建设》,中国法制出版社2007年版,第1页。

织的关键阶段,能不能妥善协调各方面的利益关系、正确处理各种社会矛盾,为改革发展创造更好的条件,大力促进社会和谐,已经成为对中国共产党执政能力的重大考验。鉴于此,以胡锦涛同志为总书记的中国共产党中央向全党全国发出号召:更加积极主动地正视矛盾、化解矛盾,最大限度地增加和谐因素,最大限度地减少不和谐因素,努力构建社会主义和谐社会。①

事实上,自 2002 年 11 月党的十六大明确提出“社会更加和谐”的发展要求后,中国共产党人便本着“以先进的思想上下求索,为远大的理想矢志追求”之精神,不断深化对社会主义和谐社会的认识和实践。及至 2006 年 10 月党的十六届六中全会所通过的《决定》,则对社会主义和谐社会进行了系统的阐述。《决定》指出,我们要构建的社会主义和谐社会,是在中国特色社会主义道路上,中国共产党领导全体人民共同建设、共同享有的和谐社会。民主法治、公平正义、诚信友爱、充满活力、安定有序、人与自然和谐相处,是构建社会主义和谐社会的总要求。同时,社会主义和谐社会的构建,应以解决人民群众最关心、最直接、最现实的利益问题为重点,着力发展社会事业、促进社会公平正义、建设和谐文化、完善社会管理、增强社会创造活力,走共同富裕道路,推动社会建设与经济建设、政治建设、文化建设协调发展。《决定》还从八个方面,明确提出了到 2020 年构建社会主义和谐社会的目标和主要任务,即“人民的权益得到切实尊重和保障”,“家庭财产普遍增加,人民过上更加富足的生活”,“社会就业比较充分”,“基本公共服务体系更加完备”,“良好道德风尚、和谐人际关系进一步形成”,“社会管理体系更加完善”,从而为我们展现了一幅社会主义和谐社会的宏伟蓝图。②

(二)和谐社会框架下宽严相济刑事政策的确立

当今宽严相济刑事政策的精神,可以追溯到我国古代“宽猛相济”的思想。孔子曾曰:“善哉!政宽则民慢,慢则纠之以猛;猛则民残,残则施之以宽。宽以济猛,猛以济宽,政是以和。”可见,在孔子看来,“宽猛相济”方能实现“政和”。而宽严相济刑事政策在一定意义上可以说是继承了“宽猛相济”思想的基本精髓,它是在同违法犯罪的斗争实践中形成并逐步发展完善的,

① 参见张宿堂等:《构建社会主义和谐社会的纲领性文件——〈中共中央关于构建社会主义和谐社会若干重大问题的决定〉诞生记》,载《当代广西》2006 年第 21 期。

② 参见 2006 年 10 月 11 日中国共产党第十六届中央委员会第六次全体会议通过的《中共中央关于构建社会主义和谐社会若干重大问题的决定》,载《中华人民共和国国务院公报》2006 年第 33 期。

是长期历史经验的总结。伴随着社会主义和谐社会宏伟目标的逐步确立,新中国应对犯罪的基本策略亦历经“镇压与宽大相结合政策”、“惩办与宽大相结合政策”而逐步演变发展成为“宽严相济的刑事政策”。宽严相济刑事政策的确立,是构建社会主义和谐社会的时代产物。

在新民主主义革命时期,我们党根据阶级斗争的需要,提出了对敌对阶级分子贯彻“镇压与宽大相结合”的政策。这一政策在第二次国内战争期间开始萌芽,在抗日战争和解放战争期间逐渐形成。新中国成立以后,该政策进一步发展,并在“镇反”、“三反”、“五反”等政治斗争中发挥了重要作用。不过,随着我国社会形势的发展,这一政策逐渐发展成为针对所有犯罪分子的“惩办与宽大相结合”的政策。

在1956年9月党的八大第一次会议上,公安部部长罗瑞卿第一次明确使用了“惩办与宽大相结合的政策”的提法,并把它的具体内容概括为“首恶必办,胁从不问;坦白从宽,抗拒从严;立功折罪,立大功受奖。”1979年制定的第一部刑法典和刑事诉讼法典均明确规定了“惩办与宽大相结合的政策”,1979年《刑法》更是以第1条开宗明义地确立了该政策。这一政策在此后的司法实践中发挥了积极作用。

然而,自从我国于20世纪80年代开展“严打”斗争以来,强调“从重、从快”打击严重刑事犯罪的“严打”刑事政策开始被奉为应对犯罪的圭臬。而“严打”政策显然偏离了“惩办与宽大相结合”的基本刑事政策之精神,使得该基本刑事政策未能在我国惩治犯罪的实际工作中得到切实贯彻。二十多年来“严打”的实践证明,重刑主义所追求的遏止和减少犯罪的预期目标并没有实现,相反,“严打”的负面效应却日益凸显。因此,为了实现构建社会主义和谐社会之宏伟目标,在总结“严打”刑事政策的经验与教训的基础上,在新时期发展和完善惩办与宽大相结合刑事政策的思想的指导下,宽严相济的刑事政策应运而生。

2004年12月22日,中共中央政治局常委、中共中央政法委员会书记罗干同志在中央政法工作会议上指出:“正确运用宽严相济的刑事政策,对严重危害社会治安的犯罪活动严厉打击,绝不手软,同时要坚持惩办与宽大相结合,才能取得更好的法律和社会效果。”在2005年12月5日至6日召开的全国政法工作会议上,罗干同志再次专门提及宽严相济的刑事政策,并明确将之视为我国在维护社会治安的长期实践中形成的基本刑事政策。他指出,宽严相济是“指对刑事犯罪区别对待,做到既要有力打击和震慑犯罪,维护法制的严肃性,又要尽可能减少社会对抗,化消极因素为积极因素,实现法律效果和社会效果的统一。”他指出,贯彻宽严相济的刑事政策,一方面,是对严重刑事犯罪依法严厉打击；另一方面，要充分重视依法从宽的一面，对轻微违法犯罪人员，对失足青少年，要继续坚持教育、感化、挽救方针，有条件的可适当多判一些缓刑，积极稳妥地推进社区矫正工作。

随后，最高人民法院院长肖扬、最高人民检察院检察长贾春旺在2006年3月向第十届全国人大第四次会议作工作报告时，都不约而同地提出要对犯罪实行区别对待，贯彻和坚持宽严相济刑事政策。①

2006年10月，中国共产党十六届六中全会通过的《决定》遂正式提出，要实施宽严相济的刑事司法政策，力图在严厉打击严重刑事犯罪、维护社会治安的前提下，积极贯彻“教育、感化、挽救”方针，尽可能化消极因素为积极因素，最大限度地减少社会对立面，促进社会和谐。② 笔者认为，至此可以说，惩办与宽大相结合的刑事政策正式让位于宽严相济的刑事政策。

（三）宽严相济刑事政策之于和谐社会构建的必要性分析

构建社会主义和谐社会，是我国全面贯彻落实科学发展观，从中国特色社会主义事业总体布局和全面建设小康社会全局出发提出的重大战略任务。而犯罪则是构建和谐社会过程中最不和谐的因素，是和谐社会的不和谐表现。作为当前我国应对犯罪的基本方略，宽严相济的刑事政策也正是在构建社会主义和谐社会这一宏伟目标的前提下逐步确立的。切实贯彻宽严相济的刑事政策，合理地组织对犯罪的理性反应，对于社会主义和谐社会的构建具有重要的现实意义。

1. 宽严相济刑事政策对于构建和谐社会的总体机能

宽严相济刑事政策涵括宽松刑事政策与严格刑事政策两个方面。通过协调运作宽松刑事政策与严格刑事政策，宽严相济刑事政策对于和谐社会的构建，可以从总体上发挥如下机能：

（1）有助于不断化解社会矛盾，最大限度地减少不和谐因素。在当前我国社会、经济高速发展的时期，社会问题比较复杂，社会矛盾在一定程度上也比较突出。为了实现构建和谐社会之宏伟目标，需要采取多元化的矛盾解决

① 参见肖扬：《最高人民法院工作报告——2006年3月11日在第十届全国人民代表大会第四次会议上》，载《中华人民共和国全国人民代表大会常务委员会公报》2006年第4期；贾春旺：《最高人民检察院工作报告——2006年3月11日在第十届全国人民代表大会第四次会议上》，载《中华人民共和国全国人民代表大会常务委员会公报》2006年第4期。

② 参见2006年10月11日中国共产党第十六届中央委员会第六次全体会议通过的《中共中央关于构建社会主义和谐社会若干重大问题的决定》，载《中华人民共和国国务院公报》2006年第33期。

机制,积极面对并妥善化解社会矛盾,保持社会协调有序地发展。而宽严相济的刑事政策强调要根据社会形势和犯罪分子的不同情况,区别对待,当宽则宽,当严则严,这就有利于从源头上最大限度地减少不和谐因素,不断促进社会和谐。

(2)有助于促进民主法治,践行社会主义法治理念。民主法治,是构建社会主义和谐社会的总要求之一。而民主法治的实现,必须牢固树立依法治国、执法为民、公平正义等一系列社会主义法治理念。宽严相济刑事政策既要求宽严有度,以法为据,也要求重罪重罚,轻罪轻罚,同时强调区别对待,力图营造公平、公正的社会氛围。这与依法治国、执法为民、公平正义等社会主义法治理念在核心内容、本质要求、价值追求等方面具有高度的契合性。贯彻宽严相济刑事政策的过程,就是促进民主法治、践行社会主义法治理念的过程,同时也是逐渐达成社会主义和谐社会之宏伟目标的过程。

2. 侧重运用宽松刑事政策,有助于充分保障人权,营造宽松、理性、祥和的社会氛围

在建设和谐社会过程中,要积极贯彻宽严相济的刑事政策,尤其要注意宽松刑事政策的运用。侧重运用宽松刑事政策,可以充分发挥刑事法治的人权保障机能,从而营造宽松、理性、祥和的社会氛围,促进社会的和谐发展。基于构建社会主义和谐社会之宏伟目标的考量,侧重运用宽松刑事政策可以在如下几个方面发挥宽严相济刑事政策保障人权、营造社会和谐之机能。

(1)有助于扬弃重刑主义。不可否认,目前在我国刑法立法和司法中都还存在着一定程度的"重刑主义"的倾向。如各种犯罪的法定刑档次总体上过高,立法上配置死刑、重刑的犯罪数量过多;司法中适用死刑、重刑案件的数量也居高不下,这不符合我国目前政治、经济、社会和谐发展的客观需要。而宽严相济刑事政策的贯彻,不仅可以扭转目前我国刑事法治中存在的"重刑主义"倾向,合理而有效地配置刑罚资源,而且可以缓和社会矛盾,促进对罪犯的教育改造。

(2)有助于适时推进刑罚改革。就我国现行《刑法》中规定的刑罚种类和刑罚制度而言,虽然从总体上来看,大体符合和谐刑事法治的基本要求,但是一些具体刑罚种类的配置方面和刑罚制度设置方面,仍需要本着宽严相济刑事政策尤其是宽松刑事政策之精神,作较大幅度的调整,从而使刑罚种类和刑罚制度的配置、适用与执行更趋人道化、理性化。

(3)有助于倡导行刑社会化的理念,促进罪犯回归社会。现代刑事法

治,不仅仅以惩罚犯罪人作为目标,更重要的是提倡通过刑罚来教育改造罪犯,促使他们回归社会,重新成为社会的善良公民。贯彻宽严相济刑事政策尤其是宽松刑事政策,可以避免因刑罚执行而导致罪犯与社会的隔阂,在行刑过程中提倡社会化、开放式的执行方式,从而更好地发挥刑罚的教育改造功能。

3. 合理运用严格刑事政策,有助于公正惩治犯罪,维护和谐、稳定的社会秩序

作为一种有限的社会资源,刑罚手段应当着重被用来打击那些影响社会基本秩序的犯罪。这是贯彻宽严相济的刑事政策尤其是其中严格刑事政策的题中应有之义。而贯彻宽严相济的刑事政策,合理运用严格刑事政策,可以在最大限度地消除这些不利因素的同时,公正地惩治犯罪,有效地发挥刑罚的一般预防和特殊预防的作用,从而营造良好社会氛围、大力促进社会进步,满足构建和谐社会的客观要求。基于构建社会主义和谐社会之宏伟目标考量,合理运用严格刑事政策可以在如下几个方面发挥宽严相济的刑事政策维护和谐、稳定社会秩序之机能。

(1)维护社会稳定,依法惩治严重危害社会公共秩序的犯罪。社会稳定是任何类型社会谋求发展的基础。我国改革开放二十多年来经济、社会的高速发展,在相当程度上得益于社会的基本稳定。而通过宽严相济刑事政策中的严格刑事政策的运用,坚决、有力、有效地打击严重危害社会公共秩序的犯罪,可以继续维护社会稳定,促进社会的和谐发展。

(2)保障人民基本利益,依法惩治严重暴力性犯罪。近些年来时有发生的严重暴力性案件,不仅严重侵犯了被害人的合法利益,也严重影响了社会公众的心理,使公众对社会安全的认同大大降低。因而,贯彻严格刑事政策,继续依法严惩严重暴力性犯罪,不仅是维护社会秩序的需要,也是提高公众对社会安全认同感,稳定社会心理,维护社会各项事业平稳发展的需要。

(3)保障社会可持续发展,依法惩治影响社会健康、协调发展的犯罪。社会可持续发展包括政治、经济、文化、环境等多方面的可持续发展。目前影响我国社会可持续发展的不利因素较多,就犯罪层面而言,主要包括腐败犯罪、经济犯罪、环境犯罪、安全事故犯罪等。积极贯彻宽严相济的刑事政策,合理利用刑罚手段打击上述犯罪,对于保障我国社会的持续、健康、协调发展,促进社会和谐及人与自然的和谐,无疑具有重要作用。

(4)维护国家安全,依法惩治恐怖活动犯罪和跨国、跨境犯罪。切实贯彻宽严相济的刑事政策,充分运用刑罚手段坚决惩治恐怖活动犯罪和跨国、

跨境犯罪，可以维护国家安全和社会稳定，巩固中国共产党的执政地位。①

三、关于宽严相济刑事政策的理解

（一）宽严相济刑事政策的地位界定

1. 宽严相济的刑事政策是我国的基本刑事政策

在宽严相济刑事政策的确立过程中，从中共中央政治局常委、中共中央政法委员会书记罗干同志在不同场合的讲话，到最高人民法院、最高人民检察院的工作报告，直至中共中央十六届六中全会所通过的《决定》，曾有过不同的表述。2004年和2005年年底罗干同志在全国政法工作会议上的两次讲话中，均强调要运用宽严相济刑事政策；"两高"2006年的工作报告也都使用了"宽严相济刑事政策"的表述。而2006年10月中共中央的《决定》表述为"宽严相济的刑事司法政策"。此后，这一表述也为罗干同志2006年11月6日出席第五次全国刑事审判工作会议时的讲话中，以及最高人民检察院2006年12月28日发布的《关于在检察工作中贯彻宽严相济刑事司法政策的若干意见》（以下简称《意见》）等相关司法文件所承袭。例如，上述《意见》即指出："宽严相济是我们党和国家的重要刑事司法政策，是检察机关正确执行国家法律的重要指针。检察机关贯彻宽严相济的刑事司法政策，就是要根据社会治安形势和犯罪分子的不同情况，在依法履行法律监督职能中实行区别对待，注重宽与严的有机统一，该严则严，当宽则宽，宽严互补，宽严有度，对严重犯罪依法从严打击，对轻微犯罪依法从宽处理，对严重犯罪中的从宽情节和轻微犯罪中的从严情节也要依法分别予以宽严体现，对犯罪的实体处理和适用诉讼程序都要体现宽严相济的精神。"②

与上述中央文件、相关司法文件以及中央领导讲话中的不同表述相应，在刑事法理论中关于"宽严相济刑事政策"的地位也产生了不同的看法。其争鸣点主要体现为如下方面：

（1）宽严相济的刑事政策是刑事司法政策还是基本刑事政策？有学者认为，对政策，学者可以解读，但不能创造，既然十六届六中全会的《决定》与

---

① 参见赵秉志：《现代刑事法治是和谐社会的基本保障》，载李林主编：《依法治国与和谐社会建设》，中国法制出版社2007年版，第282页。

② 参见最高人民检察院2006年12月28日发布的《关于在检察工作中贯彻宽严相济刑事司法政策的若干意见》，载《人民检察》2007年第4期。

中共中央政法委书记罗干同志的讲话都提出宽严相济是刑事司法政策，就应当遵循中央对这一政策的定位，将宽严相济的刑事政策仅界定为刑事司法政策。① 也有学者主张，宽严相济的刑事政策应该是我国现阶段惩治与预防犯罪的基本刑事政策，该政策的基本精神应贯穿于刑事立法和刑事司法的全过程。② 还有学者对此持折中的观点。他们认为，宽严相济在当前只是一个刑事司法政策，因为权威机关和文件没有明确说明是否在立法中仍然坚持和贯彻这项政策，因而尚不能说它是我国的基本刑事政策。不过，在可望的将来，通过逐步实现刑罚结构改革，可以使宽严相济刑事政策超越司法阶段而上升为指导立法的政策，从而成为一项基本刑事政策。③

的确，基本刑事政策与刑事司法政策是两个位阶不同的概念。基本刑事政策的内涵不仅包括刑事立法政策，还包括刑事司法政策和刑事执行政策。笔者认为，宽严相济的刑事政策不但应在我国的刑事司法中得到充分体现和贯彻，在我国的刑事立法和刑罚执行中也都应得到充分体现和贯彻，它应当被理解和确定为我国当前的基本刑事政策，是惩办与宽大相结合基本刑事政策在新时期的继承和发展，而不能单纯将其理解为我国的刑事司法政策。中共中央的《决定》之所以提出要“实施宽严相济的刑事司法政策”，主要是针对刑事司法工作而言的，重在强调我国的刑事司法工作必须坚持宽严相济刑事政策。不能因为中央提出了“要实施宽严相济的刑事司法政策”，就认为宽严相济刑事政策只是我国的刑事司法政策，不是刑事立法和刑罚执行方面应当贯彻的政策，从而否定其基本刑事政策之地位。其实，从罗干同志最初的讲话来看，也是倾向于将宽严相济的刑事政策定位为我国的基本刑事政策的。

(2)宽严相济刑事政策同惩办与宽大相结合刑事政策的关系如何？关于两者之间的关系，刑事法理论界存有不同的观点。有观点认为二者是并存的，虽然有了宽严相济的刑事政策，但惩办与宽大相结合的刑事政策依然存在，而且仍然是基本刑事政策；有学者认为，宽严相济的刑事政策和惩办与宽大相结合的刑事政策之间属于一脉相承，前者并非一种新的刑事政策；而另有学者则认为，宽严相济的刑事政策和惩办与宽大相结合的刑事政策之间形

---

① 参见北京师范大学刑事法律科学研究院对于最高人民法院《关于贯彻落实中共中央政法委员会“关于贯彻宽严相济的刑事政策”工作项目的报告》(第二稿)于2006年11月22日所组织的研讨会上的部分学者意见。

② 参见胡云腾、廖万里:《宽严相济刑事政策的刑法学解读——兼论在构建和谐社会中的作用》，载赵秉志主编:《和谐社会的刑事法治》(上卷:刑事政策与刑罚改革研究)，中国人民公安大学出版社2006年版，第161—169页。

③ 参见储槐植、赵合理:《构建和谐社会与宽严相济刑事政策之实现》，载《法学杂志》2007年第1期。

似而神不似，前者是我国刑事政策的调整与发展，是我国在新世纪、新阶段提出的一项新的刑事政策。① 笔者同意后一种观点，认为宽严相济的刑事政策是我国在新的历史时期，在努力构建社会主义和谐社会的伟大进程中所提出的一项新的基本刑事政策。该项刑事政策虽然继承了惩办与宽大相结合刑事政策的基本精髓，但同时也根据新时期的社会背景作了创造性的发展。两者在表述方式、侧重基点、司法倾向、关注重点等方面均存有差异。② 相对而言，宽严相济的刑事政策不仅更强调和侧重于刑事政策中“宽”的一面，而且也更加强调宽松刑事政策与严格刑事政策之间的“相济”即协调运作。它是我们处在新的时代，面对刑事案件数量急剧增加，就刑事法律如何保持社会良好运行状态所作的新思考、提出的新理念，其背后有着积极的时代意义与实务价值。③

2. 宽严相济刑事政策与“严打”政策的关系

“严打”亦即依法从重从快严厉打击严重刑事犯罪活动，是我国在 20 世纪 80 年代初为惩治犯罪、维护社会治安而提出的一项重要方针，是中国社会综合治理工作的首要环节。我国在 1983 年、1986 年和 2001 年先后进行了三次集中的“严打”斗争，但实际上，二十余年来“严打”斗争一直在持续进行中。作为我国晚近二十余年来推行的一项重要的刑事政策，“严打”在特定历史时期发挥了一定的积极作用。它在打击犯罪、维护社会治安、保护广大人民群众合法权益诸方面，收到了立竿见影的效果，不失为一种现实有效的措施。但是，“严打”毕竟是在特殊时期针对某些特定的严重犯罪采用的特殊手段，不能过高地估计其实际效能，更不能期望通过“严打”来实现社会的长治久安。事实上，我国二十多年来持久长期的“严打”斗争已经对常态法治造成了较为严重的冲击，带来了许多负面的影响。

如今，在国家为构建和谐社会提出宽严相济刑事政策的背景下，理论上和实践中有一种观点认为，贯彻宽严相济刑事政策仍必须坚持“严打”不动摇，并将“严打”政策完全视为宽严相济刑事政策的下位概念，即将“严打”等同于宽严相济刑事政策中的“严”。对此，笔者持不同观点。笔者认为，“宽严相济”刑事政策强调“轻”与“重”、“宽”与“严”的协调，比我国以往的“惩办与宽大”相结合的刑事政策更为准确，比西方国家近年来奉行的“轻轻重

---

① 参见刘华：《宽严相济刑事政策的科学定位与司法适用》，载《法学》2007 年第 2 期。

② 参见刘华：《宽严相济刑事政策的科学定位与司法适用》，载《法学》2007 年第 2 期。

③ 参见黄京平：《“宽严相济”刑事政策的时代含义及实现方式》，载赵秉志主编：《和谐社会的刑事法治》（上卷：刑事政策与刑罚改革研究），中国人民公安大学出版社 2006 年版，第 326—329 页。

重"的刑事政策更为科学。尽管因为目前的犯罪态势仍较严峻等种种因素的影响,我国针对严重刑事犯罪还要在一定时期内施行"严打"的方针,社会民众乃至一部分司法工作者对宽严相济的刑事政策也还有个逐步接受的过程,但必须明确的是,"严打"并非常态法治社会应对严重刑事犯罪的有效措施,该政策不应长期存在,更不应纳入基本刑事政策。进而言之,"宽严相济"刑事政策中的"严"有严密法网、严厉惩治、严肃执法之意,因而与"严打"有着根本的区别。在严重刑事犯罪的发生率较为稳定的情况下,一味强调"严打"的方针是不妥当的。对于严重刑事犯罪的处理,"严打"的方针应该逐步演变和过渡为宽严相济的刑事政策,而且"严打"方针的贯彻尤其不应对当前最高司法机关确保死刑适用质量、严格控制死刑数量、统一死刑适用标准之努力产生动摇和影响。

(二)宽严相济刑事政策的基本内涵

笔者赞同这样一种观点,即所谓宽严相济的刑事政策,是指根据不同的社会形势、犯罪态势与犯罪的具体情况,对刑事犯罪在区别对待的基础上,科学、灵活地运用从宽和从严两种手段,打击和孤立极少数,教育、感化和挽救大多数,最大限度地实现法律效果和社会效果的统一。① 具体而言,可以从如下方面把握:

1. 宽严相济之"宽"

宽严相济之"宽",是指对于犯罪施以宽松刑事政策,在刑事处理上侧重宽大、宽缓、宽容。进而言之,从刑事司法的角度讲,是指对于轻微的犯罪行为和偶犯、过失犯、中止犯、从犯、胁从犯、防卫过当犯、避险过当犯,以及未成年人、又聋又哑或者盲人、孕妇或哺乳期的妇女、严重疾病患者等犯罪人,予以轻缓化的合法、合理、合情的处理。从刑事立法的角度说,是指合理削减死刑罪名,将管制刑改革为社区劳役刑,扩大罚金刑的适用范围,增加对年满70周岁老人的宽宥制度,建立、健全赦免制度,建立、健全社区矫正立法等。

2. 宽严相济之"严"

宽严相济之"严",是指对于犯罪施以严格刑事政策,在刑事处理上侧重严密、严厉、严肃。申言之,一方面是指对有组织犯罪、黑恶势力犯罪、严重暴力犯罪、跨国境犯罪、恐怖主义犯罪、严重影响群众安全的多发性犯罪以及对于人身危险性大的犯罪人采取从重的刑事政策,体现为适用普通程序和刑事诉讼化、刑罚化与监禁化,直至适用最严厉的刑罚——死刑;另一方面,宽严相济之"严"也体现为严密刑事法网、严肃刑罚执行。

---

① 参见最高人民法院:《关于贯彻宽严相济的刑事政策的报告》(2007年3月29日),第8页。

3. 宽严相济之“济”

宽严相济之“济”,蕴含着结合、配合、补充、渗透、协调、统一、和谐之意,亦即协调运用宽松刑事政策与严格刑事政策,以实现二者的相互依存、相互配合、相互补充、相互协调、有机统一。事实上,宽严相济有着丰富的内涵,上文对体现宽严相济刑事政策之“宽”与“严”制度的阐明,从一定意义上也可以理解为宽严相济之“济”的一个方面,即该宽则宽,当严则严。

概而言之,宽严相济刑事政策的内容可以归结为:当宽则宽,该严则严,轻中有严,重中有宽,宽严有度,宽严适时。其核心则是区别对待。社会和法治发展的历史反复证明,没有区别便没有正确的政策。具体刑事犯罪的社会危害性各异,犯罪人的人身危险性也不尽相同。从控制犯罪的策略出发,要有意识地发现、利用这些差别。通过对不同情况施以不同的处遇,从而有效地维护社会治安,促进社会和谐。①

四、关于宽严相济刑事政策的贯彻

宽严相济的刑事政策作为我国当前应对犯罪的基本策略思想,对于刑事立法、刑事司法和刑罚执行活动均具有重要的指导作用。在新的历史条件下,如何切实贯彻宽严相济的刑事政策,直接关涉社会主义和谐社会宏伟目标能否顺利达成,因而具有非常重要的现实意义。笔者认为,应从如下方面认真贯彻宽严相济的刑事政策:

(一)注重贯彻宽严相济刑事政策之宽松的一面

为了积极贯彻宽严相济的刑事政策之宽松的一面,就需要在刑事司法中尽量适用诉讼上的程序简易化、非刑事诉讼化和实体上的非刑罚化、执行上的非监禁化;在刑事立法方面,则要求合理削减死刑罪名,着力改革管制刑,扩大罚金刑的适用范围,建立、健全赦免制度与社区矫正立法等。现择其要者分述如下:

1. 积极推行程序简易化和非刑事诉讼化

(1)扩大适用简化审和简易程序。有关研究认为,被告人认罪案件简化审和简易程序,既节省刑事司法资源、提高司法效率,又有利于被告人权利的保障,有利于减少刑事司法程序对被告人的不良影响。为此,应当切实贯彻执行最高人民法院、最高人民检察院和司法部曾于 2003 年 3 月 15 日联合发

① 参见最高人民法院:《关于贯彻宽严相济的刑事政策的报告》(2007 年 3 月 29 日),第 9 页。

布的《关于适用普通程序审理“被告人认罪案件”的若干意见(试行)》和《关于适用简易程序审理公诉案件的若干意见》。换言之,在具体办案中,对符合法定条件的公诉案件,能够适用简易程序或者可以简化审理的,要予以适用;对于被告人及辩护人提出建议适用简易程序或者简化审理的案件,经审查认为符合条件的,应当同意适用。①

(2)在刑事立案与侦查阶段,应该严格按照立案标准的规定,不该立案的坚决不能立案,可立案可不立案的原则上不予立案,立案标准存疑时不予立案。否则,可能会导致无妄动刑、滥罚无辜、宽严皆误的后果,刑罚难免失于苛厉,刑法便可能成为严刑峻法,背离宽严相济刑事政策的要求。在立案阶段,还要注意辨明案件性质,不要将民事、经济纠纷性质的案件错当作刑事案件立案。在侦查阶段,必须严格掌握强制措施的标准。能够使用较缓和强制措施的就不要使用较严厉的强制措施,特别是应该慎用逮捕措施,可捕可不捕的坚决不要逮捕。要严防超期羁押,严禁刑讯逼供,切实保障犯罪嫌疑人的人权。在侦查过程中,发现不应对犯罪嫌疑人追究刑事责任的,应当撤销案件;犯罪嫌疑人已被逮捕的,应当立即释放,发给释放证明。不能出于某种考虑而继续侦查程序,以切实维护犯罪嫌疑人的权利。

(3)要正确而充分地运用不起诉制度。不起诉制度是当今世界上大多数国家刑事诉讼中的一项重要制度。这项制度一方面有利于保护犯罪嫌疑人的合法权益,促使其悔过自新,减少讼累,节约司法资源;另一方面也有助于增强对必须追诉的犯罪分子的打击力度。我国现行《刑事诉讼法》规定了绝对不起诉、存疑不起诉和相对不起诉三种不起诉类型。但由于诸多因素的影响,不起诉制度在实践中运行不畅,适用率较低,没有发挥其应有的功能。② 应严格依照《刑法》、《刑事诉讼法》及相关司法解释的规定准确行使不起诉权,可诉可不诉的坚决不起诉,以更好地体现宽严相济的刑事政策。

2. 充分运用非刑罚化制度

(1)要正确而充分地运用非刑罚处理方法。非刑罚处理方法是对犯罪人不适用刑罚(主刑和附加刑),根据案件可以直接适用或者建议主管部门适用刑罚以外的其他处理方法。我国《刑法》第37条规定了非刑罚处理方法。非刑罚处罚方法作为体现宽严相济刑事政策的最有效的方法,理应受到极大重视。司法机关应当充分认识非刑罚处罚方法的意义,正确而充分地适用非刑罚处罚方法。

---

① 参见孙力、刘中发:《“轻轻重重”刑事政策与我国刑事检察工作》,载《中国刑事法杂志》2006年第4期。

② 参见刘东根:《两极化——我国刑事政策的选择》,载《中国刑事法杂志》2002年第6期。

(2)量刑上要趋于轻缓。对于轻微的犯罪行为和人身危险性小的犯罪人,应从轻判处。这里应特别注意量刑情节的适用。量刑情节的规定,既使罪刑法定原则在刑之相对确定条件下得以有效贯彻,又使法官的自由裁量权得到合理的规范引导与限制,从而有效地避免了刑之擅断和误断。法院能否正确适用量刑情节,不仅涉及罪责刑相适应原则在刑事司法中能否得到充分体现,而且也关系到刑罚个别化原则之实现程度,关系到量刑结果的公正性与合理性,进而直接关涉被告人之合法权益能否得到切实的保障。因而量刑情节的司法适用密切关系到宽严相济刑事政策的贯彻落实程度。在定罪量刑时,不能仅以犯罪危害轻重作为量刑的唯一根据,还应当充分考虑犯罪人的个体情况,全面考察犯罪人的人格因素,结合犯罪人的可改造程度等具体情况,尽可能维护犯罪人的合法权益。对主观恶性较小、犯罪情节轻微的未成年人、初犯、偶犯和过失犯,应慎重考虑是否逮捕和起诉,可捕可不捕的不捕,可诉可不诉的不诉。① 对犯罪情节轻微或具有从轻、减轻、免除处罚情节的,依法从宽处罚。唯有如此,才能使刑事司法真正贯彻体现宽严相济之刑事政策。应特别重视酌定情节的适用。有关研究认为,法官在量刑时,如何恰当地适用酌定量刑情节,是宽严相济的刑事政策能否得到贯彻落实的关键性因素。② 在以往的司法实践中,法官往往只重视法定量刑情节,而忽视对酌定量刑情节的处理和认定。被告人的酌定量刑情节往往在判决中得不到必要的体现。③ 为更好地贯彻宽严相济的刑事政策,应重视酌定情节的正确适用。

3. 扩大适用非监禁化制度

宽严相济的刑事政策在刑罚执行方面体现为非监禁化制度之施行。从中国刑事司法的实际情况看,应重视运用管制刑、财产刑、缓刑、减刑、假释等制度。

(1)管制刑与财产刑之充分适用。管制刑是我国独创的刑种。宽松的刑事政策要求对轻微犯罪处以较轻的刑罚,管制刑正是因应了这种需要。管制刑仅是限制犯罪人之自由,而非剥夺自由,不需关入监禁机构,从而既有效地避免了交叉感染,又有利于节约司法资源,因而符合刑罚轻缓化和行刑社会化之潮流。由于管制刑执行中存在一些问题,如执行主体单一,管制刑所

① 参见2006年3月11日贾春旺在第十届全国人民代表大会第四次会议上所作的《最高人民检察院工作报告》。

② 参见高铭暄、张杰:《宽严相济刑事政策下酌定量刑情节的适用》,载赵秉志主编:《和谐社会的刑事法治》(上卷),中国人民公安大学出版社2006年版,第903页。

③ 参见赵秉志:《论中国刑事司法中的人权保障》,载《北京师范大学学报(社会科学版)》2006年第3期。

体现的惩罚性较弱，内容空虚，适用的政治、社会基础丧失，导致刑罚体系的不协调，不科学等原因①，目前管制刑适用率较低。在宽严相济的刑事政策的大环境下，应当注意通过刑事司法改革和完善管制刑，扩大管制刑的适用范围，以实现刑罚轻缓化，贯彻宽严相济刑事政策的要求。

财产刑仅剥夺犯罪人的财产权益而不剥夺其人身自由，属于一种非监禁化的刑罚种类，对于贪利性犯罪具有较好的惩治效果，并能够弥补短期自由刑之弊端，因而世界上许多国家的财产刑特别是罚金刑适用率很高。我国目前财产刑适用和执行中存在许多问题，财产刑空判率较高，执行较难。应改进财产刑的适用和执行制度，加大财产刑的适用和执行力度，以体现宽严相济刑事政策的要求。

（2）缓刑之重视适用。缓刑是非监禁化的一种有效的制度，针对轻罪犯适用，能够体现宽严相济刑事政策的要求。由于重刑思想的影响，加之缓刑立法和司法方面存在的问题，有关研究认为，我国多年来缓刑适用率偏少，各地法院适用缓刑的差异很大，这种状况跟其他国家相比差距很大。世界上多数国家的缓刑使用率都在50%左右，最高的达到60%—70%。② 因而我们应以宽严相济的刑事政策为指导进行缓刑司法改革，落实监督主体，加强考察监督工作，完善缓刑程序，提高缓刑的适用率和执行效果。

（3）减刑、假释之正确适用。减刑是刑罚执行中体现宽严相济刑事政策之“宽”的一种有效的制度。但减刑也有其本身的弊端，与世界上大多数国家不同的是，我国的减刑具有不可逆性，一旦减刑即不可撤销，因而减刑之改造罪犯，促使其改过自新的功能受到一定削弱。有关研究指出，多年来，我国的减刑刑满释放人员比假释人员的重新违法、重新犯罪率高，大多数的累犯、再犯曾经是减刑刑满释放人员，这说明减刑刑满释放人员的整体矫正质量不如假释人员好。③ 为了在减刑司法活动中更好地体现宽严相济的刑事政策，应重视减刑的适用效果。

假释制度是一种较为典型的非监禁化措施。我国的假释率远远低于各国的水平。有关研究认为，我国一直是实行减刑为主、假释为辅的行刑制度的少数国家，主要发达国家普遍实行假释为主、减刑为辅或者单一假释的行刑制度，说明我国尚未正确认识和主动运用减刑、假释行刑制度的客观规律。因此，在

① 参见张亚平：《宽严相济刑事政策下管制刑的改革和完善》，载赵秉志主编：《和谐社会的刑事法治》（上卷），中国人民公安大学出版社2006年版，第903页。

② 参见吴宗宪：《非监禁刑研究》，中国人民公安大学出版社2003年版，第539页。

③ 参见刘京华：《减刑假释制度的发展趋势和利弊》，载《北京政法职业学院学报》2005年第2期。

立法对假释制度予以完善之前,司法活动应在一定程度上扩大假释之适用。①

4. 深入探索恢复性司法制度

恢复性司法是通过恢复性程序实现恢复性结果的犯罪处理方式,具体是指在犯罪人、被害人和其他受犯罪影响的社区成员积极参与下,通过道歉、和解、赔偿、社区服务和其他任何旨在重新整合被害人和犯罪人关系、恢复社区和谐,从而避免对刑事案件启动传统刑事司法程序。恢复性司法运动已经由其发源地北美席卷欧洲、大洋洲、南美洲、亚洲和非洲许多国家,成为世纪之交最具声势和规模的一场世界范围内的刑事政策改革运动。恢复性司法运动最初主要适用于未成年人犯罪,现在则开始扩大至成年人犯罪;并且由最初仅仅适用于轻微犯罪、财产性犯罪向现在的严重犯罪甚至暴力性犯罪扩展。②

笔者认为,恢复性司法作为一种创新性制度,可以通过一些具体的制度试点加以探索。根据中国的具体情况,可以试行刑事和解、社区矫正等制度。

(1)刑事和解制度之尝试。刑事和解是在刑事诉讼程序运行过程中,被害人和加害人(即被告人或犯罪嫌疑人)以认罪、赔偿、道歉等方式达成谅解以后,国家专门机关不再追究加害人刑事责任或者对其从轻处罚的一种案件处理方式。这种诉讼制度是对调解制度的发展和革新。刑事和解符合我国"和为贵"、"冤家宜解不宜结"的善良风俗,有利于弥补被害人因犯罪造成的损害,抚平其心理创伤;有利于减少对抗,化解矛盾,促进社会和谐;有利于减少刑事追究,节约司法资源,化消极因素为积极因素。③ 刑事和解作为一种精神和原则,应该在刑事诉讼中确定下来。④

---

① 参见刘京华:《减刑假释制度的发展趋势和利弊》,载《北京政法职业学院学报》2005 年第 2 期。

② 转引自梁根林:《刑事制裁:方式与选择》,法律出版社 2006 年版,第 43、44 页。

③ 参见罗欣、王金贵《"和谐社会语境下的刑事和解"研讨会举行》,载《检察日报》2006 年 7 月 22 日。

④ 很多学者对刑事和解制度进行了研究,如有学者认为,刑事和解要贯穿刑事诉讼整个过程:在侦查阶段,如果是重罪,即使能达成刑事和解也要移送审查起诉;但是对于轻罪,如果被害人一方同意在侦查阶段就和解,犯罪嫌疑人也认罪,侦查机关可撤销案件。在审查起诉阶段,应考虑扩大不起诉的权力,让被害人与加害人之间和解的空间扩大一些,犯罪嫌疑人认罪并作出了对被害人的赔偿和道歉的,可以暂缓起诉。另外,假如某案件虽然不属于暂缓起诉范围,但双方当事人已经达成协议,检察机关应该向法院提出从轻处罚等量刑建议。在审判阶段,对于证据充分的案件,如果被告人认罪、当事人达成协议,检察机关应同意建议人民法院从轻处罚。这种从轻处罚的范围比较宽泛,甚至包括死刑案件。审判应体现宽严相济的刑事政策,宽的第一个条件就是刑事和解,除非罪大恶极的案件,在审判阶段适用刑事和解是检察机关和法院都应当考虑的问题。如果在重罪中,被告人认罪、赔偿,表现好,且被害人谅解,主动要求法院从轻判决,法院也应当考虑这种意见。参见陈光中:《刑事和解的理论基础与司法适用》,载《人民检察》2006 年第 10 期。

(2)社区矫正制度之尝试。社区矫正是非监禁化处理的一个典型。从当前世界刑罚制度的发展趋势来看,社区矫正制度已被各国广泛采用,但在中国尚未广泛实行。中国的罪犯改造主要适用的是监禁刑,这往往造成监狱在押人员人满为患,在监狱环境中交叉感染,刑满释放人员因长期监禁,回归社会适应能力差,就业困难,社会歧视明显,重新犯罪率高等弊端。社区矫正正是在此种背景下应运而生的。自 2003 年 7 月启动社区矫正试点工作以来,在中央有关部门的精心部署和地方各级机关的支持配合下,全国已有 24 个省(区、市)的 102 个地(市)、507 个县(区、市)、4085 个街道(乡镇)不同程度地展开试点工作。累计接受社区服刑人员100 932人,解除矫正37 779人,现有社区服刑人员63 153人。① 笔者认为,社区矫正试点工作是我国改革刑罚执行方式的重大举措。开展社区矫正有利于提高对罪犯教育改造的质量,改善社会治安秩序,也有利于探索建设中国特色社会主义的刑罚执行制度。因此,要从保持长期和谐、稳定社会环境的大局出发,在有利于保护社会同时又有利于保障人权的前提下,借鉴国外社区矫正的成功经验,结合中国的国情,积极进行社区矫正制度的理论与实践探索和尝试。笔者考虑,可以在司法行政机关内设立专门的社会行刑和矫正机构,统一管理管制、缓刑、假释、暂予监外执行和剥夺政治权利的执行工作,还应该逐步建立专业化的矫正队伍,必要时可以引进义工服务制度。②

5. 着力重构现代赦免制度

作为一种由国家宣告对犯罪人免除其罪,或者虽不能免除其罪,但免除或减轻其刑的刑罚消灭事由,赦免制度无疑具有悠久的历史和重要的刑事政策意义。古今中外的法律体系中,都或繁或简地设置有赦免制度。中国古代赦制从孕育、发展、修正到成熟与不断完善之数千年的历程,已充分体现了该制度对于维系封建统治的积极意义。它已与"严刑峻法"一起共同成为封建帝王"刚柔相济、恩威并举"的有效统治手段。但是,在封建帝王所娴熟运用的这两种统治手段中,赦免制度只能处于从属、辅助之地位,其不过是"严刑峻法"的例外补充而已。其存在充其量也只是为封建帝王专制涂上了一层宽容、仁慈的色彩,但却不能从根本上改变重刑思想支配下的封建刑罚残忍、严酷之本质。而在当今法治发达国家,赦免制度已经在法理上经历了脱胎换骨式的性质转变与观念革新。从性质上讲,赦免制度已经脱离了封建帝王时代

① 参见王珏:《社区矫正试点工作进展情况》,2007 年 5 月 28 日司法部社区矫正专家座谈会发言。

② 参见赵秉志:《论中国刑事司法中的人权保障》,载《北京师范大学学报(社会科学版)》2006 年第 3 期。

的专制底蕴,在权力的归属上亦不再是帝王之特权。从观念上说,赦免制度的存在和适用,亦已不再是帝王基于至高无上之王权所给予犯罪人的"恩赐",其出发点乃在于充分发挥调节利益冲突、衡平社会关系、弥补法律不足之刑事政策机能,并切实维护国家和社会的整体利益。国家通过现代赦免制度的运作,以牺牲局部或个体利益乃至一定程度之形式正义为代价,获得了维护社会整体利益和实现个案处理的实质正义之功效。

诚然,赦免权的施行会影响审判程序的进行,甚至可以动摇确定判决之执行力,从而在一定程度上冲击了司法权,但它却始终不是对法律乃至法治的否定,而是对法治的必要救济。在以宪政民主和刑事法治为根基而构建的现代赦免制度中,赦免权已不能恣意而无所顾忌地行使。即便是国家元首的赦免权,通常也已不是由元首个人独断专行,而需征询专门赦免机关之建议,并被设置了严格的法定适用程序和监督机制,其被滥用的可能性已受到极大限制。因此,正如有论者所言,现代赦免制度,这个源自于民主宪法,遵从法治原则,折射着人性光辉,饱含着人道意蕴的刑事政策,正是人们秉持善的冲动、追求法的实体正义和人文品格的天才创设。现代赦免制度通过以宪法为依据,以民主、法治为基本规则,以尊重和保障人权为价值导向,在犯罪人和国家之间构筑起了一个人道而又理性的屏障与庇护所,从而在现代宪政体制中扎下了根基。① 在竭诚建设社会主义"法治国"之今天,现代赦免制度代表了刑罚轻缓化之方向,是重刑桎梏中宽容精神的有力突围,顺应了刑事法治发展之基本规律。它在遵从依法治国之宪政理念的同时,突出了仁政思想,为社会主义政治文明和法治文明拓展了新的领地。现代赦免制度的存在,不仅是对"国家尊重和保障人权"之宪政精神的充分印证,而且也正与中国当前努力构建社会主义和谐社会之宏伟目标相契合。②

然而,在中国目前的法律中,只有《宪法》、《刑法》与《刑事诉讼法》对赦免制度稍有涉及。中国现行《宪法》第 67 条规定,全国人大常委会有权决定特赦;而第 80 条同时规定,国家主席根据全国人大常委会的决定发布特赦。中国 1997 年《刑法》和 1996 年《刑事诉讼法》也都只是在关于累犯、不起诉等其他制度的规定中,对赦免有所提及。可以说,中国现行法律对于赦免的施行既无实体规定,也无程序规定,赦免制度已完全被边缘化了。③ 从司法实

① 参见陈东升:《赦免制度研究》,中国人民公安大学出版社 2004 年版,第 292 页。

② 参见赵秉志、阴建峰:《现代赦免制度之重构方略》,载赵秉志主编:《刑事法治发展研究报告(2005—2006 年卷)》,中国人民公安大学出版社 2006 年版,第 615 页。

③ 参见陈兴良:《赦免制度研究》"序",载陈兴良:《书外说书》,法律出版社 2004 年版,第 230 页。

践而言，自1975年3月19日以后，中国便再未实行过赦免，以致该制度逐渐被虚置。赦免制度之所以处于备受冷落的尴尬境地，既与整个社会缺乏基本的宽容有紧密的关联，也与中国当前的犯罪态势密不可分。

事实上，随着中国经济和社会的变革与发展，多元化的社会分层体系已经比较明朗，这是成熟社会保持活力与生机的必要前提，但是同时也必然导致社会诸多矛盾的凸显甚至激烈化。而现代赦免制度正具有调节利益冲突、衡平社会关系之重要刑事政策机能。在特定社会政治、经济、社会形势下，适当地运用赦免制度，可以很好地缓解社会矛盾、调节利益冲突，从而维护国家的安定和社会的稳定。因此，建立、健全现代赦免制度已经成为新时期社会发展的客观需要。和谐社会的构建，也期待着符合宪政与法治要求的现代赦免制度早日诞生。①

6. 尝试建立暂缓起诉制度与辩诉交易制度

暂缓起诉是指对于一些虽然符合起诉条件，但是涉嫌的罪行比较轻微、社会危害性不大、不起诉更有利于体现公共利益和达到刑事诉讼目的的刑事案件，检察机关可以决定对犯罪嫌疑人暂缓起诉，并给其规定一定的考验期。被暂缓起诉人在考验期内接受矫治，未出现法定情形的，即不再起诉，终结诉讼，否则便提起公诉，从而满足司法实践中应对复杂情况、体现刑事政策对起诉裁量权的客观需求。暂缓起诉作为一种介乎起诉与不起诉之间的中间措施，实体上体现了刑罚经济思想，程序上体现了起诉便宜主义。② 暂缓起诉制度可以增加不起诉制度的灵活性。这种不起诉制度体现了对检察机关在审查起诉环节自由裁量空间的拓展，为处理未成年犯、初犯、偶犯、胁从犯等案件提供了新的途径。③

辩诉交易是指在法院开庭审理之前，检察官与被告人或者辩护律师经过谈判和讨价还价来达成由被告人认罪以换取较轻定罪和量刑的协议，辩诉双方一旦达成协议，法院便不再对该案进行实质性审判，而仅在形式上确认双方协议的内容。④ 辩诉交易制度所蕴含的正义与“恢复性正义”不谋而合，对

---

① 笔者对于中国如何适应构建和谐社会之需要建立、健全现代赦免制度，已专文作了较为深入的探讨，限于篇幅，此处不赘。参见赵秉志、阴建峰：《现代赦免制度之重构方略》，载赵秉志主编：《刑事法治发展研究报告（2005—2006年卷）》，中国人民公安大学出版社2006年版，第614—642页。

② 参见孙力、刘中发：《“轻轻重重”刑事政策与我国刑事检察工作》，载《中国刑事法杂志》2006年第4期。

③ 参见陈光中、张建伟：《附条件不起诉：检察裁量权的新发展》，载《人民检察》2006年第8期。

④ 参见何家弘：《域外痴醒录》，法律出版社1997年版，第238页。

被告人的恢复——有利于其顺利改造、回归社会是最明显的,同时,其结果也有利于被害人的恢复——通过辩诉交易迅速结案,被害人得到赔偿,精神得到抚慰。而案件的快速解决使司法机关能集中力量解决重大案件,减少了积案,对社会的安定更有利。①

(二)合理运用宽严相济刑事政策之严格的一面

宽严相济的刑事政策虽然更加侧重于宽松刑事政策的运用,但并不意味着可以忽略严格刑事政策的运用。事实上,通过合理运用严格刑事政策,可以公正地惩治犯罪,有效地发挥刑罚的预防功能,满足构建和谐社会的客观要求。在此有必要提及的是,贯彻运用宽严相济刑事政策之严格刑事政策时,不能将其等同于"严打"政策。如前所述,严格刑事政策并不只限于严厉打击刑事犯罪,还具有严密刑事法网、严肃刑罚执行之意。即使对于严重刑事犯罪之严厉打击,也还有个重中有宽的问题,而并非一味从严从重。具体到中国刑事司法实践来说,严格刑事政策的贯彻,应重视运用累犯制度、慎用死刑制度,提高有期徒刑的最高期限,提高死缓、无期徒刑减为有期徒刑后实际服刑的期限,正确适用从重量刑的情节,等等。限于篇幅,现仅特别论及我国死刑制度的慎用问题。

由于历史的原因和我国人口众多、目前犯罪情况还较为严峻等因素所决定,我国目前是世界上保留死刑并且实际执行死刑最多的国家。我国现阶段还不能全面废除死刑。但从世界的范围看,废除死刑已成为国际社会大势。最新资料显示,截止2006年9月5日,世界上有88个国家对任何情况下的任何犯罪都废除了死刑,11个国家对普通刑事犯罪废除死刑;另外,至少30个国家已经10年或更久没有对任何人适用死刑,这些国家被称为"事实上废止死刑的国家"。全世界仅余68个国家没有废除死刑。② 而且即便是保留并适用死刑的国家和地区,严格限制死刑适用也是普遍的做法与共识。顺应这一潮流,我们应坚定不移地走严格限制以至逐步废止死刑的道路。笔者曾对死刑的严格限制和逐步废止作过一些探讨,并提出了在我国未来四五十年间分三个阶段逐步废止死刑的构想。③ 在我国目前立法还不能废除死刑的前

---

① 参见吕欣:《恢复性正义:当代刑事政策的新理念》,载赵秉志主编:《和谐社会的刑事法治》(上卷),中国人民公安大学出版社2006年版,第469页。

② 参见 http://www.amnesty.org/pages/deathpenalty - countries - eng。

③ 参见下列相关文章,赵秉志:《中国逐步废止死刑论纲》,载《法学》2005年第1期;《论中国非暴力犯罪死刑的逐步废止》,载《政法论坛》2005年第1期;《慎用死刑的程序保障——对我国现行死刑复核制度的检讨及完善建言》,载《现代法学》2004年第4期;《死刑存废的政策分析与我国的选择》,载《法学》2004年4期;《关于分阶段逐步废止中国死刑的构想》,载《郑州大学学报(哲学社会科学版)》2005年第5期。

提下，应本着宽严相济之基本刑事政策，贯彻“少杀、慎杀”的死刑政策，从实体和程序两个方面严格控制死刑的适用。

1. 着力统一死刑适用的标准

我国现行《刑法》中共有68个死刑罪名，死刑罪名（尤其是非暴力犯罪死刑罪名）显属较多。但是，死刑罪名较多，并不影响对死刑之适用确定统一的标准。具体来说，应当从三个方面入手：

（1）刑法总则第48条对死刑适用的基本标准作了规定，即“罪行极其严重”。对此，应当注意从极其严重的社会危害性、极其恶劣的犯罪人主观恶性、极其危险的犯罪人人身危险性等三个方面来确定何为“罪行极其严重”，三个方面应当同时具备，缺一不可，而且存在紧密的内在联系。

（2）对于刑法典分则所规定的具体死刑罪名，应该注意适用死刑标准的统一性，不能因为地区、时间等非法律因素而发生变化。对于相邻、相近的死刑罪名，更应该根据犯罪的社会危害、发生规律等因素注意保持死刑适用标准的协调一致。在此方面，可组织有关刑事司法的专家学者等对具体犯罪的死刑适用标准在调研之基础上进行深入分析研究。

（3）将总则关于死刑适用标准的原则性规定与分则中具体犯罪死刑适用的具体情节相结合，切实限制与减少死刑的适用。对于设置有死刑的具体条文，应本着现代法治观念对死刑的适用条件作出严格的解释，尽可能少地适用死刑。在近期应尽快逐步减少、废止非暴力犯罪的死刑。

2. 努力挖掘死刑缓期执行制度之限制以至基本搁置死刑的巨大价值

死刑缓期执行制度是我国保留死刑情况下保持死刑威慑力，但又减少死刑适用的良好方式，成为刑法上消灭生命与保存生命之间的缓冲区。它“使生命刑这一没有余地的刑种有了余地，使没有等级之分的生命刑有了不同的等级之分”，“起到了生命刑向自由刑过渡的作用”。① 在死刑这一刑种的范围内，死刑缓期执行使得死刑具有尽可能不消灭犯罪人生命的选择性，也使得死刑立即执行这一消灭犯罪人生命的执行方式具有可替代性。因此，在尚未废止死刑的情形下，死刑缓期执行是对死刑立即执行的良好替代措施，扩大死刑缓期执行的适用有利于从司法上限制、减少死刑的适用。②

根据1997年《刑法》的规定，死缓的适用条件是“判处死刑，不是必须立即执行”。对于“不是必须立即执行”，刑法典与立法解释、司法解释文件中都没有作出明确的规定，理论与司法实务界存有较大的争议。甚至有论者建

① 参见张正新：《中国死缓制度的理论与实践》，刘家琛大法官所作的序言，武汉大学出版社2004年版，第1、2页。

② 参见赵秉志：《死刑改革探索》，法律出版社2006年版，第248页。

议，可以删去“不是必须立即执行”，对所有判处死刑的犯罪人均适用死缓。① 可见，虽然扩大死缓的适用不失为限制与减少死刑适用的良好办法，但死缓的适用条件还需要改进与完善。另外，《刑法》第50条规定，撤销死缓的标准是死缓期间罪犯“故意犯罪，查证属实”。理论界对此提出批评，即认为该规定没有考虑犯罪人故意犯罪的情节，不适当地扩大了死刑立即执行的适用，严重违背了限制死刑的立法精神。② 而如何准确界定死刑缓期执行适用条件以及撤销的标准，仍是当下需要认真对待的重要问题。在目前的立法条件下，对罪当判处死刑但具有法定从轻、减轻处罚情节或者不是必须立即执行的，应依法适用死缓或无期徒刑③，而不能判处死刑立即执行。这正是贯彻宽严相济刑事政策的必然要求。

3. 不断完善死刑替代措施及相关配套措施

减少乃至废止部分犯罪的死刑，就要完善死刑替代措施，对这些原本适用死刑的犯罪转而适用死缓、无期徒刑或者较长的有期徒刑。为贯彻罪责刑相适应的原则，应该注意这些“生刑”的严厉性与死刑的严厉性不要相差太远，与犯罪的危害、罪犯的主观恶性相一致。因而对死缓、无期徒刑以及较长期的有期徒刑，应该保持较长的实际执行期间。这样来看，中国现行《刑法》及相关司法解释中所确定的上述“生刑”及其具体执行制度，就有必要予以改进，延长“生刑”的法定期限，如规定真正意义上的无期徒刑（即不得减刑、假释的终身监禁）④，将有期徒刑的上限由15年提高为25—30年、数罪并罚上限延长到30—35年等。

同时，要完善相关的配套措施。如完善减刑、假释制度，对极为严重的刑事犯罪分子不适用或者少适用减刑、假释，对其执行较长时期的徒刑。再如，完善死刑犯罪赦免制度，全面保障死刑犯的人权。另外，拉开法定刑为死刑的犯罪与法定刑为无期徒刑的犯罪之间在追诉时效上的差距，赋予死刑犯减刑权等，也是可以考虑的重要举措。

4. 认真恪守死刑适用的正当程序

严格控制的死刑适用，除了从刑事立法上进行紧缩和实体裁判上予以控制以外，还要在司法实践中树立程序正当理念，用好正当程序这个有力屏障。

---

① 参见卢建平：《死缓制度的刑事政策意义及其扩张》，载陈兴良、胡云腾主编：《中国刑法学年会文集（2004年度）第一卷：死刑问题研究（下册）》，中国人民公安大学出版社2004年版，第721—727页。

② 参见高铭暄主编：《刑法专论》（上卷），高等教育出版社2002年版，第552页。

③ 参见肖扬：《最高人民法院工作报告》，中国新闻网，2006年3月19日。

④ 美国刑事法治中由于设立并注重对严重罪犯适用不得假释的终身监禁，因而大大减少了死刑的适用。这种死刑的替代措施兼顾了保卫社会和保障人权，值得我国研究和借鉴。

具体而言,又体现在如下方面:

(1)坚持严格的证明标准。死刑案件之证明标准的从严要求是国际社会的潮流。联合国人权委员会在1984年通过的关于《公民权利和政治权利国际公约》第14条之"一般性评论"意见中指出,有罪不能被推定,除非指控得到排除合理疑问的证明。1984年批准的《关于保护面临死刑的人的权利的保障措施》第4条进一步规定,只有在根据明确和令人信服的证据证明被告人有罪,对事实没有其他解释余地的情况下,才能判处死刑。从联合国对待死刑与一般刑事案件的证明标准的态度表述中可以看出,对死刑案件尤其要慎重,仅仅"排除合理怀疑"还不足以防止死刑的滥用,还严格要求只有当证据排除了其他可能性或者对事实没有其他解释余地的情况下才能适用死刑。

(2)贯彻存疑有利于被告的原则。笛卡儿曾经说过:"我认为应像拒绝绝对错误的东西一样,对于不确定的事物也应加以排斥。"①同理,在刑事司法中,也只能以有充分证据材料证明的事实而非不确定或存疑之事实作为定案裁判的根据。如果案件事实存在疑问时,必须要尽量查明事实,排除一切合理之怀疑,否则就要作出有利于被告的认定,只有这样才能保护被告人的合法权益,防止国家司法权力的滥用和错用。可能适用死刑的犯罪案件,如果存在疑点而不能排除合理怀疑的话,就必须放弃死刑的适用,以防止死刑的误用和滥用。

(3)取消请示制度。案件请示制度,在理论上被称为"非程序性的审判监督",这一制度虽被认为有利于上、下级法院保持法律适用的统一性,减少整体诉讼投入,增加诉讼效益②;但是,请示制度毕竟有悖于《宪法》所赋予各级人民法院独立行使审判权的宗旨,使两审终审制度"虚置化",成为实质上的"一审终审制";另一方面,也从实质上剥夺当事人的基本诉讼权利——上诉权。③ 对死刑案件严格适用一、二审和死刑复核程序,可以有效地控制死刑的适用。因此,对可能适用死刑的案件,原则上不能实行请示制度,特殊案件只能就案件的定性和法律适用问题进行请示,对犯罪数额等案件事实的认定问题不得请示上级法院。以犯罪数额为例,因为犯罪数额是经济犯罪罪行严重程度及是否据以适用死刑的重要事实,就案件事实的认定问题请示上级法院,既不符合我国层级审判和审判独立的诉讼规律,同时又容易造成上级

---

① 参见〔美〕亨利·托马斯:《大哲学家》,马俊杰等译,农村读物出版社1990年版,第86页。

② 参见刘家琛:《诉讼及其价值论》,北京师范大学出版社1993年版,第46页。

③ 参见黄荣康等:《理性对待刑事二审改判问题——兼谈法官自由裁量权的扬与抑》,载《人民司法》2004年第5期。

法院对案件事实先入为主之弊端;既不利于上级法院对下级法院的审判监督功能之发挥,也直接剥夺了被告人的上诉、申辩的辩护权,不利于司法上控制死刑之适用。

(4)落实二审公开审判制度。笔者认为,对上诉死刑案件的二审审判,仅以书面审的形式进行,一是流于"走过场",难以发挥二审纠错、监督的功能;二是难以从严控制死刑的实际适用。因为在死刑案件中,除了对法律适用和量刑存在不同意见之外,大部分案件的被告人及其辩护人对犯罪事实(包括对一审认定的犯罪数额、部分证据的采信)存有异议,如果二审法院仍然以书面审的方式进行审理,难以做到直接核查全案的所有证据,不能充分听取被告人及其辩护人的辩护意见,势必难以超越一审所认定的事实和证据,对有争议的事实和证据难以做到"查明真相"和"排除合理怀疑"。在此基础上所作的二审裁判,也就很难对一审死刑判决进行改判和纠错。因此,从严格限制死刑适用的宗旨出发,除对一审认定事实没有争议,仅对法律适用和量刑(主要是指判处死刑)存在争议的案件可以进行书面审理以外,只要被告人及其辩护人对案件事实提出异议和提供新证据之案件,都应当开庭进行公开审判,对全案的证据、事实进行法庭调查、听取控辩双方的辩论意见和被告人进行最后陈述;对证人证言、鉴定结论存有异议的,还应该传唤鉴定人、证人到庭陈述、作证。不开庭审判的案件,也要由二审法官直接听取被告人及其辩护人的意见并记录在案。只有排除合理的怀疑,才能准确适用死刑,从严控制死刑的实际适用规模。

(5)严格死刑复核程序。作为监督、纠错之特别程序,死刑复核程序在限制死刑的适用上,具有特别重要的意义。2007 年 1 月 1 日,最高人民法院已正式全部收回案件的死刑核准权。而死刑核准权的收回只是我国死刑改革和刑事诉讼制度改革的一个良好开端。笔者认为,对于死刑复核、核准程序应着重做好以下方面的工作:其一,对判处死刑立即执行的案件,由最高人民法院负责核准。最高人民法院组成专门的合议庭对全案进行核查,既要对一、二审认定的事实和证据进行核查,还要对法律适用进行严格审查。对事实清楚、证据充分,但适用法律不正确的,可以直接改判;对事实不清、证据不足的,应该发回重审。其二,对判处死缓的案件,考虑到我国的幅员辽阔等现实国情和死缓本身不立即执行的特点,可以保留现行做法,仍由各高级法院进行复核,但是对二审维持死缓判决的案件,一定要将二审程序和复核程序分开。根据我国法院内部的分工现状,笔者认为,应该由高院的审判监督庭专门组成复核合议庭对全案进行审理,不能搞"合二为一"。

(6)试行死刑执行犹豫程序。死刑执行犹豫程序,是指在死刑立即执行判决生效后,在交付执行之前,对判处死刑的罪犯暂不执行死刑,设定法定程序由其进行申诉,或者由相关司法机关履行审判监督进行严格审查的过程。

此程序的构建,旨在为死刑实际执行程序前设置一个避免错杀或“滥杀”(即可杀可不杀的而判杀)之救济措施和途径。① 此程序不但可以起到限制死刑实际执行的数量之功能,还可以为罪犯的主观恶性、人身危险性、再犯可能性之重新评价提供一个适度的时空条件,从而慎重判断是否应当对其实际执行死刑。对经济犯罪、财产犯罪的死刑罪犯适用死刑犹豫程序,还可以为其退赃和挽回所造成的重大损失提供必要的机会。

(三)协调运作宽严相济刑事政策之宽松面与严格面

如前所述,宽严相济之“济”,突出强调宽严相济刑事政策之宽松面与严格面的协调运作。这也是宽严相济刑事政策有别于以往惩办与宽大相结合刑事政策的特别之处。因此,宽严相济刑事政策的切实贯彻,也有赖于从以下方面使宽严之“济”落到实处:

1. 宽以济严,严以济宽

对轻微犯罪及危险性小的犯罪人处理宽松,既是为了节省有限的司法资源,集中力量惩治严重犯罪和危险性大的犯罪人,也是为了使人们感受到法律合乎情理的一面,从而为惩治严重犯罪营造良好的社会氛围。处理以宽,必须以对严重犯罪和危险性大的犯罪人的从重处理作为后盾和威慑,这样才能使被从严处理者真正感受到法律的威严,使被从宽处理者真正感受到法律的惠施。只有宽严互济,才能充分发挥宽严相济刑事政策的区别对待功能,使犯罪者既感受到法治的雷霆万钧,也感受到法治的春风化雨。否则,宽严失济,可能导致被从严处理者感知不到严格,被从宽处理者感受不到宽大,犯罪人和社会公众均不能从刑事处理中养成规范意识,一般预防和特殊预防的刑罚目的也难以达到。

2. 轻中有严,重中有宽②

轻中有严,是指轻微的犯罪中也可能有从重的情节,如犯罪人人身危险性较大。这种情况下,应慎重考虑从重情节,在严格限制的前提下,可有条件地予以从严处理。重中有宽,是指严重的犯罪也可能有从宽的情节,在这种情况下,应充分考虑从宽情节,并在刑事处理中予以体现。

3. 严而不厉,宽而不纵

严而不厉,是指对严重犯罪和人身危险性大的犯罪人的处理严格但不苛

---

① 参见时延安:《论死刑犹豫程序的建立》,载《法制日报》2004 年 6 月 3 日。

② 有些学者在论述宽严关系时提出严中有宽,宽中有严,这样的表述略嫌狭隘,只能表达量刑情节中之逆向情节的情况,而这些学者实际要表达的是重罪也可能从宽量刑,轻罪也可能从重量刑。因此,宽与轻、严与重含义并不完全相同。“轻”、“重”可以包含“轻罪”、“重罪”之意,而“宽”与“严”仅指刑事处理之从宽或从轻。为准确表述起见,笔者主张“轻中有严,重中有宽”的表述。参见马克昌:《宽严相济刑事政策刍议》,载《人民检察》2006 年第 10 期(上)。

厉，应遵循罪刑法定、罪责刑相适应等刑法基本原则，严格依法对犯罪人从重处理，也即从重也应有一定的限制，不能超越法律，也不是一律在法定刑幅度内顶格判处，更不能在刑事司法中侵犯人权。宽而不纵，是指对犯罪人宽大但不轻纵，即宽大也应有一定限度，不是一律在法定刑最低限判处，不能宽大到放纵的程度。严而不厉、宽而不纵，乃是宽严适度的要求和体现。

4. 宽严适时

中国自古就有刑罚"世轻世重"的治国方略，其强调的是刑罚应根据社会态势作出轻重的调整。虽然我们不能过分强调社会形势对刑罚轻重的影响，但在刑事法治领域，根据社会态势对刑罚宽严作出调整，使对犯罪的宽严处理符合社会形势的发展，这既是宽严相济的刑事政策之动态发展的要求，也是其取得良好社会效果的条件。而追求法律效果和社会效果的统一，乃是宽严相济的刑事政策的目标。

五、结　　语

美国结构功能主义大师帕森斯教授认为，社会要保持良性运行与协调发展的关键，"在于社会拥有那些将其成员整合在一起的共同的价值体系"。① 因此，构建和谐社会的重心应当是建立全社会共同价值体系，通过规范众人认同的准则，或通过价值内化实现行动者人格结构的塑造，产生一定的效力，进而形成社会性的共识。而当代中国正处于社会转型时期，规范与制度的缺乏导致社会失范现象非常严重，也致使和谐社会的构建面临重重困难。在这一社会情境下，确立并贯彻宽严相济的刑事政策，据以应对当前依然严峻的犯罪态势，并切实指导刑事立法、刑事司法与刑罚执行活动，既可以有力地打击和威慑犯罪，维护法制的严肃性，又可以尽可能减少社会对抗，化消极因素为积极因素，实现法律效果和社会效果的有机统一。② 而且，更为重要的是，在这一过程中所体现出来的民主法治、公平正义之观念，有助于社会成员建立恰当的行为预期，正确地控制和选择自己的行为，并树立起对法律的尊崇，形成规范意识，而这种规范意识正是社会将其成员整合在一起的价值体系之重要部分，它是促进社会良性运作与协调并最终达成社会文明、和谐所必不可少的重要条件。

---

① 转引自周怡：《社会结构：由"形构"到"解构"——结构功能主义、结构主义和后结构主义理论之走向》，载《社会学研究》2000 年第 3 期。

② 参见《全国政法工作会议：加强司法保障 维护司法权威》，载《法制日报》2005 年 12 月 7 日。

6. 宽严相济刑事政策视野中的中国刑事司法*

目　次

---

* 原载《南昌大学学报（人文社会科学版）》2007 年第 1 期。

一、前　　言

在构建和谐社会的背景下,中国现阶段强调实行宽严相济的刑事政策。该政策的实质,是对刑事犯罪区别对待,既要有力地打击和震慑犯罪,维护法制的严肃性,又要尽可能减少社会对抗,化消极因素为积极因素,实现法律效果和社会效果的统一。① 作为一项基本的刑事政策,宽严相济的刑事政策对刑事立法、刑事司法均具有重要的指导意义。这一政策必将引起刑事立法和刑事司法的一系列变化,刑事立法和刑事司法也必须对这一政策予以回应、体现和贯彻。"徒法不足以自行",而徒有政策也不足以自行。刑事司法在宽严相济刑事政策的贯彻执行中具有重要的地位和作用。深入探讨宽严相济刑事政策要求下之刑事司法理念、原则和制度等一系列问题,以使刑事司法能够更好地体现和贯彻宽严相济刑事政策的精神及要求,无疑具有重要的意义。

二、宽严相济刑事政策下的刑事司法理念

刑事司法理念是指导刑事司法制度设计及司法实际运作的理论基础和主导的价值观,是刑事司法之原则和制度的灵魂。宽严相济的刑事政策要求相应的司法理念变革。

(一)保障人权

保障人权是现代社会的一项基本价值,是人类文明的一种追求和境界,也是刑事司法的基本价值目标。刑事政策和刑事司法必须始终体现保障人权的要求。与我国以往的"惩办与宽大相结合"的刑事政策和"严打"的刑事政策相比,笔者认为,宽严相济刑事政策中更蕴含着人权保障之基本意蕴,不仅仅因为该刑事政策理论构建之初衷便在于彰显保障人权的要求,更在于其宽松刑事政策与严格刑事政策两个方面均体现了人权保障之基本理念。在其宽松刑事政策中,强调对于轻微犯罪及有改善可能性的犯罪人,尽量抑制刑罚权的行使,改以其他措施来代替刑罚,以达到防止再犯及预防犯罪的目

① 参见《全国政法工作会议:加强司法保障 维护司法权威》,载《法制日报》2005 年 12 月 7 日。

的，更侧重于对犯罪人、被告人合法权益的保障。而在严格刑事政策中，尽管强调对重大犯罪及危险犯罪人采取严格处遇，但该政策同时也要求严格地使用国家独占的刑罚权。这同样体现了对犯罪人、被告人合法权益的保障。而且，严格刑事政策的侧重点乃在于抑制犯罪及预防犯罪，以维护正常的社会秩序，保障更为广泛的普通社会民众之合法权益。可以说，宽松刑事政策与严格刑事政策各有侧重，相得益彰，共同凸显了宽严相济刑事政策所具有的人权保障之底蕴。

在我们的刑事司法实践中，存在着与保障人权之理念不相符合的观念和做法，诸如重视刑事法律的惩治功能，忽视其保障人权的功能；错误地认为保障人权会对犯罪打击不力；在刑事司法活动中人权意识淡薄，随意抓人、捕人；先入为主，重口供，轻其他证据；重视从重从严，忽视从宽从缓；等等。为在刑事司法中贯彻人权保障的理念，我们应当以宽严相济刑事政策为指针，克服这些错误的观念和做法。

(二)和谐司法

和谐是人类社会所追求的崇高目标。和谐社会的构建需要有和谐的司法，宽严相济的刑事政策无疑有助于体现和谐司法的要求。这是因为，宽严相济的刑事政策吸纳承继了惩办与宽大相结合及“严打”的刑事政策的合理内涵和精神，既避免了一味强调从严或从宽，过分僵硬，缺乏弹性的单极化趋向；也避免了与世界刑罚轻缓化之潮流相左，不符合现代刑罚谦抑之精神的重刑主义。宽严相济的刑事政策在“严”之外加入“宽”之因素，强调宽严之相互配合、协调，有宽有严，宽严配合，以严济宽，以宽济严，该宽则宽，当严则严，轻中有严，重中有宽，宽严适时，宽严有度，宽严平衡，宽严和谐。如此，便使刑事司法能够臻于和谐境界。因此，和谐司法应是刑事司法在贯彻执行宽严相济刑事政策中必须始终秉持信守的理念。为此，刑事司法中应努力做到：

1. 坚持报应与预防的有机统一

现代刑法扬弃了报应主义和预防主义，而迈入折中综合主义之途。综合主义刑法既坚持刑法公正的立场和理念，认为刑罚是对犯罪的报应；也坚持刑法功利的立场和理念，认为刑罚的最终目的是为了预防犯罪。只有将报应和预防有机结合和统一，才是刑罚的正当性根据之所在。在宽严相济的刑事政策的贯彻执行中，刑事司法应始终坚持报应与预防相统一的理念，才能使刑罚之宽与严获得科学合理的根据，才能使宽与严相协调、相和谐。

2. 贯彻刑罚人道化

刑罚人道是指刑法要讲究人性、符合人性，以人为本。人性崇美，美即和谐。笔者认为,宽严相济的刑事政策实质上迎合了刑罚轻缓化的潮流①,顺应了刑罚人道化的要求,因而为了使刑罚更具人道化,应贯彻好宽严相济的刑事政策。为此,刑事司法实践中,在动刑、量刑、行刑的整个过程中,必须始终坚持刑罚人道主义的理念,或宽或严,皆符合人道的要求,使宽严相济的刑事政策真正发挥其治心效果,也才能真正贯彻和实现报应与预防相统一的理念和要求。在宽严相济刑事政策指导下贯彻刑罚人道化,就需要进行一系列司法改革和制度创新,如恢复性司法,刑事和解,社区矫正,以彰显刑事司法之人性化、人道化。

三、宽严相济刑事政策下的刑事司法原则

刑事司法理念必然体现于刑事司法的一系列原则之中。罪刑法定、罪责刑相适应、正当程序原则是刑事司法必须以一贯之的基本原则。宽严相济刑事政策下的刑事司法必须更加严格和合理地贯彻这些原则,才能切实贯彻执行宽严相济的刑事政策。

(一)罪刑法定原则

法无明文不为罪、法无明文不处罚是罪刑法定原则的基本含义。罪刑法定原则不但是刑法立法的原则,也是刑事司法的原则,这项原则具有保障人权之重要功能和重大价值。罪刑法定原则要求刑事司法在贯彻宽严相济的刑事政策时,定罪、量刑、行刑之宽与严都必须于法有据。宽不是要法外施恩,严也不是无限加重,而是要严格依照《刑法》、《刑事诉讼法》以及相关的刑事法律,根据具体的案件情况来惩罚犯罪,该严则严,该宽则宽,宽严相济,罚当其罪。只有这样才能够符合中央政法领导机关提出的惩治严重犯罪"稳、准、狠"的原则要求,对于刑事案件真正做到"有罪则判,无罪放人"。②因此,宽严相济的刑事政策要求刑事司法必须更加严格遵守罪刑法定原则,要求以罪刑法定原则为根基,依法从宽或从严;否则,宽严相济从整体上便丧失合法性基础,或宽或严便均会失序,从而根本谈不上也做不到宽严相济。

(二)罪责刑相适应原则

罪责刑相适应原则的基本含义即"罪当其罚,罚当其罪",体现的是罪责

---

① 2006年最高人民法院的工作报告,将坚持"严打"方针不动摇与坚持宽严相济的刑事政策相提并论。笔者认为,如果说严打侧重于"严"、"重"的话,自然与之相对的宽严相济侧重于轻缓。后文的注释还将对学者们认为宽严相济刑事政策是以宽为主的理论观点予以介绍。

② 参见中国法院网,2006年3月12日。

刑之间的价值(质与量)上的对称或曰协调关系。罪责刑相适应原则不仅要求考虑犯罪行为的客观危害性,而且要求考虑犯罪人的人格特征方面的主观危险性的大小①,将责任与预防作一体化的考量。宽严相济的刑事政策要求宽严相协调,要求根据法律和具体的案件情况来惩罚犯罪,该严则严,该宽则宽,宽严相济,罚当其罪,正是为了使罪与责和刑相适应、相协调、相均衡。罪责刑相适应原则与宽严相济刑事政策有着天然的紧密关系。罪责刑相适应原则既是刑事司法贯彻宽严相济刑事政策的底线和标准,也是宽严相济刑事政策对刑事司法的一个具体而又较高的要求。应做到宽大而不宽纵,严格但不苛厉,有宽有严,宽严适中,轻重有度,有张有弛,张弛结合,宽与严之间具有合理的平衡,互相衔接,形成良性互动。既不能宽大无边或严厉过苛,也不能时宽时严,宽严失当,因而如何正确地把握宽严尺度以及如何使宽严形成互补,从而发挥刑罚最佳的预防犯罪的效果,确实是一门刑罚的艺术。② 也只有掌握好这门艺术,贯彻好罪责刑相适应原则,才能实现宽严相济刑事政策的宏旨。

(三)正当程序原则

正当程序是一种权利保障机制。有关研究者认为,这一机制的着眼点有两个:其一,对公民生命、自由、财产等重要权利的剥夺或者限制必须通过一定的程序才能决定,无论这种剥夺或限制是个别进行的还是具有一般的性质;其二,这种程序本身必须公正。③ 正当程序要求必须依照法定而合理的程序进行刑事诉讼。在宽严相济刑事政策的贯彻执行中,必须坚持正当程序原则,严格按照《刑事诉讼法》的规定办案,不能为了"从快"而人为地缩短甚至取消犯罪嫌疑人、被告人合法权益的行使期限;在"严、重"过程中必须考虑我国已经批准或已签署或即将签署的一系列国际人权公约,如《经济、社会、文化权利国际公约》、《公民权利和政治权利国际公约》、《禁止酷刑和其他残忍、不人道或有辱人格的待遇或处罚公约》等公约,不能把犯罪嫌疑人、被告人的沉默视为"抗拒",作为从严处罚的因素,更不能为了从严而动用刑讯逼供等极端方法,让犯罪嫌疑人、被告人"开口"或"如实供述"。④

① 参见陈兴良:《刑法理念导读》,法律出版社 2003 年版,第 323—345 页。

② 参见陈兴良:《宽严相济刑事政策研究》,载《法学杂志》2006 年第 1 期。

③ 参见魏晓娜:《刑事正当程序原理》,中国人民公安大学出版社 2006 年版,第 3 页。

④ 参见孙力、刘中发:《"轻轻重重"刑事政策与我国刑事检察工作》,载《中国司法》2004 年第 4 期。

四、宽严相济刑事政策下的刑事司法制度

理念和原则须有制度加以体现和贯彻。刑事司法制度需体现宽严相济的刑事政策下之刑事司法理念和原则,从而使宽严相济刑事政策落到实处。宽严相济刑事政策下之刑事司法制度应当具有新的特点和要求。

(一)体现宽严相济之"宽"的制度

顺应盛世"政简刑清"的特点,宽严相济之"宽",是指刑事处理上的宽缓,从刑事司法的角度讲,是指对于轻微的犯罪行为和偶犯、过失犯、中止犯、从犯、胁从犯,防卫、避险过当犯,以及未成年人、又聋又哑或者盲人、孕妇或哺乳期的妇女、严重疾病患者等犯罪人,予以轻缓化的合法、合理、合情的处理,即尽量适用诉讼上的程序简易化和非刑事诉讼化、实体上的非刑罚化和执行上的非监禁化。

1. 程序简易化和非刑事诉讼化

一是扩大适用简化审和简易程序。有关研究认为,被告人认罪案件简化审和简易程序,既节省刑事司法资源、提高司法效率,又有利于被告人权利的保障,有利于减少刑事司法程序对被告人的不良影响。应当切实贯彻执行最高人民法院、最高人民检察院和司法部曾于 2003 年 3 月 15 日联合发布的《关于适用普通程序审理"被告人认罪案件"的若干意见(试行)》和《关于适用简易程序审理公诉案件的若干意见》。据此,在具体办案中,对符合法定条件的公诉案件,能够适用简易程序或者可以简化审理的,要予以适用;对于被告人及辩护人提出建议适用简易程序或者简化审理的案件,经审查认为符合条件的,应当同意适用。①

二是在刑事立案与侦查阶段,应该严格按照立案标准的规定,不该立案的坚决不能立案,可立案可不立案的原则上不予立案,立案标准存疑时不予立案。否则,可能会导致无妄动刑、滥罚无辜、宽严皆误的后果,刑罚难免失于苛厉,刑法便可能成为严刑峻法,背离宽严相济刑事政策的要求。在立案阶段,还要注意辨明案件性质,不要将民事、经济纠纷性质的案件错当作刑事案件立案。在侦查阶段,必须严格掌握强制措施的标准。能够使

① 参见孙力、刘中发:《"轻轻重重"刑事政策与我国刑事检察工作》,载《中国司法》2004年第4期。

用较缓和强制措施的就不要使用较严厉的强制措施，特别是应该慎用逮捕措施，可捕可不捕的坚决不要逮捕。要严防超期羁押，严禁刑讯逼供，切实保障犯罪嫌疑人的人权。在侦查过程中，发现不应对犯罪嫌疑人追究刑事责任的，应当撤销案件；犯罪嫌疑人已被逮捕的，应当立即释放，发给释放证明。不能出于某种考虑而继续侦查程序，以切实维护犯罪嫌疑人的权利。

三是要正确而充分地运用不起诉制度。不起诉制度是当今世界上大多数国家刑事诉讼中的一项重要制度。这项制度一方面有利于保护犯罪嫌疑人的合法权益，促使其悔过自新，减少讼累，节约司法资源；另一方面也有助于增强对必须追诉的犯罪分子的打击力度。我国现行《刑事诉讼法》规定了绝对不起诉、存疑不起诉和相对不起诉三种不起诉类型。但由于诸多因素的影响，不起诉制度在实践中运行不畅，适用率较低，没有发挥其应有的功能。应严格依照《刑法》、《刑事诉讼法》及相关司法解释的规定准确行使不起诉权，可诉可不诉的坚决不起诉，以更好地体现宽严相济的刑事政策。

2. 非刑罚化制度

一是要正确而充分地运用非刑罚处理方法。非刑罚处理方法是对犯罪人不适用刑罚（主刑和附加刑），根据案件可以直接适用或者建议主管部门适用刑罚以外的其他处理方法。我国《刑法》第 37 条规定规定了非刑罚处理方法。非刑罚处罚方法作为体现宽严相济刑事政策的最有效的方法，理应受到极大重视。司法机关应当充分认识非刑罚处罚方法的意义，并正确适用非刑罚处罚方法。

二是量刑上趋于轻缓，对于轻微的犯罪行为和人身危险性小的犯罪人，应从轻判处。这里应特别注意量刑情节的适用。量刑情节的规定，既使罪刑法定原则在刑之相对确定条件下得以有效贯彻，又使法官自由裁量权得到合理的规范引导与限制，从而有效地避免了刑之擅断和误断。法院能否正确适用量刑情节，不仅涉及罪责刑相适应原则在刑事司法中是否得到充分体现，而且也关系到刑罚个别化原则之实现程度，关系到量刑结果的公正性与合理性，进而直接关涉被告人之合法权益能否得到切实的保障。因而量刑情节的司法适用密切关系到宽严相济刑事政策的贯彻落实程度。在定罪量刑时，不能仅以犯罪危害轻重作为量刑的唯一根据，还应当充分考虑犯罪人的个体情况，全面考察犯罪人的人格因素，结合犯罪人的可改造程度等具体情况，尽可能维护犯罪人的合法权益。对主观恶性较小、犯罪情节轻微的未成年人、初犯、偶犯和过失犯，应慎重考虑是否逮捕和起诉，可捕可不捕的不捕，可诉可不诉的不诉。① 对犯罪情节轻微或具有从轻、减轻、免除处罚情节的，依法从宽处罚。唯有如此，才能使刑事司法真正贯彻体现宽严相济之刑事政策。应特别重视酌定情节的适用。法官在量刑时，如何恰当地适用酌定量刑情节，是宽严相济的刑事政策能否得到贯彻落实的关键性因素。② 在以往的司法实践中，法官往往只重视法定量刑情节，而忽视对酌定量刑情节的处理和认定。被告人的酌定量刑情节往往在判决中得不到必要的体现。③ 为更好地贯彻宽严相济的刑事政策，应重视酌定情节的适用。

3. 非监禁化制度

宽严相济的刑事政策在刑罚执行方面体现为非监禁化制度之施行。从我国刑事司法的实际情况看，应重视运用管制刑、财产刑、缓刑、减刑、假释等制度。

一是管制刑与财产刑之运用。管制刑是我国独创的刑种。宽松的刑事政策要求对轻微犯罪处以较轻的刑罚，管制刑正是因应了这种需要。管制刑仅是限制犯罪人之自由，而非剥夺自由，不需关入监禁机构，从而既有效地避免交叉感染，又有利于节约司法资源，因而符合刑罚轻缓化和行刑社会化之潮流。由于管制刑执行中存在一些问题，如执行主体单一，管制刑所体现的惩罚性较弱，内容空虚，适用的政治、社会基础丧失，导致刑罚体系的不协调，不科学等原因④，目前管制刑使用率较低。在宽严相济的刑事政策的大环境下，应当注意通过刑事司法实践改革和完善管制刑，扩大管制刑的适用范围，以实现刑罚轻缓化，贯彻宽严相济刑事政策的要求。

财产刑仅剥夺犯罪人的财产权益而不剥夺其人身自由，属于一种非监禁化的刑罚种类，对于贪利性犯罪具有较好的惩治效果，并能够弥补短期自由刑之弊端，因而世界上许多国家的财产刑特别是罚金刑适用率很高。我国目前财产刑适用和执行中存在许多问题，财产刑空判率较高，执行较难。应改进财产刑的适用和执行制度，加大财产刑的适用和执行力度，以体现宽严相

---

① 参见2006年3月11日贾春旺在第十届全国人民代表大会第四次会议上所作的《最高人民检察院工作报告》，载《中华人民共和国全国人民代表大会常务委员会公报》2006年第4期。

② 参见高铭暄、张杰：《宽严相济刑事政策下酌定量刑情节的适用》，载赵秉志主编：《和谐社会的刑事法治》（上卷），中国人民公安大学出版社2006年版，第903页。

③ 参见赵秉志：《论中国刑事司法中的人权保障》，载《北京师范大学学报（社会科学版）》2006年第3期。

④ 参见张亚平：《宽严相济刑事政策下管制刑的改革和完善》，载赵秉志主编：《和谐社会的刑事法治》（上卷），中国人民公安大学出版社2006年版，第812—815页。

济刑事政策的要求。

二是缓刑之运用。缓刑是非监禁化的一种有效的制度,针对犯轻罪的犯罪人适用,能够体现宽严相济刑事政策的要求。由于重刑思想的影响,加之缓刑立法和司法方面存在的问题,有关研究者认为,我国多年来缓刑适用率偏少,各地法院适用缓刑的差异很大,这种状况跟其他国家相比差距很大。世界上多数国家的缓刑适用率都在50%左右,最高的达到60%—70%。① 因而我们应以宽严相济刑事政策为指导进行缓刑司法改革,落实监督主体,加强考察监督工作,完善缓刑程序,提高缓刑的适用率和执行效果。

三是减刑、假释之运用。减刑是刑罚执行中体现宽严相济刑事政策之"宽"的一种有效的制度。但减刑也有其本身的弊端,与世界上大多数国家不同的是,我国的减刑具有不可逆性,一旦减刑即不可撤销,因而减刑之改造罪犯,促使其改过自新的功能受到一定削弱。有关研究者指出,多年来,我国的减刑刑满释放人员比假释人员的重新违法、重新犯罪率高,大多数的累犯、再犯曾经是减刑刑满释放人员,这说明减刑刑满释放人员的整体矫正质量不如假释人员好。② 为了在减刑司法活动中更好地体现宽严相济的刑事政策,应重视减刑的适用效果。

假释制度是一种较为典型的非监禁化措施。我国的假释率远远低于各国的水平。有关研究认为,我国是一直实行减刑为主、假释为辅的行刑制度的少数国家,主要发达国家普遍实行假释为主、减刑为辅或者单一假释的行刑制度,说明我国尚未正确认识和主动运用减刑、假释行刑制度的客观规律。因此,在立法对假释制度予以完善之前,司法活动应在一定程度上扩大假释之适用。③

(二)体现宽严相济之"严"的制度

宽严相济之"严",是指对有组织犯罪、黑恶势力犯罪、严重暴力犯罪、跨国境犯罪、恐怖主义犯罪、严重影响群众安全的多发性犯罪以及对于人身危险性大的犯罪人采取从重的刑事政策,体现为适用普通程序和刑事诉讼化、刑罚化与监禁化,直至适用最严厉的刑罚——死刑。具体到中国刑事司法实践,应重视运用累犯制度、慎用死刑制度,正确适用从重量刑的情节等。由于

---

① 参见吴宗宪:《非监禁刑研究》,中国人民公安大学出版社2003年版,第539页。

② 参见刘京华:《减刑假释制度的发展趋势和利弊》,载《北京政法职业学院学报》2005年第2期。

③ 参见刘京华:《减刑假释制度的发展趋势和利弊》,载《北京政法职业学院学报》2005年第2期。

前文已对程序简易化和非刑事诉讼化、非刑罚化、非监禁化作了阐明,可在相对应的意义上理解普通程序和刑事诉讼化、刑罚化与监禁化,故笔者不再对体现宽严相济之"严"的刑事司法制度加以详尽论说,这里仅特别论及死刑制度。

我国是保留死刑并且实际执行死刑最多的国家。我国目前还不能废除死刑。但从世界的范围看,废除死刑已成国际社会大势。最新资料显示,截止2006年9月5日,88个国家对任何情况下的任何犯罪都废除了死刑,11个国家对普通刑事犯罪废除死刑;另外,至少30个国家已经10年或更久没有对任何人适用死刑,这些国家被称为"事实上的废止死刑者"。全世界仅余68个国家没有废除死刑。① 顺应这一潮流,我们应坚定不移地走严格限制以至逐步废止的道路。笔者曾对死刑的严格限制和逐步废止作过一些探讨。② 在我国目前立法还不能废除死刑的前提下,应充分发挥刑事司法限制死刑的功能,特别是应努力挖掘出死刑缓期执行制度之限制以至基本搁置死刑的巨大价值,贯彻宽严相济的刑事政策,对罪当判处死刑但具有法定从轻、减轻处罚情节或者不是必须立即执行的,依法适用③,而不能判处死刑立即执行。在死刑适用时,应坚持正当程序原则④,适时收回死刑核准权。

(三)刑事司法中宽严之"相济"

宽严相济之"济",蕴含着结合、配合、补充、渗透、协调、统一、和谐之意。宽严相济有着丰富的内涵,上文对体现宽严相济形势政策之"宽"与"严"制度的阐明,从一定意义上也可以理解为宽严相济之"济"的一个方面,即该宽则宽,当严则严。在刑事司法中,还应从以下方面使宽严之"济"落到实处。

1. *宽以济严,严以济宽*

对轻微犯罪及危险性小的犯罪人处理以"宽",既是为了节省有限的司法资源,集中力量惩治严重犯罪和危险性大的犯罪人,也是为了使人们感受到法律合乎情理的一面,从而为惩治严重犯罪营造良好的社会氛围。处理以

---

① 参见 http://www.amnesty.org/pages/deathpenalty-countries-eng。

② 参见下列相关文章,赵秉志:《关于分阶段逐步废止中国死刑的构想》,载《郑州大学学报(哲学社会科学版)》2005年第5期;《中国逐步废止死刑论纲》,载《法学》2005年第1期;《论中国非暴力犯罪死刑的逐步废止》,载《政法论坛》2005年第1期;《慎用死刑的程序保障——对我国现行死刑复核制度的检讨及完善建言》,载《现代法学》2004年第4期;《死刑存废的政策分析与我国的选择》,载《法学》2004年第4期。

③ 参见肖扬:《最高人民法院工作报告》,中国新闻网,2006年3月19日。

④ 这方面的研究可参见赵秉志、邱兴隆主编:《死刑的正当程序之探讨》,中国人民公安大学出版社2004年版。

宽,必须以对严重犯罪和危险性大的犯罪人的从重处理作为后盾和威慑,这样才能使被从严处理者真正感受到法律的威严,使被从宽处理者真正感受到法律的惠施。只有宽严互济,才能充分发挥宽严相济刑事政策的区别对待功能,使犯罪者既感受到法律的雷霆万钧,也感受到法律的春风化雨。否则,宽严失济,可能导致被从严处理者感知不到严格,被从宽处理者感受不到宽大,犯罪人和社会公众均不能从刑事处理中养成规范意识,一般预防和特殊预防的刑罚目的也难以达到。

2. 轻中有严,重中有宽①

轻中有严,是指轻微的犯罪中也可能有从重的情节,如犯罪人人身危险性较大。这种情况下,应慎重考虑从重情节,在严格限制的前提下,可有条件地予以从严处理。重中有宽,是指严重的犯罪也可能有从宽的情节,在这种情况下,应充分考虑从宽情节,并在刑事处理中予以体现。

3. 严而不厉,宽而不纵

严而不厉,是指对实施严重犯罪和人身危险性大的犯罪人的处理严格但不苛厉,应遵循前文所述的刑事司法原则,严格依法对犯罪人从重处理,也即从重也应有一定的限制,不能超越法律,也不是一律在法定刑幅度内顶格判处,更不能在刑事司法中侵犯人权。宽而不纵,是指对犯罪人宽大但不轻纵,即宽大也应有一定限度,不是一律在法定刑最低限判处,不能宽大到放纵的程度。严而不厉、宽而不纵,乃是宽严适度的要求和体现。

4. 宽严适时

中国自古就有刑罚"世轻世重"的治国方略,其强调的是刑罚应根据社会态势作出轻重的调整。虽然我们不能过分强调社会形势对刑罚轻重的影响,但在刑事司法中,根据社会态势对刑罚宽严作出调整,使对犯罪的宽严处理符合社会形势的发展,这既是宽严相济刑事政策动态发展的要求,也是其取得良好社会效果的条件。而追求法律效果和社会效果的统一,乃是宽严相济刑事政策的目标。

(四)刑事司法制度创新之尝试

为更好地贯彻宽严相济的刑事政策,应以该政策为指导,进行必要的刑事司法制度创新。过去,一些司法机关进行了一些制度创新试点,在宽严相

---

① 有些学者在论述宽严关系时提出严中有宽,宽中有严,这样的表述略嫌狭隘,只能表达量刑情节中之逆向情节的情况,而这些学者实际要表达的是重罪也可能从宽量刑,轻罪也可能从重量刑。因此,宽与轻、严与重含义并不完全相同。"轻"、"重"可以包含"轻罪"、"重罪"之意,而"宽"与"严"仅指刑事处理之从宽或从轻。为准确表述起见,笔者主张"轻中有严,重中有宽"的表述。

济刑事政策的视野中,笔者支持这些做法。笔者赞同一些学者们所持的我国《刑法》属重刑结构的观点①,也支持一些学者关于宽严相济刑事政策乃宽严结合、侧重于宽的主张。② 因而现阶段我们的制度创设应侧重于“宽”之空间增容。当然,这些创新之制度最终需由立法加以确认,但在体现于立法成果之前,刑事司法实践中对这些制度创新予以试点探索,以为立法积累经验,既符合制度生成的一般规律,也顺应了宽严相济刑事政策的要求。笔者认为,现阶段应重点考虑以下制度创新之尝试:

1. 暂缓起诉制度

暂缓起诉是指对于一些虽然符合起诉条件,但是涉嫌的罪行比较轻微、社会危害性不大、不起诉更有利于体现公共利益和达到刑事诉讼目的的刑事案件,检察机关可以决定对犯罪嫌疑人暂缓起诉,并给其规定一定的考验期。被暂缓起诉人在考验期内接受矫治,未出现法定情形的,即不再起诉,终结诉讼,否则便提起公诉,从而满足司法实践中应对复杂情况、体现刑事政策对起诉裁量权的客观需求。暂缓起诉作为一种介乎“起诉”与“不起诉”之间的中间措施,实体上体现了刑罚经济思想,程序上体现了起诉便宜主义。③ 暂缓起诉制度可以增加不起诉制度的灵活性。这种不起诉制度体现了对检察机关在审查起诉环节自由裁量空间的拓展,为处理未成年犯、初犯、偶犯、胁从犯等案件提供了新的途径。④

---

① 如有学者认为,我国《刑法》规定的五种主刑全部是自由刑和死刑,罚金和没收财产这两种财产刑以及剥夺政治权利、剥夺勋章、奖章、荣誉称号等资格刑仅能附加于自由刑和死刑适用,因而我国的刑罚结构是以自由刑和死刑为中心的重刑刑罚结构。参见梁根林、黄伯胜:《论刑罚结构改革》,载《中外法学》1996 年第 6 期。

② 关于宽严相济刑事政策中之“宽”与“严”何者为先的问题,我国大部分学者认为应以宽为先。如有学者通过宽严相济刑事政策与惩办与宽大相结合刑事政策的比较得出宽严相济刑事政策以“宽”为主的结论,参见黄京平:《“宽严相济”刑事政策的时代含义及实现方式》,载《法学杂志》2006 年第 4 期;有学者认为,我国刑事政策的主流是“宽严相济”,走向是“轻轻重重”,以轻为主,参见孙力、刘中发:《暂缓起诉制度再研究》,载《法学杂志》2004 年第 5 期;有学者认为,在反思当前“宽严相济”政策得失成败的基础上,我们应当顺应时代潮流,理性地进行适应和谐社会建设“宽严配比”,那就是以宽为主,以严为辅,“严以济宽”,参见杨开江、桑涛:《“宽严相济”:和谐社会语境下刑事政策的定位与选择》,载赵秉志主编:《和谐社会的刑事法治》(上卷),中国人民公安大学出版社 2006 年版,第 215 页;有学者认为,宽严相济刑事政策虽然强调轻轻与重重相结合,但就其根本而言,更应当关注的是刑罚的轻缓化,参见陈兴良:《宽严相济刑事政策研究》,载《法学杂志》2006 年第 2 期。

③ 参见孙力、刘中发:《“轻轻重重”刑事政策与我国刑事检察工作》,载《中国司法》2004 年第 4 期。

④ 参见陈光中、张建伟:《附条件不起诉:检察裁量权的新发展》,载《人民检察》2006 年第 7 期。

2. 辩诉交易制度

辩诉交易是指在法院开庭审理之前，检察官与被告人或者辩护律师经过谈判和讨价还价来达成由被告人认罪以换取较轻定罪和量刑的协议，辩诉双方一旦达成协议，法律便不再对该案进行实质性审判，而仅在形式上确认双方协议的内容。① 辩诉交易制度所蕴含的正义与"恢复性正义"不谋而合，对被告人的恢复——有利于其顺利改造、回归社会是最明显的，同时，其结果也有利于被害人的恢复——通过辩诉交易迅速结案，被害人得到赔偿，精神得到抚慰。而案件的快速解决使司法机关能集中力量解决重大案件，减少了积案，对社会的安定更有利。②

3. 恢复性司法制度

恢复性司法是通过恢复性程序实现恢复性结果的犯罪处理方式，具体是指在犯罪人、被害人和其他受犯罪影响的社区成员积极参与下，通过道歉、和解、赔偿、社区服务和其他任何旨在重新整合被害人和犯罪人关系、恢复社区和谐，从而避免对刑事案件启动传统刑事司法程序。恢复性司法运动已经由其发源地北美席卷欧洲、大洋洲、南美洲、亚洲和非洲许多国家，成为世纪之交最具有声势和规模的一场世界范围内的刑事政策运动。恢复性司法运动最初主要适用于未成年人犯罪，现在则开始扩大至成年人犯罪；并且由最初仅仅适用于轻微犯罪、财产性犯罪向现在的严重犯罪甚至暴力性犯罪扩展。③

笔者认为，恢复性司法作为一种创新性制度，可以通过一些具体的制度试点加以探索。根据中国的具体情况，可以试行刑事和解、社区矫正等制度。

一是刑事和解制度之尝试。刑事和解是在刑事诉讼程序运行过程中，被害人和加害人（即被告人或犯罪嫌疑人）以认罪、赔偿、道歉等方式达成谅解以后，国家专门机关不再追究加害人刑事责任或者对其从轻处罚的一种案件处理方式。这种诉讼制度是对调解制度的发展和革新。刑事和解符合我国"和为贵"、"冤家宜解不宜结"的古训，有利于弥补被害人因犯罪造成的损害，抚平其心理创伤；有利于减少对抗，化解矛盾，促进社会和谐；有利于减少刑事追究，节约司法资源，化消极因素为积极因素。④ 刑事和解作为一种精

① 参见何家宏：《辩诉交易的功过》，载何家宏：《域外痴醒录》，法律出版社 1997 年版，第 238 页。

② 参见吕欣：《恢复性正义：当代刑事政策的新理念》，载赵秉志主编：《和谐社会的刑事法治》（上卷），中国人民公安大学出版社 2006 年版，第 469 页。

③ 转引自梁根林：《刑事制裁：方式与选择》，法律出版社 2006 年版，第 43、44 页。

④ 参见罗欣、王金贵：《"和谐社会语境下的刑事和解"研讨会举行》，载《检察日报》2006 年 7 月 22 日。

神和原则，应该在刑事诉讼中确定下来。①

二是社区矫正制度之尝试。社区矫正是非监禁化处理的一个典型。从当前世界刑罚制度的发展趋势来看，社区矫正制度已被各国广泛采用，但在中国尚未广泛实行。中国的罪犯改造主要适用的是监禁刑，这往往造成监狱在押人员人满为患，在监狱环境中交叉感染，刑满释放人员因长期监禁，回归社会适应能力差，就业困难，社会歧视明显，重新犯罪率高等弊端。社区矫正正是在此种背景下应运而生的。目前，北京、上海、天津、江苏、浙江、山东六省（市）已成为全国首批社区矫正试点地区。笔者认为，这是我国改革刑罚执行方式的重大举措。开展社区矫正有利于提高对罪犯教育改造的质量，改善社会治安秩序，也有利于探索建设中国特色社会主义刑罚执行制度。要从保持长期和谐、稳定社会环境的大局出发，在有利于保护社会同时又有利于保障人权的前提下，借鉴国外社区矫正的成功经验，结合中国的国情，积极进行社区矫正制度的理论与实践探索和尝试。可以在司法行政机关内设立专门的社会行刑和矫正机构，统一管理非监禁刑（主要包括管制、资格刑）的执行和缓刑，还应该逐步建立专业化的矫正队伍，必要时可以引进义工服务制度。②

五、宽严相济刑事政策下的刑事司法工作机制

完善的刑事司法工作机制是贯彻宽严相济刑事政策的保障。应从多方面、多环节对司法工作机制进行改革、创新，以更好地贯彻宽严相济的刑事

① 很多学者对刑事和解制度进行了研究，如有学者认为，刑事和解要贯穿刑事诉讼整个过程：在侦查阶段，如果是重罪，即使能达成刑事和解也要移送审查起诉，但是对于轻罪，如果被害人一方同意在侦查阶段就和解，犯罪嫌疑人也认罪，侦查机关可撤销案件。在审查起诉阶段，应考虑扩大不起诉的权力，让被害人与加害人之间和解的空间扩大一些，犯罪嫌疑人认罪并作出了对被害人的赔偿和道歉的，可以暂缓起诉。另外，假如某案件虽然不属于暂缓起诉范围，但双方当事人已经达成协议，检察机关应该向法院提出从轻处罚等量刑建议。在审判阶段，对于证据充分的案件，如果被告人认罪、当事人达成协议，检察机关应同意建议人民法院从轻处罚。这种从轻处罚的范围比较宽泛，甚至包括死刑案件。审判应体现宽严相济的刑事政策，宽的第一个条件就是刑事和解，除非罪大恶极的案件，在审判阶段适用刑事和解是检察机关和法院都应当考虑的问题。如果在重罪中，被告人认罪、赔偿，表现好，且被害人谅解，主动要求法院从轻判决，法院也应当考虑这种意见。参见陈光中：《刑事和解的理论基础与司法适用》，载《人民检察》2006 年第 10 期。

② 参见赵秉志：《论中国刑事司法中的人权保障》，载《北京师范大学学报（社会科学版）》2006 年第 3 期。

政策。

(一)统一“宽”与“严”的司法标准

司法统一是现代法治国家所奉行的一项基本法治准则。由于历史和现实多方面的原因,我国现行司法权运行机制尚存在明显的地方化倾向,这势必会影响到宽严相济刑事政策的贯彻。因为宽严相济不但体现在个案上和一个地方之内“宽”与“严”标准的统一协调,而且体现于整体案件和全国范围内“宽”与“严”标准的统一协调;不但要求纵向的宽严相济,而且要求横向的宽严相济。没有整体和宏观上的“宽”与“严”标准的统一,即使从个体和局部看“宽”与“严”能够相济,但从宏观上和整体上看,“宽与严”仍会是失度和失调的。这样的“宽严相济”是不彻底和不理想的。应在一定条件下尽可能力求整体上“宽”与“严”的司法标准的统一,为此应做好各方面的工作,特别是刑事司法解释工作。通过正确的刑事司法解释,对于刑事法律规定不够具体的地方予以合法、合理的阐释,指导具体的定罪量刑活动,这对于弥补立法的不足,统一规范和指导刑事司法实务,保证刑事法律的正确适用,从而全面贯彻宽严相济的刑事政策,无疑具有积极而重要的意义。

(二)发挥司法机关相互制约、相互监督作用

司法机关具体承担着贯彻宽严相济刑事政策的重任。公、检、法、司诸机关应分工负责,各司其职,并充分发挥相互制约、相互监督作用,从而使整体司法活动真正具有过滤的功能,通过层层司法机关运作,切实筛选出有罪的,过滤出无罪的;准确甄别重罪和轻罪与从宽和从严情节。否则,将无罪变为有罪,或者是相反,就都背离了宽严相济刑事政策的要求,就根本谈不上宽严相济;误“轻”为“重”,误“宽”为“严”,或是相反,也必然使“宽”“严”失度、失序,无法做到“宽”与“严”之相济。目前,司法实践中存在着司法机关相互配合有余、相互制约不足的问题,削弱了刑事司法对案件的过滤甄别机能,妨碍了宽严相济刑事政策的贯彻执行。应调整与改革司法机关的相互关系,加强相互制约与监督机能,为贯彻宽严相济刑事政策奠定体制性基础。

(三)改进刑事司法工作评价机制

良好的刑事司法工作评价机制是刑事司法工作的助推器。目前,我们在这方面还存在一些与宽严相济刑事政策要求不相符合的做法和问题:在司法考评工作中,有的司法机关把不起诉率的高低作为考评起诉工作好坏的一项重要指标,有的明确提出对酌定不起诉案件除极个别情况外,均应起诉。①

---

① 参见樊崇义、叶肖华:《论我国不起诉制度的构建》,载《山东警察学院学报》2006 年第 1 期。

甚至以定罪判刑的案件数量作为衡量起诉工作质量的标准。在错案责任追究制中,存在着形而上学的错误和一些弊端,如简单地把履行刑事赔偿义务作为错案的标志,把不批准逮捕、不起诉或判决无罪以及发回重审的刑事案件一律作为错案,追究有关办案人员的责任;把后一道程序对前一道程序的否定作为对错案及其责任的宣告,使得办案人员在办案的同时,有意无意地去"改善"与后面诉讼阶段之司法人员的关系,从而降低被后一道诉讼程序否定的风险,如立案侦查的希望能批捕,批捕的希望不要不起诉,批捕和提起公诉的希望法院不要作出无罪判决,作出一审的法官希望二审不要改判,审案法官希望本院的审判监督部门不要使案件进入再审。如此便模糊了程序界限,软化了监督制约关系。① 这样也必然违反宽严相济刑事政策的要求。因而应改进与宽严相济刑事政策要求不相符合的司法工作评价机制,为贯彻宽严相济的刑事政策创造良好的前提条件。

六、余论:宽严相济刑事政策下的刑事司法人员

刑事司法之理念、原则、制度、工作机制存活于司法者及其司法活动中。因而,从某种程度上讲,司法人员是贯彻宽严相济刑事政策最为关键的因素。应采取一系列措施提高司法人员的思想和业务素质。司法工作人员应胸怀正义与公正之心,以其对法律的忠诚和以其正确理解的法律,并运用其娴熟之法律技巧,在刑事司法中游刃于刑罚之"宽"与"严"之间,臻于宽严轻重皆相宜之至境,使宽严相济真正成为良美法治基础上的与犯罪作斗争的一种策略和艺术。通过宽严相济的合法、合情、合理之处理,辨法析理,使犯罪者宽严、轻重皆服。要让宽严相济成为犯罪治理的一种良策,而不能使宽严相济沦落为一种驭民之术。

---

① 参见李建明:《刑事司法改革研究》,中国检察出版社2004年版,第238—243页。

7. 宽严相济刑事政策与刑法解释关系论*

目　次

一、前　　言

宽严相济刑事政策是我国当前刑事法治中的基本刑事政策，在我国刑事法学研究和刑事法律实务中起着基础性的作用。而刑法解释也是刑法理论

---

* 原载《河南政法管理干部学院学报》2008 年第 2 期。

和实务中的重要问题,决定着刑法的司法适用。分析和探讨宽严相济刑事政策与刑法解释的关系,对于在当前刑事法治中全面贯彻宽严相济的刑事政策,从而促进刑法理论的发展,保障刑法的正确适用,有着非常重要的积极意义。

二、刑事政策与刑法解释的内在关系

(一)刑事政策与刑法解释之关系的现实考察

刑事政策对国家的刑事立法、司法都有着非常重要的影响,“在执行刑法时也必须考虑制定时所依据的刑事政策的精神”。① 因而对于作为刑事法律活动中主要组成部分的刑法解释来说,有必要考虑如何发挥刑事政策的指导作用。但是,不管是关于刑法解释之研究,还是关于刑事政策的探讨,对刑事政策与刑法解释的关系予以分析的论著都比较少。概而言之,此方面的研究主要有如下三种情形:

其一,将政策(刑事政策)的指导作为刑法解释原则。率先对刑法解释问题进行研究的李希慧教授,曾提出以政策为指导的刑法解释原则。所谓以政策为指导的原则,是指在阐明刑法规范的含义时,必须充分考虑,并且不能违背党和国家的政策。该原则对刑法条文某些词语含义的确定、刑法解释方法的选择运用具有决定性作用。② 根据该论述,刑事政策和刑法解释的关系表现为:坚持政策的指导是具体的刑法解释原则。

其二,在刑事司法政策中阐述刑事政策对刑法解释的影响。有关论者认为,刑事政策可分为刑事立法政策、刑事司法政策、刑事执行政策。该论者在阐述刑事司法政策的过程中分析检察机关、审判机关所遵循的刑事政策,指出司法机关有时会根据刑事司法政策决定采用刑罚手段惩治某些危害行为,如最高人民法院2001年4月19日颁布《关于情节严重的传销或者变相传销行为如何定性的批复》。③

其三,专门论述刑事政策对刑法解释的影响。有论者指出,刑法有权解释在罪与非罪、重罪与轻罪之间划出明确界限,而其根据就是刑事政策。④

---

① 高铭暄主编:《中国刑法学》,中国人民大学出版社1989年版,第28、29页。

② 参见李希慧:《论刑法解释的原则》,载《法律科学》1994年第6期。

③ 参见刘仁文:《刑事政策初步》,中国人民公安大学出版社2004年版,第60—75页。

④ 参见时延安、阴剑锋:《刑事政策在刑法有权解释中的功能》,载《南都学坛》2005年第2期。

另有论者则从权力的角度分析刑法解释,认为刑法解释活动容易受到国家政策乃至刑事政策的影响,国家政策与刑法解释活动之间存在互动关系,刑事政策通过刑法解释活动合法化,具体的刑事政策要符合法治的要求,应根据立法规范和刑事政策制定系统的刑事司法解释。① 还有论者比较了刑事政策与刑法解释的区别之后,认为二者在功能上是契合的,价值上也是相同的,因而在刑法目的上是暗合的。②

上述观点对刑事政策与刑法解释之间的关系进行了积极的探索,值得肯定。但是,仍有必要尽可能地深入到刑法解释的范畴内,更为深刻地分析刑事政策与刑法解释原则、刑法解释目的以及刑法解释方法运用等问题之间的内在关系。

(二)刑事政策与刑法解释的互动关系

关于刑事政策与刑事法律的关系,有学者指出,刑事政策具有刑事法律所不具有的灵活性、便捷性,其制定过程简单,内容明确,在中华人民共和国成立初期填补了刑事法律规范的真空,也赋予了司法机关针对具体案件事实在不同时期里多样化地处理案件的灵活性。而就刑事政策与刑法解释之间的关系,该论者也指出,我国的刑事政策也正是通过刑法解释而合法化的。③ 这样的看法基本上是符合实际情况的,但似乎过于简略。笔者认为,刑事政策与刑法解释之间具有内在的互动关系,这主要表现为如下两个方面:

首先,刑事政策影响到刑法解释活动的价值指导原则。刑事政策代表了国家在特定时期对总体或者某些种类的刑事犯罪的态度,也体现出国家对处理这些犯罪的刑事法律理念。尽管刑事司法人员深知刑事司法活动应该坚持公正、自由、平等等刑法价值观念,但是,与国家刑事政策相比较,这些法律价值观念过于宏观、抽象,又显得缺乏可操作性。因此,法律价值观念往往只能通过相对具体的刑法原则、刑事政策等予以实现。对于刑事司法人员来说,刑事政策显得更为直观、具体,方向性明确,可操作性强。最高司法机关或者刑事司法人员在确定犯罪的认定标准时根据国家的相关刑事政策来判断宽严的掌握程度。这就意味着,刑事政策在实际上会对刑法解释活动起到

① 参见林维:《刑法解释的权力分析》,中国人民公安大学出版社 2006 年版,第 251—255 页。

② 参见王文娟:《论刑事政策的法律定位——兼论刑事政策与刑法解释的关系》,载《和谐社会的刑事法治·刑事政策与刑罚改革研究》,中国人民公安大学出版社 2006 年版,第 395—397 页。

③ 参见林维:《刑法解释的权力分析》,中国人民公安大学出版社 2006 年版,第 249 页。

具体的指导作用。

因此,如果国家推行的刑事政策过于强调对犯罪的打击、对犯罪人的惩治,而对犯罪人人权的保障、追究犯罪的诉讼公正有所忽视,那么,刑事司法人员在对犯罪行为人追究刑事责任时,就会有意无意地放宽定罪量刑的标准。此方面最为鲜明的例子,莫过于"严打"刑事政策对刑法解释的影响。1983年7月,中央决定在全国范围内开展"严厉打击严重刑事犯罪"即"严打"活动,同年9月2日全国人大常委会通过了《关于严惩严重危害社会治安的犯罪分子的决定》。最高人民法院遂于同年9月7日发布了《关于授权高级人民法院核准部分死刑案件的通知》,又于同年9月20日、12月30日连续发布《关于人民法院审判严重刑事犯罪案件中具体应用法律的若干问题的答复》(一)、(二)。上述决定中规定了"加重处罚"原则,而上述司法解释更是扩张了死刑的适用。在司法实践中,为了适应"严打"的需要,有些地方放宽犯罪认定的标准,不严格遵守罪刑相适应,甚至轻罪重判。① 相反,如果国家倡导的刑事政策符合人本精神的要求,注意以人为本,保障人权,那么,刑事司法人员也会严格按照罪刑法定的要求根据《刑法》的规定对犯罪人定罪量刑。例如,我国在死刑方面的刑事政策是"少杀、慎杀,可杀可不杀的坚决不杀"。如果司法机关严格按照该原则适用死刑,就会达到控制死刑适用数量的效果。据报道,2003年8月,在"严打"活动中,北京市高级人民法院严格适用法律,确保办案质量,竟有35名一审被判处死刑立即执行的犯罪人被改判为死刑缓期执行。②

其次,刑法解释将刑事政策予以具体化,成为刑事政策得以实现的重要途径。纵而览之,可以发现,有相当一部分的司法解释是我国最高司法机关根据当时国家所提出和推行的具体刑事政策作出的。如前所述,早在1983年8月中央决定开展"严打"活动时,最高司法机关就出台了配合"严打"、指导审判机关定罪量刑的数个司法解释。再如,20世纪末21世纪初,我国严厉打击邪教组织犯罪活动,最高人民法院、最高人民检察院于1999年10月30日联合发布了《关于办理组织和利用邪教组织犯罪案件具体应用法律若干问题的解释》,最高人民检察院于次日就专门下发了《关于贯彻全国人大常委会〈关于取缔邪教组织、防范和惩治邪教活动的决定〉和"两院"司法解释的通知》,最高人民法院于同年11月5日下发了《关于认真贯彻执行〈关于取缔邪教组织、防范和惩治邪教活动的决定〉和有关司法解释的通知》。后来,最高人民法院、最高人民检察院又于2001年6月11日联合发布了《关

① 参见刘仁文:《刑事政策初步》,中国人民公安大学出版社2004年版,第359页。

② 参见刘仁文:《刑事政策初步》,中国人民公安大学出版社2004年版,第56页。

于办理组织和利用邪教组织犯罪案件具体应用法律若干问题的解释(二)》,于2002年5月20日联合发布了《关于办理组织和利用邪教组织犯罪案件具体应用法律若干问题的解答》。尽管刑法司法解释的出台受到了国家宏观决策的影响,甚至被认为有向国家行政权力靠拢的嫌疑①,但是,我们还要看到,正是通过刑法司法解释,国家对某些方面犯罪的基本态度得以鲜明地反映出来,针对特定违法犯罪现象作出的政治决策在刑事司法领域中得到了贯彻执行。

所以,正因为刑事政策和刑法解释之间存在着上述内在关系,深入地考虑刑事政策对刑法解释原则、刑法解释目标以及刑法解释方法的选用等问题才具有重要的理论意义,而且由于刑法解释与刑事司法息息相关,对上述问题的研究显然也有利于刑事司法活动的顺利开展,从而具有较强的实践价值。

三、我国刑事政策的演进轨迹

作为一个比较重要的问题,不管是在司法实践中还是在理论研究中,刑事政策长期以来都受到了极大的关注,刑法学者对其进行了比较深入的研究,在刑事政策的概念、价值、原则以及具体刑事政策等方面形成了诸多共识。

从狭义上讲,我国刑事法律理论中的刑事政策,是指国家处理犯罪、对待犯罪时的政策或者策略。② 1979年《刑法》对我国的刑事政策作出了明确的规定,其第1条规定,刑法是依照惩办与宽大相结合的政策制定的。惩办与宽大相结合是我国同犯罪作斗争、行之有效的刑事政策,也是制定和执行《刑法》的重要依据。而惩办与宽大相结合刑事政策的基本精神,在于分清不同情况,实行区别对待,惩办少数,改造、教育多数。③ 1997年《刑法》第1条的规定虽然删除了"惩办与宽大相结合"的语词,但是,在立法者看来,惩办与宽大相结合仍然是我国的基本刑事政策。④

① 参见林维:《刑法解释的权力分析》,中国人民公安大学出版社2006年版,第260页。

② 参见卢建平:《刑事政策的概念界定与学科建构》,载《刑事政策专题探讨》,中国人民公安大学出版社2005年版,第6页。

③ 参见高铭暄主编:《中国刑法学》,中国人民大学出版社1989年版,第28、29页。

④ 参见胡康生、李福成主编:《中华人民共和国刑法释义》,法律出版社1997年版,第2页。

通常而言,惩办与宽大相结合刑事政策的具体内容是:“首要必办,胁从不问,坦白从宽,抗拒从严,立功折罪,立大功受奖。”①但实际上,随着时代的发展和国家政策的演变,惩办与宽大相结合的刑事政策在内容上受到了各方面因素的影响,主要表现在如下几个方面:

其一,“严打”活动对该刑事政策的冲击和扭曲。我国从20世纪80年代初期开始进行严厉打击严重刑事犯罪的活动。本来,“严打”是要对严重刑事犯罪予以严厉的打击,然而,在司法实践中,某些地方的司法机关对普通刑事犯罪也予以严厉的打击。个别地方甚至为了追求所谓的政绩而放宽《刑法》、《刑事诉讼法》的标准,在严打期间对所有的犯罪都予以严厉的惩处。这些“只严不宽”的做法极大地冲击了惩办与宽大相结合的基本刑事政策,甚至完全抛弃了对较轻犯罪应予以“宽大”的一面。正因为如此,有学者中肯地认为,“严打”存在着法治化程度不足的问题。②

其二,罪刑法定与无罪推定原则对该政策的合理化改造。根据我国现行《刑法》、《刑事诉讼法》的相关规定,在共同犯罪中,胁从犯也应追究刑事责任,而对抗拒的犯罪人并不加重处罚;犯罪人归案后,如有立功、重大立功的表现,就会被从宽处理。惩办与宽大相结合的刑事政策的内容实际上表现为:第一,对一切犯罪分子都必须严格依法处理;第二,必须根据犯罪分子的不同情况,分别予以对待。③ 因此,从罪刑法定原则、无罪推定原则的刑事法治观念出发来看,传统意义上的惩办与宽大相结合刑事政策的发展滞后于刑事法治的时代精神。

其三,“轻轻、重重”的两极化刑事政策在一定程度上对惩办与宽大相结合的刑事政策也有影响。在近年来,大陆法系国家刑法理论中的“轻轻、重重”的两极化刑事政策逐步受到了我国学者的关注。④ 有学者认为,“轻轻、重重”的两极化刑事政策符合惩办与宽大相结合的刑事政策的基本精神。⑤有学者则分析指出,惩办与宽大相结合的刑事政策强调区别对待,并不包含重者更重,轻者更轻的意思。⑥ 其实,“轻轻、重重”的刑事政策对我国惩办与宽大相结合的刑事政策有一定的启发意义。首先,“轻轻、重重”的基本精神也要求对严重性程度不同的犯罪在惩处上予以不同的对待。“轻轻”是对危

① 马克昌主编:《中国刑事政策学》,武汉大学出版社1992年版,第89页。

② 参见汪明亮:《严打的理性评价》,北京大学出版社2004年版,第44、45页。

③ 参见欧阳涛:《略论宽严相济的刑事政策》,载《和谐社会的刑事法治·刑事政策与刑罚改革研究》,中国人民公安大学出版社2006年版,第159页。

④ 参见杨春洗主编:《刑事政策论》,北京大学出版社1994年版,第398页。

⑤ 参见侯宏林:《刑事政策的价值分析》,中国政法大学出版社2005年版,第270页。

⑥ 参见陈兴良:《宽严相济的刑事政策研究》,载《法学杂志》2006年第2期。

害较轻的犯罪处以比应判刑罚更轻的刑罚,“重重”则是指对危害较重的犯罪处以比应判刑法更重的刑罚。这样就非常鲜明地体现出对轻重犯罪的不同处罚原则,使得轻重犯罪的区分更为明显。如前所述,惩办与宽大相结合的刑事政策就是要体现区别对待的精神,因而在区别对待的思路上与“轻轻、重重”的刑事政策有相似之处。其次,“轻轻、重重”的刑事政策也体现了集中刑罚力量着重处理严重犯罪的精神。“法有限而情无穷”,同理,司法能力有限而犯罪活动屡屡发生。要实现司法的效率价值,无疑需要集中司法力量来应对严重犯罪。“轻轻、重重”的刑事政策就是将严重犯罪作为处罚的重点对象,从而也将刑事司法的主要力量用来对付严重犯罪。而惩办与宽大相结合的刑事政策本意就是要惩办少数,改造、教育少数,同样体现出集中司法力量应对严重刑事犯罪的精神。二者颇有异曲同工之处。

不过,需要明确的是,对于“轻轻”、“重重”该如何予以协调的问题,“轻轻、重重”的刑事政策则有所忽略,不甚明了。所以,可以在分析对危害程度不同的犯罪如何分别予以不同处罚的情况下,从“轻轻、重重”的刑事政策中吸收有益的思路和实践的经验,来发展和丰富惩办与宽大相结合的刑事政策。

显然,只有重申并发展惩办与宽大相结合刑事政策的内涵,才能适应我国当前构建和谐社会刑事法治的现实需要。2004 年 12 月 22 日,中共中央政治局常委、中央政法委员会书记罗干在中央政法工作会议上指出:“正确运用宽严相济的刑事政策,对严重危害社会治安的犯罪活动严厉打击,绝不手软,同时要坚持惩办与宽大相结合,才能取得更好的法律和社会效果。”①此后,最高人民法院、最高人民检察院在 2005 年 3 月召开的第十届全国人民代表大会会议上所作的工作报告中也肯定和强调了宽严相济的刑事政策。在 2005 年 12 月 5 日至 6 日召开的全国政法工作会议上,罗干又强调了宽严相济的刑事政策。中共中央第十六届六中全会于 2006 年 10 月 11 日发布的《中共中央关于构建社会主义和谐社会若干重大问题的决定》第六部分明确指出,在刑事司法活动中,应该坚持和贯彻宽严相济的刑事司法政策。对该政策,在最高人民法院于 2006 年 11 月 6 日至 10 日召开的第五次全国刑事审判工作会议上,时任首席大法官肖扬明确指出,坚决贯彻执行宽严相济的刑事政策。最高人民检察院则于 2006 年 12 月 28 日通过发布的《关于在检察工作中贯彻宽严相济刑事司法政策的若干意见》。

① 参见胡云腾、廖万里:《宽严相济的刑事政策刑法学解读》,载《和谐社会的刑事法治 · 刑事政策与刑罚改革研究》,中国人民公安大学出版社 2006 年版,第 161 页。

有学者对惩办与宽大相结合的刑事政策与宽严相济的刑事政策进行了对比分析，认为两者在表达方式、侧重基点、司法倾向、关注重点等方面都存在不同，虽然惩办与宽大相结合的刑事政策包含了宽严相济的思想，但宽严相济的刑事政策的提出是正视社会稳定与犯罪增长之关系后的理性回归。① 在这样的背景下，有学者赞同以宽严相济的刑事政策取代惩办与宽大相结合的刑事政策。②

笔者也赞同宽严相济的刑事政策作为我国的基本刑事政策，并补充如下三个具体理由：

(1)惩办与宽大相结合的刑事政策在本意上是要区别对待各种刑事犯罪，“体现了有宽有严，宽严相济，原则性与灵活性相结合”。③ 不过，宽严相济的刑事政策显得更为明确和准确。其明确性体现在对危害程度不同的犯罪要有宽有严，当宽则宽，当严则严；其准确性体现在对危害不同的犯罪的宽严处理，应严中有宽，宽中有严，宽严协调，宽严有度，宽严审时。④

(2)宽严相济的刑事政策也对“轻轻、重重”刑事政策中轻重该如何协调的问题作了回答，即对不同的犯罪，根据犯罪性质是否恶劣确定不同的量刑指导观念；对相同的犯罪，则应区分社会危害性、主观恶性、人身危险性，从而做到区别对待，有宽有严。

(3)更重要的是，宽严相济的刑事政策在内涵上否定了“严打”的举措。“严打”是我国在20世纪80年代初为应对严重刑事犯罪较大幅度上升之社会形势而确定的刑事司法方针。它在很大程度上是国家在特殊时期针对特殊犯罪形势确定的权宜之计，在当时的历史条件下发挥了比较积极的作用。但是，在严重刑事犯罪的发生比率维持较为稳定水平的情况下，一味强调“严打”的方针是不妥当的。而宽严相济的刑事政策才是正常法治社会应对各种刑事犯罪的较为合理、有效的刑事政策。

总而言之，宽严相济的刑事政策是对我国长期坚持的惩办与宽大相结合刑事政策的继承与发展，也较好地吸收了国外刑事法治中“轻轻、重重”的两极化刑事政策的合理之处，符合当代社会刑事法治发展的实际需要。无独有偶，在我国大陆地区重视并提倡宽严相济的刑事政策的同时，我国台湾地区在修订其“刑法典”时也以“宽严并进的刑事政策”作为主要的政策方向和指

---

① 参见黄京平：《宽严相济的刑事政策的时代含义和实现方式》，载《法学杂志》2006年第6期。

② 参见陈兴良：《宽严相济的刑事政策研究》，载《法学杂志》2006年第2期。

③ 高铭暄主编：《中国刑法学》，中国人民大学出版社1989年版，第28、29页。

④ 参见马克昌：《宽严相济的刑事政策刍议》，载《人民检察》2006年第10期。

导原则。①

四、宽严相济的刑事政策与刑法解释的原则

(一)刑事政策与刑法解释原则的关系

刑法解释原则在理论上是一个比较重要的问题。一般认为,刑法解释的原则是指对刑法进行解释活动起到指导作用的原则。但刑法解释的原则具体有哪些,理论上还存在着一定的争论。较多学者认为,刑法解释的原则有合法性(罪刑法定)原则、合理性原则、合目的性原则、客观性原则等。② 此外,也有论者提出了有整体性原则、明确、具体原则③,以及协调性原则、及时慎重的原则等。如前所述,李希慧教授曾开创性地提出以党和国家政策为指导的刑法解释原则。但是,直接将政策指导作为刑法解释原则并不妥当。将党和国家的政策作为刑法解释的原则,是我国司法机关在特定历史条件下不得已的做法,不能成为刑事司法活动的普遍规律。在1979年《刑法》颁布之前的相当长时期里,因为尚没有完备的刑法典,再加上对刑事司法还存在工具论的不当认识,司法机关不得已依据党和国家的有关政策对特定危害行为定罪量刑。即便是在1979年《刑法》颁布后至1997年《刑法》颁布前这段时间里,因为刑法典的规定过于简略,各种单行刑法频频出台,国家的政治、经济形势变化频繁而又巨大,党和国家不得不灵活地变动各种政治、经济、社会、文化政策,以适应社会主义建设的实际需要。在某些刑事法律没有作出明确规定的情形下,司法机关根据党和国家的政策解释相关刑法条文,对危害行为定罪量刑,也因而具有一定的合理性。但是,这种依据党和国家政策进行刑事诉讼活动的弊端早已显现。因为党和国家的政策并不全是针对具体的违法犯罪活动而制定的,其着重考虑的是在特定时期国家经济和社会发展的实际需要,完全有可能没有充分考虑特定种类犯罪的消长起落规律,严格而言也并不都是刑事政策。如果司法机关对此没有深刻的了解,简单地以此作为刑法解释的指导原则,就容易导致罪刑擅断的不良后果。况且,秉承罪刑法定原则的1997年《刑法》以及此

① 参见蔡碧玉:《刑法总则修正重点之理论与实务》,台湾元照出版有限公司2005年版,第8—11页。

② 参见刘志伟主编:《刑法学的新动向》,中国人民公安大学出版社2005年版,第57、58页。

③ 参见李希慧:《刑法解释论》,中国人民公安大学出版社1995年版,第82页。

后的数个刑法修正案已形成了系统、完备的刑法体系，司法机关在审理各种刑事案件时有明确的刑法依据，如果再将党和国家的政策直接作为刑法解释原则的理念，就容易混淆政策与刑事法律之间的关系，并不符合法治精神。所以，不宜生硬理解和教条主义地贯彻党和国家的政策，相反，对党和国家的政策要灵活掌握，在准确理解其精神要义的前提下贯彻到刑法解释活动中。

否定将政策指导直接作为刑法解释的原则，并非是否定政策对刑法解释活动的指导意义。任何刑事司法活动都是在特定时期和在特定社会条件下进行的，不可能完全不考虑社会和经济发展的现实状况。而党和国家所提出的政策，较为全面地反映社会现实状况，并应对相关的社会问题。对此，刑法解释主体应该详加分析，注意其中与治理犯罪有关的方面，发挥这些政策对刑事司法活动的指导作用。如构建和谐社会是党和国家在当前的重要战略决策，对此，最高人民检察院于 2006 年 12 月 28 日通过发布的《关于在检察工作中贯彻宽严相济刑事司法政策的若干意见》中指出，"把促进社会和谐作为检验检察工作的重要标准，充分履行法律监督职能，有效地遏制、预防和减少犯罪，最大限度地增加和谐因素，最大限度地减少不和谐因素，为构建社会主义和谐社会提供有力的司法保障。"不过，相比较而言，党和国家根据社会发展的实际情况针对犯罪现象专门提出的刑事政策，充分地考虑到了犯罪发生演变和刑罚执行的特征、规律，更多地考虑了治理犯罪的社会需要和社会环境条件，对保障公民权利、维护社会秩序、促进国家发展等重大问题作出了一定的平衡，在一定程度上融合了刑事法律价值、刑事法律理念以及国家的特定政治需要。因为这样的刑事政策比较鲜明地显示出国家对犯罪活动和犯罪人或宽缓或严厉的态度，刑法解释主体在刑事司法活动中就会以此为导向，改变和调整自身对待犯罪活动、犯罪人的基本态度，对特定的危害行为、危害活动的刑事可罚性作出有或无、轻或重的评价分析，在危害行为、危害活动是否具备刑事违法性的问题上作出决断，进而在进行刑法解释活动时或者扩张或者紧缩刑法条文的含义，从而自觉地贯彻和落实这样的刑事政策。而且，刑事政策具有明示、含糊等多种功能。① 刑法解释主体可以据此对相关的刑事法律问题给出或者鲜明或者模糊的态度。例如，最高司法机关常根据刑事政策的含糊功能对某些罪与非罪的问题并不立刻作出明确的解释，而是等待合理的时机另行解释；最高司法机关也可根据刑事政策的明示功能按照罪刑法定的原则对特定问题作出明确而又可操作的阐释。由此可

① 参见刘仁文：《刑事政策初步》，中国人民公安大学出版社 2004 年版，第 151—156 页。

见,刑事政策影响到刑法解释主体对危害行为、危害活动之刑事可罚性的认识,以及其对犯罪或宽缓或严厉的处理态度,从而对刑法解释活动起到了更为宏观的指导作用。

所以,不宜将刑事政策直接作为刑法解释的一种原则。当然,这并非是说要否定刑事政策在刑法解释活动中应有的作用。相反,根据刑事政策与刑法解释的内在关系,有必要重视如何发挥刑事政策对刑法解释活动的指导作用。这又涉及如下两个问题:

(1)对刑事政策要进行深入的分析。并非所有刑事政策都能符合刑事法治的精神。在某些刑事政策没有充分反映刑事法治的要求时,刑法解释主体就不能对该刑事政策不加分析、不加区别地一律盲从,相反,要注意根据罪刑法定、无罪推定等刑事法治原则的要求进行必要的甄别,既要发挥刑事政策的时代导向作用,又要防止出现罪及无辜、罪刑失衡的问题。

(2)刑事政策在宏观上对刑法解释原则起指导作用。作为刑法适用活动中的重要组成部分,刑法解释活动同样遵守刑法的基本原则。但是,除了遵守罪刑法定原则的基本要求比较明确之外,如何贯彻罪责刑相适应原则、刑法适用平等原则,如何实现刑法的目的,往往是刑法解释活动的难题。刑法解释主体宜在罪刑法定的范围内对上述问题作出比较妥善的解决。这样一来,就应该考虑如何根据刑事政策的要求来确定进行刑法解释活动的更为具体、鲜明的指导思想。

(二)宽严相济的刑事政策与刑法解释原则的确定

刑法解释原则的确定应以宽严相济的刑事政策为指导。在宽严相济的刑事政策获得实务界与理论界一致认同的情况下,还要分析和研究宽严相济的刑事政策如何对刑法解释原则发挥宏观的指导作用。如前所述,宽严相济的刑事政策是在坚持刑事法治之理念、贯彻以人为本之人文精神的前提下,根据我国当前犯罪消长变化的实际情况并结合刑事司法力量而确定的。我们可以根据该刑事政策的要求来分析和确定刑法解释应该遵循的原则。

其一,罪刑法定(合法性)原则是刑法解释的首要原则。在现代刑事法理论上,罪刑法定原则与刑事法治具有内在的统一性。而宽严相济的刑事政策也符合刑事法治的要求。因而根据宽严相济的刑事政策的内在要求,对危害行为定罪量刑时,是宽还是严,宽严的程度如何,应该在刑法典规定的范围内根据危害行为的具体情节来量定,而不能超越刑法典的直接规定。对于危害行为,只有符合特定犯罪的加重构成的,才能升格法定刑,予以严处;只有符合减轻构成的,才能降格法定刑;确有必要减轻处罚的,需根据刑法典的规定报经最高人民法院批准。可见,对犯罪的或宽或严的处理,是在刑法典(包括其修正案)既有规定的范围内进行的。因此,刑法解释活动必须符合罪刑法定原则的要求。

其二,刑法解释应该遵循适当性的原则。宽严相济的刑事政策要求"当宽则宽、当严则严、宽严有度"。可见,宽严相济的刑事政策要求对危害行为适当地追究刑事责任。具体而言,定罪量刑的适当性是在两个层面上而言的:(1)充分考虑危害行为发生的特定社会环境和条件,对该行为追究刑事责任也符合社会的实际需求。(2)切实地考察危害行为的社会危害性、犯罪人的主观恶性、人身危险性、刑事处罚的必要性等因素,综合性地量定刑罚,即该宽还是该严,如何宽,如何严,幅度如何等,都必须保持协调,符合罪责刑相适应原则的基本要求。这是宽严相济的刑事政策对刑法解释活动的核心要求,也是宽严相济的刑事政策得以实现的主要途径。只有如此,刑法解释活动才具有实质的合理性。

其三,刑法解释在根本上应该遵循合目的性的原则。宽严相济的刑事政策要求"宽严协调,宽严相济"。这里"协调"、"相济"的要求绝不是刑事司法活动中处理犯罪时严厉与轻缓的无谓折中。轻重协调、宽严相济的实际意义,在于集中刑事司法力量有效地处理刑事犯罪活动,对危害性程度不同的犯罪给予不同的司法关注,投入不同的刑事司法成本,给轻微犯罪的行为人以更多改过自新的机会,给严重犯罪的行为人以更为严厉的惩处,从而实现更为良好的社会预防效果,尽可能全面地保障犯罪人的人权,形成和维护良好的社会秩序。可见,刑法解释活动在确定犯罪成立标准、刑罚量定标准时,注意实现轻重协调、宽严相济,在根本上要符合刑法保护社会主义社会关系或者刑法法益的目的。

五、宽严相济的刑事政策与刑法解释的目标

刑事政策与刑法解释之间存在互动关系,而刑法解释目标在刑法解释中也具有相当重要的地位。因此,刑事政策与刑法解释目标也必然存在内在关系。对于这种关系进行明确的分析,有助于发挥刑事政策对刑法解释的积极作用。

(一)刑事政策与刑法解释目标的关系

关于刑法解释(法律解释)的目标,理论上长期以来存在着较大的争议,主要有主观解释论、客观解释论、新主观解释论、历史的客观解释论、示意说、

综合说等不同观点。而目前较为有力的观点则是整体解释论,即应当从规范或者法律秩序的整体上理解法律条文的含义,各种主观、客观的因素都要考虑进来。① 这种观点分析并舍弃了上述各种理论的不足之处,在很大程度上是一种新的综合性理论。不过,"规范或者法律秩序的整体"非常抽象,其含义往往会因人而异,有必要进行更为具体的阐释和分析。遗憾的是,对于"规范或者法律秩序的整体"究竟在法律、法理上应作何理解的问题,"整体解释论"并没有作出明确的阐述。笔者认为,刑法解释目标对于刑法解释的实际意义,在刑法解释过程中有着充分的体现。因而理解和界定刑法解释目标,首先应当对刑法解释过程进行简要的分析。

客观而言,对于解释主体来说,如何确定刑法解释的目标可能并不那么重要,因为解释主体的任务在于解决对特定刑法条文的理解和适用难题。因此,解释主体主要依赖其法律观念和分析技巧进行刑法解释活动,而非按照已经确定的刑法解释目标。刑法解释根据其法律观念和分析技巧所进行的解释活动,实际上包含了两个方面的基本内容:第一,解释主体对危害事实之刑事可罚性的全面分析。对于已经发生的危害行为,解释主体首先对其危害程度进行判断,然后确定应否对该危害行为进行刑事处罚,在得出肯定结论后进一步考虑有无必要进行刑事处罚。因而解释主体对具体危害行为、危害现象之刑事可罚性的具体认识过程,基本上分为三个阶段:一是对行为危害性的分析;二是对行为之刑事应罚性的分析;三是对行为之刑罚处罚必要性的分析。第二,解释主体对危害事实是否符合刑法条文相关规定的分析。在这种情况下,刑法解释主体实际上要对刑法条文的含义进行阐释。阐释活动是依据于立法者对该条文原定的意图,还是依据于该条文在具体行为当时的实际意义等,就涉及刑法解释目标。但是,究竟是应该阐发出刑法条文在何种层次上的含义,则属于刑法解释主体自身把握的问题。这样看来,刑法解释目标在刑法解释过程中表现得相当隐蔽,是以隐在的形式对刑法解释发挥作用的。

既然如此,那么,我们就要分析:解释主体对具体危害行为或者危害现象之刑事可罚性的认识,是否会影响到其对特定刑法条文含义的阐释?在解释主体对具体危害行为或者危害现象予以分析时,什么因素会影响到其刑事可罚性认识的形成?

对于第一个问题,我们应该看到,在刑法解释过程中,刑法解释主体对危害行为之危害性及刑事可罚性的认识,与其对刑法条文相关规定的阐释,紧

① 参见黄茂荣:《法学方法与现代民法》,中国政法大学出版社 2001 年版,第 271、272 页。

密联系,不可分离。解释主体对刑法条文进行解释的具体情形复杂多样,尽管有时候是在刑法典生效前后专门对相关问题进行阐明,例如,最高人民法院在1997年《刑法》生效前夕于1997年9月22日发布了《关于依法不再核准类推案件的通知》。但是,在很多时候往往是根据处理具体案件的实际需要或者解决司法实践中存在的争议而作出的。

深入到刑法解释过程中,我们就会发现,在特定危害事实确实发生,需要及时处理的情况下,对于特定危害行为或者危害现象有无必要予以刑事处罚的问题,解释主体在充分考虑其社会危害性的基础上,会形成基本的认识。具体而言,对具体的危害行为,解释主体在了解具体事实情况的基础上最初形成对危害行为之社会危害性的整体认识,进而通过其法律观念得出对该危害行为可否进行刑事处罚的基本看法。当然,解释主体对具体危害行为所形成的应否、可否由刑事法律进行处罚的宏观认识,并不是刑法解释的结论本身。对这种宏观认识是予以否定还是肯定,解释主体将会作进一步的思考和论证。但是,正是在这种宏观认识的潜在引导下,解释主体根据自身的分析技巧对刑法条文中蕴含的刑法规范及其具体含义进行具体的解释活动,甚至为了对危害行为予以惩治而扩大缩小刑法条文的含义,以涵盖已经发生的危害事实情形。换言之,刑法解释主体对危害行为之刑事可罚性的分析进一步影响到其对刑法条文的分析。因此,刑法解释的目标并不是在刑法解释过程中独立地发挥作用的,实际上受到刑法解释主体关于危害行为之刑事可罚性的认识的影响。例如,对于如何准确认定黑社会性质组织的问题,最高人民法院曾于2000年12月5日发布了《关于审理黑社会性质组织犯罪的案件具体应用法律若干问题的解释》,对黑社会性质组织的特征作了明确的规定,但是,对于"具备保护伞"是否为必要特征,中央公安、司法机关之间存在不同的认识。全国人大常委会作出的专门立法解释对此予以明确,认为"具备保护伞"并不是认定黑社会性组织所必需的条件,从而将初具"黑恶"规模的犯罪组织认定为黑社会性质组织。

所以,笔者对第一个问题持肯定态度,即解释主体对危害行为之刑事可罚性的认识,在一定意义上引导其对刑法条文的含义作出肯定或者否定危害行为之刑事违法性的阐释结论。

对于第二个问题,我们应该注意,刑法解释主体进行刑法解释活动,依赖于自身的法律观念、理解力和分析技巧等能力。在理解力、分析技巧完全受制于解释主体自身的情况下,对于具体的危害行为或者危害现象,不管是认定其为有罪,还是否定其犯罪性,解释主体的法律观念都起到更为关键的作用。而在解释主体的法律观念中,其对国家政策、刑事政策的认识和理解居于相当突出的地位。这既与我国的法律传统有很大关系，又直接为我国的政治和法律体制所决定。国家的政策、刑事政策非常鲜明地反映出国家对特定危害行为、危害现象予以惩治的基本态度。如前所述，国家的刑事政策也较多地考虑了社会当下的法律价值观念和法律秩序的需要。对于解释主体来说，刑事政策简明而又有力地表明国家对特定危害行为或者现象是否予以严厉惩治、严密预防的基本态度，其引导性强，能为解释主体所深刻把握。在刑法解释主体看来，按照国家政策或者刑事政策对特定危害行为追究刑事责任，符合国家的战略决策和发展规划，有利于经济和社会的发展。解释主体自然会较多地从刑事政策的角度考虑危害行为的刑事处罚问题。这种情况在"严打"时期表现得最为明显。可以看出，尽管这种刑事可罚性认识建立在解释主体对危害行为、危害活动的社会危害性、行为人的主观恶性、人身危险性进行分析的基础之上，但是，对特定危害行为有无必要予以刑事处罚的问题，解释主体对相关刑事政策的认识和理解起到了相当大的作用，甚至有时候直接决定了对危害行为要否追究刑事责任。所以，我们应该肯定，解释主体对相关刑事政策的理解和认识，会影响到其对危害行为、危害现象之刑事可罚性的分析。

很多刑法解释在对具体危害行为可否认定为犯罪追究刑事责任作出解释时基本上都考虑到了上述问题。如最高人民法院 2000 年 2 月 16 日公布的《关于审理强奸案件有关问题的解释》指出，对于已满 14 周岁不满 16 周岁的人，与幼女发生性关系，情节轻微，尚未造成严重后果的，不认为是犯罪。该司法解释对已满 14 周岁不满 16 周岁的人与幼女发生性关系的事实情形从其社会危害性程度上进行分析，在情节轻微、尚未造成严重后果而社会危害性较小的情况下认为不具有刑事应罚性，但在其后实际上也考虑到了对未成年人犯罪"教育为主，惩罚为辅"的基本刑事政策。之所以如此认为，是因为在未成年人和成年人都与幼女发生性关系，情节轻微，未造成严重后果的情况下，对于成年人来说，如果不是双方自愿，仍有可能成立犯罪。如最高人民法院于 2003 年 1 月 17 日发布的《关于行为人不明知是不满十四周岁的幼女双方自愿发生性关系是否构成犯罪的批复》指出，行为人确实不知对方是不满 14 周岁的幼女，双方自愿发生性关系，未造成严重后果，情节显著轻微的，不认为是犯罪。可见，正是在特定刑事政策的影响下，解释主体在对刑法典的相应条文进行阐释时，就会采取一种比较务实的态度，尽量阐发出涵盖具体事实情形的含义，对具体的危害行为或者危害活动追究刑事责任。在有的刑法解释中，解释主体开宗明义地指出所依据的刑事政策。如最高人民法院《关于审理未成年人刑事案件具体应用法律若干问题的解释》（2006 年 1

月23日起施行)在开头部分指出,对未成年人案件贯彻“教育为主,惩罚为辅”的原则。在该司法解释的具体内容中,对未成年人从宽处理的规定较多,充分贯彻了该政策。

在上述两个问题的答案都比较明确的情况下,将上述两个问题结合起来,我们就可以发现,刑事政策影响到解释主体对具体危害行为或者危害现象之刑事可罚性的认识,而这种刑事可罚性认识在一定程度上又影响到了其对该行为或者该现象所符合的刑法条文的理解。简言之,刑事政策在很大程度上影响到了解释主体对刑法条文的理解和阐释,解释主体可能会根据刑事政策来对刑法条文进行阐述分析。因此,不管是立足于立法者原定于刑法条文的立法原意,还是立足于行为当时刑法条文的客观含义,或者立足于刑法条文演化而符合现实的具体含义,解释主体的“前见”显然已经包含了解释主体根据特定时期的刑事政策对危害性或者危害现象之刑事可罚性的认识。如就刑法司法解释来说,这种规范性的刑法司法解释总是自觉地实现和表达刑事政策的要求,而司法者个人也自发地与刑事政策相适应。① 因而犯罪圈的扩张或者紧缩,除了表现为立法机关制定或者修订刑法典而改变相关规定之外,更多地表现为刑法解释主体根据刑事政策对刑法条文的含义进行解释,阐发出合理的刑法规范。所以,我们必须承认,解释主体对特定时期的刑事政策的认识状况,在很大程度上影响到了解释主体对刑法条文进行解释的目标,即阐释出刑法条文在什么层次和境况下的内涵。不过,必须注意到的是,刑事政策对刑法解释目标的影响未必都是积极的。在刑事政策符合刑事法治的精神时,如果解释主体充分而且深入地理解了该刑事政策,那么,刑事政策对刑法解释目标的影响就是积极的。相反,刑事政策纯粹适应惩治犯罪的一时之需,与刑事法治精神有所背离,或者解释主体片面地理解刑事政策,那么,刑事政策就会对刑法解释的目标产生消极的影响。

(二)宽严相济的刑事政策与刑法解释目标的确定

宽严相济的刑事政策比较鲜明地反映出国家当前对待刑事犯罪问题的基本态度,是当前刑事法律理论界和司法实务界所普遍肯定与推崇的刑事政策,对刑法理论研究和刑事司法活动都具有指导意义。对于刑法解释主体而言,这种“指导”主要表现为观念上的指导,具体表现为如下两个方面:

(1)较为宏观和抽象的层次。因为宽严相济的刑事政策在理论和实务中具有相当重要的地位,解释主体往往会积极地作出全面的理解和认识。解

① 参见时延安、阴剑锋:《刑事政策在刑法有权解释中的功能》,载《南都学坛》2005年第2期。

释主体对该刑事政策的吸收和接纳会逐渐地潜移默化地改变和更新其法律观念,使得其对刑事法律问题的认识发生或多或少的变化。在这样的法律观念的指引下,即便解释主体不一定针对已经发生的具体危害行为作刑法解释,他们也会尽可能考虑对不同的犯罪予以区别对待。

(2)具体和微观的层次。根据对宽严相济的刑事政策的认识和理解,在刑法解释活动中,在吸纳宽严相济的刑事政策之法律观念的引导下,解释主体对危害行为的社会危害性、危害行为的刑事应罚性的认识就会逐渐与以往有所不同。解释主体在对危害行为的社会危害性进行考察时,将会充分考虑危害行为发生的原因、行为人的个人状况、主观恶性和对危害行为及其相关后果的认识等诸种因素。而在分析危害行为的刑事应罚性时,解释主体会考虑采用刑事法律手段对发生矛盾的社会关系进行干预的可行性,以及刑事法律手段的有效性及其程度等问题。总之,解释主体对待刑事犯罪以及犯罪人的态度,不再是"严打"刑事政策指引之下对所有刑事犯罪给予一味的打击,而是根据实际情况尽可能地做到区别对待。

因而在刑法条文内涵范围可大可小的情况下,解释主体对相关刑法条文进行的理解和阐释,实际上是根据其对危害行为或者可能发生的危害情形之社会危害性、行为人主观恶性和人身危险性、行为之刑事可罚性的整体认识来考虑对特定危害行为的刑事违法性进行分析,在危害行为是否符合刑法条文中所蕴含之刑法规范的问题上作出肯定或者否定的选择。而在制定一定社会时期的刑事政策时,国家不仅考虑犯罪发生的几率、机制以及处理、应对犯罪的社会规律,也考虑了当时社会发展的实际需要。同样,国家肯定和提倡宽严相济的刑事政策,较多地考虑到了当前社会形势下犯罪发生机制以及惩治预防犯罪的科学态度,也考虑到了我国当前社会发展的现实状况。① 这在一定的意义上意味着,尽管刑法典制定颁布于10年之前,但由于已对宽严相济的刑事政策融会贯通,解释主体是以新的法律观念认识危害行为的社会危害性以及刑事可罚性的。如此看来,解释主体的解释活动更多地考虑了当前社会形势之下处理犯罪的实际需要以及国家应对犯罪的实际策略。

---

① 如最高人民检察院于2006年12月28日通过发布《关于在检察工作中贯彻宽严相济刑事司法政策的若干意见》,其中指出,检察机关贯彻宽严相济的刑事司法政策,必须坚持以邓小平理论、"三个代表"重要思想和科学发展观为指导,牢固树立社会主义法治理念和正确的稳定观,把促进社会和谐作为检验检察工作的重要标准,充分履行法律监督职能,有效地遏制、预防和减少犯罪,最大限度地增加和谐因素,最大限度地减少不和谐因素,为构建社会主义和谐社会提供有力的司法保障。

当然,我们必须承认,刑法解释必须恪守罪刑法定原则,刑法解释活动及其结论都不能违背罪刑法定原则的要求。不过,罪刑法定原则仅为刑法解释的原则之一,为刑法解释活动划定范围。而刑法解释活动也要符合适当性、目的性原则。在宽严相济的刑事政策较为鲜明地凸显刑法适当性、目的性原则的情况下,解释主体在罪刑法定的范围内进行解释活动,不管解释主体是揭示刑法条文的立法原意,还是阐述其客观内涵,乃至对"客观化的立法者原意"予以分析①,在一定意义上说都是合理的。不过,这恰恰说明,刑法解释主体并非总是要去揭示刑法条文的立法原意,也并不是一定要对刑法条文的客观内涵进行分析。在刑法解释目的的问题,不管是"主观说",还是"客观说",乃至"折中说",都有以偏概全之缺憾。究竟揭示和阐明刑法条文在何种层次和境况下的含义,要由解释主体根据宽严相济的刑事政策的精神要义以及对轻重不同刑事犯罪问题予以区别对待的实际需要来确定。

有鉴于此,在刑法解释目标的问题上,笔者并不赞同前述所谓的主观说、客观说、折中说等诸种观点,而是认为,应当承认和肯定宽严相济的刑事政策对刑法解释目标的实际作用,无论解释主体如何揭示和阐明刑法条文,都应与宽严相济的刑事政策的内在精神保持一致。

六、宽严相济的刑事政策与刑法解释之关系的文本分析

(一)刑事政策的法律文本体现

1979年《刑法》第1条明确指出刑法典制定的政策根据,即惩办与宽大相结合的刑事政策。该规定使得惩办与宽大相结合的刑事政策在刑法典中得以立法化,从而具备较为明显的法律文本特征。但是,随后其他单行刑法却体现或者提出了与此不同的刑事政策。全国人大常委会1981年6月10日通过的《关于处理逃跑或者重新犯罪的劳改犯和劳教人员的决定》新增了1979年《刑法》总则第四章量刑制度中所没有规定的加重处罚制度;全国人大常委会1982年3月8日通过的《关于严惩严重破坏经济的罪犯的决定》在开头部分也指出,"坚决打击这些犯罪活动,严厉惩处这些犯罪分子……";全国人大常委会于1983年9月2日通过的《关于严惩严重危害社会治安的

① 参见赵秉志主编:《外国刑法原理·大陆法系》,中国人民大学出版社2000年版,第9页。

犯罪分子的决定》指出,"对严重危害社会治安的犯罪分子必须予以严惩"。在 1979 年《刑法》生效之后的 3 年时间里,全国人大常委会出台上述 3 个决定,明确反映出对刑事犯罪予以严厉打击的态度和政策。此后,全国人大常委会对毒品犯罪、拐卖妇女儿童犯罪、卖淫嫖娼犯罪、偷渡犯罪也表现出"严惩严打"的态度。

1997 年《刑法》第 1 条没有提及刑事政策根据问题,使得惩办与宽大相结合的刑事政策失去了过去所具有的法律文本特征。1997 年之后全国人大常委会通过颁布的刑法修正案、单行刑法以及相关立法解释也不再专门说明其对特定刑事犯罪的刑事政策态度。但这并非是说刑事政策在刑事立法、司法活动中失去了原有的重要地位。恰恰相反,刑法解释主体在刑法解释活动中从未忽视刑事政策的重要指导作用。当然,其所运用的刑事政策也有一定变化。在 1997 年《刑法》制定、颁布前后的一段时间里,刑法解释主体仍然非常重视贯彻"严打"刑事政策,注意刑事法律对严厉打击刑事犯罪的便利性和有效性。例如,最高人民法院 1997 年 9 月 26 日发布的《关于授权高级人民法院和解放军军事法院核准部分死刑案件的通知》指出,"鉴于目前的治安形势以及及时打击严重刑事犯罪的需要"而继续下放死刑核准权。再如,最高人民法院于 1999 年 10 月 27 日发布的《全国法院维护农村稳定刑事审判工作座谈会议纪要》中也明确指出,"对于故意杀人、故意伤害、抢劫、强奸、绑架等严重危害农村社会治安的暴力犯罪以及带有黑社会性质的团伙犯罪,一定要继续坚持从重从快严厉打击的方针。"而 1997 年《刑法》生效几年后,刑法解释主体也逐渐重视其他刑事政策的重要指导意义。这一点表现得最为明显的就是对惩办与宽大相结合刑事政策的肯定和提倡。很多刑法解释文件中出现"惩办与宽大相结合"刑事政策的用语。例如,最高人民法院、最高人民检察院、公安部于 1999 年 3 月 16 日发布的《办理骗汇、逃汇犯罪案件联席会议纪要》明确要求在办案中"坚持'惩办与宽大相结合'的政策"。最高人民法院等于 2003 年 4 月 22 日联合发布的《办理非法经营国际电信业务犯罪案件联席会议纪要》指出,"坚持'惩办与宽大相结合'的刑事政策"。最高人民法院、最高人民检察院、公安部于 2004 年 7 月 19 日发布的《关于依法开展打击淫秽色情网站专项行动有关工作的通知》也指出,"要坚持惩办与宽大相结合的刑事政策,区别对待,审时度势,宽严相济,最大限度地分化瓦解犯罪分子。"至此,惩办与宽大相结合的刑事政策虽未得以立法化,但因在刑法司法解释中受到刑法解释主体的重视而又具备法律规范的文本特征。刑法解释主体对惩办与宽大相结合刑事政策的明确宣示,实际上意味着逐渐不再硬性地坚持"严打"刑事政策,也为刑事政策得以规范化开辟了道路。

（二）宽严相济的刑事政策的规范化及其不足

1. 宽严相济的刑事政策表现为司法解释

如前所述，惩办与宽大相结合的刑事政策在近年来逐步演变为宽严相济的刑事政策。党和国家在相关政治、法律文件中开始采用"宽严相济"刑事政策这样的用语。① 不过，这些文件虽提出了"宽严相济的刑事政策"等用语，但并未对其进行全面而深入的论述。使得宽严相济的刑事政策获得全面而又深刻的法律规范文本特征的是，最高人民检察院于2006年12月28日通过的《关于在检察工作中贯彻宽严相济刑事司法政策的若干意见》（以下简称《若干意见》）。② 该文件分四个部分对如何在检察工作中贯彻落实宽严相济的刑事政策进行了全面的说明和阐述：第一部分是"检察机关贯彻宽严相济刑事司法政策的指导思想和原则"；第二部分是"在履行法律监督职能中全面贯彻宽严相济刑事司法政策"；第三部分是"建立、健全贯彻宽严相济刑事司法政策的检察工作机制和办案方式"；第四部分是"转变观念，加强指导，保障正确贯彻落实宽严相济刑事司法政策"。从内容上看，该意见充分考虑到了当前的政治、社会形势以及国家的政治战略方针，对宽严相济的刑事政策的内涵进行了较为深刻的阐发，也非常重视和贯彻刑法基本原则，详细而又明确地规定了如何在各方面具体的检察工作中贯彻宽严相济的刑事政策。

对此，笔者认为，在规范性文件中对宽严相济的刑事政策作出明确的规定，在一定意义上就意味着宽严相济的刑事政策对于刑事司法活动（至少是国家检察机关司法活动）具有法律约束效力。在过去，我国司法机关从未以专门正式文件的方式对我国刑事政策的内涵及其在刑事司法活动中的贯彻执行问题作出全面的分析和阐述。该意见以司法解释的形式开创性地对刑事司法政策进行专门阐述，在我国司法解释的历史上，尚属首次。宽严相济的刑事政策因而在表现形式上具有规范化的特征。这势必会使该政策在刑事司法活动以及相关的刑事法律理论研究中受到前所未有的重视，从而对推进刑事法治进步具有重大的意义。

2. 上述意见的不足

不过，对于上述意见，从理论上看，尚有如下几个问题值得深入探讨：

---

① 例如，中共中央十六届六中全会于2006年10月11日发布的《中共中央关于构建社会主义和谐社会若干重大问题的决定》就涉及宽严相济刑事司法政策。

② 该意见登载于最高人民检察院官方网站，http://www.spp.gov.cn/site2006/2007-02-01/0005412012.html，登录时间：2007年2月22日（星期四）22时11分。

(1)宽严相济刑事司法政策的说法是否合理、妥当？从上述意见的标题以及开首部分就可以看出，该意见没有采用宽严相济的刑事政策的用语，而是提出了宽严相济刑事司法政策的称谓。该用语实际上源自《中共中央关于构建社会主义和谐社会若干重大问题的决定》第六部分“完善社会管理，保持社会安定有序”的相关论述，而最高人民检察院也是以最高司法机关的身份从促进检察工作的角度对之进行阐发和论述的。不过，我们需要认识到，“宽严相济”不仅仅具有刑事司法政策的意义，同样也具有刑事立法政策的功能，还可对刑法理论研究活动提供法律观念上的指导。它实际上要求，不仅应当在刑事司法活动中对刑事犯罪应抱以宽严相济的态度，而且也要在刑事立法活动、刑事法理论研究活动中如此对待刑事犯罪。尽管刑事政策在理论上可分为刑事司法政策、刑事立法政策等①，针对某些犯罪类型的刑事司法活动也确实应以特定的刑事司法政策为指导，但是，应该看到，以宽严相济的态度对待和处理刑事犯罪，已成为当前刑法理论界和实务界的共识。②“宽严相济的刑事政策”具有更广泛的适用性和高度的概括性。最高人民检察院具有国家最高司法机关之一的法律地位，在上述《若干意见》中直接采用宽严相济的刑事政策的用语，完全能表明其以宽严相济的刑事政策为指导开展检察工作的基本态度，并不会造成任何混淆和误解。因此，国家最高司法机关采用“宽严相济刑事司法政策”的用语反而在一定程度上削弱了“宽严相济”的刑事政策价值，难以在刑事法律活动中全面倡导宽严相济的刑事政策。

(2)宽严相济刑事司法政策的核心是否为“区别对待”？上述《若干意见》第一部分“检察机关贯彻宽严相济刑事司法政策的指导思想和原则”第4段的相关论述认为，“宽严相济刑事司法政策的核心是区别对待”。如果站在从惩办与宽大相结合刑事政策到宽严相济的刑事政策这一发展过程的视角看，我们可以发现，二者都要求对危害程度不同、犯罪主观恶性、犯罪人人身危险性程度不同的刑事犯罪予以区别对待。但是，如前所述，宽严相济的刑事政策体现出“轻轻、重重”的思想，也要求“严厉惩处”与“宽缓处理”的适当性及协调性。易言之，宽严相济的刑事政策不仅要求对轻重不同的犯罪予以区别对待，更要求这种区别对待的适当性和协调性。显然，后者要比前者更为重要，更能够揭示和说明宽严相济的刑事政策的特定精神与内涵，从而使得宽严相济的刑事政策具备更高层次的含义，与其他刑事政策鲜明地区分

① 参见刘仁文:《刑事政策初步》,中国人民公安大学出版社2004年版,第48页。

② 参见赵秉志:《简论“以人为本”与刑法的完善》,载《刑法评论》(2006年第3卷),法律出版社2006年版,第281页。

开。因此,将宽严相济刑事司法政策的核心界定为"区别对待"就有所不妥,有失严谨。"宽"和"严"的协调与有机统一,即"济",才是宽严相济刑事司法政策的核心。

(3)"严打"政策是否属于宽严相济刑事司法政策的组成部分?对于承认和倡导宽严相济的刑事政策是否意味着否定"严打"刑事政策的问题,理论界和实务界存在两种截然相反的观点:第一种观点认为,宽严相济的刑事政策充分体现出罪刑法定等现代刑事法治原则以及理念,而"严打",尤其是忽视依法进行司法活动的"从重从快打击"这一刑事政策,则违背了刑事法治原则,对宽严相济的刑事政策的肯定和提倡,就意味着坚决否定和摒弃"严打"的刑事司法指导思路和做法;第二种观点则认为,"宽严相济的刑事政策"中的"严",指的就是"严打",即严厉惩治严重刑事犯罪活动,当然这应该符合罪刑法定原则的基本要求,因此,"严打"作为宽严相济的刑事政策的必要内容而与之并行不悖。① 相比较而言,刑法理论界更推崇前一种观点,而刑事实务界则倾向于后一种观点。上述意见对后一种观点予以采纳和肯定,并作出论述,认为"'严打'是宽严相济刑事司法政策的重要内容和有机组成部分,是贯彻宽严相济刑事司法政策的重要体现"。

对此,笔者认为,第一种观点较为可取,而第二种观点以及该意见的认识都有不妥。我们应该客观地看待,尽管"严打"政策从其提出之时到现在已经发生一定的变化,但是,"严打"政策自从产生之日起就与罪刑法定等刑事法治原则有所冲突,对该政策的贯彻执行也确确实实造成了不少流毒弊端,在某些情况下较为严重地侵犯了公民的合法权益。而且,如果强调"严打"的合法性,即"依法严厉惩治严重刑事犯罪活动"或者"依法从重从快打击犯罪",那么,这样的含义完全可以为罪刑法定、罪责刑相适应等原则和宽严相济的刑事政策的内涵所包容,从而没有独立存在和单独提倡的必要性。有鉴于此,宽严相济的刑事政策应该完全和彻底地摒弃"严打"政策,对刑法解释活动发挥出比较积极的影响。

(4)宽严相济刑事司法政策与其他针对具体犯罪类型的刑事政策有何关系?除了对"严打"政策与宽严相济刑事司法政策之关系的阐述以外,上述《若干意见》也分析了对其他具体类型犯罪案件的具体刑事司法政策。在《若干意见》第二部分"在履行法律监督职能中全面贯彻宽严相济刑事司法政策"中,第11段对未成年人犯罪案件的刑事政策所作的分析,肯定和强调了"坚持'教育、感化、挽救'的方针和'教育为主、惩罚为辅'的原则";第12

① 参见刘志伟主编:《刑法学的新动向》,中国人民公安大学出版社2005年版,第19页。

段对人民内部矛盾引发的轻微刑事案件,则强调了“化解矛盾、解决纠纷、从宽处理”的精神;第13段对轻微犯罪的初犯、偶犯提出了“不诉不捕,诉而从宽”的处理方法;第14段对群体性事件中的犯罪案件,认为“应当坚持惩治少数,争取、团结、教育大多数的原则”。因为这些内容属于第二部分,故而可以看出,这些针对具体犯罪类型的刑事政策充分体现出宽严相济刑事司法政策中“宽”的一面,将“依法从宽”的政策具体化为针对特定犯罪类型的策略。笔者认为,这是值得肯定的,因为对上述犯罪类型予以从宽处理,是长期以来刑事实务界与理论界一贯的主张和做法,也符合宽严相济的刑事政策中“宽”的特征及相应的逻辑关系,不仅将上述特定的刑事政策以宽严相济的线索予以系统化和体系化,丰富了宽严相济的刑事政策的内容,而且符合刑法惩治犯罪、保障人权的目的,对最高检察机关的具体刑事司法解释将会产生深刻的影响。

8. 简论“以人为本”与刑法的完善*

目　次

一、前　言

继1999年9月党的第十五次全国代表大会提出依法治国的基本方略之后，2002年11月，党的第十六次全国代表大会又提出了“尊重和保障人权”的重大决策。依法治国与保障人权，都深刻地反映出党在新的历史时期对人、人的价值的尊重与保护。2003年10月，党的十六届三中全会中明确指出，坚持以人为本，树立全面、协调、可持续的发展观，促进经济社会和人的全面发展。2004年3月，“国家尊重和保障人权”被载入我国《宪法》，成为我国重要的

* 原载赵秉志主编：《刑法评论》（2006年第3卷），法律出版社2006年版。

宪政原则。与“法治”、“人权”一样,“以人为本”也成为我国当今进行社会主义法治国家建设中的时代命题。“以人为本”不仅是“依法治国”重大方略的重要补充,而且是“法治”、“人权”观念的人文基础,成为决定法治发展方向及其命运的最高精神力量。① 作为我国社会主义法治中的重要组成部分,刑事法治亦当以“以人为本”为要旨,也应该贯彻并促进“法治”、“人权”的实现。在此,笔者仅简要探讨“以人为本”与刑事实体法即刑法之间的关系。

二、“以人为本”与刑法及其发展完善的关系

据有关学者的考证,在中国,“以人为本”的说法最早出自《管子》,原意是指统治阶级要以人民为国家的根本。② 在西方人文科学中,与“以人为本”一词相对应的是“人文主义”。西方社会中的人文主义,主要滥觞于文艺复兴时期学者在人文与人权问题上的觉醒。对于如何界定“以人为本”的定义,理论上还存在着较大的争论,但就“以人为本”的核心观念,则达成了一定的共识,即以人为出发点与归宿,当法律价值发生冲突时,以人的尊严、人的人权为最终的价值选择。③ 现代意义上的“以人为本”不同于我国封建社会中的“民本主义”,因为后者仅强调统治阶层对民众的爱护。“以人为本”也不同于人道主义,因为后者主要强调人与人之间的同情与互助。“以人为本”还不同于人本主义,因为后者抽象地对待具有自然属性的人。④

现代刑事法制如同其他人文社会科学一样,素来就与“以人为本”、人文主义观念有着紧密的联系。“以人为本”的理念对刑法有着重要的意义。这主要表现为如下三点:

(一)“以人为本”的人文主义催生了现代刑法的诞生

资本主义产生初期,封建专制主义刑法,或者以帝权,或者以神权为最高指导思想,疯狂而又残酷地扼杀人类理性与人权观念的觉醒。正是在人文主义的指导之下,人们开始对封建主义刑法的残酷性、特权性进行深刻反思和

① 参见吕世伦、张学超:《“以人为本”与社会主义法治》,载《法制与社会发展》2005 年第 1 期。

② 参见高绍先:《传统刑法与以人为本》,载《现代法学》2005 年第 4 期。

③ 参见李龙、张文显、吕世伦、公丕祥:《“以人为本”的法哲学解读》,载《金陵法律评论》2004 年秋季卷。

④ 参见吕世伦、张学超:《“以人为本”与社会主义法治》,载《法制与社会发展》2005 年第 1 期。

批判,倡导人文、人道、人权的刑法,使得刑法逐步冲破威吓主义、恐怖统治的牢笼,逐步走向对人的价值与尊严的关注与保障。在此方面作出最大贡献的当属意大利刑事法学家贝卡里亚。

(二)"以人为本"的人文主义促进了现代刑法的发展

继贝卡里亚之后,文艺复兴之后的另一位著名资产阶级刑事法学者费尔巴哈明确地提出了旨在保护人权的"法无明文规定不为罪,法无明文规定不处罚"的观点,奠定了罪刑法定主义的基础。此后,刑事实证学派从功利主义观念出发,强调对犯罪人人身危险性的分析,要求犯罪、刑事责任、刑罚之间的内在统一性,并且积极倡导教育刑与对罪犯的矫治。如德国著名刑法学家李斯特就提出,刑法也是犯罪人的大宪章。

(三)"以人为本"的人文主义是现代刑法不断革新完善的重要指导

第二次世界大战之后,刑法立法及司法活动日趋人性化。如不少国家都将侵犯公民人身、财产权利的犯罪置于其刑法典分则的首位。再如,法人犯罪概念及刑事立法化,也旨在划清社会群体与个人之间的刑事责任。其实,这方面最为重要的莫过于不少国家已全面废止的死刑,或者废止普通犯罪的死刑,或者承诺在一定时期内不再适用死刑。这些实践活动产生了广泛的社会影响。

笔者认为,对于我国刑法而言,"以人为本"同样具有特别重要的意义,体现出我国刑事法走向现代化法治的基础价值转变,应该成为我国刑法改革与发展的重要指导性理念。

首先,这是由刑法的特点决定的。在各种部门法中,刑法是保障法,同时也是公法之一。刑法是针对社会所有人而设的,不因法律之外的原因改变其定罪量刑的标准。当犯罪发生后,犯罪人与国家之间便产生一种刑事法律关系,即国家依照法律对犯罪人定罪处罚,犯罪人接受法定处罚并执行刑罚的关系。而刑法调整社会关系的手段是刑罚手段,是各种法律制裁措施中最为严厉的,处理的对象也往往是个人最为基本的权利。刑法的严厉性要求对刑法的运用必须非常慎重与谨慎。换言之,尽可能地不动用刑法,调整特定的社会关系,即刑法应该具有最后性与谦抑性。而如何判断刑法的最后性、谦抑性,无疑要依赖于"以人为本"的观念的指导,着重考虑个人的价值与利益,尽可能小地干扰个人的利益。

其次,这也是以改革弥补我国《刑法》某些缺陷的需要所决定的。长期以来,中国社会对刑法,乃至法律都有错误的认识,仅将刑法视为"专政工具"、"刀把子"①,片面强调刑法所具有的社会保护机能,有意无意地或者完

① 参见陈晓枫主编:《中国法律文化研究》,河南人民出版社1993年版,第315页。

全忽视现代刑法所应具有的人权保障机能。这种观念不仅导致中国自1949年至1979年长达30年间没有颁布刑法典,导致1979年《刑法》没有明确规定罪刑法定原则,而且导致司法机关及不少司法人员产生重刑观念,尤其是在社会治安不好的时候,人们更是过度迷信和依赖刑法的打击效果,如我国从20世纪80年代中期开始到21世纪初期,进行过三次较大规模的"严打"活动。此外,2005年春夏之交,最高人民法院决定将过去长期下放省级人民法院的死刑核准权全部收回。对于死刑核准权收回能否成功,还有人抱怀疑态度,也有一些政法机关的人持有反对态度。上述这些观念是与"以人为本"完全相违背的。中国政府已经签署了《公民权利和政治权利国际公约》。保障人权的决策不仅写进了党的"十六大"报告,而且也在2004年3月上升为宪法规范,具有最高法律效力。贯彻切实保障人权的宪法原则,就需要改变上述片面认识和某些做法。刑法学者、司法机关及工作人员只有深入领会党与国家关于以人为本的决策及其基本精髓,才能彻底改变、革新刑法所存在的某些不足之处。

三、"以人为本"与刑法的发展完善

与1979年《刑法》相比较,中国1997年《刑法》在保障人权方面有了长足的发展与进步。笔者曾撰文进行过详细的分析①,在此不赘。但是,这里针对刑法典全面贯彻"以人为本"、加强人权保障等问题,简要提出如下几个方面的建言:

(一)刑法典应该确立宽严相济的刑事政策

1979年《刑法》第1条规定了"惩办与宽大相结合"的刑事政策。惩办与宽大相结合曾被认为是我国与犯罪作斗争的基本政策。但是,1997年修订刑法典时,却将上述"惩办与宽大相结合"的刑事政策予以删除,仅规定了刑法的目的与制定根据。此后数年,在司法实践活动中,人们对"惩办与宽大相结合"的刑事政策也强调不多,相反因为"严打"的实际需要却呈现出重刑化的倾向。对此,笔者曾经指出,"严打"毕竟是特殊时期的特殊手段,只能是回应社会治安形势严峻、某些严重犯罪居高不下之形势的权宜之计。② 不管是否进行严打活动,在刑事司法活动中,都有必要坚持惩办与宽大相结合的

---

① 参见赵秉志:《当代中国刑法中的人权保护》,载《中共中央党校学报》2004年第4期、2005年第1期。

② 参见赵秉志:《对"严打"中几个法律关系的思考》,载《人民检察》2001年第1期。

刑事政策,绝不能不考虑对犯罪分子宽大和教育的一面,而一味地从重。相反,司法机关也应重视对犯罪分子的分化、瓦解和合理惩处,对具有自首、坦白情节,社会危害性不大的,坚决予以从宽处理。近年来,又有学者对"惩办与宽大相结合"的刑事政策重新进行阐释,认为可发展为宽严相济的刑事政策。① 笔者认为,这样的看法有一定的道理。虽然惩办与宽大相结合的刑事政策与宽严相济的刑事政策,都反映出我国《刑法》要以人为本,人性化地处理犯罪的实际需要,但是,"宽严相济"更为准确地反映出对情节严重程度不同的犯罪人按照"重重、轻轻"原则处理的精神,即严厉惩治严重犯罪,轻缓地处理较轻犯罪,重惩与轻罚协调一致、相得益彰。就目前《刑法》而言,要贯彻"以人为本"的宪政原则,首先就应将宽严相济的刑事政策予以立法化,避免刑事司法在定罪量刑活动中或轻或重的现象。

(二)完善刑法典所确立的基本原则

1997年《刑法》第3、4、5条分别规定了罪刑法定、适用刑法人人平等、罪责刑相适应三大原则。与1979年《刑法》没有规定任何刑法基本原则的实际情况相比,这是我国刑法的重大进步。1997年《刑法》确定的三项基本原则,基本上都是围绕保障人权的时代命题展开的,被认为具有划时代的意义。② 但是,从以人为本的当代价值观念看,我国司法机关,乃至立法机关,对上述基本原则的贯彻与实施都不是很彻底。如很多司法解释总是有意无意地超出罪刑法定的范围。某些立法解释也在一定程度上脱离了罪刑法定的约束。这些解释不再是严格的扩张解释,而是通过解释的方法来补充刑法典的某些缺漏。这样的做法就等于在公民权利与社会秩序冲突时总是倒向社会秩序价值,很难说是坚持以人为本的宪政原则。从刑法典完善的角度看,也有必要进一步体现以人为本的精神。如关于罪刑法定原则,现行《刑法》第3条的表述还需要科学化一些,应该指出法律明文规定与犯罪行为在时间上的前后关系,即要讲明实施犯罪行为时的法律明文规定。而且,其他一些具有重要意义的刑法观念,如刑法人道主义原则、罪责自负原则、主客观相一致原则等,也充分彰显出以人为本的精神,对于保障公民的基本权利有着非常积极的作用。从以人为本的精神出发,这些观念也有上升为刑法基本原则的必要性。当然,该问题还需要更多的探讨。

(三)合理规范犯罪主体方面的相关问题

犯罪主体领域,也就是犯罪人领域,应当属于与以人为本有最直接关系的内容。1997年《刑法》在此方面的规定有很大的改进,但是从以人为本的

---

① 参见陈兴良:《宽严相济刑事政策研究》,载《法学杂志》2006年第1期。

② 参见高铭暄主编:《刑法专论》(上编),高等教育出版社2003年版,第99页。

精神审视之,还有一定的不足,尤其是对弱势群体的人权保护还很不够。

首先,关于未成年人犯罪之刑事责任的特别规定,很多国家都是在刑法典总则中予以专章全面、系统地作出规定,但我国《刑法》却没有作出如此规定,其应有的内容尚不完整,如未成年人是否适用财产刑、如何适用财产刑的问题就不是很明朗。

其次,关于老年人,我国刑事法律尚无对其犯罪从宽处罚的规定,这就很难体现出对老年人的特殊关怀,也并不利于对其犯罪作出恰如其分的处理,因为对70岁高龄以上的老人判处死刑、无期徒刑或10年以上的有期徒刑,并不能达到司法所期待的刑事效果,没有太大的实际意义。

(四)死刑制度还有待于完善

死刑问题是当今世界各国贯彻和实践人权保障的重要领域之一。很多国家基于保障人权与人道主义的考虑已全面废止死刑,或者废止普通犯罪的死刑,或者极严格地限制死刑的适用。很多国际公约中都从人权观念出发主张废止或者严格限制死刑的适用。从以人为本的精神出发来看,我国死刑制度还需要很大的改进。这既涉及死刑标准的问题,涉及死缓制度的问题,也涉及暴力犯罪和非暴力犯罪的问题。

首先,关于死刑适用的标准,现行《刑法》的规定还有不足之处。就其表述而言,“罪行极其严重”的表述没有明确揭示犯罪人主观方面的内容,显然无法充分体现以人为本的价值观念。① 不仅如此,适用死刑缓期两年执行的标准(“不是必须立即执行”),在概念表述上也同样不是很清晰。进而言之,死缓改为死刑立即执行的条件,即“故意犯罪,查证属实”,并没有充分地考虑犯罪人的各种具体情况,容易造成较大的偏差。

其次,有必要充分、彻底地分析死刑的意义与我国废止死刑的步骤等问题。在逐步废止死刑或者严格限制死刑逐渐成为世界各国与国际社会之共识的情况下,我国在《刑法》中却仍较大规模地规定死刑,尤其是对很多非暴力犯罪规定死刑。这显然是与以人为本的人文主义精神相违背,也与国家关于以人为本的重大决策相背离。不管是从以人为本出发切实地保障人权,还是有效地实现对各种犯罪的刑事追究,对非暴力犯罪,尤其是贪污贿赂犯罪的死刑作出严格限制乃至彻底废止,都日益成为我们目前较为迫切的法律要求。目前,我国在此方面已有一些有益的探索,如全国人大常委会于2006年4月29日批准中国与西班牙签订的引渡条约,该条约明确写入了“承诺死刑犯不引渡”的规定。关于逐步废止非暴力犯罪的死刑,乃至暴力犯罪的死刑,

① 参见赵秉志主编:《刑罚总论问题探索》,法律出版社2003年版,第153页。

笔者也曾作过分析。① 在此需要强调的是,分析研究暴力犯罪死刑废止问题具有根本性的意义。因为废止非暴力犯罪的死刑,是一个相对容易达到的策略问题,而暴力犯罪死刑则从根本上关系到死刑存在与废止的根本命运,关系到死刑与公民的生命价值问题。对该问题的分析,就要从根本上考虑到底能不能动用国家权力通过剥夺公民生命权的办法来维护国家利益。特别是在现在我国的死刑适用比较泛滥的情况下,对该问题的分析与研究会有助于冷静反思死刑的实际作用,促使司法机关与司法人员抛弃对死刑的迷信,切实地限制死刑的适用,放弃对死刑的依赖。

另外,我们还必须看到,从以人为本出发来探讨限制与废止死刑的问题,也有利于促进与死刑、刑罚制度有关的其他问题的调整与完善,包括现在提出的有期徒刑最高刑期的提高,数罪并罚上限的延长,管制刑的完善,非监禁刑的广泛适用,社区矫正的推广实施等。

(五)侵犯公民基本权利的犯罪应置于刑法典分则的首章

我国《刑法》对公民个人权益的保护,主要是通过惩治侵害个人利益的犯罪来实现的。我国《刑法》历来十分重视与侵犯公民个人权益的犯罪作斗争,侵犯个人利益的犯罪,在我国 1997 年《刑法》中主要体现于分则第四章的侵犯公民人身权利、民主权利罪和第五章的侵犯财产罪中。但是,上述规定与以人为本的精神也有不一致的地方。如我国现行《宪法》就在其第一章总纲之后首先规定了公民的基本权利与义务,与世界上绝大多数国家一样,表现出对公民基本权利的尊重与保障。而我国《刑法》却没有像世界上其他许多国家刑法典那样在分则第一章规定侵犯公民基本权利的犯罪。除此之外,我国《刑法》在规定侵犯公民权利的犯罪中,也没有根据不同权利种类来确定不同的章节。这些问题都可以在以人为本的指导之下作出调整与完善的措施。

① 参见赵秉志:《论中国非暴力犯罪死刑的逐步废止》,载《政法论坛》2005 年第 1 期;赵秉志:《中国逐步废止死刑论纲》,载《法学》2005 年第 1 期。

Ⅲ

刑法机能问题

9. 略论刑法的机能*

目　次

一、刑法机能的含义

刑法的机能，又称刑法的功能，是指刑法客观上能够发挥的积极作用。

刑法的机能与刑法的任务既相联系又有区别。刑法的任务是指刑法所承担的使命。① 刑法任务的完成离不开刑法机能的发挥，只有刑法具备某方

---

* 原载《北京联合大学学报（人文社会科学版）》2006年第2期。

① 参见高铭暄主编：《刑法学原理》（第1卷），中国人民大学出版社1993年版，第97页。

面的机能,才可能完成相应的任务。①

刑法的机能与刑法的价值也存在密切联系。刑法的价值引导和制约着刑法机能的发挥,同时,刑法的价值又需要通过发挥刑法的机能来实现。例如,刑法的维护秩序价值和保障自由价值需要通过发挥刑法的秩序维护机能和自由保障机能来实现,刑法的规制机能则受刑法伸张正义价值的制约。

关于刑法机能的构成,有学者归纳为保护法益、压制与预防犯罪、保护人权、矫治犯罪人四个方面②,还有人加上给犯人以赎罪的机会。③ 笔者认为,压制与预防犯罪、矫治犯罪人可以归入刑法的秩序维护机能之中,给犯人以赎罪的机会很难说是刑法客观上能够发挥的积极作用,因为赎罪的前提是犯罪人有悔罪改过之心,而犯罪人是否有悔罪改过之心与是否对其动用刑罚手段并无必然联系。因此,笔者将刑法的机能概括为三个方面,即规制机能、秩序维护机能和自由保障机能。④

也有学者将刑法的规制机能称为规律机能⑤,将秩序维护机能称为社会保护机能⑥,将自由保障机能称为人权保障机能或权利保障机能⑦。笔者认为,"规制"一词在汉语中的含义比"规律"更为单一,故用规制更有助于避免对相关内容产生误解。之所以用秩序维护机能而不用社会保护机能的概念,是因为刑法的这一机能并非仅仅保护社会,而是同时还保护个人,只不过这种保护是通过禁止或者命令社会成员实施某种行为,维护相应的社会秩序来实现的,因此,笔者认为,社会保护机能这一概念不如秩序维护机能准确。之所以用自由保障机能而不用人权保障机能和权利保障机能的概念,一方面是因为刑法的秩序维护机能中也包含人权保障的内容,使用人权保障机能的概念容易使人将某些属于秩序维护机能的内容归入刑法的这一机能之内;另一方面是因为自由保障机能这一概念能突出刑法的这一机能是通过保障社会成员的行动自由来保障人权这一特征。

---

① 参见苏俊雄:《刑法总论》(Ⅰ),台湾地区 1998 年作者自版,第 3 页。

② 参见张丽卿:《刑法总则理论与运用》,台湾地区 2002 年作者自版,第 31、32 页。

③ 参见林山田:《刑法通论》(上册),台湾地区 1998 年作者自版,第 17—19 页。

④ 参见〔日〕大塚仁:《刑法概说(总论)》,冯军译,中国人民大学出版社 2003 年版,第 23 页。

⑤ 参见黎宏:《刑法的机能和我国刑法的任务》,载《现代法学》2003 年第 4 期;张小虎:《刑法机能探究》,载《社会科学》2004 年第 4 期;李泽龙:《论刑法的机能》,载《法律科学》1995 年第 1 期。

⑥ 参见蔡道通、黄东平:《刑法的权利保障机能优先——罪刑法定原则确立的必然性分析》,载《中央政法管理干部学院学报》1995 年第 3 期。

⑦ 参见张小虎:《刑法机能探究》,载《社会科学》2004 年第 4 期。

二、刑法的规制机能

刑法的规制机能，是指刑法所具有的规范社会成员行为的作用，并将一定行为规定为犯罪并配置一定的刑罚，从而禁止他人实施该行为的作用。也有学者认为刑法的规制机能包括两方面的内容：一是指刑法对一般国民，作为行为规范，起着命令遵守它的作用；二是对司法工作者，刑法作为裁判规范，成为认定犯罪及适用刑罚的指针。① 笔者认为，就刑法本身而言，并不包含直接规制司法工作者的内容，故对刑法的规制机能不作这种理解。

由于刑法是规定犯罪、刑事责任和刑罚的法律，这就使得刑法天生就具有判断行为在法律上甚至道德上的是非善恶，并惩恶扬善，进而命令和引导人们如何行为的作用。刑法理论上将这种作用概括为刑法的规制机能。刑法的规制机能由两方面的内容组成，一是评价机能；二是决定机能。

（一）刑法的评价机能

刑法的评价机能，是指刑法所具有的将一定行为规定为犯罪，并将其与一定的刑罚相联系，从而在法律上对该行为给予严厉的否定性评价的作用。

刑法的评价机能首先表现为刑法具有判断某一行为是否构成犯罪，构成何罪以及罪重罪轻的作用。刑法总则与分则相结合，将形形色色的犯罪成立条件，以及罪重罪轻明确作出了规定。例如，《刑法》第 13 条规定："一切……危害社会的行为，依照法律应当受刑罚处罚的，都是犯罪，但是情节显著轻微危害不大的，不认为是犯罪。"这一规定从整体上对罪与非罪作出了区分。又如，《刑法》第 103 条规定："组织、策划、实施分裂国家、破坏国家统一的，对首要分子或者罪行重大的，处无期徒刑或者十年以上有期徒刑；对积极参加的，处三年以上十年以下有期徒刑；对其他参加的，处三年以下有期徒刑、拘役、管制或者剥夺政治权利。"这一规定不但对分裂国家罪的成立条件作出了规定，而且对不同犯罪人的罪行轻重作出了明确规定。

刑法的评价机能其次表现为刑法通过对犯罪行为科处一定刑罚，从而对之给予严厉的否定性评价的作用。刑法所具有的这种否定性评价的机能在

① 参见〔日〕西原春夫：《刑法总论》（改订版）（上卷），成文堂 1995 年版，第 9 页，转引自马克昌：《比较刑法原理》，武汉大学出版社 2002 年版，第 12 页。

所有法律中是最强大的,这是因为:(1)刑法的制裁措施最为严厉。对一种行为给予的制裁越严厉,表明对这种行为的谴责和否定态度就越强烈,这是不言而喻的。在所有的法律中,刑法所配置的制裁手段即刑罚无疑是最严厉的。相应的,刑法对犯罪行为的否定性评价也最为强烈。(2)刑法所给予的否定性评价对被评价人名誉的负面影响最大。一个人名誉的好坏受公众对他的道德评价的直接影响,在所有的法律规范中,刑法规范与社会伦理道德规范联系最为紧密,重合之处最多,因此,由刑法规范给予的否定性评价虽然表面上看是一种法律评价,从实质内容上看却往往同时又是一种伦理道德上的评价,在这种情况下,刑法所给予的否定性评价对被评价人名誉的负面影响是最大的。

(二)刑法的决定机能

刑法的决定机能,是指刑法所具有的命令和引导他人作出决定,不去实施法律规定为犯罪的行为的作用。刑法的决定机能和刑法的评价机能是相辅相成的。刑法对犯罪行为规定严厉的制裁措施,给犯罪人造成很大损失和痛苦,促使社会上的人尽力避免实施有关行为,刑法对行为的决定机能由此体现出来。同时,刑法通过对犯罪行为予以法律上和道德上的谴责和否定,也促使社会上的人远离犯罪行为。

刑法通过发挥其评价机能和决定机能,体现其规制机能,即通过预先设置命令性规范和禁止性规范,并惩罚犯罪行为,使人们知道什么可为,什么不可为,最终选择自己的行为。由于刑法的规制机能是为实现刑法的正义价值服务的,因此,在发挥刑法的规制机能时,应当注意保持最大限度的公正、合理,这样才能使刑法的规制机能与刑法的正义价值保持协调。为了使刑法的规制机能在公正、合理的限度内发挥出来,立法机关一方面应当注意保持刑法条文内容本身的公正、合理性;另一方面应当注意法条之间内容的协调、统一性;司法机关则应当严格遵守、执行刑法,维护司法公正。从长远看,缺乏公正、合理性的刑事立法和司法难以得到公众的认同、尊重,其评价、引导等规制机能也会受到损害,因此,刑法的规制机能能否得到充分发挥,与刑法本身和刑事司法是否符合正义密切相关。

三、刑法的秩序维护机能

刑法的秩序维护机能,是指刑法所具有的通过对社会成员进行一般性的警告,以及运用刑罚对犯罪人进行惩罚,以预防犯罪,保护国家利益、社会利益和个人利益,从而维护社会秩序的作用。就起源而言,刑法是统治阶级或者说代表统治阶级利益的国家为了维护有利于统治阶级利益的社会秩序而制定出来的,其秩序维护机能就此已经彰显无遗。刑法的秩序维护机能的合理性源于人类社会的生存和发展必须建立在一定的社会秩序之上。刑法的秩序维护机能是通过其利益保护机能和预防犯罪机能体现出来的。

(一)刑法的利益保护机能

和谐、稳定的社会秩序是人类社会正常发展的基础。社会秩序混乱到一定程度,国家政权就会发生更迭,统治阶级就会被推翻。由于社会所能提供的通常不能满足所有人的要求,因而总有或多或少的人对现状不满,企图改变现状,现有的社会秩序因此而被破坏或者面临被破坏的危险。统治阶级为了维护自己的统治地位,必然要采取措施维护有利于自己的社会秩序,刑法则成为其维护秩序的手段之一。社会秩序并不是孤立存在的,在每一种秩序背后,都有相应的利益与之对应。例如,对证券市场秩序的破坏,与对证券投资者利益的损害对应;对治安秩序的破坏,与对公民的人身权利、财产权利的损害对应。因此,刑法所具有的秩序维护机能,首先表现为利益保护机能。

在刑法中,通常以主体为标准将利益分为三类,即国家利益、社会利益和个人利益,相应的,刑法的利益保护机能通常表现为以下三个方面:

(1)对国家利益的保护。国家利益是指国家作为法律关系的主体所拥有的利益。在刑法中,国家作为独立的法律关系主体的地位十分明显而重要。统治阶级总是以国家的名义来颁布各种有利于自己的决定、命令和法律,以对付名义为国家利益的侵犯,实质上是对统治阶级利益的最直接、最致命的侵犯。因此,对国家利益的保护是刑法利益保护机能的首要内容。

(2)对社会利益的保护。社会利益是指社会作为法律关系的主体所拥有的利益。在现代社会,存在大量直接主体既不是国家也不是个人的利益,被称为社会利益或者公共利益。对这种利益进行侵犯,也可能间接危及个人利益,甚至动摇整个社会秩序,危及统治阶级的根本利益。因此,这种利益也成为刑法的保护对象,刑法也就相应地具有社会利益保护机能。例如,制作、贩卖、传播淫秽物品牟利,虽然并不直接损害国家利益和个人利益,但败坏社会善良风俗,诱导民众堕落,容易引发强奸、强制猥亵等侵犯个人权益的犯罪,因而也被刑法所禁止。

(3)对个人利益的保护。作为个体存在的自然人是国家和社会存在的前提和基础,当个人的生存权无法得到保障的时候,难免铤而走险,危及统治秩序,因此,自有刑法以来,个人生命权、财产权等基本权利就受到刑法的保护。刑法所具有的对个人利益的保护机能,是通过两个方面发挥出来的:其一,直接警告社会成员不得实施侵犯个人利益的犯罪行为。刑法一旦制定出来,就已经通过其中有关保护个人利益的禁止性规范或者命令性规范,对所有社会成员发出了警告:禁止侵犯个人的有关利益。社会成员受到这种警告,就会约束自己的行为,此时,个人利益实际上就已经得到了保护。其二,惩罚已经实施侵犯个人利益的犯罪人以儆效尤。在侵犯个人利益的犯罪行为发生后,司法机关通过对犯罪人处以刑罚,发挥刑罚的威慑功能、惩罚功能和安抚功能,一方面直接维护受害人的利益;另一方面震慑社会上的潜在犯罪人,使他们不敢去实施类似犯罪行为,从而保护个人利益。无论是通过直接警告社会成员,还是通过惩罚已经实施犯罪行为的人来保护个人利益,刑法都是通过刑罚权的向外扩张以维护现有社会秩序来达到目的的,因此,对个人利益的保护应当被置于刑法的秩序维护机能之中。

刑法对个人利益的保护机能主要是通过惩罚犯罪人发挥出来,但并非只能通过惩罚犯罪人发挥出来。刑法的一般性警告作用无需犯罪发生就已经存在,而这种警告同样能够达到保护个人利益的效果。可见,刑法不但通过惩罚犯罪人,而且通过其保护个人利益规范的存在,发挥出对个人利益的保护机能。

有学者认为,刑法对个人利益的保护是指对被害人权益的保护;从间接意义上说,对被害人权益的保护实际上也意味着对其他公民利益的保护,因为每一个公民都是潜在的被害人。① 其言下之意,是认为刑法的个人利益保护机能只是针对被害人的利益而发挥,只有把个人利益归入被害人权益的范畴,才可能为刑法保护机能所覆盖。对此笔者有不同看法。首先,潜在的被害人与被害人的身份、法律地位存在本质区别,对被害人权益的保护与对潜在被害人权益的保护在内容上也存在本质区别。刑法学中的被害人是利益受到犯罪实际侵害的人,潜在的被害人则是利益尚未受到犯罪实际侵害的人,相应的,对被害人权益的保护表现为恢复或者补偿被犯罪所损害的利益;而对潜在被害人权益的保护则表现为通过对犯罪人处以刑罚,防止犯罪人和潜在犯罪人实施侵害社会成员利益的行为。其次,潜在的被害人的利益总是可以为刑法的保护机能所覆盖,而被害人的利益则可能无法再受到保护。潜在的被害人的利益由于尚未受到犯罪的侵害,总是处于刑法的保护

① 参见陈兴良:《刑法的价值构造》,中国人民大学出版社 1998 年版,第 193、194 页。

之下,即刑法通过警告性的规定,禁止任何社会成员对这些利益进行侵犯,从而达到保护这些利益的效果。当个人利益已经被犯罪所侵犯时,刑法反而不一定能够保护受害人的有关利益了。例如,某人被犯罪分子杀害以后,他的生命权就不可能再受到刑法的保护,司法机关对犯罪分子进行惩罚,一方面是因为他罪有应得,即予以正义的报应;另一方面是为了防止他再犯罪以及社会上其他人实施相同的犯罪,即进行犯罪的预防,而不是为了保护受害人的利益。

(二)刑法的犯罪预防机能

刑法的犯罪预防机能是指刑法所具有的防止他人犯罪的作用。刑法的犯罪预防机能来源于刑罚的犯罪预防机能。作为事物的某一有机组成部分所具有的机能,当然也是事物整体所具有的机能,刑罚是刑法的有机组成部分,因此,刑罚的机能,也是刑法的机能。刑法将实施犯罪面临的严重后果——受到刑罚处罚摆在所有人面前,任何具有正常思维能力的人在企图实施犯罪行为时,都会三思而后行,许多人则望而却步。这样,刑法就起到了防止他人犯罪的作用。另外,刑法通过将刑罚适用于犯罪人,使其亲身感受到刑罚带来的痛苦,以后不敢再犯罪,或者使其丧失犯罪能力,以后不能再犯罪,从而起到预防犯罪的作用;刑法还通过将刑罚运用于犯罪人,使社会上其他潜在犯罪人受到震慑,不敢步犯罪分子的后尘,从而起到预防犯罪的作用。可见,刑法的犯罪预防机能表现为一般预防机能和特别预防机能。刑法通过发挥预防犯罪的机能,避免了社会秩序受到犯罪的破坏,显示出其秩序维护机能。

预防犯罪既是刑法的机能,也是刑罚的目的。不过,作为刑法机能的预防犯罪,与作为刑罚目的的预防犯罪的具体含义不同,前者是指刑法客观上具有防止他人实施犯罪的作用,后者是指适用刑罚所追求的效果是防止他人犯罪,前者的内容是客观的,后者的内容是主观的。刑罚的目的是预防犯罪,这并不影响刑法具有预防犯罪的机能。

四、刑法的自由保障机能

刑法的自由保障机能,是指刑法所具有的通过明确规定只有什么行为才是犯罪,以限制国家刑罚权的发动,保障普通公民的自由,同时也保障犯罪人自由的作用。刑法的自由保障机能通过两个方面发挥出来:一是保障普通公民的自由,表现为只要公民没有实施刑法所禁止的行为,就不得对其处以刑罚;二是保障犯罪嫌疑人、被告人的自由(或者说合法权利),表现为犯罪嫌疑人和被告人不得受到刑法规范以外的刑罚处罚,以及在刑法规范以内受到的刑罚处罚应当公正、平等。这两方面的机能都是通过限制国家刑罚权的发动来实现的。

(一)刑法保障普通公民自由的机能

刑法保障普通公民自由的机能,是指刑法所具有的防止对普通公民滥施刑罚的作用。刑法的这一机能是通过确立罪刑法定原则形成的。根据罪刑法定原则,任何人只要不实施犯罪,就不能受到刑罚处罚。罪刑法定原则禁止类推,禁止重法溯及既往,禁止绝对不确定刑,要求犯罪和刑罚必须事先由法律作出明确的、实体性的规定。罪刑法定原则的这一系列内涵,使公民不再像封建专制社会中的平民那样诚惶诚恐,进退失据,随时可能陷入牢狱之灾,而是能够预先知道何种行为属于刑法规制对象,从而预测行为后果,自由选择行为。只要不去实施刑法所禁止的行为,公民就不会被处以刑罚。因此,罪刑法定原则的确立,标志着刑法保障普通公民自由机能的形成。

保障普通公民的自由,是现代社会普遍承认每个人都拥有与生俱来的基本权利和自由以后,必然赋予刑法的机能。在现代法制文明社会,人生而具有生命、自由、财产、安宁等方面的基本权利,这些权利不能被随意剥夺。由于刑法在调整社会关系时所采用的手段——刑罚是以剥夺人的财产、自由甚至生命为主要内容,具有严重的侵害性,因而如不对这种手段加以合理而严格的限制,刑罚权的发动就可能超出正义的范围,此时刑罚就成了另一种恶害。这样势必导致个人在避免犯罪这种恶害侵害的同时,又受到刑罚这种恶害的严重威胁,从而同样丧失天赋人权。基于天赋人权理论,在经历启蒙运动后,以保障公民自由,限制国家随意发动刑罚权为目的的罪刑法定原则应运而生。

(二)刑法保障犯罪人自由的机能

这是指刑法所具有的防止对犯罪人滥施刑罚的作用。刑法保障犯罪人自由的机能主要是通过确立罪刑法定、罪刑均衡原则而形成的。罪刑法定原则要求司法人员必须在刑法规定的限度内对犯罪人定罪处罚,严禁对犯罪人法外施罚,从而防止了法官恣意裁判,滥用刑罚权。这一原则的确立,使得犯罪人虽然身为囚犯,却不至于像专制制度下的囚犯那样所有权利丧失殆尽,而是仍然能够拥有因犯罪而被剥夺的自由和权利之外的其他天赋权利。刑法保障犯罪人自由的机能由此体现出来。罪刑均衡原则要求司法人员对犯罪人科处刑罚时应当与其罪行的轻重保持协调、均衡。这一原则的确立有助于防止法官滥用自由裁量权对犯罪人进行畸重处罚，也有助于保障犯罪人自由。

刑法保障犯罪人自由的机能，是人类精神文明发展到较高阶段的产物。首先，天赋人权观念的深入人心为刑法这一机能的形成奠定了思想基础。资产阶级启蒙运动以后，天赋人权观念日益深入人心。人们认识到犯罪人固然应当对其犯罪行为承担责任，但也应当享有因犯罪而被剥夺的自由和权利之外的其他天赋权利。既然刑法已经针对不同的犯罪行为配置了相应的刑罚，犯罪行为人受到刑罚处罚，就已经为其犯罪行为和所造成的后果付出了代价，承担了相应的责任。因此，刑罚对犯罪人的自由和权利的剥夺应当以刑法的规定为限，超出此范围就成为一种违背人权基本理念的不适当、不公正的刑罚。其次，对权力本性的认识为刑法这一机能的形成奠定了理论基础。历史经验和教训表明，“一切有权力的人都容易滥用权力，这是一条万古不易的经验。有权力的人使用权力一直到遇有界限的地方才休止。”①刑罚权的行使也具有这种自我扩张的倾向。因此，如果不对刑罚权加以限制，它在运行过程中势必会超越合理的限度，损害犯罪人的权利，侵夺其应有的自由。事实上，没有受到有效限制的刑罚权确实经常借维护秩序、伸张正义之名，行剥夺犯罪人正当自由和权利之实。犯罪人经常不是被模糊不清或者具有扩张性的刑法不公正地惩罚，就是被法外施罚。这种状况显然与人类文明的发展趋势背道而驰，也是人类对自身的不尊重。因此，当社会发展到一定程度，人们形成上述两方面的认识以后，必然要通过确立罪刑法定、罪刑均衡等刑法基本原则，赋予刑法保障犯罪人自由的机能。

发挥刑法的自由保障机能，必须注意以下两方面的问题：

第一，刑法的自由保障机能并非任何刑法都能实际发挥。奴隶社会、封建社会的刑法虽然也保护个人的利益甚至某些自由，但这种保护并不是通过限制国家刑罚权的发动来实现的，而是通过对社会上的人作出禁止性或者命令性的规定来实现的，因而有关内容体现的不是刑法的自由保障机能，而是其秩序维护机能。事实上，在奴隶制、封建制等专制社会里，由于刑法完全或者基本没有对国家刑罚权的发动作出限制，统治者可以随心所欲地将刑罚施加于个人，因此，这些社会中的刑法完全或者基本没有也不可能发挥自由保障机能。只有罪刑法定原则在刑法中确立以后，刑法才具备了完整的自由保障机能。在罪刑法定原则之下，只有法律规定为犯罪的行为，才能依照法律

---

① 〔法〕孟德斯鸠：《论法的精神》（上册），张雁深译，商务印书馆1961年版，第153页。

定罪处罚,法律没有规定为犯罪的行为,则不能定罪处罚。有了罪刑法定原则,国家刑罚权就被严格限制在刑法规定的范围内,这样,自由才能得到保障,刑法才真正成为普通公民和犯罪人的大宪章。

第二,刑法的自由保障机能和刑法的个人权益保护机能不是同一个概念。我国刑法理论上,不少学者将刑法的自由保障机能称为人权保障机能。① 如果这种称谓仅仅是用语上的不同,而不涉及实质内容的差异,是无关宏旨,无需辨析的。问题在于,一些学者在探讨刑法的人权保障机能时,将刑法保护个人权利的机能都涵盖在内。例如,有学者认为,刑法的人权保障机能的内容包括对犯罪被害人和广大守法公民人权的保护。② 有的学者甚至认为,从某种意义上说,刑法的人权保障机能从属于刑法的社会保护机能,理由是刑法通过惩罚犯罪,保护社会秩序,保护国家与社会利益,同时即意味着保障公民个人权利与自由。③ 这就误解了与刑法的自由保障机能基本含义一致的刑法的人权保障机能的本义,必须加以澄清。

如前所述,刑法的自由保障机能或者说人权保障机能有其特定含义和范围,它是指刑法所具有的通过明确规定只有什么行为才是犯罪,以限制国家刑罚权的发动,保障普通公民的自由,同时也保障犯罪人自由的作用。刑法的这种机能是通过收缩、限制刑罚权的运用范围发挥出来的,正是在这一点上,它与通过直接运用刑罚权来发挥作用的刑法的秩序维护机能区分开来。有学者已对两者的区别作出了明确界定:社会保护(即秩序维护)机能是通过对犯罪的惩治而实现的,属于刑法的积极机能或曰扩张机能;而人权保障(即自由保障)机能是通过限制国家的刑罚权而实现的,属于刑法的消极机能或曰限制机能。④ 刑法对犯罪被害人权益的保护,是通过对犯罪人处以刑罚而实现的,是刑法扩张机能即秩序维护机能的表现。可见,认为刑法的人权保障机能包括保护被害人权益的观点,显然将刑法的秩序维护机能和自由保障机能混为一谈了。

否认对被害人权益的保护属于刑法人权保障机能的内容,绝不是否认刑法具有保护被害人权益的机能,而是认为对被害人权益的保护应当归入刑法秩序维护机能之内。由此可见,刑法保护(或者说保障)社会成员个人权益的机能既不同于秩序维护(或者说社会保护)机能,也不能等同于自由(或者

① 参见陈兴良:《刑法机能二元论》,载《法制与社会发展》1997 年第 4 期。

② 参见陶晖:《我国现行刑法的人权保障功能》,载《培训与研究——湖北教育学院学报》2004 年第 1 期。

③ 参见李泽龙:《论刑法的机能》,载《法律科学》1995 年第 1 期。

④ 参见陈兴良:《刑法的价值构造》,中国人民大学出版社 1998 年版,第 194 页。

说人权)保障机能,其内容跨越后两种机能。三者关系如下图所示:

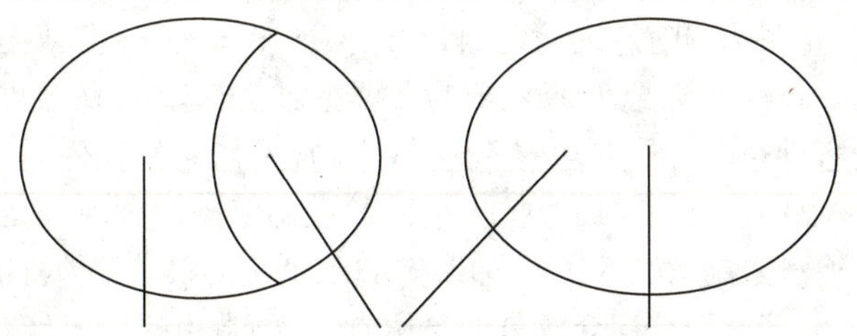

秩序维护机能(有学者称之为社会保护机能)　个人权益保护机能　自由保障机能(有学者称之为人权保障机能)

在秩序维护机能的限度内,刑法通过将严重侵犯公民权利的行为规定为犯罪,并追究行为人的刑事责任,从而实现刑法对公民权利的保护功能;在自由保障机能的限度内,刑法又通过限制国家刑罚权的发动范围和严厉程度,设置刑罚权的发动条件,防止刑罚权不适当地侵犯普通社会成员和犯罪人的自由,实现刑法对公民权利的保护功能。因此,在考察刑法保护(或者保障)公民权益的机能时,应当首先明确究竟是在何种意义上使用这一概念,然后才能正确界定其外延是否包括保护被害人权益,是否包括通过打击犯罪来保护社会成员的利益。

五、刑法的秩序维护机能与自由保障机能的对立和协调

刑法所具有的秩序维护机能和自由保障机能,是一种相互对立、相互克制,但又能够互相协调的关系。两种机能能否正常、充分发挥,关系到刑法能否很好地实现自己的价值、完成自己的任务,进而影响整个国家的刑事法治发展水平。因此,如何协调刑法的这两种机能,可以说是刑法理论和刑事司法实践的核心问题。

(一)刑法的秩序维护机能与自由保障机能的对立

刑法的秩序维护机能和自由保障机能的对立,是由这两种机能的实质内容和发挥途径所决定的。刑法的秩序维护机能无论是用于保护国家利益、社会利益还是个人利益,都是以维护社会秩序的面目出现的,并且以刑罚为手段。以保护个人利益为例,刑法是通过打击犯罪或者宣告要将某种行为作为犯罪加以惩处,整肃相关领域的秩序,来达到这方面的目的。这就使得刑法秩序维护的机能发挥到哪里,那里的社会成员的行动自由就受到相应的限制。而刑法的自由保障机能恰恰相反,无论是保障犯罪人的自由还是普通社会成员的自由,它都是以限制甚至剥夺刑罚权在某些领域的运用条件或者资

格,来达到这方面的目的。以保障犯罪人的自由为例,刑法是通过确立罪刑法定原则,防止司法者随意发动刑罚权,以保证犯罪人只受到刑法明确作出规定的处罚。在这种情况下,刑法成为保护犯罪人的盔甲,在刑法的保护下,他可以免受各种企图对他发动的非经正当程序和缺乏法律依据的制裁。这样,刑法的秩序维护机能要通过扩大刑法的适用范围来实现,刑法的自由保障机能则要通过限制刑法的适用范围来实现;刑法的秩序维护机能是要稳定社会秩序,限制甚至剥夺社会成员的自由,刑法的自由保障机能则是要保障社会成员的行动自由。二者是一种此消彼长的对立关系:刑法越想施展其秩序维护机能,就越容易损害其自由保障机能;刑法的自由保障机能发挥得越多,其秩序维护机能就越难以实现。

(二)刑法的秩序维护机能与自由保障机能的协调

刑法的秩序维护机能和自由保障机能虽然是对立的,但又必须加以协调,因为两者各有其任务,两方面的任务不可偏废。过分强调其中的任何一种机能,都会引发不良的社会效果。过分强调刑法的秩序维护机能,就会导致刑法对社会生活的介入过深、过广,使社会成员的自由受到过分限制,进而使国家、民族丧失生机和活力,阻碍其繁荣和进步。例如,在“文化大革命”运动的年代,曾经将在日记中流露出反动甚至过激思想也视为反革命罪的表现,予以严厉打击,有的甚至被判处死刑,结果导致社会成员的思想被严重钳制,造成思想领域万马齐喑的不正常局面,严重阻碍了国家的发展和社会的进步。过分强调刑法的自由保障机能,则不能有效遏制犯罪,可能导致社会秩序遭到破坏,社会成员的生存条件受到威胁。例如,国家曾经对互联网领域的行为限制放得较宽,结果导致该领域的违法犯罪活动严重,对社会秩序造成不良影响,对社会成员的生活也产生了负面作用。可见,寻找刑法的秩序维护机能和自由保障机能各自的适度空间,使两种机能保持一种和谐的状态,是同时并且充分地发挥刑法这两种机能必须解决的问题。

虽然刑法这两种机能的具体内容和实现手段都是对立的,满足了刑法的一种机能,确实会使另一种机能受到压制,但这并不妨碍两种机能的协调。在一定限度内,对两种机能加以协调不但是可行的,而且是社会成员所期盼的。

首先,在一定限度内,对两种机能进行协调是社会成员所期盼的。只要对自由保障机能和秩序维护机能的限制是适当的,不但不会使人产生自由受到损害或者秩序被破坏的感觉,反而会因为有这种限制而感觉十分自由或者秩序得到了很好的维护,因而为社会成员所期盼。例如,刑法剥夺了任何人非经法定程序杀人的自由，但几乎没有人会认为这一规定使自己的自由受到了限制，反而会认为只有刑法作出了这样的规定，自己行动才更自由。又如，刑法严厉禁止通过刑讯逼供查明犯罪以达到惩罚犯罪、预防犯罪、维护社会秩序的目的，但绝大多数人不但没有认为这种限制刑法秩序维护机能的做法不利于维护社会秩序，反而批评有关部门执行这一法律规定不够坚决。

其次，在一定限度内，对两种机能加以协调是完全可行的。由于刑法的秩序维护机能和自由保障机能都不是发挥得越充分越好，而是都必须加以限制，因此，只要通过对两种机能分别予以适当限制，二者就能够进入一种协调状态。例如，为了充分发挥刑法的秩序维护机能，保留类推制度可以被认为是必要的，但是，要发挥刑法的自由保障机能，则必须确立罪刑法定原则，废除类推制度。通过分析考察保留类推制度和确立罪刑法定原则、废除类推制度的利弊，亦即通过分析考察发挥刑法的秩序维护机能是否需要达到保留类推制度的程度，就可以得出应当废除类推制度并确立罪刑法定原则的结论。这样，刑法就在罪刑法定的限度内，将其秩序维护机能和自由保障机能协调了起来：一方面规定和要求对法律明文规定为犯罪行为的，必须依照法律定罪处罚，使刑法能在这一限度内充分发挥其秩序维护机能；另一方面又规定和要求对法律没有明文规定为犯罪行为的，不得定罪处罚，使刑法发挥出保障那些没有触犯刑法明文规定者的自由的机能。又如，为了充分发挥刑法对犯罪人的自由保障机能，应当将罪状的规定尽量明确化。但是，为了维护社会秩序，防止放纵某些严重危害社会的行为，刑法又需要规定一些堵截性的、内容相对宽泛的罪状。通过权衡内容宽泛的堵截性罪状的利弊得失，可以得出一个适当的结论，将刑法的两种机能协调起来。

有人认为，当刑法的社会保护机能和权利保障机能发生冲突且难以两全的情况下，确立刑法的权利保障机能以优先地位就成了立法者付代价的理性选择和公民正当的权利要求。① 这恐怕是对如何妥善协调两种机能的误解。刑法这两种机能的冲突在任何情况下都是具体的并且难以两全的。正如有学者所指出，法益保护和人权保障总是处于一种二律背反的关系，重视保障人权的话，就会招致犯罪的增加，对法益的保护就会被削弱，相反的，重视保护法益的话，对人权的保障就会被削弱。② 但是，并非也不能在任何情况下

① 参见蔡道通、黄东平：《刑法的权利保障机能优先——罪刑法定原则确立的必然性分析》，载《中央政法管理干部学院学报》1995 年第 3 期。

② 参见〔日〕大谷实：《刑法总论》，黎宏译，法律出版社 2003 年版，第 5 页。

都要让刑法的权利保障机能(指自由保障机能)优先,而是要看所保障的权利是否合理,以及我们如何认识这种权利的合理性。例如,从发挥刑法的秩序维护机能角度而言,需要保留并且适用死刑;从发挥刑法的自由保障机能角度而言,我国需要废除和不适用死刑。不可能既保留死刑又废除死刑。因而在死刑存废问题上,秩序维护机能与自由保障机能的冲突就是不可避免、难以两全的。对哪一种犯罪废止了死刑,意味着在这一领域刑法的秩序维护机能让位于自由保障机能;对哪一种犯罪保留了死刑,则表明在这一领域自由保障机能让位于秩序维护机能。如果按上述观点,让刑法的权利保障机能一概优先,就意味着我国必须现在就完全废除死刑,这显然是暂时无法令人接受的。显然,在不同的时代背景之下,对两种机能的冲突,解决的方式和处理的结果可能是不同的。我们只能说随着社会的进步,文明的发展,人类将会越来越重视发挥刑法的自由保障机能;只能说在市场经济的条件下,应当将刑法的人权保障机能置于重要位置;只能说从目前我国刑事立法和刑事司法状况看,重视发挥刑法的自由保障机能是十分必要和紧迫的。但绝不能说当两种机能发生冲突且难以两全时,必须一概让刑法的权利保障机能优先。所谓"当刑罚权与基本人权发生抵触不能双全之情形,与其牺牲基本人权,毋宁放弃刑罚权"①的观点,应当基于这样一个前提才能成立:即基于时代发展和文明进步的要求,这种基本人权已经变得不可剥夺,必须予以保障。那种认为罪刑法定原则的确立意味着刑法的权利保障机能优先的观点,实际上是对罪刑法定原则的片面理解。虽然"罪刑法定主义乃系以限制国家刑罚之行使为主要目的,而以保障个人自由为最高目标"②,但这一原则仅仅表明不以刑法的明文规定为根据来惩罚犯罪人是不能容忍的,以及在是否可以法外施罚以维护秩序的问题上,刑法的秩序维护机能让位给了自由保障机能;而不能将其意义扩展到整个刑法,进而认为刑法是优先考虑自由保障机能的。

① 蔡墩铭:《刑法基本理论研究》,台湾汉林出版社 1986 年版,第 346 页。

② 杨建华:《刑法总则之比较与研讨》,台湾汉荣书局 1982 年版,第 10 页。

10. 全球化时代中国刑法改革中的人权保障*

目　次

一、前　言

晚近十多年来，"全球化"逐渐成为当今各国政界、经济界、社会舆论界乃至法学界使用频率最高的词语之一。当经济全球化浪潮席卷亚洲这一有着数千年文明史的古老土地时，中国抓住了这一千载难逢的契机，创造了一个个令世人瞩目的经济奇迹。而经济全球化不仅带来资本、技术及其他资源，同时也带动制度文明的跨国传播，促进了法治的发展与人权的弘扬。伴随着人类社会的全球化发展，人权已成为当今世界各国和国际社会处理政

---

* 原载《吉林大学学报（社会科学版）》2006 年第 1 期。

治、经济、法律等事务时必须优先予以考虑的问题。而在法治社会的刑事法治这一重要领域,刑法立法的完善与刑事司法的发展当然也必须切合人权保障之时代要求。笔者在此即以全球化为背景,着力探讨中国刑法中的人权保障问题。

二、全球化时代的刑法与人权保障

(一)全球化时代刑法对人权保障日益重视

人权的改善和进步需要多层次、全方位的保障,法律保障是其中重要的方面。在人权的法律保障中,刑法由于其所保护利益的广泛性、重要性及其对违法制裁的特殊严厉性,而对人权的全面保障具有特别重要的意义。可以说,强化对人权的保障是全球化时代刑法改革的主旋律。

作为国家法治的重要组成部分,刑法直接关涉公民的基本人权,人权保障是刑事法治理念的基础性要求,是当代刑法机能所蕴含的重要内容。刑法不仅可以通过依法惩罚犯罪来维护社会正常秩序,也保障无罪的人不受刑罚处罚,防止惩罚权的滥用,甚至在惩罚罪犯时也维护其应有权益,使其所受到的惩罚与其犯罪行为和刑事责任相适应,保证其免受不公正之惩罚,并通过刑罚的执行来感化和改造犯罪人,促使其重新回归社会。因此,诚如日本刑法学者所言,刑法既是“犯罪人的大宪章”,也是“善良公民的大宪章”。其所谓刑法是“犯罪人的大宪章”,是指在行为人实施犯罪的情况下,保障罪犯免受刑法规定以外的不正当刑罚;而刑法是“善良公民的大宪章”,意即只要公民没有实施刑法所规定的犯罪行为,就不能对该公民处以刑罚。① 在此基础上,笔者还认为,以刑法保护公民免受犯罪的侵害,也应为刑法是“善良公民的大宪章”之题中应有之义。刑法对人权的保障,既包括对犯罪人人权的依法保障,同时更应当包括对被害人及广大守法公民人权的依法保障。

鉴于刑法对人权保障特别重要,所以不仅各种国际规约日益注重以刑事措施保障人权,当代各国立法者一般也都根据本国实际情况尽可能充分有效地利用刑法对人权加以保护。就国际规约而言,其人权保障的条款涉及刑事法领域诸多问题。例如,联合国 1948 年的《世界人权宣言》、1966 年的《公民

---

① 参见〔日〕木村龟二主编:《刑法学词典》,顾肖荣等译校,上海翻译出版公司 1992 年版,第 9 页。

权利和政治权利国际公约》等对罪刑法定原则作了明确的规定。联合国大会1985年通过的《为罪行和滥用权利行为受害者取得公理的基本原则宣言》，以文书的形式集中规定了保障受害者的基本原则。此外，诸多联合国规约还旗帜鲜明地反对酷刑和其他残忍、不人道或有辱人格的待遇或处罚，并对限制和废止死刑提出明确的要求。就当代各国国内法而言，其刑法的修订与制定，也充分反映了刑法随时代变迁和社会进步而改革发展的世界性潮流与趋势。尤其是20世纪90年代以来，随着人权保障的呼声日益高涨，各国、各地区在以刑法手段强化人权保障方面迈出了更大的步伐。1992年法国对其《1810年刑法典》的全面修订，1995年《澳门刑法典》的颁布，1996年《俄罗斯联邦刑法典》的出台并与原《苏俄刑法典》的分离，2002年《德国刑法典》与《奥地利联邦刑法典》的修订，2003年《瑞士联邦刑法典》的修订，无不彰显了人权保障之精神。

同样，本着国家性质及刑事政策之考量，为秉承人权保障之宪政精神而进一步强化刑法对人权的全面而有效的保障，无疑也应是全球化背景下中国刑法改革、发展的鲜明主题之一。而在以往的刑法立法与刑事司法实践中，由于过度强调刑法的社会保护机能，忽视了其人权保障机能，因而中国《刑法》未能很好地发挥其在人权保障中的重要作用。不过，经全面系统修订的中国1997年《刑法》的颁行及中国刑事司法改革的逐步深入，不仅标示着中国刑事法治的发展与社会文明的进步，而且有助于中国在人权保障领域开展更为广泛的国际交往，有助于中国全面融入国际社会，从而与国际社会共同搭建人权保障之对话平台与合作机制，应该说基本上顺应了刑事法治发展之尊重与保障人权的旨趣。

（二）全球化时代中国刑法中人权观念的确立

当然，人权保障在全球化时代中国刑法中的确立并不能仅仅依靠简单的“移植”，它首先有赖于人权观念之变革。没有相应的人权观念为基础，人权保障根本不可能在刑事法治领域得到真正的贯彻。审视中国1997年《刑法》颁行之前人权保障方面的刑法立法与刑事司法实践，可以看出，立法者与司法人员人权观念之缺失是刑事法治领域曾经普遍漠视人权的重要根由。在以往的刑法立法与刑事司法实践中，更侧重于强调刑法的社会保护机能，力图通过刑罚权的动用来惩罚犯罪，以刑罚这种不得已的“恶”否定犯罪之“恶”，从而维护社会秩序，保护社会的稳定发展。这种片面强调刑法社会保护机能之做法，虽似可以换得社会表面的安宁，然而却是以公民权利被漠视乃至被践踏为代价的。其实，人权保障亦是现代刑法的另一重要机能，它强调的是对公民人权的维护，以对犯罪人人权之保障为首要目标，并以此为基础实现对全体公民权利的保障。从权力运作角度看，刑法的人权保障机能起到了限制国家刑罚权的动用之功效，避免了无限度动用刑罚权对公民权利带来的侵害。而且，在市场经济体制下，刑法的价值构造应当顺应全球化时代的发展，兼顾社会保护和人权保障双重机能，并适当向人权保障机能倾斜，加重刑法的人权蕴含。这不仅是民主政治与人权理论的要求，也是衡量一部刑法先进与否的判断标准之一。① 这一价值取向不仅应该在刑法立法中确立和贯彻，更应在刑事司法运作中得到充分体现。

一方面，以人为本、尊重和保障人权是全球化时代刑法立法的必然含义。而中国以往刑法立法对人权的保障尚存有某些观念障碍。唯有认真梳理、反思和检讨刑法立法在观念层面的误区，并在价值观念上真正融入人权保障之意蕴，真正实现刑法立法中人权观念的嬗变和更新，中国刑法立法才能最终走上良性发展的轨道。相对而言，在中国1997年《刑法》的修订过程中，人权观念得到了较为明显的改善。类推制度的废除、罪刑法定原则等基本原则之确立、刑法分则体系的改进、未成年人等社会特殊群体权利保障之强化等，都充分说明，立法者已把人权保障这一刑法价值提到了极其显要的位置。另一方面，如果没有相应刑事司法观念的变革，关涉人权保障的刑法立法的真正贯彻也必然会举步维艰，流于形式。“立法或许是非常重要的教育因素，但这并不是说只要通过一项法律就能在一夜之间造成意识形态的基本改变，或把法律当作神奇的魔杖，可以在弹指之间把一个社会的偏见或内在情绪化的态度悉数扫除。”②所以，虽然中国刑法立法中对公民人权的保障已日臻完备，但刑法对公民人权的切实保障依然离不开刑事司法观念之革新。

循着社会分工的沿革历程观之，刑事司法的本源功能便在于惩治犯罪。因此，在相当长的历史时期内，世界各国都把惩治犯罪作为刑事司法的基本价值定位。然而随着人类社会的发展和文明的进步，保障人权的观念愈益受到各国的关注与重视，并相继在一些国家被确立为刑事司法活动的价值目标之一。毋庸讳言，受强调社会利益之传统价值观念的影响和阶级斗争思维定式的制约，中国以往的刑事司法活动长期偏重于追求惩治犯罪，而忽视了对犯罪嫌疑人、被告人、犯罪人甚至普通公众权利的保障。然而，现代司法活动应该崇尚公正、公平与公开，人类社会的发展和文明的进步应该表现为对人权的尊重。而在刑事司法中重视人权保障，就要求司法人员

---

① 参见陈兴良:《刑法的价值构造》，载《法学研究》1995年第6期。

② 〔英〕丹尼斯·罗伊德:《法律的理念》，张茂柏译，台湾经联出版事业公司1984年版，第319页。

改变过去那些带有偏见的办案思路和习惯,不要再用对待“阶级敌人”的态度和手段去对待犯罪嫌疑人、被告人和犯罪人,而应当尊重和保障其依法享有的基本权利。①

可喜的是,中国近年来逐步确立了依法治国的基本方略,提出了司法改革的任务。加强对公民人权尤其是犯罪嫌疑人、被告人乃至犯罪人的人权保障已成为中国刑事司法改革的重要目标。而随着刑事司法改革的深化,人权保障的观念也逐渐深入人心。2004 年 3 月 10 日,最高人民法院院长、中国首席大法官肖扬在第十届全国人大第二次会议上所作的《最高人民法院工作报告》中,更是罕见地将保障人权的观念放置首位。肖扬院长在工作报告中提出,要切实保障群众的合法权益,深入落实“司法为民”的要求。② 而最高人民检察院检察长、中国首席大检察官贾春旺在《最高人民检察院工作报告》中,亦强调要严肃查办侵犯公民人身权利、民主权利案件。③ 而 2004 年 3 月第十届全国人大第二次会议把“国家尊重和保障人权”载入《宪法》,则给人权之刑法保障奠定了坚实的宪政基础。限于篇幅,下文仅就全球化时代中国刑法立法演进过程中即改革与发展中的人权保障问题作专门研析。

三、全球化时代中国刑法发展对人权保障的强化

由于种种原因,中国第一部刑法典直到中华人民共和国成立后的 30 年即 1979 年 7 月 1 日才通过,并于 1980 年 1 月 1 日起施行。因为这部刑法典创制于中国改革开放前夕的计划经济时代,且基本上是以 1963 年高度计划经济时代的刑法草案第 33 稿为基础略加修改而成的④,而自 20 世纪 80 年代初中国实行改革开放政策之后,不仅国内政治、经济形势逐步发生了深刻变化,而且国际环境及国际交往也开始出现新的格局,所以 1979 年《刑法》施行不久,涉及刑法立法的新问题便接踵而至,这使得国家立法机关早在 1982 年便开始考虑研究修改这部刑法典,只是当时鉴于大规模修改刑法典的条件尚不成熟,立法机关便决定根据实际需要,以制定特别刑法(主要是单行刑法,

---

① 参见何家弘:《刑事证据制度改革与司法观念的转变》,正义网,2003 年 11 月 17 日。

② 参见王德军:《高法报告突出保障人权》,载香港《大公报》2004 年 3 月 11 日,第 18 版。

③ 参见《最高人民检察院检察长贾春旺在十届人大二次会议上的报告(摘登)》,载《人民日报》2004 年 3 月 11 日,第 3 版。

④ 参见高铭暄编著:《中华人民共和国刑法的孕育和诞生》,法律出版社 1981 年版,第 7 页。

也包括附属刑法条款)的方式来解决刑法典存在的问题。① 这样,1980 年到 1996 年间,国家立法机关先后颁布了 24 部单行刑法,并在百余部经济、民事、行政、军事、文化教育、环境卫生、社会保障等方面的法律中附设了一系列刑事条款。② 虽然这些单行刑法和附属刑法是对 1979 年《刑法》的发展和完善,但当时的刑法仍不能适应社会发展的需要,无论是对政治与经济制度的保护方面,还是对社会秩序的保护方面,尤其是对于公民权利的保障方面,原刑法规范均表现出很大的局限性和滞后性。为彻底改变这种状况,国家立法机关自 1988 年起将刑法典的修订工作逐步提上工作日程,经过 10 年努力,在广泛听取并吸收司法机关、专家学者、社会各界和广大民众意见的基础上,于 1997 年 3 月 14 日公布、1997 年 10 月 1 日施行了新的《中华人民共和国刑法》(以下简称 1997 年《刑法》),对原刑法规范进行了全面、系统的修订和多项改革。

中国 1997 年《刑法》立足于全球化之背景,注重体现保障人权的时代要求,为此进行了一系列重大改革和诸多完善。简而言之,这主要体现在如下几个方面:

(一)确立刑法的三大基本原则

1. 废除类推制度,确立罪刑法定原则

罪刑法定来自于拉丁文的著名法谚:Nullum crimen sine lege 与 Nulla ponea sine lege,意即“无法无罪”与“无法不罚”。其立法渊源可以追溯到中世纪《1215 年英国大宪章》第 39 条的规定。③ 近代意义上的罪刑法定的思想与原则则是 18 世纪新兴的资产阶级反对封建社会的罪刑擅断,以保障人权的口号而由西方启蒙思想家提出来的,是资产阶级反封建革命在法治领域取得的一项划时代的成果。学术界一般认为,近代最先明确倡导罪刑法定之刑法思想的是意大利著名的刑法学家贝卡里亚④,而使之法典化的则是德国著名

① 参见赵秉志主编:《新刑法典的创制》,法律出版社 1997 年版,第 6、7 页。

② 参见赵秉志主编:《新刑法教程》,中国人民大学出版社 1997 年版,第 1 页。

③ 1215 年英皇约翰在贵族、僧侣、平民等各阶层结成的大联盟的强烈要求下,签署了共 49 条的特许状,这就是著名的大宪章。其第 39 条规定:“凡自由民除经其贵族依法判决或遵照内国法律之规定外,不得加以扣留、监禁、没收财产、剥夺其法律保护权,或加以放逐、伤害、搜索或逮捕。”这被修特兰达认为是罪刑法定原则的渊源。而此一观点亦为后世很多学者所接受,成为刑法学界的通说。参见赵秉志:《罪刑法定原则研究》,载高铭暄主编:《刑法专论》(上编),高等教育出版社 2002 年版,第 63 页。

④ 贝卡里亚在 1764 年便指出:“只有法律才能规定犯罪的刑罚”。See An Essay on Crimes and Punishments By Cesare Beccaria, International Pocket Liberary, Division of Branden Publishing Company, 1992, p. 21.

刑法学者冯·费尔巴哈。① 由于罪刑法定原则体现法治文明与人权保障,因而已被国际社会普遍认可而成为现代刑法最重要的基本原则。

作为现代刑法的首要原则,罪刑法定原则以人权保障为核心内容,对于不利于被告人、犯罪嫌疑人的制度如类推定罪、重法有溯及既往的效力、不定期刑、习惯法、模糊用语等,均绝对排斥。由于中国1979年《刑法》中规定有类推制度,且受当时“宜粗不宜细”立法思想的影响,诸多条文含糊不清,而在有关单行刑法中,还设置了处刑较重的新法即重法具有溯及力的规定②,这就极大地削弱了刑法对人权的保障(特别是对被告人、犯罪嫌疑人权利的保障)作用。③ 中国1997年《刑法》毅然摒弃了类推制度、重法有溯及力等一系列不利于人权保障的规定,其第3条明确规定:“法律明文规定为犯罪行为的,依照法律定罪处罚;法律没有明文规定为犯罪行为的,不得定罪处罚。”从而在《刑法》中确立了罪刑法定的原则。

罪刑法定原则的确立,被认为是中国刑法改革进程中的一个里程碑,表明中国刑法由偏重对社会整体利益的保护向保护社会整体利益与保障个人权利并重转变的价值取向,从而对刑法规范的完备和科学,对刑事司法的改善和强化,乃至对于提高全社会的法治意识,均至关重要和大有助益。这就为中国刑法及刑事法治的现代化奠定了良好的基础。当然,罪刑法定原则要求罪刑规范的设置明确化、具体化,而中国1997年《刑法》在此方面还存在着一些欠缺,诸如还存在含糊、不确切、笼统的用语,分则条文未明定罪名,有些犯罪的法定刑幅度过大,等等。在立法中纠正和避免这些弊端,将有助于提高立法的科学水平,从而也会有益于人权的刑法保障。

2. 反对特权司法,确立适用刑法人人平等原则

适用刑法人人平等原则,是法律面前人人平等这一法治一般原则在刑法中的具体化,它也是罪刑法定原则的必然要求。中国1997年《刑法》第4条规定:“对任何人犯罪,在适用法律上一律平等。不允许任何人有超越法律的特权。”根据这一规定,适用刑法人人平等原则当然也包含对被害人权益保障之意,但其更侧重于对犯罪公民适用刑法上的平等。这一原则对犯罪公民的人权保障意义在于:任何犯罪人均应当平等地承担刑事义务,并平等地享有

---

① 费尔巴哈在1813年起草的《巴伐利亚刑法典》中,第一次将罪刑法定思想法典化。

② 全国人大常委会1982年通过的《关于严惩严重破坏经济的犯罪分子的决定》规定了附条件的从新溯及力的原则;全国人大常委会1983年通过的《关于严惩严重危害社会治安的犯罪分子的决定》,则规定了无条件的从新溯及力的原则。但在后来全国人大常委会通过的其他单行刑法中,这种从新溯及力原则的规定得到了纠正和避免,从而贯彻了刑法总则所确立的体现罪刑法定主义要求的从旧兼从轻的溯及力原则。

③ 参见赵秉志主编:《新刑法教程》,中国人民大学出版社1997年版,第6、7页。

刑法所规定的刑事权利。所谓平等地承担刑事义务，包括两方面的含义：一是要求对犯罪人严格以罪论刑，绝不允许因犯罪人社会地位、受教育程度、财产、性别、种族等不同而加重或减轻刑罚或不予处罚；二是要求不得因被害人的社会地位、受教育程度、财产、性别、种族等不同而对犯罪人加重或者减轻刑罚或不予处罚。所谓平等地享有刑事权利，是指每一个犯罪人依法享有法定的刑事权利，只要符合法定条件，不论个人地位、受教育程度、财产、性别、种族状况如何，均应让其享受某种刑事权利。例如，中国现行《刑法》中规定有各种法定从轻、减轻或免除刑罚的情节，只要犯罪人具有法定从轻、减轻或免除刑罚的情节，他便依法享有受到从轻、减轻或免除刑罚的刑事权利，司法机关不能以其社会地位、受教育程度、财产、性别、种族以及任何其他理由剥夺其刑事权利。

应当承认，由于多种因素的影响，现阶段中国社会还存在相当严重程度的妨碍公正、平等司法的特权现象。明文规定适用刑法人人平等的原则，会有助于促进司法的公正与平等，并进而强化中国刑法对人权的保障。虽然法律条文中适用刑法人人平等的原则要在刑事司法中得到切实贯彻并非易事，尚需要司法官员乃至全社会不懈的努力；但适用刑法人人平等原则的立法化，毕竟昭示与强调了法治公正、公平的精神、方向和要求，从而为刑事法治强化人权保障创造了立法的基础。

3. 追求合理、公正，确立罪责刑相适应原则

罪责刑相适应原则，是由近现代刑法与刑法学中的罪刑相适应原则演化和进步而来的。罪刑相适应，亦可称为罪刑相当、罪刑均衡、罪刑相称，其基本意义是重罪重罚、轻罪轻罚、罪刑相称、罚当其罪。17—18 世纪资产阶级启蒙思想家和强调客观主义的西方刑事古典学派曾力倡罪刑相适应的刑法观念，如作为刑事古典学派创始人之一的意大利著名刑法学家贝卡里亚曾在其传世名著《论犯罪与刑罚》中，精彩地提出和论述了罪刑相称的主张。① 资产阶级革命胜利后，作为一项进步的法律成果，罪刑相适应被贯彻于其刑法之中。传统的罪刑相适应原则，以客观主义的犯罪观和报应主义的刑罚观为基础，机械地强调刑罚与已然之罪即犯罪的客观实害相适应，因而从 19 世纪末期开始，随着西方刑事人类学派和刑事社会学派的崛起，其内容已逐步得到重大的修正：从单纯强调刑罚与已然之罪的相适应，发展为刑罚之适用兼顾已然之罪与未然之罪即再犯可能性，同时注重刑罚与犯罪行为及犯罪人的个人情况（主观恶性与人身危险性）的相适应。这时，罪刑相适应实际上已

---

① 参见〔意〕切萨雷·贝卡里亚：《论犯罪与刑罚》，黄风译，中国大百科全书出版社 1993 年版，第 65、66 页。

经逐步演进为罪责刑相适应。这是现代刑法思想和刑法原则的一项重大的合理化变革。

中国《刑法》顺应世界刑事法治的新进展和新观念,在其第 5 条明确规定:"对犯罪分子量刑的轻重,应当与其所犯罪行和承担的刑事责任相适应。"从而确立了罪责刑相适应这一合理、公正的现代刑法原则。按照罪责刑相适应的原则,法院对犯罪分子适用刑罚时,一方面要依据其所犯罪行及其危害后果的轻重;另一方面又要依据犯罪分子实施犯罪行为时及其犯罪前后所具备的主观罪责的轻重,主客观相统一地裁量和确定刑罚,从而兼顾惩罚已然之罪和预防未然之罪的综合需要。罪责刑相适应原则对于刑事法治的科学、合理、文明和效益,具有广泛而重要的意义。其人权保障的意义也是其中一个重要的方面。罪责刑相适应原则的人权保障意义就在于:要求追究刑事责任和适用刑罚的公正,从而使犯罪人的权利得到法律合理的剥夺、限制与保障,使被害人的权利也得到合理的刑法保障。因此,任何违反罪责刑相适应原则的司法裁量,都是对公民(犯罪人或被害人)权利的不尊重和践踏。中国《刑法》确立罪责刑相适应的原则,也必然会促进刑法的人权保障。

(二)刑罚更加人道化

刑罚人道无疑是刑法保障人权的极其重要的方面。封建刑法以野蛮、残酷为特征,资本主义战胜封建主义在刑法方面取得的革命性成果之一,便是以刑罚人道取代了封建刑法中的刑罚残酷。虽然欧陆诸国的刑法典中鲜见把刑罚人道作为一项刑法基本原则而明确规定,但近现代以来,西方立法者和司法界一直把刑罚人道努力贯彻于其刑罚立法和司法实务中。刑罚人道也是近现代以来世界刑罚改革的基本目标和主要价值观之一。值得注意的是,1997 年 1 月 1 日起生效的《俄罗斯联邦刑法典》第 7 条,很可能是在各国刑法立法例中首开先河地把"人道原则"作为刑法的一项基本原则而明文规定在其刑法典中。① 中国和大多数国家一样,并没有在刑法典中明文规定刑罚人道的原则。但刑罚人道,一直是中国刑法学界所主张并为中国立法者在刑法中贯彻和司法界在实务中注意奉行的刑罚基本精神。中国 1997 年《刑法》进一步努力贯彻了刑罚人道主义的精神。

1. 保留并更加重视人道性的刑罚种类"管制"

管制是中国 1979 年《刑法》规定的最轻的主刑,属于限制自由刑的范畴,是一种对犯罪分子不予关押,但限制其一定的自由,由公安机关予以执行的

① 参见《俄罗斯联邦刑法典》,黄道秀译,中国法制出版社 1996 年版,第 4、5 页。

刑罚方法。管制作为一种刑罚方法,是新中国刑罚制度的创举。[①] 作为一种开放性的刑罚方法,管制的人道性特征十分显著:首先,它仅仅限制犯罪分子的部分自由而并非剥夺其自由;其次,被判处管制的犯罪分子未与社会隔离,而是仍在其工作岗位上,也不离开自己的家庭和亲人;再次,被判处管制的犯罪人还可以享受同工同酬的劳动待遇。但是,在中国1997年《刑法》的修订研拟过程中,关于管制刑的存废却成为激烈争论的问题。一种观点认为,多年来随着经济的发展带来了流动人口的增加,加之其他种种不利的因素,管制刑执行起来很困难,近年来法院判处管制刑的已很少,因而管制刑应当予以废除;另一种观点则认为,管制刑作为开放性、人道性的刑罚方法,具有其他刑罚方法所无法取代的优越性,而且符合世界刑罚开放性发展的基本趋势,因而管制刑应当予以保留并完善其执行制度。[②] 中国立法机关经过研究,在1997年修订的《刑法》中坚决地保留了管制刑,完善和严格了其执行制度,并且在刑法分则中显著地扩大了管制刑适用的范围。

从世界范围来看,刑罚向开放性、人道化方向发展已成为趋势,很多国家都在积极进行这方面的探索。例如,在当今的德国,机动灵活的处分方式替代剥夺自由刑的刑罚已成为一种非常普遍的倾向,德国汉堡地区早在1986年开放式执行本地区生效判决的比重已高达40%。[③] 中国1997年《刑法》对管制这种开放性、人道性刑罚种类的重视和完善,无疑是应当充分肯定的,是符合世界刑罚改革发展方向的。

2. 努力限制和减少死刑

死刑是剥夺犯罪分子生命的最为严厉的刑罚方法。死刑在古代社会的刑罚体系中曾占据重要的乃至中心的地位。由于死刑的特殊严厉性及其不可克减之弊端,古代崇尚死刑的传统刑罚观念在近代资产阶级革命中受到刑罚人道主义新思潮的冲击和影响,特别是意大利著名刑法学家贝卡里亚于1764年在其名著《论犯罪与刑罚》中首倡废除和限制死刑的主张以来,死刑存废之争已达近两个半世纪之久,而且废除死刑的呼声日渐高涨。如今,死刑的限制与废除已被越来越多的国际法律文件所认可。1948年《世界人权宣言》作为人权国际保障的纲领性文件,强调了生命、自由和人身安全的权利,为死刑的限制和废除奠定了法理基础。1966年联合国《公民权利和政治

---

① 参见高铭暄:《中华人民共和国的孕育和诞生》,法律出版社1981年版,第64页;高铭暄主编:《刑法学》,法律出版社1982年版,第223页。

② 参见赵秉志等:《中国刑法修改若干问题研究》,载《法学研究》1996年第5期。

③ 参见徐久生等:《德国监狱制度》,中国人民公安大学出版社1993年版,第23—26页。

权利国际公约》第6条首次在国际公约中对死刑的适用明确加以限制。随后《美洲人权公约》以及《关于保障面临死刑的人的权利的措施》对死刑的限制作了进一步的规定。20世纪80年代,《〈欧洲人权公约〉关于废除死刑的第六议定书》、《旨在废除死刑的〈公民权利与政治权利国际公约〉第二项任择议定书》以及《〈美洲人权公约〉旨在废除死刑的议定书》先后问世,废除死刑在一定范围内遂开始成为国际法规范。上述国际性法律文件不仅为限制或废除死刑确立了国际法依据,使成员国在限制或废除死刑问题上承担了相应的法律义务,也为限制或废除死刑的运动建立了国际保障机制。死刑不但已失去了其在刑罚体系中的核心地位,而且限制、减少死刑乃至废除死刑已成为世界的潮流与趋势。据统计,截止2004年12月31日,世界上已有85个国家与地区在法律上明确废除了所有罪行的死刑,10个国家和地区废除了普通犯罪的死刑(军事犯罪或战时犯罪除外),还有39个国家和地区在实践中事实上废除了死刑(过去10年内没有执行过死刑,并且确信其不执行死刑的政策将继续下去或者它已向国际社会作出承诺不再使用死刑)。换言之,现今在法律上或事实上废除死刑或者废除普通犯罪死刑的国家和地区已多达134个,而相应地只剩下相对少数的61个国家和地区依然积极地保留死刑。① 虽然我们不能简单地认为死刑的存与废就是一个国家刑法文明与人道与否的标志,因为死刑的存废要根据一个国家或地区的历史文化传统、基本价值观念尤其是犯罪现实状况等因素来决定;但在现阶段还需要保留死刑的国度,严格控制和合理减少死刑的立法与司法,无疑已是刑罚向人道化方向发展的共识与大势。

中国现阶段在死刑问题上一贯坚持的刑事政策是:保留死刑,限制死刑,坚持少杀,防止错杀。这一政策是符合中国现阶段社会的实际情况及其发展进步需要的。中国1979年《刑法》较好地贯彻了这一正确的死刑政策:严格规定了死刑的适用对象、适用条件及核准程序;设置了"死刑缓期二年执行"的行刑制度;分则设置死刑的罪种也很有限,仅为28种罪名,而且基本限制在性质和危害非常严重的犯罪范围之内,其中还有15种属于危害国家安全性质的基本上是备而未用死刑的罪名,从而鲜明地体现了慎用死刑的立法思想。但在1982年之后,面对严重经济犯罪和严重危害社会治安犯罪的严峻形势,为配合严惩严重犯罪的司法需要,中国立法机关在单行刑法中较多地增设了死刑,急剧膨胀的死刑立法又导致了死刑在司法中被广泛地适用。在

① 此外,原为事实上废除死刑的塔吉克斯坦,已于2005年2月废除了死刑。转引自〔英〕罗杰·胡德:《"最严重"罪行之探解》,载《中英"死刑适用标准及死刑限制"学术研讨会论文集》,中国人民大学刑事法律科学研究中心2005年3月,第92页。

1997年《刑法》的修订过程中，如何合理地设置死刑成为各界关注的热点问题，刑法学界的普遍主张是应当严格限制和减少死刑。中国立法机关在现阶段社会治安形势还相当严峻，自上而下看重死刑的观念尚有很大影响，因而还无法大幅度地减少死刑的情况下，还是进行了严格限制和削减死刑的积极努力。这主要表现在：(1)进一步限制了死刑的适用条件。一是将1979年《刑法》规定的死刑只适用于“罪大恶极”的犯罪分子修改为死刑只适用于“罪行极其严重”的犯罪分子，从而使其标准更加严格和规范；二是删除了对已满16周岁不满18周岁的未成年犯罪人可以判处死缓的规定。(2)放宽了死缓减轻为无期徒刑的条件，将1979年《刑法》规定的“确有悔改”修改为“没有故意犯罪”。(3)削减了死刑罪名。① 中国1997年《刑法》关于限制和削减死刑的改革措施，无疑在一定程度上增强了中国刑罚的人道主义色彩。

在仍然保留死刑的国家，死刑的立法与司法状况当然是其刑法之人权保障的一个重要标志。中国1997年《刑法》在限制和减少死刑方面作出的积极努力，无疑是应当充分肯定的。但是，刑法界乃至法学界和法律界的普遍看法，还是认为中国现阶段的死刑立法偏多，核准程序也不完善。中国立法机关应当站在引导社会向文明、现代化道路发展的高度，深入调查研究中国的司法实务并参考借鉴外国立法例，对中国现行《刑法》中的死刑罪种进行认真的甄别和考量，进一步限制和削减死刑，将死刑限制在非用不可、合乎法理、情理的极其严重的犯罪上，并依据《刑法》、《刑事诉讼法》和总结多年来的经验教训，严格死刑的核准程序，从而使中国《刑法》中的死刑及其适用更加科学、文明、合理和人道。就现阶段综合情况而言，笔者认为，中国死刑的废止应本着谨慎、务实的态度，遵循先易后难、逐步发展的法治变革之规律，以废止罪责刑严重失衡、长期备而不用或很少适用、社会心理反应不大的死刑条款为起点，分阶段、分步骤地进行。根据中国社会发展的前景预测及国家所提出的在21世纪的阶段性发展目标，笔者设想，中国可以经过如下三个阶段逐步废止死刑：一是及至2020年中国全面建成小康社会之时，基本废止非暴力犯罪的死刑；二是再经过一二十年的发展，在条件成熟时进一步废止所有非致命性暴力犯罪的死刑；三是在社会文明和法治发展到相当发达程度时，至迟到2050年新中国成立100周年亦即中国建成富强、民主、文明的社会主义国家之际，全面彻底地废止死刑。②

(三)完善保安处分制度

保安处分作为刑罚之外的一种辅助性的刑事制裁方法，因其具有不但同

① 参见赵秉志、肖中华：《论死刑的立法控制》，载《中国法学》1998年第1期。

② 参见赵秉志主编：《中国逐步废止死刑论纲》，载《法学》2005年第1期。

犯罪现象作斗争而且更注意消除犯罪原因的积极功效,因而为现代各国在刑事法治体系中所普遍采用。中国存在散见于《刑法》、治安法、行政法等法律中不够系统、完整的保安处分之内容,而且在保安处分之适用上主要由公安机关决定而缺乏必要的诉讼程序与法治监督机制。因而保安处分尤其是其中具有剥夺人身自由性质的劳动教养制度被认为有违现代法治之精神和人权保障之要求。在中国 1997 年《刑法》的修订过程中,曾就保安处分是否应纳入刑法总则设立专章而进行热烈的讨论,最高人民法院和最高人民检察院均曾主张在刑法典中设立保安处分专章。① 后因保安处分纳入刑法典的问题较为复杂且需要具备充分的条件,而新刑法典需要通过的时间又比较急迫,中国 1997 年《刑法》中因而并未增设保安处分专章。但从建立现代法治和充分保障人权的长远需要看,保安处分的实体和程序问题均应尽快创造条件在立法上解决。解决的方案可以有多种,其中最理想、最完备的,笔者认为还是应当在刑法典中设立保安处分专章,并在《刑事诉讼法》中予以程序上的配合。同时,特别要指出的是,要确立符合现代法治精神的保安处分制度,显著地改善中国法治中的人权保障状况,改革现行劳动教养制度更是势在必行。

劳动教养是中国特有的一种法律制度。根据现行的劳动教养法律、法规的规定,劳动教养是对有违法和轻微犯罪行为,不够或不需要予以刑事处罚而需要劳动教养的人,由省(区、市)和大中城市下设的劳动教养管理委员会审查批准,由司法行政部门的劳动教养管理所收容并进行教育改造 1 至 3 年,必要时可以延长 1 年的行政措施。作为一种非司法性剥夺公民人身自由的制度,劳动教养制度不仅涉及刑法的相关内容,而且涉及刑法与行政法等部门法之界限,它尤其与刑法的立法完善密切相关。

诚然,劳动教养制度在中国的确立和发展有其特定的历史背景和价值基础。四十多年来,该制度在维护社会治安,稳定社会秩序,预防和减少犯罪,教育和挽救轻微违法犯罪人员等方面曾在一定程度上起到过积极的作用。但是,随着中国政治、经济、文化等各方面的发展变化,特别是在依法治国、建设社会主义法治国家基本方针的确立和对人权保障的日益重视的背景下,该制度中存在的诸多问题和缺陷日益暴露出来。概而言之,目前中国的劳动教养制度存在着性质定位模糊、收容对象宽泛、审批程序不严、当事人缺乏必要的司法救济、劳教期限过长等弊端。从价值理念上看,它不符合现代国家保障人权的观念,有违公平、正义原则;从法律根据上看,

---

① 参见高铭暄、赵秉志编:《新中国刑法立法文献资料总览》(下卷),中国人民公安大学出版社 1998 年版,第 2409—2410 页、第 2598—2600 页。

与中国的《立法法》直接相违背，与《治安管理处罚条例》、《行政处罚法》不相协调，与国际人权公约的要求明显不符合，背离了依法治国的内在要求。劳动教养制度设计的严重缺陷带来了操作、执行过程中出现的种种诟病，成为国际社会指责中国人权保障状况的口实。劳动教养作为“强制性教育改造”的初衷已经被其现实劳动教养运作过程中所体现出来的严厉处罚性所取代，作为“安置就业的一种办法”的最初考虑，更是荡然无存。可以说，劳动教养作为中国控制社会秩序的重要手段，其具体实施过程所造成的对法治原则和正义理念的不良影响，已超过它对于维护社会治安所能发挥的积极作用。①

事实上，劳动教养作为一种具有中国特色的法律制度，显然是以维护社会秩序为其基本价值取向的；但是兼顾维护社会秩序和保障公民人权两种价值，乃是现代法治精神对各项具体法律制度的基本要求。我国是共产党领导的人民民主专政的社会主义国家，维护和保障人权是国家的基本政策。劳动教养制度由于存在着上述种种问题和缺陷，不仅成为中国社会法治化进程中特别是刑事法治建设中的一个突出问题，而且是中国民主与人权事业及国际人权斗争中的一个焦点和热点问题。在对 1979 年《刑法》修改的研拟过程中，现行劳动教养制度的处置虽然是一个争论较大的问题，但无论学界还是司法、公安部门基本上都对其持改革的立场，只是由于当时准备不足，配套制度一时难以落实到位而暂时搁置。如今，中国早于 1998 年即签署了《公民权利和政治权利国际公约》，而该公约第 9 条第 1 款规定，除非依照法律所规定的根据和程序，任何人不得被剥夺自由（此处的法律，当指由国家立法机关制定的法律）；而中国共产党的十六大在关于中国司法体制改革中亦明确提出，“社会主义司法制度必须保障在全社会实现公平和正义。”因此，对现行劳动教养制度进行改革，不仅是实现党的“十六大”报告所提出的“按照公正司法和严格执法的要求，完善司法机关的机构设置、职权划分和管理制度，进一步健全权责明确、相互配合、相互制约、高效运行的司法体制”目标的要求，而且是承担中国参加的《公民权利和政治权利国际公约》等有关人权国际公约所规定之义务所需，也是中国现代法治文明进步的需要，更是维护和保障人权，“保障在全社会实现公平和正义”的要求。

笔者认为，将劳动教养的决定权由公安机关转由法院来行使，使之纳入诉讼程序化运作过程，对于避免劳动教养决定的随意性，保障当事人的合法

① 参见赵秉志等：《中国劳动教养制度司法化改革论纲》，载《检察日报》2003 年 6 月 25 日，第 3 版。

权益,尤其是保障其充分行使辩护权利,具有很大的积极作用;但劳动教养的固有缺陷并非诉讼程序化改进所能够完全解决的,而必须对劳动教养的实体问题进行彻底的变革。

具体而言,对劳动教养制度的实体变革应从中国目前的国情和法治国家的长远目标两个方面着眼。也就是说,可以从保留劳动教养制度和废除劳动教养制度两个阶段对劳动教养问题进行改革。在保留劳动教养制度的阶段,在现行法院体制架构下,可以借鉴当前的一些专门审判庭、法庭如少年犯罪审判庭的成功做法,在人民法院内部设立独立的治安审判庭,专门负责审理劳动教养案件。此一改革方案不仅简便可行,符合现行法制框架下对劳动教养性质的定位,而且能有效地将劳动教养纳入司法体制和正当程序之中,解决并克服现行劳动教养决定权、适用程序、权利救济等诸多问题和弊病,充分体现中国现代法治对公民人权保障与维护社会秩序并重的价值取向。而从建设法治国家的长远目标考虑,笔者主张废除劳动教养制度,而在规范上代之以"违法行为处罚法",并对当前劳动教养的对象、措施等,根据其具体情况、不同特点,分别处理。行为人之行为实际已构成犯罪的,应予刑罚处罚;仅达到治安违法程度的,给予一般的治安管理处罚;如果既不可能犯罪化,只给予一般治安处罚又过轻且达不到教育目的的,则可以考虑纳入行政强制措施。例如,可以把目前对吸毒、卖淫、嫖娼人员所采取的强制戒除、收容教育与对这些人员的劳动教养合并,归并为一个体系,使之成为行政强制措施。

(四)进一步完善未成年人刑事责任的范围

未成年人因为其生理、心理尚不成熟、责任能力不完备暨易于教化等特点,成为现代各国刑事政策和刑事法律上普遍予以从宽处理的特殊对象,其刑法处遇也成为人权法律保障程度的重要标志之一。根据中国 1979 年《刑法》第 14 条第 1、2 款的规定,未成年人是否负刑事责任分为三种情况:一是未满 14 周岁的未成年人的任何行为,均不负刑事责任;二是已满 14 周岁不满 16 周岁的未成年人,只对特定的严重犯罪负刑事责任;三是已满 16 周岁的人,对所有的犯罪均应负刑事责任。同时,中国 1979 年《刑法》对未成年人犯罪适用两条重要的原则:一是从宽处罚的原则,即对已满 14 周岁不满 18 周岁的未成年人犯罪,一律应当从轻或者减轻处罚(第 18 条第 3 款);二是原则上不适用死刑或者确切言之为不适用死刑立即执行的原则,即对犯罪时不满 18 周岁的人不判处死刑立即执行,已满 16 周岁不满 18 周岁的人如果所犯罪行特别严重的,至多可以判处死刑缓期二年执行(第 44 条)。应当肯定,中国 1979 年《刑法》已经对未成年犯罪人的基本权利作出了特别保障性的规定,但也有不尽完善之处。

中国1997年《刑法》对未成年人的犯罪及其刑事责任作了进一步合理性的改进,主要包括以下两个方面:其一,将已满14周岁不满16周岁未成年人负刑事责任的范围予以明确化、合理化的规定。中国1979年《刑法》第14条第2款规定,已满14周岁不满16周岁的未成年人“犯杀人、重伤、放火、惯窃罪或者其他严重破坏社会秩序罪,应当负刑事责任”。在多年的司法实践中,对于该款的“杀人、重伤”是限于故意犯罪还是也包括过失犯罪,尤其是对于“其他严重破坏社会秩序罪”如何理解与把握,往往产生不同的主张①,因而影响了司法统一和对未成年人的特殊保护。鉴于此,中国1997年《刑法》第17条第2款明确规定:“已满十四周岁不满十六周岁的人,犯故意杀人、故意伤害致人重伤或者死亡、强奸、抢劫、贩卖毒品、放火、爆炸、投毒罪的,应当负刑事责任。”从而使已满14周岁不满16周岁未成年人负刑事责任的犯罪范围明确、具体和比较合理,解决了原来立法所造成的司法中的歧见,进一步贯彻了罪刑法定原则,强化了对未成年犯罪人权利的法律保障。其二,中国1997年《刑法》删除了1979年《刑法》中关于对已满16周岁不满18周岁的未成年人可以判处死刑缓期二年执行的规定,即对不满18周岁的未成年人在任何情况下都不得判处死刑,包括不得判处死刑缓期二年执行。这就彻底贯彻了对未成年犯罪人不适用死刑的原则,从而与中国近年来参加的有关国际公约的规定相符,也充分体现了中国刑法的人道主义精神与对未成年犯罪人生命权利的依法保障。与宣称高度维护人权却在立法和司法中还允许对未成年人适用死刑的某些西方国家相比,中国刑法典在对未成年犯罪人人权保障方面的进步是显而易见的。

不过,为充分体现对未成年人犯罪的特殊处遇,世界上一些国家在刑法典总则中设立有此专章。② 在中国1997年《刑法》的修订过程中,中国刑法学界和最高司法机关均曾提出过此种建议。③ 但中国1997年《刑法》由于侧重于分则的修订而未能在总则中增设此章。笔者认为,中国1997年《刑法》虽然在有关条文中规定有对未成年人犯罪的特殊处遇之内容,但受到个别条文之规范方式的限制,其应有的内容还不完整。若能于刑法总则中增设未成

---

① 参见赵秉志主编:《刑法争议问题研究》(上卷),河南人民出版社1996年版,第234—240页。

② 参见赵秉志:《关于完善中国刑法典体系和结构的研讨》,载《中国社会科学》1989年第4期。

③ 参见高铭暄、赵秉志编:《新中国刑法立法文献资料总览》(下卷),中国人民公安大学出版社1998年版,第2905—2907页、第2426—2428页。

年人犯罪的特殊处遇专章，就可以全面地设置对未成年人犯罪从刑事责任之追究、刑罚裁量之原则到刑种适用、刑罚制度适用乃至保安处分措施之配合等一整套必要的特殊处罚措施，从而会有助于对未成年人犯罪的合理、有效的处理，并增强刑法对此一需要特殊保护之弱势群体的人权保障。①

四、结　　语

当然，全球化时代中国刑法改革中的人权保障并非仅仅停留于刑法立法层面，其在刑事司法运作中也需要得到切实的贯彻。随着中国近年来刑事司法改革的深化，人权保障之现代法治理念亦逐渐根植于刑事司法领域，并在司法解释、刑罚适用等具体刑事司法活动中得到了较为充分的体现。可以说，这是中国依法治国方略在刑事法治领域的重大进展，也充分彰显了中国人权法律保障机制的日趋完备和社会文明的不断进步。但是，仍有必要指出的是，1997 年和 1998 年，中国政府先后签署了《经济、社会、文化权利国际公约》和《公民权利和政治权利国际公约》，而我国全国人大也已于 2002 年正式批准加入《经济、社会、文化权利国际公约》。按照上述人权两公约中的规定，中国刑法立法乃至刑事司法制度中依然存有诸多亟待修改、完善之处。而且，中国共产党"十六大"报告在党的正式文件中第一次明确提出，保证人民依法享有广泛的权利和自由，尊重和保障人权。这一精髓如今亦已为宪法修正案所吸纳，从而将中国的人权事业推进到一个新的阶段。因此，如何将人权领域所出现的新形势、新精神贯彻于刑法立法与刑事司法中，现在已经成为中国刑法理论与实务界必须直面并着力完满完成的重大课题。笔者相信，在全球化进程中，在世界人权与现代法治进步的影响下，随着中国法治的发展和人权事业的进步，中国刑事法治在人权保障方面尚存的诸多缺陷与不足也必将得到逐步弥补并日臻完善。

① 参见赵秉志等：《中国刑法修改若干问题研究》，载《法学研究》1996 年第 5 期。

11. 论中国刑事司法中的人权保障 *

目　次

一、前　言

保护社会和保障人权是当代刑法的两大机能。保护机能强调的是刑法保护国家、社会和公民个人免遭犯罪侵犯的作用；而保障机能则重在防止社会成员尤其是犯罪嫌疑人、被告人、犯罪人免遭国家刑罚权之不当行使的侵犯。而无论是保障机能还是保护机能，都蕴含着保障公民人权的问题。应当充分肯定，中国 1997 年的新《刑法》与此前的刑法规范相比已经较多地关注了刑法的人权保障问题，并在此方面取得了显著的进步。不过，在刑事司法中强化人权保障同样甚至说更为至关重要。它不仅可以切

* 原载《北京师范大学学报（哲学社会科学版）》2006 年第 3 期。

实贯彻刑法立法所确立的人权保障精神和规范，而且还可以有力促进刑法立法不断完善其保障人权之必要举措。可喜的是，近年来中国刑事司法实务中也开始扭转以往重保护社会而轻保障人权之观念，人权保障已逐渐根植于刑事司法领域，并在具体刑事司法运作中开始得到逐步贯彻与实现。可以说，这是中国依法治国方略在刑事法治领域的重大进展，也充分彰显了中国人权法律保障机制的日趋完备和社会文明的不断进步。笔者即拟以刑事司法运作及其改革与发展中如何切实贯彻人权保障之时代要求为主线，着力勾勒和研析中国刑事司法中人权保障的理念、原则、政策等宏观问题，并重点探讨刑法适用、刑罚裁量与刑罚执行过程中关涉人权保障的具体问题。

二、中国刑事司法中人权保障的宏观问题

中国刑事司法中的人权保障问题可以从宏观与微观的不同层面来把握。而其中的宏观问题则主要涉及刑事司法中的人权保障理念、原则与政策等诸多问题。兹分述如下：

（一）刑事司法中的人权保障理念

作为国家法治的重要组成部分，刑法直接关涉公民的基本人权，人权保障是刑事法治理念的基础性要求。刑法不仅可以通过依法惩罚犯罪来维护社会正常秩序，为广大人民群众提供良好的生产、生活环境，而且也保障无罪的人不受刑罚处罚，防止惩罚权的滥用，甚至在惩罚罪犯时也维护其应有权益，使其所受到的惩罚与其犯罪行为和刑事责任相适应，保证其免受不公正之惩罚，并通过刑罚的执行来感化和改造犯罪人，促使其重新回归社会。因此，诚如日本刑法学者所言，刑法既是“犯罪人的大宪章”，也是“善良公民的大宪章”。所谓刑法是“犯罪人的大宪章”，是指在行为人实施犯罪的情况下，保障罪犯免受刑法规定以外的不正当刑罚；而刑法是“善良公民的大宪章”，意即只要公民没有实施刑法所规定的犯罪行为，就不能对该公民处以刑罚。① 在此基础上，笔者还认为，以刑法保护公民免受犯罪的侵害，也应为刑法是“善良公民的大宪章”之题中应有之义。刑法对人权的保障，既包括对犯罪人人权的依法保障，同时更应当包括对被害人及广大守法公民人权的依

① 参见〔日〕木村龟二主编：《刑法学词典》，顾肖荣等译校，上海翻译出版公司1992年版，第9页。

法保障。

当然,人权保障在中国当代刑法中的确立不能仅仅依靠简单的法律“移植”,它首先有赖于人权观念之变革。没有相应的人权观念为基础,人权保障根本不可能在刑事法治领域得到真正贯彻。审视中国1997年《刑法》颁行之前的刑事司法实践,可以看出,刑事司法人员人权观念之缺失是刑事法治领域曾经普遍漠视人权的重要根由。在以往的刑事司法实践中,更侧重于强调刑法的保护社会机能,力图通过刑罚权的动用来惩罚犯罪,以刑罚这种不得已的“恶”否定犯罪之“恶”,从而维护社会秩序,保障社会的稳定发展。这种片面强调刑法保护社会机能之做法,虽似可以换得社会表面的安宁,然而却是以公民权利被漠视乃至被践踏为代价的。在此种观念下,刑法就是森严的监狱、冰冷的脚镣手铐甚至残酷的肢体肉刑。人们视刑法为“刀把子”、“专政工具”、“驭民之术”,刑法同民主、人权的观念可谓严重脱节了。其实,保障人权亦是现代刑法的另一重要机能,它强调的是对公民人权的维护,以对犯罪人人权之保障为首要目标,并以此为基础实现对全体公民权利的保护。从权力运作角度看,刑法的保障人权机能起到了限制国家刑罚权的动用之功效,避免了无限度动用刑罚权对公民权利带来的侵害。而且,在市场经济体制下,刑法的价值构造应当顺应时代潮流的发展,兼顾保护社会和保障人权双重机能,并适当向保障人权机能倾斜,加重刑法的人权蕴含。这不仅是民主政治与人权理论的要求,也是衡量一部刑法先进与否的判断标准之一。①这一价值取向不仅应该在刑法立法中确立和贯彻,更应在刑事司法运作中得到充分体现。如果没有相应刑事司法观念的变革,关涉人权保障的刑法立法的真正贯彻也必然会举步维艰、流于形式。正如英国法学家劳埃德所言,“立法或许是非常重要的教育因素,但这并不是说只要通过一项法律就能在一夜之间造成意识形态的基本改变,或把法律当作神奇的魔杖,可以在弹指之间把一个社会的偏见或内在情绪化的态度悉数扫除。”②所以,虽然中国刑法立法对公民人权的保障已日臻完备,但刑法对公民人权的切实保障依然离不开刑事司法观念之革新。

循着社会分工的沿革历程观之,刑事司法的本源功能便在于打击犯罪。因此,在相当长的历史时期内,世界各国都把打击犯罪作为刑事司法的基本价值定位。然而随着人类社会的发展和文明的进步,保障人权的观念愈益受到各国的关注与重视,并相继在一些国家被确立为刑事司法活动

① 参见陈兴良:《刑法的价值构造》,载《法学研究》1995年第6期。

② 〔英〕丹尼斯·罗伊德:《法律的理念》,张茂柏译,台湾经联出版事业公司1984年版,第319页。

的价值目标之一。毋庸讳言,受强调社会利益的传统价值观念的影响和阶级斗争思维定式的制约,中国的刑事司法活动长期偏重于追求打击犯罪,而忽视了对犯罪嫌疑人、被告人、犯罪人甚至普通公众权利的保护。然而,现代司法活动应该崇尚公正、公平与公开,人类社会的发展和文明的进步应该表现为对人权的尊重。而在刑事司法中重视人权保障,就要求司法人员改变过去那些带有偏见的办案思路和习惯,不要再用对待"阶级敌人"的态度和手段去对待犯罪嫌疑人、被告人和犯罪人,而应当尊重和保障其依法享有的基本权利。①

1997 年召开的中国共产党第十五次全国代表大会,确立了依法治国的基本方略,提出了司法改革的任务。加强对公民人权尤其是犯罪嫌疑人、被告人乃至犯罪人的人权保障已成为中国刑事司法改革的重要目标。而随着刑事司法改革的深化,人权保障观念也逐渐深入人心。2004 年 3 月 10 日,最高人民法院院长肖扬在第十届全国人大第二次会议上所作的《最高人民法院工作报告》中,更是罕见地将保障人权的观念放置首位。肖扬院长在工作报告中提出,要切实保障群众的合法权益,深入落实"司法为民"的要求。② 而最高人民检察院检察长贾春旺在《最高人民检察院工作报告》中,亦强调要严肃查办侵犯公民人身权利、民主权利案件。③ 尤其值得一提的是,2004 年 3 月,中国第十届全国人民代表大会第二次会议向世界庄严宣示:把"国家尊重和保障人权"载入《宪法》。这无疑是中国政治生活和政治文明建设的一件大事,是中华民族文明史和中国人权发展史上的伟大里程碑。"人权入宪"无疑亦为刑事司法中强化人权保障奠定了坚实的宪政基础。

(二)刑事司法中的人权保障原则

刑事司法是保障刑事法律得以正确实施的最后一道防线,更是保证受侵犯的人权获得救济的最后一道屏障。因此,在刑事案件的侦查、起诉、审判、执行等各个刑事司法环节上,司法人员都必须始终牢固树立保障人权与保护社会并重之理念,切实遵循人权保障之时代要求。为此,不仅要求刑事司法活动中要正确运用《刑法》、《刑事诉讼法》和刑事执行法,而且还要求司法体制和司法队伍建设诸多方面条件的密切配合。限于篇幅,此处仅侧重从刑法的执行角度,就刑事司法中人权保障的基本原则略加探讨。

所谓刑事司法中的人权保障原则,是指贯穿于刑事司法的各个环节,指

① 参见何家弘:《刑事证据制度改革与司法观念的转变》,正义网,2003 年 11 月 17 日。

② 参见王德军:《高法报告突出保障人权》,载香港《大公报》2004 年 3 月 11 日,第 18 版。

③ 参见《最高人民检察院检察长贾春旺在十届人大二次会议上的报告(摘登)》,载《人民日报》2004 年 3 月 11 日,第 3 版。

导整个刑事司法中保障人权活动的根本性准则。笔者认为，为切实有效地保障被告人、犯罪嫌疑人以及包括被害人在内的一般社会民众的人权，刑事司法活动中人权保障最重要的原则当有以下两个。

1. 和谐统一司法的原则

和谐统一司法，就是要求刑事司法活动中对行为的定罪量刑要合理、协调、稳定和统一。这是罪刑法定、罪责刑相适应等刑法基本原则和刑罚目的对刑事司法活动的共同要求，也是贯彻人权保障之宪政理念的必备原则。刑事司法活动只有按照《刑法》的规定正确认定行为的罪与非罪，根据犯罪的危害程度和刑罚目的之要求妥当地适用刑罚，才能提高司法的权威，增强司法的效果，也才能在通过刑法的适用有效地惩罚和预防犯罪的同时，达到切实保障人权之旨趣。①

为贯彻和谐统一司法的原则，必须要求刑事司法人员始终秉持保障人权之要求，着力避免如下倾向：(1)片面强调形势和刑事政策对定罪量刑的影响，而背离刑事法律的有关规定，罔顾行为的实际危害程度，以致轻罪重罚，罚不当罪；(2)片面强调被告人、犯罪嫌疑人的前科劣迹对其行为定罪量刑的意义；(3)热衷于搞专项司法斗争，地方性司法一阵风，从而导致司法上的纵（与本地区其他时间相比）横（与同时期其他地区相比）失调；等等。刑事司法若失去和谐统一，则势必造成被告人、犯罪人甚至普通民众对司法公正、合理的怀疑乃至否定，甚至还会助长某些犯罪人和潜在犯罪人实施犯罪的侥幸心理或报复心理，从而影响和削弱刑事司法的应有效果，无法获得保障人权之功效。

2. 公正严肃司法的原则

公正严肃司法，就是要求在刑事司法活动中秉承公正之理念，对行为的罪与非罪、此罪与彼罪以及行为人罪责大小和应判刑罚轻重，应严格依照《刑法》条款的规定处理，以求最终实现司法公正。这是罪刑法定的刑法基本原则对刑事司法活动的必然要求，同时亦是刑事司法中贯彻人权保障之重要原则。唯有坚持公正严肃司法，才能树立刑法的权威，使刑事司法得到强化，并通过司法活动达到保护人民、惩罚罪犯、预防犯罪的刑罚目的，进而使保障人权之时代要求获得彻底而充分的张扬。

公正严肃司法，必然要求在司法活动中厉行刑法面前人人平等原则，对行为人定罪与否、定罪与量刑轻重，坚持一断于刑法，坚持以主客观相统一的原则来考察其行为的危害性质、危害程度及其在法律上的评价，坚决摒弃任

---

① 参见赵秉志：《刑法改革问题研究》，中国法制出版社 1996 年版，第 473 页。

何法外特权。同时,公正严肃司法也必然意味着不同身份、不同社会地位者享有同样的权利,应当受到刑事法律一视同仁的保障,不能单纯因为被害人身份、地位的不同,而对同样的行为在适用法律上有处罚轻重尤其是罪与非罪的区分。刑事司法若失去公正严肃,不仅会亵渎法律的权威和司法的神圣,造成具有特殊身份的犯罪人对立法和司法的蔑视,也会造成普通身份的犯罪人对其被适用法律定罪判刑的抵触,导致广大民众对司法活动产生不公平和不信任的心理,从而严重削弱刑事司法的效果,有违保障人权之宪政理念。

(三)刑事司法中关涉人权保障的刑事政策

刑事政策是刑事法治的灵魂和核心。正如有学者所言,刑法是刑事政策的条文与定型化。刑事政策对于刑法的制定与适用都有着直接的指导意义。① 而刑法制定与适用过程中所蕴含的人权保障精神,亦必然在刑事政策中有所体现。刑事司法中涉及人权保障的政策,主要是"严打"政策以及两极化刑事政策。

1."严打"政策与人权保障

"严打"亦即依法从重从快严厉打击严重刑事犯罪活动,是中央在社会主义初级阶段惩治犯罪、维护社会治安的一个重要方针,是中国社会综合治理工作的首要环节。作为中国的一项重要的刑事政策,"严打"在特定历史时期发挥了一定的积极作用。它在打击犯罪、维护社会治安、保护广大人民群众合法权益诸方面,收到了立竿见影的效果,不失为一种现实有效的措施。但是,"严打"毕竟是在特殊时期针对某些特定的严重犯罪采用的特殊手段,不能过高地估计其实际效能,更不能期望通过"严打"来实现社会的长治久安。事实上,中国二十余年来持久长期的"严打"斗争已经对常态法治造成了较为严重的冲击,带来了许多负面的影响。因此,"严打"可用而不可常用。

笔者认为,"严打"应当在社会主义法治的轨道上进行,必须符合国家依法治国方略的长远目标和内在要求。而且,"严打"的基本内容就是适用刑罚的"从重"和刑事程序上的"从快"。而这两项基本内容的正确实施,有赖于对刑罚功能和效益予以恰当的认识。在贯彻"严打"政策时,必须在坚决摒弃刑罚万能论和刑罚工具主义的基础上,对刑罚功能之局限性有足够的认识,必须坚持在人权保障的理念下合理运用刑罚。"严打"并不是次数越多越好、时间越长越好。只有保持以最小的刑罚成本将犯罪最大限度地控制在社会所能容忍的限度内的"严打"才是合理的、科学的。从刑罚的效益角度

① 参见陈兴良:《刑法的人性基础》,中国方正出版社1996年版,第388页。

看,“严打”中的“从重”必须有一个限度,不能一律“顶格判处”;同时,过分严厉的刑罚也会使公民对刑罚的公正性和合理性怀疑,从而削弱了一般威慑的效果。就“严打”中的“从快”方针而言,笔者认为似不宜再提,而应代之以“及时”。在保证办案质量的前提下,立足于法治的框架及时地审理、审结案件,从而保障刑罚适用的及时性,这才符合刑法的公正和功利价值。如果过分强调“从快”,则会损及当事人诉讼权利的保障。此外,为充分实现其保护社会、保障人权的功能,中国《刑法》在总则中确立了罪刑法定、适用刑法人人平等和罪责刑相适应等三大原则。“严打”政策应当切实贯彻刑法基本原则,即必须以维护刑法的实体公正为原则,以和谐实现刑法之保护社会与保障人权的功能为主旨,在此前提下才谈得上“严打”政策的正确贯彻执行问题。广大刑事司法人员必须时刻谨记,背离依法治国方略要求的所谓“严打”,实际上是以短视性的政策代替法制而破坏法治。如果继续奉行这种“严打”政策,则最终难以收到良好的社会效果。正如最高人民法院肖扬院长所指出:“损害法律效果的社会效果,实际上是经不起历史检验的也是不会得到人民群众的真正拥护和支持的。”

与此相关的是,究竟如何理解“严打”中经常提及的“两个基本”(基本事实清楚,基本证据充分)与《刑事诉讼法》第 162 条规定的“事实清楚,证据确实、充分”的关系呢?笔者认为,“两个基本”也是在特殊历史时期为了严厉打击部分严重刑事犯罪而提出的刑事政策性要求,其出台有其特殊的时代背景,在一段时间内对稳定社会治安起到了一定作用。但是,笔者认为,为了坚持现代法治原则、维护法律的效力和权威,更为了维护被告人、犯罪嫌疑人等的合法权益,还是应当严格坚持《刑事诉讼法》第 162 条关于“事实清楚,证据确实、充分”的规定,而不宜再提“两个基本”。

2. 两极化刑事政策与人权保障

两极化刑事政策被许多中国学者概括为“轻轻、重重”。① 所谓两极化的刑事政策,是指对不同社会危害的行为及不同人格危险的行为者,采取不同的方针的刑事政策。对于行为危害重大及有重大人格危险的不法分子,采取严厉的刑事对策;对于行为危害轻微及某种程度有改善可能者,采取宽松的刑事对策。这种刑事政策,也称为刑事政策之两极分化。严格刑事政策,即从维持社会秩序观点出发,以压制重大犯罪,且对重大犯罪者采取严格处遇为目的之刑事政策;相对地,宽松的刑事政策,即从刑罚谦抑性思想出发,对于轻微犯罪事件处理者,采取谦和及社会内处遇等对策,以达到防止再犯及

① 参见刘家琛:《量刑的合理化评价——兼论刑罚适用及其价值取向》,载赵秉志主编:《中韩刑事制裁的新动向》,中国人民公安大学出版社 2005 年版,第 18 页。

使犯罪者重新复归社会为目的之刑事政策。[①] 严格刑事政策的对象,主要为重大犯罪及危险犯罪者;而其基本策略与目的,则为对于重大犯罪者于刑事立法上采取报应思想,对于刑事司法及执行上从重量刑、从严处遇,以维持社会秩序而压制重大犯罪。相对地,宽松刑事政策的对象,主要为轻微危害行为及有改善可能性者;其基本的策略与目的,则为对于轻微危害行为者在刑事立法上考量非犯罪化、刑事司法上考量非刑罚化,刑事执行上考量非机构化,以达到防止再犯及促成犯罪者再社会化。严格刑事政策,往往通过增加罪名法网、加重刑罚、设置严厉的累犯制度等,加强对犯罪的遏制。宽松的刑事政策,往往通过谨慎设定犯罪圈,注重运用其他社会措施疏导犯罪,推广社区处遇来减少刑法资源的发动,主要包括除罪化运动和除机构化运动。除罪化运动,简言之就是将原本列在刑法目录上的犯罪予以删除,当然也包括谨慎对待新增加的犯罪目录。除机构化运动,是指虽然对犯罪人科处制裁,但是不在监狱内执行,而在监狱外执行,包括推广中间处遇制度以及社区处遇制度,等等。[②]

两极化刑事政策是伴随着矫治、医疗模式的衰败以及正义模式的兴起而出现的。正义模式正是自由派为追求受刑人人权保障,避免国家假借矫治处遇为名过度侵害人权而构建的理论。其主旨便在于:就矫治而言,强调应有受刑人同意;就司法而言,要求公正报应。其中,公正报应的量刑系正义模式讨论的主要议题。因为量刑是否符合公正报应,比受刑人是否同意接受矫治处遇更能够切合自由派对于保障人权目标之达成。随着理论研究的逐步深入,20 世纪 70 年代至 20 世纪 80 年代,正义模式在美国以及北欧诸国刑事司法中得以大量运用。[③]

两极化刑事政策区别不同的犯罪和犯罪人进行不同的处理,体现出“区别对待、宽严相济”的精神,同时其只惩办少数重大犯罪和危险犯罪人,而对大量的轻微犯罪及偶犯、过失犯宽大处理,甚至非罪化,又与“惩办少数、宽大多数”的精神相吻合。因此,从这个意义上说,两极化刑事政策的主张和内容所体现出来的精神实质,同中国“惩办与宽大相结合”基本刑事政策的内涵颇具一致性,甚至可以说其内容更明确、更合理。正是基于两者基本精神的契合,使我们可以在立足中国现实境况的前提下,顺应世界刑事政策发展潮

① 参见郑善印:《两极化的刑事政策》,载《罪与刑:林山田教授六十岁生日祝贺论文集》,台湾五南图书出版公司 1998 年版,第 734 页。

② 参见王作富、庄劲:《网络黑客:群体文化、心理类型与刑法因应》,载高铭暄、赵秉志主编:《刑法论丛》第 9 卷,法律出版社 2005 年版,第 27 页。

③ 参见廖万里:《中国当代基本刑事政策研究》,中国人民大学 2005 年博士学位论文,第 50 页。

流，借鉴两极化刑事政策，着力重构中国当代的基本刑事政策。①

事实上，笔者认为，两极化刑事政策中也蕴含着人权保障之基本意蕴。不仅仅因为该刑事政策理论构建之初衷便在于彰显保障人权的要求，更在于其严格刑事政策与宽松刑事政策均体现了人权保障之基本理念。在其严格刑事政策中，尽管强调对重大犯罪及危险犯罪人采取严格处遇，但该政策同时要求严格地使用国家独占的刑罚权。② 这同样体现了对犯罪人、被告人合法权益的保障。而且，严格刑事政策的侧重点乃在于抑制同种犯罪及预防犯罪目的，以维护正常的社会秩序，保障更为广泛的普通社会民众之合法权益。而在宽松刑事政策中，则强调对于轻微犯罪及某种程度有改善可能性的犯罪人，尽量抑制刑罚权的行使，而改以其他替代措施来代替刑罚，以达到防止再犯及预防犯罪目的。其更侧重于对犯罪人、被告人合法权益的保障。可以说，严格刑事政策与宽松刑事政策各有侧重、相得益彰，共同凸显了两极化刑事政策所具有的人权保障之底蕴。

三、中国刑事司法中人权保障的具体问题

中国当代刑法中的人权保障不应仅仅停留于刑法立法层面，更应在刑事司法运作中得到切实贯彻。随着中国近年来刑事司法改革的深化，人权保障之现代法治理念亦逐渐根植于刑事司法领域，并在具体刑事司法活动中得到了较为充分的体现。下文即专门探讨刑法适用、刑罚裁量、刑罚执行等具体刑事司法活动中的人权保障问题。

（一）刑法适用中的人权保障

刑法适用，是指国家有关司法机关依法行使刑罚权，将刑法规范适用于具体行为人的一种专门活动。刑法适用是刑事司法的核心环节，几乎贯穿刑事诉讼活动的全过程。从侦查、起诉、审判到行刑都或多或少地涉及刑法适用问题。由于刑法适用以是否给予刑事制裁为主要内容，因而必然与人权保障问题紧密关联。在此仅就刑法司法解释及刑罚适用中的人权保障问题略抒己见。

1. 刑法司法解释与人权保障

刑法司法解释，就是由最高司法机关对刑法的含义所作的阐释与说明。

① 参见廖万里：《中国当代基本刑事政策研究》，中国人民大学 2005 年博士学位论文，第 57 页。

② 参见许福生：《变动时期的刑事政策》，台湾地区“中央警察大学”出版社 2003 年版，第 33 页。

在中国,有权进行司法解释的是最高人民法院和最高人民检察院。自1979年《刑法》颁行以来,最高人民法院和最高人民检察院(以下简称为"两高")分别就审判工作和检察工作中具体应用刑法的问题作过很多解释,"两高"还多次就某些犯罪案件如何具体应用法律问题联合作出司法解释。1997年《刑法》颁行至今,"两高"亦已分别或者联合发布了近百个司法解释。对于《刑法》规定不够具体的犯罪,最高司法机关通过进行司法解释,指导具体的定罪量刑活动,这对于弥补立法的不足,统一规范和指导刑事司法实务,保证刑事法律的正确适用,无疑具有积极而重要的意义。但是,进行司法解释不能超越其应有的权限,无论是扩张解释,还是限制解释,都不能违反法律规定的真实意图,更不能以司法解释代替刑事立法。否则,就会背离罪刑法定原则,从而对公民人权造成冲击。

就现行刑法司法解释来说,基本能够体现罪刑法定原则保护人权之初衷。例如:"两高"《关于适用刑事司法解释时间效力问题的规定》第3条明确规定,对于新的司法解释前发生的行为,行为时已有相关司法解释,依照行为时的司法解释办理,但适用新的司法解释对犯罪嫌疑人、被告人有利的,适用新的司法解释。这一规定体现了从旧兼从轻的原则,而其精髓则是维护犯罪嫌疑人、被告人之合法权益。再如:2003年1月,最高人民法院作出的《关于行为人不明知是不满14周岁的幼女,双方自愿发生性关系是否构成强奸罪问题的批复》即规定:"行为人明知是不满十四周岁的幼女而与其发生性关系,不论幼女是否自愿,均应依照刑法第二百三十六条第二款的规定,以强奸罪定罪处罚;行为人确实不知对方是不满十四周岁的幼女,双方自愿发生性关系,未造成严重后果,情节显著轻微的,不认为是犯罪。"这一规定较好地体现了刑法人权保障机能与社会保护机能的统一,即在对幼女予以特殊保护的同时,也强调只有主观上"明知"对方系幼女的才能构成奸淫幼女犯罪,以突出对犯罪嫌疑人、被告人合法权益的维护。①

---

① 最高人民法院这一批复是就辽宁省高级人民法院请示的一个案件所作的司法解释。这本是一个寻常的司法解释,但却由于有关方面的关注和学者的论说在社会上引起了轩然大波。对该司法解释的不同意见不仅涉及奸淫幼女行为个案的处理,而且关涉主客观相统一原则等相关刑法基本理论应否重构的问题。为此,2003年9月1日,中国人民大学刑事法律科学研究中心曾举办了"最高人民法院有关'奸淫幼女犯罪'司法解释专题研讨会",就上述司法解释及相关刑法问题进行专门研讨。与会者经深入研讨一致认为,中国刑法中主客观相统一原则不容动摇,有关"奸淫幼女犯罪"的司法解释符合中国《刑法》的规定,贯彻了主客观相统一原则,并体现了刑法社会保护机能与人权保障机能的统一,因而基本上是正确的,它既不是一个不公正的司法解释,也不会影响对幼女这一弱势群体的特殊保护。参见阴建峰:《刑法主客观相统一原则岂能动摇——最高人民法院有关"奸淫幼女犯罪"司法解释专题研讨会纪要》,载《法学》2003年第10期。

当然,目前也还存在某些刑法司法解释有悖罪刑法定原则之现象。例如:2002年3月,最高人民检察院以"通知"的形式对足球"黑哨"问题作出司法解释,认定"黑哨"行为属于商业贿赂,对收受贿赂的裁判可依据《刑法》第163条之规定,以公司、企业人员受贿罪论处。而事实上,根据中国《体育法》,足协属于社会团体,既非公司,亦非其他企业。足球比赛中的裁判系足协所聘用,即便将其视为足协工作人员,其充其量也只是社会团体工作人员,根本不能以公司、企业人员受贿罪论处。而最高人民检察院这一司法解释无疑是对《刑法》第163条之规定的肆意拓展,有违罪刑法定原则,以致对相关人员合法权益产生威胁。因此,最高司法机关就刑法条文的含义作司法解释时,不应削足适履,用僵硬的法条套用于一切社会冲突,而应遵循罪刑法定原则之基本要求,力求实现刑法社会保护机能与人权保障机能之统一。

2. 刑罚适用与人权保障

近年来,我国法院不断加强刑罚适用中的人权保障工作,严把案件事实关、证据关、程序关和适用法律关,坚持重罪重罚,轻罪轻罚,无罪不罚。1997年至2002年,共对不构成犯罪的11 651名自诉案件被告人、17 870名公诉案件被告人依法宣告无罪,确保无罪的公民不受法律追究。① 2003年,我国法院共审结各类一审刑事案件634 954件,其中危害公共安全犯罪案件57 505件,侵犯公民人身权利、民主权利的犯罪案件184 018件,侵犯财产犯罪案件278 969件,也有效地维护了被害人的合法权益。② 同时,我国最高人民法院还明确提出"有罪则判,无罪放人",旨在进一步强调依法审判案件、严格审限制度、切实保障人权,在一定程度上体现了司法活动必须依法进行,体现了人文关怀的精神,体现了司法文明的必然要求。最高人民法院肖扬院长指出,"有罪则判,无罪放人",不仅是对人民法院刑事审判工作的基本要求,更是对广大法官树立惩罚犯罪与保障人权并重的刑事司法观念的有力促进,不仅具有很强的现实意义,从长远看,也是社会主义民主法制建设发展的必然要求。③

具体而言,刑罚适用中主要有如下问题与人权保障密切相关,值得深入研讨。

(1)关于死刑适用中的人权保障。死刑的立法与司法情况是一个国家刑法之人权保障的重要标志。限制、减少死刑乃至废除死刑已成为世界的潮

① 参见范伟、李玉梅:《心系百姓 司法为民》,载《学习时报》2003年第202期。

② 引自国务院新闻办公室:《2003年中国人权事业的进展》,载《法制日报》2004年3月31日。

③ 参见范伟、李玉梅:《心系百姓 司法为民》,载《学习时报》2003年第202期。

流与趋势。中国《刑法》在保留死刑之前提下,究竟应如何限制与减少死刑?笔者认为,无外乎立法和司法两种渠道。就中国刑事法治现状分析,从立法上控制死刑虽具有一定的可操作性,但基于立法程序的烦琐乃至社会总体价值观之考量,恐怕短时期内在大量减少死刑方面难有大的作为。而从司法渠道严格限制与切实减少死刑实际适用的范围和规模,相对而言则有更大的空间。从司法渠道限制乃至逐步减少死刑适用,既可以在适当保持死刑威慑力之同时,起到限制乃至切实减少死刑之实效,又可以回避社会舆论之压力。而要实现死刑的司法控制,首先要求刑事法官转变观念,重新审视死刑存在尤其是大量适用的正当性与合理性,充分认识死刑的局限性及其自身不可避免之诟病,树立慎重适用死刑的观念。为此,在死刑适用上我们不仅要反对滥用死刑、迷信死刑的倾向,亦要反对"舆论杀人"之现象。其次,要注意充分发挥死缓制度等现有刑法制度的功效,使其形成一个强有力地限制死刑实际执行的"过滤层"。此外,还应该完善对被判死刑人的救济机制,以维护被判死刑人的基本权利。①

(2)关于最高人民法院收回死刑核准权的问题。2005 年 10 月 26 日,最高人民法院发布《人民法院第二个五年改革纲要》,针对当前我国司法体制中存在的问题,系统部署了 2004 年至 2008 年我国法院改革的各项措施,启动了我国法院新一轮的全面改革。该纲要明确提出,改革和完善死刑复核程序,落实有关法律的规定和中央关于司法体制改革的部署,由最高人民法院统一行使死刑核准权,并制定死刑复核程序的司法解释。②

事实上,死刑核准权是我国最高人民法院的一项重要的法定权力,将它收回并依法慎用实在很有必要。死刑核准是保障死刑立法规定适用和司法程序正当的重要程序。我国 1979 年通过的第一部《刑法》、第一部《刑事诉讼法》均规定:死刑除依法由最高法院判决以外,都应当报请最高法院核准。但后来在 1983 年"严打"中,为从重从快打击犯罪分子,全国人大常委会通过修改《人民法院组织法》,对死刑复核权作了重要修改,即"杀人、强奸、抢劫、爆炸以及其他严重危害公共安全和社会治安判处死刑的案件的核准权,最高人民法院在必要的时候,得授权省、自治区、直辖市高级人民法院行使。"据此,最高人民法院于 1983 年 9 月 7 日对上述案件进行了授权,于是便形成了死刑核准权由最高法院和高级法院分别行使的局面。此后,最高人民法院又

① 参见赵秉志主编:《中国废止死刑之路探索》,中国人民公安大学出版社 2004 年版,第 34、35 页。

② 参见倪晓:《最高法院发布第二个五年改革纲要确定 50 项改革措施死刑核准权统一收归最高法院》,载《法制日报》2005 年 10 月 27 日,第 1 版。

先后授权云南、广东等6省区高级人民法院核准部分毒品犯罪死刑案件。这样只有危及国家安全、部分经济犯罪、职务犯罪等死刑案件要交由最高人民法院核准。1996、1997年中国修订后的《刑事诉讼法》、《刑法》均明确规定：死刑核准权应由最高人民法院行使。虽然新法作了修改和规定，但是在实践中仍在采用旧法作为依据，即绝大多数死刑案件仍由高级人民法院核准。

中国刑事法学界对最高人民法院收回死刑核准权的问题讨论过多次，且均持肯定主张。笔者认为，最高人民法院依法收回死刑案件的核准权，其意义十分重大。首先，有利于保证死刑适用程序、标准的统一。平等适用法律既是一项宪法原则，也是保障人权的基本准则。这一原则在《刑法》、《刑事诉讼法》上均有相应规定。而死刑案件核准权的下放，不仅使不同死刑案件产生审级、程序上的差异，更会导致死刑适用尺度的不统一，故而在一定程度上违反了这一原则的要求。而最高人民法院依法收回死刑案件的核准权当然便可以有效避免上述现象的出现。其次，有利于保证和提高死刑案件的办案质量。死刑核准权是刑事法治领域内的一项重要权力，最高人民法院作为最高司法机关，这项权力是不能放弃的。俗话说"人命关天"，不能有半点马虎。据介绍，以往经最高人民法院核准的死刑案件中，纠错、改判的比率相当高。这也说明了由最高司法机关统一掌握死刑适用的实际作用。将死刑核准权收归最高人民法院后，可以统一司法，最大限度地提高死刑案件质量。再次，有利于中国积累死刑案件的办案经验，并在司法上切实减少死刑案件的适用。法律要求死刑案件的核准程序是非常严格的，绝不允许流于形式，而以往最高人民法院在死刑案件中的纠错、改判比率说明，死刑核准权的下放，不利于从严控制死刑的适用面。因此，最高人民法院收回死刑案件核准权是一项维护《宪法》对人权的尊重和保障、维护刑事法治公正、切实减少死刑适用的重大措施，是对中国刑事法治进步文明的重大贡献。此外，在世界范围内履行中国所加入的国际公约、国际条约规定的保障人权的义务，也要求我们采取切实措施来限制和减少死刑的适用，收回死刑核准权即是其中重要的一环。更何况，收回死刑核准权是严格执行中国现行《刑事诉讼法》、《刑法》的法律规定的要求。1996年《刑事诉讼法》、1997年《刑法》都已对此作了明确规定，按照新法优于旧法的原则，死刑核准权继续下放是没有法律依据的，是违背新法律的。

当然，收回核准权后，最高人民法院还需采取一系列的措施来解决复核案件数量增多的问题。如可考虑在全国几个大区范围内设立分院，或根据需要增加最高法院核准死刑的机构和法官数量，改进最高人民法院审判委员会制度并增设专司死刑核准的专门化审判委员会等。不管采取何种措施，统一死刑案件适用标准,提高死刑案件办案质量,切实减少死刑适用数量,并有效维护犯罪人、被告人的合法权益,应是死刑复核程序的主要目的。鉴于此,在将死刑核准权收归最高人民法院后,死刑适用标准应当基本统一。同时,基于法律公正、被告人权利保障、诉讼效率和实践中不同的案件情况的综合考虑,提审被告人,听取被告人及其辩护人的意见应当成为此阶段的基本要求。此外,死刑复核程序应当设定审限。不过,出于慎重适用死刑和保障判决准确性之考量,死刑复核程序的审理期限可适当放宽,以有利于案件的充分复查、核对。具体审理期限的确定,应在充分调查研究的基础上合理确定。

(3)关于非监禁刑的重视适用。在中国应当严格限制死刑并且目前广泛适用自由刑的情况下,考虑到羁押犯罪人较多以及切实保障人权的综合需要之情况,笔者主张,应该注意扩大非监禁刑的适用。对初犯、偶犯、过失犯罪、未成年人犯罪、被迫犯罪等情形,尽可能地多判处管制、拘役、罚金刑、没收财产等非监禁刑;判处有期徒刑或者无期徒刑的,也应注意依法适用假释、减刑、缓刑,从而对罪犯进行适当分流,防止交叉感染,尽可能地让危险性不大、主观恶性较低的罪犯接触社会,在社会活动中进行改造和恢复。这不仅有利于促使犯罪人改过自新,降低再犯罪率,而且还有助于刑罚目的之达成。事实上,扩大非监禁刑的适用既是中国现行"惩办与宽大相结合"之基本刑事政策的要求,也是作为两极化刑事政策重要组成部分的宽松刑事政策的要求,是刑事司法中切实贯彻人权保障的重要方面。

(二)刑罚裁量中的人权保障

刑罚裁量,亦即量刑,从动态意义上讲,是指法院在定罪的基础上,依法确定对犯罪人是否判处刑罚、判处何种刑罚以及判处多重刑罚,并决定所判刑罚是否立即执行的审判活动。从静态意义上讲,则是法院上述活动的结果。刑罚裁量的结果直接关涉犯罪人的自由、财产、资格乃至生命等基本权益是否被剥夺以及受到何种程度的剥夺。

1. 法官自由裁量权与人权保障

自由裁量权,是指法官在案件的审判活动中根据公平、正义的原则酌情对案件作出裁决的权力。法官自由裁量权的提法源于英美法,是伴随着英国衡平法的出现而产生的。在我国,尽管曾有人竭力否认法官具有自由裁量权,但实际上法官自由裁量权是客观存在的。对之视而不见显然是一种不负责任的规则完美主义态度,完全忽略了法官在抽象法律规范具体化过程中所起的决定作用。[①] 法官自由裁量权的存在,为对付纷繁复杂的犯罪和犯罪人

① 参见周振想、林维:《略论自由裁量及其判决展示和控制》,载刘家琛主编:《当代刑罚价值研究》,法律出版社 2003 年版,第 335 页。

情况提供了保障,同时也为最大限度地发挥刑罚功能,最大限度地实现公正提供了保障。① 但是,法官的自由裁量权必须在法律规定空间内行使,并且牢固树立公正、人权和效益等价值理念。司法实践中,相当一些法官还存有宁重毋轻、多判一年少判一年没有关系、重主刑轻附加刑、重自由刑轻罚金刑等认识上的偏差,究其实质均是欠缺正确的人权保障观使然。

2. 量刑情节与人权保障

量刑情节,是指法院在对犯罪分子量刑时据以处罚轻重或者免除处罚的主客观事实情况。量刑情节一般分为法定量刑情节和酌定量刑情节。法定量刑情节是《刑法》明文规定在量刑时应当予以考虑的情节;酌定量刑情节是《刑法》未明文规定,根据立法精神与刑事政策,由法院从审判经验中总结出来的,在量刑时酌情考虑的情节。量刑情节的规定,既使罪刑法定原则在刑之相对确定条件下得以贯彻,又使法官自由裁量权得到合理限制,从而有效地避免了刑之擅断。法院能否正确适用量刑情节,不仅涉及罪责刑相适应原则在刑事司法中是否得到充分体现,而且关系到刑罚个别化原则之实现程度,关系到量刑结果的公正性与合理性,进而直接关涉被告人之合法权益能否得到切实保障。

目前,司法实践中个案量刑畸轻畸重的现象还较为普遍。其具体表现为:或者仅满足于对法定刑的选择,而忽视对罪量的把握,从而导致刑罚轻重偏差悬殊;或者从重从轻情节适用过度;或者社会危害性和犯罪人的人身危险性大小考量失当。在兼具从重从轻量刑情节时,往往缺乏综合分析,而仅从从重一个方面考察,以致量刑出现过重的偏差,从而危及犯罪人的合法权益。笔者认为,在定罪量刑时,不能仅以犯罪危害轻重作为量刑的唯一根据,而应当充分考虑有利于犯罪人的方面,全面考察犯罪人的人格因素,结合犯罪人的可改造程度等具体情况,尽可能维护犯罪人的合法权益。

此外,有必要在此特别提及酌定量刑情节的问题。酌定量刑情节对于公正地适用刑罚、保障被告人的合法权益同样具有不可或缺的意义。然而,在我国的司法实践中,法官往往只重视法定量刑情节,而忽视对酌定量刑情节的处理和认定。被告人的酌定量刑情节往往在判决书中得不到必要的体现;即便予以体现的,有时也只是采取"被告人认罪态度较好,有悔罪表现,可酌情予以从轻处罚"等诸如此类的文字处理,但在具体裁量刑罚时却并没有真正给予实质性的反映,从而大大降低了酌定量刑情节的法律效能。其实,正确地把握和运用酌定量刑情节,亦应是法官最终确定量刑的重要环节之一,

① 参见魏健、商建富:《刑罚适用与法官自由裁量权问题的思考》,载《人民司法》2003年第2期。

应予必要而充分的关注。

(三)刑罚执行中的人权保障

刑罚执行,是指有行刑权的司法机关依法将生效的刑事裁判对犯罪分子确定的刑罚付诸实施的刑事司法活动。刑罚执行必须遵循人道主义的原则。具体而言,即是要尊重犯人人格,禁止使用残酷的处罚手段,关心犯人的实际困难,注重犯人的思想品行和文化、技能教育,促使其成为自食其力的新人。20世纪90年代以来,某些西方国家往往在所谓政治犯、酷刑、劳改产品出口、罪犯待遇等方面大做文章,动辄攻击中国的人权问题。为维护中国的国家形象,加强国际司法领域的人权进步,驳斥西方国家对中国的无理攻击,中国政府于1992年8月特别发表了《中国改造罪犯的状况》白皮书,系统阐述中国罪犯改造之状况和主张。1994年12月29日《中华人民共和国监狱法》的颁行,则表明中国政府在依法治监、保障罪犯人权方面取得了显著的成就。

1. 刑罚执行中强化人权保障之具体要求

为进一步强化刑罚执行中的人权保障,贯彻人道主义原则,刑罚执行实践中仍应当注意:(1)在观念上应把犯人当人看待,在人格上不歧视罪犯,严禁刑讯逼供和变相刑讯逼供,不侮辱虐待犯人,竭力消除犯人自暴自弃思想和对立情绪,使其树立起新生的信心。(2)建立科学的刑罚执行制度,正确适用死缓制度,减少死刑的立即执行;改善刑罚执行方式,对少年犯、孕妇及老弱病残犯实行特殊的宽缓政策,对因自然灾害或不能抗拒的灾祸而难以缴纳罚金的予以酌情减免等。(3)在生活上关心犯人尤其是未成年犯,力图医治其心灵上的创伤。(4)对刑满释放人员要贯彻"给出路"的政策,积极为之提供参加学习、工作和劳动的机会。

2. 社区矫正与人权保障

新近在中国部分地区试行的社区矫正中同样蕴含着重要的人权保障问题。社区矫正是相对于监禁矫正刑罚执行方式而言的,是指将符合社区矫正条件的罪犯置于社区内,由专门的国家机关在相关社会团体和民间组织以及社会志愿者的协助下,在判决、裁定或决定确定的期限内,运用社会力量在社区环境中对罪犯继续执行刑罚的一种开放型改造方式,以期矫正罪犯的犯罪心理和行为恶习。社区矫正缘起于西方国家,其产生与发展深受西方早期启蒙思想家和近代新派教育刑理论的影响。从当前世界刑罚制度的发展趋势来看,社区刑罚制度已被各国广泛使用。但社区矫正制度在我国尚未广泛采用。我国的罪犯改造主要使用的是监禁刑。这往往造成监狱在押人员人满为患,监狱环境"交叉感染",且刑满释放人员因长期监禁,回归社会适应能力差,就业困难,社会歧视明显,重新犯罪多等弊端。社区矫正正是在此种背景下应运而生的。目前,北京、上海、天津、江苏、浙江、山东6省(市)已成为全国首批社区矫正试点地区。北京市从2003年7月1日正式启动这项工作以来,成立了三级社区矫正组织机构,先期试点地区的专业矫正力量达600余人,社会志愿人员1800余人,矫正组织接收的矫正对象1500余人。各级矫正组织积极解决矫正对象生活问题,先后帮助200人办理了“低保”,提供就业指导、培训或安置工作810人次,组织矫正对象参加公益劳动3622人次。从2004年5月1日起,北京市社区矫正试点工作全面启动,届时北京市监外服刑的社区矫正对象将达到3000人。①

笔者认为,这是中国改革刑罚执行方式的重大举措。开展社区矫正有利于探索建设中国特色社会主义刑罚执行制度,有利于提高对罪犯的教育改造质量,促进社会治安秩序的良性循环,也有利于充分体现中国社会主义制度的优越性。因此,我们要从保持长期和谐、稳定社会环境的大局出发,在有利于保护社会同时又有利于保障人权的前提下,借鉴国外社区矫正的成功经验,结合中国的国情,进行积极的理论与实践探索和尝试。鉴于我国公安机关承担繁重的社会治安工作,对非监禁刑的执行没有充分有效的力量予以保障,笔者认为,可以在司法行政机关内设立专门的社会行刑和矫正机构,统一管理非监禁刑(主要包括管制、资格刑)的执行和缓刑、假释的监督考察工作。此外,社会行刑和社区矫正工作实际上涉及社会管理、法律制度、心理医疗、文化与技术教育等方面,急需专业化的矫正工作人员,应该逐步建立专业化的矫正队伍,必要情况下可以引进义工服务制度。

3. 死刑执行的文明化

死刑的执行方式亦是死刑领域一个不容忽视的问题。在残酷刑时代,刑罚崇尚报复性、威慑性,此时死刑的可怕之处往往还不是其本身,而是其执行方式。到了文明刑时代,刑罚崇尚人道、尊重人权,在尚存死刑的前提下,各国力求采用更为文明、更能减轻痛苦的执行方式。时至今天,死刑执行向着科学简易、痛苦更少且最人道的方向发展,且这已成为一种发展趋势。联合国经济社会理事会在《保障将被处死刑者人权的保护措施》中更是明确要求,对于那些尚未废除死刑的国家,执行死刑应尽量降低死刑犯遭受痛苦的程度。鉴于此,目前仍保留死刑的国家遂纷纷对死刑的执行方式进行改革,废止过去一些比较野蛮的方法,如斩首、石刑等,而努力采取“干净”的和“减少痛苦”的死刑执行方式。据统计,目前世界上还有约78个国家保留有死刑,其中除极个别国家仍然采用“野蛮”的方法来执行死刑外,绝大部分都是

① 参见张庆:《本市全面启动社区矫正试点 矫正对象将达3000人》,载《北京日报》2004年4月9日。

采用枪决或者绞刑的执行方式。① 有的国家如美国,还相继发明了电刑、煤气窒息、注射药物等新的减少死刑犯痛苦的执行方式。②

具体到我国而言,1979 年《刑法》第 45 条曾规定:"死刑用枪决的方法执行。"虽然枪决执行死刑的方法较之斩首、石刑等,要人道得多,但比起注射药物等先进的死刑执行方法来,却又显落后。为此,1996 年修订后的《刑事诉讼法》第 212 条第 2 款规定:"死刑采用枪决或者注射等方法执行。"这意味着我国在继续保留枪决式死刑执行方法的同时,将正式采用注射等其他新的死刑执行方法。这一规定不仅是新型科技成果在刑事司法领域中的具体运用,更是体现了对罪犯人权的基本尊重。它对于改进死刑的执行方式、减少死刑犯的痛苦、推进刑罚的人道化,无疑均具有积极的意义。

在此基础上,笔者认为,社会和政府对即将执行死刑的犯人应给予必要的人道主义关怀。具体包括:(1)死刑执行的时间、地点和执行的方式要及时通知死刑犯及其家属;(2)死刑执行前应当安排死刑犯的亲属会见,并保证必要的时间;(3)绝对禁止执行前游街示众、组织群众观看死刑执行;(4)对死刑犯应给予一定的疏导与安慰,对有宗教信仰的死刑犯,除进行必要的心理辅导外,允许让其所属教会给予举行简朴的宗教告别仪式;(5)死刑执行方式要尽量使用注射方式,尽量减少死刑犯的恐惧和痛苦,减轻外在形式的残酷性。

四、结　　语

1997 年和 1998 年,我国政府相继签署了《经济、社会、文化权利国际公约》和《公民权利和政治权利国际公约》,我国全国人大也已于 2002 年正式批准加入《经济、社会、文化权利国际公约》,同时我国政府亦正在为最终批准《公民权利和政治权利国际公约》作积极的努力。中国共产党"十六大"报告在党的正式文件中第一次明确提出,保证人民依法享有广泛的权利和自由,尊重和保障人权。这一精髓如今亦已为宪法修正案所吸纳,从而将我国的人权事业推进到一个新的阶段。因此,如何将人权领域所出现的新形势、新精神反映到刑事司法的具体环节之中,现在已经成为我国刑法理论与实务界必须直面并着力解决的问题。笔者深信,随着法治的发展和人权事业的进步,我国刑事司法中的人权保障必将取得新的进展。

---

① See"Abolitionist and Retentionist Countries",http://www.deathpenaltyinfo.org/article.php.

② 参见刘仁文:《改革死刑执行方式,推进刑罚人道化》,载刘仁文:《想到就说:刘仁文法学随笔选萃》,中国人民公安大学出版社 2005 年版,第 117、118 页。

12. 论弱势群体的刑法保护*

目　次

一、由孙志刚被害案引出的弱势群体刑法保护的命题

2003 年上半年，一起案件经媒体披露，在全社会引起极大反响，并最终促成我国收容遣送制度的终结，这就是乔燕琴等人故意伤害孙志刚致死案。让我们简要回顾一下孙志刚案的案情：孙志刚，湖北黄冈人，生于 1976 年，2001 年武汉科技学院（原武汉纺织工学院）艺术系艺术设计专业毕业，案发

---

* 与杜邈合著，原载《中州学刊》2005 年第 5 期。

前任职于广州某服装公司。惨案发生时,27 周岁的他从武汉科技学院毕业刚两年,来到广州才二十多天,刚刚找到工作。2003 年 3 月 17 日晚 10 时,像往常一样出门去上网的孙志刚因没有暂住证,被执行清查任务的广州市天河区公安分局黄村街派出所民警收容送至广州市收容遣送中转站。因孙志刚自报有心脏病,广州市收容遣送中转站又将孙转送至广州市收容人员救治站治疗,3 月 19 日晚,因被害人孙志刚大声喊叫求助,引起救治站护工乔燕琴等人的不满,被告人乔燕琴等人将孙调至另一病室,授意其他被收容救治人员教训孙志刚,随后李海婴等人便以拳打、肘击、脚踩、脚跟砸的方式对孙志刚的背部等部位进行殴打。凌晨 2 时许,被害人孙志刚向护工吕二鹏反映情况,反被吕持塑胶警棍对其胸腹部连捅数下。3 月 20 日上午 10 时,孙志刚被发现昏迷不醒,后被送至该站医疗室进行抢救,经抢救无效死亡,经法医鉴定,被害人孙志刚系因背部遭受钝性暴力反复打击,造成背部大面积软组织损伤致创伤性休克致死。

从本案可以看出,被害人孙志刚虽然受过大学教育,但在案发地广州仍属于无固定身份、无固定住所的打工人员,其人身自由权利易遭他人侵犯;被收容后在救治站同样处于弱势,其身体健康权利乃至生命权利被肆无忌惮地践踏。试想,如果孙志刚是当地人,是一个有着本地口音的“强者”,他会被强行收容吗?会在救治站遭到如此残暴的对待吗?一些实证数据是发人深省的,在犯罪被害人中,处于下层社会阶层的被害人数也大大超过其他社会阶层,一般要达到 70% 以上,甚至超过 80%。① 这就引发一个命题,即《刑法》是否需要对弱势群体进行特殊保护?

弱势群体,也叫社会脆弱群体、社会弱者群体,在英文中称 social vulnerable groups,虽然社会学、经济学、法学、伦理学对其界定和研究存在差别,但大都认为社会弱势群体是由于某些障碍及缺乏政治、经济和社会机会,而在社会上处于不利地位的人群。② 弱势群体进而可分为两类:生理性弱势群体和社会性弱势群体。前者沦为弱势群体,有着明显的生理原因,如年龄、疾病等;后者则基本上是社会原因造成的,如下岗、失业、受排斥等。弱势群体的形成正是社会转型时期问题的综合体现,我国目前纳入政府重点帮助的弱势群体主要包括四部分人:下岗职工或已经出了再就业服务中心,但仍然没有找到工作的人;“体制外”的人,即那些从来没有在国有单位工作过,靠打零

---

① 参见赵可、周纪兰、董新臣:《一个被轻视的社会群体——犯罪被害人》,群众出版社 2002 年版,第 27 页。

② 参见陈梦琪:《论罪犯弱势群体的保护》,载《江西公安高等专科学校学报》2003 年第 4 期。

工、摆小摊养家糊口的人，以及残疾人和孤寡老人；进城的农民工；较早退休的“体制内”人员。针对现存的问题，我国法学、社会学、经济学、伦理学界分别从各自领域展开研究，以加强对弱势群体的保护，其中加强弱势群体的法律保护已成为法律人的一种共识。我国刑法学界对弱势群体的关注是热烈而又积极的，但相对于其他法律学科，作为公民权利保障最后防线的刑法学研究不免滞后了，传统的观点在强调犯罪人的人权保障时，却忽视了另一方当事人——被害人的人权保障。① 不少刑法学者以犯罪学的角度对弱势群体犯罪及其防治对策展开研究，而少以刑法学角度对该问题加以全面的关注。② 笔者试从刑事实体法角度出发，阐明将弱势群体保护上升为刑法原则的必要性，并对如何在刑事法治中贯彻该原则进行粗浅的探讨。

二、关于弱势群体刑法保护的历史考察

（一）奴隶社会的刑法对弱势群体的保护

奴隶社会的刑法是维护社会秩序和人身权的工具，社会的最低阶层——奴隶在法律上根本不具备“人”的地位，更不用说对其进行保护。从《汉谟拉比法典》（公元前18世纪）“以眼还眼”的法谚中可以清楚看到，刑法保护的是“自由民”而不包括社会弱势群体——奴隶。相反，作为弱势群体的奴隶如果侵犯了“自由民”或者奴隶主的人身或者财产，将受到加倍的惩罚。奴隶社会刑法仅仅注意对特权阶级的保护而完全没有体现对奴隶的保护，奴隶甚至不属于刑法所调整主体的范围。奴隶主国家制定成文刑法的重要意图，仅仅是通过刑法的手段，调整奴隶主贵族之间、奴隶主贵族阶层和奴隶主庶族阶层之间以及奴隶主阶级和自由民之间的种种矛盾以维护王权，而奴隶的犯罪行为，并不需要通过奴隶主国家的司法机关依照刑法来惩处，奴隶主阶级可以任意杀戮奴隶。

（二）封建社会的刑法对弱势群体的保护

封建社会中社会底层人民的生活依然是悲惨的，但较之奴隶社会发生了一些变化，一方面，他们可以享有微薄的财产；另一方面，弱势群体毕竟在刑法上获得了地位，而不像奴隶一样被排除于法律调整的范围之外，当他们受

① 参见冯军、吴卫军：《刑事法律关系概念浅探》，载《江海学刊》1997年第6期。

② 参见赵秉志：《犯罪主体论》，中国人民大学出版社1989年版；王智民等：《当前中国农民犯罪研究》、《当前中国流动人口犯罪研究》，中国人民公安大学出版社2001版。

到侵害时刑法或多或少会对其人身、财产进行保护。① 值得注意的是,这种保护是建立在不平等基础之上的,是维护封建统治阶级特权的工具。当弱势群体与特权阶层同样遭受侵害,刑法的保护力度是不同的;对弱势群体犯罪与特权阶层的刑罚裁量及执行也是不同的。中国封建刑法遵循的"亲亲"、"尊尊"原则,事实上是不可能保证弱势群体享有足够权利的,唐律中只规定了惩罚子孙"供养有阙"之罪,而没有惩治父母家长拒绝抚养子女之犯罪。《名例律》规定,有一般加重情况的,"不得加至于死",以流三千里为高限,但是奴犯主,贱犯良的情况下,"加者,加入于死。"我国封建社会的"亲亲"原则是在家庭范围内的不平等,未能保护家庭内的晚辈弱势群体;"尊尊"原则是在社会范围内的不平等,未能保护社会原因形成的弱势人群。

(三)资本主义社会的刑法对弱势群体的保护

资产阶级启蒙思想家基于天赋人权的思想,高举"自由"、"平等"的大旗,对封建社会的阶级特权、罪刑擅断进行了无情的批驳。资本主义的刑法理论及刑事立法正是建立于平等主义的基础上反对因身份而带来的特权,从而提高了弱势群体的法律地位,加强了对弱势群体的保护,这些成果最早体现在18世纪末期美国《弗吉尼亚权利法案》、《独立宣言》、《人权宣言》等法律文件中,成为西方资本主义国家宪法精神与刑法原则的范本。在现代社会中,基于立法技术的完善,资本主义国家的刑法在保障人权方面存在诸多值得借鉴之处。但是,剥开虚伪的表层来看,生产资料的私有制决定了其不可能从根本上保护弱势群体的利益。

(四)刑法演变的历史规律

在当今世界,多数国家在刑法和其他法律中直接或者间接地规定了对弱势群体的保护,国际上对弱势群体也给予更多的关注,《公民权利和政治权利国际公约》第6条规定,对18周岁以下的人所犯的罪,不得判处死刑;对孕妇不得执行死刑。这充分表明,弱势群体的刑法保护走向世界化、全球化是不可抗拒的必然潮流。

从弱势群体保护的视角来看,刑法的历史沿革蕴含着规律性的变化,即

---

① 中国封建刑法的最高成就是唐律疏议,其中也存在一些保护弱势群体的规定,例如《贼盗律》(总292条)规定"略人"(用强制的或其他令人不自愿的方法劫持人称为"略")为奴婢,要处绞刑。"和诱"(欺骗)犯此罪的,可"减一等"处罚,处流三千里。但是注文说:"十岁以下,随和,亦同略法",即对10周岁以下的儿童,使用拐骗的方法持有,也照强力略取罪处绞刑,即拐骗儿童罪重于拐骗成人罪。在实施刑罚上对老幼妇女进行宽宥,除了对"十五以下"的幼小病残进行宽宥外,还特别对"七十以上"的老人进行宽宥。反逆罪犯近亲中父子缘坐要处死,而女儿、妻妾没官而不处死,妇人有死罪孕期内不处决,"听产后一百日内乃行刑。"参见钱大群、夏锦文:《唐律与中国现行刑法之比较论》,江苏人民出版社1991年版,第374页。

加大对弱势群体保护的力度,扩大对弱势群体保护的范围,完善对弱势群体保护的方法。(1)质的变化。从完全否认弱势群体的权利到部分承认、完全承认弱势群体的权利再到注重对弱势群体的保护,这是一种刑法观的进步。这一变化是由于社会的进步所导致,也是作为社会上层建筑刑法的发展趋势。(2)量的变化。即对弱势群体保护范围的扩大,封建社会刑法已经注意到对生理原因形成弱势群体的保护,资本主义社会刑法中该种保护同有责性等基本刑法理论紧密结合,扩展到对社会弱势群体的保护。(3)方式的变化。表现为对弱势群体保护的力度加大,保护方法更为合理、科学,如封建社会刑法中以身高划分刑事责任能力。总体看来,刑法对弱势群体的保护力度和范围反映了社会的文明程度和立法的先进程度,它们之间呈一种正比关系。

三、我国对弱势群体刑法保护的现状

(一)我国刑法的保护方式

我国刑法对弱势群体的保护主要是通过刑法典来实现的,此外在单行刑法、附属刑法与相关解释中亦有所体现。保护方式可分为对弱势群体的正向保护(对特定弱势群体的犯罪从重处罚)和反向保护(对特定弱势群体的犯罪从轻处罚),总则保护和分则保护,其中在分则中又分为定罪和量刑两方面的保护。

我国 1997 年《刑法》开宗明义地规定:“为了惩罚犯罪,保护人民,根据宪法,结合我国同犯罪斗争的具体经验及实际情况,制定本法”,“刑法的任务,是保护公民私人所有的财产、保护公民的人身权利、民主权利和其他权利”,“对任何人犯罪,在适用法律上一律平等”,从而为弱势群体保护提供了总体原则与指导。总则中还包括如下内容:(1)未成年人、精神病人、又聋又哑的人或者盲人的刑事责任;(2)教唆不满 18 周岁的人犯罪的应当从重处罚;(3)犯罪的时候不满 18 周岁的人和审判的时候怀孕的妇女,不适用死刑;(4)缴纳罚金时遭遇不能抗拒的灾祸缴纳确有困难的,可以酌情减少或者免除缴纳。

在刑法分则中同样存在大量体现弱势群体保护的条文,具体分为在定罪上的保护和在量刑上的保护。在定罪上的保护主要体现在交通肇事罪,教育设施重大安全事故罪,重大劳动安全事故罪,生产、销售类犯罪,渎职类犯罪等相关犯罪的设置上;在量刑上体现在法定从重情节的设置中,如猥亵儿童的,奸淫幼女的,抢劫救灾物资的,挪用抢险、救灾、防汛、扶贫、优抚、移民、救济款物归个人使用的均从重处罚等。此外,我国的司法解释中也存在相关规定,如《最高人民法院关于对怀孕妇女在羁押期间自然流产审判时是否可以适用死刑问题的批复》规定,怀孕妇女因涉嫌犯罪在羁押期间自然流产后,又因同一事实被起诉、交付审判的,应被视为"审判的时候怀孕的妇女",依法不适用死刑。又如最高人民法院《关于审理抢夺刑事案件具体应用法律若干问题的解释》(2002 年 7 月 15 日通过并于同年 7 月 20 日起施行)规定,抢夺残疾人、老年人、不满 14 周岁未成年人的财物的,抢夺救灾、抢险等款物的,以抢夺罪从重处罚。

(二)我国刑法的保护对象

根据弱势群体的分类标准,我国刑法的保护对象同样可分为两大类:一类是生理原因形成的弱势群体(生理弱势群体),包括怀孕妇女、未成年人、精神病人、聋哑盲人、患病或没有独立生活能力的人等;另一类是社会原因形成的弱势群体(社会弱势群体),包括极度贫困的人、被监管人员、受灾群众等。

1. 对生理弱势群体的保护

研究表明,有生理残疾和缺陷的人由于自身防范能力的影响,其被害率要比正常人高,在抢劫盗窃、侮辱、虐待、拐卖等犯罪中,女性的被害率要明显高于男性,未成年人与老年人的被害率高于青壮年人,性犯罪的被害人则几乎都是女性。鉴于生理弱势群体的标准统一、界限分明,我国刑法体现了较多的此类保护:(1)对未成年人的保护。总则中规定教唆不满 18 周岁的人犯罪的,应当从重处罚;分则中有雇佣童工进行危重劳动罪的设置,有奸淫幼女的、引诱未成年人参加聚众淫乱活动的应当从重处罚的规定。根据现代刑法理论,未成年人犯罪减免刑事责任,甚至不构成犯罪是基于未成年人责任能力的欠缺,但不可否认,我国刑法的上述规定同样体现了对未成年人这一弱势群体的关怀与保护。(2)对精神障碍人及聋哑人的保护。精神障碍和聋哑人、盲人由于自身生理上的困难而在生活、工作中往往处于不利地位,但是现代刑事立法和理论认为,有些又聋又哑的人尤其是后天性的聋哑人如果受到良好的教育,其智力和知识能力达到或基本达到正常人的水平而具备完全的责任能力,因而许多国家的刑法典并未对该群体的刑事责任问题作出任何特殊规定,例如 1971 年《加拿大刑法典》和 1974 年《瑞士刑法典》等。①而我国刑法仍体现了对该群体的特殊考虑与保护,如将该群体的生理障碍作为"可以从轻、减轻或者免除处罚"的法定情节。规定如与精神障碍的妇女发生性关系,无论对方是否允诺均构成强奸罪。(3)对怀孕妇女的保护。怀孕

① 参见赵秉志:《犯罪主体论》,中国人民大学出版社 1989 年版,第 252 页。

妇女作为一类特殊的弱势群体应当受到更多的关怀与照顾，对怀孕妇女实行死刑无论对其本身还是腹中的胎儿都是不人道的，我国刑法禁止对怀孕妇女适用死刑，正是出于人本主义和对该群体的特殊关怀。（4）对老年人的保护。人进入老年期后身体机能衰竭，从而逐渐失去在社会中的竞争能力和维护自己权利的能力，因此老年人的权利更加依赖公力救济即刑法的保护。我国现行《刑法》总则中未作特殊规定，但分则、相关的司法解释与司法实践中均体现了对该群体的保护，例如虐待罪、遗弃罪的犯罪对象均包括老年人；司法解释中遗弃、盗窃孤寡老人公私财物接近“数额较大”起点的可以追究刑事责任，抢夺老年人财物的可以以抢夺罪从重处罚；此外在司法实践中犯罪人的老年人身份属于酌定的量刑情节等。

2. 对社会弱势群体的保护

有资料表明，文化程度高的人一般法律意识要强一些，对侵害行为往往能够较为冷静、理智地处理，因此被害的概率比文化程度较低的人小；处于社会上层的人由于有钱有势，受保护的程度高，显然比处于社会中下层的人被害概率小。① 与生理原因形成的特殊群体不同，该群体具有更强的相对性，即其“弱势”是要通过具体的环境来体现的，一些人在这种环境中可能处于弱势，到另一种环境中可能就不再是弱势群体，基于复杂多变的司法实践，我国刑法中对社会弱势群体主要是通过分则进行正向保护，即对侵害该群体权益的犯罪从重处罚。（1）对特定生存状况下弱势群体的保护。该群体一般是指在社会中生存状况比较差，需要他人、社会给予特殊帮扶的群体，在刑法分则中存在多处对该群体的保护：在定罪方面，遗弃罪的客观方面包括“对于年老、年幼、患病或者其他没有独立生活能力的人，负有扶养义务而拒绝抚养，情节恶劣”；挪用特定款物罪将挪用于救灾、抢险、防汛、优抚、扶贫、移民、救济款物作为犯罪构成要件。在量刑方面，抢劫罪中抢劫救灾物资的，作为抢劫罪的法定加重情节；挪用公款罪规定用于救灾、抢险、防汛、优抚、扶贫、移民、救济款物归个人使用的，从重处罚。（2）对特定情势下弱势群体的保护。该弱势群体一般是指在某种具体情形下处于相对弱势的人群，其形成可能是经济的，政治的，业务上的原因或物理的力量；可能是合法取得的，也可能是非法的。如在交通肇事罪中，相对于行人来说，犯罪主体即驾驶车辆一方是凭借物理的力量处于强势地位；在生产、销售伪劣产品类犯罪中，生产者、销售者同消费者相比，凭借其组织性和经济实力占据优势地位；在非法行医罪、医疗事故罪中，行医者凭借其医疗业务处于强势；在刑讯逼供、暴力取

① 参见郭建安主编：《犯罪被害人》，北京大学出版社 1997 年版，第 13 页。

证、虐待被监管人等犯罪中,行为人凭借其享有的行政权或执法权处于绝对的优势地位。刑法对于非法活动中的弱势群体也予以保护,例如组织他人偷越国(边)境罪中,造成被组织人重伤、死亡,剥夺或者限制被组织人人身自由都是法定的加重情节。(3)对特定社会身份下弱势群体的保护。相对于犯罪者的身份来说,本类弱势群体的身份决定其处于弱势地位,如非法批准征用、占用土地罪中体现了对农民相对于行政管理者这个弱势群体的保护,打击报复会计、统计人员罪中会计、统计人员相对于单位领导人处于弱势,在量刑方面,非法搜查罪、非法侵入住宅罪规定司法工作人员滥用职权犯本罪的,从重处罚。值得注意的是,《刑法》对某些单位过失犯罪的设置,在当前形势下更体现了对于弱势群体保护的必要性和重要性。如2004年上半年全国煤矿发生事故1736起,死亡2644人,每生产百万吨煤炭,平均就有近3名矿工遇难。[①] 重大劳动安全事故罪的设置,正体现了对工厂、矿山、林场、建筑企业或者其他企业、事业单位的职工等弱势群体生命安全的保护。

四、关于完善我国弱势群体刑法保护的建言

孙志刚案件以个人悲剧为2003年春天抹上了灰暗的一笔,但我们庆幸之后发生的许多可喜变化,如宪政步伐的坚定迈进、传媒监督作用的加强等。事实上,本案对刑法同样具有警醒和反思作用,我国刑法对于弱势群体的保护足够完善吗?如何推动我国刑法的人性化、现代化进程?

(一)弱势群体的特殊保护原则

在罗尔斯看来,弱势群体的特殊保护是社会公平、正义的体现,而弱势群体的刑法保护有助于全社会形成公平、正义的价值理念。[②] 笔者认为,对弱势群体进行特殊保护应成为我国《刑法》的一项原则,具体而言就是对生理弱势群体的保护方式进行完善的同时,尽可能扩大对社会弱势群体保护的范围和力度。这不是权益之计,而是全局性、具有普遍指导意义的原则,应体现于刑事立法和司法的各个阶段。该原则的确立有助于立法司法机关更清醒地认识刑法的侧重,有利于稳定社会秩序和保障个人权利,并能为刑法肌体注入更富生命力的人本精神。

---

① 参见董伟:《我国每生产百万吨煤近3人遇难远超其他国家总和》,载《中国青年报》2004年7月21日。

② 参见〔美〕约翰·罗尔斯:《正义论》,何怀宏译,中国社会科学出版社1988年版,第61页。

首先,弱势群体的特殊保护是贯彻罪刑法定原则的必然趋势。1997 年《刑法》规定刑法的任务,是保护公民私人所有的财产、保护公民的人身权利、民主权利和其他权利,从而为弱势群体的刑法保护提供了依据。公民权利有一般权利和特殊权利之分,弱势群体的特殊保护就是在其已经具有普遍人权的基础上,对其生理、社会弱势再加以特殊保护。其次,弱势群体的特殊保护是罪责刑相适应原则的本质要求。罪责刑相适应原则要求刑罚的轻重与犯罪分子所犯罪行和承担的刑事责任相适应,基于人们生理和社会状况的差异,刑法具体实施到每个人身上的效果是不同的,在感受性根本不同的情况下,名义上相同的惩罚并不是实际上相同的惩罚。如同样的罚金刑适用于不同财产状况的人或同样的自由刑适用于不同年龄的人,其效果是截然不同的。因此,要达到罪责刑的均衡,就必须对弱势群体进行保护。最后,弱势群体的特殊保护是适用刑法人人平等原则的外在体现。平等乃是一个具有多种不同含义的多形概念。它所指的对象可以是政治参与权利、收入分配制度,也可以是不得势的群体的社会地位与法律地位。其范围涉及法律待遇的平等、机会的平等以及人类基本需要的平等。① 有人可能会反驳,对特定人群进行特殊保护是否违背了刑法面前人人平等原则?回答当然是否定的,正因为这些人在生理、经济、政治上的能力不足,所以才需要对其予以特殊性的保护,不区分特殊情况,一视同仁地进行保护反而违背了平等原则。正如有观点指出:“刑法平等保护主义原则并不排斥刑法的特别保护,几乎任何一个现代国家的法律(包括刑法)都有许多特别保护妇女、儿童的规定,这是因为相对于成年男性来说,妇女、儿童在自我保护方面居于劣势地位,而需要特别保护。”②

(二)弱势群体的刑法立法保护

1. 对老年人的刑事责任应作出特殊规定

我国刑法可在对老年年龄作明文规定(70 岁以上或 80 岁以上)的基础上,规定对老年人可以从轻或减轻处罚,并规定犯罪时达到上述年龄的罪犯不适用死刑。原因有以下几点:首先,老年人精神与身体衰退,感官功能降低,反应迟钝,年龄增大对人的责任能力程度和适用刑罚在事实上确有一定影响。其次,我国具有立法传统与伦理观念。“矜老恤幼”是中华民族的传统美德,中国法律自古就有把特定的老年犯罪人作为减免刑罚的情节。再次,在司法实践中,老年人往往属于一个酌定的从轻情节,将犯罪人老年年龄

① 〔美〕博登海默:《法理学——法哲学及其方法》,邓正来译,华夏出版社 1987 年版,第 280 页。

② 参见曲新久:《刑法的精神与范畴》,中国政法大学出版社 2000 年版,第 94 页。

上升为法定从宽量刑情节在立法惯例、事实根据及实践经验等方面已有成熟的基础。最后，在现今废除死刑呼声日趋高涨的形势下，在实体法上限制死刑的适用是一种必然，除了从具体犯罪入手限制死刑适用外，从主体角度限制死刑更符合人道精神和社会伦理秩序。

2. 胁迫未成年人犯罪应从重处罚

教唆未成年人犯罪具有严重的社会危害性，胁迫未成年人犯罪则有过之而无不及，现实中存在大量的类似案件，给未成年人的身心带来了极大伤害，如一些犯罪分子采用极其残忍的胁迫手段，胁迫低龄儿童进行盗窃、抢夺等犯罪活动。然而《刑法》仅规定教唆未成年人犯罪者应从重处罚，对于胁迫者的刑事责任却无从重规定。事实上，我国1979年《刑法》规定了主犯从重处罚，但是修订后的刑法典却删去了该项规定，这早已引起一些刑法学者的诟病。① 因此，应规定对胁迫未成年人犯罪者从重处罚，这样才有利于体现对共同犯罪的处罚重于单独犯罪的立法思想，有利于贯彻罪责刑相适应原则，有利于对未成年人的特殊保护。

3. 刑事立法应扩大对弱势群体的保护范围

在我国现行《刑法》中，法律之盾仅仅庇护着特定的弱势群体如未成年人、怀孕妇女等，而对社会弱势群体缺乏足够的重视。如现实中存在大量监管人对被监管人人身、财产、名誉的侵害案件，此种情况却未能被上升为法定从重情节。在今后的刑事立法中，可以根据法律规定和客观实际，将一些犯罪中针对弱势群体的情况上升为法定量刑情节，规定明知对方是弱势群体而加以侵害的，从重处罚。从而为司法机关提供一个统一、明确的标准，也有利于同弱势群体刑法保护的整体性相衔接。

（三）弱势群体的刑事司法保护

生理弱势群体具有明确的判断标准，因此主要通过立法予以实现，而社会弱势群体的保护则主要是在司法中实现的。尽管司法机关已经进行了宝贵的探索，但漠视弱势群体权益的现象仍普遍存在。司法实践中审判人员往往过于注重法定情节，在考察酌定情节的时候又只注意犯罪手段如何，构成要件外的结果是否重大而忽视了被害人身份以及生活境况，没有过多考虑依法保护弱势群体的问题。不区分主体情况，对于任何人犯同样罪行而处以同样刑罚，这显然是不公平的，也违背刑罚个别化的要求。

有法谚云：法的效果在于执行（juris effectus in executione consistit）。立法、司法、行刑并重是弱势群体刑法保护的必然要求。司法实践在依据事实

---

① 参见高铭暄主编：《刑法专论》，高等教育出版社2002年版，第352页。

和法律的同时,还应注意酌定量刑情节对于弱势群体保护的意义。其中有两种犯罪具备典型意义:(1)对侵犯弱势群体基本权利的犯罪可以酌情从重处罚。根据被害人学的研究,社会弱势群体由于自身的经济状况、文化素质,决定了其较差的自我防范能力,决定了其经常接触的人员的素质,也决定了其居住区域多为社会安全防控薄弱的地区,这些因素都表明了社会弱势群体更容易成为犯罪的侵害对象。如果保护力度不足,弱势群体极易由被害人转变为犯罪人,如弱势被害人在其人身遭受侵害后因自身能力不足又得不到刑法的救济,转而依靠自身复仇或者敌视社会;又如弱势被害人财产遭到侵害后为满足基本生活需要,转而侵害他人。(2)对弱势群体出于生活困难而实施的犯罪可酌情从轻处罚。随着我国经济的发展和社会的进步,出于满足温饱的犯罪数量确实有所减少,但数量依然可观,这种犯罪大多存在于侵犯财产罪例如盗窃、抢夺等罪,仅仅依靠重刑是无法从根本上预防这种犯罪的,"处于缺乏必要的生存条件的人,为获取生存条件而犯罪的冲动是无法根本阻止的。只要这一冲动尚存,凭借刑罚的恐怖对其进行遏制就完全是徒劳的。几乎没有什么刑罚手段更甚于饥饿,没有什么手段能显示出如发放救济那么大的效果。制止贫困所引起的犯罪的唯一有效的方法在于向需要生存条件的人提供必需品。"①我们应当依据犯罪的社会危害性和犯罪人的人身危险性,结合弱势群体保护的原则,合理裁量刑罚。

在行刑中,弱势群体同样需要特殊的关注,分类处遇早已是自由刑执行的基本方式,将少年犯、女犯单独收监也已达成共识,但对于弱势犯罪人来说,我们不仅要注重对生理弱势群体例如少年犯的处遇,还要根据其社会特征制定单独的矫正计划并附诸实施,再根据执行结果予以修订。此外,对于判处罚金或没收财产的生活贫困者,可以根据具体情况依法减免;对于未成年人、老年人假释、减刑尺度的把握也应适当从宽。最好的社会政策就是最好的刑事政策,弱势群体的行刑阶段保护尚需社会各方面的帮扶与协助,以便犯罪人早日回归社会。

---

① 〔英〕吉米·边沁:《立法理论刑法典原理》,孙力等译,中国人民公安大学出版社 1993 年版,第 114 页。

Ⅳ

刑法哲学问题

13. 中国刑法哲学的产生和发展*

目　次

一、前　言

自19世纪末20世纪初西学东渐修律变法、结束长达两千多年的中华法系律学传统,创建现代意义上的中国刑法学以来,中国刑法学经历了近一个世纪的漫长发展历程,从发端、初创,到转型、发展,及至走向繁荣。在发轫、

* 与魏昌东合著,原载《法制与社会发展》2005年第2期。

初创期完成刑事律学向近现代刑法学转变的同时，奠基于一定的刑法学研究成果之上，以思辨之方式探寻刑法之本源的刑法哲学研究也开始萌生；在转型时期的中国刑法学发展中，刑法学理论和实践也发生了彻底的转型，以马克思主义哲学为指导的中国刑法哲学获得了新的启示，取得了一定的成果。进入我国当代新的发展时期，党的实事求是思想路线的重新确立，改革开放的伟大实践，依法治国方略的确立和扎实实施，中国刑法学界对法学方法论的探索以及研究新领域的不断开拓，特别是对西方法哲学——人类所共同拥有的宝贵财富的正确认识的确立，奠定了刑法哲学当代勃兴的扎实基础，立足中国注释刑法学的高度发展，相当一批刑法学者开始从“刑法之上”①的视角，“采用不同的研究进路”，以思辨的方式，对刑法中的人性与价值这两个本源性的问题进行挖掘②，对刑法、犯罪、刑罚的价值和功能、罪刑关系乃至具体刑法制度设计中的问题进行理性追问和思辨性反思，力图超越“纯粹的法律评价的范围”③，从而繁荣了中国刑法哲学的研究。自中国刑法哲学产生、发展直至当代勃兴以来，尚鲜有学者对中国刑法哲学发展的基本脉络进行系统研究。因而笔者从历史的视角，对中国刑法哲学发展的基本线索进行系统地梳理和廓清。

二、刑法哲学在近代中国之兴起

从研究对象的角度考查，刑法哲学无疑与刑法学具有相同的研究对象，两者均是以刑法这种特殊的社会现象为对象而进行的学理分析和研究。由研究视角和研究方法的特殊性所决定，刑法哲学的萌生须以一定规模和程度的刑法学发展为基础，因而考查中国刑法哲学之兴起，必然涉及考查中国近现代意义上刑法的产生问题。

在中国，刑法是一个古老的法域，公元前5世纪魏国侯李悝编纂的《法经》六篇奠定了以刑法为主体的中国古代法的基本风貌。④ 在礼、法结合、诸法合体的法制结构框架下，法依刑而立，法即刑、刑即法、出礼入刑，以刑为中

① 参见储槐植：《刑法例外规律及其他》，载《中外法学》1990年第1期。

② 参见陈兴良：《走向哲学的刑法学》，法律出版社1999年版，第2页。

③ 〔德〕拉德布鲁赫：《法律的不法与超法律的法》，载郑永流主编：《法哲学与法社会学论丛（四）》，中国政法大学出版社2001年版，第433页。

④ 参见何勤华：《中国近代刑法学的诞生与成长》，载《现代法学》2004年第2期。

心的法律的高度发达和完善①,是中国古代法律文化的重要特色,也造就了中国古代刑法以律学为特色的法律文化传统。② 法学领域内的律学,是中国古代法律文化中一个重要而独特的领域,也是中华法系文化传统的核心。作为中国古代法学中的至显之学,中国古代律学(亦称"刑名之学"、"刑学")以注释法学为主体,主要研究以成文法典为代表的法律的编纂、解释及其相关理论。

在以律学为主导模式的中国古代刑法发展中,是否存在着刑法哲学所赖以萌生的土壤?这一问题近年来曾受到学者们的关注。有学者认为,回顾我国刑法学从古到今的研究内容及发展轨迹与过程,可将我国刑法学具体划分为理论刑法学(刑法哲学)和注释刑法学(刑律学)两种。对于理论刑法学的发展,论者引用了周密教授在《中国刑法史纲》中的观点,认为是一个"起自春秋,鼎盛于战国,秦汉以后则起伏无常,渐次衰落"③的发展过程。而注释刑法学的发展,则可以分为唐以后(至于清)的继续发展期和1979年新中国第一部刑法典颁布至今的恢复发展期。④ 有学者则认为,中国古代律学素存实用为本之价值观念,"在'经世致用'的价值取向下,以基本肯定现行律典的合理性为前提,着重研究法律术语如何界定、法律条文如何理解和适用,以期为用法者提供直接而有效的指导,或者使用法者不致因法律语言的古朴深奥和语义多层而不知所措。这种重实用的风格,一方面表现在古代律学(尤其是明清注释律学)对于律典的注释之中;另一方面则表现在中国传统律学对于法之本体论、价值论及法学方法论等抽象思辨的法哲学领域几乎从不涉足。"⑤中国法学史学界的学者也一般地认为,作为一个法域的中国刑法,尽管诞生很早,但现代意义上的"刑法"一词却不是中国的产物,它是近代从西

---

① 民国时期刑法学人郭卫在其所著《新编刑法学总论》中提出:"我国数千年来之所谓法律,专指刑事而言。所谓出乎礼者即入乎刑矣。关于民事之规定,如田土婚姻事件、财产继承事件,皆附于刑法之中。凡违法者概要处以刑罚,律所不罚,即非违法。"(参见郭卫:《新编刑法学总论》,上海法学编译社1936年版,第3页)。

② 有学者认为,律学实质上就是中国古代的法学。传统注释律学发端于商鞅改法为律,中经两汉之兴起,繁荣于魏晋,成熟于唐,衰微于宋元,复兴于明,至清而终结(参见怀效锋:《中国律学传统述要》,载《华东政法学院学报》1998年第1期)。

③ 参见周密:《中国刑法史纲》,北京大学出版社1998年版,第168页。

④ 参见李晓明、李可:《试论我国刑法学从论理到注释的发展》,载《福建公安高等专科学校学报——社会公共安全研究》2002年第6期。

⑤ 参见胡旭晟、罗昶:《试论中国律学传统》,载《浙江社会科学》2000年第4期。

方传入日本,并经日本而传入中国的。① 现代意义上的中国刑法学发端于19世纪末20世纪初的西学东渐运动②,在此之前,中国古代刑法则是以刑事律学为其基本表现形式,"由于传统注释律学诞生并成长于以封闭的自然经济为基础、政治上专制主义不断强化的国度,作为与政治统治密切相关的学术,受不同历史阶段社会政治、学术思潮和经济关系变动的影响,形成了重归纳轻演绎、重考证轻分析,重实用轻理论、重刑事轻民事和重成案轻判断等一系列特点。"③而中国古代刑事律学制度与现代意义上的"刑法"之间,不仅存在内涵上的巨大差异,而且也难以存在共同话语。④ 由此,在中国古代刑事律学中,即使存在以思辨方法对涉及刑法本质、目的、品性等方面问题的论争,仍限于思想的范畴和层面。

清末修律运动直接导致了刑法学对律学的取代,并最终导致中华法系的分崩离析。经由沈家本、伍廷芳、俞廉三等人的不懈努力,终于在中国建立起近代的法律体系和制度,从而开启了中国法制近代化的征程。⑤ 在中国刑法学的发端时期,作为"中国近代资产阶级进步法律思想的启蒙者和前驱",居于变法修律运动核心的沈家本先生,在西洋思想的熏陶下,逐渐形成了独立的刑法思想。⑥ 不仅如此,他还从法学方法论的角度为中国律学向法学的飞跃作出了积极的贡献。⑦ 但是,在这一阶段,关于刑法哲学的思考仍停留在思想的范畴,尚未形成较为系统的观点。

---

① 关于"刑法"一词,《国语·晋语八》中即有"端刑法,辑训典,国无奸民"的记载,但中国古代的"刑法",实际包括了整个法律的内涵。中国近代"刑法"一词是沈家本组织修订法律馆人员翻译外国刑法典及著作时从日本引进的(参见何勤华:《中国近代刑法学的诞生与成长》,载《现代法学》2004年第2期)。

② 有学者认为,中国现代刑法学最早的渊源可以追溯到1889年前后黄遵宪的《日本国志·刑法志》一书。尤其是《日本刑法志序》被认为是研究日本刑法的开山之作(参见李贵连:《近代中国法律的变革与日本影响》,载《比较法研究》1994年第1期)。

③ 参见何敏:《清代注律特别研究》,载《法学研究》1994年第6期。

④ 诚如蔡枢衡先生所言,在代表规范性的罗马法注释相当成熟之后,哲学的认识和规范性的认识便马上关联起来。西洋15世纪关于罗马法之解释,超出注释的境界,而将法律作哲学上的推敲,显示了法之哲学性和规范性互相统一的萌芽。这是中国史上没有的事情(参见蔡枢衡:《刑法学》,独立出版社1947年版,第23页)。

⑤ 参见张晋落:《综论中国法制的近代化》,载《政法论坛》2004年第1期。

⑥ 沈家本的著述被后人汇集为《沈寄簃先生遗书》甲编22种、乙编13种,《寄簃文存》8卷是其中的重要著作,其前3卷集中反映了沈家本的刑法思想。这些刑法思想不仅在当时对于建树现代刑法制度具有直接的理论推动作用,甚至在今日仍然具有借鉴和参考意义(参见张文、何慧新:《中国刑法学二十世纪的回顾、反思与展望》,载《当代法学》1999年第1期)。

⑦ 参见史广全:《从律学到法学的飞跃——沈家本法学方法论初探》,载《齐齐哈尔大学学报(哲社版)》2004年第5期。

中国刑法学在清末被开启后进入到了初创时期。这一时期诞生的中国历史上第一批刑法学家们,在学习和引进西方,特别是日本刑事立法、司法制度,以及西方刑法、犯罪、刑罚制度的基础上,对中国刑法学的构建提出了各自的主张,出版了大批的刑法学著作①,为中国刑法学的初创作出了巨大的贡献,中国刑法哲学也开始突破思想的范畴而转化为一些刑法学者具体的研究,进而散见于学者的著述之中,从而迈出了由思考到实际研究的步伐。②在这些刑法学著作中,蔡枢衡先生的《刑法学》(第一编,独立出版社 1947 年版)是一本颇具学术价值和影响的刑法学著作。其突出之处在于体例和内容的特色,在体例上,民国时期出版的大批刑法学论著一般以绪论、犯罪论、刑罚论为基本结构体系,刑法绪论所述及的问题在总论中只占较少篇幅,而将关注的重点置于犯罪论、刑罚论部分。而蔡枢衡《刑法学》的绪论是其整个刑法学著作的一个独立部分。③ 在内容上,民国时期大批刑法学论著的绪论一般涉及刑法之导说、意义及其内容、刑罚权之根据及其主义、刑罚制度之主义、沿革、解释、种类及其效力等基本内容。④ 而蔡枢衡之《刑法学》绪论则重点对刑法学之概念、方法、任务、目的以及刑法在法律体系中的地位等问题进行了专门的研究。该书不仅明确提出了刑法学的基本范畴,还论证了作者刑法哲学的基本思想,成为蔡枢衡刑法哲学思想初步成型的标志,同时也标志着中国刑法哲学早期发端的开始。

(一)刑法哲学研究的必要性

蔡枢衡先生认为,刑法学是刑法学的主体与刑法学对象的统一,具体的刑法学著书是特定著者对于对象的认识体系,认识主体的具体属性决定理论体系的品质和性能。作为社会生活一分子,认识主体具有双重属性:主体的具体生活环境和学识基础,完整知识体系的建构并且正确研究方法的运用,是研究刑法之合理主体的前提。“现代中国法学——从而刑法学的主体,第

---

① 民国时期王宠惠、王觐、郭卫、赵琛、许鹏飞、陈文彬、蔡枢衡、孙雄等学者出版了大量的刑法学著作。据初步统计,从清末至 1949 年,中国共出版刑法学译著、专著和教材等共 900 多部(参见何勤华:《中国近代刑法学的诞生和成长》,载《现代法学》2004 年第 2 期)。

② 反映在民国时期学者所编著的刑法学论著中,则表现为对刑法权(刑罚权)根据的论述和说明,一般均是作为刑法专著绪论部分的重要内容加以研讨的(详见王觐:《中华刑法论》(增订七版),中华印书局 1933 年版;郭卫:《刑法学总论》,上海法学编译社 1933 年版)。

③ 按照蔡枢衡的设想,全书共分为四编,除第一编外,还包括刑法各论、犯罪总论、刑事处分制度等内容,然而,由于历史的原因,仅出版了第一编,后三编未出版。

④ 参见郭卫:《刑法学总论》,上海法学编译社 1933 年版。该书绪论部分涉及:刑法之导说、刑法之意义及其内容、刑罚权之根据及其主义、刑罚制度之主义、刑法沿革之概略、刑法解释、刑法之种类及其效力、国际间关系于刑法上之共助。其他学者的著作基本循此体例。

一必须接受了人类社会和认识历史至昨日为止的一切遗产。……在某种意义上，十九世纪社会历史的成果是哲学和科学之统一；自然科学和社会科学之统一。法学以及刑法学和科学以及哲学的关系，是全体和部分的关系，也是一般与特殊的关系。这种关系使法学——从而刑法学和其他一切科学并哲学，直接间接保有着内在的关系。"①科学和哲学本身就是刑法学的基础和组成部分，他反对把哲学和科学当作刑法学的辅助学科，否则将"不易超出以条文之解释为满足之境界。也不能使中国刑法学，成为表现独立自主的中华民族自我的刑法学。"②

（二）刑法规范学的范畴

刑法学作为一门学科，是一种规范和范畴的体系。在蔡枢衡先生看来，"虽然刑法法典的内容直观地告诉我们，只有两个范畴：一个是犯罪，另一个是刑事处分（刑罚及保安处分）。可是在理论上，在事实上，刑事处分是把犯罪作前提的，没有犯罪，不会有刑事处分。犯罪又是把国家生活的第一次规范——禁止、命令和容许之违反或侵害作前提的；没有第一次的国家生活规范之违反或侵害就不会有犯罪。由第一次规范到犯罪，再由犯罪到刑事处分，这是规范生活的全过程。这过程的起点是第一次的规范；终点是刑事处分的实践；犯罪不过是中间之一阶段。这样说来，刑法规范学中显然包含了（一）国家生活规范、（二）犯罪、（三）刑事处分等三个范畴。由第一次规范到犯罪，再由犯罪到刑事处分，这是规范生活发展的法则，也是刑法规范学中三个范畴之内的关联。这种内的关联决定了体系的起点是第一次的国家规范，终点是刑事处分，犯罪却是介于二者之间的一个范畴。"③"从平面观察：刑法学上有犯罪原因论、犯罪概念论、刑罚本质论、刑罚目的论、刑罚对象论和罪刑关系论等几个重要的范畴。"④

（三）刑法的性质与刑法学之方法

蔡枢衡先生提出，"研究的方法是达到认识对象的目的之手段。刑法学的研究方法就是思维方法或论理学。""刑法的属性有哲学性、事实性和规范性三种"⑤，构成了刑法的一体三面。他认为，刑法是历史过程的一部、社会现象的一种，这是刑法的事实性。把刑法当作历史的事实和社会的现象看，刑法之存在与发展，都有其内在固有的法则。规范性是刑法最早被发现的一

---

① 参见蔡枢衡：《刑法学》，独立出版社 1947 年版，第 2 页。

② 参见蔡枢衡：《刑法学》，独立出版社 1947 年版，第 2 页。

③ 蔡枢衡：《刑法学》，独立出版社 1947 年版，第 10、11 页。

④ 蔡枢衡：《刑法学》，独立出版社 1947 年版，第 68 页。

⑤ 参见蔡枢衡：《刑法学》，独立出版社 1947 年版，第 6 页。

个属性。刑法是国家生活规范或裁判规范,这是刑法之规范性。刑法在国家对国民的关系上,是一种权力或压力,也是国民的不自由;在国家对社会的关系上,刑法是社会组织和社会关系的保护者,也是社会活动自由的范围;在国家对被害人的关系上,刑法是国家对被害人权利义务的肯定,也是任意复仇的否定或限制;在国家对司法官的关系上,刑法是国家拘束司法官任意裁判的典范,是司法官的不自由;在司法官对国民的关系上,刑法是司法官的自由范围,也是一种剥夺权利的裁判的权能。刑法规范的存在形式是概念和判断。因此,概念内涵和外延的发现,概念间关系的确定,判断的抽出,推理的形成,从而理论体系的构成,便是刑法规范性范畴的内容。刑法对于一切事物,既是直接间接影响的主体,又是直接间接受影响的对象;刑法对于某些现象保有独立性和规定性,对于另一些事物则存在依存性和被决定性。因此,决定和被决定、独立和依存、影响和受影响等法则和归宿的阐明,便是哲学性范畴的内容。刑法的本质、犯罪之本质、刑事处分(刑罚及保安处分)之本质,及其相互间的关系的探究、规范的可能性和现实性的理论根据之发现、理想的刑法之追求等,是其应有的内容。由刑法的规范性、现象性和哲学性范畴分别产生规范的注疏阐释、现象的观察与描述和哲学的思辨和抽象的要求,因而注释、实证和思辨的方法应当成为刑法学研究的三大基本方法。①

(四)犯罪论思想

在犯罪原因论上,蔡枢衡先生既反对一元的自由意思论,也反对多元的机械的犯罪原因论,而采取一元的意思决定论,主张犯罪的原因在于物质的力的作用,而不在心灵。意思——意志只是犯罪原因的一种形态。他主张区别犯罪原因的根据和条件,犯罪原因是原因中的根据和条件的统一。根据是本质的原因,一旦表现出来即成为力。力包括生理的力、心理的力和疾病的力。犯罪的本质的原因是生理的力、心理的力和疾病的力,和促使实施犯罪行为的最后条件以前的主观的客观的诸条件二者之统一或综合体。在犯罪本质论上,他认为犯罪是“社会生活一分子之反社会的危险性和反社会的现实性的统一。”②反社会的现实是反社会的可能性的现实化,刑事处分所要克服的不是反社会的现实性,而是反社会的可能性。③

(五)刑罚论思想

在刑罚观念上,蔡枢衡先生因师从日本新派刑法大师牧野英一而深受其思想的影响,力主教育刑。他认为:“从功利的观点看:消极的报应刑对

① 参见蔡枢衡:《刑法学》,独立出版社 1947 年版,第 21—26 页。

② 参见蔡枢衡:《刑法学》,独立出版社 1947 年版,第 78 页。

③ 参见蔡枢衡:《刑法学》,独立出版社 1947 年版,第 79 页。

犯人既不足以资应付,对国家尤其不能完成独立自主的民族之使命。从意识形态的观点看:刑事处分的本质和目的,不能不从痛苦和报应转化为教育——改善犯人、教育犯人、使之复归社会为良民。刑事处分之由报应转化为教育,是权威克服自由的结果。"①因此,他认为,刑事处分对于犯人是教育和改善,对于国家和社会是防卫现实社会和国民态度之再造。而在刑罚的程度上,蔡枢衡先生则认为,犯罪和刑事处分(刑罚和保安处分)的关系,从性质上看,是病和药的关系;从数量上看,则是病小药量轻、病大药量重的关系。恰好消灭反社会的危险之质和量,便是立法上并裁判上刑事处分适当的质量。立法上和裁判上之处分所以有轻重,正因各人反社会的危险性大小不同的缘故。②

总之,笔者认为,从民国时期开始,中国刑法学之研究即已关注了刑法之价值、基础、基本范畴、研究方法等一些根本层面的问题,从而为中国刑法哲学的兴起奠定了基础。

三、刑法哲学在新中国初期刑法学研究中的转型

中国刑法学的发展,伴随着 1949 年新中国的建立而进入一个新的历史时期。这一时期,就新中国刑法学的发展而言,是一个创立和发展时期;而对于中国近现代意义上的刑法学发展而言,因社会主义基本制度的确立而实行的对旧法统的彻底废除政策,以及基于对苏联社会主义法律制度的全面引进,这一时期刑法学的发展则带有明显的转型特征。

(一)转型之表征

在总体上,这一时期的刑法学研究呈现出明显的初创性质,表现为"多是介绍、学习苏联刑法理论,还没有着手建立自己的刑法理论体系,所以,对一些刑法问题的研究是粗浅的、零散的"③等鲜明特色。尽管如此,新中国第一代刑法学者们在创建社会主义刑法学体系过程中,基于合理构建刑法体系和刑法学理论体系的客观需要与迫切要求,也开始了探索以科学的方法论为指导的刑法哲学研究的道路,由此拉开了新中国刑法哲学发展的序幕,并取得了初步成果。1954 年以后中国刑法学在译介、引进苏联刑法学理论和著作的同时,逐渐开始运用马克思主义哲学的立场、观点和方法研究中国刑法学

---

① 蔡枢衡:《刑法学》,独立出版社 1947 年版,第 80 页。

② 参见蔡枢衡:《刑法学》,独立出版社 1947 年版,第 79 页。

③ 参见高铭暄、赵秉志主编:《新中国刑法学五十年》,中国方正出版社 2000 年版,第 5 页。

的一些基本理论问题,最突出地表现在以下四个方面:

(1)将马克思主义阶级斗争学说运用于犯罪现象、犯罪原因的研究,揭示犯罪的阶级本质,运用阶级分析方法对犯罪这一社会现象进行分析和说明,对犯罪圈的划定、通过刑法调整和控制社会的范围,以及新中国刑法所应当具有的功能所进行的思考,成为初创时期刑法哲学的主要内容。

(2)从犯罪概念的界定出发,在犯罪本质特征的分析上,运用了质量关系的分析方法,对犯罪与违法行为的界限进行了初步的界定。有学者提出,质乃是一事物区别于他事物的内部固有的规定性,社会危害性作为犯罪的本质特征,应为犯罪行为所特有,其他违法行为只是对社会造成损害,而不是对社会具有危害性;而另一种观点则认为,社会危害性不仅是犯罪行为的基本特征,而是其他违法行为的重要特征和实际内容,它们之间只是社会危害性程度不同而已。犯罪以它的质(社会危害性)与非社会危害行为相区别,而用它的量(社会危害性程度)与其他违法行为相区别。①

(3)以马克思主义哲学关于因果关系的原理为指导研究刑法学中的因果关系,加深了对哲学对在犯罪这一特殊社会现象分析中的具体运用的层次和范围的认识。有学者还对哲学因果律在刑法科学中运用的程度进行了相对深入的研究。论者从分析"怎样才算'把马克思列宁主义关于因果性、必然性、偶然性的原理运用到刑法科学中来'"入手,提出了如何结合刑法科学将马克思列宁主义哲学原理加以运用的问题。论者提出,从刑法"将人的行为在因果关系中突出"的特点所决定,"刑法科学在运用因果律时,便不能像哲学、自然科学、历史或一般社会科学那样,根据事物的客观情况寻出因果关系,就算了事;它还得进一步研究行为人对自己行为和某种结果的因果联系是否在事先已经、可能或应该预见到,以便据以决定他应否刑事责任。"从而深化了对"因果关系在刑法科学中所占的重要地位"作用的认识。②

(4)以马克思主义哲学主客观相统一的理论为基础,初步创立了我国刑法中主客观相统一的犯罪构成理论。

(二)转型之评论

客观地说,在新中国刑法的创立和发展阶段,刑法哲学所更多具有的是

---

① 参见高铭暄主编:《新中国刑法科学简史》,中国人民公安大学出版社1993年版,第8—10页。

② 参见杨兆龙:《刑法科学中因果关系的几个问题》,载《法学》1957年第1期。关于因果关系的研究,还可见梅泽浚:《哲学上的因果关系及其在刑法中的运用》,载《华东政法学院学报》1956年第1期。

在刑法、犯罪和刑罚问题研究中方法论层面上的指导作用，它被作为一种研究方法而具体地运用于初生的新刑法学体系的构建和研究领域之中。如何在存在论的角度上考察并评价这一时期刑法哲学的研究状况？笔者认为，应当采取一种实事求是的科学态度。

首先，刑法哲学本身即因刑法知识体系的多元性而具有层次和范围的多元性。① 刑法哲学研究可以是在宏观上，以刑法的整体或者以作为特殊社会现象整体的犯罪为研究对象进行哲学的分析、思考和价值评判，从而更多地反映刑法哲学对整体刑法价值和本质探寻的功能，实现通过价值考量评判刑法之合理性的作用；但是，也不能否认，在微观上，即对以具体刑法（刑罚）制度的设计或者具体犯罪要件配置的合理性为对象所进行的哲学分析、思考和价值评判所具有的刑法哲学研究的属性，这种思考和价值评判当然也应当被认为是符合刑法哲学本质的研究。② 可以是站在纯粹价值判断的角度，对刑法应然性的思考，当然也可以是从纯粹实定法的角度，对刑法具体制度应然性的分析，这本身也是符合哲学所具有的抽象性和具体性矛盾统一体特征的。同时，价值判断本身也是一个兼具抽象性和具体性特征的过程。从一定意义上说，作为"刑法哲学"研究对象之"刑法"，既应当包括完全抽象的、应然的、非实定的刑法，也应当将具体的、实定的刑法纳入其研究对象的范围。在新中国刑法的创立阶段，运用阶级斗争理论、阶级分析的方法对新中国这一特定历史时期犯罪现象、犯罪问题的分析，从根本上是一个如何确定犯罪的本质、如何发挥刑法的功能和作用、如何划定犯罪圈的合理范围，以及应当承担刑事责任之行为的范围问题，也是一个在根本上决定刑法的任务和机能选择、发挥的问题。因而在本质上，就存在一个超出刑法规范的本体对具体问题加以分析和认识的问题。尽管"刑法工具论"的认识在一定程度上被作

① 就材料所及的范围而言，当代中国最早提出"刑法哲学"概念的学者是韩修山，论者在《应加强刑法哲学的研究》一文（载于《社会科学评论》1988 年第 1 期）中首次提出了刑法哲学的概念，并认为："刑法哲学并不是一个独立的法学学科，而是刑法学的一部分，是指对刑法学中的哲学问题，以及刑法学的哲学基础的研究。"对于论者的这一观点，笔者持基本赞同的态度。刑法哲学本身并非单纯是指对刑法进行基于西方法哲学中以自然法为中心线索的价值评判性的研究，而应当作广义上的理解。

② 这是张明楷教授在分析刑法学体系时的观点。张明楷教授认为，刑法学是刑法解释学与刑法哲学的统一体，只有以法哲学为基础解释现行刑法的学科才是真正的刑法学。就刑法的适用而言，刑法解释学比刑法哲学更为重要。既不能要求我国的刑法学从刑法解释学向刑法哲学转变，也不能一概要求将刑法解释学提升为刑法哲学。因为"转变"与"提升"，都意味着刑法解释最终不复存在。我们需要从刑法解释中抽象出刑法哲学的一般原理、规则，但作出这种抽象后，刑法解释学仍然存在。事实上，刑法解释学不仅重要，而且与刑法哲学本身没有明显的界限（参见张明楷：《刑法学》，法律出版社 2003 年版，第 2、3 页）。

为当时刑法价值和功能的主流认识,从而使之具有一定的历史局限性,但这种认识却真实反映了我国刑法价值观的发展过程。

其次,刑法哲学发展的历史渐进性。在新中国刑法的创立阶段,刑法哲学更多地表现为在分析、研究问题时的方法和指导思想;但在将刑法这种特殊社会现象的整体作为刑法哲学的研究对象时,则必然呈现出一定的历史性。由于历史条件的局限,以及中华人民共和国成立初期对资本主义刑法学、刑法哲学的彻底否定态度所决定,刑法哲学的发展也会出现必然的"断裂",呈现出一定的初创性质和特点,作为以具有规范性特征为研究对象的刑法的研究视角、研究领域也必然会被打上时代的烙印,这是历史使然。而割裂特定历史条件、历史环境的评判是一种不科学的态度,也是强加于人的。

总之,在新中国刑法的创立和发展阶段,受刑法学研究领域、范围以及发展程度的限制,刑法哲学尽管在刑法学研究的宏观层面上未能充分发挥其价值评判功能和作用,也未能进行较为充分的学术争鸣并形成较为系统的理论成果,但在刑法学理论研究的微观层面以及刑法学研究方法论上仍取得了一定的进步,从而为新中国刑法学和刑法哲学的发展奠定了基础。

四、刑法哲学在我国当代刑法学研究中的发展

(一)我国当代刑法哲学的基本发展历程

1976 年 10 月,党和国家粉碎了"四人帮",实现了拨乱反正,中国刑法学也走出停滞的阴霾。为逐步实现国家政治生活和社会生活的正常化,党和国家开始了重新选择治理国家和促进社会发展的道路和模式的思考。1978 年 12 月召开的中国共产党第十一届三中全会,在确立实行改革开放基本国策的同时,重新确立了加强社会主义民主、健全社会主义法制的基本国策。国家立法机关在新中国刑法创立和发展阶段所形成的原有刑法草案基础上,加紧了第一部《中华人民共和国刑法典》的制定工作。这部刑法典于 1979 年 7 月 1 日获得通过并正式颁布。以刑法典的颁布和实施为契机,以 1979 年《刑法》为刑法学研究的"核心和支柱"①,中国刑法学的研究也进入到了"复苏、繁荣时期"。中国法学界开始逐步走出单纯以阶级斗争理论为指导、以阶级分析法为唯一或主要法学研究方法的研究模式,大批西方法律著作精品在中

① 参见高铭暄、赵秉志:《新中国刑法学研究 50 年之回顾与前瞻》,载高铭暄、赵秉志主编:《新中国刑法学五十年》,中国方正出版社 2000 年版,第 11 页。

国的广泛译介，不仅开拓了刑法学者的理论视野，更重要的是拓展了刑法学理论研究的思维深度，在注释性刑法理论研究丰硕成果基础之上，中国刑法哲学的发展也进入到了一个崭新的发展时期。

对刑法开展以超出刑法典规范和传统刑法学体系的范围，采取与传统注释研究方法不同的方法加以研究，是一些刑法学者在 20 世纪 80 年代末 90 年代初期所进行的一种研究方式上的探索。与传统的新中国刑法学研究以现有刑法典规范的体系和框架为基础，而进行的以立法和司法实践中的实然性问题为研究对象的研究相区别，这种研究是在以刑法为整体或者在对作为刑法调整对象的犯罪、刑罚及其相互关系的研究中，超出现行刑法典的规范体系和范围之外，对刑法的一些根本问题所进行的一种带有一定本原性的思考和理论创新性的研究。

在当代中国刑法学研究中引入新的研究方法的尝试，开始于对作为刑法调整对象的犯罪与刑罚辩证关系的分析，以及由此而产生的对刑法学体系的改造与完善问题的思考，通过这些研究，学者们开始尝试对刑法进行以哲学思辨为基本方法的探索。① 这些研究尽管从研究内容上看强调的是以罪刑关系为核心对刑法学体系进行合理构建，但在研究方法上，学者们已经开始突破传统刑法学以注释刑法条文规范或者以对刑法条文规范的合理性进行简单评价的模式，因而在一定程度上标志着刑法学研究方法上创新探索的开始。此时期也有学者以《应加强刑法哲学的研究》为鲜明主题发表专论，明确提出刑法哲学的概念，分析刑法哲学在中国刑法学中的地位及其对于中国刑法学发展的作用；此外，论者还具体分析了“法学方法论”在法学研究，特别是在刑法学研究中的重要作用，并详细论证了刑法哲学的研究内容和范围②，从而在当代我国刑法学研究中第一次较为详细地论证了刑法哲学的内涵和意义，这也标志着当代我国刑法学者在刑法学研究中提倡以全新的研究方法开展刑法学研究模式全面创新的开始。也有学者在对一系列刑法例外现象的探索中提出：“例外规范普遍地、不断地出现和转化，使刑法成为一个不断变化和开放的系统。因此刑法理论工作者的任务不仅是解释刑法规范，而且要以开放性思维来研究刑法现象（不局限于法律规范），探讨刑法规律，促进刑法发展。所谓开放性思维，就其本质而言，是以社会实践为基点的辩证唯物主义的哲学思维（理论思维）”；而“将刑法现象中蕴含的哲理加以系

① 参见陈兴良、邱兴隆：《罪刑关系论》，载《中国社会科学》1987 年第 4 期；陈兴良、邱兴隆：《刑法学体系的反思与重构》，载《法学研究》1988 年第 5 期。

② 参见韩修山：《应加强刑法哲学研究》，载《社会科学评论》1988 年第 1 期。

统化,或者说用哲学观点和方法研究种种刑法现象,这就是刑法哲学”。① 在《刑法研究的思路》一文中,该学者进一步提出,“刑法研究的基本思路是多方位立体思维。具体说来,从刑法之外研究刑法,这涉及研究的广度;在刑法之上研究刑法,这涉及深度;在刑法之中研究刑法,这是起点和归宿。”论者并认为,所谓在刑法之上研究刑法,“就是要对刑法现象进行哲理思考和总体社会价值判断”。② 随后,在刑法研究中引入新的研究方法,进行哲理思考的主张,逐渐受到刑法学界的关注和重视,并开始自觉在刑法学研究中加以运用。在对罪刑辩证关系进行哲理探索的基础上,有学者从构建以犯罪本质二元论(犯罪是社会危害性与人身危险性的统一)、刑罚目的二元论(刑罚是报应与预防的统一)、罪刑关系二元论(罪刑之间的因果关系与功利关系的统一)为基本命题的刑法研究体系入手,对刑法的本体内容进行了研究,并形成了新中国刑法学研究中第一部以《刑法哲学》命名的刑法学研究专著。③ 继之,该学者又以刑法的人性基础、价值构造为视角,将刑法的整体纳入刑法哲学研究的范围,对刑法的应然性进行了更加深入的研究,从而完成了其刑法哲学研究的三部曲。在以人性基础为视角的刑法哲学研究中,论者认为,对刑法本原性的思考,必然将理论的触须伸向具有终极意义的人性问题,而对人性问题的不同认识和评价,则构成了西方刑法哲学发展史上刑事古典学派与刑事实证学派的理论分野,西方两大刑法学派基于对人性的理性和经验性的不同评价和认识,直接影响了 18 世纪的刑事立法活动。在对西方两大刑法学派在人性问题上的根本分歧进行分析论证的基础上,论者提出,理性人与经验人不是截然对立的,人性中既有理性的因素,又有经验的因素,人性既具有共同性,又具有特殊性,两者的辩证统一科学地揭示了人的本性,这种揭示为刑法奠定了合理的人性基础。④ 在以价值为视角的刑法哲学研究中,论者认为,价值冲突是法存在的前提条件之一,法的功能就在于最大限度地防止价

---

① 参见储槐植:《刑法例外规律及其他》,载《中外法学》1990 年第 1 期。

② 参见储槐植:《刑法研究的思路》,载《中外法学》1991 年第 1 期。

③ 参见陈兴良:《刑法哲学》,中国政法大学出版社 1992 年版。值得注意的是,就本书的性质而言,刑法哲学仅具有方法论上的意义。如作者所言,刑法哲学在本质上“是采用哲学方法研究刑法,更为关注刑法的本源性问题,例如人性、价值等,从而提升刑法学的理论品格和品味。”“刑法哲学的研究也是存在各种不同的视角的,从而会产生不同的研究成果。”在《刑法哲学》一书中,作者“主要是引入哲学方法,对刑法学的本体问题进行了体系性构造,因而这本书的确切主题应当是‘刑法的本体展开’。在这本书中,我只是把哲学作为一种单纯的方法论而采用的。经过哲学方法论的梳理,使本体刑法学更具逻辑性。”(参见陈兴良:《走向哲学的刑法学》,法律出版社 1999 年版,序言第 2 页)。

④ 参见陈兴良:《刑法的人性基础》,中国方正出版社 1996 年版。

值冲突中价值的丧失与耗损。价值冲突在社会中也尤为普遍,最根本的莫过于个人价值与社会价值的冲突,西方刑法两大学派基于对人的个体性和社会性的不同认识,导致了刑法在人权保障与社会保护机能选择中的诸多争论。个体人与社会人的关系问题作为政治哲学的一个永恒话题,有着悠久的历史。刑法的价值构造应以公正为基石,刑法的公正性表现为个人自由与社会秩序的统一,刑法应当通过人权保障机能与社会保护机能的协调,追求个人自由与社会秩序的刑法价值,最终实现刑法的公正价值。①

此后,对刑法所进行的以哲学为方法论指导意义和价值论意义的研究,成为当代中国刑法学研究中被普遍重视的一种研究方法,产生了一大批学术研究成果。与此同时,刑法哲学研究的领域也得到了进一步的深化。在前期以刑法的整体作为刑法哲学研究对象的基础上,学者们开始进一步关注犯罪概念、犯罪本质、犯罪观、刑罚的价值、根据,以及刑罚的哲理与法理等问题,并进行了深入、系统的研究。综观当代中国刑法哲学研究的发展,笔者将其所重点关注的内容归纳为四个方面进行简要的总结。②

(1)刑法哲学基本问题研究。主要涉及:①刑法哲学内涵研究。刑法哲学的内涵是构建刑法哲学体系的基础,在刑法哲学研究中,对于刑法哲学的内涵在学者中研究相对较少,且存在较多的分歧,学者们一般是基于个人对刑法哲学的认识展开研究,形成了"方法说"、"法理说"、"本原说"、"综合说"③四种代表性观点。上述观点内在差异显而易见,有的学者强调哲学在方法论意义上对刑法学研究的影响和作用,采用思辨方法研究刑法基本问题,即为刑法哲学;有的学者强调哲学在世界观意义上对刑法学研究的影响

① 参见陈兴良:《刑法的价值构造》,中国人民大学出版社 1998 年版。

② 笔者以中国刑法哲学产生、发展的基本脉络为研究视角,囿于篇幅及研究重点,对于当代中国刑法哲学研究的主要内容、基本研究状况、主要特点,以及对刑法哲学研究的客观评价、发展展望,笔者将另行撰文予以研究。

③ "方法说"认为:"将刑法现象中蕴含的哲理加以系统化,或者说用哲学观点和方法研究种种刑法现象,这就是刑法哲学。"(参见储槐植:《刑法例外规律及其他》,载《中外法学》1990 年第 1 期)。"法理说"认为:"刑法哲学,又可以称为是刑法法理学,是对刑法所蕴含的法理提升到哲学高度进行研究的一门学科。"(陈兴良《论刑法哲学的价值内容和范畴体系》,载《法学研究》1992 年第 2 期)。"本原说"认为,刑法哲学是刑法理论的根基,刑法哲学探索刑法的本源,研究"应然之应然(即价值标准之应然)",倘若从刑法的两大研究范畴"罪"与"刑"来说,就是公正的刑法应当如何界定犯罪,应当如何设计刑罚(或处置)(参见张小虎:《人身危险性与客观社会危害显著轻微的非罪思辨——我国〈刑法〉第 13 条之出罪功能》,载《中外法学》2000 年第 4 期)。"综合说"认为:"刑法哲学只有对刑法是什么亦即本体论问题、刑法如何研究亦即刑法认识论问题、刑法如何解释亦即刑法语言学问题进行全面的阐述,才是真正完整的刑法哲学体系。"(参见刘远:《刑法学体系的反思与重构》,载《山东大学学报(哲社版)》2001 年第 3 期)。

和作用,强调刑法哲学应当是对刑法的本原性、根基性问题所进行的价值层面的研究;而有的学者所强调的刑法哲学则兼而有之,同时强调对刑法进行从方法论和价值论意义上的研究。上述分歧的存在,在一定程度上导致了对刑法哲学存在意义上的模糊认识。②刑法哲学基本范畴研究。在实在法意义上的刑法哲学研究中,学者们基于构建新研究体系的需要,提出了不同的刑法哲学基本范畴体系,形成了“双层范畴体系说”和“三范畴体系说”的争议。①

(2)以刑法为整体的刑法哲学研究。主要涉及:①刑法价值研究。刑法的价值是刑法哲学关注的重心,刑法哲学研究中重点是从刑法价值的内涵及特性②、刑法基本价值的内容和层次③、刑法价值的根源④等方面对刑法价值进行了研究。②刑法机能(功能)研究。刑法的机能(功能)是刑法在社会中可能并且应该发挥的作用或者效果,是刑法在其结构与运作中所表现出的有利作用。⑤ 学者们对刑法机能的考查重点是从刑法功能的科学定位⑥、刑法

---

① 前者认为,刑法学的基本范畴是刑法学这一科学之网的纽结,包括:刑事责任、犯罪、犯罪人、刑罚、量刑、行刑等范畴。在这种范畴体系中,刑事责任是整个刑法学范畴体系的最上位概念,它与一系列下位范畴一道构成了刑法学的科学之网。刑事责任诸下位范畴之间的相互联系与作用,集中体现了刑事责任的功能与特点(参见曲新久:《试论刑法学的基本范畴》,载《法学研究》1991 年第 1 期)。后者又存在两种不同的观点:一是“价值—实体—关系范畴体系”(参见曲新久:《刑法的精神与范畴》,中国政法大学出版社 2000 年版,前言第 2 页)。二是“犯罪—刑罚—罪刑法关系范畴体系”(参见陈兴良:《论刑法哲学的价值内容和范畴体系》,载《法学研究》1992 年第 2 期)。

② 参见康均心:《略论刑法价值的特性》,载《法商研究》1996 年第 5 期。

③ 主要存在“三价值说”、“二价值说”与“双层价值说”三种不同的观点。“三价值说”主张,公正、谦抑和人道是现代刑法的三大价值目标,且公正是刑法的首要价值(参见陈兴良:《论刑法哲学的价值内容和范畴体系》,载《法学研究》1992 年第 2 期)。“二价值说”主张,公正和功利,是人类的社会活动一直追求的两种价值,二者结合是终极目标。刑法的公正与功利如何结合,是近现代刑法价值论的焦点(参见储槐植:《美国刑法》,北京大学出版社 1996 年版,第 9 页)。“双层价值说”主张,刑法的价值主体有社会与国家,社会与国家都希望建立起有利于自身的刑法模式,因而刑法的价值在本义上是功利的。在对刑法价值的标准上,国家与社会又各有特点:国家是功利的;社会是公正的(参见张小虎:《论刑法的价值核心在于公正》,载《河南省政法管理干部学院学报》1999 年第 6 期)。

④ 参见康均心:《刑法价值的根源》,载《中央检察官管理学院学报》1997 年第 3 期。

⑤ 有学者认为,根据系统论,刑法作为一个无所不包的系统的因素所起的作用,既可能表现为积极作用,又可能表现为消极作用,而刑法功能是特指其中的积极作用(参见储槐植:《刑事一体化与关系刑法论》,北京大学出版社 1997 年版,第 392 页)。

⑥ 参见关福全、杨书文:《论刑法的功能》,载《中国刑事法杂志》1991 年第 3 期。另见储槐植、宗建文等:《刑法机制》,法律出版社 2004 年版,第 27—41 页。

功能的结构①两个方面展开的。③刑法精神研究②。④更新刑法观念研究。刑法学界对于更新刑法观念的研究始于20世纪80年代后期国家新的经济体制的建立以及由此而产生的价值观念的变革时期,形成了丰富的研究成果③,更新刑法观念的研究对于刑法的修改、完善起到了重要作用,我国刑法哲学对更新刑法观念的研究体现了鲜明的时代特色。学者们从市场经济与刑法观念更新④、建设现代法治国家与刑法观念更新⑤、社会结构转型与刑法观念更新⑥、知识经济和全球化与刑法观念更新⑦等方面进行多角度、多层次地研究。此外,还有学者对刑法立法评价基点的客观主义⑧等问题进行了研究。

(3)犯罪论和刑事责任论基本问题的刑法哲学研究。主要涉及:①犯罪概念的哲学思考。刑法在确立罪刑法定原则后,对于如何理解刑法中的犯罪概念、犯罪诸特征间的关系,曾受到我国刑法学理论界以及刑法哲学研究者

---

① 有学者提出,刑法功能的结构性特征使得刑法的各种具体功能之间具有一定的层次性,表现为刑法的基本功能与附属功能的区别,前者由刑法的本质属性所决定,而后者则由刑法的非本质属性所决定(参见储槐植、宗建文等:《刑法机制》,法律出版社2004年版,第51—55页)。对于刑法的基本功能及其相互关系,在学者中存在不同的观点:持"二机能说"观点的学者提出,刑法具有人权保障和社会保护机能的二元性。基于人的二元性与刑法机能的双重性、社会的二元性与刑法机能的双重性以及法权的二元性与刑法机能的双重性的关系,刑法二元机能之间存在着对立统一的关系(参见陈兴良:《刑法机能的二元论》,载《法制与社会发展》1997年第4期)。持"三机能说"观点的学者提出,刑法应当具有三种机能,即规律机能(又称为规范机能)、保障机能和保护机能(参见张小虎:《刑法的基本观念》,北京大学出版社2004年版,第131—141页)。

② 刑法应当具有什么样的精神,是否存在通过对刑法精神的探求而在人们心目中形成对刑法忠诚的可能,以增强公众对刑法的信任,削弱刑法在公众心目中的强制性,以张扬刑法的亲和性和对社会生活秩序的促成性和维护性,是学者对刑法研究的一个独特视角。为探求刑法之精神,论者在实然和应然的层面上,着重论证了当代刑法所应当具有的道德性、自主性、公正性、经济性、宽容性和科学性,揭示了刑法存在的意义在于限制国家刑罚权,保障包括犯罪人在内的广大民众的权利,是现代刑法精神的核心和现代刑法价值的灵魂的基本结论(参见陈正云:《刑法的精神》,中国方正出版社1999年版)。

③ 在社会主义市场经济体制下,应当树立什么样的刑法观念,是中国刑法学界1993年着力探讨的重大课题,主要提出了十大刑法观:经济刑法观、法制刑法观、民主刑法观、平等刑法观、人权刑法观、适度刑法观、轻缓刑法观、效益刑法观、开放刑法观、超前刑法观(参见高铭暄、赵秉志编著:《新中国刑法学研究历程》,中国方正出版社1999年版,第194—200页)。

④ 参见赵秉志:《现阶段我国刑法学如何发展论略》,载《法律科学》1989年第2期。

⑤ 参见周光权:《公众认同、诱导观念与确立忠诚——现代法治国家刑法基础观念的批判性重塑》,载《法学研究》1998年第3期。

⑥ 参见许道敏:《民权刑法论》,中国法制出版社2003年版。

⑦ 参见王文华:《论知识经济与刑法变革》,载《法学家》2001年第5期。另见孙国祥:《传统刑法观念的解读》,载《河南省政法管理干部学院学报》2002年第5期。

⑧ 参见周光权:《法治视野中的刑法客观主义》,清华大学出版社2002年版。另见张明楷:《新刑法与客观主义》,载《法学研究》1997年第6期。

的关注,并形成了"优先说"①、"并合说"②、"阶段性说"或"视角差异说"③、"统一说"④、"综合说"⑤等观点的分歧。②犯罪观研究。⑥ ③犯罪本质研究。⑦ ④犯罪功能研究⑧。此外,学者们还对主客观相统一原则、刑法因果关系的对象、性质及其与哲学因果关系的区别、刑事责任的功能和根据,以及人身危险性等问题进行了以思辨性为基本特征的刑法哲学研究。

(4)刑罚论基本问题的刑法哲学研究。主要涉及:①刑罚权研究。刑罚权是刑法哲学中的一个重要问题。从刑罚权的起源上看,刑法学说史上存在的刑罚权神授论和契约论的观点,而刑罚权在实质上是起源于社会物质生活条件的社会防卫权。⑨ ②刑罚价值研究。关于刑罚所具有的价值在刑法哲学研究中存在不同的观点,形成"三价值说"、"二价值说"的争论。⑩ ③刑罚

---

① 参见樊文:《罪刑法定与社会危害性的冲突》,载《法律科学》1998 年第 5 期。另见陈兴良、刘树德:《犯罪概念的形式化与实质化辨正》,载《法律科学》1999 年第 6 期。

② 参见李立众、柯赛成:"为现行犯罪概念辩护",载《法律科学》1999 年第 2 期。另见黎宏:"罪刑法定原则下犯罪的概念及其特征——犯罪概念新解",载《法学评论》2002 年第 4 期。

③ 参见王世洲:《中国刑法理论中犯罪概念的双重结构和功能》,载《法学研究》1998 年第 5 期。

④ 参见李居全、胡学相:《犯罪概念的哲学思考》,载《中国法学》2004 年第 2 期。

⑤ 参见冯亚东:《理性主义与刑法模式》,中国政法大学出版社 1999 年版。

⑥ 参见李汉军:《论犯罪观》,中国方正出版社 2001 年版。

⑦ 参见青锋:《犯罪本质研究——罪与非罪界说新论》,中国人民公安大学出版社 1994 年版。

⑧ 论者认为,犯罪功能具有两面性,犯罪在本质上为恶、危害社会、侵犯法益的同时,也具有一定的社会代谢功能和缓解社会张力的促进功能——犯罪作为一种社会代谢现象,微观上危害社会与宏观上伴生社会代谢、促进社会发展形成千古悖论(参见梁根林:《解读刑事政策》,载陈兴良主编:《刑事法评论》(第 11 卷),中国政法大学出版社 2002 年版,第 18、19 页)。

⑨ 论者认为,在刑罚权合理限度的确定上,报应主义和功利主义存在着不同的主张及根据,尽管刑罚权的行使具有明显的社会功利性,但在实现这种社会功利时,同样不能无视社会公正性,只有在社会公正性的范围内,刑罚权才能正常行使。因而应当从制刑权、求刑权、量刑权与行刑权四个方面实现对刑罚权的限制(参见陈兴良:《论刑罚权及其限制》,载《中外法学》1994 年第 1 期)。

⑩ 持"三价值说"观点的学者认为,刑罚具有自由、秩序和正义三大基本价值,且三者之间存在对立统一的关系:自由乃是人类一切创造活动的终极价值,是刑罚终极价值的终极价值;秩序是实现自由的手段价值,不仅对自由的实现具有保障作用,也对自由加以必要的限制;正义在刑罚价值体系中起着平衡器的作用,一方面正义保护公民自由不受"过剩秩序"的侵蚀,另一方面正义又保证必要的秩序,以免过分的自由而使社会沦入古时的混乱状态(参见谢望原:《刑罚价值论》,中国检察出版社 1999 年版)。持"二价值说"观点的学者则认为,刑罚的价值不应包括自由,而仅仅是秩序和正义。在刑罚价值的层级上,秩序是刑罚的首要价值,不同法律对制度和秩序的作用各异,刑罚对秩序的作用更侧重于维护。刑罚的正义是社会公众通过刑罚以实现安定秩序的愿望,正义的实现须具备"刑及于罪,刑只及于罪,刑必公平、合理"三个条件(参见赫兴旺:"刑罚价值"一章,载赵秉志主编:《海峡两岸刑法总论比较研究》(下卷),中国人民大学出版社 1999 年版,第 371—377 页)。

目的研究。① ④刑罚正当性根据研究。② ⑤刑罚功能与效益研究。③ 此外,还有学者对罪刑均衡原则的价值蕴含④、刑罚现代化⑤,以及刑罚的一般预防、刑罚个别化、刑罚进化论、配刑及具体刑罚制度,特别是死刑存废等问题,从价值论和方法论的不同视角,进行了刑法哲学的分析和研究。

总之,经过近二十年的发展和探索,刑法学研究中这种以超越刑法规范的本体为基本研究对象和研究思路,以探寻刑法以及刑罚的本原性和终极性价值为目标的刑法学研究方式,在从西方法哲学、刑法哲学中充分吸取精华和养分的基础上,不仅突破了传统中国刑法学研究的领域和范围,也为中国刑法学研究开拓出一种新的研究模式。在深入刑法规范内部进行价值分析和追问,对国家刑法权、刑罚权的根据等问题进行深入思考的同时,也对新世纪中国刑法学体系的变革带来了新的启示。⑥

(二)当代中国刑法哲学发展的基本条件

刑法哲学在当代中国的勃兴,一方面是学者们深入探索刑法学研究方法努力的结果;另一方面,作为时代发展的产物,社会历史的发展为法学研究所

① 有学者提出,刑罚目的是正当原则与效率原则的统一,也就是报应和预防的统一(参见陈兴良:《刑罚目的二元论》,载《中南政法学院学报》1991 年第 1 期;另见陈兴良:《刑法哲学》,中国政法大学出版社 2000 年版,第 413—444 页)。有学者则认为,将一般预防作为刑罚的目的,不仅违反了公正这一刑罚首要价值追求和保障人权的刑法机能,而且也不符合一般预防与特殊预防、一般预防与报应之间的逻辑关系,建立一种报应与特殊预防的统一,在偏重特殊预防的基础上,兼顾报应的要求,才是我国刑罚的目的及其发展方向(参见田宏杰:《刑罚目的研究》,载《政法论坛》2000 年第 6 期)。

② 参见邱兴隆:《从神意到法意——报应论的理念嬗变》,载《湖南省政法管理干部学院学报》2000 年第 3 期。另见张明楷:《新刑法与并合主义》,载《中国社会科学》2000 年第 1 期。

③ 有学者提出,人类已有的历史实践、特别是酷刑实践证明:不可能通过刑罚来消灭犯罪。在认识刑罚的功能时,不仅要考虑我们打算进行犯罪化的某种行为是否可以依靠刑法手段来有效遏制,即"可行性原则";还要考虑该行为是否必须依靠刑法手段才能够有效遏制。即"必要性原则"或者"最后手段性原则"。国家及其立法、司法机关应当坚持"刑罚抑制原则、刑罚谦抑原则",不得滥用刑罚手段;在确定犯罪时,只能将那些严重违法、危害极大而又不得不动用刑罚手段的行为作为犯罪来规定,而不能滥施刑罚,要合理确定犯罪的犯罪量,以及犯罪的刑罚量(参见魏东:《刑法内涵的哲学检讨》,载中国人民大学刑事法律科学研究中心组织编写:《现代刑事法治问题探索》,法律出版社 2004 年版,第 58 页)另见邱兴隆:《撩开刑罚的面纱——刑罚功能论》,载《法学研究》1998 年第 6 期;韩克芳:《论刑罚的负面效益及其防范》,载《法学论坛》2001 年第 4 期。

④ 参见陈兴良:《罪刑均衡的价值蕴含》,载《法律科学》1996 年第 4 期。

⑤ 参见储槐植:《刑罚现代化:刑法修改的价值定向》,载《法学研究》1997 年第 1 期。另见孙国祥:《论非刑罚化的理论基础及其途径》,载《法学论坛》2003 年第 4 期。

⑥ 参见刘远:《刑法学体系的反思与重构》,载《山东大学学报(哲社版)》2001 年第 3 期。论者在该文中提出:"刑法哲学只有对刑法是什么亦即本体论问题、刑法如何研究亦即刑法认识论问题、刑法如何解释亦即刑法语言学问题进行全面的阐述,才是真正完整的刑法哲学体系。"

提供的良好环境也是其中一个至关重要的因素。法学研究的不断发展、研究领域的不断开拓,特别是刑法基础理论研究的丰硕成果无疑为刑法哲学的产生与发展提供了重要的发展前提和条件。笔者认为,当代中国刑法哲学得以蓬勃发展,主要是基于以下两个方面的条件:

1. 政治条件

党的实事求是思想路线的重新确立和国家依法治国方略的确定是政治条件。1978 年 12 月,中国共产党第十一届三中全会及时、果断地把全党的工作重点和全国人民的注意力转移到社会主义现代化建设上来。依法治国方略的确立、经济领域的改革开放以及国家和社会生活中对法制的迫切需要,赋予了法学界崇高而艰巨的历史使命,为包括刑法学在内的法学研究的发展提供了重要的社会历史条件。中国共产党的第十一届三中全会以后,随着真理标准问题的讨论和全党思想的解放,法学界的思想也逐渐活跃。1979 年第五届全国人大第二次会议通过了包括《刑法》在内的 7 个重要法律以后,法学界出现了空前生动活泼的局面。

2. 学科发展条件

法学研究禁区的开禁、研究方法的更新、法学方法论的探求以及刑法学坚实的学科研究基础是学科发展条件。伴随着国家依法治国方略的实施,中国法制建设取得了巨大的发展,并由此促进了法学研究的恢复、发展和繁荣,法学研究的领域、方法也随之不断更新。

(1)法学禁区的开禁。过去在法学上的许多“禁区”被不断打破,一些新的问题不断提出。这些研究主要包括:在法学研究对象上,突破了以研究国家学说为主的框框;对“法是阶级斗争工具”提出了不同看法;倾向于肯定法的继承性;等等。① 在法学领域如何正确处理学术与政治、阶级与真理、阶级性和继承性、革命性和科学性、马克思主义的指导作用与代替作用等的关系问题受到较多的关注。②

(2)对法的继承性正确认识的确立。在法的基础理论研究中,社会主义法有无继承性的讨论长期以来受到法学理论界的关注,并由于在此根本问题上难以达成共识,而造成了“对于剥削阶级法律思想和法律制度的研究具有很大的片面性,只讲彻底批判,不讲合理吸收”的局面。在此时期,法的继承性问题再一次受到热烈的讨论,深入地研讨初步形成了对法的继承性的正确认识,有学者所提出的“事实证明,在理论上不肯定法的继承性,不承认社会主义法同旧法之间存在着一定的历史联系,不承认旧法中包含有或多或少的科学、合理、积极的因素,这不仅会使我国的法制建设遇到阻碍,而且会使我

① 参见谢次昌、徐澄清:《当前国内法学的一些动向》,载《人民日报》1981 年 1 月 27 日。

② 参见吴家麟:《在法学领域必须正确处理的几对关系》,载《法学杂志》1981 年第 1 期。

国的法学理论研究和法制建设的实践处于极端自相矛盾的困境”①的观点，逐步得到法学界的基本认同。这一基本认同，为法学包括刑法学的深入发展奠定了基础。

(3)法哲学研究开始受到重视，对待西方法学研究成果态度的转变。在1979年的全国法学规划会议上，有关负责同志曾提出要对法哲学问题进行研究的意见。有学者撰文明确提出，应该开展马克思主义法哲学的研究，并从分析哲学与法学研究的关系入手，具体提出了马克思主义法哲学研究的对象、任务、内容、方法和基本范畴等问题。明确提出马克思主义法哲学在研究方法上的特点，就是在唯物辩证法的指导之下，进行高度的科学抽象，充分地运用理论思维，从大量法的现象、法的规范以及各门法学中，抽象概括出法哲学的基本范畴和原理，再按照历史和逻辑的统一，建立起自己的理论体系。法哲学研究问题开始受到学术界广泛的关注。②

中国法学界开始走出单纯以阶级斗争理论为指导、以阶级分析法为唯一或主要法学研究方法的模式，开始在法学研究中审视和思考西方法律文化传统及其法律研究方法的价值和积极意义等问题，“法学理论的研究要立足本国、面向世界，正确地对待国外各种法学思潮和法学流派”③的观点受到了法学界的重视。大批西方法律著作精品逐步在中国得到广泛的译介，为学者们开展刑法哲学研究创造了条件。

(4)法学方法论的更新。中国法学界包括刑法学界在20世纪八九十年代开始的法学方法论更新的思考和实践④，也为刑法哲学的勃兴提供了重要的条件。中国刑法学界对法学方法论的探索和思考，在客观上促使刑法学研究的领域被不断广泛地拓展和被不断深入地挖掘，分析的方法、思辨的方法、比较的方法、实证的方法等开始受到法学界的广泛重视，并引入到

① 参见张贵成:《论法的继承性》，载《中国社会科学》1983年第4期。

② 参见文正邦:《应该开展马克思主义法哲学的研究》，载《四川大学学报》1981年第1期。傅季重:《哲学与法学》，载《学术月刊》1982年第1期。

③ 参见杜飞进:《繁荣法学理论的出路》，载《法学》1987年第1期。

④ 1992年3月23日的《法制日报》报道了中国社会科学杂志社召开了“法学研究的前沿问题及其展望”座谈会。会议的中心问题是“加强法学方法论研究和学科理论建设”，而其首要的任务就是提倡研究和运用马克思主义法哲学。与会者一致认为，深入研究和准确运用马克思主义法哲学已成为摆在我国法学研究人员面前的首要任务和我国法学研究的前沿问题。法学要走出理论苍白、不敷运用的困境，出路就在于实现方法论的变革，因此应将加强法学方法论的研究和探讨放在优先地位，并应将方法论本身作为学科去学习、研究和掌握，再运用它来解决实际问题。各部门法学都需要提升其理论层次，深化其理论基础，并对以往的理论体系加以重新考察，特别是从法哲学的高度予以深化，进行超法条的研究(参见文正邦:《当代法哲学研究与探索》，法律出版社1999年版，第7、8页)。

学者们具体的研究活动中，从而拓宽了法学包括刑法学研究的领域和范围。中国刑法学界以刑法典的修改为背景，以法学界广泛开展的对法学方法论的研讨为动力，在注释性刑法理论研究丰硕成果基础之上，促进了中国刑法哲学的发展。

(5)中国刑法学理论的成熟和发展。刑法哲学的发展是以刑法学理论的成熟和高度发展为基础的①，20 世纪 80 年代，中国刑法学在经历了短期的恢复和调整后，随着研究深度的进展，研究领域的拓宽，研究水平的提高而进入到了繁荣时期，传统刑法注释研究为主体的刑法学研究，不断从司法实践中充分吸收发展养分、获取研究资源，为中国刑事立法、司法的完善和发展提供了重要的决策依据和学理支持。中国刑法理论的成熟，为透过刑法的本体发现刑法的实然而探寻刑法的本原、价值等应然性问题，提供了坚实的研究基础。

五、结　　语

回顾中国刑法哲学近百年来漫长而艰辛的发展历程，探寻其发生、发展的历史轨迹，分析其产生、发展的历史原因和重点研究内容，充分肯定其对于不同历史时期中国刑事立法、刑法学基础理论研究，特别是对于当代中国刑法观念的更新，刑事立法的科学化，刑法理论体系的完善，刑法学研究的发展所作出的贡献，笔者认为，中国刑法哲学在当代中国刑法学研究中的勃兴，不仅是当代中国刑法学者积极探索拓宽刑法学研究领域、更新刑法学研究方法的结果，同时也是中国刑法哲学长期发展、历史积淀的产物，中国刑法哲学研究尽管因政治的原因而在不同历史时期发生过指导思想的变化，并由此而出现过一定的“断裂”或停滞，导致了刑法哲学研究发展中所呈现的阶段性特征，但是，对刑法进行价值评判和哲理化分析的传统却是一脉相承的。对于学科发展轨迹的反思性研究，必将有助于这一学术领域乃至我国整个刑法学研究的深化和发展。

---

① 参见陈兴良：《走向哲学的刑法学》，法律出版社 1999 年版，第 3 页。在该书中，作者提出：“我深切地感到刑法哲学的研究是以注释刑法学为基础的，如果没有刑法的专业背景，就不可能进行刑法哲学的研究。因为，刑法是刑法哲学与注释刑法学的共同研究对象。只有在对刑法各个基本问题有了厚实的、精当的专业基础以后，才有可能从注释刑法学提升到刑法哲学。”

14. 当代中国刑法哲学研究述评*

目　次

一、前　言

中国刑法哲学的发展是一个萌生于民国，转型于新中国刑法学的创立和发展时期，勃兴、繁荣于20世纪90年代末期的一个历史过程。① 当代中国刑法哲学的勃兴，肇始于中国刑法理论界对作为刑法调整对象的犯罪与刑罚辩证关系的审视，以及由此而产生的对刑法学体系的改造、完善与重构问题的深入思考，大批西方法律著作精品在中国的广泛译介，为不断拓展中国刑法哲学研究的领域、范围和层次，提供了深厚的基础，在强调对刑法的人性和价

* 与魏昌东合著，原载《中国法学》2006年第1期。

① 关于中国刑法哲学的产生和发展历程，参见赵秉志、魏昌东：《中国刑法哲学的产生和发展》，载《法制与社会发展》2005年第2期。

值等本原性问题进行理性追问的同时,刑法哲学还在研究方法上实现了由传统刑法学以注释刑法条文规范或者以对刑法条文规范的合理性进行简单评析的方法,向以思辨性研究为基本模式的飞跃和转变。哲学思辨不仅成为当代中国刑法学研究的一个新进路,也成为刑法哲学研究的主要方法。中国刑法哲学在当代中国勃兴以来,在比较研究拓宽视野,转换视角理性审视,科学批判、合理借鉴的基础上,通过对刑法的广普价值、一般功能以及基本犯罪观、刑罚价值、功能等诸多本原性问题的追问和探讨,厘清了中国刑法的诸多应然性问题,初步形成了具有中国特色的刑法哲学研究体系,并对当代中国刑法、刑法学的完善和发展发挥了重要作用。回顾二十余年来中国刑法哲学研究所重点关注的问题,研析相关代表性观点和结论,以对当代中国刑法哲学的发展进行反思性述评,进而对中国刑法哲学的发展进行基本展望是笔者的初衷。

二、当代中国刑法哲学研究的主要内容

当代中国刑法哲学的发展,以罪刑关系合理性的评析和构建为进路,经历了从对刑法的整体功能、价值审视到对作为刑法基本范畴、构成基本要素之犯罪、刑事责任和刑罚的哲理性评析为研究视点的拓展过程。综观其发展,可将其研究内容归纳为四个主要方面:

(一)刑法哲学本体研究

1. 关于刑法哲学的内涵

形式逻辑一般理论认为,“概念”是概括地揭示事物本质属性的一种思维方式,是进行判断和推理的逻辑基础与思维工具;对某事物概念的科学界定必须建立在全面而准确地理解该事物本质属性的基础之上。因而,对于刑法哲学概念的界定就成为中国刑法哲学发展程度的重要标志。从研究对象的角度考查,刑法哲学无疑与刑法学具有相同的研究对象,刑法的实然抑或应然性问题为两者所共同关注,然而,基于对研究对象内容、方法和视角的不同,又使得二者之间存在了明显的差异。就目前国内的研究状况而言,学者们对刑法哲学内涵的研究相对薄弱,且在有限的研究中也是观点聚讼,各言其是,尚未形成统一的认识。学者们一般是基于个人对刑法哲学的认识,在自行框定的范围和层次内展开研究。刑法学者对于刑法哲学内涵的分析形成了四种具有一定代表性的观点。

一是“方法说”。该说认为将刑法现象中蕴含的哲理加以系统化,或者

说用哲学观点和方法研究种种刑法现象,这就是刑法哲学。① 二是"法理说"。该说认为刑法哲学又可以称为是刑法法理学,是对刑法所蕴含的法理提升到哲学高度进行研究的一门学科。② 三是"本原说"。该说认为刑法哲学是刑法理论的根基,刑法哲学探索刑法的本源,倘若从刑法的两大研究范畴"罪"与"刑"来说,就是公正的刑法应当如何界定犯罪,应当如何设计刑罚(或处置)。③ 四是"综合说"。该说认为刑法哲学只有对刑法本体论问题、刑法认识论问题、刑法如何解释亦即刑法语言学问题进行全面的阐述,才是真正完整的刑法哲学体系。④ 不仅如此,法哲学领域的学者也对刑法哲学的内涵进行了研究,并将其界定为:"所谓刑法哲学,就是人们研究和思考刑法最一般理论问题时所持的世界观和方法论,以及由此得出的一些根本观点和总的看法。"⑤

仅就上述观点而言,其差别显而易见。有的学者强调哲学在方法论意义上对刑法学研究的影响和作用,采用思辨的方法研究刑法基本问题,即为刑法哲学;有的学者强调哲学在世界观意义上对刑法学研究的影响和作用,强调刑法哲学应当是对刑法的本原性、根基性问题所进行的价值层面的研究;而有的学者所强调的刑法哲学则兼而有之,同时强调对刑法进行方法论和价值论意义上的研究。上述分歧的存在,在一定程度上造成对刑法哲学存在论意义上的模糊认识。笔者认为,对刑法哲学的定义涉及对其研究体系和内容的构建,对此,应充分借鉴法哲学的研究成果。从总体上看,刑法哲学是法哲学的组成部分,两者之间存在一般与特殊的关系,法哲学的一般原理必然会对刑法哲学产生影响。尽管在我国法哲学理论研究中对法哲学的概念、内容和体系,尚存在一定分歧,但较为通行的观点认为,法哲学是从哲学的高度和用哲学的方法来研究和思考法学问题的一种综合学科。它既是应用哲学(或部门哲学)的一个门类,又是理论法学的一个分科,因而带有边缘学科和交叉学科的性质。⑥ 法哲学是关于法学世界观及其方法论的理论化、系统化的学问,是以哲学的思维方式、研究方法去研究法、法律制度和法律思想以及相关的法律。即同时强调法哲学的世界观和方法论意义。法哲学首先是一个世

① 参见储槐植:《刑法例外规律及其他》,载《中外法学》1990 年第 1 期。

② 参见陈兴良《论刑法哲学的价值内容和范畴体系》,载《法学研究》1992 年第 2 期。

③ 参见张小虎:《人身危险性与客观社会危害显著轻微的非罪思辨——我国〈刑法〉第 13 条之出罪功能》,载《中外法学》2000 年第 4 期。

④ 参见刘远:《刑法学体系的反思与重构》,载《山东大学学报(哲社版)》2001 年第 3 期。

⑤ 参见文正邦:《西方刑法哲学发展趋向评析》,载《四川大学学报(哲社版)》1992 年第 1 期。从论者对刑法哲学的界定标准看,应属于"综合说"的范畴。

⑥ 参见吕世伦、文正邦主编:《法哲学论》,中国人民大学出版社 1999 年版,第 34 页。

界观的问题,就是要追溯世界和各种事物的终极原因、目的、意义、根据等,揭示出一些最根本、最重大的问题。在研究方法和思维方式上,就是要从哲学的角度和运用哲学的方法来研究法律。"从哲学的角度",即力求上升到世界观和方法论的高度,来观察、思考、分析问题;"运用哲学的方法",就是要运用理论思维或逻辑思维的方法,通过高度抽象和概括以穷究事物或问题的根本和底蕴,从而认识和揭示事物最深刻的本质和最普遍的规律性。① 基于此,综合说的观点更具合理性,笔者也是依此为基础对当代中国刑法哲学进行述评的。

2. 刑法哲学基本范畴研究

范畴及其体系是人类在一定历史阶段理论思维发展水平的指示器,也是各门科学成熟程度的标志。② 在实在法意义上的刑法哲学研究中,学者们基于构建新的研究体系的需要,提出了不同的刑法哲学基本范畴体系,形成"双层范畴体系说"和"三范畴体系说"。

"双层范畴体系说"的构建者认为,刑法学的基本范畴包括:刑事责任、犯罪、犯罪人、刑罚、量刑、行刑等,它们是刑法学这一科学之网的纽结。刑法学正是通过这些纽结才成为一个系统的理论体系。③ 在这种范畴体系中,刑事责任是整个刑法学范畴体系的最上位概念,它与一系列下位范畴一道构成了刑法学的科学之网。刑事责任诸下位范畴之间的相互联系与作用,集中体现了刑事责任的功能与特点。

"三范畴体系说"在具体体系设计上又存在两种不同观点。一是"价值—实体—关系范畴体系",这种体系是在上述"双层范畴体系"的基础上构建起来的,论者所提出的新范畴体系包括:其一,价值范畴,涉及自由、秩序、正义与功利四大范畴;其二,实体范畴,涉及犯罪、犯罪人、刑事责任、刑罚四大范畴;其三,关系范畴,涉及罪刑法定、罪刑相当、刑罚个别化和刑罚人道主义四大范畴。④ 二是"犯罪—刑罚—罪刑关系范畴体系",其体系构建者认为,刑法哲学的范畴包括三类:犯罪本体论的范畴;刑罚本体论的范畴;罪刑关系论的范畴。⑤ 在上述范畴中,因"刑法是以犯罪与刑罚为内容的,因此,犯罪与刑罚是刑法哲学的最基本的范畴"。在基本范畴之上,论者所构建的

---

① 参见吕世伦、文正邦主编:《法哲学论》,中国人民大学出版社 1999 年版,第 93 页。

② 参见张文显:《论法学的范畴意识、范畴体系与基石范畴》,载《法学研究》1991 年第 3 期。

③ 参见曲新久:《试论刑法学的基本范畴》,载《法学研究》1991 年第 1 期。

④ 参见曲新久:《刑法的精神与范畴》,中国政法大学出版社 2000 年版,前言第 2 页。

⑤ 参见陈兴良:《论刑法哲学的价值内容和范畴体系》,载《法学研究》1992 年第 2 期。

刑法哲学的基本范畴包括:已然之罪(社会危害性)、未然之罪(人身危险性)、主观恶性、客观危害、再犯可能、初犯可能;报应之刑、预防之刑、道义报应、法律报应、个别预防、一般预防。① 论者在各自基本范畴的基础上,构建了我国新型刑法学的研究体系。

(二)以刑法为整体的刑法哲学研究

1. 刑法价值研究

对价值和权利的探求,被认为是20世纪90年代中国法理学研究的重心。② 自20世纪90年代起,刑法价值的研究开始受到刑法学者的关注,成为刑法哲学研究的重点内容。

第一,刑法价值的内涵及特性。有学者提出,刑法价值是在刑法实践活动中刑法本身的内在要素及其功能结构与人对刑法需要的关系,在本质上,是刑法对人的需要的满足状况。刑法价值具有社会性、相对性、客观性和辩证性四个基本特性。③

第二,刑法基本价值的内容和层次。学者们对刑法基本价值内容的认识存在一定争议,形成了"三价值说"、"二价值说"与"双层价值说"的观点分歧。

持"三价值说"观点的学者在刑法基本价值的内容、层次上又存在不同的认识。有学者认为,公正、谦抑和人道是现代刑法的三大价值目标。其中,公正是刑法的首要价值。④ 有学者认为,刑法的基本价值是秩序、正义和自由,其中,秩序对于一切统治阶级、立法者来说,具有最高的价值。⑤

持"二价值说"观点的学者认为,公正和功利是人类社会活动一直追求的两种价值,二者结合是终极目标。刑法的公正与功利如何结合,是近现代刑法价值论的焦点。功利优先,兼顾公正,是刑法功利与公正相结合可能实现的唯一最佳方案。⑥

持"双层价值说"观点的学者则认为,价值离不开主体的需要,价值的本质具有功利性。价值主体的需要因主体的不同而有区别,从而使价值的标准

---

① 参见陈兴良:《刑法哲学》,中国政法大学出版社1992年版,第15页。

② 参见陈友清:《价值与权利:九十年代中国法学理论的重心》,载《法学》1992年第4期。

③ 参见康均心:《略论刑法价值的特性》,载《法商研究》1996年第5期。

④ 陈兴良:《论刑法哲学的价值内容和范畴体系》,载《法学研究》1992年第2期。

⑤ 参见康均心:《刑法基本价值的形式》,载《法制与社会发展》1997年第2期。

⑥ 参见储槐植:《美国刑法》,北京大学出版社1996年版,第9页。论者提出,刑法是国家意志的一种集中反映,国家意志在本性上是功利性的,因而不可能在国家活动中形成功利与公正不偏不倚的对等局面。然而假定只要功利不要公正,那么这种功利就蕴含着本身最终被否定的基因,要功利又要公正,是国家被迫的选择。

呈现多样性。刑法的价值主体有社会与国家,两者均希望建立起有利于自身的刑法模式,因而刑法的价值在本义上是功利的。在刑法价值的标准上,国家是功利的,社会是公正的,据此,当代刑法的价值标准应定位于社会的标准,其核心是公正。而现实的刑法又是由国家设定的,因此刑法的价值应注重探讨刑法的应然问题。①

第三,刑法价值的根源。有学者认为,刑法价值以满足主体需要为其存在的客观基础,刑法对于人的价值,就在于其能满足人的某种需要,人的需要决定着刑法的价值。从人的需要的一般理论出发,刑法价值根源于刑法实践活动基础上主客体关系中的人及其需要,表现为人从满足需要的角度对刑法进行的评价。一是人的需要与刑法设定的关系。犯罪行为的存在导致人们要求保护某种利益的需要,从而形成了制定刑法以抑制犯罪行为满足人的某种需要的动机,导致了刑法的产生,人们又通过实施自己制定的刑法来满足自己的某种需要,从而产生刑法价值。二是人的需要与刑法价值的质量关系。刑法价值的质表明刑法价值本身所固有的一种规定性,是此种刑法价值区别于彼种刑法价值的标志;刑法价值的量表明某种刑法价值的大小,满足主体需要的程度、范围。刑法满足主体需要到一定程度,就会在量变的基础上发生质变,由一种需要转化为另一种需要,产生新的刑法价值。三是人的需要与刑法价值的类型关系。刑法价值因人的需要的多样性而呈现出类型的多样性。② 有学者则对此观点提出质疑,认为刑法的价值根源在于刑法本身的属性,而"需要"是"对事物的欲望或要求",主体对刑法的欲望、要求是刑法的价值标准。"价值标准"与"价值根源"两者内涵不同,主体以自己的需要、欲望、要求——价值标准,去衡量现实中的刑法,现实中的刑法是客观存在的事物,有着实然的各种属性,假如这些属性中有着与主体需要相符合的成分,那么这个刑法就有价值,否则就无价值。因而,需要仅仅为刑法的价值提供了一个标准,而一部刑法的价值存在与否最终还取决于这部刑法本身的属性。③

2. 刑法机能(功能)研究

刑法的机能(功能)是刑法在社会中可能并且应该发挥的作用或者效果,是刑法在其结构与运作中所表现出的有利作用。④ 刑法机能(功能)研究

---

① 参见张小虎:《论刑法的价值核心在于公正》,载《河南省政法管理干部学院学报》1999年第6期。

② 参见康均心:《刑法价值的根源》,载《中央检察官管理学院学报》1997年第3期。

③ 参见张小虎:《刑法的基本观念》,北京大学出版社2004年版,第184页。

④ 有学者认为,根据系统论,刑法作为一个无所不包的系统的因素所起的作用,既可能表现为积极作用,又可能表现为消极作用,而刑法功能是特指其中的积极作用(参见储槐植:《刑事一体化与关系刑法论》,北京大学出版社1997年版,第392页)。

是中外刑法学者关注的重点，在我国刑法哲学研究中，学者们对这一问题的研究主要涉及四个方面的内容。

第一，刑法功能的科学定位。有学者针对长期以来刑法学界将刑法功能仅定义为“刑法的积极影响与作用”的片面观点，通过考察刑法功能，明确提出了新的刑法功能体系：(1)刑法的正功能，即刑法的积极功能。包括本质功能（规范功能、保护功能、保障功能）及附属功能（对于国家和社会的经济补偿功能、对于被害人的安抚补偿功能、对于犯罪分子的感化改造功能）。(2)刑法的负功能，即刑法的消极功能。包括掩蔽社会矛盾、硬化公众心肠、镌刻犯罪烙印、抑制个性活力。(3)刑法的零功能，即刑法对于行为所表现的既无积极作用、也无消极作用的状态。① 有学者则提出，刑法功能具有社会性、结构性、客观性、局限性和积极性特征，在肯定刑法所具有的惩罚犯罪、预防犯罪、矫正犯罪、教育鼓舞社会公众等积极作用的同时，还应正视刑法的消极作用。当前社会上“重刑主义”之所以受到青睐，与人们只关注刑法积极作用而无视其消极作用关系密切。刑法的消极作用不仅限制了刑法介入社会生活的时空范围，也直接影响到刑法功能实现的广度和深度，因而必须加以密切关注。②

第二，刑法功能结构研究。有学者提出，刑法功能的结构性特征使得刑法的具体功能存在了一定的层次性，表现为刑法基本功能与附属功能的区别，前者由刑法的本质属性所决定，而后者则由刑法的非本质属性所决定。③ 对于刑法的基本功能及其相互关系，学者们持不同的观点：(1)“二机能说”。有学者提出，刑法具有人权保障和社会保护机能的二元性。在刑法的二元机能中，人权保障机能的刑法意义表现为刑法对被告人及一般人权利的保障。社会保护机能则由刑法的性质所决定，是刑法存在的根基，体现为刑法对国家、社会以及个人利益的保护。基于人的二元性与刑法机能的双重性、社会的二元性与刑法机能的双重性以及法权的二元性与刑法机能的双重性的关系，刑法二元机能之间存在对立统一的关系。④ (2)“三机能说”。有学者提

① 参见关福全、杨书文：《论刑法的功能》，载《中国刑事法杂志》1991 年第 3 期。

② 参见储槐植、宗建文等：《刑法机制》，法律出版社 2004 年版，第 27—41 页。

③ 有学者认为，刑法的补偿功能具体体现在三个层面上，就具体物质层面而言，刑法可以补偿犯罪行为给被害人或国家所造成的物质损失；就制度规范层面而言，刑法可弥补为犯罪行为所破坏的法律制度与规范，恢复法律秩序；就心理观念层面而言，刑法可弥合犯罪所造成的社会基本价值观念体系与伦理道德观念的创伤，强化、巩固社会公众的法律心理。而刑法的矫正功能则表现为劳动改造功能和感化教育功能两个方面（参见储槐植、宗建文等：《刑法机制》，法律出版社 2004 年版，第 51—55 页）。

④ 参见陈兴良：《刑法机能的二元论》，载《法制与社会发展》1997 年第 4 期。

出，刑法应当具有三种机能，即规律机能（又称为规范机能）、保障机能和保护机能。其中，规律机能是刑法规范本身在其结构与运作中所表现出的积极作用，具体包括了犯罪评价机能、刑罚基准机能和行为引导机能；保障机能是刑法所具有的防止国家滥施刑罚权，以及维护公民自由权利不受剥夺的积极作用，表现为对国家刑罚权的制约和对公民自由的保障；保护机能是刑法所具有的惩罚犯罪，维护社会秩序，使各种有价值的利益得以体现的积极作用。①

3. 刑法精神研究

刑法应当具有什么样的精神，是否存在通过对刑法精神的探求而在人们心中形成对刑法的忠诚之可能，从而增强公众对刑法的信任，形成对刑法的服从，削弱刑法在公众心目中的强制性，以张扬刑法的亲和性和对社会生活秩序的促成性和维护性，是学者对刑法研究的一个独特视角。为探求刑法之精神，论者从解说刑法入手，分析了规范学、价值学、文化学、社会学、心理学、经济学意义上刑法的本质，并通过刑法的发展、沿革历史，对近代发端、发展以及现代时期等不同阶段的刑法品性进行了考查，进而在实然和应然的层面上，着重论证了当代刑法所应当具有的道德性、自主性、公正性、经济性、宽容性和科学性，揭示刑法存在的意义在于限制国家刑罚权，保障包括犯罪人在内的广大民众的权利，而不是追求对民众的制裁和威慑。这是对现代刑法精神的核心和现代刑法价值的灵魂的基本结论。②

4. 更新刑法观念研究

刑法观是关于刑法基本问题如刑法价值、机能、目的任务、基本原则等问题的根本观点与基本态度。在根本意义上，刑事司法活动受制于一定刑法观的指导，决定着刑法立法者和刑事司法者的根本价值取向，也在根本上决定了刑事立法与司法活动的基本面貌。③ 刑法学界对于更新刑法观念的研究，始于20世纪80年代后期国家新型经济体制的建立以及由此而产生的价值观念的变革时期，形成了丰富的研究成果，更新刑法观念研究对于刑法的修改、完善起到了重要作用，我国刑法哲学对更新刑法观念的研究体现了鲜明的时代特色。

（三）犯罪论和刑事责任论基本问题的刑法哲学研究

1. 犯罪概念哲学思考

犯罪概念，是刑法的基石范畴之一。我国现行刑法及其理论就是建立在

① 参见张小虎：《刑法的基本观念》，北京大学出版社2004年版，第131—141页。

② 参见陈正云：《刑法的精神》，中国方正出版社1999年版。

③ 参见魏东：《刑法内涵的哲学检讨》，载中国人民大学刑事法律科学研究中心组织编写：《现代刑事法治问题探索》，法律出版社2004年版，第50、51页。

现行犯罪概念基础之上的，由犯罪概念在我国刑法理论中的基础地位所决定，对犯罪概念的研究始终是刑法学关注的重点问题，形成过不同的观点。①我国《刑法》确立罪刑法定原则后，如何把握刑法中的犯罪概念、犯罪诸特征间的关系等问题，成为我国刑法学、刑法哲学研究的重点。

第一，"优先说"。该说认为，罪刑法定原则的基本要求对犯罪概念的确立提供了一定的规范标准；罪刑法定原则面对规范标准和社会危害性标准，在界定犯罪时必须作出明确的价值选择；我国《刑法》犯罪概念的缺陷，说明罪刑法定原则与社会危害性标准的冲突，而规范标准是在罪刑法定原则前提下界定犯罪概念的理性选择。② 有学者也认为，现行《刑法》关于犯罪概念的规定，致使各种犯罪概念的特性混淆，功能未能最大程度地发挥，形式特征与实质特征相统一的犯罪概念未能正确区分立法上的犯罪概念和司法上的犯罪概念、理论刑法学上的犯罪概念与注释刑法学上的犯罪概念、刑法学上的犯罪概念与犯罪学上的犯罪概念，导致关系紊乱，因而，应当在法律上充分强调刑事违法性对于认定犯罪的重要意义，至于实质化的犯罪概念则只对形式化的犯罪概念起观念性的制约作用。③

第二，"并合说"。该说认为，社会危害性与罪刑法定原则并不矛盾，我国现行《刑法》将社会危害性引入到犯罪概念中来，社会危害性与刑事违法性标准是一个全面、科学的犯罪概念。犯罪实质概念是限制刑事立法的需要、实现刑事司法个案正义的需要、实现行为指导功能与预防犯罪功能需要，同时也反映了马克思主义犯罪观的本质要求。从本质上说，行为并

---

① 主要是"二特征说"的犯罪定义和"三特征说"的犯罪定义的争议。前者又因所强调的犯罪特征的不同而有所区别，如有学者强调犯罪是危害社会的行为，依照法律应当受刑罚处罚的就是犯罪（参见刘焕文：《罪与非罪的界限》，载《江西大学学报》1983 年第 1 期）。强调危害社会与依法律应受刑罚处罚说；有学者强调犯罪应是指一切严重危害社会，并且依法应当受刑罚处罚的行为（参见田文昌：《论我国刑法中犯罪的概念和特征》，载《政法论坛》1988 年第 6 期）。强调严重的社会危害性和刑事违法性说；有学者强调犯罪是具有应受刑罚处罚的社会危害性和刑法的禁止性的行为（参见张明楷：《犯罪论原理》，武汉大学出版社 1991 年版，第 57 页）。强调应受刑罚处罚的社会危害性和刑法的禁止性说；有学者强调犯罪有实质与形式两层含义：在立法政策的意义上，犯罪是指应受刑罚惩罚的危害社会的行为；在司法准则的意义上，犯罪是指刑法规定为应受刑罚惩罚的行为（参见贾宇、林亚刚：《犯罪概念与特征新论》，载《法商研究》1996 年第 4 期）。强调应受刑罚惩罚的社会危害性和依法应受刑罚惩罚性说。后者如有学者认为，犯罪是具有一定的社会危害性、刑事违法性并应当受刑罚处罚的行为（参见高铭暄主编：《中国刑法学》，中国人民大学出版社 1989 年版，第 72 页）。强调社会危害性、刑事违法性、应受刑罚处罚性说。

② 参见樊文：《罪刑法定与社会危害性的冲突》，载《法律科学》1998 年第 5 期。

③ 参见陈兴良、刘树德：《犯罪概念的形式化与实质化辨正》，载《法律科学》1999 年第 6 期。

不是因为违反刑法而构成犯罪,而是因为具有社会危害性才成为犯罪。为了克服人性的脆弱,避免罪刑擅断历史的重演,必须使社会危害性具有可操作性。司法者不能恣意认定行为是否具有社会危害性,只能以行为是否违反刑法来认定行为是否具有社会危害性。① 有学者提出,我国《刑法》关于犯罪的概念并没有将立法层面和司法层面两个不同层次的问题混为一谈,犯罪实质概念为犯罪形式概念的得出提供了判断依据或判断材料。在罪刑法定原则下,犯罪只具有刑事违法性一个特征。但在判断是否具有刑事违法性时,应从行为的情节是否显著轻微、危害不大等实质方面来进行判断。② 有学者则坚持,犯罪的形式定义虽然能限制司法者非法滥用刑罚权,但对立法者刑罚权的滥用却无能为力。而所谓有社会危害性的行为实际上就是侵害社会利益的行为,因而社会危害性与犯罪构成的客体要件即法益是相通的。在刑法上规定犯罪的实质概念,限定立法者只能把侵害社会利益的行为即有社会危害性的行为规定为犯罪,这样就可以在一定程度上防止立法者滥用刑罚权,把没有侵害社会利益、不具有社会危害性的行为规定为犯罪。所以,在犯罪概念上绝不能倒退到单纯的形式定义上,而必须坚持形式与实质定义的结合和统一,从法律形式和社会本质上界定犯罪概念。③

第三,"阶段性说"或"视角差异说"。该说认为,双重结构的犯罪概念是中国刑法理论的重要特色,在新《刑法》确立罪刑法定原则后,这种概念开始表现出许多与中国刑事法治发展不相适应之处,应当进行修改与完善,新的犯罪概念应由"立法概念"和"司法概念"组成,强调概念的结构与功能,反映法律本身的发展规律与中国法治发展的客观要求。④ 有学者提出,根据犯罪概念是否包含社会危害性的内容,在刑法理论上可将犯罪概念分为犯罪的形式概念与实质概念,前者以形式合理性为依托,以刑事违法性为特征;后者以实质合理性为凭据,以社会危害性为特征。刑事违法性与社会危害性之间的关系,从不同的角度考察表现为:其一,就立法与司法两个层面而言,社会危害性是创设罪名的实体根据与基础,因而社会危害性决定刑事违法性;但从司法上来说,由于其面对的是具有法律效力的规范和具体案件,是否具有刑

---

① 参见李立众、柯赛成:《为现行犯罪概念辩护》,载《法律科学》1999 年第 2 期。

② 参见黎宏:《罪刑法定原则下犯罪的概念及其特征——犯罪概念新解》,载《法学评论》2002 年第 4 期。

③ 参见何秉松:《刑法典修订以来若干重要理论问题探讨(上)——〈刑法教科书〉(2000 年版)的新发展》,载《政法论坛》2000 年第 3 期。

④ 参见王世洲:《中国刑法理论中犯罪概念的双重结构和功能》,载《法学研究》1998 年第 5 期。

事违法性就成为认定犯罪的根本标准。其二,从理论刑法学与注释刑法学的角度来看,把犯罪作为一种社会的与法律的现象进行研究,不仅要关注犯罪的法律特征,而且要揭示犯罪的社会特征,从刑法理论上界定犯罪,将犯罪的本质定义为社会危害性与人身危险性的统一,即所谓犯罪本质二元论;但从注释刑法学的立场出发,犯罪只是一种法律规定的行为,离开了法律规定就没有犯罪可言,在这种情况下,必须始终把握犯罪的刑事违法性。社会危害性只有从刑法规定的构成条件中去寻找;人身危险性则只有从刑法规定的犯罪情节中去认定。在刑事违法性与社会危害性发生冲突时,应坚持刑事违法性而非社会危害性。①

第四,“统一说”。该说认为,犯罪概念理论经历了从形式到实质概念,又从实质概念到形式与实质相统一的概念,再从统一的概念到形式与实质相分裂的概念的发展过程。对此,外国刑法学最终走上了不可知论,而中国刑法学则滑向了形而上学唯物论。在分析出现这种局面的主、客观原因的基础上,论者提出,犯罪概念是由先于刑法的社会物质生活条件所决定的,刑法的任务不在于解决犯罪概念问题,而在于运用已先于自己而存在的犯罪来作出判断。刑事司法的任务是在刑法判断的基础上作进一步推理。犯罪概念的形成、运用犯罪概念所进行的刑法判断,以及运用犯罪概念和刑法判断所进行的刑事司法推理,是犯罪概念运动的完整过程,在这个过程中,犯罪作为一个概念是统一的,不存在形式与实质概念之分,也不存在立法概念与司法概念之分。②

第五,“综合说”。该说认为,理论刑法学领域对犯罪概念的分析,既要能发掘出犯罪概念中所内含的人类生活方式及人际关系的底蕴,又要在学科方法上形成较为完整、科学的理论体系,同时也须适当兼顾人们既成的思维方式和传统学说框架。对犯罪概念的分析仍应坚持传统刑法理论的三特征的三性框架体系,通过对社会危害性的分析,揭示出专属于人类群体的“恶”的伦理意义,从而奠定刑法以及所有法律共同的立论基石;通过对应受刑罚处罚性的分析,可以精密地将“犯罪”从人类伦理道德秩序和一般违法行为中界定出来,从而在实体意义上为刑法的最有效控制划定边际范围;通过对刑事违法性的分析,说明刑法同犯罪行为之间的对应性制约关系,从而在控制形式上找出惩罚犯罪的最佳方案为调整人们现实的社会关系和建立未然的良好生活秩序提供导向性的选择模式。③

① 参见陈兴良:《社会危害性——一个反思性检讨》,载《法学研究》2000年第1期。
② 参见李居全、胡学相:《犯罪概念的哲学思考》,载《中国法学》2004年第2期。
③ 参见冯亚东:《理性主义与刑法模式》,中国政法大学出版社1999年版。

2. 犯罪观研究

有学者认为,犯罪观是人们对犯罪的认识和评价,涉及人们对犯罪的本质和特征属性的认识,以及对犯罪的价值和规范评价两部分内容。作为反映社会客观存在的社会意识的一种,犯罪观是建立在一定的社会物质生活基础之上的世界观和社会观念的组成部分之一,社会价值观念的发展变化必将引起犯罪观的嬗变。而犯罪观也成为一定刑事法律制度赖以建立的社会观念基础的重要组成部分。对犯罪观的研究决定着科学定位刑法观念中对犯罪的价值实质判断和规范形式判断,犯罪实质概念和形式概念的确立,都与犯罪观的实体内涵存在紧密的联系,从而决定了犯罪的本质特征和价值内涵,而犯罪观的实质内涵不仅决定了对犯罪刑事非难的内容和形式,也将在刑法价值、功能和运转机制方面得到体现,从而对一个国家的刑法制度起到具体而现实的指导作用。①

3. 犯罪本质研究

有学者提出,区分罪与非罪的客观需要必然要求对犯罪的本质进行深入的研讨。历史上不同国家、不同历史发展时期,存在过的神学本质观、法律本质观、新派本质观、阶级本质观与社会危害性本质观等学说,尽管在特殊的历史时期对犯罪本质进行了一定程度的揭示,但因其局限性而难以真正揭示和发现犯罪的本质。论者认为,应当将关系本质论作为决定罪与非罪根本区别的标准。所谓关系本质,是指行为人破坏社会而与国家构成的特殊矛盾关系——不可调和的对抗性法律关系,也就是行为人与国家之间的双向关系。犯罪的关系本质包含社会层面、阶级层面、心理层面、法律层面,并在与之相应的层面上形成了由本质决定并反映本质的外部特征——社会危害性、刑事违法性、应受刑罚惩罚性。犯罪本质在理论上的确立,有助于在实践中根据作为犯罪本质的特殊矛盾关系及其层面上的特征,对罪与非罪进行社会的、阶级的、心理的、法律的评价,从而达到理论与实践的统一。②

4. 犯罪功能研究

有论者提出,犯罪功能具有两面性,犯罪在本质上表现为恶、危害社会、侵犯法益的同时,也具有一定的社会代谢功能和缓解社会张力的促进功能——犯罪作为一种社会代谢现象,微观上危害社会与宏观上伴生社会代

① 参见李汉军:《论犯罪观》,中国方正出版社 2001 年版。

② 参见青锋:《犯罪本质研究——罪与非罪界说新论》,中国人民公安大学出版社 1994 年版。

谢、促进社会发展形成千古悖论。① 古往今来,在人们的观念中,犯罪是一种绝对的恶并给社会带来的严重灾难的认识根深蒂固,形成了绝对主义、单向思维的犯罪观,这种观念对我国刑事政策、刑事立法和刑事司法产生了消极的影响,单向思维的犯罪观,已严重影响我们组织社会对犯罪的反应方式,制约了抗制犯罪的实际效果。在回顾对犯罪积极功能认识发展过程的基础上,论者提出,犯罪是社会发展的动力借以表现的形式之一,犯罪与社会有机体的新陈代谢功能相联系,政治犯罪、腐败犯罪、智能型犯罪等不同类型的犯罪,在危害社会的同时也具有推动社会进步与发展的功能。对犯罪功能正确认识的积极意义在于推动立法者、司法者和学者破除绝对主义的认识论,树立相对主义的犯罪观,科学、合理地选择和组织社会对犯罪的反应方式,实现刑法的刑事政策化。②

此外,学者们还对主客观相统一原则,刑法因果关系的对象、性质及其与哲学因果关系的区别,刑事责任的功能和根据,以及人身危险性等问题进行了以思辨性为基本特征的刑法哲学研究。

(四)刑罚论基本问题的刑法哲学研究

1. 刑罚权研究

有学者提出,刑罚权是刑法哲学的一个重要问题。刑罚权起源于社会物质生活条件的社会防卫权,刑罚权的行使是社会自律性与社会他律性的统一,社会自律性说明了刑罚权行使的合理根据,而社会他律性则表明对刑罚权行使的应有限制。刑罚权行使的两重性是刑罚权根据之所在。尽管刑罚权的行使具有明显的社会功利性,但在实现这种社会功利时,同样不能无视社会公正性,只有在社会公正性的范围内,刑罚权才能正常行使。因而应当从制刑权、求刑权、量刑权与行刑权四个方面实现对刑罚权的限制。③

2. 刑罚价值研究

关于刑罚所具有的价值在刑法哲学研究中存在“三价值说”、“二价值说”的争论。“三价值说”认为,根据价值哲学原理,客体的价值是由其属性(特别是本质属性)、功能与主体的需要相结合而形成的,而刑罚的价值则主要由其本质属性、功能与社会及其成员的作用或效用结合形成。刑罚价值的两大基础是刑罚本质属性、刑罚机能与刑罚价值之间存在的对立统一的关

---

① 参见梁根林:《解读刑事政策》,载陈兴良主编:《刑事法评论》(第11卷),中国政法大学出版社2002年版,第18、19页。

② 参见梁根林:《从绝对主义到相对主义——犯罪功能别议》,载《法学家》2001年第2期。

③ 参见陈兴良:《论刑罚权及其限制》,载《中外法学》1994年第1期。

系，表现为当刑罚本质作用于其对象，并转化为改变其对象的能力时，刑罚的本质属性就转化为刑罚机能，当刑罚机能因与主体需要相结合而由潜在状态外化为一种现象时，刑罚机能便转化为刑罚价值。刑罚具有自由、秩序和正义三大基本价值，且三者之间存在对立统一的关系。自由乃是人类一切创造活动的终极价值，是刑罚终极价值的终极价值；秩序是实现自由的手段价值，不仅对自由的实现具有保障作用，也对自由加以必要的限制；正义在刑罚价值体系中起着平衡器的作用，不仅保护公民自由不受“过剩秩序”的侵蚀，也要保证必要的秩序，以免过分的自由而使社会沦入古时的混乱状态。国家在进行价值选择、运用刑罚时，应以扩大和保护公民自由为首要任务，而严格地把秩序限制在绝对必要的程度上和范围内，绝对不能有“过剩的秩序”。①

“二价值说”则认为，刑罚的价值不应包括自由，而仅仅是秩序和正义。将自由理解为刑罚的价值内容，是将刑法价值和刑罚价值作同一性理解的结果，对于整个法律系统而言，秩序、正义和自由是其价值，但是这些法律价值在不同法律部门，体现度有所不同。刑罚以剥夺或限制自由为主要内容，并通过这种剥夺或限制使刑罚的价值得以实现。强调剥夺自由的价值在于实现自由，忽视了刑罚适用的对象只能是犯罪人这一重要特征。在刑罚价值的层级上，秩序是刑罚的首要价值，不同法律对制度和秩序的作用各异，刑罚对秩序的作用更侧重于维护。刑罚的正义是社会公众通过刑罚以实现安定秩序的愿望，正义的实现须具备“刑及于罪，刑只及于罪，刑必公平、合理”三个条件。在刑罚价值内容之间的关系中，秩序是目的，正义是航标。②

刑罚价值观念是指导刑事法治建设的灵魂。当代中国刑罚价值理念应当是一个双层的系统结构：第一层次为手段性价值，具体包括（犯罪）报应价值和（犯罪）预防价值；第二层次为目的性价值，具体包括（维护）秩序价值、（保障）自由价值和（实现）正义价值。目的性价值制约手段性价值。③

3. 刑罚目的研究

有学者提出，刑罚目的具有二元性特征，是报应和预防的辩证统一。道义报应和法律报应在刑事法律活动的不同阶段应具有一定的主次关系；个别预防与一般预防之间也具有对立与统一关系，报应体现了刑罚目的中的正当原则，表现在刑罚上，就是刑罚必须建立在罪有应得性的基础之上；预防体现

① 参见谢望原：《刑罚价值论》，中国检察出版社 1999 年版。

② 参见赫兴旺：“刑罚价值”一章，载赵秉志主编：《海峡两岸刑法总论比较研究》（下卷），中国人民大学出版社 1999 年版，第 371—377 页。

③ 参见赵秉志、陈志军：《刑罚价值理论比较研究》，载《法学评论》2004 年第 1 期。

了刑罚目的中的效率原则,效率原则以防卫社会为基础,当社会受到犯罪侵害时,为保障大多数社会成员的生命、财产安全,有权惩治犯罪。刑罚目的是正当原则与效率原则的统一,也就是报应和预防的统一。①

有学者认为,将一般预防作为刑罚的目的,不仅违反了公正这一刑罚首要价值追求和保障人权的刑法机能,而且也不符合一般预防与特殊预防、一般预防与报应之间的逻辑关系,建立一种报应与特殊预防的统一,在偏重特殊预防的基础上,兼顾报应的要求,才是我国刑罚的目的及其发展方向。②有学者指出,我国实然的刑罚目的是:惩罚犯罪人,改造罪犯,预防和减少犯罪,保护人民,保障国家安全和公共安全,维护社会主义秩序。而我国刑法学上占主导地位的一般预防和特殊预防的刑罚目的理论脱离了我国刑法实践,因而应尽快澄清刑罚目的上的混乱认识。惩罚犯罪人与防卫社会免遭犯罪侵害是我国刑罚目的的应然选择。③ 将刑罚目的限于预防犯罪不仅违背了刑罚追求的首要价值,而且与当今社会要求保障人权的大趋势相违背,因而,实有对预防作出全新阐释的必要,刑罚目的的内容是在一元论下的多个层次的分阶段的目的,它们之间是一个相互联系、相互补充的整体,国家和社会应当对之进行多层次、多视角的考虑,刑罚的终极目的就是要在保证社会秩序的完整、统一,免遭来自社会个体侵害的同时,保证社会个体成员最大限度地享有自由。公民的自由和秩序的和谐是创制、适用和执行刑罚所要追求的目的。④

4. 刑罚正当性根据研究

有学者指出,神意、德意与法意是支撑报应论的三大理念,神意报应论虽有其产生的历史必然性,但它将罪与刑的因果报应的联结解释为虚无缥缈的神意,不是对刑罚正当性的合理揭示;道义报应论用道德谴责理论来解释刑罚的存在,使得犯罪道义责任的确立成为对道德与刑法关系的一种正确揭示,但仅从道德的角度解释刑罚的存在,具有很大的局限性;法律报应论注重犯罪与刑罚在法律上的联结,强调刑罚作为一种法律制裁手段相对于道德谴责的独立性,有其合理性,但是,又因忽视了法律与道德的关系而无法对刑罚的存在作出完整的解释。⑤

有学者认为,西方刑法两大学派在刑罚理论上所形成报应刑论与目的刑

① 参见陈兴良:《刑罚目的二元论》,载《中南政法学院学报》1991 年第 1 期;另见陈兴良:《刑法哲学》,中国政法大学出版社 2000 年版,第 413—444 页。

② 参见田宏杰:《刑罚目的研究》,载《政法论坛》2000 年第 6 期。

③ 参见田宏杰:《刑罚目的研究》,载《政法论坛》2000 年第 6 期。

④ 参见李翔、韩晓峰:《自由与秩序的和谐保证》,载《中国刑事法杂志》2004 年第 3 期。

⑤ 参见邱兴隆:《从神意到法意——报应论的理念嬗变》,载《湖南省政法管理干部学院学报》2000 年第 3 期。

论的诸多分歧不在于刑罚目的,而在于刑罚正当化的根据,报应刑论是从犯罪人的个人角度说明刑罚的正当化根据,目的刑论是从社会角度说明刑罚的正当化根据,因考查根据的差异而各有利弊,这就为并合主义的合理性奠定了基础。论者明确提出,我国新《刑法》所采取的是并合主义,其优点在于:有利于同时保护个人权利与社会利益;适当处理刑罚积极主义与刑罚消极主义的关系;协调罪刑均衡原则与刑罚个别化原则;在整体上使刑罚的轻重适当。并合主义在量刑原则和基准上,要求同时以犯罪本身的危害程度与犯罪人的性格危险程度为基准确定对犯罪人的刑罚,根据报应的正义性要求,刑罚必须与犯罪的社会危害性相适应,根据预防目的的合理性,刑罚必须与犯罪人的人身危险性相适应,因而,罪刑相适应从根本上说是一个量刑原则。论者联系中国国情与公民的一般价值观念,根据刑罚的本质,指出我国目前的刑罚虽然不宜过于严厉,但也不能盲目地推崇轻刑化。①

5. 刑罚功能与效益研究

刑罚功能是刑罚在社会中可能发挥的积极作用。不同历史时期、不同刑罚观的差异必然导致对刑罚功能的不同认识。报应主义刑罚观强调刑罚具有的报应功能,其核心在于说明惩罚的均衡性,刑罚具有公平、正义的社会功能;功利主义刑罚观强调刑罚作为一种社会控制工具,具有威慑、剥夺和矫正功能,强调社会秩序而排斥社会正义;理性主义刑罚观强调刑罚具有在现实生活中捍卫以基本人权为中心的公平正义的保障作用。有鉴于此,对刑罚功能的正确认识也成为一国构建科学刑罚体系的关键和基础。② 有学者提出,人类已有的历史实践,特别是酷刑实践证明:不可能通过刑罚来消灭犯罪。在认识刑罚的功能时,不仅要考虑需要进行犯罪化的某种行为是否可以依靠刑法手段来有效遏制,即"可行性原则";还要考虑该行为是否必须依靠刑法手段才能够有效遏制,即"必要性原则"或者"最后手段性原则"。国家及其立法、司法机关应当坚持"刑罚抑制原则、刑罚谦抑原则",不得滥用刑罚手段;在确定犯罪时,只能将那些严重违法、危害极大而又不得不动用刑罚手段的行为作为犯罪来规定,而不能滥施刑罚,要合理确定犯罪的犯罪量,以及犯罪的刑罚量。③ 有学者认为,刑罚作为惩罚与预防犯罪的一种手段,既可能产生积极的正面效益,也可能产生消极的负面效益,后者表现为因刑罚确立不科学或由于刑罚适用活动失误而导致的轻罪重判、重罪轻判以及与刑罚目

---

① 参见张明楷:《新刑法与并合主义》,载《中国社会科学》2000 年第 1 期。

② 参见杨春洗主编:《刑法基础论》,北京大学出版社 1999 年版,第 368—408 页。

③ 参见魏东:《刑法内涵的哲学检讨》,载中国人民大学刑事法律科学研究中心组织编写:《现代刑事法治问题探索》,法律出版社 2004 年版,第 58 页。

的相背离的刑罚效益。论者在分析引发刑罚负面效益因素的基础上，提出防范刑罚负面效益的具体途径。①

6. 罪刑均衡研究

有学者提出罪刑均衡的基本含义在于追求罪刑之间价值上的对称关系，为揭示罪刑均衡价值的蕴含，论者提出：一是从探求人类追求对等性的本能出发，阐发罪刑均衡原则得以产生及其最初以报应刑为其表现形式的依据，明确提出罪刑均衡之于报应刑论的公正价值；二是从揭示预防刑论者对罪刑均衡原则的理解出发，阐发罪刑均衡原则之于预防刑论的功利价值；三是从报应刑论和预防刑论的视角，揭示罪刑均衡的价值内涵差异。② 论者在对罪刑均衡的理论建构研究中，首先分析了刑事实证学派对刑事古典学派所建立的罪刑均衡理论加以解构而导致的犯罪观和刑罚观的变化；其次界分了西方刑法中两大学派在罪刑均衡原则的内涵、本质揭示以及理解上所存在的诸多差异。在此论证基础上，论者提出，只有在罪刑关系二元论的理论建构中，罪刑关系之间的均衡关系才能得以重新确立。③

有学者认为，罪刑关系问题是刑法的基本问题，它直接影响到刑法所追求的价值目标的最终实现和刑罚诸功能的有效发挥，罪刑均衡应当成为罪刑关系的理想状态。基于西方两大刑法学派不同的价值观而形成的罪刑均衡观，造成了罪刑均衡内涵的二律背反。无论是旧派的罪刑相适应的罪刑均衡观，还是新派的刑罚个别化的罪刑均衡观均存在一定的片面性，从而使得两种传统罪刑均衡观的功能互补成为必然，在深入分析影响罪刑均衡诸因素及其组合的基础上，论者提出了完善我国刑法罪刑均衡原则的具体措施。④

有学者认为，“法律是功能性的”，罪刑均衡作为刑法的一项基本原则，也必然是功能性的。罪刑均衡原则对社会的影响程度，在一定程度上取决于罪刑均衡功能的状态和结果。研究罪刑均衡的功能性蕴含，正是着眼于现代刑事法治的建设，其归宿将最终落于法治秩序的实现上。罪刑均衡原则的功能性蕴含有三种体现：情感抚恤功能、保护社会功能、人权保障功能。⑤

---

① 参见韩克芳：《论刑罚的负面效益及其防范》，载《法学论坛》2001 年第 4 期。

② 参见陈兴良：《罪刑均衡的价值蕴含》，载《法律科学》1996 年第 4 期。

③ 参见陈兴良：《罪刑均衡的理论建构》，载《政治与法律》1996 年第 4 期。

④ 参见吴学艇：《论罪刑均衡的基础》，载《中国刑事法杂志》1998 年第 1 期。

⑤ 参见刘守芬、汪明亮：《试论罪刑法定的功能性蕴含》，载《法制与社会发展》2001 年第 5 期。

7. 刑罚现代化研究

有学者提出,刑法现代化应是刑法修改的价值定向,而刑法现代化的核心是刑罚现代化。刑罚现代化的基本点是刑罚结构朝着文明方向发展。"趋轻"与"合理"是相伴相生、相辅相成的关系,共同构成刑罚发展的必然趋势,也是刑罚现代化的根本主题。刑罚现代化涉及许多方面,在当前我国至少有三大问题需要研究:控制死刑;刑种多样;刑度适中。死刑减少的可能性首先落在有关经济犯罪方面。刑种多样是刑罚个别化的重要保证。刑罚幅度是国家刑罚目的的凝聚态,是罪刑相适应原则的数量化。① 有学者认为,非刑罚化是现代世界刑法改革的趋势。非刑罚化的出现,有着深刻的思想、社会与科学背景,它否定了古典学派"罪刑相称"的报应刑原则,具有进步意义。当代各国通往非刑罚化的途径多种多样。而我国由于受传统的"刑罚万能"观念的影响,不但排拒非刑罚化,而且重刑化的趋向明显。然而,伴随着世界性刑法改革而呈现出的非刑罚化趋势,绝对罪刑关系的观念已经动摇,在观念和事实上一定程度地分离了犯罪与刑罚的联系,开辟了刑事责任方法多元化的途径。论者在对非刑罚化理论基础及实现途径论证的基础上,提出立法和执法应转变观念,建立包括保安处分在内的非刑罚方法体系,以使我国的刑事责任方法合理化、人道化和轻刑化。②

此外,还有学者对刑罚的一般预防、刑罚个别化、刑罚进化论、配刑以及具体刑罚制度,特别是死刑存废等问题,从价值论和方法论的不同视角,进行了刑法哲学的分析和研究,限于篇幅不再具体涉及。

三、当代中国刑法哲学发展的基本评价

回顾 20 世纪 70 年代末党的十一届三中全会以来,中国刑法哲学的巨大发展,尽管在客观上尚存在一些不完善之处,但成就是发展的主流。在为中国刑法哲学所取得的巨大成就而感到欣慰的同时,我们有责任对刑法哲学研究的价值给予一个客观的评价。

(一)当代刑法哲学研究的基本特点

纵观当代中国刑法哲学研究之发展轨迹,笔者认为,其发展具有四个基

① 参见储槐植:《刑罚现代化:刑法修改的价值定向》,载《法学研究》1997 年第 1 期。

② 参见孙国祥:《论非刑罚化的理论基础及其途径》,载《法学论坛》2003 年第 4 期。

本特点。

(1)学术视野广阔,研究成果丰硕。经过近二十年的蓬勃发展,当代中国刑法哲学研究已取得了较为丰硕的成果,主要集中于三个研究领域或方面:一是以实定法的基本问题为研究对象,以哲学思辨为研究方法的刑法哲学研究。这些研究是以或主要是以客观实在的刑法为研究对象,侧重于刑法学体系的构建、刑法基本理论、刑法基本观念之哲学问题之研讨,通过对刑法调整对象——犯罪、刑罚及其相互辩证关系的体系性研究,超出现实刑法典和刑法学体系的范围,对刑法的应然所进行的思辨性研究。二是以人性、价值为视角的自然法意义的刑法哲学研究。这些研究,通过对西方近现代以来所形成的两大学派(刑事古典学派与刑事实证学派)因具体哲学基础的不同,而产生的不同犯罪观、刑罚观、刑法功能观的评介,分析其合理因素,进行价值层面的评价,对犯罪、刑法和刑罚的应然性所进行的价值分析、评判和借鉴可能等方面的研究。三是对西方刑法哲学著作的译介。对西方刑法哲学著作的译介是当代刑法哲学研究的又一个重要形式,通过译介当代西方刑法学者关于刑法哲学的著作,为当代中国的刑法哲学研究提供了新的视角和实证研究的材料。

(2)研究领域趋广,研究层次趋深。随着研究水平的不断提高,刑法哲学的研究领域也在不断深化,在总体上经历了三个阶段,呈现出两种趋势。“三个阶段”是指,一是由关注刑法体系的构建,到关注刑法的根基、价值、功能、机能、观念等问题的深化。如基于对现行刑法学体系对犯罪、刑罚及其相互关系中某些方面的不同认识,提出其较为完整的体系结构,以期建立新的刑法学体系的研究。在对实体的刑法体系研究的基础上,有学者对刑法的价值、功能等根基性问题开展的自然法意义上的刑法哲学研究。二是从关注以刑法为整体研究对象的价值结构、基础问题,到关注刑法调整对象的某一方面或某些方面具体部分的价值问题,如对刑法的基础观念的研究、对犯罪功能的研究、对人身危险性在刑法中应有地位的考查、对刑罚权的根据和价值的研究、对死刑存在合理性的理性分析,等等。三是从单纯关注刑法价值问题的超然性研究,到重视刑法哲学研究与实践性研究的结合,在具体犯罪要件研究中自觉运用思辨研究方法,使研究的深度得到了不断的深化。研究领域不断拓宽,认识也在不断深化。“两种趋势”是指,一是研究深度的内向化。表现为在刑法体系内的研究不断深化过程,从以刑法为整体对象的研究发展为对具体问题、具体制度的价值分析和评判研究;二是研究广度的外向化。表现为超出单纯刑法哲学研究的范围,而表现出以刑事法为整体研究对象的刑法哲学研究的兴起。①

(3)学术思想不断创新。研究领域的不断拓宽、研究水平的不断提高,其根本标志是学术思想的不断创新,这些创新主要表现为:①对刑法价值、功能研究。通过对刑法人权保障和社会保护功能的思考,加深了对罪刑法定原则的认识,进而加深了对刑法价值、功能的认识。②对犯罪概念和功能的研究。对犯罪现象、犯罪本质的哲学思考,犯罪的积极功能、犯罪概念中社会危害性与人身危险性关系的认识被逐渐深化。③对刑罚价值、功能、罪刑均衡原则等研究,深化了对刑罚权的根据、刑罚目的和功能的认识。

(4)研究队伍不断壮大。在刑法学研究中,学者们越来越多地关注和采用思辨方法分析、探讨刑法及具体刑法制度的合理性问题,从而使刑法哲学的研究队伍得到了不断壮大。

(二)中国刑法哲学发展之于中国刑法学研究的积极作用

中国刑法哲学的发展之于中国刑法学研究来说,其积极作用至少表现为以下三个方面:

1. 对当代中国新刑法观确立的促进作用

刑法哲学研究使刑法学者能够从一个新的视角,对刑法展开具有相当深度和广度的研究和思考,这种思考对于重新审视刑法的价值和功能,理性地评价刑法的作用,合理设置刑法调整和控制社会的范围,起到了极其重要的启示作用。刑法的实然与应然、犯罪的规模与控制手段以及刑罚的价值和功能的辨异、思辨,有助于奠基对传统观念反思性审视的基础,继而萌生出新的、符合社会发展理性的刑法观念,又通过研究成果的转化和法学教育的发展而最终对整个社会产生积极的影响,从而为我国刑事立法的科学化、刑事司法的理性化奠定坚实的基础。透过合理性基础审视的刑法价值和功能,对于均衡和发挥刑法功能将起到重要保证作用。

2. 对创新刑法学研究方法的导引作用

刑法哲学以思辨为其主要方法,这种研究为刑法学研究实现方法论上的创新提供了重要的促进作用。思辨研究与注释研究、实证研究的有机结合对中国刑法学的发展起到了巨大的促动作用,激发了刑法学者对刑法哲学、刑事法哲学关注的热情。

3. 对刑法学体系更新的整合作用

刑法哲学研究还促进学者们对刑法学体系的完善和发展进行深入的思考,对科学构建我国刑法学新体系将发挥重要的促进作用。学者们在对刑法

① 有学者以刑事一体化为背景,以整个刑事法之价值基础为研究对象,构筑了刑事法哲学体系(参见刘远:《刑事法哲学初论》,中国检察出版社 2004 年版)。

哲学的深入研究中,逐步形成了应当重新构建刑法学体系的思想,并开始构建不同的刑法学理论体系模型。①

(三)中国刑法哲学发展之不足

在充分肯定中国刑法哲学研究之积极成果之于中国刑法学发展、刑法学体系完善的积极促进作用的同时,我们也必须清醒地认识到在发展过程中所存在的不足,以期在今后的发展中,不断地加以完善。

1. 刑法哲学内涵之模糊,表现为刑法哲学的研究范围尚待进一步论证和厘定

尽管中国刑法哲学研究取得了巨大的进步,已初步走向了繁荣,但是,学者之间对于刑法哲学之内涵在认识上尚存在较大的分歧,仅就所列举的学者们的观点而言,其差别是显而易见的,这种差别并非仅是文字表述上的分歧,而在实质上表现出对刑法哲学的领域、范围、方法上的差异。有的学者强调哲学在方法论意义上对刑法哲学研究的影响和作用,采用思辨的方法对刑法及其调整对象的基本问题加以研究,即可认为是刑法哲学,由此所形成的刑法哲学在体系上,可归属于实定法意义上刑法哲学的范畴。根据这种理解,对于直接以现行刑法典规范的应然性所进行的思辨性研究也应当归入刑法哲学的范围。有的学者强调的是哲学在世界观意义上对刑法哲学研究的影响和作用,是对刑法的本原性、根基性问题所进行的研究,由此所形成的则是自然法意义上或价值层面上的刑法哲学。根据这种理解,刑法哲学研究基本是与实在刑法的研究相脱节的,是一种纯粹的价值分析和判断,其根本作用是对整体刑法的应然的思辨,是一种刑法价值观的启迪。而有的学者所强调的刑法哲学则兼而有之,同时从方法论和价值论意义上对刑法加以研究。因学者间认识上的分歧,对于刑法哲学究竟是一种研究刑法学的方法强调研究方法的哲学性,还是一种以刑法的本原性问题为研究内容的学科强调研究内容的基础性,这样一个问题,仍未形成较为一致的看法。这在一定程度上,导致对刑法哲学存在意义的模糊认识。

2. 刑法哲学定位之模糊,表现为刑法哲学与注释刑法学的关系尚待厘清

刑法哲学之于刑法解释学究竟处于什么地位,是学者们在刑法哲学研究

① 如有学者提出,就刑法学研究的理论深度而言,刑法学包括注释刑法学、理论刑法学、哲学刑法学。其中,注释刑法学,是关于犯罪与刑罚规范、总则与分则规范的较为直观、具体的认识体系,可称为刑法具体技术学。理论刑法学,是对犯罪与刑罚规范、总则与分则规范,进行较深入、抽象的分析或综合探讨,揭示出其原理、原则的知识体系,可称为刑法抽象技术学。哲学刑法学,是对犯罪与刑罚予以哲学考察,揭示出刑法应有的思想、精神、灵魂的知识体系,是超越于刑法条文的刑法学(参见张小虎:《刑法的基本观念》,北京大学出版社 2004 年版,前言第 1 页)。

中无法回避的问题，对于这一根本性问题，在研究中仍未形成较为统一的看法，有学者最初认为，刑法哲学是刑法注释学的“转变”，“从体系到内容突破既存的刑法理论，完成从注释刑法学到理论刑法学的转变”，是刑法学的出路①；其后，该学者又提出，刑法解释学应当进一步“提升”为刑法哲学，刑法哲学又为刑法解释学提供理论指导。② 而对此，有学者却提出了明确的异议，提出，刑法解释学不是低层次的学问，对刑法的注释也是一种理论，刑法的适用依赖于解释，所以，没有刑法解释学就没有发达的刑法学。刑法解释学与刑法哲学并非性质不同的两种学问，甚至可以说，刑法解释学就是刑法哲学。既不能要求我国的刑法学从刑法解释学向刑法哲学转变，也不能一概要求将刑法解释学提升为刑法哲学。因为“转变”与“提升”，都意味着刑法解释最终不复存在。③ 而有学者则提出，刑法哲学是对刑法现象的本质进行探讨的理论体系，是为刑事立法和司法实践提供理论基础的体系，而对刑事立法和司法实践的理论支持，无法代替技术或方法的支持。将刑法学要么定位于哲学层面，要么定位于规范层面的非此即彼的思路均是不可取的。④ 对此，有学者也认为，刑法解释学与刑法哲学在具体功能上存在差异。“刑法理论的阐述包括注疏解释和哲理解释两大类，前者是对刑法规范的构成和适用予以阐释，其着眼点在于刑法的应用性，注重的是刑法规范的应用价值；后者是对刑法规范所蕴含的价值和刑法所应担负的使命所进行的哲理性阐释，其着眼点在于刑法的哲理性，注重的是刑法规范的哲理价值。刑法的注疏解释和哲理解释对于刑法理论的深化和发展都戚戚相关。刑法的注疏解释有助于刑法理论的普及，促使公众了解、认知刑法；刑法的哲理解释有助于刑法理论的提高，促使公众认同刑法。就确立公众对刑法的忠诚而言，刑法的哲理解释意义更大，它有助于公众透过现象，体认刑法的本质和内在价值，破除刑法惩罚论、工具论的单一表象体验，有利于公众对刑法的实质和刑法精神的接近、体验和把握，从而树立对刑法的信任和忠诚。”⑤这些基本问题牵涉刑法哲学在中国刑法学之地位与作用问题，是需要通过研究加以进一步厘清的，只有这样才能真正发挥刑法哲学之于中国刑法学的作用，理顺其与注释刑法学的关系，促进共同发展和繁荣。

---

① 参见陈兴良：《刑法哲学》，法律出版社 2000 年版，前言第 2 页。

② 参见陈兴良：《走向哲学的刑法学》，法律出版社 1999 年版，第 13 页。

③ 参见张明楷：《刑法学》，法律出版社 2003 年版，第 2、3 页。

④ 刘远：《刑法学体系的反思与重构》，载《山东大学学报（哲社版）》2001 年第 3 期。

⑤ 参见陈正云：《刑法的精神》，中国方正出版社 1999 年版，第 6 页。

3. 刑法哲学研究领域尚待拓展

就目前中国刑法哲学发展的现状看,刑法哲学仍属于一个亟待拓展的领域,这一拓展既包括对研究内容、研究范围的深化,也包括刑法哲学之于刑法实然研究的结合,即研究方法的创新和发展。只有实现其内容创新和方法创新,才能够真正实现刑法哲学的价值。

四、结语:中国刑法哲学发展之展望

人类已经迈进 21 世纪,伴随着文明的演进,人类的刑法观念也正在发生或将要发生巨大的转变。千百年来,人类对刑法赋予了极大的关注和期待,这种关注和期待也将随着人类的繁衍而延续下去。伴随着刑法哲学的诞生,人类逐渐开始从一个理性的视角观察刑法、评价刑法,在潜移默化中修正着自己的刑法观念,从而实现了从原始刑法观向谦抑、平等、民主、进步的现代刑法观的转变,这种转变必将从根本上对刑事立法和司法产生决定性的影响。

展望 21 世纪中国刑法哲学的发展,笔者认为,我国刑法哲学的研究应当着重解决四个方面的问题,力争在新世纪为中国刑法实现"规范化、科学化、现代化和国际化"的目标作出更大的贡献。

其一,促进刑法哲学与刑法注释学的融合。诚如有学者所言,离开刑法哲学的刑法解释学,因为没有哲学基础,容易出现就事论事的解释,难以使刑法学深入发展。离开刑法解释学的刑法哲学,因为没有涉及刑法的具体规定,容易出现空泛的议论,难以适用于司法实践。① 刑法哲学的发展和繁荣根植于刑法注释学的充分发展,完全脱离刑法注释学的刑法哲学也会因走向虚无而失去生命力,因而实现刑法哲学与刑法注释学的融合是其发展的必然。

其二,促进刑法哲学研究的进一步发展和繁荣,真正实现刑法哲学在传统刑法观转变和现代刑法观确立中的推动和促进作用,为国家合理构建刑法调控社会的范围、程度和方法选择的规范体系提供强有力的理论支持。

其三,促进刑法哲学教育的发展,充分发挥刑法哲学教育在塑造、培养新一代刑法学人中的积极作用,使刑法哲学对刑法价值、功能、观念的诸多思考、关注和成熟的研究成果逐步内化成为刑法学人基本刑法价值观念的基本

① 参见张明楷:《刑法学》,法律出版社 2003 年版,第 2 页。

通识,促进现代刑法观念广泛、现实地转变,实现刑法哲学所关注的刑法价值和理念对司法实践之引导功能。

其四,正确处理刑法哲学的国际化和本土化之间的关系,发展中国的刑法哲学。刑法哲学作为当代中国刑法学研究的重要内容,受到刑法学者的广泛关注和重视,但刑法哲学研究所突出存在的外向化问题也是一个不容忽视的问题,西方法哲学特别是西方刑法哲学对中国刑法哲学具有积极意义自不待言,但忽视中国传统刑法哲学对当代中国刑法哲学的影响和积极意义则是一个较为突出的问题。西方法哲学之于刑法哲学与中国法哲学之于刑法哲学的关系,从哲学的角度讲,就是普遍与特殊,共性与个性之间的关系。按照唯物辩证法的原理,共性寓于个性之中并通过个性来体现和承载,脱离个性的纯粹抽象的共性将成为无源之水,无本之木。中国当代刑法哲学的本土化、中国化特色,不但不与其国际化、世界化相冲突,反而有利于充实、丰富其国际化、世界化的气度。因而加强中国刑法哲学的本土化研究应当成为当代中国刑法学者的重要使命。

15. 中国刑法哲学的发展方向*

目　次

一、前　言

20世纪80年代以来，伴随着中国法学事业的复兴，中国法哲学研究有了巨大的发展。部门法哲学作为"法哲学的分支学科"①开始受到部门法学者的关注与重视，是中国法哲学繁荣的一个重要表征。刑法学在各个部门法学中是较为成熟的，因而也是最早出现哲理化要求与趋势的一个学科。② 较之其他部门法，刑法哲学是中国部门法哲学研究中较早受到关注的领域。中国

---

* 与魏昌东合著，原载《政治与法律》2007年第6期。

① 张文显：《部门法哲学引论》，载《吉林大学社会科学学报》2006年第5期。

② 参见陈兴良：《部门法学哲理化及其刑法思考》，载《人民法院报》2004年12月9日。

法哲学和刑法学的充分发展，不仅孕育了刑法哲学的生命，也为其发展与繁荣提供了足够的养分和智识资源基础。尽管受制于中国法哲学在范围、层次与研究方法等问题认识上的歧义，中国刑法哲学在不断调整着其范围与层次；然而，基于现代社会对刑法正当性、合理性追问的迫切和加剧，刑法哲学仍将是部门法哲学研究中最受关注的领域之一。中国正在构建和谐社会，对刑法调控社会关系的范围与层次以及刑法调整正当性、合理性的追问必然会随之强化，中国刑法哲学的发展方向也必然成为中国刑法学者重点关注的问题。基于法哲学，特别是刑法哲学对刑法的理性审视、批判作用，刑法哲学研究必将成为中国刑法学发展与繁荣的一个新的知识增长点，刑法哲学研究的发展也必将对刑法学、刑法的完善与发展起到十分有力的促进作用。有鉴于此，探讨刑法哲学的发展方向便显得十分重要。笔者试图结合我国法哲学、刑法哲学的发展现状，提出刑法哲学的基础性、现实性与批判性应为其发展方向。

二、基 础 性

（一）刑法哲学基础性之必要

所谓基础性，是指中国刑法哲学在未来的研究与发展中，必须加强对刑法哲学本体与基础问题的关注，将厘清刑法哲学的研究范围、层次、方法与视阈等问题作为刑法哲学研究的首要问题，明确刑法哲学研究与刑法学法理研究的界限，探寻刑法哲学在中国刑法学研究中的功能、价值与作用，扩大刑法哲学研究成果在中国刑法学研究中的影响，促进刑法哲学研究的广泛化。只有在这些基本问题上达成共识，才能形成中国刑法哲学研究的共同话语体系与知识交流平台，才能真正发挥中国刑法哲学之于中国刑法学发展的基础作用，实现刑法哲学研究的繁荣与发展。

中国刑法哲学发展史的研究表明，中国刑法哲学的发展是一个萌生于民国时期，转型于新中国刑法学的创立和发展时期，勃兴、繁荣于 20 世纪 90 年代末期的一个历史过程。① 20 世纪 90 年代以来，中国刑法哲学以关注刑法学的研究方法、研究视角的更新为切入，从关注刑法学基础理论、基本体系构建为出发点，不断延展、深入而逐步确立了将“以应然性为主要内容的价值评

① 关于中国刑法哲学的产生和发展历程，参见赵秉志、魏昌东：《中国刑法哲学的产生和发展》，载《法制与社会发展》2005 年第 2 期。

判上对刑法进行理性审视与批判”①作为刑法哲学研究的基本内容,到对刑法价值的探寻最终被确定为中国刑法哲学的核心内容,促进了中国刑法学知识体系的理论分化与知识分层。对于这一演进过程,尽管在某些学者的研究中已经形成了知识形态的分化或者完成了知识体系的过渡,但是,从作为一种独立知识体系所必须具备的基本要素与基本要求的视角考查中国刑法哲学,笔者认为,仍迫切存在一个研究基础的建构问题。如果说,“轻视对刑法现象的哲理思考和理论分析,必然会使刑法学对刑法规范的注释性、实用性、技巧性研究带有短视、权宜和急功近利的色彩,难于发挥刑法学理论超越实践、导引实践的功能”②,那么,忽视对刑法哲学研究的基础构建,也同样会导致中国刑法哲学研究的基础薄弱,从而造成其发展中的诸多不足。③ 中国刑法哲学发展的历程表明,忽视刑法哲学本体基础的构建,不致力于厘清其范围与视阈的研究,从而在方法、范围以及视阈等方面达成基本共识,确立刑法哲学的话语体系,是难以实现中国刑法哲学振兴与繁荣的。

关注中国刑法哲学研究的基础性,其必要性在于中国刑法哲学作为独立知识体系的基本要求。从纯粹分析意义上考查人类迄今所构建的理论形态,涉及哲学、科学与神学三种形态。在古希腊,“哲学”一词含义甚广,把一切科学和知识全部囊括其中,其意义相当于现在的“科学”,是自然科学、社会科学的合称。随着科学的发展,哲学已很难包容所有科学,其他科学陆续从其中分化出去,到18世纪时只留下思维的科学。④ 根据英国哲学家罗素的说法,一切确切的知识都属于科学,一切超乎确切知识之外的教条都属于神学,而在神学与科学之间,有一片受到夹击的无人之域,即哲学;……而哲学之所以被称为“无人之域”,是因为哲学所回答的,是那些似乎永远无法给予确切答案的问题,它没有科学那种能够给生活带来实际效果或者神学那种能够满足心灵对永恒追求的实用价值。⑤ 但是,无论以何种知识形态出现,只要作为一种“学”的建立,“应该是对其研究对象有了理论与方法上的自觉之

---

① 陈兴良:《法学:作为一种知识形态的考察》,载陈兴良主编:《刑事法评论》(第7卷),中国政法大学出版社2000年版,第251页。

② 梁根林、何慧新:《二十世纪的中国刑法学(下)——反思与展望》,载《中外法学》1999年第4期。

③ 中国刑法哲学研究之不足突出表现为:一是刑法哲学内涵之模糊,表现为刑法哲学的研究范围尚待进一步论证和厘定。二是刑法哲学定位之模糊,表现为刑法哲学与注释刑法学的关系尚待厘清。三是刑法哲学研究领域尚待拓展。参见赵秉志、魏昌东:《当代中国刑法哲学研究述评》,载《中国法学》2006年第1期。

④ 参见严存生:《法理学、法哲学关系辨析》,载《法律科学》2000年第5期。

⑤ 参见胡军:《哲学是什么》,北京大学出版社2002年版,第110、111页。

后才有可能"①,对此,刑法哲学必然也不能置身于外。尽管哲学在某种程度上带有一定的"私人性"特征,对此,黑格尔曾有过精辟的论述,黑格尔认为:"哲学有一个显著的特点,与别的科学比较起来,也可说是一个缺点,就是我们对于它的本质,对于它应该完成的和能够完成的任务,有许多大不相同的看法。"②但是,这并不构成拒斥对刑法哲学本体论关注与重视的理由,"任何一门科学理论体系的形成总是以该学科的基本概念、范畴的形成为前提的。科学成熟的标志,也总是表现为将已经取得的理性知识的成果——概念、范畴、定律和原理系统化,构成一个科学的理论体系。"③对本体的关注与构建是学科(包括此处的知识体系构建)成熟与发达的重要标志。在当前中国刑法哲学的研究中,对于刑法哲学研究的一些基础问题,诸如,刑法哲学的概念,作为一种知识形态而存在的刑法哲学所应当关注的研究对象的范围与层次,刑法哲学与刑法法理学的关系等问题,尚未在研究者中形成一致的认识,甚至在某些基本问题上尚存在激烈的争论④,这些争论的基点是与中国法学中法哲学与法理学的区别和联系相关联的,由此更加凸显了刑法哲学基础研究的重要性。

---

① 汤一介:《关于文化问题的几点思考》,载《新华文摘》2003 年第 1 期。

② 〔德〕黑格尔:《哲学史讲演录(第 1 卷)》,贺麟、王太庆译,商务印书馆 1997 年版,第 5 页。

③ 张文显、丁宁:《当代中国法哲学研究范式的转换》,载《中国法学》2001 年第 1 期。

④ 刑法哲学的内涵是构建刑法哲学体系的基础,在刑法哲学研究中,对于刑法哲学的内涵在学者中研究相对较少,且存在较多分歧,学者们一般是基于个人对刑法哲学的认识展开研究,形成了"方法说"(该说认为:"将刑法现象中蕴含的哲理加以系统化,或者说用哲学观点和方法研究种种刑法现象,这就是刑法哲学。"参见储槐植:《刑法例外规律及其他》,载《中外法学》1990 年第 1 期)。"法理说"(该说认为:"刑法哲学,又可以称为是刑法法理学,是对刑法所蕴含的法理提升到哲学高度进行研究的一门学科。"参见陈兴良:《论刑法哲学的价值内容和范畴体系》,载《法学研究》1992 年第 2 期)。"本原说"[该说认为,刑法哲学是刑法理论的根基,刑法哲学探索刑法的本源,研究"应然之应然(即价值标准之应然)",倘若从刑法的两大研究范畴"罪"与"刑"来说,就是公正的刑法应当如何界定犯罪,应当如何设计刑罚或处置。参见张小虎:《人身危险性与客观社会危害显著轻微的非罪思辨——我国〈刑法〉第 13 条之出罪功能》,载《中外法学》2000 年第 4 期]。"综合说"(该说认为:"刑法哲学只有对刑法是什么亦即本体论问题、刑法如何研究亦即刑法认识论问题、刑法如何解释亦即刑法语言学问题进行全面的阐述,才是真正完整的刑法哲学体系。"参见刘远:《刑法学体系的反思与重构》,载《山东大学学报(哲社版)》2001 年第 3 期)。以上共四种代表性观点。上述观点内在差异显而易见,有的学者强调哲学在方法论意义上对刑法学研究的影响和作用,采用思辨方法研究刑法基本问题,即为刑法哲学;有的学者强调哲学在世界观意义上对刑法学研究的影响和作用,强调刑法哲学应当是对刑法的本原性、根基性问题所进行的价值层面的研究;而有的学者所强调的刑法哲学则兼而有之,同时强调对刑法进行从方法论和价值论意义上的研究。上述分歧的存在,在一定程度上导致了对刑法哲学存在意义上的模糊认识(参见赵秉志、魏昌东:《当代中国刑法哲学研究述评》,载《中国法学》2006 年第 1 期)。

由于中国刑法哲学在其复兴乃至发展中弱化了对其研究基础的构建,从而尚未完成作为一种独立知识体系所必须具备的基本要求的构建任务,“法哲学作为一门社会科学,法哲学家形成自己的学术共同体的那一天,也是中国的法哲学为中国的‘法治社会’建设提供各种具体路径的那一天。”①中国刑法哲学研究的巨大发展同样也是以“知识共同体”的形成为基本标志的,因而在未来中国刑法哲学的发展中,应致力于解决这一基本问题。对于中国刑法哲学研究基础性的强调,在某种意义上意味着中国刑法哲学应当回到其发展的起始点。

(二)刑法哲学基础性之要求

中国刑法哲学发展的基础性要求刑法哲学关注以下两个方面的问题:

1. 确定刑法哲学的研究对象、范围及层次

法哲学的研究对象是法哲学家关注的起点与重点。我国学者姚建宗教授提出,“法哲学必须首先自我说明自己‘是’什么,‘不是’什么,自己的‘独特’之处何在,自己‘如何’从事自己的‘专门性’的工作等,从而既理论性地展示自己与其他的法学理论研究的不同,又由此而确证自己独立存在的必然性和真实意义与价值。”②即是要首先解决法哲学的研究对象问题。部门法哲学研究中同样存在确定其研究对象范围的问题。可以说,刑法哲学的研究对象、范围和层次的确立,是刑法哲学研究的首要问题。

关于法哲学的研究对象,基于认识的差异,在其发展中曾形成过不同的观点与理论。黑格尔认为,“在法中人必然会碰到他的理性,所以他也必然要考察法的合理性,这就是我们这门科学的事业,它与仅仅处理矛盾的实定法学殊属不同。”③在黑格尔的论述中,“法的合理性”实际上就是实质合理性问题,即法的价值问题。德国法哲学家考夫曼提出,“法律哲学是探讨正义的学说”,由此决定了“法律哲学有两项根本问题,其一,什么是正当法?以及其二,我们如何认识及实现正当法?”④在法哲学的视域中,刑法哲学是部门法哲学的组成部分,法哲学乃至哲学的基本原理、基本方法必然对刑法哲学的发展提供必要的基础。长期以来,中国法哲学研究在法哲学与法理学关系的问题上存在认识范围的分歧,但在法哲学的研究对象上却已形成了基本的共识。我国学者张文显教授认为,“法哲学并不关注部门法中的具体规则及其适用,而是关注这些规则存在的根据及其正当性、合理性、合法性问题,即深

---

① 张国清、毛建明:《当代中国的法哲学研究》,载《学海》2004 年第 4 期。

② 姚建宗:《法律生活的哲学观照:法哲学的智慧》,载《北方法学》2007 年第 2 期。

③ 〔德〕黑格尔:《法哲学原理》,范扬译,商务印书馆 1961 年版,第 15 页。

④ 〔德〕考夫曼:《法律哲学》,刘幸义等译,法律出版社 2004 年版,第 9、10 页。

藏于这些规则背后的社会价值问题，经济和社会发展目标问题，公共政策问题，正义或道德公理等。”①在部门法哲学关于研究对象的研究中，部门法学者也提出了确定不同部门法哲学研究对象的一般原则。我国学者李琦教授在对宪法哲学的研究中提出，宪法学不能仅停留于对宪法的现象世界的描述和梳理，还应该是对宪法的根源世界的揭示，更应该是对宪法的意义世界的构建。② 这一观点对于分析部门法哲学的研究对象与层次，具有一定的启发意义。笔者认为，刑法哲学研究只有将刑法的“根源世界”和“意义世界”的揭示与构建作为其研究的首要问题，才能找到正确的方向。其中，对刑法根源世界的揭示，解决的是国家刑法权力的正当性基础问题，对于这一问题的探寻及回答，可以解释在现代社会之下，刑法调控范围的正当性基础问题，解释国家基于其稳定与发展的需要而限制国民权利的正当性问题；而刑法哲学对刑法意义世界的构建，解决的则是刑法的价值性基础问题，即刑法之于特定社会的意义及其实现问题。由此，我们将刑法哲学的研究对象确定为三个方面，即什么是正当的刑法？人类为什么需要刑法？特定组织体乃至整个人类如何达致刑法的正当性？

刑法哲学研究对象的确立，有助于区分刑法哲学与刑法法理学的本质界限。我国学者严存生认为，“法哲学以探求法的绝对真理或法的理念为目的。尽管每个时代的具体的法哲学家都不可能完成这个任务，只能为完成这一任务尽微薄之力，但由于它与法理学处于不同的理论层次，所以只有它才能进入探求法的理念的境地。”③我国学者陈兴良教授提出，刑法哲学是以“力图回答为什么人类社会里要有刑罚或刑法、国家凭什么持有刑罚权、国家行使这一权力又得到谁的允许这样一些处于刑法背后的、促使制定刑法的原动力”的知识体系，而“刑法法理学不以法条为本位而以法理为本位，在这种以法理为本位的刑法学理论中，刑法的学科体系超越刑法的条文体系，刑法的逻辑演绎取代刑法的规范阐释”④，从而在刑法哲学与刑法法理学之间出现了知识形态的差异。

在确定刑法哲学的研究对象时，还有必要关注刑法哲学研究对象的宏观性与微观性协调问题。传统法哲学研究仅将法哲学的研究对象确定为“法的

---

① 张文显：《部门法哲学引论》，载《吉林大学社会科学学报》2006 年第 5 期。

② 参见李琦：《宪法哲学：追问宪法的正当性》，载《厦门大学学报（哲学社会科学版）》2005 年第 3 期。

③ 严存生：《法理学、法哲学关系辨析》，载《法律科学》2000 年第 5 期。

④ 参见陈兴良：《法学：作为一种知识形态的考察》，载陈兴良主编：《刑事法评论》（第 7 卷），中国政法大学出版社 2000 年版，第 250、253 页。

整体”,即一般法的价值世界,但是,在部门法哲学研究中,有必要将部门法哲学研究的视野拓展到一些微观性的问题,如在刑法哲学中,在确定刑法的正当性、价值性问题范围的同时,刑法哲学研究一定不能忽视犯罪化根据、刑事责任根据以及刑罚正当性范围与层次的问题,对具体刑法规范实现刑法价值的程度及作用仍有进行刑法哲学分析的必要。

基于此,笔者得出,刑法哲学研究的首要问题是探寻刑法的价值,追问正当刑法的应然,刑法哲学研究必须在对现实法审视的基础上,以思辨为其基本方法和手段,并不断思考刑法哲学关注的层次与深度问题,以不断实现刑法哲学研究的科学性。

2. 明确刑法哲学在刑法学中的地位

对于刑法哲学地位问题的分析,涉及两个层面的问题:一是刑法哲学在刑法学之外,还是在刑法学之内的问题?刑法哲学的上位概念是部门法哲学,而部门法哲学的上位概念则是法哲学,就法哲学与法学的关系,德国法哲学家阿图尔·考夫曼曾有过论述,考夫曼认为,法哲学是哲学而非法学的一个分支,法哲学与哲学其他分支的区别在于它以哲学的方式去反映、讨论法的原理和法的基本问题;通俗地说,法哲学是法学家问,哲学家答。因此,一位训练有素的法哲学家必须兼通法学、哲学两门学问,因为纯法学倾向的法哲学家会落入科学主义的误区,他们高估(教义学的个别)科学和片面醉心于(法律)科学思维,此种法哲学家企图离开哲学去回答法哲学问题。持此态度的人越来越多,这种法律科学主义被称为“法哲学的安乐死”;相反,哲学主义是那些只受哲学激励和引导的法哲学家的误区,他们不关心法律问题,不关心法学此时此刻对哲学提出的问题。① 就考夫曼关于法哲学与哲学关系的观点,笔者认为,尽管赋予法哲学以哲学的属性可以起到避免模糊法哲学与法律科学界限的作用,从而确保法哲学研究结论的超然性,但是,法哲学一旦脱离了其赖以生长的法律土壤,势必导致其结论游离于特定的法律科学之外,从而难以再对法律科学的发展产生积极作用的负面影响。法哲学只有在生存于法的土壤中时,才能获得其自身发展与成熟的力量,对法哲学进行哲学的修正足以消除使其坠入单纯的法律科学的可能。就微观层面的刑法哲学而言,笔者主张,应强调“刑法哲学”的刑法学属性。刑法哲学正是通过哲学的引导与哲学方法的运用而获得并保有着刑法学的“哲学品质”。

关于刑法哲学的地位涉及的第二个问题,是刑法哲学是否应归属于法哲学体系的问题?我国学者张文显教授提出,“当下,困扰部门法哲学发展的因

① 参见〔德〕阿图尔·考夫曼:《法哲学、法律理论和法律教义学》,载《外国法译评》2000年第3期。

素之一，是一些部门法律学者把部门法哲学作为部门法律学研究的一部分，试图用部门法律学自身的理论资源实现对部门法律学的基本范畴、基本原理、基本命题的批判与重构，因而其研究成果带有太多的部门法律学的痕迹，缺乏理论升华和突破”，由此导致“部门法律学自身的理论空间不足以容纳对其自身的批判的展开”，因而“部门法哲学的研究必须跨越各个法律部门和部门法律学的樊篱，寻找更加开阔的理论空间。”①笔者认为，这一观点有其合理成分，部门法哲学的研究与法哲学研究存在研究的特殊性与普遍性的差异，但是，部门法哲学的研究必然需要从整体的法哲学中获取其养分，从而实现部门法哲学的发展，中国刑法哲学发展的历史轨迹也印证了这一观点的合理性。

三、现　实　性

（一）法哲学的现实性与刑法哲学的现实性

所谓现实性，是指中国刑法哲学研究在未来的发展中，必须“回到”现实的中国，以中国刑法的实然为分析对象，以解决中国刑法的现实问题为刑法哲学研究的基本目标和旨趣，唯此，才能充分、有效地发挥刑法哲学通过思辨观察与审视实然，从而达致对应然法律的价值评价功能，实现中国刑法哲学研究对中国刑法完善与发展的基础作用。

法哲学的现实性问题是我国法学者特别是法哲学学者在近年研究中所着重关注的一个问题。我国法理学者邓正来教授对中国法学现实性的关注是通过对中国立场申明的方式提出的，在《中国法学向何处去》一书中，邓正来教授表达了对中国法学“中国”内涵的关注。恰如邓正来教授所言：“一方面，任何一种现行的法律制度和与之相关的法律秩序都不可能仅仅根据其自身而得到正当性解释；另一方面，法律哲学因为人们不断要求法律哲学能够保证法律/法律制度‘具有善的品格’而绝不能逃避对法律/法律制度的最终基础或未来走向的关怀，因此法律哲学还必须在很大程度上依凭某些高于现行法律制度/法律秩序的原则——法律理想图景，更必须根据现行法律制度/法律秩序与某一国家在特定时空下整个社会秩序的性质或走向之间的关系加以考量。”“法律哲学的根本问题，同一切文化性质的‘身份’问题和政治性质的‘认同’问题一样，都来自活生生的具体的世界空间的体验：来自中国法

① 张文显：《部门法哲学引论》，载《吉林大学社会科学学报》2006年第5期。

律制度于当下的具体有限的时间性,同时也来自中国法律制度所负载的历史经验和文化记忆。这在根本上意味着,中国的法律哲学必须对下述基本问题进行追问:中国当下的法律制度处于何种结构之中?中国当下的法律制度是正当的吗?中国这个文明体于当下的世界结构中究竟需要一种何种性质的社会秩序?”“中国法律哲学评价法律制度正当与否或者评价社会秩序可欲与否的判准:究竟是根据西方达致的理想图景,还是根据中国达致的理想图景?究竟是那些抽象、空洞的正义、自由、民主、人权、平等的概念,还是它们与中国发展紧密相关的特定的具体组合?中国的法律哲学究竟应当提供什么样的理想图景?中国的法律哲学究竟应当根据什么来建构中国自己的理想图景:西方的经验抑或中国的现实?中国的法律哲学究竟应当如何建构这些理想图景?”①邓正来教授对中国法哲学所赖以生存的基础、所期望达到的目的的思考是深刻而有启发意义的。姚建宗教授认为,“法律哲学本身是对人的理想法律生活的思想建构,而这里的人又是在确定的时空维度中的人,因为只有这样的人才是真实的人,也只有这样的人才是有真正的生活的人。中国法律哲学之于真实的人及其生活的意义,是必须体现在真实的时空维度中的,抽象而一般的法律哲学或者说失去了时空维度的法律哲学对于思想实践而言是没有什么真正意义的。”②笔者认为,法哲学的意义在于确立价值评判的标准,从而对实在法进行价值合理性的审视与批判,以此实现对实在法的完善与发展,而价值评判标准的确立必然与现实的社会条件存在内在的联系,忽视法哲学研究的具体视界,超越现实条件的评判标准,必然造成价值评判标准的泛化,而价值评判标准针对性的缺失,其必然的结果是法哲学研究作用的弱化。基于同样的理由,中国刑法哲学只有以中国现实以及未来的社会基础与发展状况作为价值评判的基础,才有可能真正承担起评判实在法,发现应然法,确定应然刑法的发展方向与目标,从而最终实现刑法哲学之于中国刑法学研究的积极意义与作用。

(二)中国刑法哲学现实性的要求

我们强调“中国的现实状况”是刑法哲学展开价值评判的基础,中国刑法哲学也只有构建于中国的基本现实之上,才可能为中国刑法的正当性、合理性提供恰如其分的论据。“作为一种实践哲学,法哲学对人的法律生活的现实理解,必须是从对人的法律生活的知识论视角开始的,它首先要探寻的是人的法律生活的‘是(to be)’或者‘真实’,并反思支撑这种‘是’或者‘真

① 邓正来:《中国法学向何处去——建构“中国法律理想图景”时代的论纲》,商务印书馆2006年版,第4、5页。

② 姚建宗:《中国法律哲学的立场和使命》,载《河北法学》2007年第1期。

实'的'根据'与'理由'的'基本法律原则'。"①法哲学作为一种帮助人们确立立法之世界观和法律生活之依赖的学问,以对法现实与法现象进行深层次、全面、客观的解释和分析为基本路径。因而脱离国情的"全盘西化"和固守传统的抱残守缺无疑都是法哲学研究所应当避免的。中国刑法哲学发展的现实性要求刑法学者在进行刑法哲学的研究与批判时,必须深切关注中国人在长期的历史与生活环境中所形成和确立的刑法价值观念及法律理想,同时充分尊重在时代发展中中国人刑法观念发展的现实过程,对刑法正当性的评判不能简单地以其他民族对刑法的认识为准据。人类理性的共通性必然形成人类治理模式趋同性的趋势,法律作为人类一种主要的调控机制而在不同社会中发挥着作用,刑法作为法律体系中的一种调控手段,在具有地域性的同时,当然也具有共通性;但是,基于人类历史演进的客观性,不同民族的法律信仰与法律理想必然呈现多元化的模态,由此造成中国人对刑法的期待在一个相当长的时期内存在一个渐进的过程,这就要求刑法哲学研究在探寻刑法价值时必须充分关注这一客观情况。因而中国刑法哲学发展的现实性,必然要求刑法学者对刑法哲学的研究,在通过价值比较与价值探究时,必须考虑刑法制度建构的民族基础与接受可能,反对不加分析地主张对他国刑法观念与价值的简单移植。法哲学的本质精神在于其思辨性,而法哲学的思辨性是以实然的法律为基础而进行的一种应然性的判断,是以对现实法的审视为基础和前提的,只有以真实的人及其所赖以生存的社会为基础,才能真正对实然法的发展提供客观而正确的发展方向。

中国刑法哲学发展的现实性还要求刑法学者与中国法律和政治的现实关系保持一种明晰且必要的距离,以确保刑法哲学的"超人格性"。中国法哲学在其发展的初期常常受到来自政治、经济等因素的影响与制约,"以阶级斗争为纲"曾经是法哲学研究的一条主要路径,法哲学研究对政治因素的过分考量,会产生难以实现法哲学研究的终极目的,难以充分发挥法哲学研究的积极意义的结果。在未来刑法哲学研究的发展中,应着力祛除意识形态及政治等现实因素对刑法哲学研究的影响。不仅如此,中国刑法哲学发展的现实性,还要求不能绝对奉行刑法哲学形而上的研究进路,而应在对刑法实践予以充分关注的基础上,架起刑法哲学研究与实践需要的桥梁。

需要特别申明的是,笔者所主张的中国刑法哲学研究应加强对中国现实问题的关注,并非是狭隘地、片面地强调刑法哲学研究中的"中国特色",而是强调刑法哲学研究必须关注、重视与解决中国的现实问题,特别是中国刑

① 姚建宗:《法律生活的哲学观照:法哲学的智慧》,载《北方法学》2007年第2期。

法在现代化、全球化过程中的发展方向、发展趋势等问题。刑法哲学研究是一个开放、动态的知识体系，单纯将刑法哲学研究局限于刑法文化史层面的探究与分析，必然减损乃至丧失刑法哲学的积极意义。不仅如此，刑法哲学的现实性还要求刑法哲学的研习者，在关注中国当代社会对刑法现实需求的同时，必须关注国外刑法乃至国际刑法中的基本问题，只有正确处理刑法哲学的国际化与本土化之间的关系，才能真正发展与完善中国刑法哲学。刑法哲学作为当代中国刑法学研究的重要内容，受到刑法学者的广泛关注和重视，但刑法哲学研究所突出存在的外向化问题也是一个不容忽视的问题，西方法哲学特别是西方刑法哲学对中国刑法哲学具有积极意义自不待言，但忽视中国传统刑法哲学对当代中国刑法哲学的影响和积极意义则是一个较为突出的问题。西方法哲学之于刑法哲学与中国法哲学之于刑法哲学的关系，从哲学的角度讲，就是普遍与特殊，共性与个性之间的关系。按照唯物辩证法的原理，共性寓于个性之中并通过个性来体现和承载，脱离个性的纯粹抽象的共性将成为无源之水，无本之木。中国当代刑法哲学的本土化、中国化特色，不但与其国际化、世界化不冲突，反而有利于充实、丰富其国际化、世界化的气度。因而加强中国刑法哲学的本土化研究，应当成为当代中国刑法学者的重要使命。① 当前我国许多刑法哲学研究将关注的视角局限于西方的刑法发展历史，而非当代西方现实国情的研究与分析，或者忽视国际刑法发展的客观状况，因而对刑法的思辨性分析欠缺全面性，有必要在未来的发展中完善。

四、批　判　性

（一）法哲学的批判性与刑法哲学的批判性

所谓批判性，是指中国刑法哲学在未来的发展中，应当致力于中国应然刑法发展方向的思考，秉持理性批判的态度，以借鉴性而非移植性吸收为圭臬，通过对现实刑法价值基础的分析，以价值探寻与批判为基本路径，着力于中国应然刑法的构建，而不能止步于对西方刑法的文化史研究，对西方刑事法学派基本理论的简单继受。

邓正来教授提出，批判是中国法学重建的重要任务之一。邓正来教授认为，“我们的时代要求我们的法律同时亦即在同一个阶段中去处理和面对西

① 参见赵秉志、魏昌东：《当代中国刑法哲学研究述评》，载《中国法学》2006 年第 1 期。

方法律按自然时序在各个阶段当中所提出的各种问题，与此相应，我们的时代要求我们的法学同时亦即在同一个阶段去考虑和面对西方法学传统按知识发展的自然时序与伦理学、逻辑学、历史学、生物学、政治学、社会学乃至经济学相结合而形成的基于不同哲学观点的法律原则，而这在法学上便意味着西方的法律和法学在对我们构成强大示范的同时甚至还要求我们把西方论者在各个阶段达成的结果转变成我们思考一切问题的前提。这里的关键在于当我们把西方法律和法学的结果转换成我们思考问题的前提甚至是当然的前提的时候，这意味着我们很可能会丧失对西方法律和法学的批判力，更为重要的是我们还极容易把我们这种丧失批判的状态变成一种常态，甚至把它当作一种当然的状态按受下来而不加质疑和反思。"①有鉴于此，邓正来教授提出，尽管中国法学重建的任务极其繁重而且需要解决的问题甚多，但是最为艰难且最为基础的工作便是建构起我们这个时代所要求的法律哲学。"法哲学是关于法的本质及其发展规律的科学，是阐释法之存在合理性的科学，是解答法律生活何以可能的科学，其研究对象是法的根据、本质及其发展规律。法哲学所研究的问题和对象就在法律生活自身之内，因此，法哲学是法生活自身的哲学，是对法律生活自身的哲学问题和哲学基础或根据的反思，而非所谓有关法律的哲学"②，从而批判应当成为哲学思维方式的一种普通特性和社会功能。在法哲学领域，我国学者对法哲学的批判性明显是持肯定态度的，坚持法哲学的批判性品性是法哲学的基本态度。张文显教授提出，"法哲学研究中的反思方法更是决定了它的批判本质和批判精神，它要求法学家用批判的眼光揭示和对待人类已经形成的全部法律思想，对待每一种法律观点，每一种法学理论体系，每一个研究范式和学术流派，试图通过敏锐的批判达到深刻的理解。"③我国学者林瑞英、林娜揭示了批判之于法哲学的价值与意义，"哲学是反思之学，法哲学也是如此，也就是要批判地对待法律生活现象。批判是法哲学发展的主旋律，是法哲学不断推陈出新的精神动力，法哲学的历史就是法哲学家互相批判的历史，也是法哲学自我批判的历史。法哲学的全部历史成就正是建立在这种永无止境的自我批判的基础之上，法哲学的繁荣兴盛局面也是建立在多元的法哲学的互相批判的基础之上。如果一个时代，一个社会只有一种被奉为'绝对真理'的法哲学存在，那么法哲学的发展也就终止了。"④在我们看来，这种观点不仅明确了批判性之

① 邓正来：《中国法学的重建：批判与建构》，载《吉林大学社会科学学报》2003 年第 5 期。

② 高懿德：《法哲学的形而上学本质及诸种'法哲学'观批判》，载《文史哲》2007 年第 3 期。

③ 张文显：《部门法哲学引论》，载《吉林大学社会科学学报》2006 年第 5 期。

④ 林瑞英、张娜：《法哲学探析》，载《探索》2005 年第 6 期。

于法哲学研究的重要作用,可贵的是,它还突出强调了法哲学批判所应当具有的普遍性与广泛性品性,普遍、广泛而深入的法哲学批判是法哲学发挥积极作用的前提和基础。

由法哲学的基本属性出发,批判性当然也应当成为中国刑法哲学研究的基本品性、价值取向和基本研究方法,在某种程度上,批判性还应作为判断中国刑法哲学是否走向成熟的一个重要标志。中国刑法哲学批判性品性的坚持,不仅标志着中国刑法学者刑法哲学"研究意识"的真正觉醒,还标志着中国刑法哲学研究进入高级阶段的开始①,唯建构在具有共同话语体系与知识交流平台上的多元化的刑法哲学才可能产生真正意义上的批判,而真正意义的刑法哲学批判才可能获取刑法价值评判的真知。由此,刑法哲学研究将脱离"私人性"研究的状况,走向其发展的高级阶段,成为真正推动中国刑法发展的重要支柱。

(二)刑法哲学批判性的要求和意义

批判性是法哲学乃至刑法哲学研究的一个具有丰富内涵的属性,批判性既表现为在对现实法律生活中的法现实与法现象进行价值探寻中,必须秉持一种理性批判的态度,从而保持一种必要的清醒;也必然包括在对应然法律生活的法律建构结果应当采取批判性接受的态度。法哲学研究是一种不断逼迫理性法律的价值探寻与实现的过程,只有保持对观察与评价对象的清醒,才可能进行真正有意义、有创见的价值评判活动,继而实现法哲学研究的目的。

刑法哲学的批判性,不仅要求在对中国传统刑法价值观、功能观的分析中坚持一种理性与批判的态度,也必然要求在对西方传统以及现代刑法观念的研究中奉行理性审视与价值批判的意识。在当前的中国刑法哲学研究中,基于研究阶段的初始性,客观存在着一种将对西方刑法文化史分析作为主要研究理路,将西方刑法文化史中刑事法学派所提出一些理论奉为"圣经",作为应然刑法判断标准的研究倾向,存在着绝对夸大西方刑法观念的积极价值而忽视其消极影响的问题,这一状况表明,当前的中国刑法哲学研究,尚徘徊、停留于西方刑法观念的介绍与传播阶段,而并未能真正品味对话与批判对刑法哲学研究的积极意义和巨大作用。

法哲学研究的意义在于确立价值评价的标准,从而对实在法进行价值合

---

① 邓正来教授曾提出:"西学东渐以来,我们已经引进了大量的西方经典论著,因此我们也就熟知这些经典了。我个人认为,我们今天还停留在介绍和传播的阶段,而根本没有进入研究、对话和批判的阶段。"参见邓正来:《中国法学的重建:批判与建构》,载《吉林大学社会科学学报》2003 年第 5 期。

理性审视和批判,以此实现实在法的发展与完善。刑法哲学研究的批判性必然是与现实性相关联的批判性,只有强调刑法哲学研究的现实性,才能真正实现刑法哲学研究的批判功能。刑法哲学批判的对象是现实的刑法,强调对现实刑法的思考与价值评判,“法哲学对人的法律生活的价值改造,就是以人的法律生活的最终的根据与理由——‘公正’为根据、理由、标准和尺度,把在知识论意义上经过反思、怀疑和批判所获得的以具有‘价值’意味的‘应该(ought to be)’的命题陈述出现的‘法律真理’本身,作为在存在论意义上进一步进行反思、怀疑和批判的对象加以反思、怀疑和批判,并同时设计和创造得到存在论意义的反思、怀疑和批判的检验、符合人的生活目的的理想的法律生活的基本价值的实践方式——在思想和观念中型塑人的理想的法律生活的图景,并同时展现在现实中达到或者实现理想的法律生活图景的各种可以选择的模式与路径的可能性。”①构建理想法律生活图景的目标只有建构于刑法哲学的批判性品性之上才是一种可以实现的价值,由此也决定了批判性应当作为中国刑法哲学发展的方向。

五、余　　论

20世纪以来中国刑法哲学的巨大发展,是中国刑法学繁荣的产物,也是中国刑法学研究步入一个新的历史阶段的重要标志。在刑法法理学之外,刑法哲学以其独特的研究进路和研究视角,从本原意义上探寻着刑法的正当性,审视着刑法之于人类的积极意义,从价值层面挖掘着人类不断逼近正当刑法的巨大潜能,刑法哲学已经成为中国刑法学发展的重要分支,在此背景下,关注中国刑法哲学未来的发展,揭示当前刑法哲学研究中存在的问题,才能确保其发展的基本方向。未来的刑法哲学唯有通过对基础性问题的关注,才能厘清其研究问题的基本范围,廓清其发展的基础,夯实其发展的地基;唯有通过对现实性问题的关注,才能真正解决刑法的普适价值与特殊价值的冲突,为中国现行刑法的调适,提供科学决策的依据,指明改革的方向。法作为人类的一种社会控制机制,是人类创造性活动的产物,在具有普适价值的同时,无疑也会带有地域或环境的印痕,不同民族的法律文化传统必然会在法律中留下不同的印记,人类在追求法的进步与完善中也必然会面临普适意义上的法的价值、法律理想与特殊民族价值理念指导下的法律理想的调适问

① 姚建宗:《法律生活的哲学观照:法哲学的智慧》,载《北方法学》2007年第2期。

题,因而在对刑法进行价值探寻时忽视刑法哲学研究的现实性,脱离具体的刑法实践活动,是难以实现刑法哲学研究的终极意义的。不仅如此,由哲学乃至法哲学的本质精神所决定,批判性是与法哲学相伴生的一个基本属性,法哲学的批判性必然要求法哲学研究必须从西方法文化史的研究中升华出来,增加对话机制、实现双向互动交流,由此才能真正实现法哲学的积极意义与价值。

不仅如此,刑法哲学研究是在探寻刑法的正当性本原中所产生的一种对刑法学研究的“自然”回应,因而刑法哲学并非“玄”学,其应当成为每一位刑法学者所共同关注的问题,笔者认为,在未来中国刑法哲学的发展中有必要提出刑法哲学研究的普及性问题。在当前中国的刑法哲学研究中,刑法哲学研究尚处于未普及的状态,表现为研究内容过于超然化,研究路径停留于对西方刑法哲学成果的评介上从而略显单一。在某种意义上说,注重对刑法哲学研究普及性的思考,应当成为中国刑法哲学发展中予以关注的又一个基本问题。

V

刑法解释问题

16. 刑法解释方法研究*

目　次

一、方法与方法论

（一）概说

黑格尔指出，方法是关于“逻辑内容的内在自身运动的形式的意识”。① 陈向明教授认为，方法是人们为了达到一定目的而必须遵循的原则和行为。② 李承贵教授认为，方法是指基于某种目标而进行活动的正确规则、方

* 与曾粤兴合著，原载赵秉志主编：《刑事法判解研究》2003 年第 3 辑。

① 参见〔德〕黑格尔：《逻辑学》，商务印书馆 1966 年版，第 36 页。

② 参见陈向明：《质的研究方法与社会科学研究》，教育科学出版社 2000 年版，第 5 页。

式或手段。① 研究方法则是指在学术研究中基于某种研究目标而进行研究的正确原则、方式(手段)和理论。刘大椿教授进一步指出,方法具有可操作性、可判断性、目的性、创造性和经济性的特点。可操作性是指专门方法排除了任意性,从而保证了其可学习性;可判断性是指方法本身是可以辨认的,其运用过程和结果也是可以检验的;目的性是指方法具有达到一定结果的倾向和能力;创造性是指方法在指定结果之外,还有给出超出预见范围结果的能力,也就是创新能力;经济性是指方法总是倾向于花费最少的物力和时间得到结果。② 高铭暄教授指出,方法都有独立应用的价值,因此,尽管人们解释问题、研究问题的时候往往多种方法交互使用,但每一种方法都具有其独立性。

科学的研究方法,不仅是学科建立必不可少的工具,也不仅是学派产生的内在依据,更重要的是,它是衡量一门科学是否堪称"科学"的主要标准。人文社会科学之所以被称为"软科学",法学曾经一度被称为"幼稚的学科",原因之一即人文社会科学的学术成果在研究方法上缺乏自然科学研究方法那样的可验证性,以及从而导致的成果的非客观性。可见,科学的方法对于任何科学来说都是十分重要的。

从古希腊开始,方法就已经进入思想家的视野。17 世纪以来,方法学的研究和方法论的研究逐渐在欧洲盛行。到 20 世纪时,自然科学的研究方法引入到人文社会科学研究领域,人文社会科学领域的方法也出现了交叉、融合的趋势,比如系统论、信息论、控制论在人文社会科学领域的应用,经济分析方法在社会学、法学中的应用等。古代中国的经学家、文艺家、思想家、法律家也非常重视方法的研究和应用,但固守的方法主要是考据和注释。方法的局限,在一定程度上抑制了人文社会科学的发展。

从 20 世纪 80 年代后期开始,对人文社会科学方法的研究开始受到中国学者的关注,至今为止,已经出版或发表了大量有关研究方法的工具书、专著和论文。在法学领域,也有一批具有远见卓识的学者呼吁和进行学术方法的研究,也出版或发表了一些研究成果。③ 在刑法学领域,高铭暄教授早在

---

① 参见李承贵:《20 世纪中国人文社会科学方法问题》,湖南教育出版社 2001 年版,第 7 页。

② 参见刘大椿:《互补方法论》,世界知识出版社 1989 年版,第 17、18 页。

③ 有代表性者,如大陆学者吕世伦、文正邦主编的《法哲学论》、胡玉鸿所著的《法学方法论导论》,李可、罗洪洋所著的《法学方法论》,台湾学者杨仁寿先生所著的《法学方法论》、黄茂荣先生所著的《法学方法与现代民法》等。还有一些学者从解释学角度对法律解释方法进行了颇有深度的研究,代表性成果如何卫平博士的《通向解释学辩证法之途》,刘士国主编的《法解释的基本问题》,张志铭所著的《法律解释操作分析》,梁治平先生编的《法律解释问题》。

1992 年就撰文呼吁刑法学研究应当更新方法、拓宽视野,并主张采用分析的方法、比较的方法、历史的方法和理论联系实践的方法进行刑法学研究。①李希慧教授的博士论文《刑法解释论》具体阐释了刑法解释方法。储槐植教授、卢建平教授、赵秉志教授等学者也提出了一些积极有益的主张。中国人民大学刑事法律科学研究中心还于 2002 年举办过关于刑法研究方法和规范的专题研讨会。然而,至今没有关于刑法研究方法的著作出版,公开发表的专题论文也屈指可数。

事实上,"方法"一词,几乎人人会用。但是,在不同语境中或者不同环境中,方法的含义是不同的。同时,方法不是人们的随心所欲,而是由认识客体所决定。社会科学研究固然有其共通的方法,但具体学科也有自己特定的研究方法。刑法解释或者说研究究竟那些属于自己特有的研究方法,同时可以借鉴其他社会科学中的何种方法,这些问题,都有待我们作出回答。

社会科学对方法的研究,通常在两个层次上进行,一个是对方法体系中处于最低层次的个别性或者说具体的方法进行应用性研究;一个是在更一般、更抽象的层次上对方法进行理论研究。前者被称为方法学,后者被称为方法论。其中,在哲学上,方法论本身又有特定的含义,是指人们认识世界、改造世界的最一般的方法。在这个意义上说,方法论属于意识和意志的范畴,具体研究方法属于技术范畴。当然,这种区分只是在静态意义上进行,在对方法的动态研究中,二者常常被联系在一起进行。事实上,方法学离不开方法论的指导,方法论离不开方法学这个基础。与人类科学的思维基础相适应,方法论可以分为三个层次:第一层次是哲学方法论即狭义的方法论,具有根本方法的意义;第二层次是一般科学方法论。一般科学思维方法包括逻辑方法、数学方法、符号学方法、系统方法、信息方法、控制方法、结构功能方法、模型方法、因果分析方法等,它们既是从各门学科的方法中总结概括出来的,又是哲学思维方法的具体化,研究这些方法的理论,就是一般科学方法论;第三个层次是具体科学方法论,如法学方法论、经济学方法论等。②

(二)刑法解释的方法与方法论问题

无论在方法学意义上,还是在方法论意义上,如前所述,目前国内理论界对刑法学方法的研究尚处于准备起步阶段。但是,应当看到,我国一些刑法

---

① 参见高铭暄:《略论刑法学研究的对象和方法》,载《中央政法管理干部学院学报》1992 年创刊号。

② 参见吕世伦、文正邦主编:《法哲学论》,中国人民大学出版社 1999 年版,第 609、610 页。

学者已经在自觉应用某些新的方法进行刑法解释或者说研究,并取得了一些显著的成果,比如卢建平教授采用经济分析方法对刑罚制度进行解释,陈正云博士应用经济分析方法撰写出博士论文《刑法的经济分析》,赵廷光教授应用系统论方法解释我国刑法,何秉松教授应用系统论方法解释犯罪构成,还有个别学者应用社会学研究方法解释刑法问题,或者应用行为分析方法解释刑法问题,或者应用解释学方法解释刑法问题,等等。此外,在犯罪学的研究中,除了传统的实证方法外,也有不少学者采用一些新的方法解释犯罪现象。

对于大陆法系刑法解释或者说研究,康德二元论的哲学方法论的指导影响深远。在这样的方法论指导下,刑法解释的对象作为客观存在的事物,就有现象与本体之分。法律文本是一种现象,而潜在于文本之后的理念是一种本体。在康德学派和新康德学派理论的引导下,大陆法系刑法学者围绕犯罪成立的阶梯标准展开了解释并取得了共识:犯罪构成要件该当性以及有责性,属于犯罪现象;而违法性则是犯罪本体的内容。对犯罪现象的解释,不得带有任何主观的评价,而对犯罪本体的解释,却离不开价值、目的等的分析。至少,这种二元范畴的划分方法在我国存在实际影响,其代表性成果即陈兴良教授的《本体刑法学》。不过,在我国以及当今俄罗斯,辩证唯物主义和历史唯物主义是人文社会科学研究的基本指导思想和方法论。作为主流代表的俄罗斯刑法学家库兹涅佐娃甚至直接把方法论与辩证唯物主义和历史唯物主义相提并论。她认为:"方法这一概念包括方法论和认识方法。方法论是辩证唯物主义和历史唯物主义各种范畴的体系,(它)使人们能够研究和实际应用已经认识到的刑法同犯罪作斗争的规律性、实质和内容。在辩证唯物主义中,……可能性向现实性的转化的辩证法为关于犯罪阶段的规范的立法和法律适用,即为预备犯罪和犯罪未遂的研究提供了根据。历史唯物主义的法规保证对社会发展趋势进行正确认识,揭示社会经济基础同该社会形态的政治的、法律的、精神的上层建筑同社会结构的关系。"①在我国的刑法解释中,对任何问题的解释都不可能完全脱离唯物辩证法或者历史辩证法的指导。比如对犯罪构成这一犯罪论核心问题的解释,辩证法方法论不仅能够对我国平面的、静态的犯罪构成作出合理的、有实效的解释,而且完全能够对大陆法系动态的犯罪阶层体系(即犯罪构成)进行合理解释,因为作为客观现象的构成要件符合性,与作为主观要件的违法性,本身属于对立统一的范畴,这一范畴为辩证法的应用

① 参见〔俄〕库兹涅佐娃、佳日科娃主编:《俄罗斯刑法教程(总论)》(上卷·犯罪论),黄道秀译,中国法制出版社2002年版,第8页。

铺设了空间。

二、刑法解释与刑法解释方法

（一）刑法解释的定位

发端于古希腊，形成于18世纪的西方解释学，对于中国的哲学界、法理学界来说并不陌生。从20世纪80年代开始，施莱尔马赫、黑格尔、海德格尔尤其是伽达默尔这些名字，逐渐成为一部分人口中、笔下显赫、时髦的名词，各种有关的翻译、演绎文本被国内出版社生产出来。① 但相对来说，刑法学界似乎对此显得比较平静。尽管也有许多学者研究刑法解释问题，不过各种教科书一般是从技术角度谈刑法的解释，很少涉及刑法解释的定位问题。个别学者从学科角度主张，刑法解释学是解释学的分支学科。② 或有学者认为刑法解释学属于法律解释学或刑法方法论。③ 还有一些学者从概念界定角度认为，刑法解释，是指阐明刑法规范的事实存在及其存在的当为性与事实存在之间的内在联系及其规律性的活动。④ 笔者认为，从解释文本角度考察，刑法解释与刑法学在最基本的方面具有相同性，即二者都以刑法条文（不仅仅是刑法规范）为解释对象。也就是说，在最基本的意义上，二者都是对同样文本的诠释。因此，刑法解释的方法也就是刑法学的方法，反之亦然。那种认为刑法解释就是解释刑法条文本身，刑法学则是超然于刑法解释之上的观点至少从哲学角度分析是不妥当的。

在哲学上，康德学派认为，现象之后还存在本体。如果说刑法条文是一种现象的话，条文之后的价值观念、目标追求等理性内容即为本体。现象说明存在，本体揭示原因，对现象本身的解释形成认识论（现象说明），对现象的理性剖析就是本体论（本体认识）。马克思主义认为，事物具有感性具体与理性具体，感性具体是对事物表面的认识；理性具体是对事物本质的、规律性的认识。唯物辩证法的认识方法即从感性具体上升到理性具体。⑤ 从前一角度考察，刑法解释可以分为两个层次，其一为最基础的层次，亦即狭义上

① 参见何卫平：《通向解释学辩证法之途》，邓晓芒序，上海三联书店2001年版，第1页。
② 参见甘雨沛、何鹏：《外国刑法》（上），北京大学出版社1984年版，第9页。
③ 参见屈学武：《刑法解释论评析》，载《法律应用研究》2002年第2辑。
④ 参见屈学武：《刑法解释论评析》，载《法律应用研究》2002年第2辑。
⑤ 参见陈建远主编：《社会科学方法辞典》，辽宁人民出版社1990年版，第11页。

的刑法解释,以刑法条文为解释文本①,基本任务在于说明“什么是”。在此意义上的刑法解释,可以称为注释刑法学或应用刑法学,同时,由于这种解释注重的是对刑法规范的阐释,故又可称为规范刑法学。其二是在前一层次基础上形成的理性分析,基本任务在于说明“为什么是”,其功能主要在于研究刑法是否正当以及如何使之正当化,概言之,在于一方面使司法官员、司法机构知其然更知其所以然,从而清醒地而不是盲目地适用刑法,包括制定指导司法活动的规范性文件,另一方面,使立法机关尽可能完善刑事立法,包括适时作出正当化的立法解释。这一层面的刑法解释,离不开刑法规范但又超然于其上,可以称为理论刑法学。由于理论刑法学自然具有哲理分析色彩,故也可称为刑法哲学。换言之,刑法哲学不仅仅是探究刑法价值、刑法本质、刑罚根据、刑事责任、刑法范畴、刑法方法等抽象问题的学说,它也必须立足于刑法形而下,才可能形成刑法的形而上,也必须探索从一般到具体的犯罪构成,从抽象的刑事责任到具体的刑罚实现等过程的问题。如果从马克思的“具体”二元论来看,刑法解释的上述区分仅仅具有理论意义,我们不可能说基础的刑法解释就只是感性的认识,而本体认识就一定是“理性”认识。事实上,基础的解释也有理性的内容,本体的解释也有感性的因素。

综上,如果说法律解释就是解释者将自己对法律文本意思的理解通过某种方式展示出来②,那么,刑法解释就是不同的解释者基于不同的目的对狭义上的和广义上的刑法文本的意思的理解的展示,狭义的展示在古代由于刑法基础理论的不发达而称为“律学”,在当代则形成应用刑法学。广义的展示产生理论刑法学,但理论刑法学中必然包含可以直接应用于司法实践的成分,与应用刑法学不是截然对立关系。由于解释的文本和功用的主要方面存在不同,简单地对应用刑法学与理论刑法学区分高下,缺乏统一的逻辑与哲学依据。事实上,最先明确区分现象界与本体界的康德,并不认为本体论高于认识论,相反,他认为实践理性高于理论理性。③

如果再作进一步的对象考察,在我国刑法解释包括对刑法典、立法解释、刑法修正案的解释、对个案的解释(包括对判例的解释)、司法解释以及对前述解释的再解释,刑法学相应的也就由上述方面构成。因此,刑法解释的性质定位与刑法学并无不同,二者都由理解(注释)与建构(理论)两部分组成。换言之,对刑法文本的一切研究(理解)都是解释,关于刑法的一切理论(理

① 苏力教授认为:“法律文本的解释是狭义上的法律解释。”参见苏力:《解释的难题:对几种法律文本解释方法的追问》,载梁治平编:《法律解释问题》,法律出版社 1998 年版,第 32 页。

② 参见张志铭:《法律解释操作分析》,中国政法大学出版社 1999 年版,第 16 页。

③ 参见何卫平:《通向解释学辩证法之途》,上海三联书店 2001 年版,第 58 页。

解)都是解释,无非因解释主体不同,可以分为立法解释、司法解释、学理解释;因解释方法不同,可以分为文理解释、论理解释;因解释结果不同,可以分为扩张解释、合意解释、限制解释;因效力不同,可以分为有权解释、学理解释。而刑法解释无论是否被冠以“学”的字样,它都是一门学问。洪汉鼎先生即把解释学分为独断型解释学和探究型解释学。其所谓的独断型解释学即应用型解释学,探究型解释学即理论型解释学①,演绎到刑法解释学上即分别为应用型刑法学和理论刑法学。可见,试图区分刑法解释与刑法学(或者刑法学解释),在文字上也许是可行的,但在逻辑上则是没有必要的。

需要指出的是,从整体上看,作为一门避免误解的“技术”和包括各种解释规则的方法论,西方解释学属于哲学而不是部门科学的范畴,因此又有哲学解释学之称。在这一方法论指导下形成的局部解释学——主要是语文解释学、神学解释学、历史解释学和法学解释学中,作为技术的方法,“解释(学)”与修辞学、文字学、文献学等密不可分,相互之间并没有泾渭分明的界限。因为前者属于哲学范畴,后者属于科学认识范畴即部门科学范畴。② 由此可见,用西方解释学中的概念来套刑法解释,显然南辕北辙。尽管解释学发展到海德格尔时代,因为海德格尔排斥辩证法而走向歧途,但解释学发展到伽达默尔时代已经回归辩证法之途,因此,虽然西方解释学是以有别于唯物辩证法和历史辩证法的面目出现一种哲学理论,但它与后者存在相通之处,是故刑法解释可以接受解释学的指导,但二者之间存在显著区别,不能因为刑法解释接受解释学的指导而把它归入解释学范畴。对于解释学与解释学法学(或法解释学)的区别,梁治平先生也多有强调。③

(二)刑法解释的思维基础

刑法解释作为一门科学,“方法”对于刑法解释当然具有重要意义。同时,思维乃方法的基础,思维的内容决定方法的内容和方法的应用,而思维的内容又受到方法论的制约。

首先,刑法解释应当具有辩证思维。唯物辩证法认为,“矛盾”是事物发展的动力;对立统一规律是最普遍的规律。因此,辩证思维要求树立“矛盾”的观念,解释刑法文本时要把“文本”划分为若干对立统一的范畴,不仅要区分主要矛盾和次要矛盾,而且要区分矛盾的主要方面和次要方面,既要看到

① 参见洪汉鼎:《诠释学——它的历史和当代发展》,人民出版社2001年版,第16、17页。

② 参见何卫平:《通向解释学辩证法之途》,上海三联书店2001年版,第54页;另见陈建远主编:《社会科学方法辞典》,辽宁人民出版社1990年版,第100页。

③ 参见梁治平:《解释学法学与法律解释的方法论》,载梁治平编:《法律解释问题》,法律出版社1998年版,第87—104页。

矛盾(事物)发展的绝对性,又要看到其发展的相对性,要注意事物相互之间的联系和影响,等等。比如,主观与客观要件、主观方面与客观方面的矛盾关系及其对犯罪构成的影响;可能性与现实性这一矛盾范畴对犯罪形态认定的意义,对危害结果、刑法因果关系的意义;经济基础对刑法的作用,其他上层建筑与刑法之间的相互作用,刑法对于经济基础的反作用;犯罪圈划定与司法成本之间的对立统一关系;在共同犯罪中,共犯的从属性与独立性何为矛盾的主要方面?刑罚的报应与功利究竟是什么关系?再比如,对期待可能性的解释是否应当联系信赖原则进行分析?刑事一体化角度对解释具体犯罪的意义——例如,如果把丈夫婚内强迫妻子性交的行为解释为强奸罪,不仅应当考虑中国文化这一上层建筑的因素,而且应当考虑诉讼的可行性。如果欲建议把吸毒行为犯罪化,就需要分析司法成本以及诉讼可行性问题。①

其次,刑法解释应当具有良好的逻辑思维。这主要是指归纳思维与演绎思维。当然,有时逻辑思维与逻辑方法是一致的。刑法的实证解释离不开归纳思维,但是,实证解释因归纳分析固有的缺陷而存在不足。学界同仁常常片面强调实证分析在刑法解释中的应用,对此,我们应当保持清醒。诸如,对某一地区甚至全国的某类犯罪发展趋势的分析,研究者往往容易忽略政治、经济、文化、道德乃至气候因素对犯罪形成的影响,仅仅根据犯罪数据的变化就提出犯罪低龄化建议或者“严打”建议,或者对个案进行分析就欲产生普适性结论。在唯物辩证法中,归纳思维还要求解释者能够从抽象上升到具体,即通过抽象归纳,从感性具体到理性具体。演绎思维与三段论推理密不可分。如果大前提正确,推理无误,一般可以得出正确结论。但是,我们经常可以看到这样的分析:刑法上的因果关系是行为人承担刑事责任的前提;危害结果不是犯罪构成客观方面的要素;危害结果不包括无形结果。这样的分析,在逻辑上是有问题的。既然“刑法上的因果关系是行为人承担刑事责任的前提”已经被公认为“真理”,成为逻辑演绎的大前提,那么,合理的结论就应当是:危害结果包括有形结果和无形结果;危害结果是犯罪构成客观方面的要素。否则,既犯罪未遂、犯罪预备、犯罪中止以及危险犯只有有形危害结果,那就意味着它们不具有刑法上的因果关系,也就失去了承担刑事责任的前提,为什么刑法还要规定其行为人应当承担刑事责任呢?岂不是自相矛盾吗?显然,是这种观点赖以产生的逻辑推理出了问题。逻辑思维最大的功能是让我们知道:符合逻辑的解释不一定是真理,但不合逻辑的解释一定是谬论。

---

① 参见曾粤兴:《刑法不应增设吸毒罪》,载《检察业务指导》2003 年第 2 辑,中国法制出版社 2003 年版,第 132 页以下。

再次，应当培养理性思维。在“透过现象看本质”这一点上，理性思维与辩证思维是一致的，但这里所说的理性思维，是指对刑法问题应当具有的事实与价值、实然与应然的二元思维方式。这种思维，有助于在解释刑法问题时在事实与价值或者是（What）与为什么是（Why）两个层面进行深入思考。比如对保安处分的解释，除了阐释其含义以及我国存在的劳动教养、强制戒毒等措施外，应当思考为什么我国存在的这些措施不是保安处分，它们存在的价值是什么，这样才有助于改造和完善相关制度。再比如对资格刑的解释，我国现行《刑法》中的资格刑是什么？剥夺政治权利的内容是否正当？现代刑法应当设立什么样的资格刑？对这些问题作出全面的解释，才可能使刑法解释更具理性色彩。

最后，应当培养比较思维。这是指对刑法文本进行构建时，应当具有的把刑法文本置身于超越国境的范围内进行思考的思维方式。这种思维有助于理解刑法文本的优势与短处，从而合理借鉴其他国家和地区的刑法文本。比如对新型经济犯罪的解释，对犯罪构成的解释，对判例的解释，等等。所谓有比较才能有鉴别。比较思维的养成，能促使我们关注国外各种正式的与非正式的刑法文本，比较全面地掌握相关文献资料。同时，有利于使我们的刑法解释与国外的刑法解释形成相同的语境和话语平台。

（三）刑法解释的方法分类

在法理学者们看来，刑法解释的方法有文理解释、论理解释、扩张解释、限制解释（限缩解释）、法意解释、目的解释、文义解释（包括平义解释和特殊文义解释）、语境解释（体系解释）、黄金规则，等等。① 刑法学者主张或者认可的刑法解释方法主要有文理解释、论理解释、比较解释、反对解释、补正解释、平意解释、想象重构解释、目的性解释。当然，还有一些学者采用“研究方法”的提法，主张分析的方法、历史的方法、理论联系实际的方法、经济分析方法、系统论方法、思辨方法、实证方法、注释方法等。为便于分析归纳，先将其含义列明如下：

（1）文理解释，即对刑法条文的字义进行解释，包括对名词、概念、术语从文理上进行阐明。例如，“本法所称司法工作人员是指有侦查、检察、审判、监管职责的人员”（1997 年《刑法》第 94 条），“本法所说的以上、以下、以内，包括本数”（1997 年《刑法》第 99 条）。这两个立法解释，都是采用的文理解释的方法。

（2）论理解释，即根据立法精神，联系有关情况，从逻辑上对刑法条文的

① 参见陈弘毅：《当代西方法律解释学初探》；苏力：《解释的难题：对几种法律文本解释方法的追问》，均载梁治平编：《法律解释问题》，法律出版社 1998 年版，第 3—64 页。

含义作扩张性或限制性解释。

(3)扩张解释,即根据立法原意,对刑法条文作出超出字面意思的解释。例如,“以个人名义将公款供其他单位使用的”,“属于挪用公款归个人使用”。① 这就是对走私罪范围的扩大解释。

(4)限制解释(限缩解释),即根据立法原意,对刑法条文作狭于字面意思的解释。又如,“入户抢劫,是指为实施抢劫行为而进入他人生活的与外界相对隔离的住所,包括封闭的院落、牧民的帐篷、渔民作为家庭生活场所的渔船、为生活租用的房屋等进行抢劫的行为。”②这是对“入户”行为所作的限制解释。

(5)法意解释,即根据立法者制定法律时所作的价值判断,从逻辑上对刑法条文的含义进行解释的方法。它实际上属于论理解释方法的一种,也称为原意解释或者本意解释。对于是否存在立法本意,刑法学界有不同认识。笔者认为,立法本意是一种客观存在,它主要体现在立法机关首脑代表立法机关对立法草案所作的说明,法案起草人员对法案所作的说明当中。比如,现行《刑法》为什么要分解和废除投机倒把罪、流氓罪、玩忽职守罪?为什么走私、贩卖、运输、制造毒品罪的成立没有数额限制?为什么要对刑法典进行修订?不了解立法本意,就会使刑法解释歧义纷呈,或出现偏离。

(6)目的解释,即根据立法者制定法律时所欲实现的目的,从逻辑上对刑法条文的含义进行解释的方法。它也属于论理解释方法的一种。一切立法包括刑事立法,都是立法者发挥主观能动性,积极追求某种目的的结果。因此立法目的是客观存在的,由于立法目的具有近期追求和远期追求的双重性,因此,对立法目的的解释、探究,可以与时俱进。目的性解释与法意解释的区别在于:目的性解释从根本上是向前看的,强调为适应新的问题而解释法律,强调法律现时所具有的合理含义;而法意解释是向后看的,强调的是忠实于过去,即立法者立法时的意图。③

(7)文义解释(包括平义解释和特殊文义解释),即文本中文字所包含的含义的再现。它可以细分为平义解释和特殊文义解释方法。前者的基本要求是,法官和律师以及其他阅读法律文本的人追求法律文字的习惯的和通常

① 全国人大常委会:《关于<中华人民共和国刑法>第三百八十四条第一款的解释》(2002年4月28日)。

② 最高人民法院:《关于审理抢劫案件具体应用法律若干问题的解释》(法释[2000]35号)。

③ 参见〔美〕波斯纳:《法理学问题》,苏力译,中国政法大学出版社1992年版,第341页;另见杨仁寿:《法学方法论》,中国政法大学出版社1999年版,第127、128页。在此书中,目的解释方法受到极大推崇。

的含义。后者则强调法律文字的专业性,它不能按照常人的使用习惯来理解,而必须按照法律界的习惯意义来理解。

(8)语境解释(体系解释),即在进行法律解释时,不能单纯考虑对某字、词、句的解释,而应当将所解释的对象放在特定的语境中,也即必须将一个法律文本作为一个整体或一个体系来看待从而对需要解释的具体对象作出理解、把握和解释,而不能将其肢解化加以理解,更不能断章取义。①

(9)"黄金规则",这可理解为对文理解释原则的修正,根据黄金规则,一般来说,法律条文应按其字面的、文字的、最惯用的意义来解释;但这不应是一成不变的,因为有一种例外情况,就是字面意义的应用会在某宗案件中产生极为不合理的、令人难以接受和信服的结果,我们也不能想象这个结果的出现会是立法机关订立这法律条文时的初衷,在这种情况下,法院应采用变通的解释,毋须死板地依从字面上的意义,借以避免这种与公义不符的结果。②

(10)比较方法/解释,即从宏观上对不同法系、不同国家的刑法体系、立法特点,刑法原则、制度、思想、学说进行横向比较,或者从微观上就某一具体制度、规定、问题、观点进行横向比较。其目的是拓宽视野,增进了解,并从中剖析是非,评述利弊,总结经验,吸取教训,更好地获得规律性认识。

(11)分析的方法,即对刑法规范进行阐述和解释,特别要注意定性分析和定量分析方法的综合运用。

(12)历史的方法,即对刑法问题进行历史考察,总结前人经验,评判是非得失,取其精华,去其糟粕,借古鉴今。

(13)理论联系实际的方法,即刑法应注意反映司法实践经验,发现新问题,解决新问题,指导司法实践。③

(14)经济分析方法,是指微观经济学关于经济成本与效益运行关系的分析在刑法解释中的应用,"经济人"是其基础概念,"(市场)交易"是其理论前提。④

(15)反对解释,即根据刑法条文的正面表述,推导其反面含义的解释方法。比如 1997 年《刑法》第 64 条规定:"违禁品和供犯罪所用的本人财物,应

---

① 参见苏力:《解释的难题:对几种法律文本解释方法的追问》,载梁治平编:《法律解释问题》,法律出版社 1998 年版,第 33 页。

② 参见陈弘毅:《当代西方法律解释学初探》,载梁治平编:《法律解释问题》,法律出版社 1998 年版,第 2 页。

③ 以上四种方法的概念,参见高铭暄:《略论刑法学研究的对象和方法》,载《中央政法管理干部学院学报》1992 年创刊号。

④ 参见周林彬:《法律经济学论纲》,北京大学出版社 1998 年版,第 26 页。

当予以没收。”显然,如果不是违禁品和供犯罪所用的本人财物,当然不能予以没收。

(16)补正解释,即在刑法文字发生错误时,统观刑法全文加以补正,以阐明刑法真实含义的解释方法。比如1997年《刑法》第63条规定的减轻处罚是“应当在法定刑以下判处刑罚”,这里的“以下”应当理解为“之下”,这种解释就是对1997年《刑法》第99条规定的“以上、以下、以内,包括本数”的内容的补正。①

(17)想象重构解释,是指各种具体犯罪的构成并不是像文字表述的那样清晰,而是需要司法人员根据证据证明的事实加以填充,这一填充过程实际上是一个由想象的事实到证据证明的事实的过程。比如一个案件中被害人死了,司法官员甲可能想象为故意杀人,司法官员乙则可能想象为故意伤害致死。②

(18)系统论方法,即系统论原理在刑法解释中的应用,它把各种刑法文本作为一个个系统,根据整体大于部分之和的基本原理对不同层次的刑法文本进行解释。比如把刑法体系作为一个系统加以解释。③

(19)思辨方法,即抽象的或者说定性的方法,是一种辩证法体系。

(20)实证方法,即直观的或者说定量的方法。

(21)注释方法,即对法律条文进行注疏的方法。④

以上罗列的种种方法,有的在李希慧所著的《刑法解释论》一书中已有阐释,有一些是解释学通常应用的方法,比如目的解释、法意解释、文义解释等;有的推敲起来,其实是一回事,术语不同而已,如“黄金规则”与目的解释、法意解释,文义解释与文理解释,补正解释与法意解释;有的具有包容关系,如论理解释与系统解释、反对解释;有的具有交叉关系,如比较解释与历史解释、法意解释、论理解释等,可以按不同标准进行分类。

1. 按照解释的方法是否单纯进行语义说明,可以分为文理解释和论理解释

这是一种通行的划分方法。⑤ 文理解释即语义解释,主要采用语言文字

---

① 以上两种解释方法的内容,参见张明楷:《刑法学》(上),法律出版社1997年版,第34、35页。

② 参见周光权:《刑法诸问题的新表述》,中国法制出版社1999年版,第313—315页。

③ 参见杨春洗:《刑法理念新探索》,北京大学出版社、人民法院出版社2003年版,第53页。

④ 后三种方法,参见陈兴良:《刑法哲学》,中国政法大学出版社1992年版,第676、677页。

⑤ 参见赵秉志主编:《刑法新教程》,中国人民大学出版社2001年版,第28页;齐文远、刘艺乒主编:《刑法学》,人民法院出版社、中国社会科学出版社2003年版,第11页。

学、修辞学原理解释刑法文本。比如对“以上”、“以下”、“从重”、“从轻”、“司法工作人员”的解释。而论理解释从逻辑上说包括一切涉及逻辑手段的应用的解释方法。换言之,比较方法、实证方法、思辨方法、法意解释法、目的解释法、历史分析法、经济分析法、系统方法乃至语境解释法都是其下位概念。比如对“国家工作人员”、“行凶”、“数罪”的解释,仅仅从语义角度解释是难于得出符合实际的结论的,必须应用历史的方法、语境解释方法、法意解释方法、目的解释方法等加以逻辑思辨,才可能得出符合实际的、合情合理的结论。

2. 从解释方法主要从属的学科划分,可以分为(自然)科学方法、社会学方法、经济学方法、逻辑学方法、哲学方法

这种划分,在刑法学界一般不被重视,因此,在一些学术论文中,以上述两类标准区分出来的方法常常被相提并论。严格说来,现代人文社会科学的发展,早已打破了以往那种故步自封的局面,各门学科都不再固守传统的研究方法,而是综合采用多种方法解释特定的文本,因而都呈现出边缘化发展趋势。所以,这种划分已经多少失去意义。不过,从注重引进其他学科,特别是其他社会科学传统的解释方法解释刑法问题这一角度讲,这种划分还是具有一定的积极意义的。

3. 从解释的逻辑起点划分,可以分为实证方法与思辨方法

解释的逻辑起点即解释的进路。从实际问题出发进行解释,以观察为主要手段得出结论,然后再以实际效果检验结论的可靠性,是实证方法的基本要求,从方法意义上讲,“理论联系实际”是其主要特征。而从理论到理论的逻辑演绎,是思辨方法的基本特征。犯罪学研究、刑事立法研究、刑事司法效果研究离不开实证方法,而思辨方法见长于对刑法文本的抽象解释,比如对刑法基本原则、犯罪构成、刑法价值的解释等。按照这种划分,统计方法、个案分析属于实证方法;其他方法属于思辨方法。

需要指出的是,刑法解释方法的分类,与刑法解释种类不是一个概念。然而,学界同仁却常常混淆它们之间的界限,比如把限制解释与扩张解释归入论理解释。对此,已有学者指出,限制解释与扩张解释不是解释的方法,而是解释的结果。① 笔者认为,这一结论是中肯的。因为“限制”与“扩张”都不能告诉人们如何操作,不具备方法的特征。同时笔者认为有必要补充的是:刑法解释的结果,并不必然是对文本含义的限制或扩张,还可能是恰如其分的解释,比如1997年《刑法》第97条把“首要分子”解释为“在犯罪集

① 参见苏力:《解释的难题:对几种文本解释方法的追问》,载梁治平编:《法律解释问题》,法律出版社1998年版,第5页。

团或者聚众犯罪中起组织、策划、指挥作用的犯罪分子”。因为该解释既没有把首要分子限制在聚众犯罪中,也没有把其扩张到其他共同犯罪中,而是穷尽了首要分子可能存在的范围。这种解释结果,不妨称之为合意解释。

此外,有学者认为,传统的注释方法应当让位于思辨、实证等方法。① 笔者认为此说值得商榷。所谓注释方法,其实是语义分析、逻辑分析、考据方法、历史分析多种方法的综合运用。在刑法文本的理解层次上或者说在应用刑法领域,它既是中外通用的解释方法,也是最重要的、必不可少的解释方法。诚然,目前许多注释性学术成果不那么令人满意,但这不是注释方法本身存在问题,而是注释主体的能力有待提高、解释过程有待完善的问题。从满足司法需要角度讲,注释方法更需要发扬光大。

最后,想象重构解释的内容符合司法证明过程的实际,因而是有道理的。不过,笔者认为它实际上是司法适用过程中从证据前提推导司法结论的操作行为,尽管这一过程存在逻辑推理的运用,但它毕竟难以提供可辨认、掌握的技术,与其归入刑法解释方法,不如归入刑事诉讼的证明行为。

三、刑法解释方法的应用

刑法解释方法是多样的,对刑法某一文本的解释,不可能全方位应用上述方法,并且每一种方法的应用,也不能是解释者的任意,否则刑法解释不会产生圆满结果。任何解释方法的应用,至少要受到以下四个方面的制约:

(一)文本制约

刑法文本,不是仅仅指刑法典、刑法条文、修订刑法或者立法解释,而是刑法解释对象的统称。文本决定方法。什么样的刑法文本决定采用什么样的解释方法。换言之,是客观存在决定主观选择。具体说来,刑法解释的文本有具体的刑法条文、刑法整体、立法解释、司法判例、司法解释、一般个案、犯罪现象等,它们各自所需要或者说能够应用于上述诸文本的解释方法是不尽相同的,对具体的刑法条文的解释,必须运用文义解释、法意解释、目的解释等方法;对刑法整体的解释,离不开语境解释(体系解释)、历史分析、比较解释等方法;制定司法解释、立法解释的方法以及对立法解释、司法解释的再解释,需要进行必要的文义解释、法意解释、目的解释;对

① 参见陈兴良:《刑法哲学》,中国政法大学出版社1992年版,第677页。

司法判例的解释,更需要法意解释、目的解释;对一般个案的解释也此。当然,由于正式的法律文本的语言实际上具有多义性,文义解释、法意解释、语境解释这几种解释方法是所有文本解释都可能采用的。有的学者采用社会学中的经验分析方法解释司法解释,最后得出结论说犯罪构成理论尽管实用但并不科学。① 这种解释在方法论上的错误就是忽视了刑法文本对理性思辨和实证分析的内在要求。

(二)目的制约

刑法解释方法的选择,必然受到解释目的的制约。比如,解释的目的是完善刑事立法,提出立法建议,就不能仅仅采用思辨的方法,而应着重采用实证的方法,经济分析的方法,比较的方法等;如果解释的目的是宣传刑法、适用刑法,那么不可能不采用所谓注释的方法;如果解释的目的是发展刑法科学或者为学术批判贡献成果,除了采用比较解释、历史分析、目的解释等方法外,一般来说,为了给同行提供一个清晰的话语平台,还应当采用文义解释的方法。

(三)原则调控

刑法解释方法的运用,应当受到一定原则的调控,以避免观点与法意以及法的目的差距太远。比如,有的学者在解释犯罪构成时,认为定罪只需要进行逻辑演绎,根本不需要犯罪构成。这种观点至少违背罪刑法定原则。刑法解释应当遵守哪些原则,不是笔者在此关注的重点,因此笔者对此不作展开性探讨。综合学界同仁的主张,笔者认为,刑法解释至少应当遵守以下原则:

(1)合法原则。合法原则不仅仅是指不能违宪和违反刑法的原则与规则,还要求刑法的解释和刑法的内容尽可能做到和谐一致。②

(2)合理原则。合理原则是对合法原则的一个补充,它要求刑法解释一方面符合法理;另一方面符合公认的情理、事理。以《唐律疏议》中的"禁止垂钓"、"禁止牛马进城"为例,如果把"禁止垂钓"、"禁止牛马进城"解释为允许张网捕鱼、炸鱼、电鱼或者允许骆驼、大象入城,则显然不合情理、事理。因为上述禁令之"理"明显是禁止更严重的非法取鱼行为和禁止大型牲畜进城。

(3)正当原则。正当原则即刑法解释应当符合必要的程序和社会应当具有的价值观念。法律解释是一个解释者将其主观意义赋予法律文本的过

---

① 参见苏力:《司法解释、公共政策和最高法院》,载《法学》2003 年第 8 期。

② 参见张志铭:《法律解释操作分析》,中国政法大学出版社 1999 年版,第 190 页。

程,但这一过程并不是随意的,它受制于正当性的解释秩序。① 对于有权解释而言,解释的权力来源以及程序应当是正当的,既不能越权,更不能擅权;对于解释的内容,应当在刑法公正、谦抑、人道价值的引导下进行并体现这些原则的精神实质。比如对平等适用刑法原则和刑罚个别化原则的解释,就不允许出现诸如"对官大、位高、权重或财多者从宽"之类的内容,不允许产生"职务上、业务上负有特定业务的人也有权紧急避险"之类的结论。

(四)立场制约

刑法解释不外乎立足于客观主义的基本立场或者主观主义的基本立场,在个别问题上,可能会处于折中主义的立场。立场对刑法解释的制约,不是指解释主体在任何时候都必须始终坚持某种立场,而是指一项具体的解释成果中,不能有矛盾立场。比如,对不能犯的解释,基于主观主义的立场,注重的就是行为人的主观恶性;基于客观主义的立场,注重的就是行为客观的危害。解释者不能基于客观主义的立场却要求对不能犯给予刑罚处罚,也不能基于主观主义的立场而认为不能犯不应承担刑事责任。

总之,刑法解释不仅不排斥其他学科解释方法的引入,相反,刑法解释可以由此拓展视野。但是,对其他学科方法的引入和应用应当慎重,否则,刑法解释表面的百花齐放可能结出的将是社会难以下咽的酸涩之果。

---

① 参见郑戈:《法律解释的社会构造》,载梁治平编:《法律解释问题》,法律出版社 1998 年版,第 82 页。

17. 论越权刑法解释 *

目　次

---

* 与陈志军合著，原载《法学家》2004 年第 2 期；《中国人民大学复印报刊资料 · 刑事法学》2004 年第 8 期转载。

一、前　言

罪刑法定主义所要求的刑法的明确性是通过立法的明确性和刑法解释的明确性共同实现的，刑法解释作为连接抽象的刑法立法和具体的刑法司法的桥梁，其宗旨是对刑法立法所确立的刑法规范的含义予以进一步阐明，防止司法实践中对立法的适用出现偏差，限制法官的自由裁量权。基于刑法的最严厉性①特征，为了彰显人权保障机能，相对于其他部门法而言，其对法制的统一性有更高的要求，无论是刑法立法权还是刑法解释权，权力的集中程度都高于民法等部门法。就刑法解释而言，与民法等部门法相比，在解释规则上固然有共通之处，但刑法解释的规则显得更为严格。但遗憾的是，在我国刑法解释的实践中，出现了无权机关也参与制定刑法有权解释以及不遵守其他解释规则的现象，越权刑法解释问题成为类推制度寿终正寝后罪刑法定主义的最大敌人，极大地损害了刑法的人权保障机能。对越权刑法解释问题进行研究，探析其具体类型和原因，进而寻求合理的应对方案，对于我国刑事法治建设的健康发展具有重大的意义。

二、越权刑法解释的概念界定

对研究对象进行科学界定，无疑是进行研究的逻辑起点。对“越权刑法解释”这一概念，应从以下两个方面进行界定：

（一）刑法解释的含义

刑法解释是指国家机关、组织或者个人，根据有关法律规定、法学理论或者自己的理解，对刑法规范的含义等所作的说明。刑法解释具有以下三个基本特征：

1. 解释主体的广泛性

与法的创制一样，法的解释也是一种法律活动。但法的创制体现的是国家权力，具有国家专属性；而法的解释则具有非专属性，国家、非国家的其他组织和个人都可以进行解释法律的活动，对于国家而言是一种权力（power），对非国家的其他组织和个人而言是一种权利（right）。作为权力的刑法解释

① 涉及对公民人身自由乃至生命权利的剥夺。

活动(有权机关的解释)和作为权利的刑法解释活动(律师、学者等其他主体的解释),尽管法律效力不同,但都在刑法保护社会和保障人权机能的实现过程中发挥着不可或缺的作用。

2. 解释对象的特定性

解释对象的特定性,即解释的对象是刑法规范。笔者赞同德国刑法学家卡尔·宾丁(Karl Binding)在其《规范及其违反》一书中提出的如下观点:犯罪是因为违反了刑法条文中所包含的刑法规范,并非是因为违反了刑法条文,它恰恰是符合了刑法条文的规定。① 笔者认为,刑法规范的逻辑结构包括两个因素:行为模式和制裁。行为模式指明刑法条文所包含的行为规则,即禁止一定主体作出一定行为(作为犯罪)或应当作出一定行为(不作为犯罪)的行为规则。制裁是指违反刑法规范将被适用的刑罚这一国家强制措施。刑法条文表述、反映刑法规范,是刑法规范的载体②,但不等同于刑法规范。可以是一个条文表述一个刑法规范③,可以是一个条文表述多个刑法规范④,也可以是多个条文表述一个刑法规范⑤,也还有其他更复杂的表述形态。刑法解释正是通过解释刑法条文来明确其所包含的刑法规范的含义的。越权刑法解释的本质不在于其对刑法条文含义的误读,而在于其突破了立法者所确立的刑法条文背后的刑法规范。刑法规范包括两大类:一类是禁止性规范,规定了一定主体的消极不作为义务,其结构公式表现为“不能做什么,否则将遭受刑罚”,这是作为犯罪所包含的刑法规范类型。另一类是命令性规范,规定了一定主体的积极作为的义务,其结构公式表现为“应当做什么,否则将遭受刑罚”,这是不作为犯罪所包含的刑法规范类型。不纯正不作为犯罪则同时包含两种刑法规范类型。

3. 解释性质的从属性

即刑法解释具有从属于刑法立法的性质。制定规范和解释规范的对象都是规范,但二者不可等量齐观,前者的使命是创设新的规范,是“无中生有”,而后者的使命是对已有的规范的含义作进一步阐明,是“由晦变明”。

---

① 参见马克昌主编:《近代西方刑法学说史略》,中国检察出版社 1996 年版,第 207、208 页。

② 作为刑法规范载体的刑法条文有以下几种存在形式:刑法典、刑法修正案、单行刑法、附属刑法。刑法总则性条款是对具体刑法规范中的行为模式(集中体现为犯罪构成)或制裁(刑罚)的一般性规定,是各具体刑法规范的组成部分之一。

③ 如《刑法》第 260 条规定的虐待罪。

④ 如《刑法》第 114 条规定的放火罪、决水罪、爆炸罪、投毒罪(现已被修改为投放危险物质罪)、以其他危险方法危害公共安全罪。

⑤ 如《刑法》第 389 条和第 390 条规定的行贿罪。

在成文法国家，大多强调立法权的至上性，认为释法是一种从属于立法的活动，即法律解释不能修改规范和创设新的规范，否则立法权就有被释法权架空和取代的危险。在事关公民自由乃至生命的刑法解释活动中，尤其应当特别强调法律解释的从属性特征，即刑法解释的任务只是对已有刑法规范的含义进行阐明，不能突破刑法立法所确立的刑法规范，否则罪刑法定主义和刑法的人权保障机能必将成为空谈。

（二）越权刑法解释的含义

尽管刑法解释的主体具有广泛性，但如上所言，对一般的组织和个人而言，刑法解释是一种权利，而对有权国家机关来说就是一种权力。笔者认为，权利和权力的行使规则存在原则性区别：权利的行使规则是“一般允许型”，即“凡法律所不禁止的，都是允许的”，换言之，禁止是被明确、具体规定的，允许是一般的，只要不违反具体的禁止，可以作出任何行为；而权力的行使规则是“一般禁止型”，即“凡法律所不允许的，都是禁止的”，换言之，允许是具体的，禁止是一般的，只能做法律允许的行为，不能做法律没有具体允许的其他任何事情。在私权利和公权力的矛盾和冲突比较突出的刑法中，尤其应当遵守上述规则，这是实现刑法保障人权机能的必然要求。所以，一般组织和个人在行使刑法解释权利的时候，只要不违背法律的明确的具体禁止时，都是允许的①；而有权国家机关在行使刑法解释权力的时候，就必须按照法律的规定进行，不能在法律之外进行越权解释。作为笔者研究对象的“越权刑法解释”中之“权”显然是在权力而非权利的意义上使用的，即笔者研究的是以行使国家权力的形式出现的刑法解释中出现的越权现象。笔者认为，越权刑法解释有狭义和广义两种含义。狭义的越权刑法解释，是指超出了法定解释权限的刑法解释，即本来有解释权，但超出了权限，质言之，这种越权是“越解释权”；广义的越权刑法解释，除了狭义的越权刑法解释外，还包括无权刑法解释，即没有法定的解释权的国家机关对刑法所作出的解释，质言之，这种越权是“越其实有职权”。具体来说，越权刑法解释包括有解释权的机关作出的违背解释规则的解释和无解释权的其他机关作出的解释。在对越权刑法解释之“越权”进行性质界定的基础上，笔者试图提出“越权”的具体判定标准。

1. 解释主体是否有解释权②

根据一定的原则，国家权力在不同的国家机关之间进行了配置，每个国家机关都有其特定的职权范围。根据《宪法》、《全国人大常委会关于加强法

① 国家也没有对刑法的学理解释等制定任何禁止性规则。

② 此处的“权”是在权力（power）的意义上使用的。

律解释工作的决议》和《中华人民共和国人民法院组织法》(以下简称《人民法院组织法》)等法律的规定,我国有刑法解释权的主体是全国人大常委会、最高人民法院和最高人民检察院,其他任何国家机关都没有刑法解释权。其他国家机关超出其职权范围进行刑法解释活动是没有法律根据的,作出的解释都是越权解释。目前,我国有不少经济、行政法律往往授权国务院制定实施细则,这其实是一种法律解释授权行为。而在经济、行政法律中往往有不少刑事责任条款,笔者认为国务院无权对这些刑事责任条款进行具体的解释。因为,刑法不同于其他部门法,具有最大的强制性,涉及对公民自由乃至生命权利的剥夺,必须保持刑法解释权的高度统一性,不能以授权的方式下放。国务院各部门、地方各级政府及其部门自然也无权在其制定的各种规范性文件中对刑法进行解释。在实践中,国务院各部门和最高司法机关一起发布刑法司法解释性文件的做法在我国比较普遍。尽管不少司法解释牵涉国务院一些部门的职权范围内的事情,但这种做法实不足取,因为这些部门并没有法律规定的刑法解释权,这种行政权侵入司法权的做法是不符合宪法精神的。①

2. 解释是否超出了主体的职能活动范围

我国的司法解释权主体包括最高人民法院(其解释称为审判解释)和最高人民检察院(其解释称为检察解释)。但需要指出的是,并非两个机关对所有的刑法规范都有解释权。《全国人大常委会关于加强法律解释工作的决议》对刑法司法解释权在这两个最高司法机关之间进行如下配置:“凡属于审判工作中具体应用法律、法令的问题,由最高人民法院进行解释。凡属于检察院检察工作中具体应用法律、法令的问题,由最高人民检察院进行解释。”笔者认为,检察工作和审判工作的业务范围还是存在很大差别的,总的来讲,在刑事诉讼中,审判工作既涉及定罪也涉及量刑,而检察工作则一般只涉及定罪问题。因而,对于如何适用刑罚则一般不属于检察机关的业务范围,因而最高检察机关也就无权制定关于如何适用刑罚的司法解释。比如,检察机关可以对某一犯罪的最低追诉标准作出解释,但却无权确定各量刑档次的具体适用标准。因而,超出检察业务范围的刑法检察解释是越权解释。②

---

① 《宪法》第126条规定:“人民法院依照法律规定独立行使审判权,不受行政机关、社会团体和个人的干涉。”《宪法》第131条规定:“人民检察院依照法律规定独立行使检察权,不受行政机关、社会团体和个人的干涉。”

② 在刑事实体法领域不存在超出业务范围的越权审判解释,但在刑事程序法领域可能存在,如最高人民法院就无权对侦查、检察工作中所特有的一些程序问题作出解释。

3. 解释是否违反了刑法基本原则

刑法基本原则是指贯穿于全部刑法规范,具有指导和制约全部刑事立法和刑事司法意义,并体现我国刑事法制基本精神的准则。① 可见,作为创制刑法规范的刑法立法活动尚且必须遵守刑法基本原则,作为从属于刑法立法的刑法解释自然也应恪守这些基本原则。有些刑法解释虽然没有直接违背刑法条文规定的具体刑法规范,但违反了刑法基本原则,自然也应属于越权解释。关于刑法基本原则的具体内容,笔者认为,除了《刑法》明确规定的罪刑法定原则、刑法面前人人平等原则、罪责刑相适应原则外,至少还应包括罪责自负原则和主客观相统一原则。②

4. 解释是否突破了原有的刑法规范

在成文法国家和非成文法国家,法律解释的地位不同。在成文法国家,强调立法的权威,法律解释必须服从已有的法律规范,法律解释具有从属性质。而在非成文法国家,判例法是其主要的法律渊源,法官在判例中的解释能起到创设法律规范的作用,对以后的案件有约束力;法官也可能在新的判例中通过更具说服力的解释推翻以前的判例所确立的规则,对法律规范起到修改作用。我国是成文法国家,不允许法官造法,而且处在法治根基尚浅的社会条件下,尤其应强调刑法立法的权威性,不能允许以法律解释的形式对刑法进行废、改、立,对刑法解释权的定位就是,在原有刑法规范内部阐明规范的含义。僭越刑法立法权对刑法进行废、改、立的刑法解释都是越权解释。突破原有刑法规范的解释的具体表现形式主要有:①对罪与非罪的界限作出不同于立法的解释。具体又表现为两种类型:一是将原来已经构成犯罪的行为解释为不构成犯罪;二是将原来不构成犯罪的行为解释为构成犯罪。这类解释是通过改变法定的犯罪构成要件实现目的的,具体表现为对犯罪主体的范围予以缩小或扩大,对法定的犯罪行为方式类型予以缩小或扩大,对犯罪对象要件的范围进行缩小或扩大,对犯罪结果要件进行修改等。②对此罪与彼罪的界限作出不同于立法的解释。刑法立法所确立的犯罪构成不但为区分罪与非罪的界限提供了依据,而且为区分此罪与彼罪的界限提供了依据。那种改变立法确定的此罪与彼罪界限的刑法解释是越权解释。比如《刑法》第 271 条第 2 款明确规定,国有公司、企业或者其他国有单位委派到非国有公司、企业以及其他单位从事公务的人员有该条第 1 款规定的职务侵占行为的,以贪污罪论处。这种关于职务侵占罪和贪污罪的界限的规定不能以解释

① 参见高铭暄主编:《新编中国刑法学》(上册),中国人民大学出版社 1998 年版,第 18 页。

② 参见赵秉志主编:《新刑法教程》,中国人民大学出版社 1997 年版,第 48 页。

的形式进行变更。③对刑罚适用作出不同于立法的解释。罪刑法定包括罪的法定和刑的法定两个方面。违背《刑法》的规定,对刑罚适用作出不同于立法的解释也是越权解释。具体可以表现为修改法定刑的种类及幅度,改变适用不同法定幅度的条件,变更量刑情节的功能(如将从轻处罚情节变更为减轻处罚情节),变更缓刑、减刑、假释等刑罚制度的适用条件和撤销条件,等等。

三、越权刑法解释的类型考察

对越权刑法解释从类型化的角度进行考察,有助于对这一法律现象进行深入的研究。根据不同的标准,可以对越权刑法解释进行不同的分类,如上所述,根据解释的主体本身是否有刑法解释权,可以将越权刑法解释分为狭义的越权刑法解释和无权刑法解释;根据解释主体的不同,又可以将其分为越权刑法立法解释和越权刑法司法解释。对前一种分类在前文对"越权"的含义进行界定时已经进行了分析,在此只对后一种分类进行具体的分析。根据《宪法》、《全国人大常委会关于加强法律解释工作的决议》、《人民法院组织法》等法律的规定,我国法律对刑法解释权在立法机关(全国人大常委会)和司法机关(最高人民法院和最高人民检察院)之间进行了配置。在学理上,根据解释权主体的不同,将配置给身为立法机关的全国人大常委会的刑法解释权称为刑法立法解释权,将配置给身为司法机关的最高人民法院和最高人民检察院的刑法解释权称为刑法司法解释权。无论是刑法立法解释权还是刑法司法解释权,都必须遵守一定的解释规则,违背规则的刑法解释都是越权刑法解释。因而,越权刑法解释也可相应地分为越权刑法立法解释和越权刑法司法解释两类。

(一)越权刑法立法解释

在我国,刑法立法解释是指全国人大常委会对刑法规范的含义所作的解释。刑法解释权是《宪法》赋予全国人大常委会的一项职权,像其行使刑法立法权一样,行使刑法解释权也有其规则,违背这些规则作出的刑法解释就可能成为越权解释。具体而言,越权刑法立法解释包括以下三种类型:

1. 违背刑法基本原则的刑法立法解释

根据我国《宪法》对刑法立法权的配置体制和立法权至上的宪法原则,全国人大常委会的刑法立法解释权要和其刑法立法权一样受到《宪法》的限制,即不能违背刑法的基本原则。根据《宪法》第 62 条和第 67 条的规定,全

国人大和全国人大常委会是刑法立法权的主体。《宪法》将刑法立法权在全国人大和全国人大常委会之间进行了如下配置:

(1)刑法立法权原则上属于全国人大。根据《宪法》第62条第(3)项的规定,作为国家基本法律的刑法原则上应由全国人民代表大会制定和修改。①

(2)全国人大常委会在全国人大闭会期间享有有限的刑法制定权和修改权。刑法立法权包括制定权、修改权和废止权三项具体的权能。根据《宪法》第67条第(3)项的规定,全国人大常委会的刑法立法权(制定权、修改权)受到以下两点限制②:第一,这种立法权只能是"部分"补充③和修改④。当然,"部分"补充和修改的具体判定标准是一个比较复杂的问题。以1979年《刑法》为例,自施行以后全国人大常委会对之进行了二十余次的补充和修改,可以说已经是面目全非。第二,不能同刑法的基本原则相抵触。这两点限制是非常必要的,如果允许全国人大常委会对刑法进行大范围的补充和全局性的修改,或允许作出违背刑法基本原则的补充和修改,势必架空全国人大的刑法立法权,这不符合我国《宪法》的精神。

在我国的宪法体制下,立法权具有至上性,法律解释权等其他权力都从属于立法权。《宪法》第67条对全国人大常委会的刑法立法权尚且进行了一定的限制,以阐明已有规范含义为使命的刑法解释权自然更不能超越这些限制,即与刑法立法一样,全国人大常委会的刑法解释也不能与刑法的基本原则相违背,违背刑法基本原则的刑法立法解释就是越权解释。

2. 对刑法规范进行立、改、废的刑法立法解释

全国人大常委会的刑法解释权和刑法立法权是两种不同性质的权力,这两种权力不能错位,即不能以刑法解释的方式进行涉及刑法规范废、改、立的刑法立法活动。主要理由在于:

(1)权力的宗旨不同。刑法立法权的宗旨是设立、变更、废止刑法规范;而刑法解释权的宗旨是在刑法规范内部对规范的含义予以进一步明确,既不能变更、废止已有的刑法规范,也不能创设新的规范。

(2)对立法解释这一概念应当正确理解。我们知道,将刑法正式解释分

---

① 《宪法》第62条规定:"全国人民代表大会行使下列职权:……(三)制定和修改刑事、民事、国家机构的和其他的基本法律;……"

② 《宪法》第67条规定:"全国人民代表大会常务委员会行使下列职权:……(三)在全国人民代表大会闭会期间,对全国人民代表大会制定的法律进行部分补充和修改,但是不得同该法律的基本原则相抵触;……"

③ 补充是刑法制定权的行使。

④ 从另一个角度来看,修改立法是制定新的规范和废止旧的规范的统一。

为立法解释和司法解释的根据是解释主体的不同,前者是立法机关进行的解释,后者是司法机关进行的解释。在成文法国家,"立法"和"解释"是两种不可混同的法律活动,立法是法律规范的废、改、立,解释是对法律规范的含义的进一步阐明。即解释就是解释,不可能是立法。我们使用的立法解释这一概念容易引起误解,容易被人理解为"立法性解释",实际上,作为与司法解释相对应的概念,立法解释准确的含义应是"立法机关所作的解释",即尽管解释的主体是立法机关,但毕竟只是解释,而不是立法。

(3)我国《宪法》第67条将二者规定为两种并列的权力。《宪法》第67条规定:"全国人民代表大会常务委员会行使下列职权:……(三)在全国人民代表大会闭会期间,对全国人民代表大会制定的法律进行部分补充和修改,但是不得同该法律的基本原则相抵触;(四)解释法律;……"该条第(3)项规定的是立法权(包括刑法立法权),第(4)项规定的是法律解释权(包括刑法解释权)。根据《宪法》的这一规定,全国人大常委会的刑法立法权和刑法解释权是两种不同的权力。

(4)权力的运作程序不同。全国人大常委会虽然既享有刑法立法权也享有刑法解释权,但根据《立法法》的规定,这两种权力的行使程序存在较大差异,刑法立法权的行使程序要比刑法解释权的行使程序复杂得多,即相对不涉及刑法规范废、改、立的刑法解释而言,对涉及刑法规范废、改、立的刑法立法权的行使设置了更加严格的程序。这种程序上的差异主要表现在以下几个方面:第一,有提案权的主体不同。根据《立法法》第24条的规定,有权提出刑法修改草案的主体为全国人大常委会委员长会议、国务院、中央军事委员会、最高人民法院、最高人民检察院、全国人大各专门委员会;而根据《立法法》第42条的规定,有权提出刑法解释草案的主体为国务院、中央军事委员会、最高人民法院、最高人民检察院、全国人大各专门委员会以及省、自治区、直辖市人大常委会。可见,有权提请刑法解释的主体范围要比有权提出刑法修改草案的主体范围宽。这在一定程度意味着,刑法解释权的启动比刑法立法权(补充和修改)的启动更为容易。第二,审议程序繁简程度不同。像其他法律草案一样,《立法法》规定刑法修改草案原则上应经常委会会议三次审议后再交付表决,而对刑法解释草案并未规定表决前必须经常委会会议审议的次数。

(5)以立法解释的方式修改刑法破坏了我国《宪法》对刑法立法权的配置格局。孤立地从《宪法》第67条第(4)项来看,《宪法》只规定全国人大常委会享有包括刑法解释权在内的法律解释权,并未对这种解释权作出任何限制。但如前所述,《宪法》对全国人大常委会的刑法立法权尚且进行了限制,根据“举重以明轻”的原则,刑法解释权自然也应受到一定的限制。那种认为全国人大常委会的刑法解释权不受限制的主张是不符合宪法精神的。因为《宪法》第 67 条第(4)项规定的全国人大常委会的刑法解释权是及于整个而非部分刑法规范的,如果全国人大常委会的刑法解释权可以不受限制地突破刑法规范,就会使《宪法》对全国人大常委会刑法立法权只能进行“部分补充和修改,并不得违反刑法基本原则”的限制成为空谈,这势必架空全国人大的刑法立法权,使《宪法》第 62 条、第 67 条在全国人大和全国人大常委会之间配置刑法立法权的规定成为空谈。质言之,如果允许全国人大常委会以立法解释的方式修改刑法,其实就是允许其以刑法解释权这一曲径抵消全国人大的刑法立法权,从而使《宪法》对刑法立法权的配置格局遭到破坏。

(6)立法解释和刑法修正案的时间效力不同。根据法律解释(包括立法解释)只是对现有立法含义进一步阐明的理论,法律解释的效力原则上和立法的生效时间相同。① 即 1997 年《刑法》施行之后的法律解释(包括立法解释和司法解释)对 1997 年 10 月 1 日以后实施的行为原则上都有效力。而刑法修正案都是从公布实施之日生效,原则上没有溯及既往的效力。可见,刑法解释和刑法修正案在时间效力上存在重大差别。如果立法解释进行废止、创设、修改刑法规范的活动,与刑法修正案无实质区别,但却在时间效力比刑法修正案严格得多,这显然不符合罪刑法定主义要求的“法②无明文不无罪”,不利于刑法人权保障机能的实现。

(7)刑法解释必须遵守刑法立法所奉行的法律语言规则。法律语言来源于生活语言,但不完全等同于生活语言,部分法律语言有其不同于生活语言的特定含义(如法律上的“人”就不同于生活用语中的“人”)。部门法的法律语言之间也可能存在一定的差别(如刑法上“非法占有为目的”之“占有”就不同于民法上作为所有权权能之一的“占有”)。但在一个部门法内部,还是应当有共同的法律语言规则。难以想象在刑法立法、刑法司法和刑法理论上各自存在一套法律语言规则系统。作为从属于刑法立法的刑法解释活动自然应当遵守在刑法立法时所使用的法律语言规则,不能对其中的概念、术语作出与立法时所奉行的法律语言规则不同的解释。笔者认为,关于渎职罪主体的立法解释就有不遵守刑法立法所使用的法律语言规则之嫌,其实际上改变《刑法》第 93 条对国家机关工作人员和国家工作人员这两个法律概念内

① 如果在立法生效后曾经作过解释,是以新的解释替代旧的解释,就应该从新解释实施之日起生效。从旧有利于被告的除外。

② 行为时法。

涵和外延的界定,造成了法律语言规则的混乱。在以罪行法定主义为首要原则的刑法领域,尤其必须强调法律解释必须遵守立法所奉行的法律语言规则,否则必将恣意解释横行,罪刑法定成为空谈。

3. 全国人大常委会下属工作机构发布的刑法解释性文件

《宪法》、《全国人大常委会关于加强法律解释工作的决议》、《立法法》都只规定全国人大常委会是法律解释权的主体,全国人大常委会的下属工作机构不是法律解释权的主体。全国人大常委会法制工作委员会及其刑法室虽然在刑法立法解释的起草和制定过程中发挥着重要作用,但其无权对外以自己的名义发布有关刑法解释的文件。全国人大常委会的下属工作机构以自己的名义发布的刑法解释是没有法律根据的,属于越权解释。

(二)越权刑法司法解释

一般认为,刑法司法解释是指最高司法机关对刑法含义所作的解释。① 与刑法立法解释权一样,刑法司法解释权也是一种重要的国家权力。根据《全国人大常委会关于加强法律解释工作的决议》②、《人民法院组织法》的规定,只有最高人民法院和最高人民检察院才是刑法司法解释权的主体,其他任何机关都无权制定刑法司法解释。作为一种国家权力,刑法司法解释的行使也要遵循一定的规则,违背这些规则的司法解释性文件都是越权解释。具体而言,我国目前主要存在的越权司法解释主要包括以下类型:

1. 违背刑法基本原则的司法解释

刑法基本原则是贯穿于刑法立法、刑法司法及刑法解释活动中的准则。刑法司法解释不得违反罪刑法定、刑法面前人人平等、罪责刑相适应、主客观相统一、罪责自负等刑法基本原则。虽然没有直接违背具体的刑法规范,但违背了这些刑法基本原则的司法解释也是越权解释。

2. 违背立法原意的司法解释

如前所述,全国人大常委会虽然有刑法立法权,但其刑法解释权仍然受到应有的限制。最高人民法院、最高人民检察院不是立法机关,其刑法解释权自然更加应当严格遵守全国人大和全国人大常委会已经制定的刑法规范。具体而言,司法解释的任务对于刑法规范的意义是“说明”而不是“创造”,即司法解释的任务是进一步阐明刑法立法的含义而不是对之进行废、改、立。此种越权司法解释的具体表现形式主要有:

---

① 参见高铭暄主编:《新编中国刑法学》(上册),中国人民大学出版社 1998 年版,第 43 页。

② 该决议由第五届全国人大常委会第 19 次会议于 1981 年 6 月 10 日通过。

(1)将无罪的行为规定以犯罪论处。刑法立法的立法就是将那些达到一定社会危害程度、需要运用刑罚手段予以抗制的行为规定为犯罪追究刑事责任。刑法通过具体的犯罪构成将需要追究刑事责任的行为予以类型化,这同时也就将那些未被类型化的行为排除在刑法调整的范围之外。对于未被立法犯罪化的行为,不能认定为犯罪和适用刑罚,这是罪刑法定主义的要求。这种越权解释往往是通过修改某个犯罪的构成要件来实现的,如扩大犯罪主体范围、扩大行为方式类型等。此类越权司法解释会导致刑法人权保障机能的丧失。像刑法立法解释一样,刑法司法解释也应当遵守刑法立法所奉行的法律语言规则。曾经有一个司法解释性文件①针对足球"黑哨"事件,规定把足球比赛裁判的受贿行为按照公司、企业人员受贿罪论处,实际上是把足球比赛裁判解释为"公司、企业工作人员",这显然是超出了刑法立法对"公司、企业人员"规定的应有含义,违背立法所奉行的共同的法律语言规则。

(2)将有罪的行为规定不以犯罪论处。"有法必依,执法必严,违法必究"是社会主义法治的基本要求。对刑法规定有罪的行为,就应当追究刑事责任。此类越权司法解释会导致刑法的社会保护机能的丧失。

(3)改变此罪与彼罪的界限。刑法规定犯罪构成要件的首要功能就是事先向社会预告哪些行为是犯罪,为人们提供罪与非罪的行为指引规范;其次就是进一步告诉人们各种行为所构成的具体罪名和所处的刑罚。不同的犯罪之间通过一定的构成要件的差别区分彼此的界限。这种越权司法解释一般是通过两个途径来实现的:一是通过改变犯罪构成要件来改变此罪与彼罪的界限;二是不遵守《刑法》对有关此罪与彼罪界限问题所作的明确规定(比如《刑法》第196条第3款的规定,盗窃信用卡并使用的,应以盗窃罪论处)。对后一种情况,虽然在刑法学界存在一定争议,但立法在各种争议中作出选择后,就必须遵照执行。

(4)改变法定刑设置。具体包括擅自变更法定刑的种类、擅自变更法定刑幅度上下限、擅自改变适用不同法定刑幅度的法定条件等。

(5)改变刑罚适用制度。具体包括擅自改变缓刑、减刑、假释等制度的适用条件和撤销条件;擅自改变自首、立功、累犯、数罪并罚等制度的适用条件和处罚原则;擅自改变量刑情节的功能(如将可以型情节改为应当型情节,将应当型情节改为可以型情节,将减轻情节改为免除情节,增设加重处罚情节)等。

---

① 2002年2月25日最高人民检察院发出通知要求:依法严肃处理足球"黑哨"腐败问题。通知指出,根据目前我国足球行业管理体制现状和《体育法》等有关规定,对于足球裁判的受贿行为,可以依照《刑法》第163条的规定,以公司、企业人员受贿罪依法批捕、提起公诉。

3. 最高司法机关内部各部门发布的刑法解释性文件

根据《全国人大常委会关于加强法律解释工作的决议》、《人民法院组织法》等法律的规定,享有刑法司法解释权的主体是最高人民法院、最高人民检察院,司法解释只能以最高人民法院和最高人民检察院的名义对外发布。最高人民法院内部各业务庭、研究室和最高人民检察院各业务厅、反贪污贿赂犯罪总局、研究室都在刑法司法解释的制定过程中发挥着重要的作用,但都无权以各自的名义对外发布司法解释性文件,其发布的此类刑法解释属于越权解释。

4. 地方各级人民法院、人民检察院所发布的刑法解释性文件

在我国的实践中,除了最高人民法院、最高人民检察院这两个最高司法机关依法制定发布刑法司法解释外,各高级人民法院(包括解放军军事法院)、中级人民法院、各省级人民检察院(包括解放军军事检察院)、各地市级人民检察院都或多或少地发布过刑法解释性文件。关于地方司法机关是否可以发布这种司法解释性文件,在理论界存在不同的看法。我国就有学者主张在我国建立一元多级司法解释体制,即建立由法院作为唯一的司法解释主体且各级人民法院都有司法解释权的司法解释体制。① 笔者不赞成此类赋予地方各级司法机关刑法司法解释权的主张。主要理由如下:

(1)这类解释没有法律依据。《宪法》、《全国人大常委会关于加强法律解释工作的决议》和《人民法院组织法》仅仅赋予了最高人民法院和最高人民检察院包括刑法司法解释权在内的司法解释权,而没有赋予地方各级司法机关任何形式的包括刑法司法解释权在内的法律解释权。而且,为了防止地方人民法院发布此类没有法律根据的司法解释性文件,最高人民法院曾经于1987年3月31日发布了《关于地方各级人民法院不应制定司法解释性文件的批复》,明确指出地方各级人民法院不应制定司法解释性文件。需要指出的一个问题是,我国是否存在高级人民法院依照最高人民法院授权而制定的司法解释?在我国的实践中,最高人民法院在一些涉及数额问题的司法解释中,有时只是规定了一个幅度,授权高级人民法院确定本地区具体的数额标准。比如1997年1月4日最高人民法院发布的《关于审理盗窃案件具体应用法律若干问题的解释》第3条第1款规定了盗窃公私财物"数额较大(500元~2000元)"、"数额巨大(5000元~2万元)"和"数额特别巨大(3万元~10万元)"的数额幅度;该条第2款规定:"各省、自治区、直辖市高级人民法院可根据本地区经济发展状况,并考虑社会治安状况,在前款规定的数额幅

① 如有学者就主张在我国建立一元多级司法解释体制,即建立由法院作为唯一的司法解释主体且各级法院都有司法解释权的司法解释体制。参见付正权:《刑法解释》,载陈兴良主编:《刑事司法研究》,中国方正出版社1996年版,第372—375页。

度内,分别确定本地区执行的'数额较大'、'数额巨大'、'数额特别巨大'的标准。"笔者认为,高级人民法院依据最高人民法院的授权为确定本地区盗窃罪的"数额较大"、"数额巨大"、"数额特别巨大"的标准而发布的文件不能称为司法解释,根本原因在于其没有法律授予的刑法解释权。笔者认为,最高人民法院和最高人民检察院的司法解释权具有不可转让性,其无权以授权的方式下放地方各级人民法院。最高人民法院这种做法的初衷是好的,但忽视了刑法解释权不可让渡性。在实践中可以采用以下做法来解决这个问题:在发布该司法解释前,征求各省、自治区、直辖市高级人民法院的意见,让其根据本地区的经济发展状况和社会治安状况在最高人民法院确定的数额幅度内确定本地区的数额标准,然后在司法解释中列明各省、自治区、直辖市适用的具体标准,然后再提交审判委员会通过并公布,这就维护了刑法解释权的统一性。①

(2)这类解释没有实践根据。这种地方各级司法机关都制定发布刑法司法解释性文件的做法极大地破坏了刑事法制的统一性。在实践中,地方司法机关自行发布的刑法司法解释性文件中,直接违背刑法立法的解释并不少见。如山东省高级人民法院于2003年6月17日对外公布了《关于为解放思想、干事创业、加快发展服务的意见》,要求全省法院系统掌握好"十条法律界限"②,严格区分经济纠纷、改革创新、工作失误与违法犯罪,旗帜鲜明地支持创业者,保护改革者,帮助失误者,追究诬陷者,惩治腐败者。该意见至少在以下几个方面有违《刑法》规定:第一项有修改《刑法》中行贿罪,向公司、

---

① 这并未增加最高司法机关的负担,只不过把事后的工作提前做了而已,因为根据目前的做法,高级人民法院、省级人民检察院在确定本地区适用的数额标准后也要报最高司法机关备案。

② 这10条法律界限是:(1)对在招商引资活动中支付的各种必要费用,只要没有中饱私囊,不作犯罪处理;(2)对引进的新技术、新工艺、新设备,由于不能熟练掌握而导致生产、销售了有质量瑕疵的商品,一般作为产品质量纠纷处理;(3)在国有公司、企业改制、重组过程中,因资产评估、债权债务折抵、购买价格、价款支付方式等引发的争执,按照清算或者民事纠纷处理;(4)国有公司、企业整体承包、租赁经营者,在收益分配、上缴费用、资金使用等方面发生的争议,按照民事纠纷处理;(5)国家工作人员在工作、生活或人际交往过程中不是基于权钱交易而接受礼品、纪念品的,不作犯罪处理;(6)国家工作人员和公司、企业人员为了单位利益,与自然人或其他单位相互拆借资金的,不作犯罪处理;(7)国家机关工作人员和国有公司、企业人员在改革过程中大胆兴业办事,尽到了注意义务,但由于缺乏经验,致使国家利益、公共财产受到损失的,不作犯罪处理;(8)无中生有,捏造他人犯罪事实,向有关部门告发,意图陷害他人情节严重的,依法惩处。不是有意诬陷而是错告或者检举失实的,不作犯罪处理;(9)对有突出贡献的干事创业者、企业家、科技骨干人员等,确实构成犯罪,主观恶性不大,认罪态度好的,酌情从轻处罚。符合法定条件的,可以依法判处缓刑或免刑,让其继续工作,戴罪立功;(10)对以外商和港、澳、台商以及外地投资经营者为侵害对象,实施抢劫、绑架、敲诈勒索、盗窃等犯罪行为的,坚决予以打击。参见新华网山东频道,2003年6月8日,http://www.sd.xinhua.org/news/2003-06/18/content_616311.html。

企业人员行贿罪的罪与非罪界限之嫌,是否中饱私囊并不是这两种犯罪之罪与非罪的界限;第二项有修改《刑法》生产、销售伪劣商品罪的罪与非罪界限之嫌,是否使用新技术、新工艺、新设备以及是否熟练掌握这些技术、工艺、设备不是区分这类犯罪的界限,相反,造假新技术、新工艺、新设备的出现更值得公安机关的警惕;第三项有放纵徇私舞弊低价折股、出售国有资产罪之嫌,相反,在当前国有公司、企业改制、重组的过程中尤其应当注意运用刑罚手段打击致使国有资产流失的犯罪行为;第四项有混淆贪污罪的罪与非罪界限之嫌①;第六项有修改用账外客户资金非法拆借罪的罪与非罪界限之嫌,是否为了单位利益不是罪与非罪的界限,相反,在单位犯罪的情况下,恰恰是为了单位的利益。基于地方司法机关随意制定发布刑法解释性文件危害刑事法制统一性的现状,我们更应强调最高司法机关集中行使刑法司法解释权的必要性。我们知道,刑法具有最大的强制性,它涉及对公民自由乃至生命权利的剥夺。刑法的这种特征决定它是一把"双刃剑",在打击犯罪的同时,它也可能伤及无辜。因而,为了避免刑法伤及无辜,必须强调其人权保障机能。刑法解释权的集中统一行使而不是过于分散,是实现这一目标的重要举措之一。简言之,刑法比其他部门法要求更高的法制统一性,行政法规、地方法规、部门规章、地方政府规章乃至习惯都可以成为民法的法律渊源,而刑法的法律渊源则只有刑法典、刑法修正案、单行刑法和经济、行政法律中的附属刑法条款。② 由于法律渊源范围的不同,在法律解释权主体的配置范围上也不同,刑法解释权集中在全国人大常委会、最高人民法院和最高人民检察院,而民法解释权则分散得多,行政法规、地方法规、部门规章、地方政府规章的制定者都可以成为解释权的主体。对于我国有些学者提出的赋予各级人民法院司法解释权的主张,笔者认为,至少在刑法解释领域是不可行的。刑法解释权的过分分散会极大地减损刑法的人权保障机能,这是非常危险的。

四、越权刑法解释的原因探析

越权刑法解释作为一种法律现象,有其产生的原因。对越权刑法解释的

---

① 《刑法》第 382 条第 2 款规定:"受国家机关、国有公司、企业、事业单位、人民团体委托管理、经营管理国有财产的人员,利用职务上的便利,侵吞、窃取、骗取或者以其他手段非法占有国有财物的,以贪污论。"

② 与民法的渊源不同,刑法的这些法律渊源都是成文法(没有习惯),而且都是全国人大和全国人大常委会制定的(没有行政法规和地方性法规等)。

产生根源进行探析有助于我们认识其危害性,并有针对性地采取合理、可行的应对措施,以保证我国刑事法治建设事业的健康发展。笔者认为,越权刑法解释存在的原因主要有以下三个方面:

(一)立法的抽象性与司法的具体性之间的矛盾无法彻底解决

立法和司法是法律对社会发挥“定分止争”功能的两个紧密联系的阶段。从方法论上而言,立法和司法是两个相反的过程:立法是将现实社会中那些具体的、有纳入法律调整机制必要的行为上升为法律规范的过程,是从具体到抽象的归纳过程;而司法则是将抽象的法律规范适用于具体案件的过程,是从抽象到具体的演绎过程。立法的抽象程度与法官自由裁量权的大小成反比关系。为了减少由于立法的抽象性而导致的司法过程中的主观任意性,维护法制的统一,法律解释作为一种国家权力应运而生。在人类的法制发展进程中,也曾有试图解决二者矛盾以取缔法律解释权的尝试,最著名的例子是18世纪末腓特列大帝制定的长达1.9万多条的《普鲁士法典》,意图使法官遇到任何案件都可以在法典中对号入座,从而排除法律解释的必要性。但这种努力很快就被证明是失败的。可见,立法的抽象性和司法的具体性的矛盾是无法彻底解决的,要把一般的刑法规定适用于具体的法律实际,往往就需要对法律规范作出必要的解释,即法律解释有其存在的必然性。随着人类社会的演进,作为法律调整对象的社会关系的日益复杂化,更加凸显了立法的抽象性和司法的具体性之间的矛盾,法律解释的重要性也日益突出。法律解释作为立法和司法之间桥梁,其对司法的作用甚至比立法更直接、更明显,在长期奉行粗疏立法观的我国,司法解释的数量远远超过刑法条文的数量,没有大量的司法解释,司法机关几乎无法办案。司法对法律解释的过分依赖出现了法律解释权的恣意扩张和立法权被边缘化的危险倾向。

(二)立法的稳定性与社会的易变性之间的矛盾无法彻底解决

法律作为一种制度具有相对稳定性。法律的稳定性是维护社会稳定的前提条件。如果法律不具有任何稳定性,朝令夕改,人们将无所适从,不能依靠它预测自己行为的后果。作为具有最大的强制性、牵涉公民自由乃至生命的刑法更是对稳定性有较高的要求,这才能确保其人权保障机能。我们知道,刑法确定罪与非罪及罪轻罪重的根本依据是行为的社会危害性。而社会危害性是一个历史的范畴,随着社会的发展、社会条件的变化,行为的社会危害性也随之发生变化,从质上而言,可能出现从有到无或从无到有的变化,从量上而言,可能出现从大到小或从小到大的变化。随着行为社会危害性的这种变化,原有刑法立法有的罪与非罪及罪轻与罪重的标准可能会变得不适时宜①,这就产生了刑法的稳定性与社会的易变性之间的矛盾,这种矛盾在处于社会转型时期的我国更为突出。在出现这种矛盾时,感受最深的是处理具体案件的司法实践,在立法未能对新的犯罪情势作出及时回应的情况下,最高司法机关(甚至地方司法机关)就以制定司法解释或类似文件的方式对实践中迫切需要解决的这些新问题作出规定,而这种解释却往往是没有刑法根据甚至是违反刑法的。刑法立法的稳定性和社会的易变性之间的矛盾是无法彻底解决的,刑法的稳定性在此时就表现为一种滞后性,而司法机关对某些疑难案件的处理的实践又迫切需要寻找法律依据,立法的滞后性造成了司法实践对刑法解释的过分依赖,为越权刑法解释的出现提供了可以填补的权力真空。

(三)对刑法解释权缺乏应有的制约

随着社会关系的日益复杂化,尤其是在处于社会转型时期的我国,在立法的抽象性和司法的具体性,立法的稳定性和社会的易变性之间的矛盾日益突出。法律解释的初衷是对立法的含义予以进一步明确,对司法中的自由裁量权进行必要的限制。但是,任何一种权力如果没有必要的限制,就有被滥用的危险。以限制司法自由裁量权为宗旨的法律解释权自身也由于缺乏应有的限制出现了膨胀的趋势,这是我国越权刑法解释存在的一个重要原因。笔者认为,我国对刑法解释权主要缺少以下两个方面的应有制约。

1. 刑法解释的制定程序过于简单

严格的程序是对权力进行制约的重要方式。我国的刑法解释根据主体的不同分为立法解释和司法解释。这两种刑法解释尤其是司法解释的制定程序显得过于简单,难以防止解释的任意性。

(1)立法解释的制定程序还比较简单。与刑法立法相比,刑法解释的制定程序就显得简单得多。在实践中,刑法解释草案大多经全国人大常委会一次审议后就表决通过,而对刑法立法草案则原则上要求经过三次审议后才能通过。但实际上有的立法解释(如关于渎职罪主体的解释)已经对刑法立法进行了实质性的修改,这同修改刑法没有区别,但却可以不必遵守立法(修改)程序。

(2)司法解释的制定程序更是过于简单。迄今为止,还没有任何法律对最高司法机关制定司法解释的程序作出规定。只是最高司法机关内部各自制定了一个非常简单的规定。1996 年 12 月 9 日最高人民检察院发布了《最

① 具体表现为:一些新型的需要运用刑罚予以抗制的行为的出现;某些犯罪的犯罪行为方式规定过窄,出现了新的行为方式,如使用变造的信用卡进行诈骗的行为就没有规定为信用卡诈骗罪的行为方式;一些行为的社会危害性已经不足以构成犯罪,但《刑法》却并未将这些行为除罪化。

高人民检察院司法解释工作暂行规定》,规定司法解释(检察解释)的制定程序如下:第一,确立司法解释项目;第二,调查研究并提出司法解释草案;第三,论证并征求有关部门意见;第四,提交检察长审查,决定提交最高人民检察院检察委员会讨论;第五,最高人民检察院检察委员会审议;第六,检察长签署发布。1997 年 6 月 23 日最高人民法院发布了《关于司法解释工作的若干规定》,规定司法解释(审判解释)的制定程序如下:第一,立项。司法解释的立项,由最高人民法院各审判业务庭、室,根据审判工作中应用法律的问题,提出意见,经研究室协调后,分别报分管副院长批准。最高人民法院审判委员会认为需要作出司法解释的,由有关审判业务庭、室直接立项。司法解释立项后,送研究室备案。第二,起草。司法解释的起草,由最高人民法院各审判业务庭、室负责。经论证、修改的司法解释草案,送研究室协调提出意见后,由起草部门报请分管副院长审核。第三,通过和发布。最高人民法院发布的司法解释,必须经审判委员会讨论通过。司法解释经审判委员会讨论通过后,以最高人民法院公告的形式在《人民法院报》上公开发布,并下发各高级人民法院或地方各级人民法院、专门人民法院。尽管最高司法机关对司法解释的制定确立了上述规则,但是在实践中,许多程序规则都没有认真落实,委托一两个人起草然后草草通过的情形也不少见。这种由最高司法机关自己制定程序规则以及连这些简单的规则都未得到完全遵守的实践,这是不符合“慎刑”原则的。刑法解释是事关公民自由乃至生命的重要法律活动,对其制定程序缺乏应有的法律规制将极大地损害刑法的人权保障机能。

2. 缺乏越权刑法解释的撤销机制

越权刑法解释或者属于僭越职权,或者属于违反刑法基本原则,或者属于违背立法原意,都不利于法制的统一。建立事前防范机制无疑应是工作的重点,但是事后的补救机制也是一个极为重要的方面。我国不仅在越权刑法解释的事前防范机制上存在欠缺,在事后补救机制上更是近乎空白。越权刑法解释实际上都是违法的,都应予以撤销,但在我国目前的立法上没有建立相应的撤销机制。

(1)没有越权刑法立法解释的撤销机制。我国的法律体系是一个包括宪法、法律(狭义)、行政法规、地方性法规、自治条例和单行条例、规章(包括部门规章和地方政府规章)在内的法律效力等级不同的体系。为了维护法制的统一性,法律效力较高的规范性法律文件的制定机关有权依法撤销法律效力较低的规范性法律文件。我国的《宪法》第 67 条对全国人大常委会对刑法等基本法律的立法权进行了限制,即全国人大常委会只能“在全国人大闭会期间进行部分补充和修改,并不得同该法律的基本原则相违背”。根据《立法法》第88条的规定,全国人大有权改变或撤销它的常务委员会制定的不适当的法律。根据这一规定,全国人大常委会有权撤销全国人大常委会不适当的刑法立法(包括刑法修正案、单行刑法)。根据《立法法》第87条的规定,"不适当"的具体情形包括:一是超越权限。即违反《宪法》第67条第3项对全国人大常委会刑法立法权规定的上述限制,对刑法进行全局性补充、修改或者补充、修改违背刑法基本原则。二是下位法违反上位法。即违反《宪法》的规定。三是违背法定程序。即没有遵循法定程序对刑法进行的补充和修改。但是,无论是《宪法》还是《立法法》都没有规定全国人大对全国人大常委会作出的"不适当"(包括越权)刑法解释的撤销机制。可见,我国法律对全国人大常委会的越权刑法立法(僭越《宪法》对刑法立法权的配置格局)规定了事后补救的撤销机制;但却对全国人大常委会的越权刑法解释(刑法解释权僭越刑法立法权)没有规定事后补救的撤销机制。没有后一种机制,前一种机制就有被迂回架空的危险,即对于全国人大常委会以刑法解释的方式修改刑法而僭越其受限制的刑法立法权的做法,已有的前一种机制显得无可奈何,这可以说是《立法法》的一个缺陷。

(2)没有越权刑法司法解释的撤销机制。到目前为止,我国尚无任何法律对最高司法机关所作的越权司法解释的处理问题作出规定。在法院系统内部,最高人民法院只是在1987年3月31日发布了《关于地方各级人民法院不应制定司法解释性文件的批复》,尽管规定地方各级人民法院不应制定司法解释性文件,但并未对地方司法机关已经擅自作出的司法解释性文件应当如何处理作出规定;在检察院系统内部,最高人民检察院1996年12月9日发布的《最高人民检察院司法解释工作暂行规定》第6条规定:"最高人民检察院对地方各级人民检察院和专门人民检察院执行司法解释的情况实行监督,发现省、自治区、直辖市人民检察院、军事检察院制定的规范性文件与法律和司法解释相违背的,有权予以撤销。"尽管该条规定了地方检察院制定的与法律和司法解释相违背的司法解释性文件的撤销机制,但并未明确禁止地方人民检察院发布司法解释性文件,言外之意是地方人民检察院可以发布与法律和司法解释不相违背的司法解释性文件。可见,两个最高司法机关在此问题上各有长短:最高法院明确禁止地方人民法院发布司法解释性文件,但是并未规定事后撤销机制①;最高人民检察院虽然规定了对地方人民检察院的部分越权司法解释性文件的撤销机制,但是却没有禁止地方人民检察院

① 在实践中,地方人民法院发布的刑法司法解释性文件相当普遍,其中不乏与《刑法》及最高人民法院发布的司法解释相违背的解释,但是由于没有相应的撤销机制,最高人民法院关于禁止地方人民法院发布司法解释性文件的规定成为一纸空文。

发布司法解释性文件。

五、越权刑法解释的理性对策

越权刑法解释是我国刑事法治建设中的一个重大问题,对刑法的人权保障机能造成了直接的严重危害,不顾及人权保障的刑事法治不是健康的刑事法治,带不来社会秩序的真正安定,而最终危及刑法的社会保护机能。在我国的法治根基尚很薄弱的今天,在废除类推制度而于立法中明确宣示罪刑法定主义的时间尚很短的刑事法治领域,更应当强调刑法立法的权威性,对越权刑法解释问题应予以高度重视。笔者认为,越权刑法解释尤其是越权刑法司法解释是类推制度寿终正寝后罪刑法定主义的最大敌人。针对越权刑法解释存在的前述原因,我们主要应当采取以下六个方面的对策:

(一)坚持细密刑法立法观和超前立法观

尽管立法的抽象性和司法的具体性,立法的稳定性和社会的易变性之间的矛盾无法彻底解决,但我们在协调这两种矛盾方面还是可以有所作为的,这类协调措施有利于减少越权刑法解释的出现。坚持细密立法观和超前立法观就是一项重要的协调措施。

1. 坚持细密立法观

在立法的抽象性和司法的具体性这一对矛盾中,司法的具体性及其程度是我们无法人为改变的客观存在,而立法的抽象性则是我们可以调控的一个变量。立法的抽象性是我们无法根本消除的,但是立法的抽象程度是可以控制的。立法的抽象程度和法律解释权的大小成反比关系:立法越抽象(粗疏立法就是其表现形式之一),法律解释的余地就越大;立法越细密,法律解释权就越小。法律解释权越大,越权法律解释出现的可能性也就越大。在我国,司法解释的数量远远超过刑法条文的数量,没有大量的司法解释,司法机关几乎无法办案。在目前这种刑事立法状况下,仍有特别强调细密立法观、降低立法抽象性的必要,这也是罪刑法定原则的要求。坚持细密立法观就要求根据实践的需要,在条文设计、法条内容(其中具体犯罪的罪状及法定刑至为重要)、立法用语等方面应力求详备具体、明确严谨。当然,立法的细密不可走向极端,因为立法终究应当具有抽象性,无法对复杂实践中的所有问题都作出具体规定。此外,过于细密也会降低立法对复杂现实的适应程度。因而立法的细密也只是相对的。如何把握好分寸,是具体的立法技术问题。与

1979年《刑法》相比,1997年《刑法》在立法细密化方面已有很大的进步,但是仍有许多不尽如人意的地方。例如寻衅滋事罪、非法经营罪等由原来的“口袋罪”分解而来的犯罪的罪状仍然具有明显的不明确性。

2. 坚持超前立法观

在立法的稳定性和社会的易变性这对矛盾中,社会的易变性是我们无法改变的客观存在,但我们可以在增加立法的稳定性方面有所作为。在立法观念上存在经验立法观和超前立法观的对立。经验立法观立足于以往的经验,片面强调立法对现实生活的反映和维持,其对立法的慎重、稳妥态度是可取的,但是却难以适应社会现实发展变化的需要,容易导致立法滞后,这一问题在处于社会转型期的我国显得更为突出。而超前立法观则认为,刑事立法应当充分地反映犯罪现象及整个社会在未来较长时期内的发展趋势和特点,从而使其能够适应社会发展的变化,以保证刑事立法的稳定性。在设定罪与非罪及罪轻罪重界限的判断根据上,经验立法观以行为在立法当时的社会危害性大小为根据,而超前立法观则以行为在可预见的未来的社会危害性大小为根据。① 两种不同的立法观指导下的刑法立法对不断变化的社会的适应性存在很大差异,经验立法观指导下的立法的适应性较差,从而影响其稳定性;而超前立法观指导下的刑法立法由于坚持了立足现实与预见未来的相结合,对不断变化的社会犯罪情势有较大的适应性,从而缓解了立法的稳定性和社会的易变性的矛盾。可见,坚持超前立法观可以增强刑法立法对不断变化的社会的适应性,在保证刑法稳定性的情况下减轻了司法对刑法解释的过分依赖,也就减少了越权司法解释出现的可能性。我国1979年《刑法》的制定奉行的就是经验立法观,此后单行刑法对其频繁修正,就是其适应性差的反映。② 与1979年《刑法》相比,1997年《刑法》在贯彻超前立法思想上有很大的进步,但也存在许多不足,如自1997年10月1日实施至今,已经对刑法典进行了五次修改。③

(二)及时行使刑法修改权

在某种意义上,刑法立法权和刑法解释权是一种此消彼长的关系。当刑法立法出现欠缺而不能及时满足司法的需要时,刑法解释权就可能膨胀。刑法立法上的欠缺大致可分为两大类:一是由于立法者立法技术水平不足造成的,可简称为技术性欠缺;另一类是因社会情势变化而造成的,简称为社会变

① 需要指出的是,超前立法不是脱离现实,而必须是有充分事实根据的超前。

② 奉行经验立法观是其施行之后出现越权司法解释的重要原因。

③ 一个单行刑法和四个刑法修正案(这里是指迄至2004年该文发表时)。

易性欠缺。[①] 刑法解释具有弥补立法缺陷的功能，但需要强调的是，刑法解释权毕竟从属于立法权，不能用其去弥补所有的立法欠缺。质言之，不能制定侵入立法权领域的越权解释。出入罪界限不明确等绝大多数立法技术欠缺可以通过刑法解释来弥补，但是社会变易性欠缺则一般不能通过刑法解释途径来解决，需要通过立法的废、改、立来解决。遗憾的是，我国在解决社会变易性欠缺（主要是应入罪而不入）的过程中，较多地采用了司法解释的解决办法，即将一些《刑法》没有规定为犯罪的行为，通过司法解释规定将其挂靠现行《刑法》中某一犯罪论处：如规定对以暴力、威胁方法阻碍国有事业单位人员（显然不属于国家机关工作人员）依法执行行政执法职务的行为以妨害公务罪论处[②]；又如，规定对明知是伪造高等院校印章制作的学历、学位证明而贩卖的行为以伪造事业单位印章罪（贩卖显然不同于伪造）的共犯（如果事前没有通谋，尽管行为人有明知也不符合共同犯罪的主观要件）论处[③]；等等。笔者认为，这种司法权侵入立法权的做法，不符合法治原则，实不足取。造成这种司法解释权恣意扩张局面的一个重要原因就是立法机关不能及时行使立法权。意大利刑法学家贝卡里亚（C. Beccaria）就曾经指出："严格遵守刑法文字所遇到的麻烦，不能与解释法律所造成的混乱相提并论。这种暂时的麻烦促使立法者对引起疑惑的词句作必要的修改，力求准确，并阻止人们进行致命的自由解释，而这正是擅断和徇私的源泉。"[④]立法机关适应犯罪情势的新变化，及时在立法上作出回应，对刑法进行补充、修改是防范司法解释权侵入立法权领域的重要手段。

（三）最高司法机关及时行使司法解释权

最高司法机关及时行使司法解释权是防范地方司法机关制定发布司法解释性文件的重要手段。司法实践是具体的、变化的，不断地给抽象的、稳定的刑法立法提出新的问题，一些难以定性的疑难案件不断出现。已经进入刑事诉讼程序的这类案件往往需要迫切处理，如果最高司法机关不及时依法对之作出解释，地方司法机关就有可能填补真空，制定司法解释性文件。

（四）保证司法机关独立行使司法解释权

根据《宪法》第 126 条和第 131 条的规定，人民法院、人民检察院依法独

---

① 参见李希慧：《刑法解释论》，中国人民公安大学出版社 1995 年版，第 61、62 页。

② 参见 2000 年 4 月 24 日最高人民检察院：《关于以暴力、威胁方法阻碍事业编制人员依法执行行政执法职务是否可以对侵害人以妨害公务罪论处的批复》。

③ 参见最高人民法院、最高人民检察院：《关于办理伪造、贩卖伪造的高等院校学历、学位证明刑事案件如何适用法律问题的解释》（2001 年 7 月 3 日）。

④ 参见〔意〕贝卡里亚：《论犯罪与刑罚》，黄风译，中国大百科全书出版社 1993 年版，第 13 页。

立行使审判权和检察权，不受行政机关、社会团体和个人的干涉。制定司法解释是最高司法机关依法行使审判权和检察权的重要内容，也不应受行政机关、社会团体和个人的干涉。因而，应当禁止行政机关（如国务院各部门）和最高司法机关联合发布刑法解释的做法，司法解释只能以最高司法机关的名义发布。国务院各部门在最高司法机关制定与其职权相关的司法解释而寻求帮助时，应本着国家机关之间既分工又协作的精神予以积极配合。

（五）以法律的形式对刑法解释的制定程序进行规定

由于我国当前处于社会转型时期，立法的抽象性和司法的具体性，立法的稳定性和社会的易变性之间的矛盾比较突出，法律解释的必要性和重要性得到加强，甚至出现了离开法律解释无法办案的局面。我国的现实国情决定这种倚重法律解释的局面一时难以改变。一种权力如果没有必要的监督就可能被滥用，法律解释权也不例外。规定严格的权力运作程序就是对刑法解释权加强监督的一种重要手段。2004 年 2 月 17 日全国人大常委会委员长会议通过了《全国人大常委会法律解释工作程序》，在立法解释程序规范化方面迈出了重要一步。① 对司法解释而言，目前只是由最高人民法院、最高人民检察院内部发布了有关司法解释的制定规则。基于我国过于倚重法律解释的现状和刑法所涉及公民利益的重大性，笔者认为，应当由法律来规定刑法解释权的运作程序，这才能体现刑法解释活动的严肃性，从程序上减少越权刑法解释产生的可能性。具体可以采用以下方案：一是制定“法律解释法”，对包括刑法解释在内的法律解释问题作出统一规定②；二是全国人大常委会制定一个新的“关于法律解释工作的决定”，除了对法律解释的权限作出规定外，还对各类法律解释的制定程序作出规定；三是在《立法法》中增加关于司法解释程序的规定。

（六）建立完善的刑法解释撤销机制

建立越权刑法解释的事后补救机制是应对越权刑法解释问题的重要措施。这种撤销机制主要包括以下内容：

（1）建立越权刑法立法解释撤销机制。这种撤销机制主要包括以下内容：①提请权的主体。国务院、中央军事委员会、最高人民法院、最高人民检察院、全国人大各专门委员会认为刑法立法解释同《宪法》或者《刑法》相抵触的，可以向全国人大开会期间提出进行审查的要求。其他国家机关、组织和公民认为刑法立法解释同《宪法》或者《刑法》相抵触的，可以向上述机关提出进行审查建议，由上述机关决定是否向全国人大提交审查提案。②审

---

① 《全国人大常委会规范法律解释工作程序》，载《人民日报》2004 年 2 月 18 日，第 4 版。

② 在国外有不少国家都制定了专门的法律解释法，如《英国 1889 年解释法》。

查。全国人大主席团决定是否将上述主体提请审查立法解释是否越权的议案列入会议议程。经讨论后,主席团决定提交大会表决的,提出撤销立法解释的表决草案,由全体人大代表过半数通过。此外,对于全国人大常委会的下属工作机构发布的刑法解释性文件,由全国人大常委会撤销。

(2)建立越权司法解释撤销机制。这种撤销机制主要包括以下内容:①提请权的主体。全国人大常委会可以决定提起对刑法司法解释是否越权的审查,全国人大各专门委员会、国务院、中央军事委员会、最高人民法院(可以针对检察解释提起)、最高人民检察院(可以针对审判解释提起)可以向全国人大常委会提请审查越权司法解释审查。其他国家机关、组织和公民可以向上述机关提出审查建议,由上述机关决定是否向全国人大常委会提起审查提案。②审查。全国人大对决定立案审查的司法解释先交由法制工作委员会进行审查,并提出建议,委员长会议决定提交常委会会议审议的,提出撤销该司法解释的表决草案,由常务委员会全体成员过半数通过。最高司法机关内部各部门和地方各级司法机关擅自发布的司法解释性文件,由最高司法机关负责撤销。

18. 刑法司法解释改革若干问题研究*

目　次

一、前　　言

由于刑法的严厉性(涉及对公民自由乃至生命权利的剥夺)、最后法律手段性(秩序的最后一道法律防线),决定刑法司法解释在我国的法律解释体制中占有十分重要的地位。刑法司法解释与其他部门法的司法解释相比,具有许多不同之处。刑法司法解释是我国法治建设全局中的一个重

* 与陈志军合著,原载赵秉志主编:《刑事法治发展研究报告》(2004 年卷),中国人民公安大学出版社 2005 年版,收入本书时删除了第四部分。

要问题和环节。刑法司法解释既与刑法的立法有密切联系，又与刑法的实施联系在一起，它可以说是连接刑法立法和司法实践的桥梁。数十年来，我国进行刑法司法解释的实践既在贯彻刑法立法精神、打击犯罪、保护人民方面作出了巨大的贡献，但也出现了不少广受诟病的问题。例如刑法司法解释与一般司法文件界限不清、解释权配置体制不合理、越权解释较为普遍地存在、生效时间的规定不科学、失效时间的不明确、制定方式和修改方式的不科学、制定程序无章可循或有章不循等。刑法司法解释的规范化和科学化，已经成为中国加强社会主义刑事法治建设进程中急需解决的一个重要问题。刑法司法解释出现目前这种不尽如人意的局面的一个重要原因，就是我国目前对刑法司法解释的理论研究还很不充分，相关实践缺乏系统的理论指导，相应的制度尚未建立或有待科学化。我国目前处于社会转型时期，社会情势的多变性极大地影响了刑法立法的稳定性，司法解释的地位更显突出，大量的司法解释不断出台，如何协调罪刑法定原则与具有多变性的社会情势之间的关系，遂成为一个重要的刑法理论课题。笔者拟对我国刑法司法解释领域急需改革完善的几个问题进行研究，期待将刑法司法解释体制改革纳入国家司法改革之整体规划中，从而促进我国刑事法治建设事业的健康发展。

二、刑法司法解释权配置体制的改革

刑法司法解释权是刑事司法权的重要组成部分，国家根据一定的原则对这一权力在不同的机关之间进行配置。一个科学的权力配置体制是保证刑法司法解释权良性运作进而发挥积极效用的关键之所在。但遗憾的是，我国目前的刑法司法解释权配置体制存在较大的欠缺，在实践中更有甚者，就是连这一不甚合理的配置体制都尚未得到切实遵守。这种局面有损刑事法治的严肃性，严重地削弱了刑法的人权保障机能，备受诟病。我国刑法司法实践中的诸多弊端都内生于这种不科学、不规范的刑法司法解释权配置体制。对现行的刑法司法解释权配置体制进行改革，是刑法司法解释制度走出困境的根本出路之所在。

（一）刑法司法解释权配置体制改革方案的理论聚讼

对我国学者提出的前述改革方案进行评析无疑是笔者提出自己的改革方案的前提。综观我国刑法学界在刑法司法解释权配置体制改革问题的上述理论聚讼，争议的焦点主要集中在以下几个问题上：

1. 行政机关的刑法解释权之争

在我国刑法司法解释的实践中,公安部、司法部等行政机关参与行使刑法司法权的情形从中华人民共和国成立初期就开始存在,延续至今没有多大改变。于是极少数论者迁就于这种现实,主张承认这些行政机关的刑法司法解释权。① 但大多数学者都反对这种做法,坚决主张将行政机关等主体排除在刑法司法解释权配置体制之外。笔者认为,反对说是科学的。主要理由在于:

(1)这是维护司法独立的宪法精神的要求。我国《宪法》第 126 条规定:"人民法院依照法律规定独立行使审判权,不受行政机关、社会团体和个人的干涉。"《宪法》第 131 条规定:"人民检察院依照法律规定独立行使检察权,不受行政机关、社会团体和个人的干涉。"制定司法解释是最高司法机关依法行使审判权和检察权的重要内容,也不应受行政机关、社会团体和个人的干涉。因而,把行政机关、社会团体排除在刑法司法解释权配置体制之外,是《宪法》的要求。所以,应当禁止行政机关(如国务院各部门)、社会团体(如全国妇联等)与最高司法机关联合发布刑法解释的做法,司法解释只能以最高司法机关的名义发布。国务院各部门在最高司法机关制定与其职权相关的司法解释而寻求帮助时,应本着国家机关之间既分工又协作的精神予以积极配合。全国妇联等其他人民团体更是应当协助和配合最高司法机关制定刑法司法解释的活动,积极协助刑法司法解释的适用活动。

(2)有关行政机关参与制发刑法司法解释混淆了行政解释权和司法解释权的界限。有的论者认为,1981 年《全国人大常委会关于加强法律解释工作的决议》给公安部等参与刑事司法活动有一定关系的行政机关参与行使刑法司法解释权留下了一个模糊缺口,决议在规定了"两高"的刑法司法解释权后,还规定"不属于审判和检察工作中的其他法律、法令如何具体应用的问题,由国务院及主管部门进行解释",于是公安部也认为他们有权对"公安工作中的刑法如何具体应用的问题"有权解释。② 笔者认为,这种观点没有准

① 参见尹伊君、陈金钊:《司法解释论析——关于传统司法解释理论的三点思考》,载《政法论坛》1994 年第 1 期;邓小刚、朱桂莲:《论刑事司法解释的主体》,载《湖北大学成人教育学院学报》1999 年第 5 期。

② 转引自周其华:《论刑法司法解释的法律监督》,载《中国刑事法杂志》2003 年第 2 期,第 17 页。也有论者认为,全国人大常委会 1981 年《全国人大常委会关于加强法律解释工作的决议》的规定有造成"两院"的法律解释权与国务院及其主管部门法律解释权之间的交叉之嫌,文中所说情况就属此类。参见韩立忠、毕思忠:《我国现行法律法规解释工作中的几个问题》,载《山东法学》1993 年第 1 期。

确地理解《全国人大常委会关于加强法律解释工作的决议》对法律解释权分工的规定,是值得商榷的。"审判工作、检察工作"和"公安机关、司法行政工作"当然具有密切关系,甚至存在交叉的领域,如关于管制的执行、刑事案件的立案标准的制定、减刑和假释的执行等。在司法机关和行政机关的工作范围存在交叉或密切联系时,尤其应当注意要依法厘清法律解释权的分工。《全国人大常委会关于加强法律解释工作的决议》规定:第一,凡属于法院审判工作中具体应用法律、法令的问题,由最高人民法院进行解释;凡属于检察院检察工作中具体应用法律、法令的问题,由最高人民检察院进行解释。第二,不属于审判和检察工作中的其他法律、法令如何具体应用的问题,由国务院及主管部门进行解释。根据这一规定,全国人大常委会在刑法司法解释和国务院及其主管部门行政解释之间划分的界限是:凡是属于审判工作、检察工作中具体应用法律、法令的问题,都得由最高人民法院或者最高人民检察院行使解释权;只有"不属于"审判和检察工作中的其他法律、法令如何具体应用的问题,才由国务院及主管部门进行解释。这一规定非常明确,只有"不属于审判和检察工作"中的其他法律、法令如何具体应用的问题①,才由国务院及其主管部门进行解释。这一规定实际上已经明确地将既属于"审判、检察工作"又属于"公安、司法行政工作"的交叉业务中具体适用刑法的问题的权限划归了最高人民法院和最高人民检察院。根据这一规定,公安工作和司法行政工作中所涉及的刑法适用问题也应当根据《全国人大常委会关于加强法律解释工作的决议》规定的精神由"两高"行使,其本身无权行使,其只对公安工作、司法行政工作中与审判工作、检察工作不存在交叉的部分的法律有解释权。刑法作为其他部门法的后盾法,涉及国家安全、公共安全、产品质量、海关、公司企业管理、金融、税收、知识产权、市场秩序、司法行政、环境资源保护、文化市场秩序、国防、纪律检查、监察等方方面面,这就与许多的行政部门、党的机关乃至社会团体的工作范围有所交叉,如果前一论者的理由能够成立的话,势必得出几乎所有的国务院工作部门都可以制定刑法司法解释的结论,这显然是难以让人接受的。

(3)公安部以前的文件也曾经承认自己没有刑法司法解释权。1984年11月8日公安部发布了《关于印发最高人民法院、最高人民检察院两个

① 该决议没有规定"行政工作(包括公安工作等)中具体应用法律、法令的问题,由国务院及主管部门进行解释",这与现行的"不属于审判和检察工作中的其他法律、法令如何具体应用的问题,由国务院及主管部门进行解释"的规定存在重大差异。现行规定的界限划分是清楚的,如果采用前一规定方式就会出现司法机关和行政机关因为工作业务交叉而对某一法律都可以解释的局面。

司法解释文件的通知》（[84]公研字100号），该通知明确规定："各省、自治区、直辖市公安厅（局）：现将最高人民法院、最高人民检察院《关于当前办理流氓案件中具体应用法律的若干问题的解答》、《关于当前办理盗窃案件中具体应用法律的若干问题的解答》两个文件印发给你们。各地公安机关在实际工作中，遇到有上述两个文件中提到的法律解释应以这两个司法解释为依据。根据《全国人大常委会关于加强法律解释工作的决议》的规定，今后凡涉及司法解释问题，以最高人民法院、最高人民检察院下达文件为准，公安机关均应参照执行，公安部不再印发。"公安部在这一通知中明确地承认，根据《全国人大常委会关于加强法律解释工作的决议》的规定，公安部没有司法解释权。但遗憾的是，时隔不久，公安部又参与到刑法司法解释的制定中去了，如1986年3月18日最高人民法院、最高人民检察院、公安部《对于惩处倒卖车、船票的犯罪分子如何适用法律条款的问题的批复》、1986年9月13日最高人民法院、最高人民检察院、公安部《关于严格依法处理反盗窃斗争中自首案犯的通知》，这一局面延续至今没有改变。公安部在其刑法司法解释权问题上的这种态度变化的原因值得探寻。这里有一个问题，即《关于印发最高人民法院、最高人民检察院两个司法解释文件的通知》中所谓的"参照执行"应当如何理解？是指既可以执行也可以不执行，还是指必须执行？笔者认为，应当是指必须执行的意思：第一，公安机关无权审查最高司法机关规范性文件的合法性。没有任何国家将规范性法律文件是否适当的审查权交由警察机关来行使。① 第二，公安机关必须执行最高司法机关的刑法司法解释是维系我国刑事诉讼机制正常运行的基础之一。公安机关在我国的国家体制中被定位为行政机关，尽管承担着侦查、拘留、执行逮捕、预审等刑事诉讼职能，但这类活动只是刑事诉讼活动的早期工作，无法支配其后的诉讼程序是继续还是提前终结，即公安机关对刑事案件的处理没有最终的决定权。如果允许公安机关拒绝执行最高人民法院和最高人民检察院发布的刑法司法解释的话，整个刑事诉讼活动将无法顺利进行。比如，公安机关抛开最高司法机关的已有规定而自行制定一个犯罪追诉标准就是不可思议的，因为公安机关根据自己的标准提出起诉意见书后，还得经过检察机关的审查，才有可能向法院提起公诉；如果公安机关的自行制定的追诉标准低于最高司法机关的追诉标准的，就会遭到后者的否决而没有任何实际意义，这显然不符合刑事诉讼

① 在国外也只有赋予法院审查规范性法律文件合法性（合宪性）的做法。根据我国的《行政诉讼法》第53条的规定，我国也赋予法院对"规章"享有一定程度的合法性审查权，即可以决定是否将规章作为处理行政诉讼案件的法律依据。

中公、检、法互相配合、协调的原则，造成诉讼资源的浪费。公安部前部长陶驷驹主编的刑法教材中也明确指出，刑法司法解释的解释主体具有法定性，即刑法司法解释权统一由最高人民法院和最高人民检察院行使，其他机关均无权对刑法适用中的问题进行解释。刑法司法解释不仅对各级法院、检察机关办理刑事案件具有约束力，而且对各级公安机关、刑罚执行机关也有约束力。①

(4)有关行政机关参与制发刑法司法解释有助于该解释的贯彻执行的理由也是站不住脚的。有论者指出，没有解释权的单位、部门之所以与"两高"共同制发司法解释性文件。主要的原因在于司法解释的权威没有树立起来，司法机关执行《刑法》、《刑事诉讼法》也就难以得到有关部门的支持、配合。于是，一个司法解释涉及哪个部门、单位，哪个部门、单位就要联署，否则就是不同意或"不知道"，在它那个部门、领域，这个司法解释也就难以贯彻实施。② 笔者认为，任何国家机关所行使的权力都是《宪法》、组织法等各种法律授予的，都是依法行使职权，都体现着国家主权，都是代表国家行使某一方面的职权的组织。任何国家机关在法律规定职权内行使权力(包括制定法律解释等规范性法律文件)的活动都必须得到尊重和执行。最高司法机关依法发布刑法司法解释的活动，就是代表国家行使国家权力，任何国家行政机关、社会团体没有拒绝贯彻实施的理由。部门的分工不等于部门权力的条块分割、各自为政。如果一个法律文件要想得到贯彻执行就必须和相关行政机关联合署名发布的话，几乎任何司法解释都要挂上一堆行政机关的名称，这显然是荒谬的。无论是最高司法机关还是有关的行政机关都必须从"依法治国"方略的高度认识这一问题，改变这种行政机关参与制发刑法司法解释的于法无据的局面：第一，最高司法机关不要主动邀请行政机关参与联署，理直气壮地行使刑法司法解释权，其实有些解释就做到了这一点，如2003年5月14日"两高"颁布的《关于办理妨害预防、控制突发传染病疫情等灾害的刑事案件具体应用法律若干问题的解释》就没有邀请卫生部等行政机关参加联署，好像也没有发生卫生系统拒不执行该解释的情况。第二，相关的行政机关要坚持国家机关之间相互协作、保证国家法制统一的原则，自觉不参与制发刑法司法解释的活动，认为某些情况应当在刑事司法实践中予以注意和明确的，可以向"两高"提出刑法司法解释的建议，供"两高"制定刑法司法解释参考；在"两高"需要制定与其业务范围相关的刑法司法解释而需要提供有

① 参见陶驷驹主编：《中国新刑法通论》，群众出版社1997年版，第61、62页。

② 参见张军：《最高审判机关刑事司法解释工作回顾与思考(1980—1990)》，载《法学研究》1991年第3期。

关的专业知识帮助和咨询时，应积极予以配合，以保证该刑法司法解释的科学性和准确性。

2. 检察机关的刑法解释权之争

检察机关的刑法解释权的存废之争，是我国刑法学界在刑法司法解释理论中争议最为激烈的问题之一。笔者持否定说的立场，主张最终取消最高人民检察院的刑法司法解释权。主要理由是：

(1)有检察权侵入审判权之嫌。有论者认为，检察机关行使刑法司法解释权有悖司法公正，有对刑事案件先定性后起诉之嫌，混同了检察权与审判权的界限。① 也有论者认为，应当取消最高人民检察院的刑法司法解释权，因为我国检察机关是法律监督机关，不应直接行使定罪和适用刑罚权，检察机关会同审判机关制定刑法司法解释，是检察权对审判权的介入，也可以说是检察权与审判权的混同。最高人民检察院享有刑法司法解释权有悖于检察机关与审判机关互相配合、互相制约的原则。②

(2)检察解释的存在已经丧失法律根据。有论者认为，1981 年《全国人大常委会关于加强法律解释工作的决议》第 2 条确实规定了最高人民检察院有法律解释权。但是 1983 年全国人大常委会对《中华人民共和国人民检察院组织法》(以下简称《人民检察院组织法》)进行修改时并没有将检察解释权纳入该法。如果根据后法优于前法的原则，则 1983 年新法生效以后检察解释已经于法无据。③

(3)取消作为控诉方的检察机关的刑法司法解释权是诉讼发展规律的必然要求。肯定说中有学者强调中外国情的差异，认为我国的检察机关既不像大陆法系国家那样内设而依附于审判机关，也不像英美法系国家那样属于纯粹的行政机关，而是独立的、与审判机关平起平坐的司法机关，因而不能以国外的检察机关没有司法解释权为由而主张取消我国检察机关的司

① 参见游伟、赵剑峰:《论我国刑法司法解释权的归属问题——关于建立等级审判解释体制的构想》，载《法学研究》1993 年第 1 期；卢勤忠:《关于我国检察机关的司法解释权的探讨——兼谈法律解释工作的完善》，载《法学家》1998 年第 4 期；赵秉志、田宏杰:《刑事司法解释研究》，载赵秉志主编:《刑事法实务疑难问题探索》，人民法院出版社 2002 年版，第 10 页；房清侠等:《刑法理论问题专题研究》，中国人民公安大学出版社 2003 年版，第 221、222 页；苏永生:《司法解释权威探析》，载《青海社会科学》2003 年第 6 期。

② 参见游伟、赵建峰:《论我国刑法司法解释权的归属问题——关于建立等级审判解释体制的构想》，载《法学研究》1993 年第 1 期。

③ 参见张洁:《法律解释体系的重新构建——论我国的法律解释体系及其完善途径》，载《复旦学报》(社会科学版)2001 年第 6 期；庞仕平:《论我国刑法司法解释权之配置》，载赵秉志、张军主编:《刑法解释问题研究》，中国人民公安大学出版社 2003 年版，第 724 页。

法解释权。① 笔者认为，这种主张是站不住脚的。不可否认，我国检察机关与国外检察机关在国家机构中的地位、职能范围等方面存在较大差异，但无论检察机关在一国国家机构体系中的地位有多高，无论检察机关承担的职能有多少，其最核心的职能就是代表国家在刑事诉讼中履行控诉犯罪的职能，我国也不例外。我国的检察机关除了代表国家控诉犯罪外，还承担着法律监督的职能，比如侦查监督、监所检察、民事行政诉讼检察、控告检察等。但无论如何，“确立审判的中心地位是建设法治国家的必然选择，是历史规律发展的趋势，这是诉讼的规律使然，是不以人的意志为转移的。”②“以审判为中心建构刑事诉讼结构，必然使侦查活动和起诉活动成为审判的一种准备活动，最终服从法院的裁判。”③检察机关在刑事诉讼活动中，就是和犯罪嫌疑人、被告人平等的诉讼主体，如果赋予其解释刑法的权力，势必造成以审判为中心的诉讼结构扭曲变形，不利于犯罪嫌疑人、被告人人权的保障，这不符合当代法治文明对诉讼结构的必然要求。也就是说，绝对不能基于检察机关享有代表国家控诉犯罪的职能而赋予其对作为诉讼裁判规范的刑法立法的解释权。我国的检察机关地位再高，也不能无视诉讼规律起码的原则；强调国情也绝对不能无视诉讼规律的共同性一面，中国也需要以审判为中心建构刑事诉讼结构，这是人类法治文明发展的共同成果。正像否认论者所指出的那样，在刑事诉讼中允许检察机关享有刑法解释权，就像在比赛中让比赛的一方选手既当“选手”又当“裁判”，对另一方还有什么公正而言。这是肯定论者最想回避的问题。

(4)不能把刑法司法解释权作为行使法律监督权的手段。根据1983年修订后的《人民检察院组织法》第5条第4项、第5项规定，各级人民检察院有权对人民法院的审判活动是否合法实行监督；对刑事案件判决、裁定的执行和监狱、看守所、劳动改造机关的活动是否合法实行监督。笔者不想对检察机关的法律监督权提出过多的质疑，只是想强调不能把刑法司法解释权作为行使法律监督权的手段。检察机关对刑事诉讼活动监督可以通过抗诉等形式进行，这种监督只是一种建议权，而无权越俎代庖。即检察机关如果认为人民法院在具体案件中适用《刑法》有误，可以提出抗诉，要求上级法院予以纠正；如果对最高人民法院发布的刑法司法解释存在异议，可以提请全国人大常委会作出立法解释。法律监督也只能是一种事中和

---

① 参见李希慧：《刑法解释论》，中国人民公安大学出版社1995年版，第222、223页。

② 参见陈卫东：《我国检察权的反思与构建》，载《法学研究》2002年第2期。

③ 参见陈兴良：《从“法官之上的法官”到“法官之前的法官”：刑事法治视野中的检察权》，载《中外法学》2000年第6期。

事后监督,即对刑事诉讼活动的进行过程进行监督,通过事先发布规范性刑法司法解释的方法来进行监督是不合适的。有肯定论者以全国人大常委会既享有宪法监督权又享有宪法解释权为由对否定论者进行反驳。① 笔者认为,这种反驳是不能成立的:第一,保证公正的预期值不同。全国人大常委会是全国人大的常设机构,属于立法机关,处于超脱的地位,不介入具体的司法活动,不会基于自身的立场而有所偏向,由其解释全国人大制定的《宪法》和监督宪法实施并无不当。而最高检察机关除了作为法律监督机关外,同时还是在刑事诉讼活动中承担控诉犯罪职能的司法机关,对一个自身参与其中的活动进行监督,对这一活动所适用的法律进行解释,难以像处于超脱地位的全国人大常委会的宪法监督、宪法解释那样做到公正。第二,监督、解释机关和作为监督、解释对象的法律之间的关系不同。全国人大常委会的宪法监督、宪法解释的对象是《宪法》,《宪法》是全国人大制定的,全国人大常委会并不是另外的一个独立的机构,只是全国人大的常设机构而已,因而这种监督、解释在很大意义上仍是立法者的一种自我解释、自我监督;最高人民检察院作为法律监督机关、解释机关,其所监督、解释的对象是《刑法》等法律,而《刑法》不是检察机关自身制定的,而是全国人大及其常委会制定的,这种监督、解释是一种委托监督、委托解释,而不是自我监督、自我解释,所以必须遵循更加严格的规则。第三,监督和解释所及的效力范围不同。全国人大常委会宪法监督的效力范围及于所有的机关、组织、个人和各种活动;全国人大常委会的宪法解释权具有专属性,其他机关没有这一权力,其效力的范围和宪法监督一样也及于所有的机关、组织、个人和各种活动。而最高人民检察院法律监督和法律解释的效力范围存在差异,其法律监督的效力范围及于权力机关以外的其他所有机关、组织和个人,但由于其法律解释权不具有专属性,所以其法律解释的效力范围窄于法律监督,至少不能及于审判机关(其也有法定的法律解释权),这就决定了最高人民检察院不能通过法律解释的方法来对刑事审判活动进行监督。第四,法律监督并不一定要通过制发司法解释来进行。最高检察机关对民事、行政审判活动也有法律监督,为何不像监督刑事审判活动一样制发民法司法解释、行政法律司法解释呢?如果最高人民检察院这些年来没有疏于民事、行政审判监督的话,就说明不用制发司法解释也能进行法律监督,如通过抗诉等方式进行监督。也有论者指出,身为法律监督机关的最高人民检察院同时又亲自行使司法解释权会使其对法律解释活动的监督流于形式。如有论者认为,最高人民检察院是我国的

① 参见李希慧:《刑法解释论》,中国人民公安大学出版社 1995 年版,第 223、224 页。

法律监督机关，自己解释法律，自己同时又监督整个解释法律的活动，势必会使监督流于形式。①

(5)检察权不具有也不应具有司法权的真正属性。刑事司法权是对刑事案件进行调查并在此基础上作出裁判的权力，该权力可以分解为审理权和裁决权。前者是接受特定的机关或者个人的起诉以及进行有关的调查活动的权力；后者是对受理的案件中程序的和实体的争议作出决议的权力。刑事司法权具有下列属性：第一，司法权具有权力属性，即司法权是一项国家权力，如果司法不同权力相结合，诉讼活动将难以为继，法律将失去尊严；第二，司法权的本质内容是判断，即稽核、决定事实并把法律条文应用到已经决定的事实上去，对纠纷进行裁决；第三，司法权对法律具有绝对附属性，其裁决的依据仅仅为成文法和其他法律；第四，权力运作的消极性，即如果没有拥有告诉权的人的告诉，司法一般不能积极干预，它通常只能审理摆在面前的争执，而不能假借争议采取进一步的措施；第五，权力的分散性，司法权分散在法官手中，而不像行政机关那样集中在行政首长手中；第六，权力的中立性，即法院是公正的仲裁人，它唯一的职责是判决由当事人提起的诉讼案件，除了裁判争论的是非以外，没有其他责任，而行政案件中处理案件的行政机关往往就是一方当事人；第七，决定的终局性，司法通常被认为是最后的解决手段，由法院作出的生效裁决，不能由其他机关加以推翻；而行政处理决定中除少数法定为终局性的以外，大多均可以进一步寻求司法裁决。② 检察权本质上不具有司法权的前述属性：第一，不具有最终裁判性和终局性。检察机关代表国家履行控诉犯罪职责，在审查起诉的过程中尽管也要对犯罪嫌疑人、被告人的犯罪事实和所应适用的法律进行判断，并作出是否应当起诉的决定，但这种决定只具有程序上的效力，和民事诉讼中原告的判断一样属于主张性质，不具有裁判性，也不具有终局性，最终的裁判权在法官手里。第二，检察权具有积极性。检察机关代表国家对犯罪活动进行控诉，并对部分案件具有侦查权，具有国家主动追诉犯罪的特征。这不符合司法权应有的消极性特征，倒是比较类似于行政权。第三，不具有中立性。检察机关作为控诉机关，在刑事诉讼中处于与犯罪嫌疑人、被告人对立的位置，不可能做到中立。第四，检察机关的体系与行政机关的体系类似。我国的上下级检察机关之间属于领导和被领导的关系，这不符合司法权的分

① 参见苏明：《刑法司法解释的主体》，载《法律学习与研究》1990 年第 5 期；罗堂庆：《论刑法司法解释权》，载《政治与法律》1993 年第 1 期；司明灯：《论我国的刑法司法解释》，郑州大学 1994 年硕士论文，第 54 页；张明楷：《刑法的基础观念》，中国检察出版社 1995 年版，第 243 页；姚仁安、陈翀：《取消最高人民检察院司法解释权管见》，载《中国律师》2000 年第 7 期。

② 参见张建伟：《刑事司法体制原理》，中国人民公安大学出版社 2002 年版，第 17—25 页。

散性特征。

(6)赋予检察机关刑法解释权会导致法检两家解释冲突的尴尬局面而损害法制的统一性和严肃性。有论者认为,检察机关行使刑法司法解释权不利于法制统一,刑法司法解释主体的多元化容易造成各行其是、法律实施混乱的局面。① 也有论者认为,检察机关的基本职责是法律监督,而不是直接地行使具体的国家权力(包括制发法律解释)。如果最高人民检察院亲自参与法律解释,会使其作为法律监督机关的职能受到很大的损害,不但无法监督最高人民法院的司法解释活动(平等的解释主体),谁来监督其自身的法律解释活动也成为问题。② 还有论者认为,由于最高人民法院和最高人民检察院两个机关的职能不同,也由于两个机关的组成人员对具体法条的理解不同,存在两家的司法解释发生冲突的可能性。在近年来的司法解释中,这种冲突也确实存在过,1997 年《刑法》生效之后"两高"分别作出的关于罪名的司法解释就存在矛盾。但两种有权司法解释又均具有法律效力,均要求被执行,这种冲突极大地损害了法律解释的严肃性。在最高人民检察院作出与最高人民法院的解释相矛盾的解释后,其将面临非常尴尬的局面,因为最终裁判权在人民法院手里,在定罪量刑时最高人民检察院的不一致解释根本就不会被理睬。③ 还有论者认为,法制的统一是法制社会的基本要求,不仅要求立法要统一,司法解释也要统一,而司法解释的多元化可能导致不同的国家机关对同一法律进行不同的理解和解释,有权解释法律的机关各执一词,从而造成法律实施的混乱局面。实践中,如果"两高"对同一法律问题不能达成一致时,往往两机关各行其是,各自发布解释,造成法制的不统一。④

总之,笔者反对检察机关通过制发刑法司法解释的方法来行使法律监督职能;建立以审判为中心、控辩平衡的刑事诉讼模式,是人类法治文明的必然

---

① 参见罗堂庆:《刑法司法解释研究》,武汉大学硕士论文 1991 年版,第 41、42 页;张明楷:《刑法的基础观念》,中国检察出版社 1995 年版,第 243、244 页;赵秉志、田宏杰:《刑事司法解释研究》,载赵秉志主编:《刑事法实务疑难问题探索》,人民法院出版社 2002 年版,第 10、11 页。

② 参见潘勤:《我国的刑法司法解释制度》,载《法学杂志》1993 年第 3 期。

③ 参见房清侠等:《刑法理论问题专题研究》,中国人民公安大学出版社 2003 年版,第 222 页;李洁:《中国有权刑法司法解释模式评判与重构》,载赵秉志、张军主编:《刑法解释问题研究》,中国人民公安大学出版社 2003 年版,第 542—544 页。

④ 参见郑肇芳、杨路:《我国司法解释的机能转换》,载《上海市政法管理干部学院学报》2000 年第 1 期;姚仁安、陈翀:《取消最高人民检察院司法解释权管见》,载《中国律师》2000 年第 7 期;郝守才、蔡军:《论我国的刑法司法解释》,载赵秉志、张军主编:《刑法解释问题研究》,中国人民公安大学出版社 2003 年版,第 621、622 页。

要求,应当取消最高人民检察院的刑法司法解释权。①

3. 地方司法机关刑法司法解释权之争

是否应当赋予地方司法机关以刑法司法解释权,是我国刑法司法解释理论争议中比较突出的一个问题。在这一问题上存在着肯定论和否定论两种对立的主张。笔者主张由中央司法机关集中行使刑法司法解释权,不赞成赋予地方司法机关刑法司法解释权的主张。主要理由如下:

(1)授予地方司法机关刑法解释权没有实践根据。这种地方各级司法机关都可以制定、发布刑法司法解释性文件的做法极大地破坏了我国刑事法制的统一性。在实践中,地方司法机关自行发布刑法司法解释性文件的现象比较普遍,在这些解释性文件中,直接违背刑法立法规定的文件并不少见。如山东省高级人民法院于2003年6月17日对外公布了《关于为解放思想、干事创业、加快发展服务的意见》,要求全省法院系统掌握好"十条法律界限"②,严格区分经济纠纷、改革创新、工作失误与违法犯罪,旗帜鲜明地支持创业者,保护改革者,帮助失误者,追究诬陷者,惩治腐败者。该意见至少在以下几个方面有违《刑法》规定:第一项有修改刑法中行贿罪,向公司、企业人员行贿罪的罪与非罪界限之嫌,是否中饱私囊并不是这两种犯罪之罪与非罪的界限;第二项有修改刑法生产、销售伪劣商品罪的罪与非罪界限之嫌,是否使用新技术、新工艺、新设备以及是否熟练掌握这些技术、工艺、设备不是区分这类犯罪的界限,相反,造假新技术、新工艺、新设备的出现更值得公安机关的警惕;第三项有放纵徇私舞弊低价折股、出售国有资产罪之嫌,相

① 至于检察机关是否应享有《刑事诉讼法》的司法解释权,笔者不作具体探讨。

② 这10条法律界限是:(1)对在招商引资活动中支付的各种必要费用,只要没有中饱私囊,不作犯罪处理;(2)对引进的新技术、新工艺、新设备,由于不能熟练掌握而导致生产、销售了有质量瑕疵的商品,一般作为产品质量纠纷处理;(3)在国有公司、企业改制、重组过程中,因资产评估、债权债务折抵、购买价格、价款支付方式等引发的争执,按照清算或者民事纠纷处理;(4)国有公司、企业整体承包、租赁经营者,在收益分配、上缴费用、资金使用等方面发生的争议,按照民事纠纷处理;(5)国家工作人员在工作、生活或人际交往过程中不是基于权钱交易而接受礼品、纪念品的,不作犯罪处理;(6)国家工作人员和公司、企业人员为了单位利益,与自然人或其他单位相互拆借资金的,不作犯罪处理;(7)国家机关工作人员和国有公司、企业人员在改革过程中大胆兴业办事,尽到了注意义务,但由于缺乏经验,致使国家利益、公共财产受到损失的,不作犯罪处理;(8)无中生有,捏造他人犯罪事实,向有关部门告发,意图陷害他人情节严重的,依法惩处。不是有意诬陷而是错告或者检举失实的,不作犯罪处理;(9)对有突出贡献的干事创业者、企业家、科技骨干人员等,确实构成犯罪,主观恶性不大,认罪态度好的,酌情从轻处罚。符合法定条件的,可以依法判处缓刑或免刑,让其继续工作,戴罪立功;(10)对以外商和港、澳、台商以及外地投资经营者为侵害对象,实施抢劫、绑架、敲诈勒索、盗窃等犯罪行为的,坚决予以打击。参见新华网山东频道,2003年6月8日,http://www.sd.xinhua.org/news/2003-06/18/content_616311.html。

反,在当前国有公司、企业改制、重组的过程中尤其应当注意运用刑罚手段打击致使国有资产流失的犯罪行为;第四项有混淆贪污罪的罪与非罪界限之嫌①;第六项有修改用账外客户资金非法拆借罪的罪与非罪界限之嫌,是否为了单位利益不是罪与非罪的界限,相反,在单位犯罪的情况下,恰恰是为了单位的利益。基于地方司法机关随意制定、发布刑法解释性文件危害刑事法制统一性的现状,我们更应强调最高司法机关集中行使刑法司法解释权的必要性。

(2)授予地方司法机关刑法解释权没有法律依据。《宪法》、《全国人大常委会关于加强法律解释工作的决议》和《人民法院组织法》仅仅赋予了最高人民法院和最高人民检察院包括刑法司法解释权在内的司法解释权,而没有赋予地方各级司法机关任何形式的包括刑法司法解释权在内的法律解释权。而且,为了防止地方人民法院发布此类没有法律根据的司法解释性文件,最高人民法院曾经于 1987 年 3 月 31 日发布了《关于地方各级人民法院不应制定司法解释性文件的批复》,明确指出地方各级人民法院不应制定司法解释性文件。需要指出的一个问题是,我国是否存在高级人民法院依照最高人民法院授权而制定的司法解释?在我国的实践中,最高人民法院在一些涉及数额问题的司法解释中,有时只是规定了一个幅度,授权高级人民法院确定本地区具体的数额标准。比如 1997 年 1 月 4 日最高人民法院发布的《关于审理盗窃案件具体应用法律若干问题的解释》第 3 条第 1 款规定了盗窃公私财物“数额较大(500 元~2000 元)”、“数额巨大(5000 元~2 万元)”和“数额特别巨大(3 万元~10 万元)”的数额幅度;该条第 2 款规定:“各省、自治区、直辖市高级人民法院可根据本地区经济发展状况,并考虑社会治安状况,在前款规定的数额幅度内,分别确定本地区执行的‘数额较大’、‘数额巨大’、‘数额特别巨大’的标准。”笔者认为,最高人民法院和最高人民检察院的司法解释权具有不可转让性,其无权以授权的方式下放地方各级人民法院、人民检察院行使。最高人民法院前述做法的初衷是好的,但忽视了刑法解释权的不可让渡性。在实践中可以采用以下做法来解决这个问题:在发布该司法解释前,征求各省、自治区、直辖市高级人民法院的意见,让其根据本地区的经济发展状况和社会治安状况在最高人民法院确定的数额幅度内确定本地区的数额标准,然后在司法解释中列明各省、自治区、直辖市适用的具体标准,然后再提交审判委员会通过并公布,这就维

① 《刑法》第 382 条第 2 款规定:“受国家机关、国有公司、企业、事业单位、人民团体委托管理、经营管理国有财产的人员,利用职务上的便利,侵吞、窃取、骗取或者以其他手段非法占有国有财物的,以贪污论。”

护了刑法解释权的统一性。①

(3)刑法司法解释权的集中行使是维护刑法人权保障机能的要求。我们知道,刑法具有最大的强制性,它涉及对公民自由乃至生命权利的剥夺。刑法的这种特征决定它是一把“双刃剑”,在打击犯罪的同时,它也可能伤及无辜。即正像德国学者鲁道夫·冯·耶林(R. Von Jhering)所指出的那样:“刑罚为两刃之剑,用之不得其当,则国家与个人两受其害。”②因而,为了避免刑法伤及无辜,必须强调其人权保障机能。刑法解释权的集中统一行使而不是过于分散,是实现这一目标的重要举措之一。质言之,相比其他部门法而言,刑法要求更高的法制统一性,从法律渊源上讲,法律、行政法规、地方法规、部门规章、地方政府规章乃至习惯都可以成为民法的法律渊源,而刑法的法律渊源则只有刑法典、刑法修正案、单行刑法和经济、行政法律中的附属刑法条款。③ 由于法律渊源范围的不同,刑法与民法在法律解释权主体的配置范围上也不同,刑法解释权集中在全国人大常委会、最高人民法院和最高人民检察院,而民法解释权则分散得多,行政法规、地方法规、部门规章、地方政府规章的制定者都可以成为解释权的主体。对于我国有些学者提出的赋予各级人民法院司法解释权的主张,笔者认为,至少在刑法解释领域是不可行的。刑法解释权的过分分散会极大地减损刑法的人权保障机能,这是非常危险的。

4. 法官刑法司法解释权之争

是否应当承认法官刑法司法解释权,已经成为近些年来刑法司法解释理论的一个热点问题。对此,也存在针锋相对的两种不同观点。持肯定说的论者大多否认由司法机关发布抽象的规范性刑法司法解释的合理性,而强调由法官行使刑法司法解释权的必要性。笔者认为,关于法官刑法司法解释权的争议并没有太多的意义,肯定说和否定说各说各的,并未形成针锋相对性。二者争议的焦点实际就是刑法司法解释的概念界定的问题,具体包括两个问题:一是法官个案解释是否应当纳入刑法司法解释的概念范畴,这实际上是刑事司法自由裁量权和刑法司法解释权的关系问题;二是是否应当保留通常所说的刑法司法解释(即规范性刑法解释)的问题。

---

① 这并未增加最高司法机关的负担,只不过把事后的工作提前做了而已,因为根据目前的做法,高级人民法院、省级人民检察院在确定本地区适用的数额标准后也要报最高司法机关备案。

② 转引自林山田:《刑罚学》,台湾商务印书馆 1983 年版,第 127 页。

③ 与民法的渊源不同,刑法的这些法律渊源都是成文法(没有习惯),而且都是全国人大和全国人大常委会制定的(没有行政法规和地方性法规等)。

(1)没有必要将刑事司法自由裁量权纳入刑法司法解释权的范畴。正如有论者所指出的那样,“刑法适用解释其实质是在罪刑法定原则前提下法官行使自由裁量权。”①《牛津法律大辞典》将自由裁量权(discretion)的定义界定为:酌情作出决定的权力,并且这种决定在当时情况下应是正义、公正、正确、公平和合理的。法律常常授予法官的权力或责任,使其在某种情况下可以行使自由裁量权。有时是根据形势所需,有时则仅仅是在规定的限度内行使这种权力。② 我国有论者认为,自由裁量权是指法官裁判之度量,是法官在审判活动中发挥主观能动作用,选择、适用法律和司法解释,对具体案件作出评价判断,并作出处分的裁判自由度。③ 有论者认为,法官自由裁量权的范围体现在三个阶段之中:第一,法官在查清案件事实过程中具有自由裁量权;第二,法官在选择所要适用的刑法规范的过程中具有刑事自由裁量权;第三,法官在最终的刑事裁决时具有自由裁量权。④ 法官的自由裁量权是司法权的重要组成部分,贯穿于将法律条文与案件事实相结合的整个司法过程中,这种判断既包括事实的判断(主要是证据的判断),也包括对法律条文含义的理解(即前述论者所指的第二、三个阶段)。其中对法律条文的理解是法官自由裁量权的重要组成部分,在刑事司法活动中,这种自由裁量权与刑法司法解释权密切相关,容易混淆。在这种情况下,我们不要混淆刑法司法解释权和刑事法官自由裁量权的界限,二者的共同之处是都涉及对刑法的理解和说明问题,二者的区别在于行使权力的主体不同,自由裁量权的主体是具体刑事案件中的法官,刑法司法解释权的主体是作为司法机关的法院。在国外大多数国家都不存在法院统一制发法律解释的做法,而是将立法权所预留的自由裁量权完全彻底地交给个案的法官,不再进一步予以限制。我国则存在最高司法机关的规范性司法解释,与国外前一做法的区别在于,基于立法较为粗疏、法官素质较低、地域辽阔等具体国情,我国并未将立法预留的自由裁量权完全交给个案的法官,而是由最高司法机关作出进一步的限制后,再交给个案的法官。最高司法机关的司法解释就是进一步限制法官自由裁量权的手段,目的在于减少个案法官的主观任意性。最高司法机关的司法解释只是进一步限制法官的自由裁量权,而不是完全剥夺个案法官的自由裁量权,因为司法解释本身仍然具有抽象性,法官的自由裁量不能也无法彻底剥

① 参见储槐植:《刑事一体化与关系刑法论》,北京大学出版社 1997 年版,第 464 页。

② 参见〔英〕戴维·M. 沃克编:《牛津法律大辞典》,邓正来等译,光明日报出版社 1986 年版,第 261 页。

③ 参见武树臣:《法律涵量、法官裁量和裁判自律》,载《中外法学》1999 年第 1 期。

④ 参见苗生明:《定罪机制导论》,中国方正出版社 2000 年版,第 200—204 页。

夺。可见,我国的刑法司法解释权和法官的自由裁量权之间存在着此消彼长的关系,司法解释越具体,法官的自由裁量权越小,反之则越大,对于司法解释没有作出限制的问题,法官享有立法所预留的全部自由裁量权;而在国外不存在法院发布的司法解释,法官享有立法所预留的全部自由裁量权。其实,无论是在我国的体制下,还是在国外的体制下,都存在个案的法官具体解释刑法的客观需要和必然性,因为法律条文的规定和具体案件之间不可能存在完全的一一对应关系,但是我们没有必要把这种解释刑法活动的权力从自由裁量权的概念中分离出来,进而造成现有的"刑法司法解释权"概念的混乱。法官的自由裁量权是客观存在的,无需法律的授权;而刑法司法解释权则需要法律的授权,目前只有最高司法机关有权发布司法解释限制法官的自由裁量权,地方司法机关不得发布刑法司法解释性文件限制法官的自由裁量权,这就在刑法司法解释权和法官自由裁量权之间划清了界限。综上所述,我国前述有些论者主张将法官个案解释视为刑法司法解释的组成部分,将法官个案自由裁量权中解释刑法的活动纳入刑法司法解释权的观点是没有任何意义的①,因为法官个案解释权是任何法律解释体制下的无法消除的客观存在,无需重新改造现有的解释体制。这类主张只是在理论层面玩弄刑法司法解释概念的文字游戏而已。

(2)应当保留规范性刑法司法解释。前述有些论者主张取消司法机关规范性司法解释,建立完全的法官个案解释体制。如前所述,笔者反对将个案中解释刑法的活动从法官自由裁量权概念中分离出来纳入刑法司法解释权概念这种玩弄概念游戏的做法。主张取消规范性司法解释,建立法官个案解释体制的主张,实际上已经超出了刑法司法解释体制"改革"的范畴了,而是"革命",即取消刑法司法解释体制,完全让位于法官自由裁量权。其只不过将"法官自由裁量权"改头换面成"法官个案解释体制"而已。法官个案解释在任何法律解释体制下都是客观存在的,无需法律的授权,也无需费力去构建这样一个解释体制,取消规范性解释后剩下的就是法官个案解释。归结到一点,就是要不要保留现行的最高司法机关发布司法解释的制度的问题。笔者认为,我国的最高司法机关尤其是最高人民法院处于相对超脱的地位,在现行立法仍然比较粗疏、法官整体素质低下、法治根基尚浅的情况下,仍有保留规范性司法解释的必要性。正像有的学者所指出的那样:"如何防止法学流为感情法学、法律解释流为法官的任性,是法律解释学的重要课题。"②刑法司法解释理论也应该注意这一问题。

---

① 法院解释和法官适用解释并存论者就持这种观点。

② 参见徐晓峰:《法治、法律解释与司法改革》,载《法律科学》1999 年第 4 期。

(二)刑法司法解释权配置体制改革方案的基本构想

在归纳概括、评析各种改革方案的基础上,笔者试探提出我国刑法司法解释权配置体制的改革方案。笔者主张建立最高人民法院一元一级刑法司法解释体制,但考虑到我国的现实国情,可以采取逐步推进的方式进行。改革方案可分为两步实施:

1. 依法纯化刑法司法解释主体和建立“两高”联合刑事司法解释委员会

(1)坚决依法将行政机关排除在刑法解释体制之外。根据《全国人大常委会关于加强法律解释工作的决议》的规定,公安部、司法部等行政机关无权对属于审判、检察工作中具体应用法律的问题进行解释。应当坚决执行这一立法的精神,将行政机关排除出刑法司法解释体制之外,这也是“有法必依”之社会主义法制原则的要求。行政机关参与制发刑法司法解释的无法律根据的局面从中华人民共和国成立开始延续至今,到了该下力气整顿一下的时候了,这是建设社会主义法治国家在刑法司法解释领域的要求。

(2)严格禁止地方司法机关发布刑法司法解释。地方司法机关制发刑法司法解释没有任何法律根据,应当贯彻 1981 年《全国人大常委会关于加强法律解释工作的决议》的规定,严格禁止地方刑法司法解释的出现。目前这类解释已经较为普遍地存在,极大地损害了刑法的人权保障机能。如 1994 年 11 月 24 日上海市高级人民法院、上海市人民检察院、上海市公安局和上海市司法局《关于办理销赃案件若干问题的意见》;1995 年 11 月 16 日上海市高级人民法院、上海市人民检察院、上海市公安局和上海市司法局《关于查处经济领域中利用合同犯罪案件若干问题的意见(试行)》;2000 年 10 月 25 日上海市高级人民法院、上海市人民检察院、上海市公安局和上海市司法局《关于办理制、销“假冒烟草制品”案件适用法律若干问题的意见(试行)》;2002 年 1 月 9 日浙江省高级人民法院、浙江省人民检察院、浙江省公安厅《关于抢劫、盗窃、诈骗、抢夺借据、欠条等借款凭证是否构成犯罪的意见》;2002 年 10 月 25 日江苏省高级人民法院、江苏省高级人民检察院、江苏省公安厅《关于办理涉枪涉爆、聚众斗殴案件具体应用法律若干问题的意见》;1999 年 7 月 15 日、1999 年 12 月和 2001 年 2 月先后以《上海法院刑庭庭长会议纪要》名义就刑法中相当数量条文适用问题进行的解释①;山东省高级人民法院于 2003 年 6 月 17 日对外公布的《关于为解放思想、干事创业、加快发展服务的意见》,要求全省法院系统掌握好“十条法律界限”,严格区分经济纠纷、改革创新、工作失误与违法犯罪的界限,其中不少规定与《刑法》的规定不

① 参见程璞:《越权司法解释破坏法制统一》,载赵秉志、张军主编:《刑法解释问题研究》,中国人民公安大学出版社 2003 年版,第 713 页。

符;等等。对地方司法机关制定的刑法司法解释性文件,应当由最高司法机关组织认真清理一次,对不合乎《刑法》规定的,应当明令废止,而且以后不得再制发此类解释,有解释需要的,可以向最高司法机关提出解释建议。还值得提出的是,"两高"关于数额、数量问题的一些司法解释中往往授权省级司法机关根据本地区的社会治安、经济发展水平作出各不相同的具体规定。笔者认为,这种授权做法弊大于利,也应当禁止。第一,各省、自治区、直辖市确定不同的标准会造成省际刑法司法解释性文件的冲突,给司法实践带来麻烦;第二,确立统一的标准不存在不利于或放纵犯罪嫌疑人、被告人的问题,也不存在打击面过窄或过宽的问题;第三,我国也有很多的涉及数额、数量问题的刑法司法解释没有授权省级司法机关各自确定标准,如2001年4月9日发布的最高人民法院、最高人民检察院《关于办理生产、销售伪劣商品刑事案件具体应用法律若干问题的解释》、2000年9月8日公布的最高人民法院《关于审理伪造货币等案件具体应用法律若干问题的解释》、2000年9月26日发布的最高人民法院《关于审理走私刑事案件具体应用法律若干问题的解释》等,可见最高司法机关考虑各地经济发展不平衡的刑事政策也是很不彻底的。

(3)严禁最高司法机关内部机构以自己的名义制发刑法司法解释。1981年《全国人大常委会关于加强法律解释工作的决议》只将司法解释权授予最高人民法院和最高人民检察院,即司法解释只能以最高人民法院和最高人民检察院的名义向外公布。"两高"的(法律政策)研究室、业务庭(厅)等不得以自己的名义对外发布刑法司法解释文件。但实践中由"两高"内部机构发布的刑法司法解释性文件已经不在少数。如1984年9月17日最高人民法院研究室《关于对拘役犯在缓刑期间发现其隐瞒余罪判处有期徒刑应如何执行问题的电话答复》;1985年8月16日最高人民法院研究室《关于未成年犯能否附加剥夺政治权利问题的电话答复》;1987年12月1日最高人民法院研究室《关于剥夺政治权利期间是否可以获准出国定居的电话答复》;1988年3月24日最高人民法院研究室《关于被判处拘役缓刑的罪犯在考验期内又犯新罪应如何执行问题的电话答复》;1989年1月24日最高人民法院研究室《关于盗窃不能随即兑现的金融债券、有奖债券的计算问题的电话答复》;1989年5月29日最高人民法院刑二庭《关于办理减刑假释工作有关问题的电话答复》;1989年11月30日最高人民法院刑二庭《关于对监外执行犯符合减刑条件的如何办理裁定减刑问题的电话答复》;1990年10月12日最高人民法院研究室《关于乡镇村民小组长能否成为报复陷害罪主体问题的复函》;1991年11月13日最高人民法院研究室《关于不满16周岁的人犯脱逃是否构成脱逃罪问题的电话答复》;1992年11月17日最高人民法院研究室《关于如何计算正在使用中的通讯线路价值问题的电话答复》;2002年9月18日最高人民检察院研究室《关于盗窃骨灰行为如何处理问题的答复》;2002年10月24日最高人民检察院法律政策研究室《关于通过伪造证据骗取法院民事裁判占有他人财物的行为如何适用法律问题的答复》;等等。这类解释性文件与刑法司法解释在实质上没有任何差异,却可以不受制定程序等制约。如果不坚决禁止此类解释,我们对刑法司法解释科学化、合理化的各种改革措施就会被迂回架空。

(4)建立"两高"联合刑事司法解释委员会。根据1981年6月10日《全国人大常委会关于加强法律解释工作的决议》的规定,最高人民检察院和最高人民法院共同享有刑法司法解释权。这是我国刑法司法解释权配置体制改革的法律障碍。此外,我们对检察权性质的传统观念也需要转变。在全国人大常委会修改前述立法之前,我们不应无所作为,而应在现有体制内逐步推进这一改革进程,为进一步的改革打下基础,尽量减少、克服现有体制的弊端。根据《全国人大常委会关于加强法律解释工作的决议》的规定,司法解释权在最高人民法院和最高人民检察院之间的配置如下:凡属于法院审判工作中具体应用法律、法令的问题,由最高人民法院进行解释;凡属于检察院检察工作中具体应用法律、法令的问题,由最高人民检察院进行解释。就刑法的解释而言,审判工作中具体应用刑法的问题和检察工作中具体应用刑法的问题之间存在竞合,即二者的解释范围存在重合之处。该决议中规定的"最高人民法院和最高人民检察院的解释如果有原则性的分歧,报请全国人民代表大会常务委员会解释或决定",也印证了这一点,即只有二者的解释范围存在交叉时,才可能出现两家解释发生"原则性的分歧"的情形。

关于如何厘清两家的解释范围,是一个比较困难的问题。有论者就如何划分"两高"的刑事法司法解释的范围提出了自己的见解。论者将刑事法律的规定分为三大类:第一类是仅与检察院的检察工作相关的规定,主要是有关刑事诉讼程序的规定。第二类是仅与法院审判工作相关的规定,如具体罪的量刑规定。第三类是与法院审判工作和检察院检察工作都相关的规定,如刑法总则关于认定犯罪的一般规定;总则关于一般量刑情节的规定即犯罪预备、犯罪未遂、犯罪中止、累犯、自首、主犯、胁从犯、教唆犯的规定等;刑法分则关于各种具体罪的构成要件的规定。根据这种划分,最高人民法院能够单独进行解释的应限于刑法关于具体罪处刑的规定,最高人民检察院能够单独进行解释的则限于有关刑事诉讼程序的规定，此外，都应由最高人民法院和最高人民检察院进行联合解释。① 笔者认为，该论者的主张过于扩大了检察解释的范围：第一，刑事诉讼程序的规定也不仅仅是检察工作中的事项，审判阶段的刑事诉讼程序与审判工作密切相关，最高人民法院也有权解释，只有侦查阶段、审查起诉等审判阶段以前的刑事诉讼法问题才专属最高人民检察院解释；第二，关于刑罚的规定应当专属于审判工作中的问题，检察机关在侦查、审查起诉中只需要对行为的罪与非罪、此罪与彼罪问题进行判断，无需对刑罚适用问题进行具体判断。就刑法的解释而言，只有涉及罪与非罪、此罪与彼罪界限的刑法解释问题才有必要联合解释。为了避免出现两家的矛盾解释，防止最高人民检察院的单独解释在审判工作中被置之不理的尴尬局面出现，可以建立联合刑事司法解释委员会，为负责对审判工作和检察工作具体应用刑事法交叉问题的司法解释起草机构，具体成员可以由最高人民法院的研究室、业务庭和最高人民检察院的法律政策研究室、业务厅的成员组成，负责起草有关的刑事法司法解释，然后分别由最高人民法院审判委员会、最高人民检察院检察委员会通过，再颁布施行。对于审判阶段以前的刑事诉讼程序问题由最高人民检察院单独解释②；对于量刑问题的刑法司法解释由最高人民法院单独解释，最高人民检察院不再参加。

2. 取消最高人民检察院的刑法司法解释权，建立最高人民法院一元一级刑法司法解释体制

如前所述，检察机关参与刑法司法解释不但存在理论障碍，而且在实践中也带来了“两高”解释公开“打架”等不少弊端，我国刑法司法解释权配置体制改革的最终目标是修改 1981 年《全国人大常委会关于加强法律解释工作的决议》规定的现行体制，取消检察机关的解释权，建立最高人民法院“一元一级”解释体制。建立以审判为中心、控辩平衡的刑事诉讼模式是我国诉讼模式顺应法治文明发展潮流的必然走向，取消在刑事诉讼中处于控诉方地位的检察机关的刑法司法解释权也是刑法解释体制不可逆转的趋势。此外，最高人民法院作为刑法司法解释权的唯一主体，其刑法司法解释工作也应当走上规范化、科学化的轨道，而且应当建立和强化外部监督机制，防止刑法解释权的滥用，防止越权解释的出现，并建立越权司法解释的事后补救机制（如撤销机制）。

---

① 参见李希慧：《刑法解释论》，中国人民公安大学出版社 1995 年版，第 224 页。

② 我国不少学者都不否认最高人民检察院对刑事程序法的解释权。参见卢勤忠：《关于我国检察机关的司法解释权的探讨——兼谈法律解释工作的完善》，载《法学家》1998 年第 4 期；秦瑜、刘峥：《关于我国刑法司法解释规范化思考》，载《江海学刊》2000 年第 1 期。

三、刑法司法解释创制方式的改革

刑法司法解释的创制,是指最高人民法院和最高人民检察院在其法定的职权范围内,依照规定的程序,依法制定、修改和废止刑法司法解释文件的活动。我国现行的刑法司法解释创制方式存在重大弊端,尤其需要在以下几个方面进行改革:

(一)厘清刑法司法解释与一般司法文件的关系

一般司法文件是指司法机关发布的除司法解释文件以外的其他公务文书。要规范我国的刑法司法解释制度,一项非常重要的工作的就是必须厘清刑法司法解释与一般司法公文的界限。刑法司法解释和一般司法文件是既相联系又相区别的两个概念。

1. 联系

(1)都属于司法机关公文的范畴。根据1996年4月9日最高人民法院发布的《人民法院公文处理办法》第2条规定,人民法院的公文(包括电报,不含诉讼文书),是人民法院在审判工作和行政管理过程中形成的具有法定效力和规范体式的公务文书,是贯彻党的方针、政策,执行国家法律,发布司法解释,指导、布置和商洽工作,请示和答复问题,报告情况,交流经验的重要工具。由此可见,司法解释就是司法文件的一种重要类型。

(2)都是指导下级司法机关工作的重要形式。根据我国现行的司法体制,上下级人民法院之间是一种业务上的监督与被监督的关系,上下级人民检察院之间是一种领导与被领导的关系。下发包括司法解释在内的司法文件,是上级司法机关对下级司法机关发挥"监督"或"领导"职能的一种重要形式,光靠发布司法解释是无法充分履行这种"监督"或"领导"职能的,还必须通过发布其他类型的司法文件等形式。

(3)在我国的司法实践中二者界限模糊不清。有论者将包含有刑法解释内容的一般司法文件称为"准刑事司法解释"。① 二者界限的模糊主要表现在以下两个方面:第一,形式上的界限不清。如最高人民检察院发布的《最高人民检察院司法解释工作暂行规定》第8条规定:"最高人民检察院的司法解释文件采用'解释'、'规定'、'意见'、'通知'、'批复'等形式。"该条中的

① 参见林维:《论准刑事司法解释的形成和发展》,载陈兴良主编:《刑事法评论》(第11卷),中国政法大学出版社2002年版,第337—343页。

"等"字就造成了司法解释与一般司法文件连在形式上的界限都难以区分，更不用说在具体内容上的混同了。第二，内容上的界限模糊不清。在我国的司法实践中，刑法司法解释与一般司法文件在内容上的界限一直都模糊不清，即在许多一般司法公文中大量包含刑法司法解释内容。即使在1996年12月9日最高人民检察院制定的《最高人民检察院司法解释工作暂行规定》和1997年6月23日最高人民法院制定的《最高人民法院关于司法解释工作的若干规定》发布后，这一状况仍然没有改变。如2000年3月20日最高人民法院、最高人民检察院、公安部、民政部、司法部、全国妇联发布的《关于打击拐卖妇女儿童犯罪有关问题的通知》，该文件不属于《最高人民法院关于司法解释工作的若干规定》的"解释"、"规定"和"批复"三种规定的司法解释形式之一，应当属于一般司法文件。但是，这一司法文件中包括大量的刑法司法解释内容，如："凡是拐卖妇女、儿童的，不论是哪个环节，只要是以出卖为目的，有拐骗、绑架、收买、贩卖、接送、中转、窝藏妇女、儿童的行为之一的，不论拐卖人数多少，是否获利，均应以拐卖妇女、儿童罪追究刑事责任。对收买被拐卖的妇女、儿童的，以及阻碍解救被拐卖妇女、儿童构成犯罪的，也要依法惩处。出卖亲生子女的，由公安机关依法没收非法所得，并处以罚款；以营利为目的，出卖不满十四周岁子女，情节恶劣的，借收养名义拐卖儿童的，以及出卖捡拾的儿童的，均应以拐卖儿童罪追究刑事责任。出卖十四周岁以上女性亲属或者其他不满十四周岁亲属的，以拐卖妇女、儿童罪追究刑事责任。""任何单位和个人不得歧视被拐卖的妇女、儿童。对被解救回的未成年人，其父母及其他监护人应当接收并认真履行抚养义务。拒绝接收，拒不履行抚养义务，构成犯罪的，以遗弃罪追究刑事责任。"此外，一些以"会议纪要"、"座谈会纪要"等形式下发的司法文件中也大量存在刑法解释内容，如2003年11月13日最高人民法院印发的《全国法院审理经济犯罪案件工作座谈会纪要》中就对"国家机关工作人员的认定"、"国家机关、国有公司、企业、事业单位委派到非国有公司、企业、事业单位、社会团体从事公务的人员的认定"、"'其他依照法律从事公务的人员'的认定"、"关于'从事公务'的理解"、"贪污罪既遂与未遂的认定"、"'受委托管理、经营国有财产'的认定"、"国家工作人员与非国家工作人员勾结共同非法占有单位财物行为的认定"、"共同贪污犯罪中'个人贪污数额'的认定"、关于受贿罪"利用职务上的便利"、"为他人谋取利益"、"利用职权或地位形成的便利条件"、"离职国家工作人员收受财物行为的处理"、"共同受贿犯罪的认定"、"以借款为名索取或者非法收受财物行为的认定"等二十多个刑法问题进行了具体的解释。

2. 区别

刑法司法解释与一般的司法文件的区别主要在于：

(1)制定主体的范围不同。刑法司法解释的制定主体仅限于最高人民法院和最高人民检察院，最高司法机关的内部部门和地方司法机关都无权制发刑法司法解释文件。而一般司法文件的制定主体要宽得多，最高司法机关的内部机构和各级司法机关都可以制发司法文件①，即在审判、检察工作和行政管理过程中，这些机构为贯彻党的方针、政策，执行国家法律，指导、布置和商洽工作，请示和答复问题，报告情况，交流经验，都可以制发司法文件。如最高人民法院和最高人民检察院的研究室无权发布刑法司法解释，但有权发布其他一般的司法文件。遗憾的是，这两家最高司法机关的研究部门在实践中发布了大量的名为"答复"的刑法解释性文件，这些"答复"到底属于刑法司法解释还是一般的司法文件？

(2)形式不同。1996 年 12 月最高人民检察院发布的《最高人民检察院司法解释工作暂行规定》第 8 条规定："最高人民检察院的司法解释文件采用'解释'、'规定'、'意见'、'通知'、'批复'等形式。"1997 年 7 月最高人民法院发布的《最高人民法院关于司法解释工作的若干规定》第 9 条规定："司法解释的形式分为'解释'、'规定'、'批复'三种。"根据 1996 年 4 月 9 日最高人民法院发布的《人民法院公文处理办法》的规定，司法文件的形式要多得多，大体上包括了以下 12 种形式：第一，命令(令)。适用于授予司法警察警衔、奖励有关人员。第二，议案。适用于各级人民法院依照法律程序向同级人民代表大会及其常务委员会提请审议事项。第三，报告。适用于向同级人民代表大会及其常委会、上级机关汇报工作，反映情况，提出意见或者建议，答复上级机关的询问。第四，决定。适用于对重要事项或重大行动作出安排。第五，规定。适用于对特定范围内的工作制定带有规范性的措施。第六，公告、通告。公告适用于向国内外宣布重要事项；通告适用于在一定范围内公布应当遵守或周知的事项。第七，通知。适用于发布规章，转发公文，要求下级法院办理和需要周知或共同执行的事项，任免和聘用干部。第八，通报。适用于表彰先进，批评错误，传达重要精神或情况。第九，批复。批复包括司法解释批复、司法行政批复及其他批复。司法解释批复适用于最高人民法院答复高级人民法院就审判工作中具体应用法律问题的请示；司法行政批

① 1996 年 4 月 9 日最高人民法院发布的《人民法院公文处理办法》第 11 条规定："人民法院办公厅(室)可以对下级人民法院和其他机关行文。人民法院其他各部门可在自己的权限内互相行文，可以与其他机关的业务对口部门行文，但不得直接对上、下级人民法院或其他机关行文。上、下级人民法院的对口部门可以互相行文。"

复适用于最高人民法院批准设立、变更、撤销地方人民法院和专门法院,中级人民法院批准设立、变更、撤销人民法庭等;其他批复适用于上级法院答复下级法院除司法解释批复、司法行政批复以外的请示事项。第十,请示。适用于向上级机关请求指示或批准。第十一,函。适用于法院之间或法院同其他机关商洽工作,询问或答复问题,向有关主管部门提出请求批准等。第十二,会议纪要。适用于记载、传达会议精神和议定事项。

(3)制定程序不同。刑法司法解释必须按照《最高人民检察院司法解释工作暂行规定》和《最高人民法院关于司法解释工作的若干规定》的规定程序制定,最后都需要提交最高人民法院审判委员会或者最高人民检察院检察委员会审议通过,而且必须对外公布,必须在判决书等法律文书中援引作为处理案件的依据。而一般司法文件的制定,目前基本上没有硬性的程序性规定,只是《人民法院公文处理办法》第 6 章"公文办理"部分作出了一些较为松散的规定,不是必须通过审判委员会通过,院长乃至内部部门的负责人都可以签发,也没有必须公布的要求,有的司法文件甚至作为国家秘密对待,一般公众难以了解,也不能在判决书等法律文书中援引作为处理案件的依据。

总之,笔者赞同最高司法机关通过发布司法文件的形式来指导下级司法机关的工作,但应当严格区分司法解释与一般的司法文件的界限,不应在一般司法文件中规定刑法解释内容,造成刑法司法解释与一般司法文件界限不清的状况。这种界限不清的状况,使得最高司法机关的内部部门和地方司法机关得以借司法文件之名行刑法司法解释之实,这是造成目前刑法司法解释受到越权解释层出不穷等诟病的重要原因之一,必须下大力气予以整治①,否则,最高司法机关正在酝酿的司法解释规则制定得再完美也于事无补②,只有堵住利用司法文件进行刑法解释的漏洞,才能使得司法解释工作真正走上规范化的轨道。③

(二)摒弃刑法司法解释创制之转发认可方式

刑法司法解释的认可,是指最高司法机关承认并赋予某些解释性文件以

① 这些含有刑法解释内容的司法文件虽然不在法律文书中明确援引,但下级司法机关在实践中一般都默契地予以遵循,以免被上级法院改判或发回重审。

② 如最高人民法院和最高人民检察院的内部部门(如研究室)发布的大量名曰"答复"的刑法解释性文件就在司法实践中实际地发挥着刑法司法解释的作用;地方司法机关也通过制定包含刑法解释内容的司法文件来规避地方机关不得制发司法解释的禁止性规定。

③ 有论者对民事司法解释领域里"座谈会纪要"等一般司法文件大行司法解释乃至立法之实提出了严厉的批评。笔者认为,这种现象在刑法司法解释中也存在。参见蔡虹:《对司法解释的解释》,载《法学评论》2000 年第 3 期。

刑法司法解释效力的活动。在我国刑法解释的实践中，确实存在这样一种现象，即一些解释性文件本身并非由最高司法机关制定但被最高司法机关认可为刑法司法解释的现象。

1. 刑法司法解释认可的形式

从中华人民共和国成立以来我国刑法司法解释的实践来看，最高司法机关认可刑法司法解释的形式主要包括以下几种：

(1)转发中央政法委员会等党的机关发布的刑法解释性文件。如1983年8月29日中共中央政法委员会办公室下发了政法(83)6号文件①，指出："贪污、受贿二千元以下的，根据情节可以判刑，也可以不判刑，不宜都不判刑。"1983年8月20日最高人民法院、最高人民检察院发布《转发中央政法委员会办公室政法函(83)6号文件的通知》。

(2)转发全国人大常委会内部工作机构的刑法解释性文件。如1981年7月28日最高人民法院发布《关于转发〈全国人民代表大会常务委员会办公厅(81)常办秘字第131号复函〉的通知》，(81)常办秘字第131号复函规定，根据第五届全国人民代表大会常务委员会第19次会议《关于死刑案件核准问题的决定》的精神，在1983年以前，被判死刑缓期执行的罪犯，在死缓执行期间，抗拒改造情节恶劣，查证属实，应当执行死刑的，属于本决定第1项所列举的罪犯，应由省、自治区、直辖市高级人民法院核准；属于反革命犯和贪污犯等，应由最高人民法院核准。

(3)转发国务院部门的解释性文件。新闻出版署、最高人民法院、最高人民检察院、公安部、广播电影电视部、国家工商行政管理局于1987年12月25日至28日在北京联合召开了部分省、市新闻出版局、法院、检察院、公安厅(局)有关负责人参加的依法查处非法出版犯罪活动工作座谈会。在未邀请"两高"联署的情况下，新闻出版署、公安部、广播电影电视部、国家工商行政管理局于1988年3月8日以(88)新出发字第216号通知印发了《依法查处非法出版犯罪活动工作座谈会纪要》，其中有不少刑法解释内容。1988年11月11日最高人民法院、最高人民检察院发布了《关于摘要转发〈依法查处非法出版犯罪活动工作座谈会纪要〉的通知》，转发了其中涉及刑法解释的部分，要求各级司法机关参照执行。同属这种类型的还有：1988年1月20日最高人民法院办公厅发布的《转发国家商检局、公安部〈关于严厉打击不法分子伪造变造买卖商检单证行为的通知〉的通知》等。还有更为复杂的连续批转的情形，如1981年8月11日公安部发布了《关于坚决打击向国民党特务

① 该文件是对陕西省政法委员会1983年3月24日的"关于在打击经济犯罪案件中，个人贪污不满二千元的是否需要判刑的问题"请示的批复。

机关写信挂钩的犯罪分子的通知》，对有关的刑法适用问题作出了解释；1981年8月15日国务院发布了《批转公安部关于坚决打击向国民党特务机关写信挂钩的犯罪分子的通知》；1981年9月14日最高人民检察院发布《转发〈国务院批转公安部关于坚决打击向国民党特务机关写信挂钩的犯罪分子的通知〉的通知》。经过这么一个复杂的批转过程，该文件到底是部门规章、行政法规抑或司法解释，难以定性？

(4)转发省级政法机关发布的刑法解释性文件。如1981年8月28日最高人民检察院、最高人民法院、公安部、财政部《关于转发陕西省公安厅、人民检察院、高级人民法院、财政局〈关于认真贯彻 <通告> ①及时查处违犯税收法规案件的联合通知〉的联合通知》；1983年10月20日最高人民法院、最高人民检察院、公安部、司法部《关于转发河北省高级人民法院、人民检察院、公安厅、司法厅〈关于及时核实处理在押犯和劳教人员提供的案件线索的通知〉的通知》；1985年1月15日最高人民检察院《关于转发上海市人民检察院"处理利用'信用卡'进行诈骗活动的几点意见"的通知》②；等等。

(5)转发最高司法机关内部工作部门发布的刑法解释性文件。如1983年9月23日最高人民检察院发布《关于转发二厅〈关于查处盗伐滥伐森林案件的情况和意见〉的通知》；1983年9月26日最高人民检察院发布《关于转发〈各级检察院查处粮食系统贪污犯罪案件的情况和今后意见〉③的通知》；等等。

2. *以认可方式创制刑法司法解释之合理性评析*

笔者认为，转发认可不是一种合理的创制刑法司法解释的形式，不宜采用。主要理由在于：

(1)有混淆不同类型的规范性文件的界限之嫌疑。我国作为单一制国家，由效力等级不同的各类规范性法律文件构成立法体系。具体而言，我国的立法体系包括宪法、法律(狭义)、行政法规、部门规章、地方性法规、地方政府规章等效力等级不同的规范性法律文件。迄今为止，在宪法和法律这一层次的规范性法律文件中还没有出现转发的先例，地方性法规也很少出现转发这一创制形式。但在行政法规、部门规章、地方政府规章中大量地存在以转发形式存在的规范性法律文件，这种转发主要包括以下七种类型：一是国

① 指1989年8月15日最高人民法院、最高人民检察院发布的《关于贪污、受贿、投机倒把等犯罪分子必须在限期内自首坦白的通告》。

② 1984年11月26日上海市人民检察院发布了《关于处理利用"信用卡"进行诈骗活动的几点意见》。

③ 最高人民检察院二厅于1983年9月22日制定。

务院转发国务院部门的部门规章，如2004年2月17日国务院办公厅发布的《转发文化部等部门关于开展网吧等互联网上网服务营业场所专项整治意见的通知》；二是国务院部门转发国务院发布的规范性文件，如1999年12月7日国家烟草专卖局发布的《转发〈国务院关于全面推进依法行政的决定〉的通知》；三是国务院各部门之间互相转发部门规章，如2002年11月19日对外经济贸易合作部办公厅《关于转发〈国家计委关于印发<招标代理服务收费管理暂行办法>的通知〉的通知》；四是国务院部门转发地方人民政府及其部门的政府规章，如2003年6月12日劳动保障部办公厅《关于转发〈上海市人民政府办公厅关于本市建立促进就业责任考核体系的通知〉的函》；五是地方人民政府及其部门转发国务院及其部门的规范性文件，如1999年8月5日北京市人民政府《转发国务院关于贯彻执行中华人民共和国行政复议法文件的通知》和2001年11月20日北京市地方税务局《转发国家税务总局关于司法公证机构改制后有关所得税问题的通知》；六是地方人民政府转发所属部门的规章，如2003年11月25日北京市人民政府办公厅《转发市版权局等部门关于加强计算机软件保护工作意见的通知》；七是地方人民政府所属部门之间的相互转发，如1998年9月8日北京市地方税务局《转发市财政局关于加快国有小企业改革有关财务处理的通知》。笔者认为，以上七种转发中，第二、五种属于下级部门转发上级部门发布的规范性文件，是毫无必要的，因为这些规范性文件自然适用于下级部门，无需转发就具有这种效力；第三、七种转发无非是想让别的部门的规章获得适用于本部门的效力而已，这种同级不同部门之间的规章转发有其一定的合理性，因为部门规章的效力原则上只及于本部门，而且这种效力等级相同的规章之间的转发不会造成规范性文件性质的相互混淆；第一、四、六种转发是不太合适的，因为上下级部门之间是不同效力等级的法律文件的制定主体，这种转发的目的在于使该规范性文件具有更宽的适用范围，但这种转发实际上提升了原有规范性文件的效力等级，这就会在法理上出现问题，这些法律文件到底属于哪一等级的规范性法律文件？例如：2004年2月13日文化部、工商总局等发布的《关于开展网吧等互联网上网服务营业场所专项整治意见》应属于部门规章的范畴，但2004年2月17日国务院办公厅发布了《转发文化部等部门关于开展网吧等互联网上网服务营业场所专项整治意见的通知》，在这种情况下，该规范性文件到底属于效力等级较高的行政法规还是仍属于部门规章？如果认为其属于行政法规，其又不符合《行政法规制定程序条例》的要求；如果认为其仍属于部门规章，其又由国务院的日常办公机构国务院办公厅转发过，获得了适用于其他部门的法律效力。刑法司法解释虽然不属于立法体系的组成部分，但也不应采取转发这一创制形式，刑法司法解释和中央政法委员会及其内部机构、全国人大常委会的内部机构、国务院各部门、省级政法机关、最高司法机关内部部门发布的文件在性质是完全不同的，不可混同。我国实践中存在的前述五种以转发方式创制刑法司法解释的做法有混淆党的文件、立法解释、行政法规、内部司法文件与刑法司法解释界限之嫌，应当予以摒弃。

（2）最高司法机关对前述有关机关提出的作出有关司法解释的建议可以进行研究，如果认为合适的，可以将有关建议内容吸收到解释内容中去，但应严格按照规定的程序来制定司法解释，而不是直接转发这些机关或内部部门事先已经制定出来的文件。即使是中央政法委员会等党的机关的文件也应如此，党的意志也应当通过法律规定的形式转化为法律或法律解释，而不是直接代替法律或法律解释适用于司法实践，这也是我党在这一问题上所持的立场。全国人大常委会内部工作机构、最高司法机关的内部部门、国务院各部门、省级政法机关都无权发布刑法解释性文件，最高司法机关转发这些机关或部门发布的这类文件的做法在某种程度上就是承认了其合法性，有助长这类没有法律根据的刑法解释性文件出现的可能。

（3）现有的有关刑法司法解释制定程序的规定没有确认转发这一刑法司法解释创制方式。1996 年 12 月 9 日最高人民检察院制定的《最高人民检察院司法解释工作暂行规定》和 1997 年 6 月 23 日最高人民法院制定的《最高人民法院关于司法解释工作的若干规定》都没有将转发规定为司法解释的创制方式之一。而且这两个文件发布后也未再出现过以转发形式出现的刑法司法解释文件。

（4）“两高”之间的转发不属于创制刑法司法解释的活动。我国目前实行的是最高人民法院和最高人民检察院都有权制发刑法司法解释的“二元”解释体制，除了联合发布的刑法司法解释之外，更多的是各自发布的刑法司法解释。抛开这种解释体制的合理性不谈，对最高司法机关各自发布的刑法司法解释而言，是否对对方的司法系统具有效力，在理论上有不同的看法。有论者认为，这种解释只能及于各自的司法系统，要想获得及于对方系统的效力，只有通过转发的方式才能实现。① 但是在我国的实践中，“两高”之间相互转发刑法司法解释的例子非常罕见，唯一的一次就是：1985 年 5 月 9 日最高人民法院以法研复 1985 年（28）号文件发布了《关于个人非法制造、销售他人注册商标标识而构成犯罪的应按假冒注册商标罪惩处的批复》，1985 年

① 参见李希慧：《刑法解释论》，中国人民公安大学出版社 1995 年版，第 168、169 页。

6月3日最高人民检察院以高检经发字(1985)第15号文件发布了《转发最高人民法院〈关于个人非法制造、销售他人注册商标标识而构成犯罪的应按假冒注册商标罪惩处的批复〉的通知》。这种转发类似于前述的国务院各部门之间相互转发部门规章,属于效力等级相同的规范性文件之间的转发,不会造成规范性文件效力等级的不明确,因为在未转发之前就具有刑法司法解释的性质,不属于创制刑法司法解释的活动。

(三)刑法司法解释制定和修改模式的改革

1. 刑法司法解释制定方式的改革

刑法司法解释的制定,是指最高司法机关就刑法规范的含义作出新的司法解释文件。制定是创制刑法司法解释的最主要形式。

(1)零乱分散是现行刑法司法制定方式的重大弊端。我国现行的刑法司法解释制定方式最大的特点就是零乱无比,给司法适用造成了极大的不便。以盗窃罪的司法解释为例予以说明,从1979年《刑法》施行至今,据不完全统计,有关盗窃罪的刑法司法解释已达四十余个,如1984年3月28日最高人民检察院《关于是否可以将行为人年满14周岁前后连续进行盗窃的行为一并作为认定惯窃罪的根据问题的批复》;1984年11月2日"两高"《关于当前办理盗窃案件中具体应用法律的若干问题的解答》;1985年4月24日最高人民检察院《关于如何掌握"重大盗窃罪"问题的批复》;1986年9月13日最高人民法院、最高人民检察院、公安部《关于严格依法处理反盗窃斗争中自首案犯的通知》;1986年9月17日"两高"《关于当前办理盗窃案件中适用法律问题的补充通知》;1986年12月1日最高人民检察院《关于盗窃中国工商银行发行的金融债券是否按票面数额计算的批复》;1987年11月27日"两高"《关于办理盗窃、盗掘、非法经营和走私文物的案件具体应用法律的若干问题的解释》;1988年1月4日最高人民法院研究室《关于重大盗窃犯罪数额标准问题的电话答复》;1988年3月14日最高人民法院研究室《关于盗窃有价证券数额计算问题的电话答复》;1988年11月17日"两高"《关于当前办理墓葬案件具体应用法律问题的通知》;1989年1月24日最高人民法院研究室《关于盗窃不能随即兑现的金融债券、有奖债券的计算问题的电话答复》;1989年4月7日最高人民法院研究室《关于盗窃民用爆炸物如何定性的电话答复》;1990年3月16日最高人民检察院《关于盗窃当地中国人民银行批准发行的有价证券如何计算盗窃数额请示的答复》;1990年9月20日最高人民法院研究室《关于盗窃未遂案件定罪问题的电话答复》;1990年5月19日最高人民法院研究室《关于已满14周岁不满16周岁的人多次盗窃数额能否累计计算问题的电话答复》;1990年7月10日"两高"《关于依法严惩盗窃通讯设备犯罪的规定》;1990 年 8 月 31 日最高人民法院研究室《关于贪污盗窃粮票油票等计划供应票证应如何处理问题的电话答复》;1990 年 11 月 25 日最高人民法院研究室《关于偷开汽车长期作为盗窃犯罪工具使用应如何处理问题的电话答复》;1991 年 4 月 12 日最高人民法院《关于办理共同盗窃犯罪案件如何适用法律问题的意见》;1991 年 6 月 20 日公安部、最高人民法院、最高人民检察院《关于严厉打击盗窃破坏国防通讯线路设备犯罪活动的通知》;1991 年 6 月 28 日最高人民法院研究室《关于盗窃未遂行为人为抗拒逮捕而当场使用暴力可否按抢劫罪处罚问题的电话答复》;1991 年 7 月 27 日“两高”《关于盗窃、贪污粮食数额如何计算问题的意见》;1991 年 9 月 25 日最高人民检察院《关于贯彻“反盗窃斗争电话会议”精神严厉打击严重盗窃犯罪活动的通知》;1991 年 10 月 11 日最高人民法院《关于积极开展反盗窃斗争的通知》;1991 年 12 月 20 日“两高”《关于修改盗窃犯罪数额标准的通知》;1992 年 9 月 2 日最高人民法院研究室《关于盗窃装配过程中物品案件如何计算盗窃数额的电话答复》;1992 年 6 月 19 日最高人民法院研究室《关于盗窃黄金矿石和汞膏金应如何计价问题的答复》;1992 年 12 月 11 日“两高”《关于办理盗窃案件具体应用法律的若干问题的解释》;1993 年 12 月 1 日最高人民法院、最高人民检察院、公安部《关于严厉打击盗窃、破坏铁路、油田、电力、通讯等器材设备的犯罪活动的通知》;1994 年 6 月 3 日“两高”《关于办理伪造、倒卖、盗窃发票刑事案件适用法律的规定》;1994 年 6 月 30 日最高人民法院研究室《关于盗窃内部股权证持有卡违法销售应如何认定盗窃数额问题的答复》;1996 年 1 月 23 日最高人民检察院《关于单位盗窃行为如何处理问题的批复》;1997 年 11 月 4 日最高人民法院《关于审理盗窃案件具体应用法律若干问题的解释》;1998 年 3 月 28 日最高人民法院、最高人民检察院、公安部《关于盗窃罪数额认定标准问题的规定》;1998 年 5 月 8 日最高人民法院、最高人民检察院、公安部、国家工商行政管理局《关于依法查处盗窃、抢劫机动车案件的规定》;1999 年 2 月 4 日最高人民法院、最高人民检察院、公安部《关于铁路运输过程中盗窃罪数额认定标准的规定》;2002 年 4 月 10 日最高人民法院《关于对采用破坏性手段盗窃正在使用的油田输油管道中的油品的行为如何适用法律问题的批复》;2002 年 8 月 9 日最高人民检察院《关于单位有关人员组织实施盗窃行为如何适用法律问题的批复》;2002 年 9 月 18 日《关于盗窃骨灰行为如何处理问题的电话答复》;等等。这种零乱分散的刑法司法解释制定方式,不用说是一般公众,就是刑法学者也普遍地感到非常不方便,而且这些刑法司法解释之间的效力关系往往也非常混乱,有时让司法工作人员也不知所从。

(2)建议采取分门别类、相对集中的刑法司法解释制定方式。我国现行随意的、没有任何科学性可言的刑法司法解释制定方式需要下决心进行改革,笔者建议采取分门别类、相对集中的刑法司法解释制定方式。第一,对刑法总则,可以按照制度为单位集中作出司法解释。如《关于刑事责任年龄问题的解释》、《关于共同犯罪问题的解释》、《关于单位犯罪问题的解释》、《关于缓刑问题的解释》、《关于数罪并罚问题的解释》等。第二,对刑法分则,可以按照类罪名为基本单位,较大的类罪名如破坏社会主义市场经济秩序罪和妨害社会管理秩序罪可以以节罪名为单位,抢劫、盗窃等常见、多发的个罪可以单列出来,也可以不完全按照分则的分类进行归类,如枪支、弹药、爆炸物等危险物质犯罪、恐怖主义犯罪、黑社会性质犯罪等分类。分则性解释的标题可以统一为《关于审理××案件具体应用法律问题的解释》。如盗窃罪就只会出现一个刑法司法解释文件。这种制定方式既有助于减少刑法司法解释之间的冲突,也有助于司法适用的便利和有关的普法宣传,也有利于目前让最高司法机关头疼不已的司法解释清理工作。

2. 刑法司法解释的修改方式的改革

刑法司法解释的修改,是指最高司法机关根据变化了的社会情势等各种原因对已有的刑法司法解释的规定作出变更性规定。

(1)刑法司法解释的现有修改方式。我国在实践中所采用的刑法司法解释修改方式主要有以下几种:

第一,以专门的司法解释作出修改的决定。这一方式类似于刑法立法修改中的单行刑法修改方式。如1986年9月17日最高人民法院、最高人民检察院《关于当前办理盗窃案件中适用法律问题的补充通知》,对1984年11月2日发布的《关于当前办理盗窃案件中具体应用法律的若干问题的解答》第5条第(2)项的规定作出了修改;又如1987年最高人民法院、最高人民检察院《印发〈"关于挪用公款归个人使用或者进行非法活动以贪污论处的问题"的修改补充意见〉的通知》,对1985年7月18日发布的《关于当前办理经济犯罪案件中具体应用法律的若干问题的解答(试行)》的有关规定作出了修改;再如1991年12月30日最高人民法院、最高人民检察院发布的《关于修改盗窃数额标准的通知》,对1984年11月2日发布的《关于当前办理盗窃案件中具体应用法律若干问题的解答》中有关的规定进行了修改。这种修改方式在刑法司法解释的实践中较少使用。

第二,在新的司法解释中对现有的司法解释的有关规定作出不明示的修改。这是一种模糊的修改方式,往往需要司法工作人员去具体判断是否构成修改,修改的具体内容何在。如1992年12月11日"两高"发布《关于办理盗窃案件具体应用法律的若干问题的解释》,该解释第9条第(2)项规定:"本解释发布前有关办理盗窃案件的司法解释,与本解释重复或者抵触的,以本解释为准。"这一解释对此前的有关司法解释作出哪些修改,需要司法工作人员去具体判断,解释本身并未予以明示。这是我国使用最为普遍的刑法司法解释修改方式。之所以使用这一模糊不清的修改方式的主要原因在于,我国当前刑法司法解释非常零散,各解释之间的重复之处和抵触之处往往难以明确判断,因而司法解释的制定者将这一难题留给了处理具体案件的司法工作人员。

(2)建议采取《关于修改〈××解释〉的决定》的修改方式。与笔者所主张的分门别类、相对集中的刑法司法解释制定方式相一致,刑法司法解释的修改应当采取《关于修改〈××解释〉的决定》,将修改的内容直接补入现有的刑法司法解释之中。这种修改方式类似于刑法立法修订中所使用的刑法修正案。这种修正方式可以防止就同一问题出现众多的刑法司法解释文件让人不知所从的局面,便于司法适用,也可以避免司法解释文件之间出现矛盾和冲突。

四、积极应对越权刑法司法解释问题①

(一)越权刑法司法解释的概念界定(略)

(二)越权刑法司法解释的原因探析(略)

(三)越权刑法司法解释的理性对策(略)

五、结　语

在刑法立法仍相对粗疏,社会转型时期各项制度的革新重构频仍,社会治安形势依旧严峻的形势下,刑事司法活动对刑法司法解释的依赖程度日益增加,在刑法司法解释在某种意义上已经成为"准刑法立法"活动。这种现象虽然有其积极的一面,但也容易产生一些危害刑事法治健康进行的弊端,刑法司法解释问题已经成为目前我国刑法制度中最迫切需要改革的几个问题之一。刑法司法解释制度的改革是牵涉权力配置体制、解释技术、创制方式、监督机制等诸多方面的全面改革。我们期待借国家司法改革的东风,一并妥善地解决刑法司法解释制度的改革问题。我们再次重申我们的主张:

其一,应当建立最高人民法院一元一级刑法司法解释体制,但考虑到我

① 此问题之论述在本文中删除,而仅保留层次标题。详见收入本书的上篇论文《论越权刑法解释》,原载《法学家》2004 年第 2 期。

国的现实国情,可以采取逐步推进的方式进行。改革方案可分为两步实施:(1)依法纯化刑法司法解释主体和建立"两高"联合刑事司法解释委员会。一是坚决依法将行政机关排除在刑法解释体制之外;二是严格禁止地方司法机关发布刑法司法解释;三是严禁最高司法机关内部机构以自己的名义制发刑法司法解释;四是建立"两高"联合刑事司法解释委员会,划分两家的解释权限。(2)取消最高人民检察院的刑法司法解释权,建立最高人民法院一元一级刑法司法解释体制。如检察机关参与刑法司法解释不但存在理论障碍,而且在实践中也带来了"两高"解释公开"打架"等不少弊端,我国刑法司法解释权配置体制改革的最终目标是修改1981年《全国人大常委会关于加强法律解释工作的决议》规定的现行体制,取消检察机关的解释权,建立最高人民法院"一元一级"解释体制。

其二,对刑法司法解释的创制方式进行变革。(1)厘清刑法司法解释与一般司法文件的关系。在我国的司法实践中,刑法司法解释与一般司法文件在内容上的界限一直都模糊不清,即在许多一般司法公文中大量包含刑法司法解释内容。这种界限不清的状况,使得最高司法机关的内部部门和地方司法机关得以借司法文件之名行刑法司法解释之实,这是造成目前刑法司法解释受到越权解释层出不穷等诟病的重要原因之一,必须下大力气予以整治,否则刑法司法解释的改革势必成为空谈。(2)摒弃转发认可这一刑法司法解释创制方式。(3)我国现行的刑法司法解释制定方式最大的特点就是零乱无比,给司法适用造成了极大的不便。建议采取分门别类、相对集中的刑法司法解释制定方式。第一,对刑法总则,可以按照制度为单位集中作出司法解释。第二,对刑法分则,可以按照类罪名为基本单位,较大的类罪名如破坏社会主义市场经济秩序罪和妨害社会管理秩序罪可以以节罪名为单位,抢劫、盗窃等常见、多发的个罪可以单列出来,也可以不完全按照分则的分类进行归类,如枪支、弹药、爆炸物等危险物质犯罪、恐怖主义犯罪、黑社会性质犯罪等分类。分则性解释的标题可以统一为《关于审理××案件具体应用法律问题的解释》。(4)建议采取《关于修改〈××解释〉的决定》的刑法司法解释修改方式。与前述分门别类、相对集中的刑法司法解释制定方式相一致,刑法司法解释的修改应当采取《关于修改〈××解释〉的决定》,将修改的内容直接补入现有的刑法司法解释之中。

其三,采取应对越权刑法司法解释的对策。(1)坚持细密立法观和超前立法观;(2)立法机关及时行使刑法修改权;(3)最高司法机关及时行使刑法司法解释权;(4)保证司法机关独立行使司法解释权;(5)以法律对刑法解释的制定程序进行规定;(6)建立完善的越权刑法司法解释撤销机制。

VI

刑法接轨问题

19. 中国反腐败刑事法治国际化论纲*

目　次

---

* 本文系作者向2008年10月6日至8日在北京召开的"全球化与法律国际化"研讨会提交的论文并被收入会议文集中；后经修改刊载于《江海学刊》2009年第1期。

一、前　　言

腐败是当今国际社会所共同面临的一个世界性问题。单靠一国或一地区之力,断然难以疗治人类社会的这一顽疾,因而需要国际社会形成反腐败的合力方能奏效。因应这一形势,反腐败刑事法律的国际化、全球化便成为必然和必需。处于转型期的中国社会的腐败现象较为严重①,反腐败形势也比较严峻。面对这一现实,致力于建设民主法治社会的中国政府一贯重视反腐败工作。在刑事法治领域,经过多年来的不断修改、完善,迄今中国的刑事法律已经基本上涵盖了腐败犯罪的各种类型,相关刑事处罚日益文明,刑事程序渐趋公正,中国反腐败刑事法治逐渐呈现出一种国际化、现代化的面貌和趋势。但在反腐败刑事法治的国际化方面也还存在许多问题,需要我们施以良策,使中国反腐败刑事法治能够不断吸收人类社会共同的相关文明成果,逐步与国际社会全面而合理化地接轨,从而促进中国的反腐败法治事业,并对国际社会的反腐败刑事法治的发展完善作出自己应有的贡献。

二、中国反腐败刑事法治国际化的体现和原因

(一)中国反腐败刑事法治国际化的体现

改革开放以来,尤其是近年来,中国反腐败刑事法治的国际化趋势日益加强,这主要体现在以下几个方面:

1. 反腐败国际法的国内化

反腐败方面的国际公约是国际社会反腐败实践的经验总结和规范标准。第58届联合国大会于2003年10月31日审议通过了《联合国反腐败公约》(以下简称《公约》)并随后开放签署,该《公约》已于2005年12月14日起生效。中国政府在较短的时间内完成了该《公约》的签署和批准程序,《联合国反腐败公约》已于2006年2月12日起在我国生效,并适用于我国香港地区。根据“条约必须遵守”这一原则,为贯彻执行好《公约》,需

① 总部位于柏林的“透明国际”2008年6月25日发布了一年一度的“全球腐败指数”(CPI),在参与调查的180个国家中,中国从前一年的第72位下降1位,排名第73位。

要对中国刑事立法及司法实践进行一系列的改革和完善,以使其与《公约》的规定和要求协调统一。近年来,我国正在抓紧从事此方面的探索和工作。加入《公约》以及其他的反腐败方面的国际公约,并进行相关的国内立法修改、完善,必将成为当今我国反腐败刑事法治国际化的内在动因、直接诉求和基本体现。

2. 我国反腐败刑事法网逐步严密

概览世界各国刑法及相关国际条约关于反腐败犯罪的规定,可以清晰地看到,严密的反腐败刑事法网乃是反腐败刑事法律的一种国际化的趋势。通过修改、完善,我国刑法中的反腐败刑事法网也逐步变得严密起来,体现出向反腐败刑事法网严密的国际化靠拢看齐的趋势。

我国现行《刑法》在分则第 8 章专章规定了"贪污贿赂罪";在分则第 9 章专章规定了"渎职罪";在第 3 章"破坏社会主义市场经济秩序罪"中的第 4 节"妨害对公司、企业的管理秩序罪"中规定了非国家工作人员受贿罪,对非国家工作人员行贿罪,国有公司、企业、事业单位人员滥用职权罪和失职罪等犯罪;在分则第 5 章"侵犯财产罪"中规定了职务侵占罪、挪用资金罪等犯罪,从而基本上形成了较为严密的反腐败刑事法网。

我国国家立法机关非常重视通过修改、补充法律来不断严密反腐败刑事法网。在近年来通过的多个刑法修正案中,都涉及惩治腐败犯罪的修法内容。

2002 年 12 月 28 日,第九届全国人大常委会第 31 次会议通过《中华人民共和国刑法修正案(四)》(以下简称《刑法修正案(四)》),专门增加了对于人民法院执行人员在执行判决、裁定活动中,严重不负责任或者滥用职权的"未谋取个人利益的腐败"的规定。同时,此次全国人大常委会会议还通过对于《刑法》中渎职罪主体适用问题的解释,明确规定那些虽未列入国家机关人员编制,但在国家机关中从事公务的人员,在代表国家行使职权时,有渎职行为,构成犯罪的,依照《刑法》关于渎职罪的规定追究刑事责任。①

2006 年 6 月 29 日,第十届全国人大常委会第 22 次会议通过《中华人民共和国刑法修正案(六)》(以下简称《刑法修正案(六)》),剑指商业贿赂这个当今中国社会广泛而严重的"腐蚀剂"。这次刑法修改,将商业贿赂犯罪的主体扩大到公司、企业以外的其他单位的工作人员。这样,类似于发生在医疗机构的药品、器械采购中的商业贿赂行为,如收取药品回扣、赞助费等,数额较大的,也将以非国家工作人员受贿罪被追究刑事责任。引人注目的是

① 参见 2002 年 12 月 28 日全国人大常委会《关于 < 中华人民共和国刑法 > 第九章渎职罪主体适用问题的解释》。

该修正案还将洗钱罪的上游犯罪扩大至贪污贿赂犯罪。

2008年8月29日，在经过第十一届全国人大常委会第4次会议初次审议后，《中华人民共和国刑法修正案（七）（草案）》（以下简称《刑法修正案（七）（草案）》）开始向全社会公开征集意见。《刑法修正案（七）（草案）》的一大亮点是进一步加大了反腐败力度。① 在《刑法修正案（七）（草案）》中，国家工作人员亲属、离职的国家工作人员等利用影响力收受财物的也被规定为犯罪。《刑法修正案（七）（草案）》还对现行《刑法》第312条“掩饰、隐瞒犯罪所得、犯罪所得收益罪”作出修改，增加了有关单位犯罪的规定。我国《刑法》的第312条与规定洗钱罪的第191条之间存在着一般法条与特殊法条的关系，它们都是赃物类犯罪的延伸。这一修改是对我国刑法反洗钱体系的完善。《刑法修正案（七）（草案）》还将巨额财产来源不明罪的法定刑由5年有期徒刑提高至10年有期徒刑。这是因为有关的国际文件对巨额财产来源不明罪（即资产非法增加罪）的处罚作了原则性的规定，要求接近于贪污舞弊的严厉程度。尽管上述规定还将进一步研讨抉择，但我国国家立法机关严密反腐败刑事法网和加强反腐败刑事法力度的立法旨意是明确的、值得肯定的。

如果《刑法修正案（七）（草案）》得以通过，那么，除了贿赂外国公职人员罪和贿赂国际公共组织官员罪之外，《公约》所规定的所有腐败犯罪都将在我国刑法典中得到体现，我国反腐败犯罪的刑事法网将进一步严密，刑罚处罚力度也将逐步符合国际标准。

不仅仅是修改法律，近年来，我国最高司法机关也在注意通过司法解释，不断延伸相关法律对现实中一些新类型腐败犯罪的惩治。例如，2007年7月8日，最高人民法院和最高人民检察院联合发布了一个广受关注的司法解释文件。在这份名为《关于办理受贿刑事案件适用法律若干问题的意见》中，包括收受请托人提供的干股、向请托人“低买高卖”房屋汽车、不出资而与请托人“合作”开办公司、通过赌博方式收受请托人财物等10种新类型或者过去难以定性的行为被明确规定要以受贿论处。

3. 对腐败犯罪的刑事处罚总体上合理趋缓

尽管我国《刑法》中关于腐败犯罪，特别是对于贪污贿赂犯罪配置的法定刑并不轻缓而堪称相当严厉，近年来修法中个别腐败犯罪的法定刑还有提高的情况，但随着形势的发展，司法实践中所量定的刑罚已呈现出合理轻缓的趋势。如按照《刑法》规定，贪污罪、贿赂罪的起刑点为5000元人民币，但

① 参见赵秉志、彭新林：《刑法修正案（七）：97刑法的一次全面升级》，载《法制日报》2008年9月21日，第10版。

在司法实践中这个起刑点已经大大提高了；贪污受贿10万元以上的，要判处10年以上有期徒刑或者无期徒刑；如果情节特别严重的则要处死刑。但司法实践中除了数额特别巨大和有其他特别严重的情节之外，即使贪污受贿数额远远高于10万元甚至高达数百万元乃至上千万元，一般都没有判处死刑或者没有判处死刑立即执行。自2000年江西省原副省长胡长清因受贿500多万元、全国人大常委会原副委员长成克杰因受贿4000多万元、2003年安徽省原副省长王怀忠因受贿500多万元被判处死刑立即执行之后，因为贪污受贿而判处死刑立即执行的非常罕见。2007年7月国家食品药品监督管理局原局长郑筱萸因为受贿600多万元被判处死刑立即执行，其主要原因不单是因为受贿数额特别巨大，而且还因为其受贿所造成的恶劣后果和影响。

2008年9月，被称为"中国金融第一案"的石雪案在海南省高级人民法院终审宣判。石雪被判处死刑，缓期二年执行。石雪原系海南华银国际信托投资公司负责人、辽宁大连证券公司董事长，他利用职务之便，贪污公款2.6亿元，挪用公款近1.2亿元，另外还犯有私分国有资产罪、伪造金融凭证罪以及非法吸收公众存款罪（非法吸收公众存款24亿元）。此案被人们称为"中国金融第一案"。如此惊人的腐败数额被判处死刑缓期二年执行而没有被判处死刑立即执行，以致有人称此案创造了"贪官不死"与司法量刑"通货膨胀"的最新纪录。①但在我们看来，这一判决实际上契合了腐败犯罪不应判处死刑的国际通行做法，是中国反腐败刑事法治迈向国际化的一种体现。

4.反腐败刑事法治领域的国际合作得到加强

美国的国际选举制度基金会主席科斯·汉德森曾颇有见地地指出，反腐败要联合人权组织、商界等各个方面，在最广泛的范围内来进行国际合作，没有合作就没有希望。②

当今我国腐败犯罪的一个引人注目的现象，就是许多腐败分子潜逃国外，或者将赃物转移至境外，妄图逃避惩罚并享受腐败犯罪的成果。为有效地惩治腐败分子，追缴赃物，就非常需要加强反腐败刑事法领域的国际合作。为此，我国逐步重视反腐败刑事司法的国际合作，并在与欧美、亚洲等国家和国际刑警组织的合作方面取得了一些成效。下面仅以中美在此方面的合作

① 参见马涤明：《贪污2.6亿不判死刑需要一个理由》，载《中国青年报》2008年9月17日，第2版。

② 参见罗书臻：《"反腐败的国际合作任重道远——反腐败的国际合作"专题讨论综述》，载《人民法院报》2005年9月8日。

为例略加阐释。

中国银行广东开平支行原行长许超凡与两位继任者余振东、许国俊等人利用职权，在9年内贪污、挪用公款4.83亿美元，是新中国成立以来最大的监守自盗案。被盗资金通过洗钱，转入许超凡等人在香港和加拿大的个人账户。2001年，审计发现开平支行共有4.83亿美元资产不知去向，而许超凡、余振东和许国俊以及他们的妻子均已逃到美国。2004年9月下旬，许国俊在美国堪萨斯州的一个小镇被捕。当年10月初，许超凡在俄克拉荷马州的一个小镇被拘捕。许超凡、许国俊及其亲属后被美国司法部指控15项罪名。案中另一主犯余振东，于2002年12月在洛杉矶被美国联邦调查局拘捕，翌年2月被美国法院判处12年监禁。其后余振东被遣返回中国受审，2005年8月余振东被控涉嫌贪污、挪用公款受审，一审被判12年有期徒刑。美国地区法庭2008年8月29日裁定，许超凡、许国俊以及他们的妻子余英怡和邝婉芳合谋诈骗、合谋洗钱、合谋转运盗窃钱款等罪名成立。美国法庭将在今年11月对几名被告人量刑。

中美两国执法合作始于1998年。为落实1997年10月中美两国领导人共同发表的《中美联合声明》中的有关法律交流的内容，1998年5月成立了中美执法合作联合联络小组，其工作范围涉及打击经济犯罪、反洗钱、非法移民、禁毒、反恐、打击邪教等多个合作领域。在实务合作方面，该联络小组还陆续设立"追逃工作组"、"司法协助工作组"、"反腐败工作组"等多个分支机构，并且通常采用联络小组及各分工作组定期会晤和磋商机制，商讨、协调和解决有关的合作问题。在此基础上，中美两国于2000年签署了《中美刑事司法协助协定》，该协定于2001年3月8日生效。该协定生效以来，中美双方依据协定办理的案件已多达数十起。"开平案"发后，中美两国正是依据《中美刑事司法协助协定》才将腐败案犯余振东顺利遣返，"二许"也终要被定罪判刑。① 这是中美合作打击腐败犯罪的一个成功案例，也是中国反腐败刑事法治国际化的一个体现。

（二）中国反腐败刑事法治国际化的原因

当今中国反腐败的刑事法治之所以逐步国际化，存在着如下国际的和国内的以及经济的、政治的和法治的多种原因。

1. 经济的全球化趋势

经济全球化是当代世界经济的重要特征和发展的趋势之一。经济全球化是贸易、投资、金融、生产等活动的全球化，即经济要素在全球范围内的最

① 参见陈雷：《贪官，逃到美国也得服罪——从"开平案"两主犯在美国被定罪看中美司法合作》，载《检察日报》2008年9月19日，第4版。

佳配置。从根源上说是基于生产力和国际分工的高度发展,要求经济发展进一步跨越民族和国家的疆界。经济全球化与跨国公司密切相关,或者说跨国公司就是经济全球化及其载体的推动者与担当者。经过30年的改革开放,中国社会已逐渐融入经济全球化的发展轨道。这一情势也使得中国反腐败刑事法治的国际化有了内在的经济动因。

2. 人权的国际化诉求

尊重和保障人权是当今人类社会的政治共识和法治的鲜明主题。这一诉求也被写进了中国的《宪法》。人权的国际化业已成为一股不可逆转的潮流,突出表现在相关人权公约为国际社会所广泛承认和遵守。

联合国《公民权利和政治权利国际公约》较为系统和完整地规定了个人享有的公民权利和政治权利最低限度的国际标准,已经成为人权领域最具有普遍性的全球公约。截止2006年11月1日,已有160个国家批准、加入或继承了该公约。108个缔约国批准、加入或继承了该公约的第一任择议定书,59个公约缔约国批准或继承了该公约的第二任择议定书。中国政府于1998年10月5日签署了该公约,但还没有批准该公约。联合国另一个重要的公约《经济、社会和文化权利国际公约》,是唯一一个广泛涉及经济、社会和文化权利的普遍性国际人权公约,截止2006年11月1日,有155个国家批准、加入或继承了联合国《经济、社会和文化权利国际公约》,这些国家分别代表了不同的政治、经济和法律制度。中国已于2001年2月28日批准了该公约。

在腐败犯罪的惩治中,必然要求体现人权公约的诉求,必然要求发挥人权保障的现代刑法功能,从而使中国包括反腐败在内的刑事法治也应当贯彻和体现人权保障的国际化趋势。

3. 腐败犯罪的跨国化特点

我国当今的腐败犯罪特别是贿赂犯罪日益呈现出跨国化的趋势。一方面,贿赂是全球性的问题,一些跨国企业为了牟取暴利,向投资地的国家公职人员行贿。近年来,跨国企业在中国行贿的事件一直在不断地上升。中国在近10年内就调查出了50多万件关于跨国腐败的案件,其中64%与国际贸易和外商有关。① 另一方面,为逃避制裁,贪官外逃或者将赃物转移境外的现象日益严重,给国家财产带来巨大流失后果的同时,也使腐败犯罪的跨国化趋势日益明显。

例如,2000年至2004年期间,被告人张恩照利用其担任原中国建设银行

① 参见宁晓俐:《外企商业贿赂现象反思:10年查出腐败案50万件》,载《法制早报》2006年9月28日。

副行长、行长，中国建设银行股份有限公司董事长的职务便利，为他人谋取利益，多次非法收受他人给予的款物共计人民币400余万元。北京市第一中级人民法院一审宣判依法以受贿罪判处张恩照有期徒刑15年。随着建设银行原行长张恩照受贿案一审宣判，其牵扯的跨国IT企业也浮出水面。司法材料显示，在邹建华周旋下，国际商用机器公司（IBM）、NCR、日立集团、思科等跨国公司IT企业曾与张恩照有过接触，有的提供过贿赂。①

腐败犯罪的跨国化增加了惩治腐败犯罪的难度，彰显出惩治腐败犯罪国际合作的重要性，也要求反腐败刑事法治必须符合国际社会的标准，必须进一步国际化。

4. 反腐败刑事法治的全球化需要

经济等领域的全球化推动了作为经济、社会发展保障和体现的法律的全球化。共同的贸易规则、共同认同的人权标准使得法律具有全球化的趋势。作为法律体系中重要组成部分的反腐败刑事法律自然也未能置身事外。《联合国反腐败公约》的制定就是一个典型的例证。

同时，反腐败是当今世界各国和各地区都面临的问题。腐败犯罪有其自身的共性和规律，从而国际社会抗制腐败犯罪的反腐败工作以及刑事法治领域都有一些经验可以共享。

反腐败刑事法治领域的立法、司法以及全球学术交流也日益广泛，这些活动也必将进一步促进反腐败刑事法治的国际化的合作和成效。

三、中国反腐败刑事法治国际化的问题要览

中国反腐败刑事法治的国际化方面尚存在种种问题与不足之处，择其要者，有以下几个方面尤为值得提出和予以重视。

（一）反腐败刑事立法的技术粗疏

这方面一个突出的问题就是腐败犯罪构成要件的科学设定欠缺。犯罪构成要件是对需要以刑罚惩治的危害行为的本质和主要特征的概括，而不是现实中所发生的该危害行为的现象描述。现实中形形色色的同质危害行为提升为特定犯罪的构成要件行为，是一个去粗取精、去伪存真、去现象存本质的过程。而我国《刑法》规定的腐败犯罪，特别是贪污贿赂犯罪的构成要件，

① 参见《2006年十大反腐典型案例》，载《检察日报》2006年12月26日；《四跨国IT巨头涉嫌亲近张恩照》，载《新京报》2006年11月10日。

有些则是有关犯罪现象的描述,没有抓住犯罪行为的本质。这种影响的结果是抓不住要领,应该规定的要件没有规定,不该规定的因素却被作为要件规定了进来,直接导致了反腐败司法实践的被动。

例如,受贿罪行为的本质不在于为他人谋取利益,而是索取或者收受贿赂以作为其在执行公务时作为或者不作为的条件。而我国现行《刑法》中受贿罪的构成要件却规定了为他人谋取利益的要件。

再如,影响力交易罪的本质不在于犯罪主体的特殊性,而在于行为人所具有的影响力。在国家立法机关于 2008 年 8 月公布征集意见的《刑法修正案七(草案)》中,第 11 条增设的"准受贿罪"(也即影响力交易罪)的法条就存在一些问题:首先,本条增设的两款设在《刑法》第 388 条受贿罪中,但其主体并非国家工作人员,其罪名应如何确定?若是受贿罪又怎么与第 388 条第 1 款的国家工作人员受贿罪区分?若不是受贿罪,设在受贿罪法条内,又设在贪污贿赂罪一章,其道理何在?该罪又怎么与《刑法》第 163 条的非国家工作人员受贿罪区分?其次,该条列举了 5 种主体:(1)国家工作人员的近亲属;(2)其他与国家工作人员关系密切的人;(3)离职的国家工作人员;(4)离职的国家工作人员的近亲属;(5)其他与离职的国家工作人员关系密切的人。如此宽泛的主体范围,并未与国家工作人员合意或勾结而形成共犯关系,却要纳入反职务腐败的范畴,而且离职的国家工作人员构成犯罪也没有时间的限制,就很值得推敲。再次,上述第 2 种与第 5 种主体所说的"关系密切的人",其含义模糊,其掌握困难,难具司法实践的可操作性。① 说到底,该条的根本缺陷就在于没有抓住行为的本质,没有认识到影响力交易行为的本质在于利用影响力,而不在于主体具有什么身份。结果是构成要件列举诸多主体,甚至概括至"关系密切的人",但实际上主体并无必要规定到罪状里面,主体根本不是影响力交易的本质问题。由于将不是本质问题的主体问题当作要件规定进来,又引起了一系列其他的问题,如上文所提到的该罪分则的体系问题以及主体要件本身的明确性问题。

(二)对腐败犯罪刑事处罚方面存在问题

我国《刑法》中有关腐败犯罪的刑事处罚也存在一些问题,主要表现在:

一是数额犯问题。我国《刑法》对贪污罪、受贿罪都规定了明确的数额标准,但随着经济和社会的发展,法定的固定数额模式在司法实践中已很难起到立法者所希望起到的作用。因此,《刑法》中规定明确的数额的妥当性是存在疑问的。

---

① 参见赵秉志:《对〈刑法修正案(七)(草案)〉的几点看法》,载《法制日报》2008 年 9 月 21 日,第 2 版。

二是一些必要的刑种在法定刑中缺失。腐败犯罪实际上大多是职务犯罪和贪利型犯罪,因此,剥夺犯罪人的相关资格和对犯罪人处以适当的财产刑是必要的,具有很强的针对性。而我国现行《刑法》中所规定的腐败犯罪,特别是贪污贿赂犯罪,其资格刑和财产刑或者缺失或者不健全,因而影响到对腐败犯罪惩治的有效性。

三是处罚的均衡问题。这方面的问题突出表现在对行贿犯罪的处罚上。正如有学者所指出的那样,从犯罪学的观点来看,行贿和受贿是一种对应或者对合关系,有行贿必有受贿,而受贿则须有人行贿。很多国家基于对贿赂犯罪性质的认识,将行贿受贿同罪同罚,甚至也有的国家将行贿称为"积极腐败",而将受贿叫做"消极腐败"。但是在我国《刑法》中,行贿和受贿不仅不同罪不同罚,而且在待遇上也极其不对称,我国《刑法》第390条、第392条对行贿人、介绍贿赂人作了"特别优惠"的安排,实践中常见受贿官员得到惩治,但行贿人并没有受到处罚。许多情况下这是为了获取证据而作的交易,但是这样做的着眼点是为了惩治已然之罪,而不在于预防未然之罪。而且行贿人也不是天生的受害人。越来越多的案例表明,在市场经济条件下,行贿人多是自愿的"寻租者",在一定意义上也往往是"加害人"。为从源头上遏制腐败,有效地预防腐败犯罪,在严惩受贿犯罪的同时,也不能轻纵行贿犯罪,不能对行贿一概作优惠安排。①

四是对于腐败犯罪的刑罚处罚总体上过于严厉,特别是贪污贿赂犯罪还配置有死刑。

(三)相关反腐败的前提性法律制度缺失

《公约》的宗旨,在于注重对腐败犯罪的预防。现在,我国政府愈来愈认识到反腐败中预防工作的重要性,强调惩防并举。要做好反腐败的预防工作,重要的一点就是要建立、健全一系列廉政法律制度,堵塞腐败漏洞,同时为反腐败的刑法惩治奠定其前提性法律制度。在此方面当今我国存在的一个比较突出的问题,是公职人员财产申报制度的不健全。

从国际社会和世界各国的情况看,一般都规定了比较严格和严密的公职人员财产申报的法律制度,这是预防腐败犯罪的一项有力措施,也是有关惩治腐败犯罪的前提性法律。而我国现有的国家工作人员财产申报制度还很不健全,主要表现在:

第一,立法层次较低。虽然我国现行有关收入申报的规定对于遏制腐败起了一定的作用,但其目前仅停留在政策或法规层面,不仅影响了公众对该

---

① 参见卢建平:《贿赂犯罪十问》,载《人民检察》2005年第7期(上)。

制度的知晓程度和监督程序，也缺乏相应的权威性，使其难以成为保护廉洁性等公共利益的屏障，同时还关系到国家权力对公民隐私权的部分限制和剥夺。从法律定位上看，东西方法治发达国家都把财产申报制度以成文法律的形式加以规定，有的甚至在宪法中对财产申报制度加以规定，然后再详细立法；有的将财产申报制度直接纳入反腐败法律中。因此，我国仅以政策性文件对财产申报制度加以规定是不适宜的。①

第二，申报主体范围过窄。相关规定将申报主体范围仅仅确定为“县处级以上领导干部”，范围过小、过窄。

第三，申报财产范围太小，仅限于个人的收入申报。

第四，申报种类单一，制度设计不严密。

第五，受理机构缺乏权威与监管力度。

第六，违反责任规定过轻，处分、处罚缺乏刚性。另外，相关规定缺失，对诸如申报资料的转送、申报资料是否公开等必须规定的问题没有规定。

由于公职人员的财产申报制度不健全②，我国的一些有关腐败犯罪的规定显得没有说服力，比如巨额财产来源不明罪的规定就存在许多问题③，而这些问题的症结就在于我国没有建立健全的财产申报制度作为前提。④

（四）反腐败法治中的人权保障明显不足

我国反腐败实务中仍存在相当程度的侵犯人权的现象，除常有非办案机关介入刑事查处并非法限制、剥夺人身自由等问题外，一般认为，最常见的问题是违法收集证据，特别是刑讯逼供现象、超期羁押以及对行为人本人及其律师的辩护权未予应有保障等。司法独立性不足，政府也容易将反腐败法治工作政治化、行政化。这虽然可以起到立竿见影的效果，但是从长远看来，不仅会侵犯腐败犯罪嫌疑人的合法权益，而且也会破坏法治和民主。⑤

在中国反腐败的司法实践中，司法程序的公正性也还存在问题。如对作为控方重要证人的行贿人，在被指控的受贿人要求与其质证时，检察机关有时不予配合，审判机关也往往在行贿人不出庭的情况下就对这种指控加以认定。党和政府的反腐败文件中曾要求反腐败工作要严肃查处诬告陷害现象，

---

① 参见高庸：《关于“巨额财产来源不明罪”的几点思考》，载《重庆职业技术学院学报》2005 年第 1 期。

② 参见赵秉志：《完善我国公职人员财产申报制度》，载《政治与法律》1996 年第 2 期。

③ 参见赵秉志：《关于“说不清合法来源”即可定罪问题的商榷》，载《法学家》1988 年第 5 期。

④ 参见赵秉志、余欣喜：《试论增设拒不申报财产罪》，载《法制日报》1990 年 9 月 3 日。

⑤ 参见王文华：《论从人权保障角度反腐败》，载《法学家》2007 年第 2 期。

保障涉案人员的合法权益①,但这样的程序往往难以防止诬告陷害现象的发生。

(五)反腐败国际合作面临重重困难

由于世界各国的经济社会发展程度、政治制度、文化习俗等都存在着差异甚至差异较大,所以各国在法律制度设置方面也就不尽相同。中国反腐败刑事法治也与其他国家存在一些差异。例如,中国反腐败法治中一贯采用重刑主义,而一些发达国家对犯罪(包括腐败犯罪)采取的政策体现在法律上是:严格刑事责任,难逃法网;一旦入罪则刑罚并不很重。特别是中国当今对贪污贿赂犯罪还配置有死刑,而死刑犯不引渡是公认的国际法则,这就成为中国与西方国家在腐败罪犯的引渡或者遣返方面的主要障碍。据来自最高人民检察院的消息,一半以上的中国外逃贪官都集中在美国,还有很多在加、澳、英、法、德、荷等发达国家②,而这些国家中迄今只有西班牙、法国、澳大利亚等国家与中国签署了双边引渡条约。中国与西方国家在腐败罪犯的引渡或者遣返方面的障碍还有西方国家对中国刑事法治状况的不信任等。另外,两个国家签署引渡条约有一个前提条件,就是双方国家对同一种犯罪行为的认识是相同的,对这种犯罪行为的刑罚处罚也是相近的。显然,中国的反腐败刑事法律在犯罪构成和处罚上与其他国家特别是西方发达国家的法律以及《联合国反腐败公约》也还存在一定的差距。因此,中外反腐败刑事法律规定和制度的差异,或者说中国反腐败刑事法治国际化方面的不足,便成为中国反腐败刑事法治领域国际合作产生困难的重要原因之一。

四、中国反腐败刑事法治国际化的完善建言

针对中国反腐败刑事法治国际化方面存在的上述问题,下面提出有关完善建言的要点。

(一)做好反腐败刑事法治国际法与国内法的衔接

在国际法与国内法的关系问题上,我国的法治立场是,已经在国内生效的国际法并不能直接成为本国司法机关裁判的依据,而需要转化为国内法才

① 参见中共中央《建立健全惩治和预防腐败体系 2008—2012 年工作规划》,第七部分:“保持惩治腐败的强劲势头”。

② 参见《引渡条约:加强司法合作 压缩外逃贪官生存空间》,载《人民法院报》2008 年 5 月 4 日,第 1 版。

能成为裁判规范。有鉴于此,我国必须做好反腐败国际法与国内法的衔接。根据我国反腐败刑事立法的实践情况,以反腐败国际法的规定为标准,目前对我国反腐败刑事法律主要应作以下修改、完善①:

(1)修改贿赂的范围,将贿赂犯罪的对象确定为"不正当好处",以使收受或者给予财产性利益和非财产性利益的行为得到惩治。

(2)增加贿赂犯罪情节犯的规定,改变目前单一数额犯的规定。

(3)删除受贿犯罪以及行贿犯罪中的"为他人谋取利益"、"为谋取不正当利益"要件之规定。

(4)完善影响力交易罪,对现有刑法条文中的有关影响力交易行为的规定进行整合,增加所遗漏的影响力交易行为,并且不要将影响力交易罪规定为特殊主体的犯罪。

(5)增设向外国公职人员或者国际公共组织官员行贿罪,外国公职人员或者国际公共组织官员受贿罪。目前首先要考虑增设对外国公职人员、国际公共组织官员行贿罪。

(6)修改贿赂犯罪的刑罚,增加资格刑、罚金刑,扩大没收财产的范围,适当提高行贿犯罪的法定刑,对腐败犯罪在严密法网、严肃追究和惩治的同时,也应当适当地减缓中国现行《刑法》中过于严厉的处罚,尤其是要限制和减少乃至合理地逐步废止死刑,贯彻罪责刑相适应的刑法基本原则。

(二)改进反腐败刑事法治的指导思想和立法技术

在惩治腐败犯罪的刑事法治指导思想方面,要确立"严而不厉"的惩治腐败犯罪的法治原则。《联合国反腐败公约》在腐败犯罪立法上体现出犯罪圈宽泛、刑事责任规定妥当及立法技术讲究科学等特点。相比之下,我国刑法分则中对腐败犯罪的规定在立法模式上尚存在明显的"厉而不严"之偏差,即刑度过于严厉,刑网不够严密。为此,一是需要严密惩治腐败犯罪的刑事法网,使腐败犯罪行为都能为刑法所规制。二是使腐败犯罪的刑罚处罚能够臻于合理的轻缓,以与国际反腐败刑事法治通行做法接轨,并有利于反腐败领域的刑事法治国际合作。

惩治腐败犯罪的刑事立法要简明概括,构成要件行为应能够反映相应腐败犯罪行为的本质和主要特征。不能体现行为本质和主要特征,不应成为构成要件的因素不要作为要件规定进来,以免造成理解、认定和惩治方面的不必要的困难。

---

① 在惩治腐败相关犯罪完善方面,中国刑事法理论界以及实务界都存在许多争议。笔者认为,在充分考虑我国反腐败刑事立法和司法实际情况的前提下,以中国所加入的相关反腐败公约为标准对有关惩治腐败犯罪的法律规范进行修订完善是比较妥当的做法。

（三）健全反腐败的相关法律制度

反腐败的法治应是一项系统工程，应建立、健全反腐败的一系列法律制度，例如制定统一的“反腐败预防法”，以及完善公务员财产申报制度等。就公务员财产申报制度来讲，应提升公务员财产申报的立法层次，尽快制定“中华人民共和国国家工作人员家庭财产申报法”，确定合理的财产申报主体范围，适当扩充申报财产的范围，增加申报的种类，明确申报的时限，除日常申报外，应该增加初任申报和离职申报，明确法定的受理机构，增强受理机构的权威，规范财产申报档案的管理，申报资料实行有限制公开与全面公开相结合的原则，加重对拒不申报或者不如实申报家庭财产的行为的处罚，动用刑罚强制方法惩治拒不申报财产的行为。①

（四）增强反腐败刑事法治中的人权保障功能

人权保障应当是当代刑事法治的一个永恒主题。反腐败刑事法治也必须注重保障人权。这也是中国反腐败刑事法治国际化的一个重要条件。我国在反腐败刑事法治领域特别是国际合作领域遇到的种种困难，其中部分原因是由于国际社会对中国刑事法治之人权保障功能的怀疑所致。为此，必须以保障人权为基本要求进一步完善我国的反腐败刑事法治，公正、文明司法，实体公正与程序正当并重，使我国的反腐败刑事法治及其国际化建立在一个坚实的根基之上。

（五）加强反腐败刑事法治领域的国际合作

预防和惩治腐败，是各国共同的责任，符合人类文明社会共同的价值观和道德观，符合各国和平、安全和发展的共同利益。② 我国应加强反腐败刑事法治领域的合作。建立、健全腐败犯罪分子的引渡机制和腐败犯罪所涉财产追回机制。通过国际合作，一方面有效地使腐败分子得到惩治，腐败犯罪所涉资产得以追回；另一方面，在合作中不断改进和完善我国的反腐败刑事法治，推进我国反腐败刑事法治的国际化，并通过国际化的反腐败刑事法治，进一步推动我国反腐败的国际法治合作，使反腐败刑事法治领域的国际合作形成良性循环机制。

---

① 参见孙昌军：《关于完善家庭财产申报制度的思考与建议》，载《湖南社会科学》2000年第6期。

② 参见《中方就加强反腐败国际合作强调三点主张》，http://www.china.com.cn/international/txt/2008-02/15/content_9900538.htm，2008年2月20日。

五、结　　语

当今我国反腐败刑事法治的国际化,实际上就是我国反腐败刑事法治如何更好地研究和借鉴吸收国际社会反腐败刑事法治文明成果的问题。中华民族一直以来就是一个善于学习的民族,从来不惮于学习并吸收人类社会积累的有益经验和优秀成果。国际反腐败刑事法治的实践证明,惩治和预防并举是反腐败法治事业的基本方略,在健全刑事法领域之外的反腐败制度和规范建设的同时,刑事法治本身也要突出其对腐败犯罪的预防功能;反腐败刑事法网必须尽可能严密,惩治腐败犯罪的罪刑规范应该科学,腐败犯罪的刑罚惩治措施应该文明、合理;国际合作是有效惩治腐败犯罪的必要途径,人权保障则是反腐败刑事法治必须坚守的铁定原则。笔者坚信,我国反腐刑事法治立足于本国反腐败法治事业的实际情况和发展完善需要,积极吸取国际社会反腐败的有益经验,不断进行国际化、现代化的努力,就必将结出丰硕的成果,从而保障我国日益成为国际社会中的一个繁荣而清廉的国度。

20.《联合国反腐败公约》在中国刑事立法中的转化模式评析*

目　次

一、前　言

《联合国反腐败公约》（以下简称《公约》）已于2005年12月14日对中国正式生效。国际条约是现代国际法的主要渊源之一，其正式生效意味着条约缔约国、参加国应承担的国际义务的现实化。就国家而言，承担条约义务的主要方式是在其国内或国际关系中适用其所签署的条约，条约在内国适用

* 与魏昌东合著，原载《南京大学学报》2008年第2期。

模式的多样性决定了其在国内立法中转化模式的可选择性。我国现行《宪法》和法律尽管未对国际条约的国内适用问题作出明确规定，但我国在条约的具体适用中已积累了相当丰富且有益的经验。考虑《公约》在性质、内容、立法模式等方面的诸多特性，笔者认为，《公约》在我国的适用应以间接适用为宜，因而有必要加快我国刑事立法对《公约》规定内容的吸收与转化，以促进我国反腐败刑事立法与国际反腐败立法的接轨及其自我完善。

二、国际条约在国内适用原理的一般分析

"条约必须信守"(pacta sunt servenda)是国际法上的一项重要原则，也是1969年《维也纳条约法公约》为缔约国所设定的一项义务。《维也纳条约法公约》第26条规定："凡有效之条约对其各当事国有拘束力，必须由各该国善意履行。"第27条规定："一当事国不得援引其国内法规定为理由而不履行条约……"一个在国际上已生效的条约，其规定在各国国内得到执行，是以得到各国国内法的接受为前提条件的。① 因此，国家将其在国际条约框架内所应承担的义务以国内立法的形式确立下来便成为其履行国际义务的基本内容。对于国际条约的国内法转化，我国学者将之总结为纳入(adoption)、转化(transformation)两种形式。前者指对一国生效的条约无须国内立法机关进行相应的"内国立法"，而直接对该国产生约束力；后者指一项国际条约必须通过国内立法机关以一定立法程序加以"内国化"，从而构成一项新的"内国立法"。② 在条约的具体适用上各国基于法律体系、政治体制、法律传统的差异形成了三种典型的模式。

(一)直接适用

又称纳入方式。即无须通过国内立法的转化，即可直接将条约作为国内法的一部分予以适用。根据各国做法不同，又有三种具体类型：(1)由宪法作出国际条约具有国内法效力的统一规定，明确条约一经公布即直接转变为国内法。(2)由立法机关就某项条约通过专门法律赋予其国内法效力。(3)通过批准条约、公布条约、司法判例等方式使之在国内法院适用。③ 西班牙、荷兰等国所采用的即为纳入方式。根据1978年《西班牙宪法》第96条第

① 参见李浩培主编：《条约法概论》，法律出版社2003年版，第314页。

② 参见王铁崖主编：《国际法引论》，北京大学出版社1998年版，第199页。

③ 参见张丽娟：《论国际条约与我国国内法的关系》，载《甘肃政法成人教育学院学报》2001年第2期。

1 款的规定:“有效缔结的国际条约一经在西班牙正式公布,将成为国内法的组成部分,条约内容的废除、修改或中止只能按国际条约本身规定的方式或根据国际法普遍准则进行。”

(二)间接适用

又称转化方式。即国家在签署、批准条约后,通过国内立法机关的立法行为将条约的规则转化为国内法的具体规定。采此模式的国家主要有意大利、英国等。在意大利,这种转化是通过被认为是一个“真正的”立法行为的“执行法”实现的。按照意大利法律,议会授权总统批准条约和命令执行条约是两个不同的立法行为,条约经议会许可、总统批准后,发生国际法上的效力,这种已发生国际法上效力的条约必须再经议会命令执行,才被接受为意大利的国内法,这时的条约规定就被认为已改变其国际法的性质而成为意大利国内法。① 英国的政治体制有其特殊性,为了巩固国会的立法权和保障人民的权利,《英国宪法》规定,条约的任何规定不能具有国内法效力,除非立法已经作出这样的规定。② 根据英国政治体制,缔结和批准条约是英王的特权,而国会却拥有立法垄断权。一项条约即使经过英王缔结和批准从而构成其对英国国际法上的拘束力,但在未经国会批准之前,却不能产生其内国效力。③

(三)混合适用

即根据条约性质和内容的不同,兼采转化和纳入方式将条约在国内适用。美国是采此模式的典型。尽管《美国宪法》规定了条约直接适用的原则,按照 1787 年《美国宪法》第 6 条第 2 项规定,在美国的权力下缔结的一切条约,与美国宪法和根据该宪法制定的法律一样,都是美国最高的法律,即使任何州的宪法或者法律与之相抵触,每一个州的法官仍受其约束。但是,在具体实践中,美国对国际条约在其内国的适用采取了更为灵活的原则。1929 年,美国最高法院法官马歇尔在福斯特诉尼尔森案的判决中,把美国缔结的条约区分为无须任何立法规定的助力即可在美国直接适用的自动执行条约(self-executing treaty)和只有在立法机关作出补充规定的情况下才可加以适用的非自动执行条约(non self-executing treaty)。这一判决后来成了美国法院一系列判决所遵循的先例而成了美国的判例法。美国通过将条约区分为自动执行条约和非自动执行条约,分别采用不同的模式加以适用,对于按其

---

① 参见李浩培主编:《条约法概论》,法律出版社 2003 年版,第 314、315 页。

② 参见〔英〕安托尼·奥斯特:《现代条约法与实践》,中国人民大学出版社 2005 年版,第 148 页。

③ 参见张晓东:《也论国际条约在我国的适用》,载《法学评论》2001 年第 6 期。

性质不需经过国内立法或由美国法院看来在国内范围具有执行效力的自动执行条约可直接适用；对于不具有自动执行效力而需经过立法的非自动执行条约，则在经过必要的立法以前不能约束美国法院。① 受美国条约适用模式的影响，荷兰、法国等以直接方式适用条约的国家也将它们缔结或者参加的国际条约作了自动执行条约和非自动执行条约的区分，使一部分条约只有在有补充立法的情况下才能得到适用。

值得注意的是，一个国家采用何种方式在其国内适用国际条约，在理念上可能是受到国际法理论中有关国际法与国内法关系的一元论与二元论的影响②，更重要的可能是由其法律传统所决定，因为，从执行条约的需要和效果来看，各种适用方式均有其可取之处。不仅如此，尽管存在上述三种适用模式，但实际上已很少有国家单纯采用其中的一种方式，一般均采取转化与纳入相结合的模式，许多采用纳入方式适用条约的国家，实践中也对条约进行是否为自动执行的区分，进而决定其可否直接适用，且越来越倾向于采用转化的方式。③

三、国际条约在中国国内适用模式的考察与建言

（一）既往适用模式之考察

我国立法未对国际条约与国内法的关系以及国际条约的国内适用问题

---

① 参见〔英〕J. G. 斯塔克：《国际法导论》，法律出版社 1984 年版，第 77 页。

② 关于国际法与国内法的关系，西方学者有国内法优先说、国际法优先说、国际法国内法平行说这三种理论观点，前二者可概括为一元论，后一种则为二元论。国内法优先说来源于黑格尔的国家绝对主权理论，其本质是对国际法的否定，根据该理论，每个国家通过国内法支配国际法，从而使国际法失去存在的真正价值。国际法优先说的思想根源是康德的哲学观，凯尔森是该理论的主要倡导者，他主张国际法律秩序是包括一切国内法律体系在内的一种普遍性的法律秩序；法律秩序是一种规范体系，一个规范的效力决定于另一个较高的规范，最后追溯到一个最终规范，即“基础规范”，作为整个法律规范体系的金字塔顶端是“约定必须遵守”。这个基础规范决定国际法的效力，而国际法决定国内法的效力。二元论的提出可以追溯到德国学者特里派尔。其代表人物之一的英国学者奥本海从国际法和国内法的渊源、关系和法律实质三个角度出发，认为二者“在本质上是不同的”，且“国际法无论作为整体或是其各部分，都不能当然成为国内法的一部分，只能是国内习惯或制定法使它这样，而在这种情形下，国际法的有关规则是经过采用而同时成为国内法的规则的。如果不经过这样的全部或部分采用，国内法就不能被认为应受国际法的拘束。”（参见李伟芳：《〈联合国反腐败公约〉在中国国内法的适用》，载《法学》2006 年第 1 期）。

③ 参见朱志晟、张亮：《条约在国内适用的若干问题探讨》，载《现代法学》2003 年第 4 期。

作出明确的规定,《中华人民共和国宪法》仅原则性地规定了国务院的缔约权及全国人大常委会的决定、批准与废除权,《中华人民共和国缔结条约程序法》(以下简称《缔结条约程序法》)虽规定了条约的缔结程序,但对条约的国内适用方式未予明确规定。

考察现行国内诸项涉及国际条约适用的立法,不同法律对国际条约的效力等级和适用方式的规定存在差异:有的法律承认国际条约的优先地位,而采直接适用的模式;有的则通过转化立法的模式对条约加以适用。前者如《中华人民共和国民法通则》(以下简称《民法通则》)第142条关于"中华人民共和国缔结或者参加的国际条约同中华人民共和国的民事法律有不同规定的,适用国际条约的规定",此条款虽直接规定了国际条约与国内法冲突时法律适用的原则,但也间接表明国际条约在国内的适用采直接适用的形式。类似的立法还有《中华人民共和国民事诉讼法》(以下简称《民事诉讼法》)、《中华人民共和国海商法》(以下简称《海商法》)等法律,据有关统计,在1979年至1998年的20年中,我国公布的规定有国际条约在我国直接适用的法律、法规共有69件。① 此外,在关于特定条约的声明中,我国也明确了对条约采直接适用的立场。如1990年4月,针对联合国禁止酷刑委员会提出的《禁止酷刑和其他残忍、不人道或有辱人格的待遇或处罚公约》与我国国内法关系的问题,我国代表回答:"中国缔结或者参加国际条约,要经过立法机关批准或国务院核准程序,该条约一经对中国生效,即对中国具有法律效力……禁止酷刑公约在我国直接生效,其所规定的犯罪在我国被视为国内法中所规定的犯罪,该公约的具体条款在我国可以得到直接适用。"显然,对该公约的适用我国采取了直接适用的方式。后者如我国在批准加入《联合国海洋法公约》后,为使公约内容具体化,不仅制定了《中华人民共和国专属经济区和大陆架法》(以下简称《专属经济区和大陆架法》),且修改、补充了已有的海洋法律和相关法规,从而以间接适用方式将国际条约转化为国内立法后予以适用。上述事实表明,我国是以混合适用的方式解决国际条约在国内适用问题的。

尽管《宪法》和相关法律缺乏明确的条约适用模式的规定,但是,通过考察我国在现实条约适用中的不同规定,我们能够分析出我国在国际条约国内适用中采用不同模式所主要考虑的因素,这些因素涉及:(1)国际条约所调整的法律关系性质及其调整范围。有学者提出,基于条约缔约目的和条约所调整的法律关系性质的不同,国际条约存在调整国家间权利义务关系的条

① 参见朱晓青、黄列:《国际条约与国内法的关系评析:中国的理论与实践》,载朱晓青、黄列主编:《国际条约与国内法的关系》,世界知识出版社2000年版,第10页。

约、调整私人间权利义务关系的条约和调整国家与私人间权利义务关系的条约三种类型，第一类条约因仅涉及缔约国间的权利义务，基本不涉及国内法律程序，因而不涉及在国内的实施问题；而后两类条约则需要在国内加以实施，因为私人据此主张权利或追究责任时必须诉诸国内法律程序，也只有在此种情形下，才产生了如何在国内法律程序中适用条约所创设的规则的问题。① 对此，笔者认为，这种区分条约在国内适用模式的标准是值得商榷的。对主要以公法关系为调整对象，涉及国与国之间以及虽属国内法调整范围，但属较为复杂的社会关系的国际条约，通常应以转化的形式使之国内法化；而对主要以私法关系为调整对象的国际条约，则主要应考虑以纳入作为国内法化的形式。(2)国际条约与国内法的契合程度。对于国际条约所规定的内容超出一国现行立法规定范围的，为确保国际条约所规定的权利、义务的实现，应主要考虑转化模式；相反可考虑采用直接适用方式。(3)国际条约所规定的规范的性质。国际条约所确定的规范对权利、义务的内容进行明确设定的强制性规范，通常可考虑采直接适用方式；而对于主要以指导性、任意性规范形式规定的国际条约的国内适用，则因缺乏具体权利、义务的内容而应考虑采用转化适用的方式。(4)国际条约本身的繁简程度。国际条约内容明确具体，具有直接可适用性的，通常考虑直接适用模式；反之，则应采用转化方式。

(二)《联合国反腐败公约》在中国应采间接适用方式

依上述标准，笔者主张，《公约》在我国的适用应采间接适用的方式。原因在于：

其一，《公约》所调整的法律关系性质。作为国际刑事领域的重要法律，《公约》所规定的权利(力)与义务在国内法上属国家与公民间的公法关系。基于公法实施对公民权利侵害的风险，现代社会均提出了明确的限制适用要求。基于对刑法调整机制、调整手段特殊性的深刻认识，现代国家刑法均普遍确立了罪刑法定原则，强调犯罪成立与刑罚以国内法中存在明确规范为必需。我国刑法理论一般将刑法典、单行刑法、刑法修正案、附属刑法以及在我国具有效力的国际刑事公约和司法准则视为刑法的渊源。② 较之我国刑法，《公约》大量借鉴、吸收了世界各国的反腐败经验，不仅扩大调整对象的范围，增设新罪名，还在传统国内立法所规定的贪污贿赂型犯罪的基础上扩大

① 参见车丕照：《论条约在我国的适用》，载《法学杂志》2005 年第 3 期。

② 值得注意的是，有学者在肯定国际刑事公约、司法准则的刑法渊源性质的同时，又明确提出，法院不宜直接引用国际法作为判决的依据，刑事司法准则应该成为国内刑事立法的重要根据(参见孙国祥主编：《刑法学》，科学出版社 2002 年版，第 1、2 页)。

了犯罪对象、行为类型等构成要素的范围,但基于缺乏《宪法》明文规定以及罪刑法定原则的内在要求,其司法适用仍必须以国内刑法的具体规定为前提,《公约》的规范因欠缺明确的刑种及刑罚幅度的规定而无法直接纳入我国的刑法体系之中。

其二,《公约》与国内刑事立法难以直接对接。由调整内容的综合性所决定,《公约》选择了"一揽子"的立法模式。在《公约》中具体确立了反腐败的五项机制,包括:预防机制、刑事定罪和执法机制、国际合作机制、资产追回机制、履约监督机制。这些机制从法律关系的具体内容上,涵括了犯罪预防与控制法、刑事实体法、刑事程序法、国际刑事司法合作法等方面的内容,有些内容在我国现行法律体系中是整体缺乏的,如犯罪预防与控制法,我国目前尚未有对应的立法,对腐败犯罪的预防与控制尚停留于政策或者方针的层面;而有些则是部分缺乏的,即在现行法律规定中存在具体制度的空白,如《公约》在刑事追诉机制规定中,根据腐败犯罪的特点和全球化蔓延的趋势,提出应当建立独立反腐刑事诉讼机制的要求,以此为指导,一系列崭新的刑事诉讼制度被《公约》所规定,如消除腐败行为的法律后果(第34条)、腐败行为的损害赔偿(第35条)、控制下交付等特殊侦查手段(第50条)等,这些规定,相对于我国现行反腐刑事追诉制度、基本诉讼制度而言,明确体现出在反腐败斗争中刑事法向社会保障功能倾斜的立法取向,若未经国内法转化而在国内直接适用,势必导致追诉机关获得到了超过国内法所规定的权力,从而限制了被追诉人权利范围的结果。

其三,《公约》规范性质类型具有多样性。《公约》属指导性规范,考虑各国观念、制度差异及可接受程度,《公约》为诸规范设定了不同的效力等级,有些属强制性规范,各国均有履行的强制义务,如《公约》第15条至第17条关于"各缔约国均应当采取必要的立法和其他措施",将贿赂本国公职人员、贿赂外国公职人员或者国际公共组织人员,公职人员贪污、挪用或者以其他类似方式侵犯财产等行为规定为犯罪的规定;而有些则为授权性规范,各国可依其国内法律制度的具体情况选择适用,如《公约》第20条即明确在"不违背本国宪法和本国法律制度基本原则的情况下,各缔约国均应当考虑采取必要的立法和其他措施"将"资产非法增加"的行为规定为犯罪。同时,从立法技术上考察,《公约》许多条文规定的内容较为抽象,只作出了原则性规定,其具体制度设计则交由各国具体进行,若直接将之纳入我国刑事法律体系,必然存在不同性质规范的具体适用问题。

综上,笔者认为,通过国内立法将《公约》转化为能在我国适用的刑事法律,应是履行《公约》规定的国际义务的唯一合理且可行的方式。

四、《联合国反腐败公约》在中国刑事立法中具体转化模式评析及选择

确定了《公约》在我国的适用宜采取间接适用的方式,并未解决《公约》在我国国内适用的具体问题,因而还有必要对如何将《公约》所规定的规范具体转化为国内法的具体规定进行深入研究。

毋庸置疑,《公约》是在对世界各国、各地区组织间各种反腐协议、决议的有效性、可行性全面评估的基础上,制定的一套最为完整、全面的反腐措施体系,集刑事实体法、刑事程序法、犯罪预防与控制法、国际刑事司法协作规则为一体,是一个典型的、诸法合体的"一揽子"立法。正是这种立法模式对其在我国国内立法中的现实转化提出了挑战,其首要障碍在于诸法合体的立法模式是否能为我国现行立法所接受。考察当代世界各国、各地区的反腐立法,大体可分为三类:一是反贪综合法,如英国 1906 年的《防止贿赂法》、印度 1988 年的《防止腐败法》等均属融刑法、刑事诉讼法以及组织法为一体的专门反贪综合法;二是反贪刑事实体法,如日本等国制定专门的《反贪污贿赂法》,作为刑法典的补充和完善;三是反贪刑事程序法,如新加坡 1988 年的《没收贪污所得利益法》专门规定反贪的刑事诉讼程序。① 《公约》在我国立法中的转化也存在三种可供选择的模式,我们有必要在分析各自利弊的基础上确定可为我国立法机关采纳的最佳国内立法转化方案。

(一)诸法合体的整体转化模式

即在《公约》的转化中,应在对其所规定的各项规范内涵、性质、规范强制程度、立法价值进行综合分析、评价的基础上,对我国现行涉及腐败犯罪定罪、追诉机制的各项法律、法规进行全面清理,找出与《公约》规范的差异,然后按照《公约》的立法体例,制定一部统一的"反腐败法",并在统一立法的同时,清除其他法律中所涉及的反腐败立法规定。

此模式的优点在于:(1)不割断《公约》中反腐各机制间的内在联系,在一部法律中统一规定反腐制度的全部内容,便于建立系统、完备的腐败预防、惩治和控制体系,消除反腐机构在反腐活动中因法律瑕疵、职能冲突所带来的不利影响,实现准据法的唯一。(2)在统一立法中直接将《公约》所规定的

---

① 参见周其华:《我国反贪污贿赂法的体例和基本框架构想》,载《人民检察》1995 年第 5 期。

腐败犯罪特殊追诉机制以特别法形式予以确认,便于区分腐败犯罪查处机制与普通犯罪查处机制,提高反腐追诉机制的效益。(3)有利于协调刑事反腐立法与非刑事立法的关系,形成反腐法律统一、协调的合力。

其缺陷则表现为:(1)立法涉及面广、工作量大。统一立法不仅涉及新法制定,还涉及既定法律的清理与废止,立法任务艰巨,成本高昂。(2)诸法合体的立法模式加大了对立法协调性的要求,也加大了立法的技术难度。(3)现代立法的发展以法典的分立为基本特征,若在反腐立法中采合体立法模式,则难以实现其与我国现代立法趋势在观念和立法模式上的和谐统一。

(二)诸法分立的分割转化模式

即在对《公约》所规定的反腐机制进行全面价值分析的基础上,根据其具体内容和国内刑事立法的现状,对符合我国反腐斗争需要,利于我国参与国际反腐合作的制度,根据具体规范的性质分别补充于相应立法之中,对欠缺调整相应关系的法律的,制定新法,以实现国内法与《公约》的衔接。

此种模式的优点在于:(1)体现了立法节俭的精神。分割转化是以既有刑事法律为基础进行立法的自我修复与完善,不破坏既有法律体系的性质,立法成本大大减少。(2)便于实现国内立法与《公约》具体制度的对接。《公约》代表了国际反腐的先进经验,但其中仍有部分制度与我国现有司法制度不符而无法直接转化,如《公约》在资产的间接追回制度中,要求建立刑事诉讼中的缺席审判制度,但该制度与现代刑事诉讼制度以人权保护为核心的辩论原则相悖,是否要在中国建立此制度仍需进行更为谨慎的价值权衡。

其弊端在于:(1)无法全面、集中昭示国际社会对腐败犯罪治理的坚决态度。国际社会根据惩治腐败犯罪的需要,在对刑事法的社会保障与人权保护机制的价值权衡中,更加侧重于通过对犯罪的惩治,实现对社会保障目的的追求,《公约》的许多制度设计强化了对社会利益的保护,分割转化可能无法实现这一目的。(2)无法全面整合反腐败的各项资源,实现社会资源、司法资源的优势互补。(3)《公约》对腐败犯罪追诉机制的规定与普通刑事犯罪追诉机制不同,若在立法完善时采纳,可能无法在同一部国内立法中协调其内容,从而加大立法难度。

(三)部分合体的折中转化模式

即根据《公约》所规定的各项内容,将腐败犯罪程序与实体机制统一制定为一部"反腐败法",而将"腐败犯罪预防法"作为一部独立立法单独规定,以实现立法效益的最大化。

此种模式的优点在于:(1)便于将《公约》所规定的反腐实体和程序机制在分析其价值、意义的基础上独立立法,为我国惩治腐败犯罪的司法实践所采用。相反,若将这些机制通过分割转化的形式,分别规定于不同法律之中,则既无法体现反腐斗争的需要,也无法显示与普通犯罪定罪、追诉机制的区别,势必导致立法体系的混乱。(2)有助于在反腐刑事立法中,建立具有普通法与特别法关系的法律体系,满足不同犯罪不同定罪、追诉机制的需要,在强化单独立法之于反腐斗争积极作用的同时,最大限度地节约立法成本。(3)我国目前尚无独立的腐败犯罪预防与控制立法,而依靠政策调整指导的方式不足以实现腐败犯罪国家控制的目标,但是,由于腐败犯罪的预防与控制涉及公职人员组织法、行为法、公共行为控制法等多项内容,若将其统一规定于一部立法中,便于立法的明确、科学与完备。

其弊端在于:(1)较之一国国内刑事诉讼程序与机制而言,《公约》所规定的腐败犯罪定罪与程序机制有其特殊性,《公约》作了某些与适用于国内普通刑事犯罪的机制迥异的规定,如在对腐败的制裁中,除刑事定罪外,还作出了包括取消任职资格、没收非法所得等规定,反腐败专门机关还有权采取特殊侦查手段的规定,以及缺席审判制度的规定;在保护措施中,规定了包括保护举报人、证人、鉴定人、被害人,对因腐败而受到损害的人员或实体予以赔偿或补偿等。对于仅适用于腐败犯罪查办的程序设计与规定,以特别立法的形式加以规定有其合理性,但对于与普通刑事案件相同的追诉机制仍采取特别立法的模式,则势必造成立法资源的浪费。(2)我国立法机关较少进行实体与程序一体立法的实践,对如何实现实体机制与程序机制的协调缺乏相应的立法经验。(3)我国理论与实务界对程序与实体一体立法的模式普遍持否定的态度,从而在理论上也缺乏对此种立法模式运行中相关立法技术与规则的研究与关注,在缺乏对此种立法模式的合理性进行深入分析与论证的情况下,即在实际立法中直接采用这一立法模式,恐难以达到预期的目标与要求。

上述三种立法转化模式各具利弊,在充分考虑我国履行《公约》所规定的义务,特别是我国正处于社会转型时期,迫切需要通过全面提高惩治腐败犯罪的效益,以确保社会的稳定与发展目标实现的情况下,笔者认为,尽管理论与实务界对程序与实体一体立法的合体模式存在观念上的不认同,但是,较之其他立法转化模式而言,第三种立法模式更具合理性。其原因在于这种模式更能适应惩治腐败犯罪诉讼程序专业化的要求,反映诉讼程序设计中对社会保障机制强调的需要。现代刑事诉讼程序的构建,基于对犯罪人弱势地位的考虑,通常是以人权保障为中心构建一国刑事诉讼制度的体系,对犯罪人抗辩能力的强化是制度构建的核心内容,由此产生了以犯罪人人权保护为价值选择的制度和与之相协调的现代国家刑事诉讼原则。然而,人类在面对腐败犯罪的严峻形势面前,基于保障社会利益的需要,必然要求在腐败犯罪的刑事诉讼程序设计中,在对程序机制中的人权保护与社会保障进行价值权衡时,作出向社会保障价值倾斜的抉择。《公约》关于腐败犯罪定罪机制与程序机制的诸项规定反映了这一基本价值取向的内涵,这一立法定位及价值选择在立法上的体现,就是在对国家公职人员规定更多的程序义务的同时,赋予追诉机关更加全面、广泛、便捷的权力,以适应国际反腐败斗争的需要,提高整个社会抗御腐败犯罪的能力。这一要求在我国刑事诉讼制度设计中的体现,就是在特殊程序法中规定与普通犯罪追诉程序迥异的规定。对于特殊程序法与普通程序法的协调,完全可以通过适当立法技术的运用,达致二者的衔接与协调。基于此,我国首先要对国内现行反腐立法进行集中梳理、分析,将腐败犯罪定罪、追诉机制从普通《刑法》、《刑事诉讼法》中剥离,并在准确分析《公约》机制价值的前提下进行统一立法;与此同时,根据国际社会治理腐败犯罪的经验,在整合预防、控制腐败犯罪经验的基础上,尽快制定统一的"腐败犯罪预防与控制法"。

21. 关于我国刑事法治与《联合国反腐败公约》协调的几点初步探讨*

目　次

一、前　　言

鉴于各种腐败行为对民主体制和价值观、道德观和正义的破坏，并与其他形式的犯罪，如有组织犯罪和包括洗钱在内的经济犯罪的联系，对社会稳

* 原载《法学杂志》2005年第1期。

定与安全构成了严重的威胁,世界各国在加强国内立法的同时,积极磋商、协作形成了众多区域性反腐败公约,并在此基础上,于2003年10月31日在第58届联合国大会上通过了《联合国反腐败公约》(以下简称《公约》),为世界范围内合作打击腐败犯罪提供了一个更为有效的法律机制。我国政府于2003年12月10日签署了该《公约》,批准之日也为时不远。未雨绸缪,考虑我国法律与《公约》有关规定的协调必然有助于公约的批准、执行,因此对这一问题进行研讨是非常有必要的。该《公约》规定的反腐败措施涉及很多方面,笔者在此仅就我国刑事法治与《公约》的协调的若干主要问题谈以下几点初步意见。

二、关于如何调整我国《刑法》中相应犯罪的构成要件

《联合国反腐败公约》第3章第15条至第25条是关于具体犯罪的规定,其中,第15条至第22条主要是贪污贿赂犯罪,第23、24、25条分别是:洗钱犯罪、窝赃犯罪和妨害司法犯罪。由于《公约》中的窝赃犯罪、妨害司法犯罪与我国《刑法》中已有规定基本一致,因此关于我国《刑法》有关犯罪构成要件的调整主要涉及贪污贿赂犯罪和洗钱犯罪等。

(一)关于贿赂犯罪

从罪名体系上看,《公约》中规定的贿赂罪包括行贿、受贿(包括索贿),对外国公职人员或者国际公共组织官员行贿,外国公职人员或者国际公共组织官员的受贿、私营部门中的贿赂。我国《刑法》中的贿赂罪主要包括受贿罪,行贿罪,对单位行贿罪,单位行贿罪,介绍贿赂罪,公司、企业人员受贿罪,对公司、企业人员行贿罪。《公约》第26条规定了"各缔约国均应当采取符合其法律原则的必要措施,确定法人参与根据本公约确立的犯罪应当承担的责任。"在承认法人犯罪的国家,就可以存在单位的行贿罪与受贿罪。在《公约》第18条影响力交易犯罪中,对公职人员的行贿和公职人员的受贿可以为我国《刑法》中的行贿罪与受贿罪所包括。而对于有影响力的其他人行贿和受贿行为,我国《刑法》中就没有与之相对应的条文。《公约》第21条规定的私营部门中的贿赂与我国《刑法》中公司、企业人员贿赂罪的规定基本一致。通过比较,可以发现,在罪名体系上《公约》比我国《刑法》的规定要多两个罪名,即影响力交易罪,对外国公职人员或国际公共组织官员的行贿和外国公职人员或国际公共组织官员的受贿。

从贿赂罪主体上看,《公约》第2条规定:"'公职人员'是:1.无论是经任

命还是经选举而在缔约国中担任立法、行政、行政管理或者司法职务的任何人员，无论长期或临时，计酬或者不计酬，也无论该人的资历如何；2. 依照缔约国本国法律的定义和在该缔约国相关法律领域中的适用情况，履行公共职能，包括为公共机构或者公营企业履行公共职能或者提供公共服务的任何其他人员；3. 缔约国本国法律中界定为'公职人员'的任何其他人员。"而我国《刑法》中的国家工作人员，根据《刑法》第 93 条规定，是指国家机关中从事公务的人员；国有公司、企业、事业单位、人民团体中从事公务的人员和国家机关、国有公司、企业、事业单位委派到非国有公司、企业、事业单位、社会团体从事公务的人员，以及其他依照法律从事公务的人员，以国家工作人员论。从《公约》中的公职人员范围与我国国家工作人员的范围比较来看，二者基本一致。但《公约》中从事影响力交易的人包括了公职人员以外的任何人。《公约》中对外国公职人员或国际公共组织官员的行贿和外国公职人员或国际公共组织官员的受贿涉及受贿罪主体范围的扩大。可见，《公约》的主体范围就明显大于我国受贿罪的主体范围。

从贿赂来看，《公约》关于贿赂的规定是"不正当好处"，我国《刑法》规定的是财物。"不正当好处"的范围要大于"财物"。"不正当"是"好处"的修饰语，是出于贿赂行为而得出的评价。"好处"也就是某种利益，除了财物或财产性利益以外，它还可以指非财产性利益，如公职人员子女就业、就学等机会。

通过比较，可以看出，《公约》中关于非公职人员从事的影响力交易的行为在我国现行《刑法》中未曾规定，贿赂罪主体范围，以及作为贿赂的"不正当好处"比"财物"宽泛，故我国一旦加入《公约》，作为立法上的回应就必须妥善解决这几个问题。

按照目前刑法学界的通说，国家工作人员的职务廉洁性，不管是其职务行为的不可交换性，还是纯洁性都不妨碍将"不正当好处"作为贿赂。"不正当好处"与职务行为的交换必然使国家工作人员的职务受到亵渎，国外的刑事立法与司法实践也表明其可以成为受贿罪中的贿赂，如果我国对受贿罪采取严厉打击的刑事政策，就完全可以将"不正当好处"作为贿赂对待。因此，是否将不正当好处作为贿赂看待，取决于我国刑事政策的反应。

笔者认为，从目前情况来看，我国《刑法》将贿赂限于财物并规定了相应的数额标准，与《公约》相比，标准较高而且明确，在司法实践中比较容易把握，也不影响我国开展相关的国际刑事司法合作。当外国请求我国进行刑事司法协助时，我国可以根据《公约》对双重犯罪原则的突破予以协助。而关于贿赂罪的主体、行贿罪的相对人范围，可以考虑对现有的立法加以完善。

关于影响力交易行为的定性。对于公职人员的影响力交易行为，可以通过《刑法》中的斡旋受贿以受贿论处；对于非公职人员从事影响力交易而接受不正当好处的，涉及国家工作人员受贿时，可以按照受贿或行贿的共犯，或依介绍贿赂加以处理，即可以将非国家工作人员收受财物的情形作为严重情节考虑，我国《刑法》可以不增设新的罪名对这种行为加以规制。

(二)关于贪污、挪用等侵犯财产的犯罪

关于公职人员侵犯财产的行为，《公约》第17条要求将公职人员故意实施的为其本人的利益或其他人员或实体的利益，贪污、挪用或者以其他类似方式侵犯其因职务而受托的任何财产，包括公共资金、私人资金、公共证券、私人证券或者其他任何贵重物品的行为规定为犯罪。

《公约》第22条规定的是发生在私营部门的侵占财产行为。它是指：以任何身份领导私营部门实体或者在该实体中工作的人员故意实施的侵占其因职务而受托的任何财产，如私人资金、私人证券或者其他任何贵重物品的行为。

关于公职人员侵犯财产的行为，《公约》规定与我国《刑法》中的规定基本一致，如公职人员与国家工作人员，因职务而受托与利用职务上的便利等。不同的表述是行为对象，《公约》中没有限定财产的所有权归属，但我国《刑法》却将其限定为公共财物、公共财产、公款等。笔者认为，《公约》将公职人员贪污、挪用行为等侵犯的对象不限于公共财物是比较符合这些犯罪的特点的，因为财产性质并不是这些犯罪的本质特点。贪污、挪用行为本质特点在于公职人员因其职务而受托，从而侵犯财产的所有权。我国《刑法》将贪污、挪用等的对象限定为公共财物，对认定这些犯罪不但无益，而且还极易造成司法实践中不必要的困难以及理论上的争议。

简而言之，利用职务便利就是利用公职产生的对财产支配的便利，这与《公约》中公职人员因职务而受托在本质上是一致的。这是因为，因职务而受托者对财物也形成了支配权。国家工作人员对财产支配的便利并不能改变财物的所有权的性质，尤其是在所有权与经营权相分离的情况下更是如此，我国《刑法》第91条“以公共财产论”的规定也说明了这一点。既然所有权的性质没有改变，又如何能“以公共财产论”？其原因就在于国家工作人员的职务与这些财产发生了关系，即支配与被支配的关系，是国家工作人员的职务决定了所有权并不具有公共财产性质的财物被视为公共财物。国家工作人员利用职务上的便利侵吞或挪用财物的，便属于贪污罪、挪用公款罪；国家工作人员并未利用职务便利而侵吞财物的，即使是公共财物，这种行为也不属于贪污、挪用行为。因此，认定贪污罪、挪用罪的根本依据是国家工作人员利用了其职务便利。

综上,从完善的角度来看,我国《刑法》可以将贪污、挪用罪的对象扩充为任何财产。

(三)关于滥用职权行为与我国《刑法》中的滥用职权罪

按照《公约》第19条的规定,滥用职权是指滥用职权或地位,即公职人员在履行职务时违反法律,实施或者不实施一项行为,以为其本人或其他人员或实体获得不正当的好处。与《公约》第16条规定的受贿行为相比,二者都有获取不正当好处的规定。二者的主要区别是:受贿的公职人员在执行公务时作为或不作为,滥用职权者在履行职务时违反法律实施或者不实施一项行为。即前者在职务范围之内,后者超出职务范围或不使用、不正确使用其职权、地位。前者没有强调执行公务本身的违法性,后者则强调了履行职务违反法律。根据《公约》谈判工作特设委员会第一届至第七届会议工作报告增编的谈判工作的正式记录准备工作文件注释第19条的说明:"准备工作文件将表明,本条可包括各类行为,例如公职人员泄露机密或者特定情报。"可以看出,《公约》规定的滥用职权行为与我国《刑法》第397条滥用职权罪的范围是一致的。但在规定上又有很多不一致的地方,具体而言主要有以下两点:

其一,主体范围。我国《刑法》中规定的主体是特定主体,即国家机关的工作人员。2002年12月28日,第九届全国人大常委会第31次会议通过的《关于中华人民共和国刑法第九章渎职罪主体适用问题的解释》,将渎职罪主体明确为:在依照法律、法规规定行使国家行政管理职权的组织中从事公务的人员;在受国家机关委托代表国家机关行使职权的组织中从事公务的人员;虽未列入国家机关人员编制,但在国家机关中从事公务的人员。而《公约》关于公职人员范围的规定近似于我国的国家工作人员的范围。

其二,客观方面。我国《刑法》对滥用职权客观方面规定除滥用职权以外,还要求该滥用职权行为达到致使公共财产、国家和人民利益遭受重大损失的程度,并根据其各种具体的情形设立追诉标准。但《公约》规定的是获取不正当好处。二者最根本的区别在于是否以使公共财产、国家和人民的利益遭受重大损失为客观方面构成要件。我国《刑法》中的滥用职权是指国家机关工作人员超越职权,违法决定,处理其无权决定、处理的事项,或者违反规定处理公务;《公约》中的滥用职权或者地位,是指公职人员在履行职务时违反法律。从文义上来分析,《公约》与我国《刑法》中的滥用职权的规定是一致的。但从《公约》的规定与我国的受贿罪比较来看,利用职务便利中也存在违反规定处理公务的情况。因此,《公约》中规定的滥用职权与我国《刑法》中的滥用职权和受贿罪存在交叉情况。

通过以上比较,可以发现,对《公约》中规定的滥用职权行为并不一定能直接适用我国《刑法》第397条的滥用职权罪加以惩治,有些还需要适用受贿罪加以惩罚。具体而言,对于《公约》中规定的滥用职权行为,如果没有达到我国《刑法》规定的追诉标准,对于收受不正当好处而滥用职权地位,从而符合我国受贿罪追诉标准的应按照受贿罪处罚。即使是属于超越职权、地位的情形,也很可能属于利用职务便利。超越职权地位的前提是行为人利用其职务、地位或职权地位的便利条件,没有职务上的便利,行为人难以超越职权。同时,在斡旋受贿中的行为人利用职权、地位形成的便利条件也属于滥用职权或者地位的情况。如果《公约》中规定的滥用职权行为造成了我国《刑法》中规定的有关后果的,则应按照徇私舞弊而滥用职权的情形加以处理;对于同时符合我国《刑法》中的滥用职权罪和受贿罪规定的,应该按处罚较重的犯罪处理。因此,就我国《刑法》中的滥用职权罪而言,似不需要对其构成要件进行修改。

(四)关于洗钱罪

《公约》关于洗钱罪之规定的主要内容包括《公约》第23条明确要求将以下的行为规定为犯罪:(1)明知为犯罪所得,为隐瞒或者掩饰该财产的非法来源,或者为协助任何参与实施上游犯罪者逃避其行为的法律后果而转移该财产。(2)明知财产的犯罪所得而隐瞒或者掩饰该财产的真实性质、来源、所在地,处分、转移所有权或者有关的权利。《公约》同时要求缔约国家在符合本国法律制度基本概念的情况下,将明知为犯罪所得而获取、占有或使用财产的行为,对于任何参与、协同或者共谋实施以及协助、教唆、便利和参谋实施本案犯罪的行为都规定为犯罪。

从《公约》关于洗钱罪规定的内容来看,主要有以下几个特点:(1)上游犯罪为一切犯罪。(2)将犯罪所得的获取、占有或者使用,即"再利用"规定为洗钱行为。(3)明确各缔约国可以规定洗钱犯罪不适用于实施上游犯罪的人,即上游犯罪的主体不能同时成为下游犯罪的主体。

我国《刑法》于1997年修改时,通过第191条规定了洗钱罪,即"明知是毒品犯罪,黑社会性质的组织犯罪、走私犯罪的违法所得及其产生的收益,为掩饰、隐瞒其来源和性质,有下列行为之一的,……(一)提供资金账户的;(二)协助将财产转换为现金或者金融票据的;(三)通过转账或者其他结算方式协助资金转移的;(四)协助将资金汇往境外的;(五)以其他方法掩饰、隐瞒犯罪的违法所得及其收益的来源和性质的。"

从我国《刑法》的规定来看,洗钱犯罪打击的是帮助实施上游犯罪行为人洗钱的行为,因此,上述《公约》关于洗钱罪规定了3个特点中的第3点与我国的相关规定基本一致,不同的主要是其第1、2两点。

关于第2点不同,笔者认为《公约》的要求比较合理,因为在明知其为犯罪所得的情况下而予以获取、占有、使用,必然会影响到这些犯罪所得及其收益的来源、性质,使其难以查明。从实质上看,这也是一种洗钱行为。

关于上述第1点不同,即洗钱罪上游犯罪的范围规定,我国已有所完善,《中华人民共和国刑法修正案(三)》(以下简称《刑法修正案(三)》)已补充恐怖活动犯罪为其上游犯罪之一。笔者认为,我国现行《刑法》将上游犯罪仅仅限定为毒品犯罪、黑社会性质的组织犯罪、走私犯罪、恐怖活动犯罪的范围是不够的,应该加以合理地扩充。

除上述上游犯罪以外,犯罪所得较多的还有腐败犯罪中的贪污贿赂罪以及经济领域的犯罪、财产犯罪、贩卖人口犯罪、绑架犯罪等,需要洗钱的犯罪范围已经变得很宽。但我国《刑法》中仍有很多个罪并不涉及洗钱,如危害国家安全罪,公共安全罪,妨害社会管理秩序罪,侵犯人身权利、民主权利罪中的犯罪。如果将上游犯罪规定为一切犯罪并不符合我国所有犯罪实际发生的情况。因此,笔者认为,在根据《公约》完善上游犯罪时,可以将上游犯罪规定为"一切涉及财产及收益获得的犯罪"。

将上游犯罪限定于一定范围内的犯罪,即一切涉及财产及收益获得的犯罪既符合洗钱罪的本来范围,也符合《公约》的要求,与《公约》的精神相一致。因为《公约》所谓的一切犯罪也是有前提的,即明知财产为犯罪所得,其已经表明上游犯罪是获取财产的犯罪。

三、关于引渡与刑事司法合作等问题

(一)《联合国反腐败公约》之引渡规定作为我国与其他国家开展引渡合作的法律依据的可行性问题

《公约》对传统司法协助、引渡中的"双重犯罪原则"作出了变通性的规定,即被请求国在并非双重犯罪的情况下对于依照第46条提出的协助请求作出回应时,应当考虑到《公约》第1条所规定的反腐败公约的宗旨。即使各国根据《公约》的要求完善国内法上的有关犯罪,但差异还是难免的,以至于在一国构成犯罪的行为,在另一国就未必能构成犯罪。如我国关于贪污贿赂犯罪的追诉都有一定的数额标准,而很多国家就没有。因此,根据外国刑法构成犯罪的,在我国刑法上就不一定构成犯罪。这一变通性规定无疑使各国在打击公约所确立的犯罪上能够进行更为广泛的合作,对我国从他国引渡腐败犯罪嫌疑人有一定的积极意义。

《公约》第44条在引渡方面规定了关于腐败犯罪在一定情况下不得视为政治犯罪,即"在以本公约作为引渡依据时,如果缔约国本国法律允许,根据本公约确立的任何犯罪均不应当视为政治犯罪。"这一规定虽然突破了针对一般类型犯罪之国际公约的规定,但由于"如果本国法律允许"的限制,对政治犯不引渡并未有多大的突破,然而这一规定对各国在一定情况下不将腐败犯罪视为政治犯罪会产生一定的影响。

因此,《公约》涉及引渡的规定可以作为我国与其他国家开展引渡合作的法律依据。

(二)反腐败刑事司法协助和执法合作的机关及其工作开展

关于反腐败方面进行刑事司法协助和执法合作的机关,可以由外交部、最高人民法院、最高人民检察院、公安部组成。至于司法协助和执法合作的开展,可以参照《中华人民共和国引渡法》所确立的模式,即由外交部负责行政审查,最高人民法院负责司法审查,最高人民检察院、公安部负责具体的协助。虽然腐败案件主要属于人民检察院的案件管辖范围,但有关协助工作,如引渡中的对象查找、拘留、逮捕、监视居住等,都需要公安部门承担一定的职责。另外,如洗钱罪属于公安部门管辖,腐败案件中就存在大量的洗钱行为。

(三)反腐败中采用控制下交付以及监视、特工行动等特殊手段的可行性和必要性

《公约》要求缔约国采取必要措施,允许"其主管机关在其领域内酌情使用控制下交付或者在其认为适当时使用诸如电子或者其他监视形式和特工行动等其他特殊侦查手段,并允许法庭采信由这些手段产生的证据。"这一规定对我国关于腐败犯罪的侦查也会有重大的促进作用。

"控制下交付"是1988年《联合国禁毒公约》首次确认的侦查手段,《联合国打击跨国有组织犯罪公约》也将其作为特殊的侦查手段加以规定。我国公安机关1988年2月破获的利用锦鲤鱼藏毒,向美国贩卖海洛因的特大毒品案件就是由国际刑警组织协调,与美国警方合作实施"控制下交付"手段而破获的。这种手段对查获赃证和犯罪嫌疑人非常有效,是侦破比较隐蔽案件的重要方法。

关于电子或者其他监视形式和特工行动主要涉及秘密拍照、录音、录像、监听通讯,以及秘密侦查或诱惑侦查证据材料是否准用的问题,虽然我国《刑事诉讼法》没有规定,但在司法实践中,这些手段在一定范围内也已被有关部门运用。国外秘密拍照、录音、录像的立法例,如德国、美国、日本的判例都在一定的范围内予以允许;关于监听的立法例,如英国的《通讯截获法》、美国的《综合整治犯罪与街道安全条例》、《法国刑事诉讼法》(第100条)、《德国刑事诉讼法》(第100条a)、《意大利刑事诉讼法》(第266条),以及《俄罗斯联邦刑事诉讼法典》(第186条第1、2款)、日本的《关于犯罪侦查中监听通讯的法律》等都有规定。但是,这些国家都规定了相应的限制条件。

秘密侦查或诱惑侦查证据材料,只要侦查主体合法、方式适当,其所获证据经法庭查证属实,应该可以作为认定犯罪事实的证据。当然,考虑到这种侦查的合法性在世界各国都存在争议,我国可以考虑在立法上或审判中将犯罪是否已经开始进行,或不能使他人产生犯罪意图作为判断其合法性的标准。

我国公安部《公安机关办理刑事案件程序规定》第52条中,就有"对于涉及国家秘密的证据以及获取犯罪证据的技术侦查措施,应当保守秘密"的规定。这已经说明了有关侦查措施的使用,但由于没有相应的开庭审判前告知制度,必然影响到被追诉方的权益。因此,公安部的上述规定还不如在证据立法中明确规定相关内容更为妥当。

笔者认为,以上各种侦查手段,只要明确地对使用条件加以约束,对打击腐败犯罪应该既是必要的,也是可行的。

(四)关于内地与港、澳特区在反腐败领域司法和执法合作的可行性及途径

香港、澳门回归后,在20世纪80年代就已经形成的我国区际司法协助局面有了进一步的改善。在信息通报、情报交流、文书送达、调查取证、刑事判决的相互承认和执行等方面,内地与港、澳特区间都能提供相应的司法协助。因此,内地与港、澳特区在反腐败问题上进行司法与执法的合作已经具有一定的可行性。但是,关于逃犯移交问题,香港、澳门特别是香港向内地移交犯罪嫌疑人始终存在着法律上的障碍。其主要障碍在于双重犯罪问题和复杂的司法程序问题。为解决双重犯罪问题,内地可与香港、澳门就可以移交的犯罪范围达成协议。如香港的《逃犯法例》,关于可移交的罪行就包括了以欺骗手段取得财产或金钱利益、盗用公款、非法处理和收受财产,与贿赂、贪污、秘密佣金及违反信托义务有关的法律所规定的罪行;澳门对贿赂犯罪、利用公务侵占财产的犯罪以及滥用职权犯罪作出了规定。港、澳两特区有关腐败罪行的规定与内地腐败犯罪的规定大致相同。另外,借鉴我国《引渡法》关于为起诉和为执行刑罚而请求引渡最低刑期的规定,以及根据香港的有关规定,对于逃犯的移交也可以规定1年以上刑期作为移交的起点。因此,内地与港、澳特区在某些腐败犯罪的惩治上进行协助存在一定的可能。

关于逃犯的移交程序,内地与港、澳特区可以考虑在现有的基础上尽量简化程序,借鉴英国与爱尔兰之间移交逃犯的"签注逮捕令"程序。即双方达成协议,将逮捕令作为合作的依据,从而使内地与香港、澳门特区间的司法机关可以直接合作,做到对逃犯的移交更加快速、简便。

Ⅶ

其他基本问题

22. 刑法学研究方法论要*

目　次

一、前　言

刑法学研究方法，即研究刑法问题所采用的正确的规则和方式。鉴于在习惯上，人们谈到一门学科的方法的时候，就是指该门学科的研究方法，而不是指这门学科的研究对象的应用方法，也就是说，学术的方法即指研究方法，学科对象的应用方法一般指技术方法。比如，法学方法，仅指法学研究方法；法律方法，用以指代法律的应用技术。进而言之，刑法学方法，用来指刑法学的研究方法；刑法的应用方法，指适用刑法的技术，也称为刑法适用方法。因此，笔者将刑法学研究方法简称为刑法学方法。

广义的刑法学方法，包括指导刑法学研究的哲学方法、一般法学方法和

---

* 与曾粤兴合著，原载《刑法评论》（第7卷），法律出版社2005年版。

具体的研究方法三个层次。刑法学方法论,是刑法学研究应当采用的根本方法以及一般方法的统称。对于一般法学方法论,国内外学者已有许多阐述,但对刑法学方法论的研究还相当薄弱。不能以为马克思主义方法论可以代表一切,也不能认为一般法学方法论完全可以进入刑法学领域大显身手。比如西方的法官解释方法论,产生于西方两大法系法官判决的过程就是法官个人解释刑法的过程及其结果,这是与中国截然不同的司法语境。倘若允许中国法官进行个人化的解释,要么与司法运转的制度不合拍而“此路不通”,要么会使法官的自由裁量权发挥到极致,平等适用法律、统一适用法律的法治理想会碰得头破血流。此外,法官解释不是学问化过程,而是理解与应用刑法规范的公权力运用过程,其结果是形成判决。而刑法研究或者说刑法学,是一种超然于公权力之外的学术活动。因此,笔者认为,中国的刑法学方法论应当具有自己的特点,当然,也会与一般法学方法论存在共同的因素;中国刑法学研究方法不包括法官解释和应用刑法规范的方法。

二、刑法学研究方法的界定

(一)刑法学研究方法的内涵

作为一门学问的方法,与作为一门法律运用技术的方法,显然是不同的。在谈刑法学方法的时候,显然是在如何研究刑法学的方法而不是在谈如何运用刑法的方法。因此,刑法学方法只是刑法学研究方法的简称,不包括作为法律应用技术的法律方法。事实上,拉伦兹与杨仁寿先生所讲的法学方法,在很大程度上是指后者。同时,如前所述,刑法学包含了应用刑法学、理论刑法学、比较刑法学内容,有时还需要对刑法问题进行历史分析,因此,可以把刑法学方法大致分为注释方法、理性思辨方法两类。比较分析、历史分析、语言分析、逻辑分析等方法在刑法解释学、理论刑法学中都有应用空间。这样,注释方法、理性思辨方法可以作为属概念,比较分析、历史分析、语言分析、逻辑分析等方法可以作为种概念,它们之间具有种属关系。

如前所述,在谈刑法学研究方法的时候,应当注意把刑法的学术方法与刑法的应用方法区分开来。人们常常把刑法的类推适用、法官解释当作刑法学研究方法,这是不准确的。从“裁判也是一门学问”的意义上讲,刑法的类推适用以及法官解释,也需要考验司法人员的智慧。但这是司法官员代表国家执行刑法的专业活动,具有极强的公权力运用色彩,法官必须对“解释”结果承担法律责任。而刑法学人的研究活动,是个人智慧的发挥过程,与公权力运用没有直接联系,说对说错,需要承担的主要是不着边际的"文责"。所以,"法官解释"实质上是解释活动与刑法适用合而为一的过程,而类推解释与类推适用,当主体是法官时,具有同样的性质;当主体是学者时,它们客观上处于两个截然不同的过程。类推适用,违背罪刑法定原则,必须为刑事司法所禁忌。类推解释,则可以帮助我们发现案件事实与刑法规范之间的界域,为完善刑事立法作出贡献。

(二)刑法学研究方法的外延

刑法学研究方法按照刑法学的大致分类,可以分为两大类:注释方法与理论探究方法。前者主要应用于刑法的规范解释,因此也通常被称为刑法解释方法;后者主要应用于刑法的理论提升,由于理论提升通常带有思辨性质,故也被笼统称为思辨方法。其实,这种分类并不十分严谨。因为刑法解释可以属于规范解释,也可以属于价值解释,故有广、狭二义。在狭义上大抵与刑法注释同义,即在实在法语境下解释刑法,故刑法解释或者刑法解释学即注释刑法学。在广义上,刑法解释还包括刑法的理论提升,即在价值法学语境下解释刑法,形成理论刑法学。① 故刑法学包括注释刑法学和理论刑法学,而注释刑法学也需要思辨分析,其常规方法如反对解释(属于当然解释)也具有思辨性质。反过来,理论刑法学的常规方法如沿革解释、法意解释等方法在注释刑法学中也能得到应用。不过,分类的意义主要在于使人对事物形成相对清晰的认识。因此,笔者也采用此分类。

1. 刑法注释方法

在狭义上,解释方法与注释方法同义。在法理学者们看来,刑法解释的方法有文理解释、论理解释、扩张解释、限制解释(限缩解释)、法意解释、目的解释、文义解释(包括平义解释和特殊文义解释)、语境解释(体系解释)、黄金规则等。② 刑法学者主张或者说认可的刑法解释方法主要有文理解释、论理解释、比较解释、反对解释、补正解释、想象重构解释、目的性解释。为便于分析归纳,先将其含义列明如下:

(1)文理解释。又称为文义解释、语义解释,即主要采用语言文字学、修辞学原理解释刑法文本。其特征是对刑法条文的字义进行解释,包括对名词、概念、术语从文理上进行阐明。比如对"以上"、"以下"、"从重"、"从轻"、"司法工作人员"的解释。当解释的内容属于语言文字平常的、为社会

---

① 参见谢晖:《规范解释的创新何以艰难》,载刘士国主编:《法解释的基本问题》,山东人民出版社2003年版,第347—363页。

② 参见陈弘毅:《当代西方法律解释学初探》;苏力:《解释的难题:对几种法律文本解释方法的追问》;均载梁治平编:《法律解释问题》,法律出版社1998年版,第3—64页。

公知的含义时，称为平义解释，如“凶器”、“财产”等的解释；当解释的内容属于语言文字在特定场合所特有的含义时，成为特殊文义解释，如“犯罪客体”、“法益”、“正当防卫”、“紧急避险”等的解释。

(2)论理解释。即根据立法精神，联系有关情况，从逻辑上对刑法条文的含义作扩张性、限制性或恰如其分的解释。比如，根据我国《刑法》第93条规定的精神，一个人是否属于国家工作人员，应该看他实际行使的职责与权力，而不是看他是否具有“国家干部”身份。这就是一种论理解释。

(3)扩张解释。即根据立法原意，对刑法条文作出超出字面意思的解释。例如，将“鸦片烟灰”解释为“毒品”。又如将“以个人名义将公款供其他单位使用的”解释为“属于挪用公款归个人使用”。① 这就是对挪用公款罪行为表现形式的扩大解释。因为“归个人使用”明显是指公款最后的使用结果，即用途是“个人使用”，“供其他单位使用”当然不是“归个人使用”，“以个人名义”只是一种手段而非结果。上述解释实际上已把挪用公款的结果扩大到挪用公款的手段，带有明显的类推色彩。这也说明，尽管扩张解释不等于类推解释，如将鸦片烟灰解释为毒品，是因为烟灰明显不同于任何毒品，但鸦片也会仍含有能够使人成瘾的成分，被解释事项与解释结果之间具有内在关系，但类推解释的结果一定是扩张解释，被解释事项与解释结果之间缺乏内在关系。

(4)限制解释(限缩解释)。即根据立法原意，对刑法条文作狭于字面意思的解释。又如，“入户抢劫，是指为实施抢劫行为而进入他人生活的与外界相对隔离的住所，包括封闭的院落、牧民的帐篷、渔民作为家庭生活场所的渔船、为生活租用的房屋等进行抢劫的行为。”②这是对“入户”行为所作的限制解释，因为它把非封闭的生活场所以及非生活场所排除在外了。有学者说，限缩解释与扩张解释均为体系解释之一种。③ 笔者认为，把它们视为体系解释之结果更为妥当。以为扩张与限缩的根据是体系的完整考虑，也是法意或者适用目的的考虑。体系解释或者法意解释的结果不外乎合意、扩张与限缩三种结果。

(5)法意解释。即根据立法者制定法律时所作的价值判断，从逻辑上对刑法条文的含义进行解释的方法。它实际上属于论理解释方法的一种，也称为原意解释或者本意解释。对于是否存在立法本意，刑法学界有不同认识。

---

① 全国人大常委会：《关于<中华人民共和国刑法>第三百八十四条第一款的解释》(2002年4月28日)。

② 最高人民法院：《关于审理抢劫案件具体应用法律若干问题的解释》(法释[2000]35号)。

③ 参见杨仁寿：《法学方法论》，中国政法大学出版社1999年版，第114页。

笔者认为,立法本意是一种客观存在,它主要体现在立法机关首脑代表立法机关对立法草案所作的说明,法案起草人员对法案所作的说明当中。比如,现行《刑法》为什么要分解和废除投机倒把罪、流氓罪、玩忽职守罪?为什么走私、贩卖、运输、制造毒品罪的成立没有数额限制?为什么要对刑法典进行修订?不了解立法本意,就会使刑法解释歧义纷呈,或出现偏离。基于法意,我们在解释聚众斗殴时就可以把该罪限制在基于争夺、霸占地盘等流氓动机实施的聚众性质的斗殴行为中,而把村民之间、邻里之间基于特定利益冲突发生的聚众性质的斗殴行为排除在外。

(6)目的解释。即根据立法者制定法律时所欲实现的目的,从逻辑上对刑法条文的含义进行解释的方法。它也属于论理解释方法的一种。一切立法包括刑事立法,都是立法者发挥主观能动性,积极追求某种目的的结果。因此立法目的是客观存在的,由于立法目的具有近期追求和远期追求的双重性,因此,对立法目的的解释、探究,可以与时俱进。目的性解释与法意解释的区别在于:目的性解释从根本上是向前看的,强调为适应新的问题而解释法律,强调法律现时所具有的合理含义;而法意解释是向后看的,强调的是忠实于过去,即立法者立法时的意图。① 我国刑法学者对受贿罪客观方面的行为表现能否包括"性贿赂"进行了深入研讨。有的学者从社会需要角度出发提出肯定意见,有的学者从"以赃定罪"的立法本意出发基本上持否定意见。② 前者即属于法意解释,后者则属于目的解释。

(7)语境解释(体系解释)。即在进行法律解释时,不能单纯考虑对某字、词、句的解释,而应当将所解释的对象放在特定的语境中,也即必须将一个法律文本作为一个整体或一个体系来看待从而对需要解释的具体对象作出理解、把握和解释,而不能将其肢解化加以理解,更不能断章取义。③ 强奸罪是否可以或者应当包括婚内强制性行为?受贿罪是否包括性贿赂?携带凶器进行抢夺的行为在何种条件下才能认定为抢劫罪?若婚内强制性行为可以以强奸论,岂不意味着婚内强制猥亵也构成犯罪?经济与财产犯罪,在整个刑法体系中都采以赃定罪模式,若将性贿赂解释为受贿罪,则体系间的平衡将被打破,而维持以赃定罪模式,又可能放纵一些犯罪。这些争论都属

---

① 参见〔美〕波斯纳:《法理学问题》,中国政法大学出版社 1992 年版,第 341 页。转引自苏力:《解释的难题:对几种法律文本解释方法的追问》,载梁治平编:《法律解释问题》,法律出版社 1998 年版,第 40 页。另见杨仁寿:《法学方法论》,中国政法大学出版社 1999 年版,第 127、128 页。在此书中,目的解释方法受到极大推崇。

② 参见王俊平、李山河:《受贿罪研究》,人民法院出版社 2002 年版,第 35—39 页。

③ 参见苏力:《解释的难题:对几种法律文本解释方法的追问》,载梁治平编:《法律解释问题》,法律出版社 1998 年版,第 33 页。

于语境解释。语境解释也是论理解释。

(8)“黄金规则”。这可理解为对文理解释原则的修正。根据黄金规则,一般来说,法律条文应按其字面的、文字的、最惯用的意义来解释;但这不应是一成不变的,因为有一种例外情况,就是字面意义的应用会在某宗案件中产生极为不合理的、令人难以接受和信服的结果,我们也不能想象这个结果的出现会是立法机关订立这法律条文时的初衷,在这种情况下,法院应采用变通的解释,无须死板地依从字面上的意义,借以避免这种与公义不符的结果。① 典型的例证是学界以及立法起草部门对我国《刑法》第 17 条第 2 款规定的相对刑事责任年龄阶段的人,究竟应当对哪些范围的犯罪承担刑事责任问题的解释。按照惯常的语义,既然该款规定使用了“犯……罪”字样,那么我们应当把该款规定的 8 种情形解释为 8 种犯罪,但全国人大常委会法工委的解释说,这 8 种情形只是指行为表现而不是罪名。② 这就是“黄金规则”的理解。

(9)反对解释。也叫反面解释,即根据刑法条文的正面表述,推导其反面含义的解释方法。比如《刑法》第 64 条规定:“违禁品和供犯罪所用的本人财物,应当予以没收。”显然,如果不是违禁品和供犯罪所用的本人财物,当然不能予以没收。反面解释并不是一种简单化的语义解释,相反,它属于论理解释中的当然解释,解释的结果实际上是一个逻辑推论的结果。

(10)补正解释。即在刑法文字发生错误时,统观刑法全文加以补正,以阐明刑法真实含义的解释方法。比如《刑法》第 63 条规定的减轻处罚是“应当在法定刑以下判处刑罚”,这里的“以下”应当理解为“之下”,这种解释就是对《刑法》第 99 条规定的“以上、以下、以内,包括本数”的内容的补正。③ 补正解释实质上是“黄金规则”的中国用语,也属于法意解释。

(11)想象重构解释。是指各种具体犯罪的构成并不是像文字表述的那样清晰,而是需要司法人员根据证据证明的事实加以填充,这一填充过程实际上是一个由想象的事实到证据证明的事实的过程。比如一个案件中被害人死了,司法官员甲可能想象为故意杀人,司法官员乙则可能想象为故意伤害致死。④

① 参见陈弘毅:《当代西方法律解释学初探》,载梁治平编:《法律解释问题》,法律出版社 1998 年版,第 2 页。

② 全国人大常委会法工委:《关于已满 14 周岁不满 16 周岁的人承担刑事责任范围问题的答复意见》(2002 年 7 月 24 日)。

③ 以上两种解释方法的内容,参见张明楷:《刑法学》(上),法律出版社 1997 年版,第 34、35 页。

④ 参见周光权:《刑法诸问题的新表述》,中国法制出版社 1999 年版,第 313—315 页。

以上罗列的种种方法,有8种在李希慧所著的《刑法解释论》一书中已有阐释①,有一些是解释学通常应用的方法,比如目的解释、法意解释、文义解释等;有的推敲起来,其实是一回事儿,仅是术语不同而已,如"黄金规则"与目的解释、法意解释、补正解释、语境解释大同小异,文义解释与文理解释、反对解释基本一致;有的与其说是解释的方法,不如说是解释的结果,如扩张解释、限制解释。② 因为"限制"与"扩张"都不能告诉人们如何操作,不具备方法的特征。注释方法又可以分为文理解释、论理解释两类。单纯的条文字义的直接说明是文理解释,复杂的条文字义的推理解释都属于论理解释。同时,笔者认为有必要补充的是:在扩张与限制之外,还会出现恰如其分的解释结果。如我国《刑法》第97条把"首要分子"解释为"在犯罪集团或者聚众犯罪中起组织、策划、指挥作用的犯罪分子"。因为该解释既没有把首要分子限制在聚众犯罪中,也没有把它扩大到其他共同犯罪中,而是穷尽了首要分子可能存在的范围。这种解释结果,不妨称之为合意解释。这三种解释结果,并不局限于论理解释,在其他解释方法的运用过程中,也完全可能出现这些结果。

2. *刑法思辨方法*

思辨,从语义上说,指思考辨析。在哲学上指运用逻辑推导而进行纯理论、纯概念的思考。③ 思辨方法,泛指一切理论分析方法,综合我国学者们的认识,大致有:综述方法、分析方法、历史的方法、理论联系实际的方法、经济分析方法、系统论方法、逻辑实证方法、注释方法等。

(1)比较方法。即从宏观上对不同法系、不同国家的刑法体系、立法特点,刑法原则、制度、思想、学说进行横向比较,或者从微观上就某一具体制度、规定、问题、观点进行横向比较。其目的是拓宽视野,增进了解,并从中剖析是非,评述利弊,总结经验,吸取教训,更好地获得规律性认识。

(2)分析的方法。即对刑法规范进行阐述和解释,特别要注意定性分析和定量分析方法的综合运用。

(3)历史的方法。也称历史解释、沿革解释,即对刑法问题进行历史考察,总结前人经验,评判是非得失,取其精华,去其糟粕,借古鉴今。其目的是

---

① 这8种解释即扩张解释、限制解释、当然解释、反面解释、系统解释、沿革解释、比较解释、目的解释。其中沿革解释即历史分析方法(参见李希慧:《刑法解释论》,中国人民公安大学出版社1995年版,第110—133页)。

② 参见苏力:《解释的难题:对几种文本解释方法的追问》,载梁治平编:《法律解释问题》,法律出版社1998年版,第5页。

③ 《现代汉语词典》(修订本),商务印书馆2001年版,第1193页。

通过历史的描述来寻找原来的法意到现在的法意的演变渊源。在刑法学研究中,它必须与比较等方法配合使用,没有独立运用的价值。因为该方法独立运用的结果,将形成刑法史学而非刑法学。

(4)理论联系实际的方法。即刑法应注意反映司法实践经验,发现新问题,解决新问题,指导司法实践。①

(5)综述方法。即在全面占有资料的基础上,汇集他人对某一问题的观点、理由,进行分析、比较,并与刑法现象、事实相对照,从而提出自己的观点。这是以高铭暄教授为代表的中国人民大学刑法学者们创立并且为中国刑法学者普遍采用的方法。

(6)经济分析方法。是指微观经济学关于经济成本与效益运行关系的分析在刑法解释中的应用,"经济人"是其基础概念,"交易行为"是其理论前提。②

(7)系统论方法。即系统论原理在刑法解释中的应用,它把各种刑法文本作为一个个系统,根据整体大于部分之和的基本原理对不同层次的刑法文本进行解释。比如把刑法体系作为一个系统加以解释。③

(8)逻辑实证方法。即从逻辑上的相似性推导结论的方法。它与实证方法并不相同。实证方法,即直观的或者说定量的方法,其特征是以调查、搜集的数据为基础展开分析,避免价值观念的先入为主并且要求尽量避免价值判断。

(9)合宪解释。即以宪法性规范之意旨解释刑法规范的方法,其目的是论证刑法规范是否正当,是否违宪。

(10)当然解释。是指刑法规定虽未明示某一事项,但依形式逻辑、规范目的以及事物属性的当然道理,将该事项解释为包括在该规定的适用范围之内的解释方法。④ 如拐卖已满14周岁不满18周岁女性或者由男性变性为女性的人,当然属于拐卖妇女,因为"妇女"一词的最大含义包括一切女性。

从逻辑上说,首先,除综述方法外,一切与实证方法相对的方法都可以归入"非实证方法"或者思辨方法,而综述方法既可以对他人实证研究的结果进行综述,也可以对他人非实证研究的结果加以综述。其次,"理论联系实

① 以上四种方法的概念,参见高铭暄:《略论刑法学研究的对象和方法》,载《中央政法管理干部学院学报》1992年创刊号。

② 参见周林彬:《法律经济学论纲》,北京大学出版社1998年版,第26页。

③ 参见杨春洗:《刑法理念新探索》,北京大学出版社、人民法院出版社2003年版,第53页。

④ 参见张明楷:《刑法分则的解释原理》,中国人民大学出版社2004年版,第25页。

际”是进行刑法学研究乃至一切社会科学研究的原则或基本要求,实证方法(包括个案实证)是其具体表现。“理论联系实际”本身不能说明研究的步骤、进路,难以成为具体的研究方法。“实际”的含义非常丰富,包括立法实际、司法实际、法治现实与实践等一切与人的社会实践相联系的客观因素。实证主义提倡“理论联系实际”,价值判断也不排斥“理论联系实际”。因此,它实际上是工作作风在研究领域的具体化,是一种唯物主义的要求,应当归入哲学方法论。再次,“分析方法”实际是一类方法而非某种独立的方法。它包括逻辑分析、语义分析、价值分析、历史分析、语境分析等方法。国外学者通常在注释刑法语境下把它等同于“规范分析”,主要与实证主义发生联系,与此相对的是刑法的价值判断(价值分析)。因此,刑法学研究方法也可以分为规范分析与价值分析两类。不过,规范分析与价值分析,是在方法论意义上使用,分别与实证分析、思辨分析对应。①

与文理解释相对,在理论研究的场合,论理解释包括一切涉及逻辑手段的应用从而具有理性思辨色彩的解释方法。换言之,比较方法、实证方法、历史分析法、经济分析法、系统方法乃至语境解释法、合宪解释法都是其下位概念。比如对“国家工作人员”、“行凶”、“数罪”的解释,仅仅从语义角度解释是难以得出符合实际的结论的,必须应用历史的方法、法意解释方法等加以逻辑思辨,才可能得出符合实际的、合情合理的结论。

需要说明的是,对上述两类研究方法的总和,还可以从其他角度进行分类。

3. 从解释方法主要从属的学科划分,可以分为(自然)科学方法、社会学方法、经济学方法、逻辑学方法、哲学方法

这种划分,在刑法学界一般不被重视,因此,在一些学术论文中,以上述两类标准区分出来的方法常常被相提并论。严格说来,现代人文社会科学的发展,早已打破了以往那种故步自封的局面,各门学科都不再固守传统的研究方法,而是综合采用多种方法解释特定的文本,因而都呈现出边缘化发展趋势。所以,这种划分已经多少失去意义。不过,从注重引进其他学科,特别是其他社会科学传统的解释方法解释刑法问题这一角度讲,这种划分还是具有一定的积极意义的。

4. 从解释的逻辑起点划分,可以分为实证方法与思辨方法

解释的逻辑起点即解释的出发点。从实际问题出发进行解释,以观察为主要手段得出结论,然后再以实际效果检验结论的可靠性,是实证方法的基

① 参见谢晖:《规范解释的创新何以艰难》,载刘士国主编:《法解释的基本问题》,山东人民出版社 2003 年版,第 347—363 页。

本要求,从方法意义上讲,“理论联系实际”是其主要特征。而从理论到理论的逻辑演绎,是思辨方法的基本特征。犯罪学研究、刑事立法研究、刑事司法效果研究离不开实证方法,而思辨方法见长于对刑法文本的抽象解释,比如对刑法基本原则、犯罪构成、刑法价值的解释等。按照这种划分,经验实证、统计等量化方法、个案分析属于实证方法;其他方法属于思辨方法。

此外,有学者认为,传统的注释方法应当让位于思辨、实证等方法。① 笔者认为此说值得商榷。所谓注释方法,其实是语义分析、逻辑分析、考据方法、法意解释等多种方法的综合运用。在刑法文本的理解层次上或者说在应用刑法领域,它既是中外通用的解释方法,也是最重要的、必不可少的解释方法。注释刑法学属于应用刑法学这一性质决定了注释方法的地位和价值。诚然,目前许多注释性学术成果不那么令人满意,但这不是注释方法本身存在问题,而是注释主体的能力有待提高,解释过程有待完善的问题。从满足司法需要角度讲,注释方法更需要发扬光大。

最后,想象重构解释的内容符合司法证明过程的实际,因而是有道理的。不过,笔者认为它实际上是司法适用过程中从证据前提推导司法结论的操作行为,尽管这一过程存在逻辑推理的运用,但它毕竟难以提供可辨认、掌握的技术,与其归入刑法解释方法,不如归入刑事诉讼的证明行为。

三、刑法学方法论

(一)概说

按照某些学者的观点,方法论分为人文主义方法论、科学主义方法论和马克思主义方法论。并且其认为,把马克思主义作为方法的最高层次是不合适的。因为马克思主义方法的应用是讲条件的,阶级方法、唯物史观等方法是明显不能用于自然科学研究中的,即便是对立统一、普遍联系等法则也必须具体化,才能发生作用。现代科学研究应当打破马克思主义一元方法的格局,采用多样化研究方法。这种认识,在20世纪八九十年代学术界对研究方法的反思似乎还具有一定的代表性。② 刑事诉讼法学界也有学者对马克思主义方法论在程序刑法中的应用提出了质疑,认为辩证唯物主义的认识论主张世界是可知的,而客观现实中,案件真实与证据证明的事实之间总是有差

① 参见陈兴良:《刑法哲学》,中国政法大学出版社1992年版,第677页。

② 参见李承贵:《20世纪中国人文社会科学方法问题》,湖南教育出版社2001年版,第35—538页。

距的,案件处理的事实总是相对的事实,辩证唯物主义的认识论必然导致司法人员刻意追求案件的客观真实,导致司法人员为达目的不择手段,为了案件真实无视正当程序。同时,在这种认识论引导下,为了个别正义,不惜司法成本建立和动用二审的全面审查制度、再审程序。该学者还认为,诉讼活动不仅是一种认识活动,更是一系列法律价值的实现和选择过程。即使从认识的角度看,侦查中的认识活动与审判中的认识活动也不可同日而语。前者更接近一般意义上的认识活动,后者由于涉及控诉、辩护和裁判三方的交涉过程,包含着明显的证实、证伪和裁判活动。因此,证据法上的证明对象、证明责任、证明标准等方面的规则,从一般认识论上是很难解释清楚的。更何况,将认识论奉为至高无上的“指导思想”,还极容易导致诉讼的理想结果受到强调,而使司法程序和诉讼过程的价值受到忽略。① 这种观点隐含的意思之一实际是“世界是不可知的”,也就是说,案件事实这一“世界”存在不可知性。笔者认为,该学者对我国刑事诉讼制度和理念中存在的问题的分析确实很有见地,对诉讼理念与制度缺陷以及司法操作的因果关系的认识入木三分,具有重要的立法和司法的参考价值和重大理论价值。不过,把上述问题最终归因于马克思主义的认识论,这恐怕可以认为作者在理解马克思主义认识论上和我们有不同认识。马克思主义认识论主张把感性的现存世界当作实践去理解,认为世界是可知的,但人类的认识是受到局限的,所以真理是相对的。其特点是可知论与真理相对论的同一。马克思主义承认认识机制的复杂性,认为在人的认识过程中,除了理智、理性、逻辑等理性因素外,情感、意志、欲望等非理性因素都在不同程度上会对认识过程产生作用和影响;主张认识的辩证运动,也是主观和客观,理论和实践的矛盾运动过程,承认主观与客观,理论与实践的统一,只是在一定时间、地点、条件下的统一,承认认识以及真理的相对性,认为认识是一个循环往复的过程。这一科学的认识论,反对真理多元性观点,但承认“片面”的真理性,也即承认真理具有相对性,承认在一定条件下,任何真理性认识,都只是对认识对象一定方面、一定程度、一定层次的正确反映。②毛泽东关于认识过程的名言“实践、认识、再实践、再认识,这种形式,循环往复以至无穷”③,就准确扼要地说明了认识的过程和特点。换言之,按照马克思主义的认识论,既要反对所谓“实事求是”的证据原则的提法,又要承认司法人员对案件真实的认识与客观真实之间的差距,纠正和避免为了追求案件真实而牺

① 参见陈瑞华:《问题与主义之间》,中国人民大学出版社 2003 年版,第 544—546 页。

② 参见李秀林等主编:《辩证唯物主义和历史唯物主义原理》(第 4 版),中国人民大学出版社 2001 年版,第 335—355 页。

③ 《毛泽东选集》(第 1 卷),人民出版社 1991 年第 2 版,第 296 页。

牲程序价值,追求个案公正而忽视一般公正的错误做法,同时,不能因为实践马克思主义认识论的具体做法错误而以偏概全,根本否定其真理性,否定马克思主义方法论的应有地位。马克思主义方法论在总体上已被实践证明为真理,错误的只是人们对这一方法论的理解和应用过程而不是它本身。因此,在刑法学研究中,坚持马克思主义方法论不动摇,应当成为方法论选择和具体方法应用上的基本原则。

哲学虽然不是"科学的科学",但它一方面要从科学中吸取养分,另一方面又指导科学研究。这种指导是一种宏观的、抽象的、原则的、方向上的指导,而不是微观的、具体的应用,是一种整体性的指导,而不是个别问题的指导。我们绝不能机械理解方法论对刑法学研究的指导作用,仅仅因为方法论不适合对某一具体问题的研究就断然否定方法论的价值和意义。因为这种做法,正如刑法学界有人机械理解罪刑法定原则,因为刑法条文没有明确规定某些故意犯罪应当"明知"故犯,就否定"明知"对成立犯罪的意义,认为要求行为人主观上"明知"就是违背罪刑法定原则一样,恰恰是对方法论和罪刑法定原则的庸俗化。①

马克思指出:"辩证法在对现存事物的肯定的理解中同时包含对现存事物的否定的理解,即对现存事物的必然灭亡的理解;辩证法对每一种既成的形式都是从不断地运动中,因而也是从它的暂时性方面去理解;辩证法不崇拜任何东西,按其本质来说,它是批判的和革命的。"②确立马克思主义在刑法学研究中的方法论地位,绝不是否定或者轻视人文主义方法、科学方法在刑法学研究中的作用,也不是否定西方刑法学理论中带有方法论色彩的一些思维方法的合理因素,比如,客观主义与主观主义的思维方式,都在特定时期、特定方面对特定刑法问题作出了合理解释;康德主义以及新康德主义对现象与本体的认识,休谟对事实与价值的关系的思考,对于分析某些刑法问题也有应用价值。所以,马克思主义方法论是开放的方法论。在这一方法论指导下,允许刑法理论工作者大胆借鉴、引用中外社会科学研究方法,构建中国刑法学研究的方法体系,构建中国刑法方法论这门属于理论刑法学的分支学科。既然马克思主义方法论具有开放性,那就意味着放眼未来,一切符合马克思主义基本原理的非技术性的研究方法,都可能成为马克思主义方法论的组成部分。一切与马克思主义方法论没有根本冲突的研究方法,都可以在刑法学研究中得到应用。

---

① 马长生教授对此提出了批评。参见马长生:《奸淫幼女犯罪主观要件析》,载赵秉志、张军主编:《刑法解释问题研究》,中国人民公安大学出版社 2003 年版,第 745—751 页。

② 《马克思恩格斯选集》(第 2 卷),人民出版社 1972 年版,第 218 页。

(二)马克思主义法学方法论

1. 基本内容

马克思主义法学方法论的基本内容,就是其基本原理,由唯物辩证法和唯物史观组成。前者的基本原理是认识论(包括物质与意识的关系原理,实践与认识的关系原理,事物普遍联系和发展的原理,原因与结果的关系原理,可能性与现实性的关系原理,必然与偶然的关系原理,内容与形式的关系原理,现象与本质的关系原理,系统与要素的关系原理,结构与功能的关系原理等),矛盾论(包括对立统一原理,否定之否定原理,质量互变原理)。① 后者的基本原理是劳动论(劳动是理解全部人类历史的钥匙;劳动的发展水平制约着历史的发展水平),经济基础与上层建筑关系论(包括生产力状况决定社会关系性质的原理,上层建筑相互联系、相互影响的原理,人民群众创造历史的原理),社会存在决定社会意识论,阶级斗争论。②

这些原理,总体上对于刑法学研究来说不存在过时的问题,只存在丰富和发展的问题。比如,实践与认识的关系原理提示我们不要夸大主观罪过对行为之影响,能够指导我们弄清刑法目的与实践效果的关系;事物普遍联系和发展的原理,让我们清醒地认识到犯罪是各种因素综合作用的产物,刑法只是社会对付犯罪的最后手段;社会在发展,社会危害性的判断标准也要随之变化,刑法也要随之加以完善和发展;原因与结果、必然与偶然的关系原理,是我们分析刑法上的因果关系的指南;系统与要素、内容与形式的关系原理,指导我们建立了犯罪概念和犯罪构成及其理论,建立了刑法体系,对法治系统工程提供了理论指针;可能性与现实性的关系原理,使我们分清了犯罪的停止形态,对社会危害性形成合理的认识;结构与功能的关系原理,可以帮助我们完善刑法体系,对刑法功能的发挥、刑法目的之实现形成正确认识;现象与本质的关系原理,使我们能够透过事物现象去认识其本质。这些随手拈来的例子,远远不足以说明马克思主义方法论的作用与意义。马克思主义方法论是一个有机的整体,它告诉我们,刑法不是凭空产生的,而是人类社会发展到阶级社会的产物;刑法不是统治阶级的随心所欲,其内容是由当时所处的物质生

---

① 参见李承贵:《20 世纪中国人文社会科学方法问题》,湖南教育出版社 2001 年版,第 123、124 页;李秀林等主编:《辩证唯物主义和历史唯物主义原理》(第 4 版),中国人民大学出版社 2001 年版,第 38—350 页;陈建远主编:《社会科学方法辞典》,辽宁人民出版社 1990 年版,第 11 页。

② 参见李承贵:《20 世纪中国人文社会科学方法问题》,湖南教育出版社 2001 年版,第 122 页;李秀林等主编:《辩证唯物主义和历史唯物主义原理》(第 4 版),中国人民大学出版社 2001 年版,第 235—273 页;陈建远主编:《社会科学方法辞典》,辽宁人民出版社 1990 年版,第 15、16 页。

活条件所决定,并且受其他上层建筑所影响,是对现实生产力状况及其所决定的生产关系的反映。即使是其中的阶级斗争论,虽然它已经不适合对我国已经消灭了敌对阶级的现阶段的刑法的分析,但由它所推导出来的阶级分析方法,对于刑法的历史分析、比较分析仍然是有积极意义的。否定之,我们就无法理解罪刑法定原则产生的历史背景、意义和原因,无法正确理解保安处分制度为什么会成为德国法西斯实行种族灭绝,以及旧中国反革命分子迫害进步人士的工具,也无法解释同一法系不同国家的刑法基本规范大同小异、具体规范千差万别的原因。

在应用上述方法论进行犯罪学和刑法学的研究中,有的学者有时会产生形而上学的结论,如对当代中国犯罪现象产生的原因的分析,片面强调经济基础、物质生活条件的作用,看不到传统文化、价值观念的影响(当然,由于政治制度的影响,即使学者看到了,也噤若寒蝉)。而西方学者不采用这样的方法论,其许多结论如共犯独立论、共犯从属论、因果关系论、法人刑事责任论等,如果用马克思主义方法论考量,完全可以得出更有说服力的结论。① 比如共犯独立论认为教唆犯、帮助犯的行为各自都是独立产生犯罪结果的原因,这就明显割裂了他们与实行犯之间的联系,不符合客观实际。共犯从属论认为各共犯成员同心一体,但教唆犯、帮助犯的行为必须依附于实行犯才能作用于犯罪结果。这种认识又忽视了教唆犯造意并且利用实行犯的独立色彩,因而虽然对共犯本质作出了比较合理的解释,但不能说是圆满、全面的认识。妥当的解释,应当是既看到一般共犯对于实行犯的从属性,又看到教唆犯对于实行犯的独立性。不过,也有学者对教唆犯的本质存在相反认识,甚至认为共犯独立说、从属说以及二重性说都不是合理的学说。② 当然,其理论当中也有不少与马克思主义方法论暗合的内容,如大陆法系犯罪阶层体系原理,完全符合马克思主义认识论原理。这是因为,辩证法思想自古典刑事学派开始,一直指导着刑法学研究,即使是黑格尔的唯心主义辩证法,也有许多合理的内容。何况尽管资产阶级学者怀疑马克思主义的以阶级斗争论为核心的科学社会主义学说,但其哲学思想、政治经济学原理,至少被当作一种学说存在于大学课堂和图书馆之中,其唯物辩证法思想多少具有实际影响,并不像国内有的学者所认为的那样,在西方已经受到彻底否定。相反,马克思不论是在当代德国还是英国,都被奉为人类历史上最具影响的思想家之一。

---

① 参见赵秉志、曾粤兴:《在诠释与理论之间着力求索:马克昌教授〈比较刑法原理〉评介》,载《政法论坛》2003 年第 3 期。

② 参见张明楷:《刑法的基本立场》,中国法制出版社 2002 年版,第 305—331 页。

应当注意的是,坚持马克思主义基本立场不动摇,绝不是树立马克思主义方法论唯我独尊的学术地位。马克思主义方法论是开放的方法论,创新是马克思主义的灵魂。坚持用马克思主义基本原理借鉴、吸收西方刑法方法论的合理内容,是马克思主义方法论创新的根本要求。肯定马克思主义方法论的地位,绝不意味着可以忽视西方刑法方法论,也绝不是可以无视马克思主义方法论在刑法学研究中的细微不足。比如,在马克思主义方法论中,找不到事实与价值这对基本范畴,而刑法分析应当立足于这对范畴,否则我们无法解释为什么刑法规范要这样设计而不是那样设计,也无法解释为什么刑法必须进行完善和如何完善。

2. 主要特点

马克思主义法学方法论博大精深,对其特点的概括可以有不同认识。有学者以历史分析方法和比较分析方法,在回顾马克思主义产生、发展过程和横向比较科学主义方法、传统研究方法的基础上,概括出以下四点:

(1)在研究过程和起点上,注重研究对象的物质性、经济性、社会性因素的分析;

(2)在分析方式上,强调全面的、联系的、发展的、辩证的态度;

(3)在研究目标上,注重必然性、规律性、本质性问题的把握;

(4)在研究结论上,坚持立场、观点的党性原则。这是指坚持马克思主义的基本立场和观点分析问题、解决问题。①

这些特点的归纳,对马克思主义法学方法论在刑法学研究中的应用是有启迪的。当然,或许增加一个特点概括更为全面,这就是:在体系建设上,主张开放性和不断发展性。

犯罪现象是一种社会现象,本质上是物质现象而不是精神现象,其产生有自己的、不以人的主观意志为转移的物质基础和社会条件,对它的认识以及处置,都不能脱离现实的物质基础和社会条件。任何消灭全部犯罪或者消灭某种犯罪的想法都是背离马克思主义法学方法论的空想,除非闭上眼睛,从法律上不再确认其为犯罪。同理,确立某种犯罪,划定犯罪圈的范围,都不能脱离社会物质条件。近几年,不断有学者主张把吸毒行为、卖淫行为犯罪化。这些学者对上述建议也以这些行为具有社会危害性为逻辑推论前提,应用历史分析、逻辑思辨、比较研究多种方法尽力进行论证。笔者曾经从经济分析角度提出异议,认为这些论证都仅仅注意到了对这些行为动用刑罚手段的必要性,忽视了我国生产力发展水平对刑法立法的制约,甚至忽视了道德、

---

① 参见李承贵:《20 世纪中国人文社会科学方法问题》,湖南教育出版社 2001 年版,第 125—128 页。

人口性别比例和诉讼效率、诉讼制度的制约，因此，尽管论证的逻辑不可谓不严谨，正义感不可谓不强，但可行性却经不起推敲。①

从20世纪90年代中期以来，刑法学者不断反思"严打"政策的实施效果，对持续进行的各种"严打"做法提出了质疑。在笔者看来，"严打"作为应急手段偶尔为之确实是有必要的。因为犯罪是多种因素综合作用的产物，人们还无法准确预见犯罪的总量，也无法准确预测某类犯罪率的变化趋势，从而采取预见性的防止措施。当犯罪总量迅猛上升时，迅速采取果断措施予以打击、压制，犹如洪水暴发时抗洪抢险一般，为社会安全所必需。但是，洪水消退后必须加固堤防，犯罪总量压下来后应当及时总结，找出犯罪突然上升的原因和条件，不能年复一年热衷于打击而忽视防治。比如，近年来抢劫、抢夺案件急剧上升，作案者多数是进城务工而工作没有着落的人员以及城市无业人员，作案地点主要是城郊结合部、农贸市场、偏街静巷，被害人多数是单身行走人员、外表比较露财的人员，作案者居住地点主要是城市出租屋、小旅馆。针对这些特点，建立出租屋经营登记和许可制度，对于落实外来人员暂住证制度，及时查破案件显然有积极意义；建立社区警察巡查制度，可以明显降低发案率；建立重点人员监控制度，可以密切注意特定人员（群）动向，及时作出反应。② 那种在年度工作总结报告中就宣布来年"确保犯罪总量控制在较低水平"，"确保两抢案件下降××百分点"之类的设想，听起来美好，实际上是违背马克思主义方法论所要求的党性原则的做法。因为马克思主义认为，社会存在决定社会意识，社会意识对社会存在具有反作用。但这种反作用主要是间接作用，并且是非决定性作用。而这种做法夸大了意识的反作用力，同时是用静止的观点、非联系性的观点看待犯罪现象。

在马克思主义法学方法论的开放性问题上，笔者认为康德关于现象与本体的二元论、休谟关于事实与价值的二元论，经过马克思主义的改造，可以成为马克思主义方法论的组成部分。康德二元论与黑格尔的辩证法对刑事古典学派产生过深刻影响。康德二元论区分事实与本体，对事实不允许作价值判断的认识，认为本体只有在实践理性中才能得到肯定。这种认识无疑具有局限性，但与唯物辩证法有认识因素上的相通性。只不过康德二元论所谓的事实，不是指客观事实，而是指理性思维的综合产物。这一点与唯物辩证法存在冲突。此外，在世界是否可知问题上与唯物辩证法也存在矛盾。然而，如果调整事实与理性认识在认识论上的次序，就可以将"事实与本体"的二

① 参见曾粤兴：《刑法不应增设吸毒罪》，载最高人民检察院研究室编：《检察业务指导》（2003年第2辑），中国法制出版社2003年版，第132页以下。

② 参见曾粤兴、贾凌：《两抢问题浅析》，载《云南公安高等专科学校学报》2003年第2期。

元区分作为唯物辩证法认识对象的内容。经过这样的改造,从实践论上看,在刑事证据制度上,二元论对于我们分析案件现象上的真实与本体上的真实,从而建立效率第一、兼顾公平的现代刑事诉讼程序,建立能为社会提供统一的公平标准的正当程序具有重要意义。我们承认从人类认识的最终结果来看,世界是可知的,但也应当承认,如果我们对每一个刑事案件都要求查清其本体真实,却要受到现行刑事诉讼制度、诉讼成本、刑法实施效果、文化、伦理道德多种因素的制约,说到底要受到我国社会物质生活条件的制约。这才是实事求是的态度。在实体问题上,它对我们分析许多问题都有实际意义,至少具有比较研究的价值。比如从行为人客观方面的行为表现推断行为人的真实意图,本身与马克思主义关于"透过现象看本质",通过人的客观外部表现推知其主观心理的要求具有一致性。

休谟是唯心主义者和不可知论者。他否定了物质实体和精神实体的可知性,但他关于事实与价值的二元论,以及在20世纪初经过西南学派改造康德哲学而产生的新康德主义所奉行的关于事实与价值的二元论,为我们反思刑法立法、刑法规范的正当性、合理性,判断刑法解释的妥当性提供了新的哲学方法。刑法是什么以及刑法应当是什么?这个刑法规范的含义是什么以及应当是什么?这一对对实然与应然、事实与价值的命题,促使我们对刑法的研究从注释上升到理论,反过来对刑法规范的废、立、改进行理性指导,或者对刑法规范作出妥当解释。在新康德主义方法论指导下形成的新古典刑法体系,特别重视文化价值对刑法概念的诠释意义,可以说,从此至今大陆法系刑法理论一直在价值分析的道路上行进。① 事实上,从犯罪概念到犯罪构成再到刑事责任以及刑罚,从停止形态到共犯形态再到罪数形态,几乎对一切刑法问题,都可以进行事实判断和价值判断。比如,有学者把人身危险性概括为"未然的犯罪",认为实用主义是人身危险性问题的理论依据。② 我们就可以思考:人身危险性是一种事实判断还是价值判断?如果是事实判断,那么,以尚未发生的"事实"作为判断依据,其客观性就值得怀疑了;如果是价值判断,那么,实用主义(实证主义)拒绝价值等类的大词进入分析视野,把实用主义作为人身危险性问题的理论依据也就存在问题。这不是否定论者的结论,而是提出一种思路。刑法主观主义即采用实证主义方法论,主观主义者对这个问题的解释,是把征表于行为现象的人身危险性等同于犯罪,

① 参见林东茂:《一个知识论上的刑法学思考》,台湾五南图书出版公司2002年版,第23—39页;苏俊雄:《刑事法学的方法与理论》,台湾环宇出版社1974年版,第20—57页。

② 参见黄兴瑞硕士学位论文:《人身危险性的内涵及其在刑事法学上的意义》,中国人民大学法学院2003年12月,第19—30页。

实际上从现象之实然性直接跨越到“当罚性”这一应然状态。这在哲学上是难以作出妥当解释的。犯罪概念有形式概念、实质概念、混合概念三种区分。形式概念从形式违法性判断，强调行为的刑事违法性，如《印度刑法典》中对犯罪的界定：违反本法者即为犯罪。实质概念从行为本质进行判断，强调行为的社会危害性。混合概念从形式与实质两方面认识犯罪，如我国《刑法》对犯罪的界定。如此说来，如果说形式概念属于事实判断的话，那么，实质概念应当属于价值判断。因为某种现象、某种事物对自己或者对社会有害还是有利，本身就是一种价值判断。然而，有学者指出，（刑事）违法性在我国刑法理论与大陆法系刑法理论中的地位是完全不同的。前者将违法性作为犯罪的形式特征，仅是社会危害性这一实质特征在刑法上的表现；后者只是将违法性作为犯罪成立的条件加以确立。违法性包括形式违法性和实质违法性，客观违法性是形式违法性判断的通说，法益侵害说成为实质违法性内容的通说①，并进而提出将“社会危害性”逐出犯罪概念的主张。② 这样看来，大陆法系刑法理论中的犯罪概念实际上是形式概念与实质概念的统一，是事实判断与价值判断的结合，而混合概念也是事实判断与价值判断的结合。笔者无意对上述探讨进行总结，只是从方法论上加以议论，认为混合概念是有哲学依据的。

（三）西方刑法学方法论

西方刑法学方法论实际上最具代表性者就是实证主义与价值分析。实证主义在刑法学研究中主要表现为主观主义，而价值分析在刑法学中主要表现为客观主义。主观主义与客观主义分别是实证主义与价值判断方法在刑法学研究中的具体演变，具有鲜明的方法论属性，因此，它们是具有“刑法学方法论”这一特殊性质的研究方法；这种方法具有特殊的研究视角，因此又被称为刑法学研究的立场；这种方法的应用结果，形成了不同的学术共同体即学派，因此又被冠以刑法主观主义（主观主义学派）和刑法客观主义（客观主义学派）之称。可以说，主观主义、客观主义是一个多义的概念，是上述三种意思的统一体。因此，笔者着重分析刑法客观主义和主观主义，附带介绍实证主义与价值分析。

1. 客观主义

客观主义的方法论，又称客观解释论，为刑事古典学派所奉行。刑事古典学派在犯罪论、刑罚论方面有许多主张，被后人概括出许多“主义”，如客

① 参见陈兴良、刘树德：《犯罪概念的形式化与实质化辨正》，载《法律科学》1999 年第 6 期。

② 参见陈兴良：《社会危害性理论：一个反思性检讨》，载《法学研究》2000 年第 1 期。

观主义、现实主义、行为主义、社会伦理主义、法益保护主义等。严格说来，“客观主义”这一术语一般是在犯罪论领域使用，但犯罪论是刑罚论的基础，因此，犯罪论中的客观主义与刑罚论中的种种主义具有内在关系。可以说，刑罚论中的主义或者说方法论，其实只是犯罪论中的客观主义方法论的延伸和具体化。所以，笔者在此一并分析。

(1)犯罪论中的客观主义。有学者认为，刑法客观主义理论是以摆脱封建思想束缚，由贝卡里亚所开创，以康德哲学为指针并以费尔巴哈以来的德国刑法学为基础而逐渐形成的刑法学派。① 这一认识，准确揭示了刑法客观主义产生的时代背景，但它把被定义项指向刑法理论的外在形式——流派，忽视了这一流派的理论特征。笔者认为，刑法客观主义是古典学派在犯罪论上采用的方法论，“是指以危害行为及其后果为核心所形成的系统化了的关于犯罪、刑事责任以及刑罚的根据、目的等一系列问题上总的观点和根本看法。”②在认识论上，它以客观行为作为认识对象，承认自由意志、理性人、行为实在性。③ 在实践论上，倡导个人自由，主张刑法的机能在于通过保护法益而维护社会伦理，认为犯罪的本质是违反社会伦理(社会伦理主义)，或者主张刑法的机能就是保护法益本身，认为犯罪的本质是对法益的侵害和威胁(法益保护主义)。④

犯罪的本质只能从犯人的外部行为或者结果中寻求，这是客观主义的基本观点。由于这一方法论把犯罪看作能够从外部认识的行为，因此，又被称为行为主义方法论。⑤ 它同美国以布莱克为代表的学者所主张的行为主义方法论名称相同，但内容迥异。

客观主义认为，犯罪的概念的基础、可罚性及其刑罚量的根据是客观行为及其实害。因为犯罪是对社会的现实危害的行为，舍此即无犯罪；若仅以行为人的主观恶意作为处罚依据，就混淆了法律与道德的区别；若犯罪概念不具有客观性，就容易造成认定犯罪的困难和法官的恣意。尽管行为是意识的客观化、现实化，但行为并不只是意识的表明或者表现，更是意识的实现。行为人内心的意识通过外部的姿态在社会生活中现实化，才可以作为行为来把握。客观主义反对将行为作为人格事实的反映，认为人格高尚的人也可能

① 参见〔日〕大塚仁：《刑法中新旧两派的理论》，日本评论社 1957 年版，第 4 页。转引自周光权：《法治视野中的刑法客观主义》，清华大学出版社 2002 年版，第 18 页。

② 参见聂立泽：《刑法中主客观相统一原则研究》，法律出版社 2004 年版，第 8 页。

③ 参见周光权：《法治视野中的刑法客观主义》，清华大学出版社 2002 年版，第 12 页。

④ 社会伦理主义以报应主义为立足点的后期古典学派的主张，法益保护主义是前期古典学派的主张。参见〔日〕大谷实：《刑法总论》，黎宏译，法律出版社 2003 年版，第 28、29 页。

⑤ 参见〔日〕大谷实：《刑法总论》，黎宏译，法律出版社 2003 年版，第 28 页。

由于某种特殊原因而偶尔犯罪，反过来，即使累犯与常习犯，也不一定是行为人人格的写照。所以，只能对行为人的现实行为科处刑罚，行为人内心隐藏的实施某种行为的可能性，不能成为刑罚的根据。①

在责任领域，客观主义主张应当根据现实的犯罪行为及其犯罪意思形成过程确定犯罪人道义的、伦理的非难，责任的本质是非难可能性。也就是说，符合构成要件的行为是责任评价的对象，但犯罪行为必须基于个人自由选择才有意义，所以，责任非难应当指向行为当时的意思，没有罪过的行为不具有非难可能性。在责任的根据上，客观主义主张道义的责任论，将犯罪行为所产生的道义责任作为刑事责任的基础，认为凡是达到一定年龄、精神正常的人，原则上都有依照理性而行动的自由意志。责任的本质就是道义的非难。具有自由意志的人，基于该意志实施一定行为并发生一定的犯罪结果，因而可对该行为进行道义上的评判，并让行为人承担一定的刑事责任。木村龟二概括道："道义责任论以意思论作为前提，认为具有意思自由的人虽然可以按其自由意思实施合法行为，但结果导致违法行为时，就有道义上非难的可能性。"②

在共犯论中，客观主义主张犯罪共同说与共犯从属性说，重视构成要件抽象化、定型化的意义。所谓犯罪共同说，是关于共犯本质的认识。客观主义认为，共犯是数人共同实行特定的犯罪，这种"共同"，是犯罪的共同而非行为的共同，即各共犯人都已经认识到特定之罪的构成要件，共同触犯了特定之罪。所谓共犯从属性说，是关于共犯（教唆犯、帮助犯）与正犯之间关系的认识。客观主义认为，正犯的行为是符合基本的构成要件的实行行为，对于构成要件结果的形成具有根本影响，自然可以成立独立的犯罪。尽管共同实施一定的犯罪行为是共犯成立的前提，但这些行为对于犯罪构成要件结果的发生只有间接的、轻微的影响，本身不能成为独立的犯罪，没有独立的犯罪性和可罚性。其犯罪性与可罚性都依附、从属于正犯。无正犯即无可罚的共犯。与此相关，客观主义否定片面共犯而肯定间接正犯成立的可能性，认为共犯共同实行的意思即意思联络，这就要求行为人之间具有沟通，彼此意识到他人会与自己共同实施犯罪，彼此具有互相利用的意思，否则，只有单方面参与共同犯罪的意思，不应当成立片面共犯。同样道理，间接正犯与直接正犯不同，行为人自己并不亲自、直接实施犯罪，而是将他人（适法行为人、无责任能力之人、无犯罪故意之人）作为犯罪工具，最终实现自己的犯罪意图。利

① 参见张明楷：《刑法的基本立场》，中国法制出版社2002年版，第56、57页。

② 参见〔日〕木村龟二主编：《刑法学词典》，顾肖荣等译，上海翻译出版公司1991年版，第221页。

用者与被利用者之间缺乏犯罪的意思联络,也不存在共犯意义上的教唆与被教唆的关系。① 概言之,片面共犯与间接正犯都不具有一方对另一方的依附、从属关系。在所谓"片面共犯"的场合,实行行为人与加功者各自成立独立的犯罪。在间接正犯场合,被利用者一般不具有犯罪性和可罚性,利用者成立独立的犯罪。

在未遂犯问题上,客观主义论认为未遂犯的处罚根据在于发生构成要件结果的客观危险性或者法益侵害的客观危险性,如果不存在这样的危险性,就不能作为危险犯加以处罚。与此相关,在不能犯问题上,客观主义认为不能犯没有发生结果的危险性,从而怀疑处罚不能犯的正当性。②

(2)刑罚论中的客观主义。基于犯罪的本质只能从行为人的外部行为或者结果中寻求的基本观点,刑事古典学派把作为外部事实的行为即现实成立的事实当作刑法评价的对象。由于这一观点把行为事实等同于现实成立的事实,故有现实主义之称。③ 客观主义的刑罚论倾向于报应刑主义和一般预防论。这是因为客观主义以自由意志的理性人(抽象的人或经济人)为立论前提,强调刑罚是对理性人自由意志选择的行为之结果(即已然之罪)的报应。而这种报应是建立在自古以来人类所形成的道德观念——因果报应律之上的,所以,它主要体现为道德报应,并且报应的量(刑罚量)应当与实害相适应。同时,由于犯罪是一般理性人基于同等的自由意志实施的行为,所以量刑时无须考虑行为人的主观方面,这样,客观主义的刑罚论主张刑罚的目的在于一般预防④,而不是看重行为人个人化了的主观方面及其通过主观意思表现出来的人身危险性的特殊预防。

有学者认为,客观主义在刑罚论上的主要贡献是"罪刑相当"原则的提出。在客观主义视野中,理性人(或抽象人)的概念具有特别重要的意义,它使犯罪能够与具体的犯罪人相分离,从而使刑罚最终的、实际的效果也可以和犯罪者本人相分离,所以刑罚对于抽象的一般人的预防的目的得以受到强调。与此相关,客观主义者大多赞成监禁刑,认为它能够实现罪刑相当原则⑤,其中,杰出代表如贝卡里亚坚决反对死刑,不过他也反对报应刑论而主张一般预防论。⑥

---

① 参见周光权:《法治视野中的刑法客观主义》,清华大学出版社 2002 年版,第 12 页。

② 参见周光权:《法治视野中的刑法客观主义》,清华大学出版社 2002 年版,第 56、57 页。

③ 参见〔日〕大谷实:《刑法总论》,黎宏译,法律出版社 2003 年版,第 57—59 页。

④ 参见聂立泽:《刑法中主客观相统一原则研究》,法律出版社 2004 年版,第 8 页。

⑤ 参见周光权:《法治视野中的刑法客观主义》,清华大学出版社 2002 年版,第 60、61 页。

⑥ 参见〔意〕贝卡里亚:《论犯罪与刑罚》,黄风译,中国法制出版社 2002 年版,第 49—60 页。

2. 主观主义

与客观主义相反，主观主义的方法论，又称主观解释论，为刑事社会学派、刑事人类学派所奉行。刑事社会学派和刑事人类学派在犯罪论、刑罚论方面也有许多主张，被后人概括出一些"主义"，如主观主义、行为人主义、征表主义等。与"客观主义"这一术语使用的场合相同，"主观主义"是在犯罪论领域使用。但犯罪论中的主观主义与刑罚论中的种种主义具有内在关系，刑罚论中的主义或者说方法论，也是犯罪论中的主观主义方法论的延伸和具体化。

（1）犯罪论中的主观主义。刑法主观主义是新派（刑事社会学派和刑事人类学派）于19世纪后期，基于资产阶级巩固政权，对付日益复杂而且剧增的犯罪现象，由龙勃罗梭、菲利、李斯特①等人所创立并以实证主义哲学为基础而逐渐形成的刑法学派在犯罪、刑事责任、刑罚目的等一系列问题上所奉行的基本观点和根本看法。在认识论上，它以行为人为认识对象，否定自由意志、理性人。在实践论上，倡导国家主义，主张刑法的机能在于保护社会。认为犯罪的本质是：犯罪是受环境和素质所决定的人的必然行为，犯罪行为是行为人的社会危险性的征表，具有这种社会危险性的人应当处于接受社会防卫处分的地位。② 而把具有危险性格的人作为犯罪人处罚，就可以防卫社会。

主观主义持自由意志的否定论，认为以抽象行为为中心来建构刑法理论没有实际意义；人的意志自由不过是一种幻想，人的行动受遗传因素和社会因素支配。如果说客观主义的视角起点是客观行为的话，那么，主观主义的视角起点就是显现于外部的、已经发生的犯罪行为背后的行为人的性格、人格及其反社会秉性以及再犯罪的危险性，换言之，即行为人的犯罪意思以及人身危险性。

犯罪是犯罪人危险性格的表露，犯罪的本质只能从犯罪行为所反映的内部的、精神的实施中寻求，这是主观主义的基本观点。由于这一方法论把犯罪人主观方面的意思、性格、动机、人格的危险性作为科刑的基础，认为应当惩罚的是犯罪人而不是犯罪行为本身，因此，主观主义也被称为征表主义、行为人主义。③

---

① 关于李斯特刑法思想的学派归属或者说方法论特征，日本刑法学者认为他属于古典学派，马克昌教授、周光权博士持相反观点，并且后者有精当的分析。参见马克昌主编：《近代西方刑法学说史略》，中国检察出版社1996年版，第182—199页；周光权：《法治视野中的刑法客观主义》，清华大学出版社2002年版，第95页。

② 参见〔日〕大谷实：《刑法总论》，黎宏译，法律出版社2003年版，第28页。

③ 参见周光权：《法治视野中的刑法客观主义》，清华大学出版社2002年版，第101页。

主观主义认为,刑事责任的基础是犯罪人的危险性格即反复实施犯罪行为的危险性。也就是说,犯罪的概念的基础、可罚性及其刑罚量的根据是危险性格。在主观主义看来,行为并不只是意识的客观化、现实化,而且是人格、性格的外化,行为总是正确地反映着行为人的人格、性格,所以要将行为作为反映人格、性格的事实来把握。刑罚的根据是行为人内心隐藏的实施犯罪行为的可能性。因为具有法律意义的是行为人的人格、性格本身。①

在责任领域,主观主义强调以犯罪人对于社会的危险性及其罪犯本人的危险性格作为责任评价的对象,认为责任的本质是个人的社会危险性。在责任的根据上,主张社会责任论、性格责任论。社会责任论认为刑法上的责任不应着眼于个人的道义观念,而应以社会价值为根据,强调刑事责任是依据刑罚的方法可以达到防卫社会目的的能力,即刑罚适应能力;性格责任论认为刑罚以及责任的对象不是行为,而是由实行行为所证明的"行为人的犯罪情操"、"行为人对于法秩序的态度"以及"行为人的全部的心理特征"即行为人的反社会性和危险性。

在共犯论中,主观主义主张行为共同说和共犯独立性说,主张扩大共犯的成立范围。所谓行为共同说,是关于共犯本质的认识。主观主义认为,共犯是数人以共同的行为实现各自意图的犯罪,各自以共同的行为表现自己的主观恶性和人身危险性,因此,共犯之"共同",是行为的共同而非特定犯罪构成要件范围内的共同。凡是能够征表反社会性格的行为都是犯罪,不论各共犯之间犯罪意思是否相同,只要各个行为人共同实施"实行行为",就成立共同犯罪,而不必共同实行一个犯罪。所谓共犯独立性说,是关于共犯与正犯之间关系的认识。主观主义认为,行为人的危险性一旦通过一定的行为征表出来,即可认定其有实行行为,所以,教唆犯、帮助犯本来就是行为人自己犯意的行为表现,本身就有实行行为,这些实行行为都是独立的犯罪行为,对于犯罪构成要件结果的发生具有直接作用,本身就可以成立独立的犯罪,具有独立的犯罪性与可罚性。这就是说,共犯是否构成犯罪,与正犯成立与否无关,共犯独立于正犯而存在,无正犯也有可罚的共犯。与此相关,主观主义肯定片面共犯而否定间接正犯成立的可能性,认为共同实行的意思,是指共同实施一定行为的意思,只要有共同协力(加功)关系的存在,即使没有意思联络,也应当成立共犯。片面共犯虽然加功者与被加功者缺乏意思联络,但存在共同实施一定行为的意思,并且存在协力关系,所以成立共犯。同样道理,在所谓间接正犯的场合,利用他人犯罪的情形与教唆犯在性质与可罚性

① 参见张明楷:《刑法的基本立场》,中国法制出版社 2002 年版,第 57 页。

方面具有等价性，并不依赖正犯而存在，与教唆犯独立于正犯而成立犯罪一样，因此，教唆犯的概念完全足以涵盖间接正犯情形。①

在未遂犯问题上，主观主义论否定未遂犯对于构成要件成立意义上与既遂犯的区别，主张未遂犯与既遂犯同等处罚的观点。与此相关，对于不能犯，只要行为人通过其行为征表出犯罪的意思，就具有犯罪性与可罚性，而不论其行为在客观上是否具有造成构成要件的结果的可能性。②

（2）刑罚论中的主观主义。基于犯罪的本质只能从犯罪行为所反映的内部的、精神的实施中寻求的基本观点，主观主义论把犯罪人对于社会的危险性及其罪犯本人的危险性格作为责任评价的对象，其刑罚论选择防卫社会的目的刑论和特别预防论。特别预防论认为刑罚不是对犯罪行为的报应，而是为了教育、改善犯人的人身危险性以及保护社会的手段，目的是教育、改造罪犯，使其回归社会，因此，刑罚的直接目的在于特别预防。目的刑论认为刑法不是对犯罪行为的事后报复，也不是对其他人的恐吓，而是对那些"危险状态的体现者"采取的预防措施，目的是进行社会防卫。基于刑罚根据上的社会责任论、性格责任论和刑罚目的上的目的刑论、特别预防论，主观主义者提出了不定期刑和刑罚个别化原则。所谓不定期刑，即法院在判决时不确定犯人的具体刑期，而由监狱等执行机构根据犯人的人身危险性的大小决定期限的长短。所谓刑罚个别化，即把犯人当作具体的人而不是抽象的人，根据罪犯的特性采取相应的惩罚方式。③

3. 实证主义与价值判断

考问客观主义方法论与主观主义方法论何以产生，我们会发现，在这两种方法论之上，还存在着实证主义方法论和价值判断方法论。前者曾经照亮过刑事人类学派和刑事社会学派的理论天空，在当代英国、美国、日本等国家的法学研究中继续散发着光和热；后者顽强地引导着刑事古典学派、新古典学派在刑法学研究道路上不断攀登，并且始终影响着欧陆以及美国主流法学理论的发展。

（1）实证主义。实证主义建立的哲学基础是经验主义，主张以实证自然科学为根据，要求像科学家那样研究社会现象，将社会现象当作客观事物看待，以能够观察和实验的事实为内容并由此出发去寻找事物的普遍规律性，

① 参见周光权：《法治视野中的刑法客观主义》，清华大学出版社 2002 年版，第 135—137 页。

② 参见周光权：《法治视野中的刑法客观主义》，清华大学出版社 2002 年版，第 134、135 页。

③ 参见聂立泽：《刑法中主客观相统一原则研究》，法律出版社 2004 年版，第 23、24 页。

摒弃一切形而上学的思辨概念,排除一切价值先见,强调在社会环境中寻找社会现象的原因。① 所谓实证,即指具有"实在"、"有用"、"确定"、"精确"等意义的东西。实证主义主张观察优于想象,把强调观察的作用当作实证精神的核心,其要素是:第一,"实证的"意味着必须是"现实的",一切知识必须以被观察到的事实为出发点。第二,"实证的"意味着必须是"有用的",反对以知识去满足人的无用的、空泛的好奇心。第三,"实证的"意味着必须是"确实的",不能是抽象的。第四,"实证的"意味着必须是"精确的",反对超越实在现象的性质所允许的正确度去谈论事物,提倡观点的"明晰性"和"坚固性"。第五,"实证的"意味着必须是"积极的"或"建设的",反对破坏现实,而以建设为目的。第六,"实证的"意味着必须是相对的,因为事物现象的研究要受到人的内心的和外在的状况的制约。实证主义强调有用即为合理,因此与实用主义是相同的。实证主义法学以实在法为研究对象,在新分析实证主义法学诞生之前,一直反对对法现象进行价值判断。这是实证主义在法学研究道路上的两个重要阶段。前期的实证主义,是刑法主观主义的方法论。刑事人类学派和刑事社会学派反对意志自由,重视行为人征表于犯罪行为的意思事实即人身危险性事实的理论依据,就是意志自由的不可验证性。后期即新分析实证主义产生以后的实证主义,回归了刑事古典学派在刑法问题上进行价值分析的道路,弥补了前期实证主义方法论的缺陷。目前成为大陆法系刑法理论主流的新康德主义,与其说是对刑法主观主义的反叛,不如说是对前期实证主义方法论的否定。新康德学派把客观主义对抽象人的行为的视线转移到构成要件上来,"认为构成要件固属法律上的概念,但也是法律上可得而认识的客体,具有价值之关联性,唯有就其本身所负的文化使命——法律目的,加以思维,始能得其真谛。"②不过,新康德主义的影响范围主要是大陆法系国家,在英美法系国家,实证主义是法学研究的主流方法论,从1930年以来,完全非定量研究的文献非常稀少,采用或者兼而采用量化方法进行研究的文献几乎占5/6。③

(2)价值判断。一般认为,价值是一个主体与客体之间需要与满足的关系范畴。④ 法的价值判断,是在行为与规范双重视角下"体用合一"的评价过

① 参见文正邦、吕世伦主编:《法哲学论》,中国人民大学出版社1999年版,第701—708页。

② 苏俊雄:《刑事法学的方法与理论》,台湾环宇出版社1974年版,"韩序"。

③ 参见金武刚:《定量研究中国社会科学:一项来自3199篇论文的内容分析》,载《情报资料工作》2002年第4期。

④ 参见李秀林等主编:《辩证唯物主义和历史唯物主义原理》(第4版),中国人民大学出版社2001年版,第360页。

程。“体”即行为事实与规范内容,“体”的认识属于事实评价,“用”即行为意义以及行为与规范的对应关系,“用”的认识属于价值评价。事实评价说明事实“是什么”,价值判断说明对事实“应该怎样做”。在这一评价过程中,“人”仅仅是行为的载体,若无行为,尤其是应当由刑法评价的行为,“人”是毫无意义的概念或存在,不能进入刑法评价视野,只有“行为”,对于规范,对于刑法评价才有价值。刑法评价最终属于价值评价。

欧洲的自然法与中国古代朴素的自然法思想以及儒家学说,都蕴含了价值判断方法。儒家思想中“出礼而入刑,出刑而入礼”这一关于法律与“礼”的关系的内涵,就体现了刑为体、礼为用,刑为实在法,礼为自然法(习惯法或者伦理道德)的辩证关系。① 而刑事古典学派就是在价值判断方法论的引导下闪亮登场的,其理论的光辉照亮了资产阶级夺取政权,建立近代刑事法治的道路。虽然在19世纪后半叶一度黯淡过,但很快在刑法学扬弃主观主义理论的进程中重放光芒。新康德主义刑法理论即在价值判断方法论的引导下不断发展。

新康德主义刑法理论借助康德二元论中的事实与价值范畴,认为法律现象中存在事实与价值范畴,进入刑法评价视野的首先应当是行为事实(构成要件该当性以及因果关系),但行为的性质、意义如何,即是否违法、有责,应当进行价值的评价。这一评价过程,实际上既肯定了对行为事实的实证分析,又坚持了行为意义的价值判断。依照其思想,不法与罪责是两种实存现象,各有其关涉的最高价值作为评价标准,此即社会损害性与可非难性。② 概言之,“法律概念的形成,伴有价值判断的主要因素在内;而规范者,乃不外为价值实现之方法。从而,法律之理念,非仅在求真,且为实现善与美价值之理念。”③

对于实证主义与价值分析在刑法学研究以及司法应用中的利弊,林东茂教授有过精辟的比较。他以区分共犯与正犯的关系为例说明,按照实证主义的观点,着手实施法条描述的行为者方为正犯,其余皆为共犯,这是形式客观说。按照价值分析的观点,间接正犯与幕后首脑对于犯罪的实现,虽然客观上不能由感观经验掌握,但支配与操控犯罪的力量,不会小于直接动手的正犯,所以必须把他们也当作正犯,这是功能支配说。形式客观说力图避免法官在正犯与共犯关系认定上的价值判断,而功能支配说恰恰是一种价值判

---

① 参见曾宪义、马小红:《中国传统法的结构与基本概念辨正:兼论古代礼与法的关系》,载《中国社会科学》2003年第5期。

② 参见林东茂:《一个知识论上的刑法学思考》,台湾五南图书出版公司2002年版,第31—34页。

③ 苏俊雄:《刑事法学的方法与理论》,台湾环宇出版社1974年版,第28页。

断。再以毁损罪为例。按照实证主义观点,"毁损"是破坏物的"实体",放跑他人的动物、消除音像资料中的内容,不属毁损。实体的破坏,可依感观经验清楚地察觉。这是实体破坏说。早期德国法院持此说。按照价值分析的观点,"毁损"无须破坏实体,对于物的正常功能比较严重的妨碍,就是毁损,如放跑他人的动物、消除音像资料中的内容等。这是功能妨碍说。目前德国法院改采此说。刑法上大量学说,细究起来颇为有趣。"作为说"认为犯罪行为只能是作为,盖因唯有作为才能为感观察觉;"不作为说"认为严重违反社会期待的"静止不动",无异于积极的动作。这是价值分析的结论。两相结合,却是实证主义与价值判断并存一体的表现。鉴于实证主义关于价值评价可能导致法官擅断的担忧具有合理性,而其作为说又有放纵损害发生之虞,于是法律限定只有法律上负有特定义务的人才对不作为承担刑事责任。①

对于实证主义与价值分析在刑法学研究中并存的可能性与必要性,或许胡萨克先生"双重角色"理论可以作出适当的说明。他认为,作为刑法学核心概念的"犯罪行为要件"具有双重角色和功能。它首先是作为精确描述现存实体刑法而作出的归纳概括,但是它更重要的作用就是表达公正的需要。也就是说,公民对犯罪行为以外的行为,具有不负刑事责任的权利,而如果刑法理论要求他对这样的行为负刑事责任的话,就是不正义的。② 虽然英美刑法双层次的犯罪构成不同于大陆法系阶梯式的犯罪构成,也不同于我国刑法平面闭合式的犯罪构成,但基本的要素都是客观方面必须有"行为",主观方面必须有罪过。对行为的评价要求进行实证,对罪责或者违法性进行价值判断。

在价值判断方法论的旗帜下,正义、自由、公正、平等、秩序、人权、人道等"大词"就成为逻辑判断的前提,而"危害"、可罚性、责任就成为逻辑演绎的结论。根据这一特征判断,进化论、经济分析、法意解释方法、目的解释方法乃至比较分析方法都可以归入价值判断方法。举例来说,经济分析的要素之一是"效益",而效益的判断必然包含价值判断;法律进化论基于达尔文的生物进化论而由 19 世纪的梅因提出,其基本的理论主张是:所有类型的社会都会经历同样的阶段,尽管时空的距离足以排除外来启示的可能性,但所有制度的成长模式还是表现出统一性。③ 根据生物进化"物竞天择、适者生存"的

① 参见林东茂:《一个知识论上的刑法学思考》,台湾五南图书出版公司 2002 年版,第 54、55 页。

② 参见〔美〕胡萨克:《刑法哲学》,谢望原等译,中国人民公安大学出版社 2004 年版,第 124 页。

③ 参见〔爱尔兰〕凯利:《西方法律思想史》,王笑红译,法律出版社 2002 年版,第 311 页。

原理,法律进化论进而主张,已经发展到文明阶段的法律制度可以昭示同一时代别的国家淘汰其落后、野蛮的法律规定。这就明显体现出了价值判断的特点。我国刑法学者曾经尝试用法律进化论解释刑罚制度的完善问题①,除此外很难看到进化论在中国刑法学研究中的应用。不过,在比较刑法研究、国际刑法研究中,许多推论隐含着进化论的痕迹,只不过论者没有宣称采用了这样的方法。由于这一方法在实然与应然、事实与价值之间具有太大的跨度而又无力解释这种跨度何以可为②,因此难以适用于对复杂的社会现象包括犯罪现象的研究。

应当注意的是,随着研究方法的交叉与融合,与实证分析方法相对的研究方法可以是规范分析方法。规范分析原本属于实证主义,认为法律仅仅是实在法即制定法,在实在法的基础上,应用语义分析、逻辑分析等方法分析法律的形式、内容和法律的适用,构建法学的基本概念和范畴。这一方法在应用过程中出现了新的变化。具体到刑法学来说,刑法主观主义采用的规范分析方法,实质上是实证主义的规范分析;刑法客观主义和新康德主义刑法理论采用的规范分析方法,实质上是新分析实证主义的规范分析。因此,规范分析并不必然与价值判断结盟,更不必然反对实证主义。我国刑法学者普遍在实然法语境下进行规范分析,也有一些学者在应然法语境下进行规范分析。如果说前者属于注释刑法学的话,那么,后者可以归入理论刑法学。

一切法律都是价值观念的产物,因此,对刑法事实进行价值判断就成为必然。在以刑法的适用必须填补的评价标准来说明刑法现象时,特别需要价值导向的思维方式。③ 比如,自首制度的价值既在于重视犯罪行为人知过而愿意从善的事实对其作出宽恕的关怀,也在于鼓励犯罪行为人主动归案,节约司法资源。但我国自首制度只规定了亲首(亲自自首)和余首(在被采取强制措施或者监禁情况下主动交代余罪),倘若行为人委托他人代为自首该如何处理?有证据证明正在投案途中即被抓获又该如何处理?基于自首制度的价值,我们评价这两种行为,显然也只能将其评价为与立法价值具有符合性从而认定其为自首。④

① 参见邱兴隆等:《嬗变的理性和理性的嬗变》,载《现代法学》1999 年第 5 期。

② 参见〔爱尔兰〕凯利:《西方法律思想史》,王笑红译,法律出版社 2002 年版,第 312 页。

③ 参见〔德〕拉伦兹:《法学方法论》,陈爱娥译,商务印书馆 2003 年版,陈爱娥之"代译序",第 7 页。

④ 参见最高人民法院:《关于处理自首和立功具体应用法律若干问题的解释》(1998 年 4 月 6 日)。

4. 对西方刑法学方法论的评价

西方刑法学方法论有无引入我国刑法学研究的可能性和必要性？答案应当是肯定的。对此，张明楷教授对于我国1979年《刑法》和1997年修订刑法典"立场"的剖析，已经作了足够的说明，并且得出了一个基本观点：在向客观主义倾斜的新《刑法》颁布后，刑法理论与审判实践也应当向客观主义倾斜。① 周光权博士也主张，我国刑法学不能没有传统的根基，在刑事法治的塑造过程中，必须准确定位刑法总体的发展思想，根据客观主义与主观主义同法治语境的亲和力作出基本发展方向的选择。② 夏勇教授虽然反对在根植于苏俄刑法理论基础上的现有理论框架内引入西方刑法理论的概念、范畴，认为"在苏联模式的刑法学框架下，是很难容纳包括大陆法系国家在内的资产阶级刑法学范畴和机理的。"但他也同时承认我国刑法理论需要改造，"可以用大陆法系国家以及英美法系国家的刑法学及犯罪构成理论来丰富和深化我国刑法学即犯罪构成理论，但不必拘泥于他们的概念术语。"③

对于刑法客观主义与主观主义的方法论的把握，首先应当注意这两种方法论与主客观相统一原则的区别。有的学者鉴于它们各自固有的缺陷而主张用主客观相统一的方法论取而代之。④ 这在逻辑上是存在矛盾的。不论学者对主客观相统一原则的表述，对其地位的认识有何差别，应当肯定其基本的含义是定罪、量刑必须对行为人的客观行为与主观罪过进行统一的考察。犯罪是行为人主观罪过与客观行为的统一体，缺少任何一个方面，犯罪都无从成立。这一原则是在反对主观归罪和客观归罪的道路上发展起来的，是主观归罪与客观归罪对立的产物，而不是客观主义与主观主义的对立产物。事实上，客观主义与主观主义都主张主客观统一，"客观主义并非不谈主观罪过，只不过是从行为推导主观罪过；主观主义也不是完全不要犯罪行为，而只是从犯罪人的主观人格构造分析犯罪行为的恶害。"⑤如果说主客观相统一原则也是一种方法论的话，那么，它与客观主义、主观主义显然不是同一层次的概念。⑥ 严格说来，主客观相统一既是认识论，也是实践论。在认识论上，它属于辩证法，它要求认识主体对于主观方面和客观方面这一对矛盾

① 参见张明楷：《刑法的基本立场》，中国法制出版社2002年版，第60—94页。

② 参见周光权：《法治视野中的刑法客观主义》，清华大学出版社2002年版，第3—5页。

③ 夏勇：《特拉伊宁的〈犯罪构成的一般学说〉与我国的犯罪构成理论》，载《中南法律评论》（第1辑），法律出版社2002年版，第476—489页。

④ 参见聂立泽：《刑法中主客观相统一原则研究》，法律出版社2004年版，第35—45页。

⑤ 参见聂立泽：《刑法中主客观相统一原则研究》，法律出版社2004年版，第25、26页。

⑥ 参见聂立泽：《刑法中主客观相统一原则研究》，法律出版社2004年版，赵秉志教授所作的序。

范畴的认识,应当既看到客观方面对主观方面的决定作用,又看到主观方面对客观方面的反作用,用联系的、发展的观点分析客观事实与主观事实之间的关系。辩证法是人们认识世界、改造世界的根本方法,在方法论中居于最高层次。处于其之下的客观主义与主观主义,是辩证法的具体展开,属于一般方法论,在方法论中居于第二层次或者说中间层次。同时,主客观相统一原则也不是对客观主义与主观主义的调和。诚如学者所言,坚持主客观相统一原则,并不等于将刑法客观主义与主观主义统合起来,因为二者在许多方面不可能调和。①

其次,应当注意,在客观主义与主观主义学说之后,出现了"并合主义"或者说"折中主义"的发展趋势,或者在客观主义基础上吸收主观主义的内容,或者以主观主义理论为基础,吸收客观主义的内容。② 我国1997年修订《刑法》以及在此基础上建立的刑法理论,也有这种并合主义的迹象。如果说我国犯罪构成及其理论是以犯罪行为为中心的客观主义,刑罚配置上报应刑和威慑色彩浓厚也是体现了客观主义的话,那么,自首、累犯、假释、缓行制度明显属于目的刑论、教育刑论的内容;刑罚一般预防与特殊预防理论,则明显是并合主义方法论指导的结果。我国刑法及其理论在共犯问题上倾向于客观主义,承认间接正犯,否定片面共犯成立共同犯罪之可能,但在未遂犯问题上则采主观主义,普遍处罚未遂犯(含不能犯);在刑法的基本原则上,三大基本原则的同时采用,等等,都表明了客观主义与主观主义的并合。

再次,并合主义或者折中主义的出现,绝非学者的心血来潮,而是具有深刻的时代背景和现实根基的历史选择,换言之,是客观主义和主观主义自身方法论的缺陷所使然。客观主义适应欧陆为主的资产阶级反对封建统治下罪刑擅断、践踏人权与自由,从而建立以罪刑法定、罪刑均衡为特征的刑事法治的时代需要而由资产阶级启蒙思想家、古典刑事法学家所提出。其历史功绩在于由此逐步确立了犯罪评价的规范化模式,即犯罪阶层(犯罪阶梯)或者说犯罪成立标准,确立了罪刑法定原则和罪刑均衡原则。但客观主义过分看重犯罪的客观方面并且将刑法评价的对象抽象化,使犯罪脱离了具体的、生动的人,从而导致其通过报应或惩罚犯罪人实现一般预防的追求被垄断资本主义时期急剧上升的犯罪现实所嘲弄,使主观主义得以应运而生。主观主义重视从行为人自身素质与社会环境中寻找犯罪原因,重视行为人人身危险性,把行为人作为刑法评价对象,强调社会保卫,倡导目的刑和教育刑以及保

① 参见张明楷:《刑法的基础观念》,中国检察出版社1995年版,第386页。

② 参见聂立泽:《刑法中主客观相统一原则研究》,法律出版社2004年版,第33—35页;周光权:《法治视野中的刑法客观主义》,清华大学出版社2002年版,第64—73页。

安处分的主张,迎合了资产阶级强化国家权力,维护社会秩序,巩固统治政权的需要。但其对行为人自由意志的绝对否定和过分重视犯罪主观方面的做法,在哲学上缺乏依据,在司法上容易淡化客观行为的定型化,加之其对社会防卫、秩序维护方面的过度张扬,在政治上存在侵犯公民自由与人权的危险。这种危险,不幸被法西斯政权变成了人类的灾难。这段令主观主义难堪的历史以及犯罪率不断上升的现实,迅速动摇了现代法治国家对它的信任。从刑事立法看,世界范围内的刑事立法在无被害人犯罪(如通奸、同性恋、吸毒、卖淫、反自然性行为等)范围上的收缩趋势,正好说明了主观主义刑法理论影响的衰退。

主观主义的历史功绩不仅在于目的刑论、教育刑论、保安处分理论以及刑罚个别化原则的提出,而且在于它提出了犯罪原因论的新视角和犯罪研究的实证分析方法,更重要的是它在与客观主义对立的进程中,促进了客观主义理论的改良,丰富了近代与现代刑法理论。同时,我们应该看到,主观主义与客观主义绝非截然对立关系。首先,主观主义并不反对罪刑法定与罪刑均衡,只不过它所主张的罪刑均衡是刑罚量与犯罪人人身危险性大小相适应,与客观主义所主张的刑罚量与犯罪的质相均衡——即重罪重罚、轻罪轻罚的内容有所不同。其次,主观主义与客观主义都主张主客观相统一,都反对客观归罪和主观归罪,并且承认犯罪是行为这一命题以及“没有责任就没有刑罚”的责任主义原则。① 因此,主观主义与客观主义的对立,不是阶级立场的对立,也不是基本原则的对立,而是局部问题认识上的对立。造成这种对立的原因,是方法论的不同,从而导致逻辑推导的起点出现以犯罪人的内心事实即人身危险性与客观行为事实的差别,进而产生一系列不同观点。

在现代社会,个人自由的极端价值已经回归自由与秩序并重之途,自由主义已经同国家主义达成一定程度的妥协。在这样的时代背景下,并合主义得以出现。由于主观主义容易导致刑罚权的扩张从而侵害公民自由,因此,以主观主义为基础的并合主义在价值取向上不可取。而且,从认识论上讲,“刑法学是一种规范学。规范学决定了它不一定按照行为路线来研究行为,而是按照适用规范的需要来研究行为;适用规范是一个从客观到主观的过程,故刑法学应当按照从客观到主观的顺序来安排犯罪构成体系。”②

基于我国国家权力缺乏必要而足够的限制,公民自由尚且期待更多保护的现实语境,理性的选择是立足于客观主义的并合主义,我国刑事立法、刑法理论、刑事司法应当在这样的并合主义引导下展开。特别需要注意的是,鉴

① 参见张明楷:《刑法的基础观念》,中国检察出版社 1995 年版,第 59 页。

② 张明楷:《刑法的基础观念》,中国检察出版社 1995 年版,第 87 页。

于客观主义与主观主义在一些基本问题如共犯本质、停止形态、不作为等方面难于调和出共同的认识,因此,用唯物辩证法这一根本的方法论指导、改造并合主义就成为必然的选择。这是需要智者、大师们完成的工作,笔者于此无力加以阐释。对于实证主义的把握,应当注意到其积极的意义和消极的作用。刑法是公民的行为规范,更是司法官员的行为准则即裁判规则①,以刑法为主要认识和实践对象的刑法学属于规范法学。规范法学要求以可以把握的事实作为研究对象,这就为实证主义的应用留下了余地,刑法的社会学分析因而能够形成。然而,作为刑法规制对象或者说刑事责任的具体承担者,犯罪人生存于一定的社会关系之中,具有强烈的社会性,因此,刑法学又是从特定角度研究人、研究社会的一门学问,具有鲜明的社会科学性质。这就决定了实证主义在刑法学中的局限性。因为犯罪人也好,守法公民也罢,甚至包括立法者与司法者都生活在具有价值追求的现实当中,一切有意而为的行为都是由内在的价值观引导的行为,甚至无意而为的行为也是因为一定的价值观念偏离义务的结果,所以脱离价值判断的实证主义追求"科学"的结果,往往事与愿违。主观主义的刑法理论所奉行的是实证主义的方法论,其"保护社会"的价值追求与力不从心的结果的背反,可以作为我们这一结论的产生依据。同时,实证主义方法论的目的既在于证实,又在于证伪,而许多社会现象包括刑法规范的实施效果却是难以甚至是无法证伪的。可以说,社会科学具有天然的模糊性,这正是社会科学的"科学性"受到怀疑的根本原因。比如自首制度的效益问题,也许人们可以证实它节省了多少司法资源,但无法证明"没有自首制度犯罪人就不会主动投案"这一命题不能成立。再如死刑存在的价值,也是一个既不能证实,也不能证伪的问题,因为实证分析表明,取消死刑的国家,杀人、强奸之类的暴行未必增多;保留死刑的国家,此类暴行也未必减少。相反,价值判断之长,正是实证主义之短;其所短,正是实证主义之长。

价值判断试图将事实与价值统一起来。这种努力虽然充满困难,但并非徒劳无益。应当承认,由于社会分层的不同,价值具有相当的模糊性。而如果没有共识性的价值,人们在价值判断上将不断处于冲突之中。正是因为缺乏公正、自由的价值观念,不仅古代中国,而且在中世纪的欧洲都没有罪刑法定的理念与实践。同时,单纯的价值判断,建立起来的是纯粹的概念法学,人们对刑法问题的认识往往是在概念中循环论证。比如我国早期的刑法理论即断言,社会主义的优越性决定了我们可以消灭犯罪;马克思主义的真理性

① 参见刘志远:《二重性视角下的刑法规范》,中国方正出版社2003年版,第111页。

决定了我国刑法学的科学性。这种为刑法学人所熟悉的论断,缺乏必要的实证,在今天已经为人们一笑置之。因此,刑法学研究仅仅采用价值判断方法论,难以取得理性的共识。但是,价值判断的主观性不能抹杀价值本身的客观性,价值的客观性,决定了价值判断具有一定程度的客观性,决定了价值判断成为包括刑法学在内的一切社会科学研究方法的可能性和必要性。庞德指出:"价值问题虽然是一个困难问题,它是法律科学所不能回避的,即使是最粗糙的、最草率的或最反复无常的关系调整或行为安排,在其背后总有对各种相互冲突和互相重叠的利益进行评价的某种准则。"①

首先,价值判断的主观性可以在一定程度上转化为实证论上的客观性,尽管价值判断只有在参照其所属的共同体的价值体系时才是可以规范化、确定化的。因为在价值判断中,可以析解出描述性价值判断与评价性价值判断。前者即在严格的逻辑规则和稳定的标准下,基于统计数据而作出价值判断;后者对事物和行为进行主观估价。而评价性价值判断也可以借助刑法或者其他法律共同体的力量进行主体间的客观性检验,从而化解其主观性对于理论研究在客观性与科学性上的不利影响。② 在这个意义上说,虽然价值判断难于取得唯一正解,但社会科学需要,并且不妨碍应用它去取得接近正解的认识。同时,人类在改造社会的实践中必然存在共同的价值目标,这些价值目标一旦成为人类共同的财富,也就成为一种客观存在,基于这种客观存在进行的价值判断,就能够产生共识。比如"秩序"价值,无论在儒家、法家或者中世纪统治者那里,都是客观事实,维护秩序,都是儒家、法家以及一切奴隶主、封建主共同的追求。具体到客观主义与主观主义,"公平"是它们共同的价值观念,客观主义的等价报应、等量报应,与主观主义倡导的根据人身危险性大小决定刑期长短的不定期刑,本质上都是罪刑均衡。

其次,价值判断以事实描述为基础,但人们对作为研究对象的"事实"即经验资料的选择本身就隐含了一种价值倾向,在对该事实的分析中也必然渗入主体的价值考量或价值标准,尤其是在法律中,事实认定与规范评价常常难于区分,所以,价值与事实之间的区别在日益消失。比如作为刑法评价的对象,"行为"不包括无意识的举动、睡梦中的行为,也不包括不具有刑法上的因果关系的行为,这一"行为"的选择,本身已经隐含了人们的价值判断——只有这些行为才可能对社会有危害。再比如,刑罚报应的价值已经体现在刑法规范中,对刑罚效果的评价就与对规范的评价能够完全同一,刑罚

① 转引自李可、罗洪洋:《法学方法论》,贵州人民出版社 2003 年版,第 73 页。

② 参见李可、罗洪洋:《法学方法论》,贵州人民出版社 2003 年版,第 498—508 页。

适用是否体现了正义价值,取决于刑法规范本身是否正义。①

再次,离开价值判断,我们就难以对刑法理论本身形成妥当认识。比如,作为一种手段,罪刑法定既可以保障人权与自由,也可以用来扩张国家的刑罚权,限制公民的自由而保护社会秩序。罪刑法定只是一种形式而不是目的,支撑罪刑法定的价值目标才是其血肉与灵魂。抛弃人权与自由价值的罪刑法定,完全可以成为暴政的工具。② 可见,刑法学研究又离不开价值判断方法。可以说,价值判断在刑法学中的应用,是由刑法学研究对象的特征所决定的。无论刑法学的研究对象范围如何划定,概括起来说,这些对象的要素都是规范法学共同具有的要素,即事实、价值与规范。这一特征决定了刑法学研究只有自觉应用事实论证和价值判断双重角度的统一的眼光,才能合理地把握社会现象的真谛。③ 有学者认为,刑法学应理解为一个价值假设系统,该系统通过作为基本命题的价值判断能够被证伪。这个价值判断在价值不证自明性基础上,可能被接受或被证伪,价值不证自明性,分享了观察不证自明性在科学理论上的一切重要特征,特别是,它像观察不证自明性一样,形成了通过非任意决定的论证之统一。因为借助于基本命题的运用,它检验式地工作,所以,刑法学是一个严格意义上的科学。④

最后,实证主义方法论在刑法学中应用的结果,得出的结论本身往往是一个价值判断。这是一个有趣的现象,它表明了实证主义与价值判断两种方法论既对立又统一的关系。刑事人类学派对罪犯的实证研究,宣称罪犯是"天生"的。在他们看来,这是一种"事实"描述,但这一结论隐含的命题是"这些人天生就是对社会有危险的",而这一命题本身就是一个价值判断;刑事社会学派把行为事实当作物来研究,反对道德等价值评价,但其关于"具有人身危险性征表的事实就是犯罪"的结论,恰恰属于价值判断。迪尔凯姆把社会事实当作一种物,并把这一做法确定为社会观察的第一准则。其所谓的社会事实,即指一切能够从外部给予个人以约束的行为方式。他要求社会观察必须始终如一地摆脱一切预断,主张必须努力从社会事实脱离其在个人身上的表现而独立存在的侧面进行考察,认为社会事实越是充分地摆脱体系,它们的个体事实,就越能使人得到客观的表象,并由此建立一项结论性的准

① 参见邱兴隆:《关于惩罚的哲学:刑罚根据论》,法律出版社 2000 年版,第 73 页。

② 参见曾粤兴、贾凌:《刑法基本原则的新解读》,载《云南大学学报》(法学版)2002 年第 1 期。

③ 参见欧阳康主编:《社会认识方法论》,武汉大学出版社 1998 年版,第 97 页。

④ 参见〔德〕考夫曼、哈斯默尔主编:《当代法哲学和法律理论导论》,郑永流译,法律出版社 2002 年版,第 452 页。

则:“一个社会事实一般发生在进化的一定阶段出现的一定的社会里时,对于出现在这个一定发展阶段的一定的社会类型来说是正常的。”具体到刑法领域即犯罪行为的存在是一种正常现象。① “正常”是“善”与“恶”之间的一种状态,也是一种价值判断。新康德主义主张从实证入手然后适当进行价值判断,这恰恰符合马克思主义方法论所主张的透过现象看本质的认识路线。因为实证主义看重的是事实现象或者说现象事实,反对进行事物本质的抽象探究,而价值判断看重的是现象之后的本质(即康德所谓之本体)。两相结合,刑法学研究就可以既看到社会现象的表象,又看到社会现象的内在,从而对社会现象形成完整的、深刻的认识。

事实上,价值判断方法的应用可以说是我国刑法学研究的强项。一切刑法制度的分析都需要价值评价。比如,刑罚报应目的与功利目的哪一个更符合“正义”,这就是一个价值判断。保安处分具有何种存在价值?“期待可能性”是否有必要引入我国刑法?对这些问题的回答,都离不开价值判断。也许国家可以通过试点进行实证分析,但最后的结论必然是价值判断。我国刑法学研究的最大特点不在于实证而在于思辨。除了逻辑的思辨,就是价值的思辨。务虚而不务实的中国法理学的兴起,进一步增强了价值分析方法的学术地位。应当注意的是,价值都包含着道德因素,因此具有鲜明的主体性;价值判断包含着道德判断,因而具有强烈的主观性。“犯罪是一种恶”,就是价值判断与道德评价的统一。刑法规范的制定不可能完全脱离道德伦理,但刑法司法应当尽量远离道德评价,否则因价值标准的不统一,罪刑法定可能受到动摇,罪责刑相一致原则也可能遭到破坏。因为掺入了道德评价因素,司法会变得情绪化。② 同时,为了保护公民的自由,刑法立法应当尽可能避免进入应当由道德伦理规范的社会领域和私人领域,对这些领域的行为的评价,应当尽量减少甚至避免价值判断特别是包含了道德评价的价值判断。再一方面,我国刑法学研究对价值判断方法的偏好,可能在与大陆法系国家同行交流时尚无太大困难,但与英美法系国家同行的学术交流将面临特别巨大的障碍。而与刑法学联系最为紧密的犯罪学的研究,如果缺乏实证,则不仅国外同行,乃至我国台湾地区的同行都会对有关研究的科学性表示怀疑。

概括起来说,实证主义对于刑法规范标准的建立,对于刑法学概念、原则的建立具有技术上的重要价值和基础意义;价值判断对于刑法规范的形成,

---

① 参见〔法〕迪尔凯姆:《社会学方法的准则》,狄玉明译,商务印书馆2002年版,第34—92页。

② 参见马长山:《法治社会中法与道德关系及其实践把握》,载《法学研究》1999年第1期。

对于刑法原理、刑法理念等抽象理论的形成也具有技术上的重要价值，更具有导向意义。二者都应当受到重视，二者的妥当结合，是刑法学发展的方法论保障。

四、结　　语

刑法学方法在广义上包括指导刑法学研究的哲学方法、一般法学方法和具体研究方法。马克思主义是刑法学研究的哲学方法即根本的方法论，一般法学方法也属于方法论范畴。马克思主义方法论不能代替刑法学的一般研究方法和具体研究方法。马克思主义方法论是开放的方法论，对西方刑法方法论应当具有开放的胸怀。

其一，刑法学研究方法可以分为注释方法与理论探究方法两大类。前者主要应用于刑法的规范解释，因此也通常被称为刑法解释方法；后者主要应用于刑法的理论提升。由于理论提升通常带有思辨性质，故也被笼统称为思辨方法。但是，这种分类只是一种为使认识简便化所作的粗略的划分，不能认为注释方法完全没有思辨性，比如逻辑思辨就是注释研究不可缺少的方法。在注释方法中，“黄金规则”与目的解释、法意解释、补正解释、语境解释大同小异，文义解释与文理解释、反对解释基本一致；有的与其说是解释的方法，不如说是解释的结果，如扩张解释、限制解释。① 因为“限制”与“扩张”都不能告诉人们如何操作，不具备方法的特征。同时，笔者认为有必要补充的是：在扩张与限制之外，还会出现恰如其分的解释结果。刑法注释方法又可以分为文理解释、论理解释两类。单纯的条文字义的直接说明是文义解释，复杂的条文字义的推理解释都属于论理解释。注释刑法学属于应用刑法学这一特性决定了注释方法的地位与存在价值，它不可能也不应当被思辨方法所取代。

其二，刑法学研究不能照搬一般法学研究方法。西方刑法学方法论中的实证主义在刑法学中的应用结果产生了主观主义，其价值判断的应用结果则产生了客观主义。主观主义与客观主义分别是实证主义与价值判断方法在刑法学研究中的具体演变，具有鲜明的方法论属性，因此，它们是具有“刑法学方法论”这一特殊性质的研究方法；这种方法具有特殊的研究视角，因此又

① 参见苏力：《解释的难题：对几种文本解释方法的追问》，载梁治平编：《法律解释问题》，法律出版社 1998 年版，第 5 页。

被称为刑法学研究的立场;这种方法的应用结果,形成了不同的学术共同体即学派,因此又被冠以刑法主观主义(主观主义学派)和刑法客观主义(客观主义学派)之称。可以说,主观主义、客观主义是一个多义的概念,是上述三种意思的统一体。主观主义与客观主义并非截然对立关系,折中主义即表明了二者的融合。笔者认为,主客观相统一原则是与主观归罪和客观归罪对立的产物,而不是客观主义与主观主义的对立产物。如果说主客观相统一原则也是一种方法论的话,那么,它与客观主义、主观主义显然不是同一层次的概念。严格说来,主客观相统一既是认识论,也是实践论。在认识论上,它属于辩证法,它要求认识主体对于主观方面和客观方面这一对矛盾范畴的认识,应当既看到客观方面对主观方面的决定作用,又看到主观方面对客观方面的反作用,用联系的、发展的观点分析客观事实与主观事实之间的关系。辩证法是人们认识世界、改造世界的根本方法,在方法论中居于最高层次。客观主义与主观主义是辩证法的具体展开,属于一般方法论,是主客观相统一原则的下位概念。

其三,一切法律都是价值观念的产物,因此,对刑法事实进行价值判断就成为必然。价值判断的主观性不能抹杀价值本身的客观性,价值的客观性,决定了价值判断具有一定程度的客观性,决定了价值判断成为包括刑法学在内的一切社会科学研究方法的可能性和必要性。在刑法的适用必须填补的评价标准来说明刑法现象时,特别需要价值导向的思维方式。大陆法系刑法理论中的犯罪概念实际上是形式概念与实质概念的统一,是事实判断与价值判断的结合,而混合概念也是事实判断与价值判断的结合。混合概念的产生具有哲学依据。

其四,实证主义对于刑法规范标准的建立,对于刑法学概念、原则的建立具有技术上的重要价值和基础意义;价值判断对于刑法规范的形成,对于刑法原理、刑法理念等抽象理论的形成也具有技术上的重要价值,更具有导向意义。因此,实证主义与价值判断具有同等重要的应用价值。

23. 刑法总论中的若干争议问题研究*

目　次

---

* 原载《华东刑事司法评论》第7卷，法律出版社2004年版。

一、前　言

刑法学总论是刑法学的基础和重要组成部分。刑法学总论的争议问题涉及刑法基本理论的深入研究和正确把握,因而需要认真研讨。这里选取近年来我国刑法学总论研究中的几个重要争议问题加以研讨,以求明辨争议观点并深入把握有关理论之要旨。

二、犯罪化与非犯罪化之争

非犯罪化是20世纪中叶以来西方国家刑法改革运动的重要组成部分之一。20世纪80年代后期以来,我国有一些学者主张借鉴西方国家的做法,在我国推进非犯罪化运动;也有学者反对借鉴西方国家的做法,认为我国当前的迫切任务是犯罪化而不是非犯罪化。

(一)国外非犯罪化运动概况及我国刑法学界的争议

非犯罪化是指将某些社会危害不大、没有必要予以刑罚处罚但又被现行法律规定为犯罪的行为,通过立法修改将其排除出犯罪圈,或者合法化或者降格为一般违法行为。从20世纪50年代开始,不少西方国家开始了非犯罪化的刑法改革。如英国议会先后于1959年和1967年通过不把同性恋和卖淫作为犯罪惩罚的立法①,英国《1961年自杀法》又将自杀行为予以非犯罪化②;从20世纪60年代开始,美国对堕胎罪的存废展开了激烈的争论,美国现在大多数州都废除了堕胎治罪的法律规定③;《1975年德国刑法典》取消了决斗、堕胎、通奸、男子间单纯的猥亵等罪名,将违警罪排除出刑法典。1989年10月在维也纳召开的国际刑法学协会第14届代表大会通过的《关于刑法与行政刑法之间的差异所导致法律和实践问题的决议》指出:“国际上存在一种潮流,把一些社会意义较小的违法行为从传统的刑法中删除。”“轻微违法行为的非刑事化,符合刑法只作为辅助性工具的原则,因而是值得

---

① 参见张文显:《二十世纪西方法哲学思想研究》,法律出版社1997年版,第420页。

② 参见〔英〕J. C. 史密斯、B. 霍根:《英国刑法》,马清升等译,法律出版社2000年版,第427页。

③ 参见储槐植:《美国刑法》(第2版),北京大学出版社1996年版,第218页。

欢迎的。”①

在中国刑法学界，在刑法的调控范围到底应当缩小还是扩大的问题上，晚近十多年来存在较大的分歧，这就是所谓的犯罪化与非犯罪化之争。非犯罪化说主张缩小中国刑法的犯罪圈，认为将轻微犯罪行为予以非犯罪化是当今各国刑法发展的趋势；吸取外国刑事立法的这种有益经验，是我国刑法现代化的要求。② 其中有学者指出，中国1979年《刑法》颁布后，国家立法机关不断通过修改、补充的形式增补新罪名，在某种意义上反映了立法者对当前中国社会的发展特点缺乏足够认识的盲目性，如此大规模的犯罪化势头应当得到合理控制。③ 而犯罪化说则主张扩大中国刑法的犯罪圈，认为非犯罪化是国外西方国家解决犯罪率上升、监狱人满为患、社会矛盾激化的一种措施，我国不宜学习借鉴。④ 其中有学者认为，随着经济犯罪的日益增多和复杂化，刑法介入经济生活无论在广度和深度上都要加大分量⑤；还有学者认为，从中国国情和现行刑事立法的现状出发，我们主要的问题不是非犯罪化，当务之急是犯罪化。⑥

（二）我国应当进行适度犯罪化

笔者认为，在中国当前的社会情势下，还有强调适度犯罪化的必要，而应当同时反对过度的犯罪化和大规模的非犯罪化。主要理由在于：

其一，适度犯罪化是中国社会抗制犯罪的现实需要。刑法的调控范围即犯罪圈的大小不是由立法者的主观意志决定的，而是由许多客观因素所决定的。其中最主要的因素就是社会抗制犯罪的客观需要。在中国，随着经济的迅速发展和各项改革的深入进行，以经济关系为主的社会关系日益复杂化，刑法立法对处于转型时期的多变的犯罪情势显得应接不暇。新型的、需要运用刑法进行抗制的危害社会行为不断出现；一些过去并不突出的危害社会行为亦日益突出且危害严重，需要运用刑法进行抗制。1979年《刑法》制定于中国改革开放刚刚起步的历史时期，不能适应此后我国发生了巨大变化的社

① 转引自沈德泳、汪少华：《刑法修改与非犯罪化问题》，载《中国律师》1996年第10期。

② 参见马克昌：《借鉴刑法立法例修改和完善我国刑法》，载《法学评论》1989年第2期；王勇：《轻刑化：中国刑法发展之路》，载赵秉志、张智辉、王勇：《中国刑法的运用与完善》，法律出版社1989年版，第323页。

③ 参见游伟：《社会转型时期我国刑事立法思想探讨》，载《法学》1994年第12期；苏惠渔、游伟：《树立科学思想，完善刑事立法》，载《政法论坛》1997年第1期。

④ 转引自高格：《刑法思想与刑法完善》，载马克昌、丁慕英主编：《刑法的修改与完善》，人民法院出版社1995年版，第20页。

⑤ 参见李国明：《1995年中国刑法学年会综述》，载《人民检察》1995年第12期。

⑥ 参见陈兴良：《刑法哲学》，中国政法大学出版社1992年版，第8页。

会情势,这也是在所难免的。因而就有此后频繁的刑法立法增修,到1997年《刑法》修订之前,国家立法机关先后通过了25部单行刑法,大量的犯罪被增设。1997年《刑法》施行至2003年才6年多,就通过1个单行刑法和4个刑法修正案对刑法典进行了5次修改,即全国人民代表大会常务委员会1998年12月29日通过的《关于惩治骗购外汇、逃汇和非法买卖外汇犯罪的决定》;1999年12月25日通过的《中华人民共和国刑法修正案》;2001年8月31日通过的《中华人民共和国刑法修正案(二)》;2001年12月29日通过的《中华人民共和国刑法修正案(三)》;2002年12月28日通过的《中华人民共和国刑法修正案(四)》。罪名从1997年《刑法》的413个增加到目前的422个。可以说,客观的社会情势决定了在较长时期内犯罪化将成为中国刑法立法的基本趋势。当然,我们也不应排除在这一基本趋势之下对个别犯罪的非犯罪化,如1997年《刑法》就取消了1979年《刑法》规定的在市场经济条件下已经不合时宜的伪造、倒卖计划供应票证罪等。

其二,笔者所赞同的犯罪化是适度的犯罪化,而非过度的犯罪化。笔者坚决反对过度的犯罪化,因为:(1)刑法具有补充性。刑法只是保护法益的最后法律手段,只有当其他法律不能充分保护法益时,才运用刑法予以保护。这是因为刑法以刑罚为保护法益的手段,刑罚以剥夺犯罪人财产、自由乃至生命为内容,具有最严厉性之特征。正像德国学者鲁道夫·冯·耶林(R. Von Jhering)所指出的那样:“刑罚为两刃之剑,用之不得其当,则国家与个人两受其害。”①为此,我们不能基于重刑主义的立场而随意地扩大犯罪圈的范围。(2)刑法具有调控范围的不完整性。即刑法不能也不应介入人们生活的各个层面,大量的行为只需要民商法规范、行政法规范等非刑事法律规范进行调整,有些甚至只需要道德规范进行调整。刑法不能恣意地将没有必要运用刑罚予以调整的行为予以犯罪化,这是对人们自由权利的侵犯,不符合刑法的人权保障机能。

其三,适度犯罪化的实现途径具有多样性,无需都通过新增罪名的方式进行。犯罪化的实现途径包括:(1)增设新的罪名。如《关于惩治骗购外汇、逃汇和非法买卖外汇犯罪的决定》增设了骗购外汇罪;《刑法修正案》增设了隐匿、故意销毁会计凭证、会计账簿、财务会计报告罪;《刑法修正案(三)》增设了资助恐怖活动罪、投放虚假危险物质罪和编造、故意传播虚假恐怖信息罪;《刑法修正案(四)》增设了雇用童工从事危重劳动罪,非法收购、运输、加工、出售国家重点保护植物、国家重点保护植物制品罪,执行判决、裁定失职

---

① 转引自林山田:《刑罚学》,台湾商务印书馆1983年版,第127页。

罪和执行判决、裁定滥用职权罪。(2)改变已有犯罪的构成要件。具体又包括以下类型:一是扩大行为对象或者犯罪对象的范围。如《刑法修正案(二)》将非法占用耕地罪修改为非法占用农用地罪;《刑法修正案(三)》将投毒罪修改为投放危险物质罪;《刑法修正案(四)》将走私固体废物罪修改为走私废物罪。二是增加犯罪行为方式。如《刑法修正案(三)》将非法买卖、运输核材料罪修改为非法制造、买卖、运输、储存危险物质罪;《刑法修正案(四)》将非法收购盗伐、滥伐的林木罪修改为非法收购、运输盗伐、滥伐的林木罪。三是降低犯罪的起刑标准。如《刑法修正案(四)》将《刑法》第145条规定的生产、销售不符合标准的医用器材罪的起刑标准"对人体健康造成严重危害的"修改为"足以严重危害人体健康的"。四是扩大犯罪主体的范围。如《关于惩治骗购外汇、逃汇和非法买卖外汇犯罪的决定》将逃汇罪的犯罪主体由"国有公司、企业或者其他国有单位"修改扩充为"公司、企业或者其他单位"。

其四,我们应当准确地了解国外"非犯罪化"运动的真正情况,不能不分青红皂白而盲目地进行概念照搬。因为中国和其他许多国家在"犯罪"这一概念的内涵和外延的理解上存在重大差异。在我国,犯罪是指具有严重的社会危害性,根据刑法的规定应当受刑罚处罚的行为。我国对犯罪行为和一般违法行为予以严格区分,分别以不同的法律规范予以调整,对犯罪行为用刑法规范予以调整,而对一般违法行为用民商法规范、行政法规范等非刑事法律规范进行调整。从我国《刑法》的规定来看,除了杀人、放火、抢劫、强奸、爆炸等严重危害社会的行为,其本身的社会危害性程度往往即足以构成犯罪外,多数危害社会的行为,必须其社会危害性达到一定的严重程度才能构成犯罪,否则只作为一般违法行为处理。我国《刑法》主要是通过以下几种规定方式来划定"犯罪圈"而将一般违法行为排除在外的:一是以情节是否严重、是否恶劣作为区分标准,如《刑法》第260条规定的虐待罪以"情节恶劣"作为成立犯罪的条件,对情节一般的虐待行为则按照《中华人民共和国婚姻法》(以下简称《婚姻法》)第43条、第44条的规定处理;二是以后果是否严重作为区分标准,如《刑法》第136条规定的危险物品肇事罪以"发生重大事故,造成严重后果"为构成要件,对未造成严重后果的违反危险物品管理规定的行为则根据《中华人民共和国治安管理处罚条例》(以下简称《治安管理处罚条例》)第20条的规定处理;三是以是否引起可能导致某种严重后果的严重危险为标准,如《刑法》第332条规定的妨害国境卫生检疫罪就以"引起检疫传染病传播或者有传播严重危险"为构成要件,对未引起这种严重危险的行为则依据《〈国境卫生检疫法〉实施细则》

第109条的规定处理;四是以数额是否较大、是否巨大或者数量是否大、是否较大作为区分标准,如《刑法》第266条规定的诈骗罪就以“数额较大”为构成要件,对未达这一标准的一般诈骗行为则依据《治安管理处罚条例》第23条的规定处理。可见,我国严格区分犯罪与一般违法行为的界限,只将严重危害社会的行为规定为犯罪。而其他许多国家则往往在非常宽泛的意义上使用犯罪概念,即将许多在我国只视为一般违法的行为也规定为犯罪,如《法国刑法》上将犯罪区分为重罪、轻罪和违警罪,其所指的违警罪大多类似于我国的一般违法行为。国外的“非犯罪化”运动一般就是针对违警罪而言的,如德国在1975年进行的刑法改革中就排除了违警罪的刑事犯罪性质,把违警罪只视为一般的违反法规行为。所以,我国不存在进行类似于上述国家的“非犯罪化”运动的空间,因为外国予以非犯罪化的行为在我国大多数本来就没有规定为犯罪。

三、社会危害性与刑事违法性标准之争

社会危害性与刑事违法性是刑法理论上的一对基本范畴,是刑法中两种既对立又统一的行为评价标准。社会危害性作为一种行为评价标准,具有易变性和模糊性这两个基本特征;刑事违法性作为一种行为评价标准,则具有稳定性和明确性这两个基本特征。就中国来说,在1997年《刑法》确立罪刑法定原则之前,有片面地强调社会危害性标准的倾向①;此后又有片面地强调刑事违法性标准的倾向②,有不少学者甚至明确提出将社会危害性的概念从刑法中剔除出去的主张。③ 笔者认为,将社会危害性和刑事违法性两种行为评价标准完全对立起来的主张是不科学的,二者矛盾的合理解决,对于正确处理中国刑事法治建设中的一些重大问题,具有重要的指导意义。

(一)刑法理论层面的矛盾及其解决

在刑法理论层面,社会危害性与刑事违法性两种评价标准的对立,主要

---

① 如刑法中类推制度的存在及有些学者对其必要性的有关论述。

② 如有不少学者撰文片面地强调刑事违法性标准,批判社会危害性标准,甚至主张将社会危害性剔除出刑法。有学者认为社会危害性与罪刑法定原则完全是一种对立关系。如果这一立论能成立的话,社会危害性标准的命运只有一种,即被逐出刑法领域之外。参见樊文:《罪刑法定与社会危害性的冲突》,载《法律科学》1998年第1期。

③ 参见陈兴良:《社会危害性理论——一个反思性检讨》,载《法学研究》2000年第1期。

体现在犯罪概念和刑法基本原则上。

其一,矛盾的表现。(1)犯罪的实质概念与犯罪的形式概念的对立。社会危害性与刑事违法性的矛盾,在犯罪概念问题上表现为犯罪实质概念与犯罪形式概念的对立,即应以社会危害性还是刑事违法性为根据来构筑犯罪定义的分歧。(2)罪刑擅断主义与绝对罪刑法定主义的对立。罪刑擅断主义与绝对罪刑法定主义的对立,是社会危害性与刑事违法性矛盾的突出体现。罪刑擅断对社会危害性标准推崇备至;而绝对罪刑法定主义则是从一个极端走向另一个极端,将刑事违法性标准奉上神坛。

其二,矛盾的解决。(1)混合概念的提出。犯罪的实质概念和犯罪的形式概念各有其优点,也各有其缺陷和不足。基于这种情况,犯罪的混合概念即应运而生。犯罪的混合概念是既指出犯罪的社会危害性特征,又指出犯罪的刑事违法性特征的犯罪概念。(2)相对罪刑法定主义的勃兴。绝对的罪刑法定主义从其付诸实践之始,便受到了严峻的挑战。尽管1791年《法国刑法典》奉行绝对罪刑主义,但是好景不长,只持续了将近二十年时间,1810年《法国刑法典》便放弃了绝对罪刑法定主义,改采相对罪刑法定主义。从罪刑擅断主义(一个极端)到绝对罪刑法定主义(另一个极端),再从绝对罪刑主义到相对罪刑法定主义(理性)的发展过程,反映了人类寻求法治理性的认识过程:从一个极端走向另一个极端,在受挫反思之后,再折中回归理性。理解这一点,对我们合理地协调社会危害性标准与刑事违法性标准的矛盾,具有指导意义。

(二)刑事立法层面的矛盾及其解决

在刑事立法层面,社会危害性标准与刑事违法性标准的对立,既体现在刑事立法指导思想上,也体现在具体的刑事立法中。二者在具体的刑事立法中的对立大致表现为两种倾向:一种倾向是片面强调社会危害性而忽视刑事违法性,主要表现为出入罪界限不明确;另一种倾向是片面强调刑事违法性而忽视社会危害性,主要表现为应入罪而不入和应出罪而不出。

其一,矛盾的表现。(1)立法指导思想上的对立。在我国,刑事立法指导思想上存在粗疏立法观与细密立法观的对立。可以说,粗疏立法观强调刑法对各种危害行为较大的适应性,牺牲刑事违法性的明确性要求,片面倚重社会危害性标准。而细密立法观则将法律的明确性摆到了一个较高的位置,体现了对刑事违法性的偏重。(2)出入罪界限不明确。行为是否具有刑事违法性的界限应当是明确的,这是罪刑法定原则的要求,也是刑事违法性作为一种评价标准的价值所在。遗憾的是,在我国《刑法》中,有一些规定忽视刑事违法性的明确性,有片面倚重社会危害性标准的倾向。主要表现在,由于规定的模糊性,以致在判断一些行为是否具有刑事违法性时出现很大分歧,乃至得出截然相反的结论。比如1997年《刑法》中出现的新口袋罪问题(如非法经营罪)①、情节犯规定过多等。(3)应出罪而不出。如1979年《刑法》第121条规定的伪造、倒卖计划供应票证罪,直到1997年才在《刑法》中明确予以废除,而实际上,计划供应票证在此之前早已经退出了历史舞台。(4)应入罪而不入。在实践中,某些行为具有严重的社会危害性,法律应赋予但却未赋予其刑事违法性。应入罪而不入主要表现为设置实践中业已存在的新型犯罪不及时、某些罪种的调整范围规定过窄②等。法律未赋予其刑事违法性的原因不尽一致,有的是立法缺乏前瞻性,有的甚至就是立法的失误。

其二,矛盾的解决。(1)应坚持细密立法观。根据罪刑法定原则关于刑法立法应当明确化的要求,在刑法立法仍较为粗疏的中国,应当提倡采纳细密立法观。(2)反对越权司法解释。由于各种原因,刑法立法上可能出现这样或那样的欠缺,大致可分为两大类:一是由于立法者立法技术水平不足造成的,可简称为技术性欠缺;另一类是因社会情势变化而造成的,简称为社会变易性欠缺。③ 出入罪界限不明确大多属于立法技术欠缺;而该入罪而不入和该出罪而不出则大多属于社会变易性欠缺。司法解释具有弥补立法缺陷的功能,但需要强调的是,司法解释权毕竟从属于立法权,不能用其去弥补所有的立

① 该罪规定的"其他严重扰乱市场秩序的非法经营行为"这一兜底性条款就是袋口。目前已经塞入的行为有:在国家规定的交易场所以外非法买卖外汇;未经国家有关主管部门批准,非法经营证券、期货或者保险业务;违反国家规定,出版、印刷、复制、发行严重危害社会秩序和扰乱市场秩序的非法出版物(淫秽书刊等其他犯罪已有规定的非法出版物除外);违反国家规定,采取利用国际专线、私设转接设备或者其他方法,擅自经营国际电信业务或者涉港、澳、台电信业务进行营利活动,扰乱电信市场管理秩序;在生产、销售的饲料中添加盐酸克仑特罗(俗称"瘦肉精")等禁止在饲料和动物饮用水中使用的药品,或者销售明知是添加有该类药品的饲料;违反国家有关盐业管理规定,非法生产、储运、销售食盐,扰乱市场秩序。

② 如渎职罪(主要是玩忽职守罪与滥用职权罪)的犯罪主体范围问题:在1979年《刑法》中国家工作人员是玩忽职守罪的主体,而1997年《刑法》却将其范围缩小为国家机关工作人员。但是,实践中发生的玩忽职守或滥用职权行为更多的是国家机关工作人员之外的其他国家工作人员所为,对这种使公共财产、国家和人民利益遭受重大损失的行为,却无法定罪处罚。又如,《刑法》将只将自然人规定为贷款诈骗罪的主体,但由于个人进行大额贷款的难度较大,因而实践中的贷款诈骗行为绝大多数是由单位实施的,但由于立法的原因无法对之定罪处罚。此外如:使用变造的信用卡进行诈骗的行为就没有规定为信用卡诈骗罪的行为方式;包庇罪只规定了作假证明这一种行为方式;伪造公司、企业、事业单位印章罪中,未将变造、买卖规定为行为方式,也未将公司、企业、事业单位的证件规定为犯罪对象,不利于打击当前猖獗的伪造、买卖毕业证等证件的行为;等等。

③ 参见李希慧:《刑法解释论》,中国人民公安大学出版社1995年版,第61、62页。

法欠缺。出入罪界限不明确等绝大多数立法技术欠缺可以通过司法解释来弥补,但是社会变易性欠缺则一般不能通过司法解释途径来解决,需要通过立法的废、改、立来解决。质言之,不能制定侵入立法权领域的越权解释。

(三)刑事司法层面的矛盾及其解决

刑事司法是刑法理论和刑事立法的贯彻落实,社会危害性与刑事违法性两种评价标准的对立必然反映到刑事司法过程中。

其一,矛盾的表现。社会危害性与刑事违法性两种评价标准在刑事司法中的矛盾,主要表现为以下两种观念的对立:(1)社会危害性根据论。这种主张忽视刑事违法性而单纯以社会危害性作为指导司法活动的标准。(2)刑事违法性根据论。这种主张忽视社会危害性而单纯以刑事违法性作为指导司法活动的标准。①

其二,矛盾的解决。只有社会危害性与刑事违法性两种评价标准互相配合、互相补充,刑事司法活动才能顺利进行和完成。具体而言,在罪与非罪的区分中,需要将社会危害性与刑事违法性作为共同的评价标准;在此罪与彼罪的区分中,主要是以刑事违法性为评价标准;而在罪轻与罪重的区分中,主要以社会危害性为评价标准。(1)罪与非罪的区分。第一,《刑法》第13条"但书"设置罪与非罪的原则区分。这一但书体现了刑法的谦抑性,其积极作用为大多数学者所肯定。该"但书"对所有具体犯罪之罪与非罪的区分都有制约作用,即"情节显著轻微,危害不大"对所有犯罪来说都是罪与非罪的区分标准。进行"情节显著轻微,危害不大"的判断的过程是进行社会危害性评价的过程,而得出的结论是刑事违法性的有无,可见同时也是一种刑事违法性评价。可见,适用《刑法》第13条"但书"区分罪与非罪的过程,是社会危害性与刑事违法性共同发挥评价标准作用的过程。第二,情节犯之罪与非罪的区分。对情节犯来说,情节是否严重(或是否恶劣)是区分罪与非罪的标准之一。而进行情节是否严重(或是否恶劣)的判断的过程就是进行社会危害性评价的过程,评价的结果是刑事违法性的有无。由此可见,判断情节是否严重(或是否恶劣)以区分情节犯之罪与非罪的过程,也是社会危害性与刑事违法性评价标准相结合发挥作用的过程。(2)此罪与彼罪的区分。刑事违法性作为评价标准在此罪与彼罪的区分中发挥着基础性作用。刑事违法性不仅确定了刑法调整的行为种类范围,而且还进一步将这些行为类型化,即将其区分为不同的具体犯罪。不

---

① 如有学者认为,司法人员只能根据刑法规范一目了然地进行行为对照判断,而没有判断"社会危害性大小"的注意义务,如果要确立社会危害性标准,那是对司法者的苛求。参见樊文:《罪刑法定与社会危害性的冲突》,载《法律科学》1998年第1期。

同的犯罪即属于不同的刑事违法类型。(3)罪轻与罪重的区分。贝卡里亚指出,“犯罪对社会的危害是衡量犯罪的真正标尺”①,其提出的“罪刑阶梯”就是以社会危害性大小为标尺建立的。刑事违法性标准的量化评价功能是很有限的,而社会危害性标准具有较强的量化评价功能,因而其在罪轻与罪重的区分上具有重要的价值。

四、犯罪构成体系及其要素之争

(一)犯罪构成四要件体系是否有必要改变

关于犯罪构成应具备哪些共同要件,我国刑法学界传统的且目前仍居主导地位的观点是四要件说。此观点认为,构成任何犯罪,都必须具备犯罪主体、犯罪主观方面、犯罪客观方面、犯罪客体四大要件。但也有不少学者对传统的四要件体系提出了异议,试图从不同的角度、不同的方面对之进行修正。即有二要件说②、三要件说③、五要件说④等。

综观当今世界各国和地区的刑法理论,主要存在三种犯罪构成理论模式:其一,以苏联和中国为代表的平行模式,由犯罪主体、犯罪主观方面、犯罪客观方面、犯罪客体四个并列的要件组成一个有机的整体。其二,以德国、日本为代表的典型大陆法系国家的递进模式,即由构成要件符合性(该当性)、违法性、有责性三大部分组成的依次递进进行判断的模式。其三,英美法系国家的双层控辩平衡模式。在这种双层模式中,第一层次是犯罪本体要件,也称为积极的犯罪构成要件,这一层次的要件肯定犯罪的成立,包括犯罪行为和犯罪心态,体现控方的权力,表征刑法的保护社会机能;第二层次是责任充足条件,也称为消极的犯罪构成要件,这一层次的要件否定犯罪的成立,包括未成年、精神病、正当防卫等免罪辩护理由,体现辩方的权利,表征刑法的保障人权机能。

笔者认为,客观地讲,这三种犯罪构成理论模式都是特定法律文化发展

---

① 参见〔意〕贝卡里亚:《论犯罪与刑罚》,黄风译,中国大百科全书出版社 1993 年版,第 66 页。

② 参见李守芹:《论犯罪构成的要件》,载《河北学刊》1983 年第 3 期。

③ 参见李守芹:《论犯罪构成的要件》,载《河北学刊》1983 年第 3 期;张文:《犯罪构成初探》,载《北京大学学报》1984 年第 5 期;胡正谒:《对犯罪概念与犯罪构成的探索》,载《法学研究》1986 年第 1 期;郑伟主编:《新刑法学专论》,法律出版社 1998 年版,第 150 页;张明楷:《刑法学》(第 2 版),法律出版社 2003 年版,第 134、135 页。

④ 参见周密:《论证犯罪学》,群众出版社 1991 年版,第 52 页。

的产物,都有其优点,也均有其不足,很难说孰优孰劣。像其他两种模式一样,中国的犯罪构成模式也有其不足之处,比如正当行为应当置于犯罪构成要件模式中的什么位置的问题就不无可议之处。近年来,有些学者片面地鼓吹德日的递进式模式,彻底地否定中国的四要件平行模式,这并不是一种科学的态度。中国的四要件平行模式有其存在的深厚的理论基础和实践生命力,从目前来看,还是很难推翻的。所谓二要件说、三要件说、五要件说等不同主张大多只是对四要件及其具体要素的不同组合而已,可以说没有多大的新意,并没有对四要件说进行实质性的、脱胎换骨的变革。

(二)犯罪客体是否犯罪构成要件

在我国刑法学界,对于犯罪客体是否应当作为犯罪构成要件,存在以下两种不同的主张:(1)肯定说。这种观点认为,犯罪客体是犯罪构成的必要要件,没有任何一个犯罪是没有犯罪客体的,犯罪之所以有社会危害性,首先是由行为侵犯的犯罪客体所决定的。① (2)否定说。这种观点认为,犯罪客体不是犯罪构成的必要要件。② 其主要有如下理由:第一,犯罪客体实际上是刑法所保护的法益,属于犯罪概念的内容,应在犯罪概念中研究;第二,行为只要符合了犯罪客观要件、主体要件和主观要件三个要件,就必然侵犯了犯罪客体,不可能出现符合上述三个要件却没有客体的情况;第三,将犯罪客体不作为构成要件,并不会给犯罪定性带来困难;第四,国外刑法理论中也没有人认为刑法所保护的法益是构成要件。③

笔者认为,主张犯罪客体是犯罪构成必备要件的通说是较为科学的。没有犯罪客体要件必然会影响到许多犯罪之罪与非罪、此罪与彼罪界限的区分。第一,犯罪客体对罪与非罪的区分具有重要意义。对正当防卫、紧急避险等正当行为、自杀和自伤、毁损本人财物等行为之所以不以犯罪论处,就是因为这类行为没有侵犯刑法所保护的社会关系,不符合犯罪客体要件。在司法实践中,因属于正当行为等上述情形而不构成犯罪的案件较少,这也是一些学者认为犯罪客体要件对司法认定没有意义的原因。但是,这类案件尽管少见,但毕竟还是现实存在,因而这并不能成为取消犯罪客体要件的理由。

---

① 参见高铭暄主编:《中国刑法学》,中国人民大学出版社1989年版,第87、88页;马克昌主编:《犯罪通论》,武汉大学出版社1999年版,第87—90页;赵秉志:《犯罪概念与犯罪构成研究》,载高铭暄主编:《刑法专论》(上编),高等教育出版社2002年版,第139—143页。

② 参见李守芹:《论犯罪构成的要件》,载《河北学刊》1983年第3期;张文:《犯罪构成初探》,载《北京大学学报》1984年第5期;胡正谒:《对犯罪概念与犯罪构成的探索》,载《法学研究》1986年第1期;郑伟主编:《新刑法学专论》,法律出版社1998年版,第150页;杨兴培:《犯罪构成的反思与重构(上)》,载《政法论坛》1999年第1期。

③ 参见张明楷:《刑法学》(第2版),法律出版社2003年版,第134、135页。

这就像《刑法》中背叛国家罪等一些罪名尽管很少适用但也不能取消一样。第二,犯罪客体对区分此罪与彼罪也具有重要意义。比如,扔手榴弹杀人,到底是定故意杀人罪还是定爆炸罪,这就要看侵犯的客体是公共安全还是特定人的生命权利。需要指出的是,我们并不反对将法益这一外国刑法理论中的重要概念引入中国刑法学的犯罪客体理论中,即将犯罪客体修正为刑法所保护的法益也未尝不可。

(三)犯罪主体是否犯罪构成要件

对犯罪主体是否应当作为犯罪构成要件,有以下两种不同的主张:(1)肯定说。这种观点认为,任何犯罪行为,都是一定的犯罪主体实施的,没有犯罪主体,就不可能实施危害社会的行为,也不可能有危害社会的故意或过失,从而也就不会有犯罪。所以犯罪主体是犯罪构成不可缺少的要件。① (2)否定说。持这种观点的学者认为,犯罪主体不是犯罪构成的要件。如有学者认为,法律上关于刑事责任年龄和刑事责任能力的规定,是要解决人认识和控制自己行为的能力问题,这些能力是属于主观范畴的东西,因此它们理应列入主观要件,至于特定的身份,像刑事责任能力一样,仅仅是犯罪行为的前提条件,而与行为的性质没有直接的关系。故犯罪主体要件没有存在的必要。② 也有学者认为,犯罪构成要件应当具有普遍适用的意义,刑法分则所要求的特定身份由于不具备这种普遍性,因而不能作为犯罪构成要件。③

众所周知,在西方刑法理论的演进过程中,刑事古典学派强调的是行为中心论,刑事实证学派强调的是行为人中心论。实践证明,这两种理论都有失偏颇,行为中心主义和行为人中心主义从对立走向调和、折中早已成为当代刑法发展的主流。这一发展趋势在犯罪构成理论中也得到了体现,行为人和行为都成为犯罪构成不可或缺的要件。行为人的刑事责任年龄、刑事责任能力、特定的身份等特征是区分罪与非罪、此罪与彼罪、罪轻与罪重的重要根据,是必不可少的犯罪构成要件。犯罪主体要件也可以分为共同要件和特殊身份要件两个层次,不能因为特定身份不具有普遍性意义就否定其对某些犯罪的构成要件意义。犯罪主体也是不能被犯罪主观方面要件包含的,比如一

① 参见赵秉志:《犯罪主体论》,中国人民大学出版社 1989 年版,第 44—50 页;高铭暄主编:《中国刑法学》,中国人民大学出版社 1989 年版,第 110 页;马克昌主编:《犯罪通论》,武汉大学出版社 1999 年版,第 89 页;赵秉志:《犯罪概念与犯罪构成研究》,载高铭暄主编:《刑法专论》(上编),高等教育出版社 2002 年版,第 136—139 页;张明楷:《刑法学》(第 2 版),法律出版社 2003 年版,第 135 页。

② 参见傅家绪:《犯罪主体不是犯罪构成要件》,载《法学评论》1984 年第 2 期。

③ 参见陶积根:《犯罪主体不是犯罪构成的一个要件》,载《政治与法律》1986 年第 2 期。

个已满14周岁不满16周岁的行为人多次实施盗窃行为的案件,行为人对盗窃行为可能完全符合故意的主观方面特征,此时如果不考虑主体要件的话,就无法区分罪与非罪的界限。特殊的主体身份更是主观方面无法包括的,比如是否属于国家工作人员是区分挪用公款罪和挪用资金罪的界限,如果只考虑行为人主观方面是无法区分两罪界限的。

五、犯罪构成四要件排列顺序之争

(一)不同观点之争鸣

犯罪构成四要件应当以怎样的顺序排列?近年来我国刑法学界认识不一。犯罪构成要件的逻辑顺序问题,不仅关系到犯罪构成体系乃至刑法学体系的科学性,也关涉犯罪构成理论能否正确指导司法实践,因而对此问题认真探讨意义重大。

近年来,对于如何排列犯罪构成四要件顺序的问题,我国刑法学界存在以下三种代表性的观点:

第一种观点认为,构成要件应为犯罪客体—犯罪客观方面—犯罪主体—犯罪主观方面之排列顺序。这是刑法学界的传统理论观点,目前仍占相对通说之地位。有学者认为,通说的排列顺序大体上是以实践中发现犯罪、认定犯罪的先后顺序排列的。一个刑事案件的处理过程一般是:首先发现了某种客体遭受侵害的事实;其次需要查明某种客体遭受侵害是不是由于人的行为;再次要查明谁是行为人以及行为人的情况(犯罪主体),其是否具有刑事责任能力;最后还必须查明行为人实施行为时是否出于故意或过失(犯罪主观方面)。故这种排列顺序符合认定犯罪的过程,有利于查明和确定犯罪。①

第二种观点认为,四个犯罪构成要件的排列顺序应当是犯罪主体—犯罪客体—犯罪主观方面—犯罪客观方面。持该种主张的学者认为,犯罪主体和犯罪客体是构成犯罪活动这个动态的系统结构的不可或缺的重要的两极,因而应当排列在前两位;并且由于犯罪主体对犯罪构成具有控制和决定意义,因而应当排列在最前面。② 至于主观方面为什么排列在客观方面之前,有关

---

① 参见赵秉志主编:《新刑法教程》,中国人民大学出版社1997年版,第87页;赵秉志主编:《刑法新教程》,中国人民大学出版社2001年版,第88页;赵秉志主编:《刑法原理与实务》,高等教育出版社2002年版,第63页等。

② 参见何秉松:《犯罪构成系统论》,中国法制出版社1995年版,第117—119页。

论者并未作出具体说明。

第三种观点则主张，我国刑法中构成要件应该按照犯罪主体要件—犯罪主观要件—犯罪客观要件—犯罪客体要件的顺序排列。主要理由在于，犯罪构成要件在实际犯罪中发生作用而决定犯罪成立的逻辑顺序是这样的：符合犯罪主体条件的行为人，在其犯罪心理态度的支配下，实施一定的犯罪行为，进而危害一定的社会关系。犯罪主体是其他犯罪构成共同要件成立的逻辑前提。行为人只有在一定的罪过的支配下实施的行为才谈得上构成犯罪，没有罪过的意外事件、不可抗力事件，即使客观上造成了危害结果，也不能构成犯罪。犯罪行为又是犯罪主观方面罪过心理的外化，因而在犯罪主观方面之后排列犯罪客观方面。犯罪行为必然侵害一定的客体，因而犯罪客体是犯罪构成的最后一个要件。这也是笔者自20世纪80年代中后期以来就率先所倡导的观点。①

（二）评析与主张

鉴于上述第二种观点的理由比较薄弱，笔者主要针对第一种主张即传统的理论观点予以评析。这种观点认为，认定犯罪的过程首先是发现某种客体遭受侵害的事实，然后查明客体受侵害是否由人的危害行为造成，再后便须查明行为人的特征是否符合主体要件，最后需要查明行为人是否有罪过、有何种罪过。而事实上，笔者认为，大多数犯罪的认定过程，首先是司法人员发现客体遭受侵害（仅仅是可能性的，因为有某种客观的损害未必就有客体存在）的现象形态即某种危害结果，例如有人死亡的结果，而不是什么客体本身（社会关系或合法权益）。这样一来，根据认定犯罪过程的大多数情况，排在首位的构成要件应是犯罪客观要件，而不是“犯罪客体要件”了。在发现一定的犯罪结果后，司法人员的下一步任务便是查明此一结果是否由人的行为造成，行为人是否有责任能力，最后确定犯罪是否成立。由此可见，按照通说主张的以认定犯罪的过程为标准，从司法实践中大多数情况下认定犯罪的过程来看，犯罪构成要件的排列顺序也应修正为“犯罪客观要件—犯罪主体要件—犯罪主观要件—犯罪客体要件”，而不是“犯罪客体要件—犯罪客观要件—犯罪主体要件—犯罪主观要件”。因而这种观点主张的排列顺序与其排列的依据或标准是存在矛盾的。

再则，在司法实践中，这种观点与大多数情况下犯罪的认定并不一致。例如，对于现行的行为人明显属于不满14周岁的案件，司法人员首先就要从主体要件上对其行为作出非犯罪性的评价，而无须从客观要件，更谈不上从

① 参见赵秉志：《犯罪主体论》，中国人民大学出版社1989年版，第49页。

所谓"客体要件"开始审查;对于一些需要特殊主体身份方可构成的犯罪来说,如果主体身份明显不符合主体要件要求,也谈不上此一犯罪的构成;又如各种持有型犯罪的认定,更不好说哪个要件的认定在前,哪个要件的认定在后。可见,从司法实践的全面情况看,认定犯罪过程中各个犯罪构成要件并没有固定的先后顺序可言。

虽然基于犯罪的认定与犯罪行为本体的关系,从方法论上讲,按照哪个标准都是可以的,都有其合理性。而以犯罪行为本体之发展规律为依据所排列的犯罪构成要件逻辑顺序,则并未仅仅拘泥于司法实务层面,而是进一步探求实务操作规程背后所蕴含的内在逻辑,揭示犯罪构成诸要件之间支配与被支配的关系。因此,笔者认为,构成要件的排列顺序首先应该满足建构犯罪论理论的要求,即应该符合犯罪构成的价值论,符合罪刑法定原则,符合刑法学体系构建的要求。同时,构成要件的排列顺序还应满足犯罪构成实践层面的要求。

鉴于第一种观点存在如前所述的一定的缺陷,而笔者所主张的"犯罪主体要件—犯罪主观要件—犯罪客观要件—犯罪客体要件"的排列顺序,以行为发展之内在逻辑为依据,鲜明地反映了犯罪行为自身的形成过程与发展规律,故而相对而言更为合理、可取。具体理由如下:

其一,在犯罪构成的四个要件中,犯罪主体要件是其他犯罪构成要件成立的逻辑前提。犯罪行为是人的行为,离开了人就谈不到犯罪行为;犯罪行为还必须是符合犯罪主体要件者触犯刑法的行为,不符合犯罪主体要件的人,例如无刑事责任能力的精神病人或者未达到刑事责任年龄的人,即使实施了客观上为刑法所禁止的行为,虽然也具有危害性,但却不能认定为犯罪行为。而且,任何犯罪客体都是符合犯罪主体要件的人以其触犯刑法的行为所危害的某种正当的社会关系即某种法益。当然,犯罪主体对犯罪行为和犯罪客体具有的前提与基础作用,是通过主体要件对主观要件的作用进而发挥出来的,犯罪主体要件同样是犯罪主观要件的基础和前提。这表现在:一方面,犯罪主观要件只是犯罪主体支配其犯罪行为的心理状态,没有人,何来人的犯罪心理状态?另一方面,犯罪主体要件的核心内容是人的刑事责任能力即人辨认和控制自己刑法意义上行为的能力,犯罪主观要件的核心内容是人支配自己触犯刑律行为的意识和意志活动。犯罪主体的辨认能力即意识能力,控制能力即意志能力,它们分别与犯罪主观要件的犯罪意识活动和意志活动相对应。只有具备刑事责任能力的人,才能具备犯罪的主观要件;不具备刑事责任能力者,例如因精神病而丧失或者因年龄幼小而不具备刑法意义上辨认和控制自己行为能力的人,即使实施了危害或损害社会并在客观上为刑法所禁止的行为,也不能认定行为人具备犯罪的主观心理态度。可见,犯罪构成其他三方面要件都是建立在犯罪主体要件基础上的。犯罪主体要件不存在,便没有其他三要件的存在,这样也就没有了犯罪构成整体的存在。

其二,在具备了犯罪主体要件之后,还必须依次进而具备犯罪主观要件。犯罪主观要件是作为主体的人的主观心理态度,体现主体的一定罪过内容。它是在犯罪主体进行犯罪活动中产生的,并且通过行为而起作用。犯罪人实施犯罪行为,离不开犯罪人的主观心理状态的支配和制约,缺乏主观罪过的行为,便不能构成犯罪,更不能让行为人承担刑事责任。同时,只有当行为人的主观心理态度表现在一定的危害社会行为上时,才有刑法上的意义。

其三,犯罪行为是犯罪主体的罪过心理的外化,因而在犯罪主观要件下面依次是犯罪客观要件。人的行为是在其思想的支配下,亦即在其头脑中进行的一系列心理活动的支配下发生的。心理是行为的内在动因和支配力量,行为是心理的外部表现。任何犯罪,也都是人的有意识的行为,都是在一定的心理状态支配下实施的。犯罪行为只不过是人的主观犯罪意识的外化。犯罪心理状态只有外化为一定的犯罪行为,才能对社会造成实际的危害,才能构成犯罪。而任何犯罪行为,归根到底,又是受人的心理状态所决定的。不受人的心理状态支配的行为,即使在客观上给社会造成了损害后果,也不能认为是犯罪行为。

其四,犯罪行为必然侵犯一定的客体,因而犯罪客体依次是犯罪构成的最后一个要件。在笔者看来,通说把犯罪客体要件置于四要件之首位,可能基于它在说明犯罪性质方面之重要性的考虑,犯罪客体要件与犯罪概念的关系也似较其他要件更密切。但从各要件有机统一共同反映行为的社会危害性这一点来说,任何要件的地位都是平等的。

综上所述,笔者所主张的逻辑顺序清楚地揭示了各要件在犯罪行为产生发展过程中所显现出来的环环相扣、层层递进的一般规律,勾勒了行为形成过程中谁支配谁的轨迹图像,且适用于所有的案件。因而,此一排列顺序具有更为严密的理论逻辑性与更为普遍的适用性。但也应当指出,将传统观点主张的犯罪构成四要件之顺序合理地修改为客体要件置于最后,即"犯罪客观要件—犯罪主体要件—犯罪主观要件—犯罪客体要件"的顺序,大体反映了司法实践中查明和确定犯罪的过程,因而也具有一定的研究意义与价值。

六、刑事责任的地位及根据之争

刑事责任和犯罪、刑罚一样,同属中国刑法学的研究对象之一。刑事责任理论是中国刑法学研究相对比较薄弱的部分。在中国的刑事责任理论研究中,争议最多的,是刑事责任在刑法学体系中的地位和刑事责任的根据问题。准确地解决刑事责任的地位与根据问题,有助于中国刑法学研究体系的科学化和树立科学的刑事责任观念。

(一)刑事责任在刑法学体系中的地位之争

关于刑事责任在中国的刑法学体系(主要是指总论体系)中究竟处于何种地位,中国刑法学界主要存在以下三种不同的观点:

其一,"刑事责任—犯罪—刑罚"说。持这种主张的学者认为,从整个刑法特别是刑事立法的角度看,总是刑事责任在先,犯罪在后;刑事责任又是刑罚的前提,所以应当按照"责—罪—刑"的逻辑结构建立刑法总论体系。① 也有学者认为,刑事责任论揭示的是刑法的基本原理,在价值功能上,它具有基础理论的意义。因而在体系上不能把刑事责任论作为犯罪之后果和刑罚之先导而放在犯罪论和刑罚论之间,而应当作为刑法学的基础理论置于犯罪论之前。如果将其置于犯罪论和刑罚论之间,就可能出现要么与犯罪论和刑罚论重复,要么过于空洞从而使之成为多余的结果。②

其二,"刑法论—犯罪论—刑事责任论"说。持这种主张的学者认为,犯罪是刑事责任的前提,刑事责任是犯罪所产生的责任,是犯罪的法律后果。而刑罚、非刑罚处罚方法以及刑事责任的其他实现方式,都是刑事责任的下位概念,是从属于刑事责任的,它们与刑事责任虽然都是犯罪的法律后果,但不是相同层次的法律后果,不能与刑事责任并列。因此,刑法学总论的体系应当是:刑法论—犯罪论—刑事责任论。刑罚论则是刑事责任论中的内容之一,而不应当与犯罪论、刑事责任论处于同等地位。③

其三,"犯罪论—刑事责任论—刑罚论"说。持这种观点的学者认为,刑事责任是连接犯罪与刑罚的纽带,是介于犯罪与刑罚之间的概念;刑法典的

---

① 参见梁华仁、刘仁文:《刑事责任新探——对"罪、责、刑"逻辑结构的反思》,载杨敦先主编:《刑法运用问题探讨》,法律出版社1992年版,第26—28页。

② 参见张智辉:《刑事责任通论》,警官教育出版社1995年版,第15页。

③ 参见张明楷:《刑事责任论》,中国政法大学出版社1992年版,第152、153页;张明楷:《刑法学》(第2版),法律出版社2003年版,第17页。

规定采用了“罪、责、刑”的法律逻辑结构，因而刑法学的理论体系也应当是“犯罪论—刑事责任论—刑罚论”的体系。①

笔者认为，前两种观点虽然都有其一定程度的合理性，但相比较而言，上述第三种观点即“犯罪论—刑事责任论—刑罚论”说更具有合理性。这一观点比较客观地反映了犯罪、刑事责任、刑罚这三个范畴在具体案件中出现的先后顺序：第一，犯罪是存在刑事责任和刑罚的前提，没有犯罪就无所谓刑事责任和刑罚，因而将刑事责任论置于犯罪论之前是不合理的；第二，刑事责任由犯罪而生，体现的是国家对犯罪的否定评价，是连接犯罪和刑罚的纽带，刑事责任不能等同于刑罚，因为适用刑罚并不是刑事责任的唯一解决方式。

（二）刑事责任的根据之争

1. 观点争鸣

中国刑法学界在刑事责任的根据问题上的不同主张，大致可以概括为三大类：

其一，一元根据说。这种观点认为，刑事责任的根据是一元的，即只有一个根据。在一元根据说内部也存在不同的主张，主要有：(1)犯罪构成根据说。有学者认为，犯罪构成或者行为符合犯罪构成，是刑事责任的唯一根据。② (2)犯罪行为根据说。有学者认为，刑事责任的唯一根据是犯罪行为。③ (3)案件事实根据说。有学者说，刑事责任的唯一根据是案件事实。④ (4)社会危害性根据说。有学者认为，社会危害性是刑事责任的唯一

① 参见高铭暄主编：《刑法学原理》(第1卷)，中国人民大学出版社1993年版，第418页；高铭暄、马克昌主编：《刑法学》，北京大学出版社、高等教育出版社2000年版；马克昌主编：《刑法学》，高等教育出版社2003年版。后两部教材都将“刑事责任”作为介于犯罪论和刑罚论之间的部分加以论述。

② 参见中央政法干校刑法教研室编著：《中华人民共和国刑法总则讲义》，法律出版社1957年版，第72页；朱华荣、苏惠渔：《略论我国刑法中的犯罪构成》，载《求是学刊》1980年第3期；高铭暄：《犯罪构成的概念和意义》，载《法学》1982年第1期；马克昌主编：《犯罪通论》，武汉大学出版社1999版，第86、87页。

③ 参见何秉松：《建立有中国特色的犯罪构成理论体系》，载《法学研究》1986年第1期；张令杰：《论刑事责任》，载《法学研究》1986年第5期；曲新久：《论刑事责任的根据》，载《河北法学》1987年第4期；周其华：《刑事责任若干问题的研究》，载《政法论丛》1988年第1期。

④ 参见敬大力：《刑事责任一般理论研究——理论的批判和批判的理论》，载赵秉志等编著：《全国刑法硕士论文荟萃》，中国人民公安大学出版社1989年版，第21页；徐斌：《刑事责任研究》，载赵秉志等编著：《全国刑法硕士论文荟萃》，中国人民公安大学出版社1989年版，第29页。

根据。[①] (5)罪过根据说。有学者认为,罪过是行为人承担刑事责任的唯一根据。[②]

其二,二元根据说。这种观点认为,刑事责任的根据是二元的,即存在两个根据。在二元根据说内部也存在不同的主张,主要有:(1)社会危害性与人身危险性相统一根据说。有学者认为,刑事责任的根据是二元的,包括行为的社会危害性与行为人的人身危险性两个方面。[③] (2)犯罪观和刑罚观根据说。有学者认为,刑事责任的根据只能是统治阶级的犯罪观和刑罚观。[④] (3)法律事实根据与哲学理论根据说。有学者认为,刑事责任的根据分为法律事实根据和哲学理论根据。法律事实根据是指犯罪构成及案件中的其他一些事实因素;哲学理论根据是马克思主义的决定论及相对意志自由的观点。[⑤]

其三,三元根据说。这种观点认为,刑事责任的根据是多元的,即存在两个以上的根据。在多元根据说内部也存在不同的主张,主要有:(1)理论根据、事实根据和法律根据三元说。有学者认为,刑事责任包括理论、事实和法律三个方面的根据。刑事责任的理论根据是犯罪的主客观相统一的严重社会危害性;事实根据是反映犯罪的社会危害性质及其程度的主客观事实的总和;法律根据是国家追究犯罪人刑事责任的《刑法》、《刑事诉讼法》等法律及有关的司法解释。[⑥] (2)存在根据、大小根据、变更根据三元说。持该种主张的学者所谓的存在根据,是犯罪成立的法定事实;大小根据,是犯罪事实及犯罪前后反映社会危害性及人身危险性的情况;变更根据,是行刑过程中犯罪人的悔改表现、立功表现等情况。[⑦]

2. 观点评析

在笔者看来,以上主张都有其一定层面上的合理性,但也都有其不足。笔者认为,刑事责任的根据包括哲学和法学两个基本的层面。

第一,刑事责任的哲学根据。刑事责任在哲学层面的根据包括两个方

---

① 参见冯筠:《论刑事责任的根据》,载《河北法学》1990 年第 1 期;刘德法:《论刑事责任的事实根据》,载《法学研究》1988 年第 4 期。

② 参见余淦才:《刑事责任理论试析》,载《法学研究》1991 年第 4 期。

③ 参见王晨:《刑事责任论纲》,载《当代法学》1992 年第 2 期。

④ 参见梁华仁、刘仁文:《刑事责任新探》,载杨敦先主编:《刑法运用问题探讨》,法律出版社 1992 年版,第 25、26 页。

⑤ 参见高铭暄主编:《刑法学原理》(第 1 卷),中国人民大学出版社 1993 年版,第 423 页以下、第 429 页以下。

⑥ 参见杨春洗、杨敦先主编:《中国刑法论》,北京大学出版社 1994 年版,第 162—168 页。

⑦ 参见林荫茂:《论刑事责任》,载《学术季刊》(上海)1993 年第 1 期。

面：首先，犯罪人基于自己的相对意志自由实施了犯罪行为，即犯罪体现了犯罪人的主观能动性；其次，人的本质特征不在于其自然属性，而在于其社会性，即人都处于一定的社会关系之中，任何犯罪都是对一定社会关系的破坏，对犯罪人追究刑事责任是维护正常的社会关系的需要，体现了人的社会性。

第二，刑事责任的法学根据。刑事责任的法学根据也具有多层次性，具体包括实质根据、法律根据、事实根据和程度根据四个层次。具体而言，刑事责任的实质根据是犯罪的社会危害性；刑事责任的法律根据（就刑事责任的有无而言）是刑法规定的犯罪构成；刑事责任的事实根据是符合犯罪构成的行为；刑事责任的程度根据是一切能够说明行为的社会危害性和行为人的人身危险性的事实。传统的源自苏联的"犯罪构成是刑事责任的唯一根据"的论断的主要不足之处在于，没有指明犯罪构成是刑事责任有无还是刑事责任大小的唯一根据，决定刑事责任的大小的根据显然并不局限于犯罪构成事实，还包括犯罪构成外的其他影响犯罪危害程度及犯罪人人身危险程度的有关事实。

七、特殊防卫权和无限防卫权称谓之争

（一）有关争议及评析

我国1997年修订的现行《刑法》第20条第3款规定："对正在进行行凶、杀人、抢劫、强奸、绑架以及其他严重危及人身安全的暴力犯罪，采取防卫行为，造成不法侵害人伤亡的，不属于防卫过当，不负刑事责任。"这是我国《刑法》对正当防卫制度的重大修正。在中国刑法学界，对该款规定的称谓存在较大的争议：有的称为"无过当之防卫"①；有的称为"无度的防卫"或"无限度的防卫"②；有的称为"无限防卫权"③；更多的学者和一些权威论著称为

---

① 参见陈兴良主编：《刑法疏议》，中国人民公安大学出版社1997年版，第98页；包雯：《论新刑法对正当防卫制度的完善》，载丁慕英等主编：《刑法实施中的重点难点问题研究》，法律出版社1998年版，第420—422页；陈兴良：《刑法适用总论》（上卷），法律出版社1999年版，第373页。

② 参见王作富主编：《中国刑法的修改与补充》，中国检察出版社1997年版，第17页；张明楷：《刑法学》（上），法律出版社1997年版，第232页；杨春洗、杨敦先主编：《中国刑法论》，北京大学出版社1998年版，第135、136页；田宏杰：《防卫权及其限度——评关于正当防卫的修订》，载陈兴良主编：《刑事法评论》（第2卷），中国政法大学出版社1998年版，第270页。

③ 参见赵长青主编：《新编刑法学》，西南师范大学出版社1997年版，第185页；张炳明主编：《刑法》，四川人民出版社1998年版，第152页。

“特殊防卫权”或“特别防卫权”。[①] 关于该条称谓的上述分歧可以概括为特殊防卫权说和无限防卫权说的两种主张的对立。

笔者认为，特殊防卫权的称谓是比较科学的。“无限防卫权”的称谓则存在严重的弊端，因为“无限”究竟是指完全无限制，还是仅指无必要限度，容易产生歧义。如果将之理解成完全无限制，则是十分危险的。换言之，使用“无限防卫权”的称谓容易使广大公民发生误解，从而导致防卫权的滥用，这显然有违立法对正当防卫制度作出这一修订的初衷，也不符合刑法条文反映出来的立法原意。“一般”与“特殊”是哲学上相对应的一对范畴，由于《刑法》第20条第1款、第2款规定的是一般防卫权，因而将该条第3款的规定称为特殊防卫权是妥当的。实际上，除了必要限度条件外，特殊防卫的成立像一般防卫一样，也必须具备共同的对象条件、时间条件、主观条件等，假想防卫、事前防卫、事后防卫、偶然防卫、防卫挑拨等绝对不能成立特殊防卫。无限防卫权说片面地认为《刑法》第20条第3款与一般防卫权的区别只在于是否要求必要限度条件。

（二）特殊防卫权的限定条件

事实上，除了是否要求必要限度条件外，特殊防卫权还与一般防卫权存在其他重大差别，有着更严格的限定条件。

1. 只能针对暴力犯罪实施

特殊防卫只能针对暴力犯罪实施，对非暴力犯罪不得进行特殊防卫；而一般防卫的起因条件则要宽得多，不仅可以针对暴力手段的不法侵害行为实施，而且可以针对非暴力手段的不法侵害行为实施；不仅可以针对实际存在的一切犯罪行为，甚至还可以针对某些比较严重的一般违法行为。

根据《刑法》第20条第3款的规定，能够进行的暴力犯罪可以分为以下三大类型：

(1)行凶。笔者认为，行凶实际上并不是一个准确的刑法术语，它既不是一个独立的罪名，也不是一种独立的犯罪行为，将其与“杀人、抢劫、强奸、绑架”并列加以规定，从逻辑上讲是不合适的。从本义上讲，“行凶”一般是指故意伤害或者故意杀人的行为。而现行《刑法》第20条第3款将“行凶”与“杀人”并列加以规定，表明此处的“行凶”是不包括杀人行为在内

---

① 参见高铭暄、马克昌主编：《刑法学》(上编)，中国法制出版社1999年版，第241页；王作富、阮方民：《关于新刑法中特别防卫权规定的研究》，载《刑法问题与争鸣》2002年第2辑；高西江主编：《中华人民共和国刑法的修订与适用》，中国方正出版社1997年版，第111页；段立文：《对我国传统正当防卫观的反思》，载《法律科学》1998年第1期；赵国强：《新刑法中正当防卫权之强化》，载丁慕英等主编：《刑法实施中的重点难点问题研究》，法律出版社1998年版，第414页。

的。那么,伤害行为、聚众斗殴等暴力犯罪行为是否包括在“行凶”之内呢？对此,法律没有明确说明,这就难免造成理解上的歧义。而且,“行凶”完全可以为后面的“其他严重危及人身安全的暴力犯罪”所包容,现行《刑法》对“行凶”的规定有重复规定之嫌,未免多余。建议立法机关在今后修改刑法时,应当取消“行凶”一词的多余规定,除明确列举的“杀人、抢劫、强奸、绑架”四种情形外,其他可以进行特殊防卫权的暴力犯罪,最好也予以明确列举;实在无法列举而又恐遗漏的,用“其他严重危及人身安全的暴力犯罪”予以概括也可严密法网。在立法作出修改之前,建议将“行凶”限定为使用凶器的暴力行凶,即使用凶器对被害人进行暴力袭击,严重危及被害人的人身安全的行为。

(2)杀人、抢劫、强奸和绑架。对于这究竟是指四种具体的罪名,还是指四种犯罪行为？我国刑法学界存在不同的理解。一般认为,这既指罪名也指犯罪行为。具体而言:第一,“杀人、抢劫、强奸、绑架”当然应当包括具有同类性质或者相同手段的多种犯罪罪名,换言之,“杀人、抢劫、强奸、绑架”包括以这四种具体罪名定罪的存在两种以上犯罪行为的情形,如《刑法》第269条规定,犯盗窃、诈骗、抢夺罪,为窝藏赃物、抗拒抓捕或者毁灭罪证而当场使用暴力或者以暴力相威胁的,应当依照第263条以抢劫罪定罪处罚。对于这种“准抢劫罪”,显然应当允许进行特殊防卫。第二,“杀人、抢劫、强奸、绑架”也可以是指以这四种行为手段所实施的触犯其他具体罪名的犯罪。例如,“绑架”不仅指《刑法》第239条规定的绑架罪,还应包括以绑架的手段实施的触犯其他罪名的犯罪,如以出卖为目的绑架妇女、儿童的行为,虽然应定拐卖妇女、儿童罪,但也属于广义的绑架犯罪,也应允许进行特殊防卫。又如,“抢劫”不仅包括《刑法》第263条规定的抢劫罪,还应包括第127条第2款规定的抢劫枪支、弹药、爆炸物罪。因为对于后罪来说,其侵犯的客体中同样包含了人身权利,使用的手段同样也是暴力的手段,具有抢劫的性质,并且危害远远大于针对普通财物的抢劫罪。现行《刑法》对抢劫枪支、弹药、爆炸物罪规定了比抢劫罪重得多的法定刑幅度,既然允许对一般的抢劫罪实施特殊防卫,对于社会危害性严重得多的抢劫枪支、弹药、爆炸物罪也应当允许实施特殊防卫。

(3)其他暴力犯罪。从现行刑法分则的规定来看,可以暴力手段实施的犯罪的范围是非常宽泛的,具体有两类:一类是以明示的方式将暴力手段规定为构成要件的犯罪,如《刑法》第123条规定的暴力危及飞行安全罪等;另一类是以隐含的形式规定的以暴力手段作为构成要件的犯罪,如《刑法》第240条规定的拐卖妇女、儿童罪等。

2. 暴力犯罪必须达到足以严重危及人身安全的程度

这部分内容包括两个要点:

(1)暴力犯罪必须危及人身安全。特殊防卫权所保护的权益具有特殊性,只能针对危及人身安全的犯罪行为实施,即特殊防卫所保护的合法权益只能是人身权利,对其他权益受到的不法侵害不能进行特殊防卫;而一般防卫则可以是为了保护国家利益、公共利益或者人身、财产或其他各种权益,所保护的权益要宽泛得多。从现行《刑法》的规定来看,"危及人身安全"的暴力犯罪,主要是指侵犯人的生命权、健康权、自由权、性权利等权利的犯罪。

(2)暴力犯罪对人身安全的威胁必须达到严重的程度。这是《刑法》对特殊防卫权所针对的暴力犯罪的范围在量上的限定。因而如果暴力犯罪虽然危及人身安全,但侵害行为的强度较轻的,不能实施特殊防卫,而只能进行一般防卫。尽管暴力犯罪的范围在现行刑法分则中的范围十分宽泛,但并非所有的暴力犯罪都是特殊防卫权的适用对象,因为暴力犯罪还要受到犯罪程度的限制。对于暴力犯罪的程度,笔者认为可以从以下几个方面予以确定:首先,从具体罪名上确定暴力犯罪的程度。对这类犯罪,应当允许进行特殊防卫,例如《刑法》第121条规定的劫持航空器罪等。其次,根据具体案件中是否具有"严重危及人身安全"的威胁来确定暴力犯罪的程度。有些犯罪,其暴力的程度可能相差非常悬殊。轻的只可能致人轻微伤或者轻伤,重的则可能致人重伤或者死亡。对这类犯罪,则应当根据在具体案件中犯罪分子所实际使用的暴力是否达到严重危及人身安全的威胁程度。对于暴力强度足以致人重伤、死亡的,则应当认为属于严重的暴力犯罪,可以实行特殊防卫。最后,可以从法定刑幅度上确定。在现行刑法分则中,虽然有些犯罪是以暴力手段实施的,但是这些暴力犯罪都属于较轻的暴力犯罪,在任何时候都不能对其行使特殊防卫权。这些犯罪的暴力程度较轻,可以从它们的法定刑幅度上看出,通常法定刑在3年有期徒刑以下,例如侮辱罪等。对这类犯罪,绝对不允许实行特殊防卫行为。如果必须进行正当防卫的,也只能行使一般防卫权。

24. 中国行政刑法的立法缺憾与改进*

目　次

---

* 与郑延谱合著，原载《河北法学》2006 年第 8 期。

一、前　　言

自德国学者郭特希密特（J. Goldschmidt）于1902年提出行政刑法（Verwaltungsstrafrech）这一概念以来，距今已有百余年的历史。法国学者将其直译为droit pénal administratif，意大利学者亦直译为diritto penale amministrativo。在欧陆国家和日本，行政刑法的研究已经十分发达，有些国家已经制定了独立的行政刑法典、经济刑法典等。第14届国际刑法学大会更是将行政刑法列为大会的中心议题。相比来说，中国行政刑法的研究尚处于初级阶段，甚至对于何谓行政刑法，学者们之间也是见仁见智。与此同时，中国一些与行政刑法相关的制度却在国际上饱受诟病。因此，进行行政刑法的研究，对于中国法治的完善和中国刑法同国际的接轨均有着重要的意义。笔者试从中国行政刑法的范畴之界定入手，进而研析中国行政刑法中存在的若干缺憾，并在此基础上提出解决问题的方案之构想和建言。

二、行政刑法范畴之辨析

欲阐明中国行政刑法的立法缺憾，首先必须界定行政刑法的概念，明确其外延。而这又必须对行政刑法的产生及其发展作一简要的考察。

（一）行政刑法的缘起——德国行政刑法的特点

德国是公认的行政刑法的发源地。18世纪的德国警察权力日渐增强，其活动范围也不断扩大，于是“警察犯”的概念开始出现，并和“刑事犯”相对应。德国学者们认为，刑事犯是指对法益造成侵害的犯罪，“警察犯”则是对法益造成危险的行为。随之在19世纪，德国法学中基本上形成了“警察刑法”的概念，其中如黑森州等几个州还先后制定了“警察刑法典”。这一时期的“警察犯”基本上等于“违警罪”，也就是后来行政刑法中行政犯罪或“行政违法行为”的原型。因此，这一时期自成一体的“警察刑法典”也可以说是行政刑法的最早立法例。①然而，对于究竟何为“警察犯”，何为“刑事犯”，却是

① 参见卢建平：《刑事政策与刑法》，中国人民公安大学出版社2004年版，第220页。

学者们争论不休的问题。有学者甚至称其为“导致法学者绝望的问题”。①因此,《德国1871年刑法典》的制定者们干脆仍参照《法国1810年刑法典》的做法,依照行为危害的轻重程度,将犯罪行为区分为重罪、轻罪和违警罪三种,将违警行为规定在刑法典之中,并处以自由刑、罚金刑与拘役等刑事处罚。②但争论并未因该法典的出台而停止。这部刑法典出台之后,一直受到不少学者的批评和反对。著名学者冯·李斯特、卡尔、葛来斯葩等均认为违警罪系纯正的秩序违反行为,因而建议将违警罪自刑法法典中划分出来。1911年与1919年的刑法草案亦采取相同的主张。

德国学者郭特希密特针对上述争论,在1902年首倡“行政刑法”一词,认为在传统的刑事刑法之外,应另行制定行政刑法,以规范违警罪的问题,其本人也因此被称为行政刑法之父。郭特希密特认为,司法的目的在于保护法益与人的意思领域,为达此目的,其所采用的手段是持续的宣示与法律的规定等;在这些宣示与规定中,一定要具有强制力的刑法,作为达成司法目的的强制手段,这就是“司法刑法”之意旨;相对的,行政的目的在于促进国家与社会的福利,其促进手段是行政作为,在此行政作为中同样需要具有强制力的法规,用以确保行政作为之畅行无阻,此即为“行政刑法”之意旨。郭特希密特的理论获得德国学者沃尔夫的肯定与认同,后者并就法哲学、法理论与法政策的观点,将郭氏的理论与主张加以发扬光大,后再经德国刑法学者希密特的努力,使行政刑法的理论得以付诸实施。如德国1949年的《经济刑法》和1952年的《秩序违反法》等。特别是后者的颁行,使得自刑法中划分出违警罪的主张成为可能,即逐一审查违警罪,若认为具有刑事不法本质者,将其提升为轻罪,继续规定在刑法典之中;其余有继续处罚必要者,则将其移转规定在《秩序违反法》之中。1975年1月1日生效的联邦德国新刑法典即以此为原则,将旧刑法分则第29章的违警罪全部删除,而将其中具有行政不法本质的行为,改行规定在《秩序违反法》之中。③受德国立法的影响,奥地利、捷克斯洛伐克、匈牙利、罗马尼亚、波兰、葡萄牙、苏联、意大利和以色列等国也都制定了规范行政刑法运作的框架法。行政刑法的蓬勃发展也引起了各国

---

① 参见黄河:《行政刑法比较研究》,中国方正出版社2001年版,第6页。

② 事实上,德国第一部刑法,即1813年拜耶王国的刑法典亦采取了犯罪的三分法。但当时德意志各地王国林立,各自为政,且警察权高涨,不少王国在刑法之外,均另订有“警察刑法典”,用以作为违警罪的依据。参见林山田:《刑事法论丛》,台湾地区1997年3月作者自版,第60页。

③ 参见林山田:《刑事法论丛》,台湾地区1997年3月作者自版,第62页。

学术界的密切关注。国际刑法学协会第14次大会的中心议题之一,便是"刑法与行政刑法之间的差异",并最后形成了"关于刑法与行政刑法之间的差异所导致的法律和实践问题的决议"。①

由上分析可知,德国学者所首倡的行政刑法,虽有刑法之名,但就其实质而言,指的却是秩序违反法。相当于中国的治安管理处罚、劳动教养以及相关治安处分措施,属于行政法的范畴。

(二)行政刑法的继受——日本和我国台湾地区行政刑法的特点

日本自明治维新开始大量移植德国的法律,同德国一样警察权力逐步膨胀。第二次世界大战之后,由于深受英美法系的影响,"法治国家"的观念深入人心,必然要求通过司法途径限制行政权力。对于公民的制裁,最终也就必然通过司法途径来解决。目前,日本主要是把行政刑法作为特别刑法来研究,即从刑事法的角度,研究附属于行政法中的刑事规范。如著名学者福田平就认为:"行政刑法是国家为达到行政上的目的,课人民以作为或不作为的义务,而于其违反义务时,课以刑罚制裁的行政刑事法规的总称。"②在我国台湾地区,也有着类似的观点。如我国台湾学者林山田就认为"行政刑法实系指附属刑法"、"附属刑法与核心刑法同样以刑事刑罚为制裁手段,其本质为刑事不法,而非行政不法"。③

(三)行政刑法的本土化——建立中国特色的行政刑法体系的思考

按照西方学者对于行政刑法的界定,中国的行政刑法从清末修律制定《违警罚法章程》等法律至今也已有近百年的历史,期间历任政府为维持社会治安均颁布了类似的法律。但直至1989年第14届国际刑法学大会召开后,中国法学界才真正注意到行政刑法的系统理论研究,先后有学者发表了一定数量的论文④,同时也有有关行政刑法的书籍问世。⑤这些论著对于建立中国的行政刑法体系无疑都起到了积极的作用。

然而,中国学者关于行政刑法的概念却有着不尽相同的观点,有些甚至完全相悖。有学者认为行政刑法是国家为维护社会秩序,保证国家行政管理

---

① 参见卢建平:《刑事政策与刑法》,中国人民公安大学出版社2004年版,第222页。

② 参见〔日〕福田平:《行政刑法》(新版),有斐阁1978年版,第74页;转引自黄河:《行政刑法比较研究》,中国方正出版社2001年版,第25页。

③ 参见林山田:《刑事法论丛》,台湾地区1997年3月作者自版,第67页。

④ 较有代表性的论文有卢建平的《论行政刑法的性质》、张明楷的《行政刑法辨析》和周佑勇与刘艳红合写的《行政刑法性质的科学定位》等。

⑤ 如张明楷主编的《行政刑法概论》、黄河所著的《行政刑法比较研究》和李晓明所著的《行政刑法学导论》等。

职能的实施而制定的有关行政惩戒的行政法律规范的总称①,这实际上等同于德国行政刑法的概念;有学者认为行政刑法是国家为了维护正常的行政管理活动,实现行政管理目的,规定行政犯罪及其刑事责任的法律规范的总称,中国的行政刑法规定于刑法典、单行刑事法规以及行政法律中②;中国的行政刑法就是国家为了实现行政管理的目的,维护正常的行政管理秩序,规定行政犯罪及其刑罚的法律规范和劳动教养法律规范的总和③;中国的行政刑法是规定什么是行政犯罪以及具体的行政犯罪罪征或犯罪构成,最终依据什么样的罪责关系确定行为人应承担何种行政刑法责任的特殊法律规范的综合。④

笔者认为,对于行政刑法概念的界定必须以中国的法律体系为基础,否则,盲目引入外国的概念只会徒增理论的混乱。我们知道,德国等欧陆国家秉承罗马法的传统,"法律至上"的观念深入人心。反映在犯罪观上,凡是违反法律的禁止性规定或命令性规定的行为都是犯罪,犯罪的概念既包括刑事不法又包括行政不法,因此也就有了司法刑法与行政刑法的区分。而在中国,并非所有违反法律的禁止性规定或命令性规定的行为都是犯罪,其中只有具有严重社会危害性的行为才构成犯罪,由刑法调整,其余的则由行政法调整。因此,德国的行政刑法只相当于中国的《行政处罚法》。从这个意义上说,有学者以行政刑法一词容易产生歧义为由而主张废弃不用的见解也是有一定道理的。⑤ 但我们也要看到,行政刑法一词有其独特的内涵与外延,且也已逐渐为中国学界所接受,断然将其废弃不用并不利于中国法学的发展。笔者认为,中国行政刑法体系的建立应当本着有利于完善中国法律体系和法学体系的原则来进行。我们知道,中国的犯罪概念既有定性因素又有定量因素,这就必然会产生犯罪与行政违法之间的模糊地带,例如对于劳动教养的界定就存在着不同的观点,如何把刑事违法和行政违法进行衔接在中国便有了特殊的意义;与此同时,中国刑法又将大量的严重违反行政法的行为规定为犯罪并纳入刑法典及单行刑法之中⑥,这些条款与规定自然犯及其

① 参见卢建平:《刑事政策与刑法》,中国人民公安大学出版社 2004 年版,第 222 页。

② 参见张明楷:《行政刑法辨析》,载《中国社会科学》1995 年第 3 期,第 95、96 页。

③ 参见黄河:《行政刑法比较研究》,中国方正出版社 2001 年版,第 58 页。

④ 参见李晓明:《行政刑法学导论》,法律出版社 2003 年版,第 77 页。

⑤ 参见陈兴良:《刑法谦抑的价值蕴含》,载《现代法学》1996 年第 3 期。

⑥ 这些行为实际上是行政不法行为同刑事不法行为的交叉,称为不纯正行政不法行为,原则上既承担刑事责任也承担行政责任。不纯正行政不法行为在我国台湾地区被规定在"附属刑法"之中;随着 1997 年《刑法》将行政法规中的刑事责任条款和单行刑法悉数纳入刑法典,刑法典即成为中国行政刑法的基本渊源。

刑事责任的传统刑法条款相比，毕竟有其不同的特点，例如具有较强的目的性、较弱的伦理性和较大的变异性等。将这些特殊的不纯正的行政不法行为纳入行政刑法的研究视野，在中国也有着重大的理论与现实意义。行政刑法应当研究行政法与刑法的这些交叉区域，对两个部门法的边缘性问题给予关注。因此，笔者同意中国学者关于行政犯罪行为的双违性特征的界说，即认为行政犯罪是既违反刑法又违反行政法，是介于犯罪行为与行政不法行为之间的不纯正行政不法行为，行政刑法即为规定不纯正行政不法行为的法律规范的总称。① 由中国的立法所决定，这部分规范都属于刑法典的组成部分。另外，劳动教养制度虽不属于中国传统刑法研究的领域，但由于其特殊的性质，也应纳入行政刑法的研究范围，对此下文将进行详细论述。

因此，笔者认为，中国的行政刑法就是国家为了维护正常的行政管理活动，实现行政管理目的，规定行政犯罪及其刑事责任的法律规范和劳动教养法律规范的总称。行政刑法的概念在中国有着既不同于其在西方也不完全等同于其在日本的内涵与外延。

1979 年中国第一部刑法典的制定时值“文革”结束不久，百业待兴的社会迫切地需要规则来支持以顺利完成转轨的过程，一部适时的刑法典对于完成中国基本刑事立法从“无法可依”到“有法可依”的质的飞跃，从而为经济体制改革卓有成效地进行无疑会发挥至关重要的作用。然而单一的经济制度和社会管理制度并不能为一部详备的刑法典的制定提供必要的社会条件，而相对较为粗疏的立法技术更加使得“宜粗不宜细”的立法原则成为必然。在此立法原则的指导下，虽规定了许多行政犯罪如走私罪、非法狩猎罪等，但许多严重危害社会的行政违法行为都没有在这部《刑法》进行规定，如造成重大环境污染的行为、严重侵犯发明权和著作权的行为，等等。另外，还通过规定投机倒把罪这一口袋罪名，对《刑法》没有明文规定的许多破坏经济秩序的行为进行惩治，以此来弥补立法的不足。但随着社会主义市场经济的不断发展和完善，一些新型的犯罪尤其是行政犯罪诸如证券犯罪、期货犯罪、环境犯罪、计算机犯罪等层出不穷，口袋罪名并不能完全涵盖这些新型的罪名，立法机关遂又陆续出台了一系列单行刑法和附属刑法规范。如《关于惩治违反公司法的犯罪的决定》、《关于惩治破坏金融秩序的犯罪的决定》等。这一时期，我国行政刑法规范散见于刑法典、单行刑法与行政法律之中。但是随

① 双违性中的行政违法行为，应指实质性地侵犯行政秩序的行为。例如，一般的盗窃行为，虽然也违反了《治安管理处罚条例》，但严重的盗窃行为即盗窃罪并不属于行政犯罪。参见李晓明：《行政刑法学导论》，法律出版社 2003 年版，第 290 页。

着社会主义市场经济的建立和不断完善，立法的滞后性与日益深化的社会政治、经济改革愈来愈不适应，而一部适应时代发展的刑法典——1997 年《刑法》便应运而生了。中国新《刑法》将旧《刑法》的 192 个条文扩展到 452 个条文，对原来笼统、比较原则的规定，尽量作出具体而明确的规定；另外，单行刑法和行政法规中有关刑事责任的规定也被悉数纳入新刑法典之中，大部分规定在第 3 章和第 6 章之中。新刑法典分则第 3 章破坏社会主义市场经济秩序罪为 8 节 92 个条文，第 6 章妨害社会管理秩序罪为 9 节 91 个条文，两章共计 183 个条文，占全部分则的 52%。中国 1997 年《刑法》的这两章规定，绝大部分都是属于行政刑法的内容。因此，在中国，刑法典为中国行政刑法的基本渊源。另外，1998 年全国人民代表大会常务委员会《关于惩治骗购外汇、逃汇和非法买卖外汇犯罪的决定》作为迄今唯一的单行刑法也是中国行政刑法的渊源。

三、中国现行行政刑法之立法缺憾

笔者认为，中国的现行行政刑法立法尚存在以下缺憾，需加以改进。

（一）缺乏与一般行政法条款的衔接

我国行政违法的形式是多种多样的，但作为严重行政违法行为的行政犯罪在一些规定上缺乏与一般行政违法行为的协调性。例如，违法征收税款的行为是多种多样的，但我国《刑法》在第 404 条仅规定了徇私舞弊不征、少征税款罪，对于危害性同样严重的超征税费和其他违法征收行为却缺乏刑法的规制；又如，对于行政机关公务人员在适用法律过程中为一方当事人的利益故意错误适用法律、法规的行为，我国行政法律作了规制，但刑法却缺少相应的罪名。

（二）对于行政违法责任与行政犯罪责任的竞合缺乏明确的规定

行政违法责任与行政犯罪责任的竞合，是指行为人的一个行为既违反行政法中某个法条的规定同时又触犯《刑法》的某个法条规定，从而构成行政违法行为与犯罪的竞合。在实践中，一行为同时触犯了行政法和《刑法》的情况大量存在，如偷漏税、走私、破坏公共秩序等行政违法行为，在行为构成犯罪的同时还触犯了有关行政法的规定。原则上，行为人应当既受到行政处罚又受到刑事处罚，这是由行政责任与刑事责任的不同性质所决定的。但在某些情况下，对行为人既处以行政制裁又处以刑事制裁则缺乏必要性与合理性。如既处以罚款又处以罚金或者没收财产的情况。对于如何协调这两种不同性质的法律责任，我国法律作出了某些规定，例如对于情节严重的走私行为，根据我国《刑法》第64条和第153条的规定，不但要没收其违法所得和供犯罪使用的物品，还要进行刑事处罚；但对于其他情况下这两种责任的协调，我国法律缺乏明确规定。

（三）法定刑设置过高

根据我国《刑法》，被规定为犯罪的行为均具有严重的社会危害性。我国的行政犯罪既然属于犯罪，无疑也有着严重的社会危害性，应当受到刑罚这种最严厉制裁措施的惩处。然而，与传统的犯罪相比，行政犯罪毕竟有着较弱的反伦理性和较强的易变性。在西方法学理论中，传统犯罪大多属于自然犯罪，而行政犯罪大多属于法定犯罪，有的学者甚至将行政犯罪等同于法定犯罪。对于自然犯罪，一般要受到严厉的刑事制裁，法定犯罪受到的刑事制裁则相对较轻。而我国《刑法》对于行政犯罪的制裁措施显然过重，重刑主义的倾向非常明显。以走私罪为例。由于走私犯罪对于国家造成严重危害，各国刑法都规定要对其进行处罚。在美国，走私罪为联邦犯罪，对于走私行为均要处以没收财产，而进行虚假陈述、从事虚假活动或使用虚假器具的，可处5000美元罚金或2年监禁，或二者并罚①；《法国海关法典》规定的走私犯罪的相关犯罪最高监禁刑为6年，没收非法所得并处违法或试图违法金额1至5倍的罚款②；《德国税法》第373条规定了对与走私犯罪有关行为的处罚，最高为5年监禁；《俄罗斯联邦刑法典》第188条对走私罪规定的最高刑为12年监禁；日本的《海关法》规定走私鸦片、淫秽物品、枪弹等行为可被处以5年以下惩役或50万日元的罚金，也可以并处，而《日本刑法典》第138条亦规定海关职员走私鸦片的，最高可被判处10年的惩役。由此可见，各国对于走私犯罪虽然均予以重视并作了全面的规定，但其处罚并不十分严厉，剥夺自由的监禁刑用得少，而更加注重财产刑和资格刑的适用。③ 相比之下，我国《刑法》对走私犯罪适用了大量的长期自由刑、无期徒刑甚至死刑，重刑主义倾向十分明显。

（四）对于法人犯罪的刑罚措施过于单一

法人犯罪在我国往往也被称为单位犯罪，但两者并非等同的概念。我国的单位犯罪之主体不仅包括了法人，也将一些非法人组织包括进去。这里为了论述的方便而将两者同用。随着社会的发展，法人与民众的生活、健康和

---

① 参见储槐植：《美国刑法》，北京大学出版社1996年版，第282页。

② 参见《法国海关法典》第414、415条。

③ 参见卢建平、陈宝友：《中国走私犯罪死刑问题研究》，发表于2004年12月26日北京“中英限制死刑适用范围合作项目系列专题论坛”第三次论坛。

福利的关系日益密切,与此同时,法人的非法活动对国计民生造成损害的危险性和可能性也随之增长,这也就需要国家加强对法人的行政管理。而对于法人严重危害社会的行为,一些国家也开始寻求利用刑法措施来进行规制。尽管有国家(如法国)将法人犯罪的范围等同于所有自然人可构成的范围之中,但一般来讲,法人犯罪所针对的对象还是以行政犯罪居多。这与法人犯罪的特点及其产生和发展都是分不开的。例如,我国 1997 年《刑法》即现行《刑法》规定了单位犯罪,涉及的罪名达 121 种,大部分都集中在破坏社会主义市场经济秩序罪和妨害社会管理秩序罪两章中。随后又通过单行刑法及刑法修正案的方式增加了骗购外汇罪、资助恐怖活动罪及走私废物罪等几种可由单位构成的罪名。这几个新增加的罪名也都显然属于行政犯罪之列。

尽管我国《刑法》规定了大量的法人犯罪罪名,但却仅规定了罚金刑这一种刑罚措施。而罚金刑虽具有诸多优点,但也同样存在着许多缺陷,对于遏制日益增加的法人犯罪趋势显得力不从心。

(五)劳动教养制度弊端丛生

我国的劳动教养制度自产生至今已达半个世纪,作为对被劳动教养的人实行强制性教育改造的行政措施,此项制度对于改造被教养者思想、化解社会矛盾、安置被教养者就业等都发挥了很大的作用。然而随着形势的发展,劳动教养制度逐渐演变成为对违法行为人进行限制人身自由的一种严厉的行政处罚。特别是在执法过程中,往往容易忽略教育改造的挽救目的,而仅强调其处罚性。劳动教养与治安处罚、劳动改造相呼应,已共同构成了中国法律制裁的一个重要部分。① 对于劳动教养制度的性质,中国分别有"教育挽救措施说"、"行政处罚措施说"、"行政强制措施说"、"治安行政处罚措施说"、"变相刑事处罚说"、"保安处分说"等多种学说,这也反映出中国劳动教养制度在理论上和实践中的混乱状况。中国的劳动教养制度因为具有如下实体及程序上的弊端而受到批判:(1)对象的标准和要件不明确。劳动教养的对象由该制度设立之初的 4 种人逐渐增多,最终多达 20 余种,且规定比较笼统,容易招致被滥用的结局。(2)期限过长,处罚过重。中国劳动教养制度的期限为 1 至 3 年,必要时还可延长 1 年,比管制、拘役还要严厉,甚至不亚于 3 年以下有期徒刑,这可能导致在某些案件中事实上的处罚不公②;另

① 参见杨建顺:《劳动教养法律规范的缺陷与辨析 ——— 兼评劳动教养废止论》,载《法学》2001 年第 6 期。

② 在有些案件中,可能会出现主要行为人因犯罪被处以 1 年有期徒刑而次要行为人因被从轻处罚而被处以 3 年劳动教养的情形;或者出现某行为被确定为犯罪则仅处 1 年有期徒刑,若被认为不构成犯罪则反而会被处劳动教养 3 年的情形;等等。

外,中国的劳动教养没有缓教等的规定,而从被劳教人在劳教期间的处遇以及社会上的评价来看,也与被判处刑事处罚相差无几。(3)缺乏有效的程序保障。尽管劳动教养管理委员会是法定的劳动教养工作领导和管理机构,但从实际操作上来看,劳动教养的审批机关设在公安机关,受劳动教养管理委员会的委托审查批准需要劳动教养的人,这就使得公安机关兼具劳动教养案件申请者和决定者的身份,违反了裁判中立这一程序正义最基本的要求;而在审批劳动教养申请时,由于采取的是不公开、书面、间接等方式,被劳动教养者就被剥夺了参与处理程序并为自己进行辩护的权利,从而使得劳动教养制度缺乏最低限度的公正性。(4)缺乏法律依据。一般认为劳动教养属于行政制度,但其既不属于中国《行政处罚法》所规定的行政处罚措施,更与中国《立法法》相冲突。中国《行政处罚法》第 8 条规定了行政处罚的 7 个种类:警告;罚款;没收违法所得、没收非法财物;责令停产停业;暂扣或者吊销许可证、暂扣或者吊销执照;行政拘留;法律、行政法规规定的其他行政处罚。第 10 条又规定:“行政法规可以设定除限制人身自由以外的行政处罚”,因而劳动教养也显然不属于第 8 条第 7 项中的“其他行政处罚”。而 2000 年《立法法》又进一步重申了对于限制人身自由的强制措施和处罚只能制定法律,不得授权行政机关制定行政法规。这就意味着劳动教养作为一项制度,已经失去了合法的依据。更为重要的是,中国正在努力建设社会主义法治国家,并于 1998 年签署了《公民权利和政治权利国际公约》,该公约第 9 条亦明确规定:“除非依照法律所规定的根据和程序,任何人不得被剥夺自由。”因此,可以说,劳动教养制度已经成为中国进行法治建设的障碍,也成为国际社会指责中国人权保护状况的口实。

四、中国现行行政刑法之立法改进

针对我国行政刑法立法中所存在的缺憾,笔者认为应从如下方面加以改进。

(一)从立法上做到行政刑法规范与行政法规范的衔接

行政犯罪与行政违法既有共同点,也有相异之处。某一行政违法行为,随着危害性的增加,也会转化为犯罪行为,这就决定了必须将两种违法行为及其责任机制有机地结合起来。也即将两种违法行为的构成要件和处罚措施衔接起来。凡是行政法规规定为违法的,只要其危害性达到一定的严重程度,原则上都应当规定为犯罪。不应出现某一行政违法行为尽管严重,但却不构成犯罪的情形；或者出现行政法本应对某一行为进行规制但却直接交由刑法进行处罚的情形。在我国，由于行政法规多种多样，远较刑事规范细密，因此第二种情形并不常见，但是第一种情形却应当引起我们的注意。如前文所举的徇私舞弊不征、少征税款罪的例子，应当将超征税费和其他违法征收行为都入罪，作为违法征收税款罪的行为方式之一。否则，就不能做到应有的公正和公平。在处罚措施上，也存在类似的情形。例如，我国《刑法》中的资格刑仅规定了剥夺政治权利和驱逐出境两种。驱逐出境不适用于中国公民，而剥夺政治权利的政治性很强，对于很多行政犯罪行为缺乏针对性，可以考虑增加一些新的剥夺资格刑，如剥夺从事某项职业的资格或者作出某项行为的权利等。

（二）明确行政违法责任与行政犯罪责任竞合时的处理办法

一般来讲，行政责任和刑事责任是不同性质的两种法律责任，若某一行为既触犯行政法又触犯行政刑法，则行为人原则上两种责任都要承担。不得以刑事责任代替行政责任或者相反。这是因为两种责任有着不同的性质与功能，可以在不同领域发挥作用。但在某些情况下，同时承担两种责任既不必要，也起不到教育、改造行为人的作用。如前所述，对于根据《刑法》处以罚金的行为，在行为人缴纳罚金后，就不应再处以属于行政处罚的罚款了；而被判处拘役或者有期徒刑的罪犯也不应再对其进行劳动教养。对于其他性质相似的刑罚措施和行政处罚措施，也应采取相同的做法。笔者认为，应当采取法律明文规定的方式将这些例外情况确定下来。

（三）降低行政犯罪的法定刑并废止其死刑

由于行政犯罪较传统犯罪有着较弱的伦理性、较强的易变性等特征，对其适用重刑并不能像惩罚自然犯罪那样满足人们的报复性观念；而从预防犯罪的角度来看，更应当从社会管理上寻找原因，事后的重罚并不能起到有效预防行政犯罪的效果。刑罚轻缓化的世界潮流对于行政犯罪来说，比对自然犯罪有着更为充足的理论依据和更加重大的现实意义。因此，要改变我国《刑法》对行政犯罪处罚较重的现状。例如，我国《刑法》对于侵犯知识产权的犯罪，在许多罪名中都规定了最高 7 年的有期徒刑，应当将这类罪名的法定刑确定为 3 年以下有期徒刑或者拘役，并处或者单处罚金。这也同国际上的一般做法相一致。就现有资料来看，绝大多数国家对此类犯罪都规定了较轻的法定刑，如对于著作权犯罪，《日本刑法》规定的刑罚为 3 年以下有期徒刑；《德国刑法》规定的刑罚为 3 年以下有期徒刑；《韩国刑法》规定的刑罚为 3 年以下有期徒刑；《挪威刑法》规定的刑罚为 6 个月以下有期徒刑；《意大利刑法》仅规定处以罚金；等等。具有讽刺意味的是，尽管我国《刑法》对侵犯知识产权犯罪的处罚力度如此之大,但在我国,侵犯知识产权的行为却非常严重。这充分说明了对于防范侵犯知识产权之类的行政犯罪,更应当从完善有关管理制度入手,从赋予现有法规更大的可操作性入手,而绝不能一味依赖严刑峻罚。①

笔者认为,对于行政犯罪,应当取消死刑。从性质上来说,行政犯罪都是违反我国行政法规的行为,不具有明显的外显性、反伦理性、残酷性等暴力犯罪的特征。从其发生机理来看,其原因是多方面的,既有个体原因,也有社会原因、制度原因。其中在很大程度上是制度原因,如经济管理上的混乱,政策上的漏洞,法律、法规的不健全等。而这与许多严重的传统犯罪,如故意杀人罪、强奸罪、抢劫罪、爆炸罪等,有着很大的不同。因此,对于行政犯罪的遏制,应重在加强管理、堵塞漏洞和完善法制上,而不应寄希望于适用死刑。而且,对于行政犯罪适用死刑也有悖于死刑的等价观,目前不少保留死刑的国家大都把死刑刑罚条文严格限制在剥夺他人生命权利的犯罪之中。尤其是中国已于1998年10月签署了联合国《公民权利和政治权利国际公约》,该公约第6条明确规定,不得任意剥夺人的生命,并强调,在未废除死刑的国家,只能对犯有"最严重罪行"的人判处死刑。而这类犯罪的范围,按照有关联合国文件,应该理解为"不超出有致死或者极其严重后果的故意犯罪"。② 行政犯罪显然不在其列。因此,对行政犯罪适用死刑不符合社会的报复观念,那么,其又能否起到预防的作用呢?笔者的回答也是否定的。还是以走私罪为例,我国对于走私犯罪规定了死刑,在司法实践中死刑的适用率也很高,但是否遏制住猖獗的走私犯罪态势了呢?我们看到,尽管在广东湛江特大走私案和福建远华特大走私案等案件中,多人被判处死刑,但全国海关查获的走私案件数量却不断攀升:1998年为8381件,1999年为13 694件,2000年为11 421件,2001年为12 439件,2002年为10 117件,2003年为12 939件。③ 这充分说明死刑对于遏制走私行为并没有起到立

① 尽管同其他国家相比,中国对于侵犯知识产权犯罪的处罚幅度可谓非常严厉,但中国对于侵犯知识产权案件的刑事打击力度并不理想。一般认为,除了执法人员保护知识产权的法律意识相对薄弱、地方保护主义阻碍打击知识产权犯罪、公检法等执法部门在司法实践中受多方面条件限制难以形成执法合力外,知识产权犯罪立案的门槛过高、相关法律规定过于原则是其中很重要的两个原因。最高人民法院和最高人民检察院于2004年12月21日联合公布的《关于办理侵犯知识产权刑事案件具体应用法律若干问题的解释》,就针对这种状况作出了具体的规定,增加了《刑法》的可操作性。

② 联合国经济与社会理事会:《保证面临死刑者权利的保护的保障措施》第1条之(1)。

③ 参见谢望原、杨家庆:《走私犯罪死刑问题之实证研究》,发表于2004年12月26日北京"中英限制死刑适用范围合作项目系列专题论坛"第三次论坛。

法者所期望的作用。

近年来,根据我国的死刑实际情况及我国法治改革和人权改善的进步需要,笔者鲜明地主张中国在今后半个世纪应分三个阶段逐步废止全部死刑,而现阶段就应废止非暴力犯罪的死刑。① 事实上,行政犯罪都是属于非暴力犯罪之列的。

(四)增加对于法人犯罪的刑罚措施

罚金刑由于其可分性、经济性等特点对于处罚犯罪的法人无疑是非常适宜的,将其作为惩治犯罪法人的主要刑种是合适的。但是同任何其他刑种一样,罚金刑也有其弊端。例如,罚金的标准怎样确定?如果太低则缺乏威慑力,太高又会使无辜的股份持有者、雇员和消费者受到损失。又如,单一的罚金刑可能导致法人将其作为一项机会成本打入预算,在其行为被发觉并受到处罚的情况下,该笔罚款从其风险基金中直接缴纳,之后想方设法将其转嫁给消费者。而且,罚金刑作为一项财产刑,对不同的法人效果差异很大,同样的一笔罚金对财力雄厚的大企业影响甚微,却可能使一个小企业倒闭。因此,为了有效地遏制法人犯罪,罚金刑应当与其他刑种配合使用方能起到最佳的效果。《法国刑法典》对犯有重罪和轻罪的法人除规定罚金外,还规定了解散、禁止从事某些职业或社会活动、司法监督、禁止在一定时期内公开募集资金和签发支票及信用卡等9种刑罚措施,配合罚金刑一起使用。② 笔者认为,《法国刑法典》的这种做法对于有针对性地惩处和预防法人犯罪非常有力。我国刑法应当借鉴法国的做法,对于法人犯罪增加类似的刑罚措施。

(五)将劳动教养制度司法化

毋庸置疑,对中国的劳动教养制度进行变革已经势在必行,全社会对此亦已达成共识。在理论界和实务部门长期、热烈的探索与争鸣中,逐渐形成了以下一些不同意见。③

一种是以劳动教养制度存在的法律性质不清、收容条件笼统宽泛、决定过程缺乏程序制约和司法救济、法律依据不足以及适用结果不合理等诸多问题为由,主张予以废除。具体又分为三种主张:(1)由于劳动教养制度存在诸多问题,因此应当予以全部废止;(2)将劳动教养易名为保安处分,在《刑

① 参见赵秉志主编:《中国废止死刑之路探索——以现阶段非暴力犯罪废止死刑为视角》(中英文对照本),中国人民公安大学出版社2004年版,第11—14页。

② 参见《法国刑法典》第131-37条至第131-39条。

③ 参见赵秉志主编:《刑事法治发展报告》(2003年卷),中国人民公安大学出版社2003年版,第520—527页。

法》中设置保安处分专章或以保安处分刑事特别法的形式加以体现;(3)将劳动教养改造成为一种实行刑事责任的刑罚方法,纳入刑法体系之中,主要适用于那些犯罪轻微者、劳改犯逃跑后又重新犯罪者及刑满释放后而被判刑劳改的人。

一种是坚持劳动教养制度作为带有强制教育性质的行政措施之属性,主张在现有框架内予以适度改革,将其准司法化,具体又分为两种不同主张:(1)设立听证程序,当事人不服可以向法院提出申请,由法院裁决;(2)强化劳动教养管理委员会的职能,使之成为拥有基本设施、专职人员和实质权限的法定审批机构,地位保持中立,赋予当事人提起行政诉讼的权利。

还有一种意见是主张将劳动教养的决定权交由人民法院,通过其公正的审判程序来决定,使劳动教养行政决定程序改变为司法诉讼程序,其实质是使劳动教养程序司法化,具体又分为两种不同主张:(1)在人民法院的现有体制下,设立专门的治安法院,负责公安机关提起的劳动教养案件;(2)由人民法院内设的刑事审判庭、行政审判庭负责审理劳动教养案件,在上述业务庭增设劳动教养审判合议庭,或实行审判独任制。

笔者认为,上述意见虽都有其合理之处,但也存在着诸多的问题。简要言之,从中国现有的国情、劳动教养的历史功效和现实需要来看,即刻废止劳动教养制度不太现实,这涉及废除后劳教案件的归属和劳教工作人员的去向等一系列问题,牵动面太大;主张刑罚化也不合理,把劳动教养作为刑罚种类无法与现行刑罚种类如拘役等相协调、衔接。另外,由于劳教的对象多是不构成犯罪的行政违法人员,因而对他们适用刑罚化了的劳动教养难免自相矛盾。而无论是设立听证程序还是通过强化劳教管理委员会的职能的方式都不能完全褪去劳教制度的行政色彩,既不能满足程序公正的需要,也不能保证实体的公正,极易因治安形势的变化而造成实际由一个机关说了算的局面。单独设立专门的治安法院方案牵涉面太广,工作量过大,难于得到各方面的理解和支持。在人民法院内部现设的刑事审判庭或行政审判庭一并负责劳动教养案件之裁判的方案,只是将劳动教养的裁决纳入司法程序而已,并不改变其原有行政措施的法律性质,势必混淆刑事审判与行政裁决的区别,亦不符合我国行政诉讼确立的“民告官”之趣旨。

笔者认为,在人民法院内部设立独立的治安审判庭,专门负责审理劳动教养案件的方式较为可行。其优点在于:(1)能有效地将劳动教养纳入司法体制和正当程序之中,解决并克服现行劳动教养决定权、适用程序、权利救济等诸多问题和弊病,体现我国现代法治对公民人权保护与维护社会秩序并重的价值取向;(2)在法院现行体制下,单设治安审判庭不会触及太大的司法体制变化,也符合《人民法院组织法》的规定和原则,比在普通法院之外再单独设立治安法院牵涉的人事、组织问题小得多;(3)符合我国现行立法框架下对劳动教养性质的定位,因为劳动教养既不是治安管理处罚,也不是其他行政处罚,更不是刑罚,而是一种介于治安管理处罚与刑罚之间的具有强制教育性质的行政措施,因而劳动教养案件的审判活动与其他诉讼活动存在着较大的差别。与刑事诉讼相比,刑事诉讼的控方是检察机关或自诉人,辩方是被告人,目的是要解决罪与非罪和罪轻罪重的问题;以劳动教养为内容的治安诉讼的提请人是公安机关,被申请人是被提请予以劳动教养的人,许多案件如卖淫、嫖娼等根本就不涉及犯罪。与行政诉讼相比,行政诉讼是"民告官",治安诉讼却是"官告民",这就决定两种诉讼所适用的原则和许多具体制度都存在着较大的差异。人民法院内部设立独立的治安审判庭的方法就不但可以解决劳动教养司法化的问题,还可以实现劳动教养案件的审判活动与刑事、民事、行政等其他诉讼活动的协调和平衡。

当然,如果在现有条件下设立独立的治安审判庭还存在一定困难,可以先将劳动教养制度准司法化作为过渡措施。已经列入全国人大常委会2005年立法计划的"违法行为矫治法"即力图完成对劳动教养制度的准司法改造。该法草案首先将劳动教养改为违法行为矫治,同时增加被矫治人员的申辩权。被公安机关决定进行矫治的人员对决定不服可以申辩,还可以到法院申诉,由法院来裁决是否应该进行矫治。不仅当事人本人可以申辩,也可以请律师来辩护,还可以申请听证。同时,矫治时间也缩短为半年到1年,最长不超过1年半。在具体的矫治措施上,强调开放性和社会化,被矫治人根据其违法的严重程度受到不同的处遇措施,甚至周末可以回家。这样,原劳动教养制度中存在的一些问题就在很大程度上得到了解决。笔者认为,如果能够将"违法行为矫治法"的规定落到实处,并完善相关的具体执行制度,如建立科学的被矫治人员分类体系和实行分类别、分级别、分阶段的多模式管理等,则其不失为一种可以接受的方法。

然而需要说明的是,上述设立"违法行为矫治法"的方式由于仍未从根本上解决决定权收归法院的问题,在本质上仍属于行政法律制度,也就不可避免地带有前述劳动教养制度的一些弊端。事实上,我国劳动教养制度的设立宗旨也主要是为了教育改造违法分子,只是在运行过程中才逐渐演变为惩罚色彩浓厚因而带有诸多弊端的这样一种制度的。一旦"违法行为矫治法"缺少了良好的具体运行机制,也难保不会出现劳动教养制度所具有的类似弊端。因此,更为理想的方法仍应将劳动教养制度完全司法化,由法院对违法行为进行裁决。这才能从根本上做到公平、公正,保障人权。当然,考虑到劳动教养案件的特殊性,可以在具体程序上稍加变通,例如可以采取简易程序等。

五、结　　语

尽管我国受特殊历史条件的影响对于行政刑法之探讨尚处于初级阶段,但国际上对其的研究已经十分发达并大致形成了以德国和日本为代表的两大理论体系。德国的行政刑法理论一般认为行政刑法是为达到行政的目的而规定行政不法及其行政罚的法律,就其实质而言系指秩序违反法;日本的行政刑法理论一般认为行政刑法就是行政法中有关刑罚方法的法规的总称,将行政刑法作为附属刑法来看待。由于各国法律文化传统、法律体系、刑事政策以及犯罪观的不同,同一种法律或者同一类法律在每个国家都呈现出各不相同的样态,这既是法制的发展规律,亦是各国构筑其自身法律体系的必然。行政刑法尤其如此,这是由各国千差万别的社会情况、管理模式所导致的。然而当今世界又是开放的世界,借鉴、吸收他国的成功经验和理论研究成果对于法制相对落后国家来说具有重要的意义。在比较分析德、日行政刑法的有关立法及理论研究并立足我国自身立法状况的基础上,笔者认为应当建立有中国特色的行政刑法体系,即我国的行政刑法应当对传统刑法与行政法的边缘性问题给予特殊关注,在外延上包括国家为了维护正常的行政管理活动,实现行政管理目的,规定行政犯罪及其刑事责任的所有法律规范以及劳动教养法律规范。然而综观我国的行政刑法,由于受到特定的历史条件以及立法经验不足的影响,不可避免地存在着诸多的问题。笔者针对我国行政刑法存在着的缺乏同一般行政刑法条款的衔接,对于行政违法责任与行政犯罪责任的竞合缺乏明确的规定,法定刑设置过高,对于法人犯罪的制裁措施过于单一,以及劳动教养制度弊端丛生等立法缺憾,提出了相应的改进措施。然而,正如我国的法治进程一样,我国行政刑法的完善也并非朝夕之功,这将是一个长期的、循序渐进的过程。相信通过法律界、法学界乃至全社会的一致努力,有中国特色的、较为完备的行政刑法制度定会建立起来。

Contents

Ⅰ Issues on the Rule of Criminal Law

Ⅱ Issues on Criminal Policy

Ⅲ Issues on the Function of Criminal Law

Ⅳ Issues on the Philosophy of Criminal Law

Ⅴ Issues on the Interpretation of Criminal Law

Ⅵ Issues on the Link between Chinese Criminal Law and International Criminal Law

Ⅶ Other Fundamental Issues

图书在版编目(CIP)数据

刑法基本问题/赵秉志著.—北京:北京大学出版社,2010.1
(现代刑法问题新思考丛书)
ISBN 978-7-301-16416-7

Ⅰ. 刑… Ⅱ. 赵… Ⅲ. 刑法—研究—中国 Ⅳ. D924.04

中国版本图书馆 CIP 数据核字(2009)第 227293 号

书　　名:刑法基本问题
著作责任者:赵秉志　著
责 任 编 辑:孟　瑶
标 准 书 号:ISBN 978-7-301-16416-7/D · 2508
出 版 发 行:北京大学出版社
地　　址:北京市海淀区成府路 205 号　100871
网　　址:http://www.yandayuanzhao.com　电子邮箱:law@pup.pku.edu.cn
电　　话:邮购部 62752015　发行部 62750672　编辑部 62117788
出版部 62754962
印　刷　者:三河市欣欣印刷有限公司
经　销　者:新华书店
650 毫米×980 毫米　16 开本　31 印张　522 千字
2010 年 1 月第 1 版　2010 年 1 月第 1 次印刷
定　　价:49.00 元